Australien
Der Osten und Tasmanien

Roland Dusik

Reise-Handbuch

Inhalt

Wissenswertes über Ostaustralien

Wissenswertes für die Reise

Unterwegs in Ostaustralien

Kapitel 1 Sydney und der Südosten

Inhalt

Kapitel 2   Melbourne und der Süden

Kapitel 3   Adelaide und das Zentrum

Inhalt

Kapitel 4   Brisbane und der Nordosten

Kapitel 5   Tasmanien

Themen

Inhalt

Alle Karten auf einen Blick

▶ Dieses Symbol im Buch verweist auf die
Extra-Reisekarte Ostaustralien

Valley of the Winds in den Kata Tjuta

Der Yarra River verläuft mitten durch das Zentrum von Melbourne, weltweit eine der Metropolen mit der höchsten Lebensqualität

Wissenswertes
über Ostaustralien

Metropolen zwischen Stränden und Bergen

Wozu ans andere Ende der Welt reisen, fragt sich mancher Ankommende, wenn es dort aussieht wie zu Hause? Statt durch Grassteppen mit Känguruherden fahren die Besucher durch weitläufige Vororte und bleiben in verstopften Straßen stecken. Aber schon bald spürt man, dass in Australien doch vieles ein wenig anders ist als in unseren Breiten.

Der gewisse Unterschied

Ein Schrei übertönt den Straßenlärm, ein keckernder Ruf, der wie menschliches Lachen klingt. Der Kookaburra, der im Wipfel eines Eukalyptusbaums sitzt, macht Reisenden lautstark klar, dass sie in einer anderen Welt angekommen sind. Gewiss, vieles kommt einem, kaum hat man den Flughafen verlassen, zunächst vertraut vor. Doch das exotische, das faszinierende Australien nimmt Besucher ganz unmerklich in Beschlag. Australiens Tiere tragen entscheidend dazu bei, dass man schon bald ein Gefühl für die eigentümliche Fremdheit des Landes bekommt. Nicht nur der Kookaburra, eine australische Variante des Eisvogels, hat Anteil daran. Noch in Sichtweite der City-Hochhäuser lärmen Schwärme von Kakadus in den Königspalmen, kommen bunte Regenbogen-Loris an die Tische von Straßencafés geflattert, um sich ihre Krumen abzuholen. Nur wenige Busstationen vom Zentrum entfernt tollen Possums auf den Dächern herum, mümmeln Koalas in den Wipfeln von Eukalyptusbäumen ihre Leibspeise, hüpfen Kängurus zwischen Büschen und Sträuchern.

Vor 60 Mio. Jahren trennte sich Australien von dem auseinander brechenden Urkontinent Gondwanaland. Und weil der fünfte Erdteil, einer riesigen Arche Noah gleich, fortan einsam nach Norden driftete, konnte sich in dieser *Splendid Isolation* eine artenreiche Flora und Fauna entwickeln, die stets für neue Überraschungen sorgt. Im »Complete Book of Australian Birds«, dem Bestimmungsbuch für australische Vögel, sind über 700 endemische Vogelarten registriert, ganz ähnlich verhält es sich mit der Pflanzenwelt. Immer wieder bekommen – zumindest europäische – Besucher ihre Vorstellung vom Garten Eden bestätigt, in dem sich Palmen und tropische Blüten unschwer zum dekorativen Hausgarten arrangieren lassen.

Note Eins für Lebensqualität

Kookaburra, Känguru, Koala & Co. sollten aber nicht vergessen lassen, dass in Australiens heimlicher Hauptstadt jeden Tag und jede Nacht Kultur gemacht wird, in Dutzenden von Theatern und Galerien sowie in einer architektonischen Sinfonie, die als Opernhaus dient. Obwohl die Sydneysiders und die Bewohner anderer ostaustralischer Metropolen naturverbundene Freizeitaktivitäten überaus schätzen, sind die Städte keineswegs kulturelle Einöden. In Melbourne, Brisbane, Adelaide, Hobart und Canberra hat sich ein im ›Pionierland‹ Australien kaum vermutetes Kulturleben entwickelt. Jeden Abend präsentieren Bühnen zeitgenössische, oftmals experimentelle australische und ausländische Dramen sowie Klassiker, gibt es Konzerte internationaler Rock- und Popbands, Musicals, Kammermusik, Ballettaufführungen sowie Vernissagen in einer der unzähligen Galerien. Die Höhepunkte des Kulturkalenders markieren Festivals wie das Moomba Festival in Melbourne und das Adelaide Arts Festival, beides mehrwöchige Kulturspektakel, oder das Gay and Lesbian Mardi Gras in Sydney, ein schrilles Happening der nach San Francisco zweitgrößten Lesben- und Schwulengemeinde der Welt.

Neben dem abwechslungsreichen Kulturangebot besitzen die ostaustralischen Metropolen vieles von dem, was nötig ist, um auf die Hitliste der Weltstädte mit der größten Lebensqualität zu gelangen. Dazu gehören ausgedehnte Parks, üppige Gärten und begrünte Straßenzüge ebenso wie Badestrände, die man mit Bus und Bahn leicht erreichen kann.

Ein Kennzeichen der kosmopolitischen Städte Ostaustraliens, in denen Menschen aller Vorlieben und Hautfarben zusammenleben, ist Toleranz. Es gibt kaum ein Volk der Erde, das hier nicht Platz und Stimme hätte und seinen kulturellen Beitrag leistete. Die multikulturelle Prägung drückt sich in vielen Facetten aus, etwa in einem riesigen Angebot an Spezialitätenrestaurants, in denen man kulinarische Streifzüge durch fast alle Länder der Welt unternehmen kann.

Land der Gegensätze

Die Kombination von urbaner Vitalität und einer abwechslungsreichen Landschaft hat Ostaustralien zu einem beliebten Ferienziel werden lassen. Australiens Osten ist eine Region der Kontraste mit Regenwäldern und Savannen, Bergen und Seen, Wüsten und Küsten. Ostaustralien, das ist der Spannungsbogen zwischen Büroturm und Blockhütte, zwischen Zivilisation und Wildnis, zwischen Stadtkultur und Urnatur. Obwohl der Osten der am dichtesten besiedelte Teil des Kontinents ist, sind große Flächen unberührtes Buschland – Gebirgsregionen, die überwiegend als Nationalparks Schutz genießen, oder endloses Weideland und karge Wüstensteppe, jedenfalls menschenleer.

Sobald man die Städte verlässt, erfährt man, was schon während des langen Flugs über Australien für Irritation sorgte: die kontinentalen Dimensionen des Landes, die schier endlose Ausdehnung der Landschaft. An europäische Maßstäbe für Entfernung und Weite gewöhnte Besucher erleben das, was Einheimische die ›Tyrannei der Entfernung‹ nennen. Dass sie in eine andere Welt reisen,

merken Mitteleuropäer schnell, die an Landschaft im Kleinformat gewöhnt sind. Nicht nur die Landschaften sind anders, auch das Licht, die Farben, die Vegetation, die Formen von Bergen und Tälern erscheinen fremd.

Westlich der Great Dividing Range, des über 3000 km langen ostaustralischen Hochlands, erstreckt sich in tischebener Unendlichkeit das Outback mit roten Wüsten und ausgedörrten Steppen, aus denen urplötzlich steile Inselberge wie der einst von den englischen Kolonialisten Ayers Rock genannte Uluru herausragen. In dem wilden, Menschen abweisenden Hinterland hat die älteste Kultur der Menschheit überlebt, werden heute noch Traditionen der vor 50 000 Jahren eingewanderten Aborigines gepflegt. Östlich des ›Großen Scheidegebirges‹ dehnt sich eine grüne Küste mit weißen und golden getönten Stränden aus, die sich mal in enge Buchten schmiegen, mal breit den mächtigen Pazifikwellen entgegenstemmen. Vorgelagert das Great Barrier Reef, das größte Korallenriff der Erde mit märchenhaften Tauch- und Schnorchelrevieren sowie einem Kaleidoskop von Inseln, die kaum jemand gezählt hat. Vor allem die Küste von Queensland, so lang wie die Strecke Moskau–Palermo, ist für Wassersportler ein Paradies.

Es bedarf nur weniger Tage, um sich von der weltoffenen Atmosphäre der ostaustralischen Metropolen, der vielfältigen Natur und der Gelassenheit der Einheimischen, die das Leben leicht und sich selbst nicht so ernst nehmen, bezaubern zu lassen. Schon bald fällt einem der ganz besondere *easy way of life* der Australier auf: Locker und meist fröhlich zu sein, aber trotzdem hart zu arbeiten, das ist für die meisten ›Aussies‹ kein Widerspruch. Immer und überall findet man schnell Kontakt zu den ungezwungenen Australiern, die Besucher meist schon nach dem ersten Händedruck mit dem Vornamen anreden. Zum Abschied dann ein freundlicher Klaps auf die Schulter und ein heiteres *take it easy,* Down Under oft anstelle von Auf Wiedersehen verwendet. *Take it easy,* ›nimm's leicht‹, das ist auf dem fernen Erdteil eine Philosophie, der man sich anpassen sollte.

Steckbrief Australien

Daten und Fakten

Name: The Commonwealth of Australia (Australischer Bund)

Fläche: 7 682 300 km^2
Einwohner: 22,3 Mio.
Hauptstadt: Canberra (345 000 Einw.)
Amtssprache: Englisch
Bevölkerungswachstum: 1,15 %
Lebenserwartung: Frauen 84 Jahre, Männer 80 Jahre (weiße Australier); Frauen 67 Jahre, Männer 59 Jahre (Aborigines)

Währung: Australischer Dollar (A-\$), unterteilt in 100 Cents (c). 1 € = 1,46 A-\$, 1 A-\$ = 0,68 €, 1 CHF = 1,19 A-\$, 1 A-\$ = 0,83 CHF (Wechselkurse Mai 2014).
Zeitzonen: Eastern Standard Time (MEZ plus 9 Std.) in New South Wales (außer Broken Hill), Victoria, Queensland und Tasmanien; Central Standard Time (MEZ plus 8,5 Std.) in South Australia (mit Broken Hill/NSW und im

Northern Territory; Western Standard Time (MEZ plus 7 Std.) in Western Australia. Während der Sommerzeit in New South Wales, South Australia und Victoria eine Stunde zusätzlich.
Landesvorwahl: 0061

Landesflagge: Der Union Jack erinnert an die ehemalige Zugehörigkeit zu Großbritannien; der große siebenstrahlige Stern steht für die Gesamtheit der Staaten, und die kleinen Sterne bilden das Kreuz des Südens.

Geografie

Der ›Inselkontinent‹ erstreckt sich zwischen Pazifischem und Indischem Ozean. Wegen seiner isolierten Lage tief unten in der südlichen Hemisphäre nennen die Australier ihren Kontinent auch *Down Under,* was so viel bedeutet wie ›da unten‹. Australien ist ein Land der geografischen Superlative. Von Nord nach Süd dehnt es sich (mit Tasmanien) über knapp 3700 km aus; die Entfernung zwischen West- und Ostküste beträgt rund 4000 km. Auf die Landkarte Europas projiziert, reicht Australien von Madrid bis Moskau, von Island bis Istanbul. Seine Küste ist 36 750 km lang. Flächenmäßig rangiert es unter allen Ländern an sechster Stelle.

Geschichte

Ab ca. 50 000 v. Chr. wandern die Ureinwohner über eine Landbrücke aus Südostasien ein. 1770 geht James Cook in der Botany Bay vor Anker und nimmt den Ostteil des Kontinents für die Britische Krone in Besitz. Mit etwa 1000 Siedlern, zumeist Strafverbannten, erreicht Arthur Phillip am 18. Januar 1788 die Botany Bay und gründet acht Tage später in der nahen Port Jackson Bay die erste englische Niederlassung, das heutige Sydney. Die Zahl der Ureinwohner beträgt zu dieser Zeit zwischen 500 000 und 1 Mio. Dem permanenten Nahrungsmittelmangel in den Anfangsjahren begegnet man mit der Erschließung landwirtschaftlich nutzbarer Gebiete westlich der Great Dividing Range. Zu einem wirtschaftlichen Aufschwung führt die Entdeckung von Gold Mitte des 19. Jh. Am 1. Januar 1901 wird in Sydney das *Commonwealth of Australia* proklamiert und Melbourne zur Hauptstadt bestimmt (ab 1913 Canberra). Im Ersten Weltkrieg kämpfen australische Freiwillige an der Seite englischer Soldaten; im Zweiten Weltkrieg bombardieren die Japaner Darwin und andere nordaustralische Städte. Durch ein umfassendes Einwanderungsprogramm begünstigt, strömen nach 1945 Millionen Neubürger vorwiegend aus Europa ins Land. Die forcierte Ausbeutung mineralischer Rohstoffe führt in den 1950er- und 1960er-Jahren zu einer raschen Steigerung des Nationaleinkommens. Unter schweren Rezessionen leidet die Wirtschaft Anfang der 1970er- und während der 1980er-Jahre; seit Beginn der 1990er-Jahre verzeichnet man wieder ungebrochenes Wachstum.

Staat und Politik

Das *Commonwealth of Australia* ist eine parlamentarisch-demokratische Monarchie und Mitglied des *Commonwealth of Nations.* Staatsoberhaupt und nominell Inhaber der höchsten Exekutivgewalt ist der britische Monarch, vertreten durch einen von der australischen Regierung vorgeschlagenen Generalgouverneur. Die gesetzgebende Gewalt liegt beim Bundesparlament mit Sitz in Canberra, das sich aus Repräsentantenhaus und Senat zusammensetzt. Die einzelnen Gliedstaaten der Föderation besitzen eigene Verfassungen und unabhängige Staatsparlamente, die für ihre Gebiete weitgehend die gleichen legislativen Befugnisse haben wie die Bundesregierung für das gesamte Land. Seit September 2013 regiert Premierminister Tony Abbott mit einer national-liberalen Koalition.

Wirtschaft und Tourismus

Australien ist ein rohstoffreiches Industrieland mit einem modernen Agrar- und Bergbausektor, allerdings wird der Großteil des Bruttoinlandsprodukts im Dienstleistungssektor erwirtschaftet. Wichtigste Exportgüter sind Wolle, Weizen, Rind- und Kalbfleisch, Zucker, Steinkohle, Eisenerz und Bauxit, die wichtigsten Handelspartner Japan, USA, China, Neuseeland, Südkorea und Länder der EU.

In den zwölf Monaten von April 2013 bis März 2014 besuchten über 6,5 Mio. ausländische Touristen Australien, davon knapp 20 % aus Neuseeland, gefolgt von China, Großbritannien, Japan, USA und Singapur (sowie ca. 176 000 Deutsche, rund 50 000 Schweizer und etwas über 16 000 Österreicher).

Bevölkerung und Religion

In Australien leben gut 22 Mio. Menschen, also nur etwas mehr als in Nordrhein-Westfalen. Die Bevölkerungsdichte beträgt 2,9 Einw./km², wobei sich die Einwohner sehr ungleichmäßig verteilen. 92 % leben in Orten mit über 2000 Einwohnern, 70 % in den zehn größten Städten. Bevölkerungsreichster Staat ist New South Wales mit gut 7 Mio. Einwohnern (Sydney allein 4,6 Mio.). Etwa 75 % der Australier sind britischer Abstammung. 18 % stammen ursprünglich aus anderen europäischen Ländern (v. a. Italien, Jugoslawien, Griechenland, Deutschland) und 5 % aus asiatischen und afrikanischen Staaten. Der Anteil der Aborigines beträgt ca. 2 %.

Die Religionszugehörigkeit ist gewöhnlich durch das Herkunftsland der Einwanderer bestimmt. Vor dem Zweiten Weltkrieg waren fast 40 % Anglikaner, danach stieg durch Immigranten aus katholischen Ländern (Irland, Italien, Polen u. a.) die Bedeutung der römisch-katholischen Kirche.

Natur und Umwelt

Kängurus, Koalas und Kloakentiere, Eukalypten und Akazien – während seiner Jahrmillionen dauernden meerumschlossenen Isolation von den übrigen Erdteilen prägten sich in Australien Tier- und Pflanzenformen aus, die keine Entsprechung in anderen Teilen des Globus haben.

Geografie

Ein Blick in die Erdgeschichte

Am Anfang, so will es die Schöpfungsgeschichte der Aborigines, der australischen Ureinwohner, war die Erde eine weite und wüste Ebene, eine Ödnis ohne Leben, Licht und Wärme. Dann tat die Erdkruste sich auf und riesenhafte Geistergestalten traten hervor. Alsbald begannen die mythischen Urzeitwesen ihr Schöpfungswerk. Auf ihren langen Wanderungen durch die Weiten des australischen Kontinents prägten sie in der ›Traumzeit‹ nach und nach die Formen der heutigen Landschaft. Sie erhoben Berge, gruben Täler, ließen Flüsse fließen. Sie schufen Höhlen und Schluchten, Regenwälder und Steppen, Klippen und Felsen. Dann bevölkerten sie die Erde mit Menschen, Tieren und Pflanzen. Nach Vollendung ihres Werks zogen sich die Schöpferwesen zurück in Flüsse, Felsen, Grotten oder Wasserlöcher – Landschaftsmerkmale, die den Ureinwohnern heute noch als heilige Stätten gelten.

Lehrbücher beschreiben Australiens Naturgeschichte freilich um einiges nüchterner. Von Plattentektonik und Kontinentaldrift ist da die Rede. Nach den Erkenntnissen moderner Wissenschaft bildeten vor 200 Mio. Jahren die Landmassen auf unserem Planeten noch einen zusammenhängenden Kontinent, Pangäa genannt. Im Laufe geologischer Zeitalter brach dieser ›Superkontinent‹ horizontal auseinander. Es entstanden Laurasia in der nördlichen und Gondwana in der südlichen Hemisphäre. Die Entstehungsgeschichte des heutigen Australien begann vor rund 100 Mio. Jahren, als gewaltige Kräfte auch den südlichen Urkontinent in einzelne Erdkrustenplatten zerfallen ließen.

Nachdem sich Afrika und Indien von Gondwana getrennt hatten und in verschiedene Richtungen drifteten, blieben nur Südamerika, Australien und die Antarktis als ein Block zusammen. Aber auch diese Landscholle brach auseinander, und Uraustralien begann sich vor etwa 60 Mio. Jahren gen Norden zu bewegen, wo es vor rund 15 Mio. Jahren mit der pazifischen Platte kollidierte.

Während in anderen Erdteilen die Naturgewalten große geologische Veränderungen bewirkten, verharrte Australien Millionen Jahre lang im Ruhezustand. Seine zumindest vorläufig endgültige Gestalt erhielt der Kontinent erst vor ungefähr 10 000 Jahren am Ende der letzten Eiszeit, als durch das Abschmelzen der Eismassen der Meeresspiegel anstieg und die Landbrücken, die Australien mit Neuguinea und Tasmanien verbanden, verschwanden. Hebung und Senkung, Gebirgsbildung und Überflutung, Vulkanismus und Eiszeiten sowie Erosion durch Wind und Wasser verliehen dem Fünften Kontinent seine heutige Gestalt.

Landschaftliche Gliederung

Endlose Ebenen und niedrige Tafelländer, in denen das Olivgrün von Eukalypten und Akazien vorherrscht, prägen die australische Landschaft. Nur vereinzelt sind Naturattraktionen wie der Uluru inselartig eingestreut. Um eine andere Szenerie zu erleben, muss man häufig geradezu kontinentale Entfernungen zurücklegen, denn das überwiegend aus trockenen Ebenen, öden Savannen, verwitterten Gebirgszügen und kargem Weideland bestehende **Great Western Plateau** (Westaustralisches Tafelland) nimmt, weit in das Zentrum hineinreichend, knapp zwei Drittel des Kontinents ein.

Bestimmendes Landschaftselement an der weitaus abwechslungsreicheren Pazifikküste im Osten ist die **Great Dividing Range** (Großes Scheidegebirge), die sich über mehr als 3000 km zwischen den kühl-gemäßigten Zonen der Insel Tasmanien und der Cape-York-Halbinsel im tropischen Norden von Queensland erstreckt. Wie eine Wehrmauer reckt sich dieses Rückgrat Ostaustraliens den feuchten pazifischen Luftmassen entgegen, die sich an seiner östlichen Flanke abregnen und dafür sorgen, dass dort in subtropischen und tropischen Regenwäldern die Pflanzenwelt besonders artenreich ist. Die Berggipfel und das Hochland der südlichen Great Dividing Range, der Australischen Alpen, sind bis zu vier Monate im Jahr mit Schnee bedeckt, wodurch sich dieser Landesteil vom übrigen Kontinent unterscheidet. In der bis zu 150 km breiten Küstenebene östlich der Gebirgskette, die den Beinamen ›fruchtbarer Halbmond‹ *(Fertile Crescent)* trägt, finden sich die größten Städte und ertragreichsten Agrarregionen des Kontinents. Im Westen, im Windschatten der Berge, nimmt die Vegetation ebenso rasch ab, wie die Niederschläge spärlicher werden.

Zwischen den beiden geografischen Großregionen erstrecken sich die von Gebirgszügen wie den Flinders Ranges unterbrochenen **Central Eastern Lowlands** (Mittelaustralische Senke), ein Sedimentbecken, das in geologisch relativ junger Zeit den Boden eines Binnenmeeres bildete. Der Untergrund dieser Region besteht aus Kalk- und Schiefergesteinen, die während der Kreidezeit als Sedimentschichten abgelagert wurden. Man kann sich kaum vorstellen, dass unter der Oberfläche des trockenen Tieflands ein gigantischer Grundwasserspeicher liegt, das Große Artesische Becken (s. S. 18).

Zwar gibt es in Australien viele Gebirgszüge, doch sind diese nach europäischen Maßstäben nicht sehr hoch. Der Mount Kosciusko in den Snowy Mountains misst als höchster Gipfel des Landes gerade 2230 m. Mit einer durchschnittlichen Höhe von weniger als 300 m über dem Meeresspiegel gilt Australien als der flachste Kontinent.

Wettermuster Down Under

Von den gemäßigten Temperaturen im Süden und auf Tasmanien bis hin zur feucht-schwülen Hitze des Nordens sind auf dem Kontinent, der sich über mehr als 30 Breitengrade ausdehnt, die unterschiedlichsten klimatischen Varianten vertreten. Zur gemäßigten Zone gehören die Bundesstaaten Victoria und Tasmanien sowie die südlichen Landesteile von New South Wales, South Australia und Western Australia. Charakteristisch für diese Klimaregion sind vier ausgeprägte Jahreszeiten, die aufgrund der Lage Australiens in der südlichen Hemisphäre denen in Europa entgegengesetzt sind. Westwinde, die feuchte Luftmassen aus dem antarktischen Ozean bringen, sorgen in den Wintermonaten zwischen Juni und August für ein kühles, regenreiches Wetter mit viel Schnee in den Gebirgen, allerdings kaum Frost an der Küste.

Das Klima nördlich des Wendekreises des Steinbocks *(Tropic of Capricorn)* ist durch hohe Durchschnittstemperaturen, extreme Luftfeuchtigkeit und reichliche Niederschläge charakterisiert, wobei sich die beiden Hauptjahreszeiten weniger in der Temperatur als in der Niederschlagsmenge unterscheiden. Die von November bis April dauernde Regenzeit *(The Wet)* wird vom Nordwestmonsun bestimmt, der auf seinem Weg über den Indischen Ozean Feuchtigkeit aufnehmen kann. Typisch für die Regenmonate sind – neben meist sintflutartigen Wolkenbrüchen mit Überflutungen – tropische Wirbelstürme.

Zwischen den Klimaextremen der gemäßigten und der tropischen Region dominiert der subtropische Hochdruckgürtel, ein Gebiet, dem 2500 Sonnenscheinstunden jähr-

Natur und Umwelt

lich den Charakter einer Ganzjahres-Urlaubsregion verleihen.

Während der Monsun die nördlichen Landesteile mit Niederschlagsmengen von bis zu 4500 mm im Jahr durchweicht, fällt in manchen Regionen des trockenen Zentrums, das etwa drei Viertel des Kontinents umfasst, oft jahrelang kein Tropfen Regen. Da sich die Wolken, die vom Indischen und Pazifischen Ozean herübertreiben, meist bereits an den Gebirgsketten der Küstenregionen abregnen, wird das Binnenland von den dort vorherrschenden Wettersystemen nur gelegentlich berührt. In den Steppen-, Savannen- und Wüstengebieten des Outback verzeichnet man Regenmengen von weniger als 200 mm pro Jahr, in einem ›guten‹ Jahr fallen bis zu 400 mm Regen. Tatsächlich liegen die Niederschläge manchmal Jahre auseinander.

Selbst die längsten Flüsse Australiens, der Darling River (2740 km) und der Murray River (2570 km), sind im Vergleich zur Donau eher klägliche Gewässer. Und auch bei Australiens zahllosen Seen, d. h. bei den auf den Landkarten blau schraffierten Flächen, handelt es sich zumeist um Gewässer, die in einer früheren, niederschlagsreicheren Epoche entstanden und sich heute als Salzseen und Salzpfannen im Laufe eines Menschenlebens nur ein- oder zweimal mit Wasser füllen.

Wie zur Pionierzeit ist auch heute noch die Wasserversorgung eines der größten Probleme des Fünften Kontinents. Überall legte man große Stauseen als Wasserspeicher an oder leitete Flüsse um. Ein Großteil des dürren Landesinnern könnte nicht einmal für die Schaf- und Rinderzucht genutzt werden, gäbe es nicht immense Vorräte an artesischem Wasser. Eingeschlossen zwischen dem Felsengrund und den oberen Schichten undurchlässigen Sedimentgesteins, sammelt sich dieses Wasser viele hundert Meter unter der Oberfläche in einem Grundwassersee – dem **Großen Artesischen Becken,** das sich unter Zentralaustralien ausdehnt und hauptsächlich von den im östlichen Randgebirge entspringenden Flüssen gespeist wird. Die artesischen Wasservorkommen Australiens sind durch mehr als 30 000 Brunnen und

Bohrstellen angezapft. Doch obwohl das Große Artesische Becken eine Ausdehnung hat, die einem Fünftel der Landesfläche entspricht, ist der Grundwasservorrat nicht unerschöpflich. Versiegende Brunnen sowie der nachlassende Druck deuten darauf hin, dass das entnommene Wasser nicht in vollem Umfang durch versickerndes Fluss- und Regenwasser ersetzt wird.

Pflanzenwelt

Zähigkeit und Anpassungsfähigkeit an extreme Lebensräume und Klimabedingungen sind die Hauptmerkmale der meisten australischen Pflanzenarten. Als besonders adaptionsfähig haben sich die **Eukalypten** erwiesen. Wegen ihrer schmalen Blätter, deren Oberfläche sich wie Gummi anfühlt, werden sie in Australien *Gum Trees* genannt – ›Gummibäume‹. Eukalypten gedeihen auf sumpfigen Talböden ebenso wie auf kargen Berghängen, sind in den Trockengebieten des Zentrums genauso zu finden wie im tropischfeuchten Norden. In den Savannen bilden sie lichte Bestände, an Flussläufen Galeriewälder. Selbst in frostigen Gebirgsregionen mit Schnee sieht man Eukalypten. In ihrer Größe reichen sie von dem ungefähr 100 m hohen Königseukalyptus bis hin zu verkümmerten buschartigen Exemplaren in den ariden Zonen. Eine Gemeinsamkeit haben alle Arten: Im Herbst werfen sie nicht ihre Blätter ab, sondern schälen ihre Rinde. Typisch ist auch der würzige Duft der in den Blättern enthaltenen ätherischen Öle.

Ähnlich weit verbreitet und ebenso anpassungsfähig sind die mit den europäischen Mimosen verwandten **Akazien** *(Wattle),* deren Variationsbreite von Zwergwuchsarten bis zu Bäumen von 15 bis 25 m Höhe reicht. Häufig sieht man auch **Kasuarinen,** hochstämmige Bäume mit langen nadelartigen Blättern, sowie **Grasbäume,** auf deren dicken, kurzen Stämmen Büschel aus halbmeterlangen, hartgrasartigen Blättern sitzen. Wegen ihrer hoch aufgerichteten Blätterkrone, die aus der Ferne an die Haarschöpfe von Aborigines erinnert, wurden die Grasbäume von den ersten Siedlern auch *Blackboys* genannt.

Gerade 5 % der Gesamtfläche Australiens sind von Wald bedeckt, 60 % des Kontinents, vor allem das trockene Binnenland, fast vollkommen baumlos. Da die Hauptvegetationsgürtel und Pflanzenformen im Wesentlichen den Klimazonen entsprechen, ergibt sich folgendes Bild: In der innersten Trockenzone, dem ›Roten Zentrum‹, sind (Halb-)Wüstengebiete das bestimmende Element; es folgen Grassteppen, Buschland und Savannen, die in den niederschlagsreicheren Küstenregionen (mit Ausnahme der Nordwestküste) in oft dichte Wälder übergehen.

Eine Mischung aus australischen Eukalypten und asiatischen Baumarten bilden die tropischen **Regenwälder,** die – dem Zug der Great Dividing Range nach Süden folgend – Teile der östlichen Küstenregion bedecken. Hier gibt es 50 m hohe Urwaldriesen und Farne von Baumgröße ebenso wie Kletterpflanzen, Moose und Orchideen. Jenseits des Südlichen Wendekreises folgen Regenwälder der subtropischen und gemäßigten Zone. Eine typisch australische Vegetationsform sind die **Hartlaubwälder** der küstennahen Gebiete im Südosten und Südwesten, in denen hochwüchsige Eukalypten vorherrschen. Mit den zum Landesinnern abnehmenden Niederschlägen wird die Bewaldung dünner und geht schließlich in **Savanne** mit niedrigen Akazien und Eukalypten über. Dies ist einer der ausgedehntesten Vegetationsgürtel Australiens, zugleich das ›klassische‹ Weide- und Farmland.

Der Eukalyptus-Savanne folgt der lebensfeindliche **Trockenbusch.** Die dort wachsenden Pflanzen müssen den allerhärtesten Umweltbedingungen trotzen. In einem mehrere Millionen Jahre dauernden Prozess haben Pflanzen wie Tiere viele Lösungen gefunden, extreme Hitze und Trockenheit zu bewältigen. Um den Wasserverlust durch Verdunstung zu vermindern, drehen die australischen Mallee-Eukalypten ihre Blätter stets so, dass die Sonnenstrahlen nur auf die Blattkanten, nicht aber auf die Oberfläche treffen. Manche Akazienarten und die Wüstenkasuarinen verringern zur heißes-

ten Tageszeit die Oberfläche ihrer Blätter zu nadelförmigen Blattgebilden, die kaum mehr Feuchtigkeit abgeben.

Die Trockenbuschregion verschmilzt im Zentrum mit einer **wüstenähnlichen Landschaft.** Im Gegensatz zu anderen großen Wüsten sind die australischen, die etwa 40 % der Landfläche des Fünften Kontinents einnehmen, nicht trocken, sondern erhalten, wenn auch unregelmäßig, etwas mehr als 250 mm Niederschlag im Jahr. Die geröllübersäten roten Sandebenen Zentralaustraliens sind von Trockengräsern, zumeist Spinifex, bedeckt. Diese äußerst widerstandsfähige, in Büschen von 30 bis 150 cm Durchmesser wachsende Pflanze bietet Wildtieren Nahrung und Lebensraum. Die Pflanzenwelt in Australiens heißem Wüstenherz ist weitaus vielfältiger, als es die beim ersten Augenschein karge Landschaft vermuten lässt. Wenn es einmal regnet, beginnt die Wüste zu blühen. Millionen von Blumen, deren Samen – eingebettet im Erdreich – ihre Keimfähigkeit Jahre und Jahrzehnte bewahren können, schießen dann für einen kurzen Blütenzauber aus dem Boden.

Tierwelt

Beuteltiere

Bemerkenswert ist die Zahl endemischer Tierarten (Tierarten, die nirgendwo sonst vorkommen), allen voran die verschiedenen Beuteltiere, die sich durch die jahrmillionenlange Abgeschiedenheit Australiens ungehindert entwickeln konnten. Mit den Eier legenden Kloakentieren (s. u.) gehören sie zur einfachsten Form der Säuger.

Während die Plazentatiere ihren Nachwuchs mehr oder weniger vollständig entwickelt zur Welt bringen, werden die Jungen der Beuteltiere im embryonalen Zustand geboren und wachsen außerhalb der Gebärmutter in einem Beutel, einer mit Zitzen versehenen Felltasche, heran. Zwischen zwei bis sieben Monate bleiben die Jungen im Brustbeutel am Bauch der Mutter, bevor sie ihre ›hüpfende Wiege‹ erstmals verlassen.

Natur und Umwelt

In Australien sind etwa 90 Känguruarten beheimatet

Die am meisten verbreiteten Beuteltiere sind **Kängurus** mit rund 90 Arten und Unterarten, vom 2,5 m hohen Roten Riesenkänguru bis zum winzigen, nur 25 cm langen Moschusrattenkänguru. Als populärster Vertreter der Kängurufamilie gilt das Graue Riesenkänguru, zusammen mit dem Emu Schildhalter im australischen Wappen. Aber auch seine Funktion als Wappentier schützt es nicht vor dem Abschuss. Alljährlich werden Millionen Riesenkängurus zur Jagd freigegeben, weil sie als Busch- und Graslandbewohner mit Schafen und Rindern um Weideland und Wasser konkurrieren. Geschützt sind dagegen Wallabies, die zierlichen Vettern der Grauen Kängurus, sowie Wallaroos, die sprunggewaltigen Felsenkängurus.

Im Laufe ihrer Evolution haben die Marsupialier (von lat. *marsupium* – ›Beutel‹) zahlreiche Formen entwickelt. Es entstanden ›Spezialisten‹ für bestimmte Lebensräume, für verschiedene klimatische Bedingungen und für besondere Formen des Nahrungsangebots. Auf der Speisekarte des eichhörnchengroßen **Numbat** oder Ameisenbeutlers stehen Termiten, während der **Honigbeutler** mit seiner Zunge Nektar und Pollen aus Blüten herausschleckt. Es gibt auch Beuteltiere, die gleiten können wie die **Beutelflughörnchen** oder **Riesenflugbeutler.** Andere haben sich auf den Boden als Lebensraum spezialisiert, etwa der einem Maulwurf ähnelnde **Beutelmull** oder der dickwollige **Wombat,** ein in Erdhöhlen lebendes Nachttier.

Zur Gattung der Beuteltiere gehören auch das nachtaktive **Possum** (dt. Fuchskusu), ein Kletterbeutler mit langem Greifschwanz, den man sogar in Gärten und Parkanlagen antreffen kann, sowie der hundeähnliche, Fleisch fressende **Beutelteufel** (besser bekannt als *Tasmanian Devil* oder Tasmanischer Teufel), ein nach kleinen Wirbeltieren und Insekten jagender Raubbeutler. Auch ein häufig fälschlicherweise als ›Bär‹ bezeichnetes Tier ist ein Kletterbeutler: der **Koala** (s. S. 235).

Kloakentiere

Zu den merkwürdigsten Kreaturen Australiens zählen die Kloakentiere, zu deren prominentesten Vertretern das Schnabeltier und der Schnabeligel zählen. Als Eier legende und dennoch säugende Tiere repräsentieren sie ein Entwicklungsstadium zwischen Reptilien und Säugern. Einzig in Australien und Neuguinea haben diese Zeugen längst vergangener Erdzeitalter überlebt. Ihren Namen erhielten sie nach der Öffnung am hinteren Körperende – der Kloake –, in die Harnleiter, Darm und Geschlechtsorgane münden.

Das mit Entenschnabel, Schwimmhäuten und Biberschwanz ausgestattete **Schnabeltier** *(Platypus)* lebt in den Binnengewässern Ostaustraliens und Tasmaniens, wo es mit etwas Glück auch zu beobachten ist. Ein Weibchen legt jährlich zwei bis drei Eier und säugt seine Jungen nach dem Schlüpfen. Da es keine Zitzen besitzt, müssen die Jungen die aus Poren austretende Milch aus dem Bauchfell der Mutter lecken. Mit einem Fersensporn kann das Männchen ein sehr schmerzhaftes Gift injizieren. Vom Aussehen her hat das Schnabeltier mit seinem einzigen Verwandten, dem **Schnabeligel** *(Echidna),* keinerlei Ähnlichkeit. Der Körper des Echidna ist wie beim Igel mit harten Stacheln bedeckt. Er ernährt sich von Ameisen und Termiten. Bei drohender Gefahr kann sich das Tier im Handumdrehen in die Erde eingraben.

Säugetiere

Zur Gruppe der ›normalen‹ Landsäugetiere, die bereits vor Ankunft des Menschen auf dem australischen Kontinent vorkamen, zählen lediglich Fledermäuse und Flughunde sowie Mäuse und Ratten. Unter den in Meeresgebieten heimischen plazentalen Säugetieren (Seelöwen, Seebären, Delfine, Wale u. a.) verdienen die **Seekühe** *(Dugongs)* besondere Beachtung. Als reine Vegetarier ernähren sich diese Tiere, die 3 bis 4 m lang und mehrere hundert Kilogramm schwer werden können, von Wasserpflanzen. Weit verbreitet auf dem Fünften Kontinent ist heute der **Dingo**, vermutlich ein Abkömmling jenes Haushundes, den die Ureinwohner bei ihrer Einwanderung nach Australien mitbrachten.

Vögel

Ungestört konnte sich auf dem Fünften Kontinent die Vogelwelt entwickeln. Von den über 700 Vogelarten gelten an die 530 als ende-

misch. Australien ist das Hauptverbreitungsgebiet von **Papageien** – nirgendwo sonst haben die Krummschnäbel eine derartige Formenfülle und Farbenpracht entwickelt. Sittiche bevölkern Busch und Baum. Wie bei uns die Spatzen treten die lauten, bunten Rosakakadus *(Galahs)* in Schwärmen auf. Wegen ihres Appetits auf Saatgut gelten sie unter Farmern als Landplage. Den buntesten aller Vögel, den Regenbogen-Lori, sieht man selbst in Stadtparks.

Zu den bekanntesten Vögeln gehört der **Kookaburra**, mit 45 cm Länge der größte Eisvogel der Welt. Erkennbar ist er an seinen heiseren Rufen, die eher menschlichem Lachen ähneln als einem Vogelschrei. Der Vogel macht nicht nur Jagd auf bis zu 70 cm lange Schlangen, sondern schnappt sich auch Ratten, Mäuse, Grillen und anderes Ungeziefer, weswegen er trotz seines lautstarken Gezeters überall gern gesehen ist.

Allen Kreuzworträtsel-Lösern bekannt ist der **Emu,** ein bis zu 1,75 m großer Laufvogel, der ohne natürliche Feinde über die Jahrtausende seine Flugfähigkeit eingebüßt hat. Emus bevorzugen flache Savannenebenen.

Da er die Rufe anderer Vögel gut imitieren kann, gilt der **Leierschwanz** als Australiens ›Meistersinger‹. Der blauschwarze **Laubenvogel** baut kunstvolle ›Liebeslauben‹, um Weibchen anzulocken. Das **Thermometerhuhn,** ein Trockenbusch-Bewohner, nutzt die Gärungswärme faulender Pflanzen zum Ausbrüten seiner Eier.

Reptilien

Kaum eine Wanderung, auf der man nicht Dutzenden Echsen begegnet, die mit rund 500 Arten in allen Klima- und Vegetationszonen des Kontinents verbreitet sind. Besonders auffallend ist die **Kragenechse,** die als Drohgebärde die Hautfalte zu einer riesigen Halskrause hochstellen kann, sowie der mit unzähligen Stacheln recht martialisch aussehende **Dornteufel,** der aber durch sein friedfertiges Verhalten seinen Namen Lügen straft. Gefährlich können dagegen die zahlreichen **Schlangen** und die im tropischen Norden heimischen **Krokodile** werden (s. S. 94).

Australische Umweltsünden

Fauna und Flora Australiens hatten sich vor der europäischen Kolonisation den Boden- und klimatischen Verhältnissen des Kontinents angepasst. Über Jahrmillionen bildeten sich sehr fein balancierte Ökosysteme heraus. 40 000 Jahre lang lebten die Ureinwohner Australiens in harmonischer Einheit mit diesem Land – stets betrachteten sie sich als einen Teil dieser Natur und nahmen von der Pflanzen- und Tierwelt nur das in Anspruch, was im natürlichen Regenerationsprozess ersetzt wurde.

Nicht so die Weißen. So wie die Landschaft in vielen Millionen Jahren in Australien geformt worden war, war sie für die Menschen, die vor gut 200 Jahren einwanderten, nicht zu gebrauchen. Für die Neuankömmlinge bedeutete Boden Besitz, Anbaufläche für Getreide, Weide für die importierten Nutztiere.

Die Besiedlung durch Europäer hatte katastrophale Folgen für den Fünften Kontinent. Wälder schwanden, Sümpfe wurden trockengelegt, Buschland wurde kultiviert, ursprüngliche Naturräume wurden wirtschaftlich genutzt und damit für das vorhandene ökologische Lebensgefüge vernichtet. Mittlerweile sind zwei Drittel der Eukalyptuswälder zerstört. Besonders starken Veränderungen unterlagen die Waldgebiete an der Pazifikküste und im Südwesten. Ackerbau und Viehzucht, Besiedlung und Holzeinschlag haben dort erschreckende Schäden im Vegetationsbild hervorgerufen. Auch heute noch befinden sich weite Regionen von New South Wales und Victoria im Würgegriff der Forstwirtschaft, die einen Großteil der Staatswälder zu Holzspänen kleinraspelt und anschließend zur Papierproduktion nach Japan verschifft. Zwar wird wieder aufgeforstet, aber es entstehen monotone Baumplantagen, die sich über Tausende von Quadratkilometern erstrecken.

Eines der schwerwiegendsten Umweltprobleme Australiens ist die Verschlechterung der Böden. Verkarstung, Versteppung und die beschleunigte Ausbreitung der Wüstengebiete lassen Umweltschützer im wahrsten Sinne des Wortes als ›Rufer in der Wüste‹ erscheinen. Schuld an der Bodenerosion ist vor allem die exzessive Viehzucht. Riesige Schaf- und Rinderherden zertrampeln natürliche Lebensräume und gefährden nicht nur viele einheimische Pflanzen in ihrem Bestand, sondern beschleunigen auch die Wind- und Wassererosion der kargen Böden. Mittlerweile sind in manchen Landesteilen Zehntausende Quadratkilometer Agrarland durch Versalzung geschädigt. Toxische Salze drangen an die Oberfläche, weil mit der Rodung von Wald der Grundwasserspiegel stieg.

Zu den dringlichsten Aufgaben der Naturschützer gehört das Vergiften von Kaninchen und Füchsen, das Schießen von verwilderten Katzen und Ziegen – Australiens Tierwelt ist überfremdet. Vor allem in den Anfangsjahren der Besiedlung machte man sich wenig Gedanken über die Folgen des Imports neuer Tier- und Pflanzenarten. Besonders schädlich waren Tiere, die in ihrem neuen Lebensraum keine natürlichen Feinde hatten. Zu einer regelrechten Landplage entwickelten sich Kaninchen. Mitte des 19. Jh. waren aus England importierte Tiere in Victoria ausgesetzt worden, weil man sich bei der Kaninchenjagd amüsieren wollte. Gemäß ihrer sprichwörtli-

Thema

Die Jagd nach Opalen hat in Coober Pedy deutliche Spuren hinterlassen

chen Fruchtbarkeit vermehrten sie sich ungestört, und innerhalb weniger Dekaden wimmelte der ganze Kontinent von Kaninchen. Mitte des 20. Jh. schätzte man ihre Zahl landesweit auf rund 1 Mrd. Sie fraßen die Samen und Wurzeln von Wildpflanzen und Feldfrüchten und verdrängten einheimische Tiere aus ihrem Lebensraum.

Ebenso wie die Einfuhr exotischer Tiere wird der zufällige oder absichtliche Import von Pflanzen bedauert, die heute als ›aggressive Unkräuter‹ in manchen Regionen flächendeckend die einheimische Flora überwuchern. So wuchern z.B. deutsche Brombeersträucher mancherorts wie Dornenfestungen empor und bedrohen die endemische Pflanzenwelt.

Eine Umweltgefährdung, deren Ausmaß noch gar nicht abzuschätzen ist, geht von der australischen Bergbauindustrie aus. Der Abbau mineralischer Rohstoffe hat in manchen

Regionen die ganze Landschaft verändert. Mit modernster Technologie rücken internationale Minengesellschaften dem Land auf den Leib und hinterlassen zerwühlte und zerstörte Landstriche. Mitunter machen die Konzerne nicht einmal vor Schutzgebieten Halt.

Zudem drohen einem Klimareport zufolge Australien schlimmere Folgen durch den Klimawandel als anderen Industrienationen, wenn die Regierung nicht schnellstens handelt. Seit Jahren erlebt der Fünfte Kontinent lang anhaltende Dürreperioden, die schon viele Bauern an den Rand des Ruins getrieben haben. Durch die zunehmende Erwärmung droht das Great Barrier Reef, eine der bedeutendsten Touristenattraktionen des Landes, zu verschwinden. Australien ist zwar 2008 dem Kyoto-Protokoll beigetreten, hat aber – außer dem Verbot von Glühbirnen – noch keine konkreten Pläne für die Verminderung von Treibhausgasen.

Wirtschaft und aktuelle Politik

Nach schweren Krisen in den 1980er-Jahren verzeichnet die Wirtschaft seit den 1990er-Jahren einen ungebremsten Aufschwung. Dazu beigetragen hat auch eine verstärkte Hinwendung Australiens zu seinen asiatischen Nachbarn.

Das Wirtschaftswunder

Es war einmal ein Land am anderen Ende der Welt, in dem es sich sehr gut leben ließ. Ein Land mit amerikanischem Lebensstandard und skandinavischer Klassenlosigkeit – *The Lucky Country,* wo Milch und Honig flossen, das ›glückliche Land‹, das Auswanderer in Scharen anlockte. Basis des Wohlstands der Australier war bis Mitte des vergangenen Jahrhunderts die Landwirtschaft. Großflächige Bewässerung von fruchtbarem Ackerland, die Entwicklung moderner Landmaschinen sowie neue Möglichkeiten der Lebensmittelkonservierung ließen Australien in der ersten Hälfte des 20. Jh. zu einem Großexporteur für landwirtschaftliche Produkte aufsteigen. Insbesondere durch die Ausfuhr von Wolle, Weizen und Fleisch erzielte das Land eines der weltweit höchsten Pro-Kopf-Einkommen.

Nach dem Zweiten Weltkrieg trug die forcierte Ausbeutung immenser Bodenschätze zu einer weiteren Steigerung des Nationaleinkommens bei. Australien begann, sich zu einem der weltgrößten Lieferanten mineralischer Rohstoffe zu entwickeln. Mit Unterstützung internationalen Kapitals erschloss man riesige Vorkommen an Stein- und Braunkohle, Gold- und Silbererzen, Bauxit, Kupfer, Nickel, Mangan, Blei, Zink, Uran sowie insbesondere auch Eisenerz. Um die Rohstoffversorgung für ihre zahlreichen Schmelzöfen sicherzustellen, engagierten sich beim Abbau von Eisenerz vor allem die japanischen Stahlriesen.

Trotz hoher Investitionskosten und eines großen technischen Aufwands konnten die Bodenschätze – überwiegend im Tagebau – kostengünstig abgebaut werden. Allerdings wurden die hochwertigen mineralischen und agrarischen Rohstoffe nur zu einem geringen Teil in Australien selbst verarbeitet. Man überließ es industriell orientierten Ländern wie Japan und den USA, die Ressourcen in Fertigwaren zu verwandeln, und vernachlässigte dabei den Aufbau einer effizient arbeitenden heimischen Konsumgüterindustrie. Dennoch entwickelte sich dank des Wirtschaftswunders Down Under die größte Mittelklasse-Gesellschaft der Welt, die nach den USA und Kanada den weltweit höchsten Lebensstandard genoss. Damals begann sich in Übersee der Mythos von Australien als einem Auswanderungsland mit rosigen Zukunftsaussichten herauszubilden.

›The Party's Over‹

Eingelullt von ihrem Wohlstand, verschliefen die Australier aber neue wirtschaftliche Trends und globale Veränderungen. Schon während der 1960er-Jahre schätzten ausländische Experten die australische Ökonomie als wenig innovativ und international kaum konkurrenzfähig ein. Im Lande selbst jedoch wurde das keineswegs als Handicap empfunden, solange der unwirtschaftlich arbeitende Binnenmarkt durch Einfuhrbeschränkungen und hohe Schutzzölle gegen unliebsame ausländische Konkurrenz abgeschottet war. Die Industrie gewöhnte sich in dieser Zeit daran, dass jegliche potenzielle Bedrohung seitens billiger Importe durch staatliche Intervention abgewendet wurde. Zudem maß man den Einnahmen aus industriellen Exporten so lange keine große Bedeutung bei, wie die Ausfuhr von Agrarprodukten und mineralischen Rohstoffen genügend Geld in die Devisenkassen fließen ließ.

Dies änderte sich schlagartig, als Großbritannien 1972 der Europäischen Gemeinschaft beitrat. Praktisch über Nacht verlor die australische Landwirtschaft dadurch ihren mit Abstand wichtigsten Überseemarkt. Für Australien, das nun auf seinem Schaffleisch und seinem Weizen sitzen blieb, war dies ein Schock. Aber es sollte noch schlimmer kommen. Ein starker Rückgang der Nachfrage auf den internationalen Absatzmärkten brachte Anfang der 1970er- und erneut Anfang der 1980er-Jahre auch die Bergbauindustrie gewaltig ins Trudeln. Da man die Entwicklung exporttauglicher Fertigwaren vernachlässigt hatte, konnte auch die produzierende Wirtschaft die Einnahmeverluste aus dem Agrar-

und Bergbausektor nicht auffangen. Als Resultat dieser Entwicklungen erlebte Australien zwischen 1982 und 1984 die schlimmste Wirtschaftskrise seiner Geschichte. Das goldene Zeitalter schien seinem Ende entgegenzugehen. Das Land rutschte auf der Wohlstandsskala der Organisation für wirtschaftliche Zusammenarbeit und Entwicklung (OECD) auf den 15. Platz ab, nachdem es nach dem Zweiten Weltkrieg noch Platz zwei und Mitte der 1960er-Jahre immerhin noch Platz fünf belegt hatte.

Klar wurde weiterhin, dass das Wunder einer wohlhabenden, sozialen Gesellschaft bei weitem nicht nur mit im Lande erwirtschafteten Mitteln realisiert worden war, sondern zum Großteil auch mit fremdem, geliehenem Geld. Der Rausch der Boomjahre verschloss den Wirtschaftsplanern damals die Augen vor der Gefahr einer ungehemmten und unbekümmerten Geldpolitik. Der Schuldenberg blähte sich auf – lange gehörte Australien weltweit zu den Ländern mit der höchsten Pro-Kopf-Verschuldung. Der Kapitalzufluss aus dem Ausland hatte es den Australiern da-

Wolle zählt nach wie vor zu den wichtigsten australischen Exportgütern

mals ermöglicht, ›über ihre Verhältnisse‹ zu leben. Mit äußerst drastischen Worten versuchte der damalige Premierminister Bob Hawke seinen Landsleuten klarzumachen, dass sie den Gürtel enger zu schnallen hatten: »*The party's over – finito!*«

Kurskorrektur

Die Zeiten, da die Australier mit minimalem Kraftaufwand und unternehmerischem Geschick ihre Ressourcen in klingende Münze verwandeln konnten, waren endgültig vorbei. Die Wirtschaftsstrategen verordneten der verkrusteten australischen Wirtschaft, deren Strukturen zum Teil noch aus der Kolonialzeit stammen, eine ›Verjüngungskur‹. Leistungsorientierte Löhne, höhere Produktivität, Privatisierung unrentabler Staatsbetriebe, Abbau von Schutzzöllen und Zügelung der Gewerkschaften waren wichtige Komponenten der Kurskorrektur, deren Eckpfeiler Strukturwandel und Diversifizierung heißen.

In erster Linie wollte man die Ökonomie auf eine breitere und damit solidere Basis stellen, sich also um eine weiter gefächerte Produktionspalette für den Export bemühen. Ein Kernpunkt der neuen Strategie war die vermehrte Verarbeitung von Rohstoffen an Ort und Stelle, mit dem Ziel, deren Exportwert zu erhöhen. Einen hohen Stellenwert maßen Planer zudem dem Tourismus bei, der schon seit geraumer Zeit gleich einer im Lande heimischen Tierart große Sprünge macht. Innerhalb eines Jahrzehnts mauserte sich die Fremdenverkehrsindustrie zu einem der wichtigsten Wirtschaftszweige, der rund 500 000 Arbeitsplätze schafft.

Verlorenes Terrain wollten die Australier auch mittels einer geografischen Neuorientierung hinsichtlich der Handelspartner zurückgewinnen. »Das 19. Jahrhundert gehörte Europa, das 20. Amerika und das 21. gehört dem asiatisch-pazifischen Raum«, so lautete der Slogan der Wirtschaftsauguren. Lange Zeit hatten die Australier die Tatsache, dass unmittelbar vor ihrer Haustür sieben der zehn weltweit am schnellsten wachsenden Volkswirtschaften liegen, kaum zur Kenntnis genommen, ihre asiatischen Nachbarn mehr oder weniger ignoriert. Aber langsam begriffen sie, dass sie ihr geografisches Schicksal annehmen mussten, dass ihre wirtschaftliche Zukunft nicht von Europa oder Amerika, sondern von Asien abhängt.

Mittlerweile geht die Hälfte der Exporte in die Länder Ost- und Südostasiens, der größte Teil davon nach Japan. Das nach Erzen hungrige Nippon kauft in Australien mehr als die EU und die USA zusammengenommen. Der Wunsch, ökonomisch und auch politisch näher an Asien heranzurücken, wird noch verstärkt durch die Bildung wirtschaftlicher Blöcke in anderen Teilen der Welt. Manche australischen Ökonomen entwickeln bereits Pläne für einen Asiatischen Gemeinsamen Markt, in dem Australien eine wirtschaftliche Schlüsselrolle spielen soll.

Durch die wirtschaftspolitische Kurskorrektur wurde nicht nur der Niedergang des Landes abgebremst, es wurde damit sogar die Basis für ein neues kleines Wirtschaftswunder geschaffen. Seit den 1990er-Jahren verzeichnet die australische Ökonomie ungebrochenes Wachstum. Die OECD lobte die Regierung Australiens für ihre weit reichenden Wirtschaftsreformen. Bei einem soliden Staatshaushalt fährt die Regierung einer national-liberalen Koalition unter Premierminister Tony Abbott mit Steuersenkungen und vor allem dem Schuldenabbau fort. Deutlich steigen sollten die Staatsausgaben im Sozial-, Gesundheits- und Bildungswesen. Inzwischen hat das Wirtschaftswachstum eine solche Dynamik entwickelt, dass die Geburtenrate im Land nicht mehr ausreicht, um für ausreichend Nachschub an Arbeitskräften zu sorgen. Aus diesem Grund gab die Regierung im Juli 2010 und erneut im September 2012 in verschiedenen europäischen und asiatischen Ländern den Startschuss für die größten Werbeaktionen für Jobs in Australien seit einem halben Jahrhundert.

Mittagspause in Brisbanes Business District

Geschichte

Die frühesten menschlichen Spuren auf australischem Boden sind schon etwa 50 000 Jahre alt, doch erst mit der ›Entdeckung‹ durch den englischen Weltumsegler James Cook tritt Australien ins Licht der Geschichte. Von der Strafkolonie Großbritanniens entwickelte sich der Fünfte Kontinent zum Einwanderer- und Wirtschaftswunderland und zum Traumreiseziel am anderen Ende der Welt.

Jahrhundertelang war der Erdteil ein Mysterium für frühe europäische Entdecker gewesen. Die Vorstellung von einem Kontinent auf der Südhalbkugel ging auf Geografen der Antike wie Claudius Ptolemäus zurück, die postuliert hatten, es müsse, um die Erde bei ihrer Umdrehung im Gleichgewicht zu halten, ein Gegengewicht zur Landmasse der Nordkontinente geben. Auf der Suche nach der *Terra Australis Incognita* gab es zahlreiche Fehlschläge, und Berichte über den Fünften Kontinent blieben selbst in der Zeit der ›Entdecker‹ und Weltumsegler, die mit Kolumbus und Magellan begann, äußerst vage.

Ein Mythos wird Realität

Der erste Europäer, der nachweislich australischen Boden betrat, war der holländische Kapitän Willem Janszoon. Auf der Suche nach sicheren Seewegen von Niederländisch-Ostindien zum heimatlichen Holland segelte er an der Küste des heutigen Queensland entlang und ging 1606 an der Westseite der Cape York Peninsula an Land. Als zur damaligen Zeit dominierende europäische Handelsmacht übernahmen die Niederländer die führende Rolle bei der Erforschung des Südpazifiks. Während zahlreicher Zufallslandungen und Irrfahrten erkundeten und kartierten holländische Seefahrer die Nordwest- und Südküste des Kontinents, den sie fortan Hollandia Nova nannten. Am bedeutendsten war die Seereise von Abel Janszoon Tasman im Jahr 1642, während der er auf eine Insel im Süden von Australien stieß, die später ihm zu Ehren den Namen Tasmanien tragen sollte.

Als ab Mitte des 18. Jh. Briten und Franzosen um weitere Entdeckungen in den südlichen Ozeanen konkurrierten, entsandte die britische Admiralität 1768 Kapitän James Cook und namhafte Wissenschaftler in den Südpazifik. Kapitän Cook führte Geheimbefehle mit sich, die ihn anwiesen, die Existenz des Südkontinents zu bestätigen und die Möglichkeiten für eine Besiedlung zu prüfen.

Cook stieß auf das zuvor schon von Abel Tasman entdeckte Neuseeland. Sechs Monate verbrachte er damit, die Doppelinsel kartografisch zu erfassen. Statt danach Kurs gen Heimat zu nehmen, folgte er Tasmans Route Richtung Westen. Am 19. April 1770 sichtete Leutnant Zacharias Hicks den östlichsten Zipfel von Victoria, der seitdem den Namen Hicks Point trägt. Am 28. April 1770 entdeckte der Kommandant eine Bucht unweit des heutigen Sydney, die er später Botany Bay nannte.

Von Botany Bay setzte die »Endeavour« ihre Fahrt nach Norden fort. Kapitän Cook erreichte das Cape York Peninsula, bevor ihm beinahe ein Korallenriff zum Verhängnis wurde. Die siebenwöchige Zwangspause für die Reparaturarbeiten in der Nähe des heutigen Cooktown gab den Wissenschaftlern Gelegenheit, die Pflanzen- und Tierwelt Australiens zu erforschen. James Cook beendete seine Mission, indem er den Osten des Kontinents offiziell zur Kolonie der Britischen Krone erklärte.

Die Besiedlung des Kontinents

Nachdem Großbritannien nach der Niederlage im amerikanischen Unabhängigkeitskrieg 1783 den nordamerikanischen Kolonien ihre Souveränität zugestehen musste, verlor es nicht nur ein lukratives Handelsgebiet, sondern auch einen Verbannungsplatz für seine Sträflinge. Bei seiner Anhörung vor dem Kronrat plädierte der Naturforscher Joseph Banks, der Kapitän James Cook auf seiner Expedition begleitet hatte, für New South Wales als ›Ausweichlager‹, indem er das günstige Klima, den fruchtbaren Boden sowie den Reichtum an Bauholz und Wasser hervorhob. Im Jahr 1786 wurde Kapitän Arthur Phillip beauftragt, die erste englische Kolonie auf australischem Boden zu gründen. Am 13. Mai 1787 stach die erste Flotte von neun Gefangenenschiffen mit rund 1000 Menschen, darunter fast 800 Strafverbannte, in See. Nach acht Monaten beschwerlicher

Reise konnten die Anker in der Botany Bay geworfen werden. Die Region um diese Bucht erwies sich jedoch für eine Besiedlung als ungeeignet. Etwas weiter nördlich machte Phillip ein besseres Gebiet aus. Am Naturhafen Port Jackson wurde eine Siedlung gegründet, die Keimzelle des heutigen Sydney.

Aber auch das Land an der Bucht von Sydney entsprach nicht der überschwänglichen Schilderung von Joseph Banks. Im Januar, auf dem Höhepunkt der Sommerhitze, präsentierte es sich braun und ausgedörrt. Der von der Sonne hart gebackene Boden konnte nur mit größter Mühe bestellt werden. Die aus dem kühlen Europa mitgebrachten Samen waren für das australische Klima nicht geeignet. Was dennoch zu keimen begann, wurde meist von Schädlingen vernichtet. Die mitgebrachten Bullen und Kühe verwilderten schon bald im Busch, die für Zuchtzwecke vorgesehenen Schafe fielen nicht nur hungrigen Sträflingen, sondern auch Ureinwohnern und Dingos zum Opfer. Ohne regelmäßigen Nachschub aus dem Mutterland wäre die neue Kolonie, in der regelmäßig Hungersnöte ausbrachen, nicht lebensfähig gewesen. Zudem kam es immer wieder zu blutigen Auseinandersetzungen mit den Eora und Dharuk, Aboriginal-Stämmen, die schon seit Jahrtausenden im Gebiet von Botany Bay und

Nachgestellte Landung von James Cook an der Küste des heutigen Cooktown

Geschichte

Das Freilichtmuseum Sovereign Hill in Ballarat lässt die Goldrauschzeit aufleben

Port Jackson lebten und sich gegen die Vertreibung aus ihrem Stammesland wehrten.

Dass der koloniale Außenposten Großbritanniens bestehen blieb, war dem Gouverneur Arthur Phillip zu verdanken. Mit Zuckerbrot und Peitsche bemühte sich der ›Vater des weißen Australien‹, das Chaos zu ordnen und die Siedlung planmäßig aufzubauen. Doch schon bald nach seiner Rückkehr nach England 1792 riss das korrupte Militär die Kontrolle über die Kolonie an sich. Nach eigenem Gutdünken verteilten Offiziere das beste Land an willfährige Untergebene und kommandierten Sträflinge zum Frondienst für die neuen Feudalherren ab.

Zugleich vereinnahmte die Herrscherclique Handelsmonopole, allen voran das für Rum. Von den Kapitänen der sporadisch eintreffenden amerikanischen Segler erwarben sie ganze Schiffsladungen bengalischen Rums und betrieben damit einen schwunghaften Handel. Als mehrere Zivilgouverneure der chaotischen Zustände unter dem sogenannten ›Rum Corps‹ nicht mehr Herr wurden, entsandte die britische Admiralität William Bligh, der einige Jahre zuvor als Kommandant der

»Bounty« Opfer der berühmtesten Meuterei der Seefahrtsgeschichte geworden war. Zwar gelang es ihm, den illegalen Rumhandel zu unterbinden, doch zettelten seine Offiziere 1808 einen Aufstand gegen ihn an und setzten ihn wegen ›Tyrannei‹ ein Jahr lang gefangen. In die Annalen der Landesgeschichte ging diese Revolte als ›Rum Rebellion‹ ein. Erst einem neuen Gouverneur, Lachlan Macquarie, der mit seinen eigenen, ihm ergebenen Truppen aus England anreiste, gelang es, Ruhe und Ordnung wiederherzustellen.

Als Macquarie 1810 die Leitung der Kolonie übernahm, zeichnete sich die Umwandlung des ›weiten Kerkers‹ in eine Kolonie freier Einwanderer ab. Macquarie war der erste Gouverneur, der Deportierten nach Ablauf oder Erlass ihrer Strafe Besitz- und Bürgerrechte gewährte. Endlich galt Großbritanniens überseeische Besitzung als ein Land, in das die Krone nicht nur Gesetzesbrecher, sondern auch ›normale‹ Auswanderer schicken konnte.

Zwischen 1788 und 1868 wurden ungefähr 160 000 Strafgefangene zwangsweise nach Australien verschifft. Als billige Arbeitskräfte trugen die Häftlinge zum Aufblühen der Wirtschaft auf dem fernen Kontinent bei. Manche freie Einwanderer suchten ihr Glück im Walfischfang und der Seehundjagd, am wichtigsten für Australiens Zukunft war jedoch die Erschließung von Weideland für Rinder und Schafe.

Nachdem man erstmals die Blue Mountains westlich von Sydney überquert hatte, bis dahin ein unüberwindliches Hindernis für die Expansion nach Westen, war Englands Außenposten nicht mehr auf den schmalen Küstenstreifen an der Bucht von Sydney beschränkt. Im Rahmen weiterer Expeditionen erschlossen ›Entdecker‹ zunächst den Südosten und Südwesten des Kontinents, um schließlich ins unbekannte Landesinnere vorzustoßen. Den meisten Erkundungsreisen folgte oft unmittelbar die Ausdehnung der Siedlungsgebiete.

Als Mitte des 19. Jh. in den australischen Kolonien Forderungen nach einer Selbstverwaltung laut wurden, gewährte Großbritannien mit dem *Australian Colonies Government Act* von 1850 den Kolonien New South Wales, Victoria und South Australia weitgehende Autonomie. Queensland, das lange Zeit ein Teil von New South Wales blieb, erhielt seine ›Unabhängigkeit‹ 1859, Western Australia folgte 1890.

Goldfieber und erste demokratische Reformen

Wie ein Donnerschlag setzte 1851 der australische Goldrausch ein. Die Kunde vom Goldfund in der Nähe von Bathurst in New South Wales erschütterte das gesellschaftliche, wirtschaftliche und politische Gefüge der australischen Kolonien. Das Zauberwort ›Gold‹ führte zu einem Exodus der arbeitsfähigen Männer aus den Städten.

Da vor allem Victoria unter der Flucht seiner Bevölkerung zu den Goldfeldern im benachbarten New South Wales litt, setzte die Regierung dieser Kolonie eine Prämie für Goldfunde in ihrem Gebiet aus. Bereits im Juni 1851 entdeckte man die reichen Goldadern von Ballarat, Bendigo und Castlemaine nördlich von Melbourne. Mehr als 100 000 Abenteurer und Glücksritter aus aller Herren Länder strömten zu den Goldfeldern. Zeitweise förderte man in Victoria rund ein Drittel der gesamten Weltproduktion an Gold.

Doch schon nach wenigen Jahren waren die leicht abzubauenden Vorkommen erschöpft. Fortan mussten Schächte zu den tief liegenden Adern getrieben werden, was sich nur noch finanzstarke Gesellschaften leisten konnten. Die meisten der ins Land geströmten Goldsucher vertauschten nun Schaufel und Pickel mit ihrem gewohnten Handwerkszeug und wurden zu unentbehrlichen Kräften für die Entwicklung Australiens. Hatte die Einwohnerzahl des Landes zu Beginn des Goldrausches bei gerade einmal 400 000 gelegen, so wuchs sie innerhalb eines Jahrzehnts rapide auf fast 1,15 Mio. an.

Durch den wirtschaftlichen Erfolg zunehmend selbstbewusster geworden, forderten immer mehr Australier demokratische Verhältnisse und Unabhängigkeit von England. Auslöser war die *Eureka Stockade,* der erste und einzige bewaffnete Aufstand von Zivilisten gegen staatliche Willkür in der Landesgeschichte. Nach einem Erlass der Kolonialverwaltung von Victoria aus dem Jahr 1852 mussten alle Goldsucher eine monatliche Lizenzgebühr für das Schürfen entrichten, ob sie nun fündig wurden oder nicht. Dies rief starken Unmut bei den *Diggers* hervor, die sich 1854 aus Protest zu einer politischen Gruppierung zusammenschlossen, der *Ballarat Reform League.* Ihre Wortführer forderten nicht nur die Rücknahme der Goldgräbersteuer, sondern auch jährliche Parlamentswahlen und ein allgemeines geheimes Wahlrecht. Die Volkserhebung endete in einem Blutbad, als die Obrigkeit eine von den *Diggers* bei der Stadt Ballarat errichtete Barrikade von Soldaten stürmen ließ.

Letztendlich aber musste die Staatsmacht klein beigeben, denn der lautstarke Ruf nach mehr Demokratie ließ sich kaum noch unterdrücken. So führte man 1857 in Victoria das demokratische Wahlrecht ein, ein Jahr später in New South Wales.

Die Unabhängigkeit Australiens

Das Australien des 19. Jh. war ein loser Zusammenschluss von sechs Kolonien, die von Großbritannien unabhängig wurden, aber auch voneinander unabhängig waren. Eigeninteressen und Rivalitäten standen dem wirtschaftlichen Wachstum im Wege. Neben den immensen Entfernungen behinderten Zollschranken einen Warenaustausch zwischen den Kolonien.

Gegen Ende des 19. Jh. aber wurden die Vorteile eines politischen Zusammenschlusses immer deutlicher. Immer lauter wurden auch Stimmen, die eine Loslösung vom englischen Mutterland forderten. Die Föderationsidee fand bei der britischen Regierung Zustimmung, vor allem weil sie die Landesverteidigung nur durch die gemeinsamen Streitkräfte eines geeinten Australien gewährleistet sah. Nach mehreren verfassungsgebenden Versammlungen beschlossen die Kolonien, eine föderative Nation mit Zentralregierung zu bilden. Obwohl eine Volksabstimmung nur eine knappe Mehrheit für eine Vereinigung brachte, wurde das Commonwealth of Australia am 1. Januar 1901 gegründet. Da zwischen Sydney und Melbourne ein erbitterter Streit um den Status als Hauptstadt ausgebrochen war, sollte der Parlamentssitz in gebührendem Abstand zwischen den beiden Kontrahenten liegen. Dies war die Geburtsstunde von Canberra, der heutigen Hauptstadt.

Erster und Zweiter Weltkrieg

Auch nach seiner Unabhängigkeit war Australien noch fest mit dem englischen Mutterland verbunden. So meldeten sich, nachdem Großbritannien am 4. August 1914 Deutschland den Krieg erklärt hatte, Tausende von Freiwilligen, um in Europa als Bundesgenossen der Engländer zu kämpfen. Gemeinsam mit den Neuseeländern bildeten die Australier das sogenannte Australia and New Zealand Army Corps (ANZAC) und entsandten

mehr als 500 000 Soldaten auf die Schlachtfelder in Europa.

Viele von ihnen wurden auf der Dardanellen-Halbinsel Gallipoli gegen türkische und deutsche Verbände eingesetzt. Ziel der Aktion war es, einen Zugang zum Schwarzen Meer zu erkämpfen. Nach neun Monaten gab man das Unternehmen auf. Zurück blieben über 12 000 Tote, darunter 8500 Australier und 2700 Neuseeländer. In Australien wie in Neuseeland spielte die Schlacht um Gallipoli eine entscheidende Rolle bei der nationalen Selbstfindung. Heute noch halten die alljährlichen ANZAC-Gedenkfeiern am 25. April die Erinnerung an die Niederlage wach, die viele Australier und Neuseeländer als einen moralischen Sieg empfinden.

Ende der 1930er-Jahre – die australische Wirtschaft hatte sich eben von den durch die Weltwirtschaftskrise hervorgerufenen ökonomischen Problemen erholt – brauten sich am politischen Horizont erneut dunkle Wolken zusammen. Obwohl die in Deutschland und Italien an die Macht gekommenen Faschisten versuchten, auch in Australien mit Hilfe früherer Auswanderer ihre Ideologien zu verbreiten, wollte man auf dem Fünften Kontinent das sich anbahnende Unheil nicht wahrhaben. Politiker aller Parteien befürworteten die britische Appeasement-Politik gegenüber Hitler-Deutschland.

Als im September 1939 zwischen Großbritannien und Deutschland erneut Krieg ausbrach, zogen wieder Tausende junger Australier auf die Schlachtfelder am anderen Ende der Welt. Am 7. Dezember 1941 eröffnete Japan mit der Bombardierung des amerikanischen Stützpunktes Pearl Harbor den Pazifischen Krieg – nun fanden die Kampfhandlungen vor den Toren des Fünften Kontinents statt. Darwin war die erste australische Stadt, die von einer feindlichen Macht angegriffen wurde. Nachdem am 19. Februar 1942 japanische Bomber den Hafen, der für das britische Militär eine wichtige strategische Bedeutung besaß, attackiert hatten, wandte sich Australien an die USA um militärischen Beistand. In der Folgezeit diente das Land Zehntausenden amerikanischen Soldaten als

Basis im pazifischen Raum. Der Krieg war entschieden, als die USA Anfang Mai 1942 die Schlacht in der Korallen-See, die größte Seeschlacht aller Zeiten, gewannen.

Australien nach 1945

Nach dem Zweiten Weltkrieg begann Australien, sich außenpolitisch neu zu orientieren. Da Großbritannien als Schutzmacht versagt hatte, wollte man sich zukünftig an die USA halten. Mit der Unterzeichnung des ANZUS-Paktes, eines von den USA initiierten Sicherheitsabkommens, beteiligte sich Australien 1951 erstmals an einem Bündnis, dem Großbritannien nicht angehörte. Zudem entsandte Australien während des Koreakriegs und der ersten Jahre des Vietnamkriegs Kampfverbände zur Unterstützung der amerikanischen Streitkräfte.

Australiens Wirtschaft, die in den Nachkriegsjahren enorm gewachsen war, benötigte dringend Arbeitskräfte, und so holte man im Rahmen eines Einwanderungsprogramms bis 1965 vor allem aus Europa 3 Mio. Neubürger ins Land. Die 50er- und 60er-Jahre des 20. Jh., in denen konservative Parteien die Regierungen bildeten, waren von wachsendem Wohlstand geprägt. Zur Steigerung des Nationaleinkommens trug vor allem die Ausbeutung von Mineralvorkommen bei. Unter dem damaligen Premierminister Robert Gordon Menzies waren die Australier auf dem besten Weg, nach den US-Amerikanern den höchsten Lebensstandard der Welt zu erreichen. Allerdings war die Ära Menzies auch eine Zeit der kulturellen Stagnation und der Abkapselung gegenüber den asiatischen Nachbarländern.

Zu einer Kursänderung kam es erst in den 70er-Jahren des 20. Jh. während der Amtszeit des Labor-Premiers Edward Gough Whitlam, der wichtige Sozialreformen durchsetzte und durch eine Annäherung an die Nachbarstaaten die Position Australiens im asiatisch-pazifischen Raum neu bestimmte. Als der Generalgouverneur, der Repräsentant der englischen Krone in Australien, in einer Zeit innenpolitischer Turbulenzen 1975 Whitlam seines Amtes enthob und den Oppositionsführer Malcolm Fraser als Chef einer Übergangsregierung einsetzte, kam es zu einer Verfassungskrise. Viele Australier erhoben damals die Forderung, das Land zu einer Republik umzugestalten.

Auf dem Weg ins 21. Jahrhundert

Mit der Wahl von Bob Hawke, dem damaligen Vorsitzenden der Australian Labor Party, zum Premierminister im Jahr 1983 fand Australien allmählich zu politisch und wirtschaftlich stabilen Verhältnissen zurück. Nachdem sich Hawke bei vier aufeinander folgenden Wahlen als Premier behaupten konnte, musste er 1991 nach innerparteilichen Diskussionen über die künftige Wirtschaftspolitik der Labor Party zurücktreten. Ihm folgte Paul John Keating im Amt des Premierministers. 1996 beendete der Sieg der konservativen Parteien bei den Parlamentswahlen die lange Regierungsperiode der Labor Party. Zum neuen Premier wurde John Howard, Vorsitzender der Liberal Party of Australia, gewählt.

Die Frage, ob Australien eine konstitutionelle Monarchie im britischen Commonwealth of Nations bleiben sollte, war Ende der 1990er-Jahre Down Under ein heiß diskutiertes Thema. Obwohl der Union Jack in der australischen Flagge heute im Grunde genommen ein Anachronismus ist, votierten bei einem Referendum im November 1999 über die Hälfte der Wähler für die Beibehaltung der Monarchie und gegen die Gründung einer unabhängigen Republik.

Trotz massiver öffentlicher Proteste führte John Howard im März 2003 als enger Verbündeter des damaligen US-Präsidenten George W. Bush Australien in den Irakkrieg. Im Dezember 2007 endete mit einem klaren Sieg der Labor Party die elfjährige Regierungszeit der konservativen Parteien. Nach sechs Jahren Labor-Regierung hat Australien seit September 2013 mit Tony Abbott wieder einen konservativen Premierminister.

Zeittafel

Ab 50 000 v. Chr.	Beginn der Einwanderung der ersten Ureinwohner über eine Landbrücke aus Südostasien.
1606	Der Niederländer William Janszoon betritt auf der Cape-York-Halbinsel als vermutlich erster Europäer australischen Boden.
28. April 1770	Der englische Weltumsegler James Cook geht in der heute zu Sydney gehörenden Botany Bay vor Anker; wenig später nimmt er den Ostteil des Kontinents formell für die Britische Krone in Besitz.
1786	Nach dem Verlust ihrer amerikanischen Kolonien gründet die britische Regierung an der Botany Bay eine Strafkolonie.
18. Jan. 1788	Die von Kapitän Arthur Phillip kommandierte ›Erste Flotte‹ erreicht mit ca. 1000 Siedlern, zumeist Strafdeportierten, Australien. An der Bucht Port Jackson wird die erste englische Niederlassung gegründet, das heutige Sydney.
1817	Der Kontinent erhält offiziell den Namen ›Australien‹.
1829	Freie Siedler gründen die erste Siedlung ohne Sträflinge in der Nähe des heutigen Perth; Großbritannien dehnt seinen Besitzanspruch auf den gesamten Kontinent aus.
1851	Beginn des Goldrausches in New South Wales und Victoria.
1854	Die Eureka Stockade in Ballarat (Victoria) markiert den Beginn demokratischer Tendenzen in Australien.
1. Jan. 1901	Proklamation des Commonwealth of Australia (Zusammenschluss der sechs australischen Kolonien zu einer unabhängigen Nation); Melbourne wird zur vorläufigen Hauptstadt bestimmt.
1902	Australien führt als zweites Land der Welt das Frauenwahlrecht ein.
1908	Canberra löst Melbourne als Hauptstadt von Australien ab.
1914	Nach dem Ausbruch des Ersten Weltkriegs entsenden Australien und Neuseeland über 500 000 Kriegsfreiwillige nach Europa.
1927	Das Parlament zieht von Melbourne nach Canberra um.

Am 3. 9. 1939 tritt Australien in den Zweiten Weltkrieg ein. Mit der Bombardierung Darwins durch die Japaner am 19. 2. 1942 weitet sich der Krieg auf australisches Territorium aus. **1939–42**

Im umfassendsten Einwanderungsprogramm Australiens strömen ca. 3,5 Mio. Neubürger ins Land. **1945–65**

Mit dem Wahlsieg von Robert Gordon Menzies beginnt die 23 Jahre dauernde Regierungsperiode der Konservativen. **1949**

Australien, Neuseeland und die USA schließen den ANZUS-Vertrag, einen militärischen Beistandspakt. **1951**

Die Ureinwohner erhalten das Wahlrecht. **1962**

Beginn der Amtsperiode von Labor-Premier Bob Hawke. **5. März 1983**

Rückgabe des Uluru (Ayers Rock) an die Aborigines. **26. Okt. 1985**

Sieg der konservativen Parteien bei den Parlamentswahlen; John Howard wird neuer Premierminister. **1996**

Die XXVII. Olympischen Sommerspiele finden in Sydney statt. **2000**

Der Wahlsieg von Labor-Chef Kevin Michael Rudd beendet die elfjährige Regierungszeit der konservativen Parteien. **Dez. 2007**

Der neue Premierminister bittet in seiner ›Sorry‹-Rede die Aborigines offiziell um Entschuldigung. **Febr. 2008**

Dem größten Feuerinferno in der jüngeren Geschichte Australiens fallen im Bundesstaat Victoria über 170 Menschen zum Opfer. **Febr. 2009**

Nach einer Parteirevolte gegen Premierminister K. M. Rudd führt mit Julia Gillard erstmals eine Frau die Regierung in Australien an. **24. Juni 2010**

Bei den Parlamentswahlen siegt ein national-liberales Bündnis; Tony Abbott wird neuer Premierminister. **Sept. 2013**

Australien übernimmt die Präsidentschaft der G20, der Gruppe der 20 wichtigsten Industrie- und Schwellenländer. **Febr. 2014**

Gesellschaft und Alltagskultur

Auf dem Fünften Kontinent leben heute Menschen aus über 100 verschiedenen Nationen, die ihre Sitten und Gebräuche, Religionen und Kulturen in die neue Heimat mitbrachten. Fremdlinge im australischen Haus bleiben trotz mancher Integrationsversuche die Ureinwohner, deren Kultur von Außenstehenden lange Zeit ignoriert oder missverstanden wurde.

Aborigines – Australiens Ureinwohner

Jäger und Sammler

Vor Ankunft der Weißen vor etwas mehr als zwei Jahrhunderten gehörte Australien allein den Aborigines, die vermutlich einst aus Südostasien über eine Inselkette zwischen der asiatischen und australischen Landmasse auf den Fünften Kontinent gekommen waren. Ungefähr 50 000 Jahre lang streiften die auf 500 bis 600 Stämme verteilten Ureinwohner als Jäger und Sammler durch den Kontinent. In der Abgeschiedenheit ihres Erdteils entwickelten sie raffinierte Methoden, um mit dem rauen Land zu leben, mit den Jahreszeiten, den Tieren und Pflanzen. Eine jahrtausendealte Erfahrung hatte sie gelehrt, die natürlichen Ressourcen zu nutzen und ihre Nahrungsgrundlagen nicht zu zerstören.

Als nomadische Wildbeuter bewegten sich die Ureinwohner im Rhythmus der Jahreszeiten zwischen ihren wechselnden Lagerplätzen. Die Männer machten mit Speeren und Bumerangs Jagd auf Kängurus, Emus, Echsen und Schlangen, während den mit Grabstöcken ausgerüsteten Frauen das Sammeln von Kleintieren und pflanzlichen Produkten oblag. Privater Besitz war unbekannt – das Erjagte und Gesammelte teilte man unter allen Sippenmitgliedern auf. Trotz ihres gemeinsamen Ursprungs hatten die einzelnen Stämme unterschiedliche Sprachen; eine Schrift kannten sie nicht.

Die Weißen kommen

Aus ihrer Isolation wurden die Aborigines gerissen, als Ende des 18. Jh. die ersten britischen Segelschiffe auftauchten. Mit dem Hissen des Union Jack und einigen Böllerschüssen gründete Arthur Phillip die erste Kolonie auf australischem Boden.

Die weiße Siedlung wuchs beständig, und dieses Wachstum leitete eines der traurigsten Kapitel europäischer Kolonial-›Politik‹ ein. Die Eingeborenen wurden gejagt, erschossen, vergiftet, verbrannt, vertrieben, wo immer sie weißen Siedlern im Wege standen. Dass die Ureinwohner schon Jahrtausende auf dem Fünften Kontinent lebten, archäologische Funde ihr Eigentumsrecht bestätigen, scherte weder Gouverneur Phillip, noch kümmert es viele heutige weiße Australier.

Die ersten weißen Siedler hatten Australien als *Terra Nullius* betrachtet, ein Land, das niemandem gehörte. Doch für die Aborigines war es unnötig, Eigentumsverhältnisse zu markieren, denn ihr Landrecht wurzelt in einem Europäern gänzlich fremden Denken: Nicht das Land ist Eigentum der Menschen, sondern die Menschen sind Eigentum des Landes.

Als Nomaden ohne feste Siedlungsgebiete gestand man den Aborigines kein Landrecht zu. Die Tatsache, dass sie keine materiellen Besitztümer ansammelten, ließ sie in den Augen der Neuankömmlinge als primitive Wesen erscheinen. Die Existenz komplizierter Glaubensvorstellungen der Urbevölkerung sowie eines Systems von Tabus, Initiationsriten und Rechtsgrundsätzen wurde von den europäischen Kolonisten nicht erkannt.

Religion, Mythos, Kult

Nach der Schöpfungsmythologie der Ureinwohner wurde ihr Stammesland in der ›Traumzeit‹ – wie sie die mythische Urzeit nennen – von ihren Urahnen, oft in Gestalt eines Tieres oder einer Pflanze, geschaffen. Zu jeder Landschaftsformation, zu jedem Berg oder Fels, zu jedem Wasserloch und zu jeder Höhle gibt es einen Mythos, in dem berichtet wird, was die Vorfahren während ihres Schöpfungsakts taten, wohin sie weiterzogen und wo sie schließlich in die Erde eingingen. Nachdem die Traumzeitwesen ihre Schöpfung vollendet hatten, übergaben sie die Erde den Menschen zur Nutzung und Pflege. Um den Fortbestand ihres Werks sicherzustellen, hinterließen sie an heiligen Plätzen etwas von ihren schöpferischen Energien. Aus diesem Grund ist die spirituelle Verbindung der Aborigines mit ihrem Land sehr stark.

Nach der Initiation sind die männlichen Aborigines für die heiligen Orte verantwortlich. Damit das Band zwischen Traumzeit und heute nicht durchtrennt wird, muss die Schöpferkraft von den Ureinwohnern durch regelmäßige Zeremonien aktiviert werden. Bei diesen Ritualen verwandeln sich die Aborigines, deren Körper mit sakralen Ockerfarben bemalt und mit Federn geschmückt sind, in die Wesen der Ur- oder Traumzeit und vollziehen symbolisch deren Schöpfungsakt nach. Wenn die heiligen Orte, in welche die wie Götter verehrten Vorfahren eingingen, zerstört werden, empfinden das viele Ureinwohner heute noch als eine Bedrohung des kosmischen Gefüges.

Landraub und Genozid

Anders als die Aborigines, die ihr Land als spirituelle Heimat betrachteten, ging es den christlichen Eroberern um Inbesitznahme und Urbarmachung allen brauchbaren Landes. Die Siedler besetzten die klimatisch besten und fruchtbarsten Regionen und drängten die Ureinwohner aus ihren Jagd- und Sammelrevieren ins trockene Landesinnere ab. Auch behinderten sie als Viehzüchter mit umzäunten Weiden die Aborigines in ihrer für Sammler und Jäger unerlässlichen Bewegungsfreiheit. Das Jagdwild nahm rapide ab, die Vegetation wurde abgegrast oder zertrampelt. Da die Kängurubestände zurückgingen, ›verschafften‹ sich die Ureinwohner Tiere aus den Schaf- und Rinderherden der Weißen. Die Viehzüchter werteten dies als Diebstahl und schossen die Aborigines als Räuber nieder.

Mit der Zeit begannen die Ureinwohner, sich zu verteidigen und zu rächen. Die Weißen wiederum sahen in den Überfällen von Aborigines auf Camps und Siedlungen nur einen Beweis für den ›Blutdurst‹ der Ureinwohner. Den Angriffen der Aborigines folgten meist Strafexpeditionen. Zu Mord und Totschlag kamen von den Weißen eingeschleppte Krankheiten und Seuchen, gegen die die Ureinwohner keine Abwehrkräfte besaßen.

Zu Beginn der britischen Besiedlung 1788 lebten zwischen 500 000 und 1 Mio. Aborigines auf dem Fünften Kontinent. In nur einem Jahrhundert verringerten Massaker und Epidemien die Zahl der Ureinwohner auf rund 60 000. Nach dem Landraub und Genozid begannen in der zweiten Hälfte des 19. Jh. christliche Missionare, die noch verbliebene Lebenskraft der traditionellen Gesellschaftsform zu zerstören. Tausende von Aborigines wurden zwangsweise entweder in Reservaten oder in Missionsstationen angesiedelt. Diese ›Obhut‹ mussten die Ureinwohner mit dem Verlust ihrer Identität bezahlen. Was ihnen eigen war, ihr Jagdgebaren oder ihr Weltbild und ihre Muße, die nicht Faulheit war, sondern kluge Anpassung an Klima und Umwelt – die ›weiße Zivilisation‹ räumte gründlich damit auf. Allzu oft scheiterten die Assimilationsbemühungen der Missionare am ›Kulturschock‹ der Missionierten, und häufig stand am Ende der Erziehung zum ›schwarzen Weißen‹ die sinnentleerte Existenz am Rande der kolonialen Gesellschaft.

Die Ureinwohner heute

Doch die Aborigines haben überlebt. Die Zahl der mindestens halbblütigen Schwarz-Australier, deren Bevölkerungswachstum stets über dem der Weißen lag, hat sich mittlerweile wieder auf über 300 000 erhöht, etwa 2 % der Gesamtbevölkerung. Viele der rund 40 000 vollblütigen Aborigines leben in Reservaten, die sich durchweg in den Trockenregionen des Kontinents befinden. Nur noch wenige ziehen nach Art der Vorväter als Jäger und Sammler durch den Busch. Die meisten Nachkommen aber vegetieren als Underdogs der australischen Gesellschaft in Slums am Rande der Städte vor sich hin, wo ihr Dasein geprägt ist von Elend und Armut, Lethargie und Gleichgültigkeit. Nur etwa 10 % der in den Städten lebenden Aborigines gehen einer geregelten Arbeit nach, der Rest lebt von Arbeitslosenunterstützung oder Rente.

Vielen weißen Australiern fällt das Eingeständnis schwer, dass die Lebensbedingungen der meisten Aborigines nach wie vor miserabel sind: Für ein Aboriginal-Kind ist die Wahrscheinlichkeit, vor Vollendung seines ersten Lebensjahres zu sterben, viermal höher als für ein weißes Kind; Aboriginal-Kinder haben eine schlechtere Schulausbildung als weiße Kinder; das Risiko, arbeitslos zu werden, ist für einen Ureinwohner sechsmal so hoch wie für einen weißen Australier; Aborigines laufen eher Gefahr, ins Gefängnis zu kommen; und ihre Lebenserwartung ist um 20 Jahre geringer. Manche konservative Politiker streiten heute noch ab, dass bis in die 1970er-Jahre rund 100 000 mischblütige Kinder in Heime gezwungen oder ohne Kenntnis und Zustimmung ihrer Eltern zur Adoption freigegeben wurden, um sie in die ›weiße Gesellschaft‹ zu integrieren.

Während die auf dem Lande lebenden Aborigines die Möglichkeit haben, ein ihren Traditionen nahe kommendes Leben zu führen, sieht man in den Städten Ureinwohner in allen Stadien der Identitätserosion. Besonders hart trifft der Kulturverlust viele jugendliche Aborigines. Sie können nicht mehr auf die alten Stammesbindungen zurückgreifen, schaffen es aber auch nicht, ein ›normales weißes‹ Leben zu führen. Entwurzelt und resigniert ergeben sich viele von ihnen dem Alkohol oder beziehen ihre ›Traumzeit‹ vom *Petrol Sniffing*, dem Inhalieren von Benzindünsten.

Wiederaufleben der Aboriginal-Kultur

Doch immer mehr Ureinwohner sind sich darüber im Klaren, dass ihnen Unrecht zugefügt wurde, und zeigen sich zunehmend selbstbewusst. Die wenigsten lassen sich auf eine Integration in das weiße Australien ein, suchen vielmehr ihre Chance in einer Art freiwilliger Apartheid. Immer mehr Aborigines zieht es zurück in die einstigen Stammesgebiete, wo sie versuchen, die alte Kultur und die traditionelle Lebensweise neu zu aktivieren.

Anzeichen dieser kulturellen Erneuerung gibt es auch in manchen Städten, etwa mit der Gründung ›schwarzer‹ Rundfunkstationen, die in Aboriginal-Sprachen senden, oder von Schulen, in denen Aboriginal-Kinder die traditionellen Fertigkeiten ihres Volkes erlernen, etwa wie man im Busch überlebt, welche Wurzeln und welche wilden Früchte essbar sind, welche Pflanzen Trinkwasser speichern und wie ein Känguru erlegt wird.

In jüngster Zeit wird auch manchen weißen Australiern das Ausmaß des an den Ureinwohnern verübten Unrechts bewusst. Zunehmend werden die Aborigines als Menschen mit eigener Kultur, eigener Gesellschaftsstruktur, eigener Kunst und Lebensweisheit anerkannt. Auch gelingt es den Ureinwohnern, Schritt für Schritt das Recht an ihrem Land, Wiedergutmachung und die Anerkennung ihrer Souveränität zu erstreiten. So sprach der Oberste Gerichtshof den Aborigines das Recht zu, unter bestimmten Umständen die Rückgabe ihres Landes zu fordern. Unwiderruflich haben damit die Richter der Auffassung widersprochen, Australien sei bei der Ankunft der ersten Briten ein herrenloses Niemandsland gewesen. Etwa zur gleichen Zeit erklärte der vom Parlament eingesetzte ›Versöhnungsrat‹, die Aborigines seien die ursprünglichen Eigentümer des Landes, ihr Erbe müsse geschützt und ihre Diskriminierung beendet werden.

Ein Zeichen im Versöhnungsprozess zwischen schwarzen und weißen Australiern

Traditionelle Aboriginal-Bemalung

setzte die Eröffnungsfeier der XXVII. Olympischen Sommerspiele in Sydney am 15. September 2000, die viele als Geste der Entschuldigung der Weißen an die Aborigines empfanden: Die Aboriginal-Athletin Cathy Freeman, die später Gold im 400 m-Lauf gewann, entzündete das Olympische Feuer.

Mosaik der Kulturen

Beim Bummel durch australische Großstädte erkennt man sofort, woher der Fünfte Kontinent derzeit die meisten Einwanderer bezieht: aus Asien. In Sydney, Melbourne und anderen Metropolen gibt es Stadtteile, in denen Vietnamesen und Kambodschaner die Mehrheit stellen. Auch an vielen Universitäten sind immatrikulierte Studenten aus Thailand, Indonesien, Malaysia, Singapur, China und Taiwan in der Überzahl. Mittlerweile sind 5 % der Bevölkerung asiatischer Herkunft, bis zum Jahr 2030 könnten es sogar 20 % sein.

Whites-Only-Politik

Bis Ende der 1960er-Jahre waren Down Under nur Neubürger mit weißer Hautfarbe erwünscht. Bis dahin galt die *White Australia Policy,* die Angehörigen außereuropäischer Völker den permanenten Aufenthalt im Land verwehrte. Bereits 1901 wurde ein Test eingeführt, um Unwillkommene an der Einreise zu hindern: ein Diktat in einer europäischen Sprache – wer versagte, durfte nicht ins Land. Die Barriere gegen farbige Einwanderer fiel erst 1972, als der damalige Labour-Premier Edward Gough Whitlam das Ende der Whites-Only-Politik verkündete.

Klassisches Einwandererland

Australien ist stets ein klassisches Einwandererland gewesen. Anfangs bildeten britische Staatsangehörige den Löwenanteil der Immigranten. Zu einem großen Einwanderungsschub kam es nach dem Zweiten Weltkrieg. ›*Populate or perish*‹ (›bevölkern oder untergehen‹) lautete der Slogan einer Einwanderungopolitik, die lange Zeit als die weltweit fortschrittlichste galt. Nach dem Pazifischen Krieg, der eine mögliche Invasion der Japaner vor Augen führte, kam man zu der Erkenntnis, dass sich das Land mit seinen damals nur rund 7,5 Mio. Einwohnern selbst nicht schützen konnte. Die Regierung glaubte, den menschenleeren Kontinent bevölkern zu müssen, um ihn gegen eine mögliche Bedrohung durch Asien zu schützen.

Die Menschen kamen nun aus allen Teilen Europas. Von 1945 bis 1965 wuchs die Bevölkerung des Fünften Kontinents um fast 3 Mio. Alle Neuankömmlinge, die mit finanzieller Unterstützung des australischen Staates eingewandert waren, mussten die Kosten abarbeiten. Zwei Jahre lang hatten sie eine ihnen zugewiesene, meist körperliche Arbeit zu verrichten. Unter den nicht britischen Einwanderern dominierten Italiener, Griechen, Deutsche, Holländer, Polen, Balten, Jugoslawen und Skandinavier. In späteren Jahren stellten Türken und Libanesen größere Kontingente. Mit Zehntausenden von Flüchtlingen aus Indochina kamen seit Mitte der 1970er-Jahre erstmals Asiaten in größerer Zahl. In den Jahren vor der Rückgabe von Hongkong an China stand Australien eine Welle von Immigranten aus der ehemaligen britischen Kronkolonie ins Haus.

Zwar ist Australien nach wie vor ein Magnet für Einwanderer, doch hat die Regierung mittlerweile die Hürden für Einwanderungswillige deutlich höher gesetzt. Derzeit lässt Australien jährlich etwa 120 000 Immigranten ins Land, gemessen an der Gesamtbevölkerung eine der großzügigsten Quoten der Welt. Bei der Vergabe der Aufenthaltsbewilligungen werden jedoch Bewerber bevorzugt, die berufliche Qualifikationen oder genügend finanzielle Mittel vorweisen können.

Multikulti Down Under

Obwohl immer noch fast 75 % der Bevölkerung britischer Abstammung sind, entstand in Australien eine multikulturelle Gesellschaft. Heute leben dort Menschen aus weit mehr als 100 Nationen, die ihre Sitten und Gebräuche, Religionen und Kulturen in die neue Heimat mitbrachten. In jedem siebten Haushalt wird Englisch nur als Fremdsprache gesprochen. Nach über fünf Jahrzehnten aktiver Einwanderungspolitik zählt Australien zu den kulturell vielfältigsten Ländern der Welt.

War es lange Zeit australische Tradition, aus Einwanderern ›gute Australier‹ zu machen, sie in den anglo-australischen Lebensstil einzubinden, hat man dies inzwischen aufgegeben. Lautete früher das Stichwort Assimilation, so redet man heute vom ›Konzept der multikulturellen Gesellschaft‹, von einer Politik der Toleranz gegenüber anderen Kulturen. Ethnische Gruppen und nationale Eigenheiten sollen nicht mehr vom australischen Gemeinwesen aufgesogen werden, vielmehr sollen Einwanderer die Chance haben, die Sprache und Kultur ihres Herkunftslandes auch in der neuen Heimat zu pflegen. Aktuell präsentiert sich Australien als Vielvölkergesellschaft, nicht aber unbedingt als Schmelztiegel. Eher könnte man von einem ›Eintopf‹ sprechen, da die Einwanderer ihren Ursprüngen eng verhaftet bleiben. Sie halten an ihren Wurzeln fest und bewahren eine starke nationale und kulturelle Identität.

Dennoch ist Australien kein ›Multikulti-Paradies‹. Auch hier erklingt bisweilen der Ruf ›Ausländer raus‹. Aber selbst Sprüche populistischer Politiker, die mit dem Gespenst der ›gelben Flut‹ Meinungsmache betreiben, und Übergriffe von Splittergruppen sind nur vereinzelte Auswüchse, die keinesfalls als Symptome einer rassistischen Gesellschaft missverstanden werden sollten. Ende des 20. Jh. waren laut Umfragen rund zwei Drittel aller Australier der Meinung, Einwanderung sei gut für die Wirtschaft des Landes.

Spiel ohne Grenzen

Eine sportbesessene Nation

Thank God, it's Friday – erklingt es Down Under freitagmorgens aus vieler Munde. In kaum einem anderen Land der Welt ist das ›Wochenendbewusstsein‹ so ausgeprägt wie in Australien. In Städten wie Sydney oder Brisbane mit ihrem rund ums Jahr sonnigen und warmen Klima entvölkern sich spätestens am Freitagnachmittag die Straßen. Jeder, so scheint es, will die Stadt so schnell wie möglich hinter sich lassen, um der australischen Lebensformel ›Ein Drittel Arbeit, ein Drittel Schlaf, ein Drittel Sport‹ zu frönen. Die Fünf-Tage-Woche mit einer Wochenarbeitszeit von 35 Stunden sowie großzügige Vorruhestandsregelungen geben den Aussies viel Spielraum für Freizeitgestaltung. Dazu kommt ungefähr ein Dutzend gesetzlicher Feiertage, die überwiegend auf Montage gelegt werden und damit jeweils ein verlängertes Wochenende ermöglichen.

Kein Zweifel: In den letzten zwei, drei Jahrzehnten haben sich in der australischen Gesellschaft die Wertvorstellungen vom Arbeitsideal der Einwanderer zum heutigen Freizeitideal verschoben. Zum Hauptinhalt der vielen freien Zeit sind Spiel und Sport geworden, als Unterhaltung wie auch als aktive Freizeitbetätigung. Umfragen zufolge betreibt fast jeder zweite Australier aktiv Sport und drei von vieren gehen regelmäßig als Zuschauer zu Sportveranstaltungen.

Die Faszination, die fast alle Arten von Sport auslösen, grenzt mitunter an Hysterie. Jockeys und Footballspieler, Golf-, Tennis- und Schwimmstars sind in der Bevölkerung bekannter als Schriftsteller, Komponisten oder Minister. Über diese geradezu fanatische Hinwendung zu aktivem Sporttreiben wie auch passivem Sportkonsum wurde schon oft räsoniert. Vielfach wird das Fehlen eigenständiger kultureller Leistungen als Grund für den hohen Stellenwert des Sports genannt. Spötter behaupten, Sport sei in Wahrheit die einzige Kultur des ›weißen Australien‹. Sicherlich spielen die sportfreundlichen klimatischen und landschaftlichen Voraussetzungen eine große Rolle.

Das ganze Jahr über ziehen große Sportereignisse Millionen Zuschauer in ihren Bann. Wo immer sich Australier in trauter Männerrunde treffen, ist Sport das Gesprächsthema Nummer eins. Ein Erfolg – vor allem ein Sieg über Engländer, Amerikaner oder Neuseeländer – reißt Sportfans ebenso zu Begeisterungsstürmen hin, wie Niederlagen eine nationale Katastrophenstimmung heraufbeschwören können.

41

Gesellschaft und Alltagskultur

Einst galt Australien als eine der weltweit führenden Sportnationen. In den 50er- bis 70er-Jahren des 20. Jh. erzielten australische Sportler international beachtliche Erfolge. Nationale Legenden sind Dawn Fraser, die erste Frau, die beim 100-m-Schwimmwettkampf unter 60 Sekunden blieb, und Shane Gould, die als damals 15-Jährige bei den Olympischen Schwimmwettkämpfen von München drei Gold-, eine Silber- und eine Bronzemedaille gewann. Auch in anderen Sportarten hatten die Australier lange Zeit die Nase vorn, etwa im Autorennsport und im Marathonlauf. Als Höhepunkt der ›goldenen Jahrzehnte‹ des australischen Leistungssports gelten die Olympischen Sommerspiele von 1956, die damals in Melbourne stattfanden. In den 1980er-Jahren dann fiel Australien weit hinter die USA und viele europäische Staaten zurück. Neue Impulse für den Spitzensport gab es, als Sydney am 23. September 1993 den Zuschlag für die XXVII. Olympischen Sommerspiele im Jahr 2000 erhielt. Mit Ausgaben von mehr als 10 Mrd. Euro für Infrastruktur und die Förderung des Leistungssports bereitete sich Australien auf die ›Heimspiele‹ vor. ›Helden‹ waren dann die Schwimmraketen Ian Thorpe und Michael Klim sowie die Aboriginal-Sprinterin Cathy Freeman. Bei den Spielen in Sydney gelang es den australischen Athleten, an die Erfolge früherer Jahre anzuknüpfen. Aber nicht nur die sportliche Bilanz bei Olympia 2000 überzeugte, die Australier präsentierten nach Worten des damaligen IOC-Präsidenten Juan Antonio Samaranch »der Welt die besten Olympischen Spiele aller Zeiten«.

Beliebte Sportarten

Im Winter wird ein Großteil der Aussies vom Football-Wahn befallen. **Soccer** (›Fußball‹) hat nur eine relativ kleine, aber stetig wachsende Anhängerschaft, die nach den Erfolgen der australischen Nationalmannschaft bei der WM 2006 in Deutschland und 2010 in Südafrika vermutlich weiter zunehmen wird. Populärer sind die zwei Rugby-Versionen **Rugby Union** (nach internationalen Regeln, 15 Spieler pro Mannschaft) und **Rugby League**

(13 Spieler pro Team). Die leidenschaftlichsten Anhänger hat jedoch der **Australian Rules Football,** auch Footie genannt, eine australische Mischung aus Fußball und Rugby. Da bei dieser Sportart fast alles erlaubt ist, um Punkte zu erzielen, kommt es immer wieder zu spektakulären Szenen, wenn der ballführende Spieler angegriffen wird.

Sommersport Nummer eins ist **Cricket,** das vornehme, aus dem englischen Mutterland importierte Schlagballspiel, dessen Regeln erst einmal verstanden werden wollen. Ist er nicht Engländer oder Inder, hat ein Besucher Australiens meist große Schwierigkeiten, die australische Begeisterung für diese Sportart, die ein amerikanischer Journalist einmal als ›Baseball im Zeitlupentempo‹ beschrieb, zu teilen. Ein Match kann sich über Tage hinziehen, und es können Stunden vergehen, bevor etwas Aufregendes passiert.

Sehr ›englisch‹ geht es auch beim **Rasenbowling** *(Lawn Bowling)* zu, das mit Cricket um das Etikett des ›weißen Nationalsports‹ konkurriert. Vor allem Männer und Frauen der älteren Generation lassen die Holzkugeln in in alten viktorianischen Zeiten rollen. Die Anhänger dieses Spiels, das Boccia ähnelt, haben sich in zahlreichen Clubs organisiert. Zu Training und Wettkampf treten sie in weißer Kleidung auf dem nach englischer Art kurz rasierten Rasen an.

Das koloniale Erbe wird beim Faible der meisten Australier für **Pferderennen** spürbar, die auch ein bedeutender Wirtschaftsfaktor sind, nicht zuletzt, weil hier die Aussies ganz legal ihrer Wettleidenschaft frönen können. Das höchstdotierte Rennen und zugleich bekannteste Sportereignis des Landes ist der Melbourne Cup, der jährlich am ersten Dienstag im November ausgetragen wird. Während des Galopprennens sterben die Straßen der Großstädte aus. Alles drängt sich um Fernsehapparate, um live dabei zu sein. Selbst das Parlament in Canberra unterbricht dann seine Sitzungen. Der seit 1861 ausgetragene Melbourne Cup ist vermutlich das einzige Sportereignis der Welt, für das man eigens, zumindest im Bundesstaat Victoria, einen Feiertag geschaffen hat.

Dank zweier Ozeane, großer Binnenseen und zahlreicher Flüsse steht **Wassersport** aller Art in der Popularitätsskala der Australier obenan. Am Meer wird gesurft, gesegelt und getaucht, im Binnenland gerudert und gepaddelt. Ernsthaft und mit internationalem Anspruch widmet man sich dem Wellenreiten, das für viele Australier eher eine Lebenseinstellung als eine Sportart ist. Anders als bei uns werden in Australien Segeln und Motorbootfahren nicht als exklusive Sportarten betrachtet. Jedes Wochenende lichten ungezählte Freizeitkapitäne die Anker, um mit Booten jeder Art und Größe in See zu stechen. Und wo immer in der Welt es um Höchstleistung im Segelsport geht, mischen australische Teams die Asse ins Spiel.

Feste und Veranstaltungen

Volksfeste

Landesweit feiert jedes noch so kleine Nest, das etwas auf sich hält, alljährlich zumindest einmal eine große Fete. Vor allem in ländlichen Regionen und im Outback, wo es nur sehr wenige gesellschaftliche Ereignisse gibt, markieren Volksfeste die Höhepunkte des Jahres. Zu ihnen strömen die Einheimischen aus einem oft Hunderte von Kilometern weiten Umkreis zusammen. Im Mittelpunkt eines zünftigen Festes steht meist ein Pferderennen für Amateurjockeys. Ausscheidungsrennen finden am ersten Festtag, in der Regel einem Samstag, statt. Abends folgt gewöhnlich ein Ball mit Musik und Tanz, bei dem formelle Kleidung erwartet wird. Sonntag ist dann Familientag mit Spiel und Spaß für kleine und große Kinder. Meist am Montag werden die Entscheidungsläufe der Pferderennen ausgetragen.

Rodeos

In vielen Orten des australischen Outback finden regelmäßig Rodeos statt, oft in Verbindung mit einem Volksfest oder einer Landwirtschaftsmesse *(Country Fair).* Die häufig spektakulären Veranstaltungen, ein Import aus den USA, stehen in der Beliebtheitsskala

der Aussies ganz oben. Publikumsmagneten wie das alljährlich im Oktober abgehaltene Rose and Rodeo Festival von Warwick im südlichen Queensland (s. S. 170) locken Tausende von Menschen an.

Als Akteure treten neben Lokalmatadoren vor allem die *Stockmen* oder *Ringers* (australische Cowboys) der großen Outback-Rinderfarmen an, darunter häufig Aborigines. Die unbestrittenen Stars aber sind die professionellen Rodeo-Reiter, die in Wohnwagen von Veranstaltung zu Veranstaltung tingeln und so, wenn sie gut genug sind, ihren Lebensunterhalt verdienen. Oft aber beendet ein Sturz von einem wild bockenden Stier oder einem vehement ausschlagenden Brumbie-Wildpferd frühzeitig den Traum vom großen Preisgeld. Nicht selten verlässt ein Rodeo-Reiter statt mit einer Hand voll Dollars den staubigen Turnierplatz mit geprellten Rippen oder gebrochenen Gliedern.

Zum Beiprogramm eines Rodeos gehören manchmal Wettbewerbe im Holzhacken. Eine andere Attraktion sind Boxkämpfe, bei denen Mutige für ein paar Dollar mit Profis in den Ring steigen. Ungefährlicher sind die Bierbauch-Wettbewerbe. Im Stil einer Misswahl präsentieren dabei gestandene Mannsbilder ihre jahrelang gepflegten Bierbäuche einer weiblichen Jury. Sieger ist der Teilnehmer mit dem stattlichsten *Beer Belly*.

Skurrile Feste

Vor allem die im Outback lebenden Aussies haben eine Vorliebe für skurrile Feste. Die bekanntesten sind die Henley-on-Todd-Regatta in Alice Springs, die Beer-Can-Regatta in Darwin und der Kynuna Surf Carnival.

Die Einwohner von Alice Springs haben den meist ausgetrockneten Todd River zum Schauplatz eines kuriosen ›Bootsrennens‹ erkoren: der **Henley-on-Todd-Regatta** – Henley nach dem berühmten Ruderzentrum an der Themse in England und Todd nach ebendem Fluss, auf bzw. in dem sie ausgetragen wird. Dies ist vermutlich das einzige Bootsrennen der Welt, das auf dem Trockenen entschieden wird. Da es kein Wasser gibt, rudern die Teilnehmer nicht, sondern laufen mit ih-

Gesellschaft und Alltagskultur

Nur wer sich mindestens acht Sekunden oben hält, erhält beim Bullenreiten Punkte

ren bodenlosen Booten, oft recht originellen Konstruktionen, durch das staubtrockene Flussbett dem Ziel entgegen. Wie bei normalen Regatten kann nur die Mannschaft gewinnen, die den Bug vorn behält und im Ziel noch alle Mann an Bord hat. Die Idee für das Event hatten 1961 Mitglieder des Rotary Club, nach deren Meinung zu einem Wohltätigkeitsfest auch eine Regatta gehörte. Und weil es wohl ein Flussbett gab, aber gerade mal wieder kein Wasser darin war, versuchte man es eben ohne das feuchte Element. Der mit Begeisterung betriebene Wettkampf wurde zu einer großen Attraktion, die jährlich im August Tausende von Zuschauern anlockt. Ein einziges Mal nur machte das Wetter den Veranstaltern einen Strich durch die Rechnung – es regnete und das Spektakel fiel buchstäblich ins Wasser.

Ein solches Dilemma ist den Veranstaltern des **Kynuna Surf Carnival** bislang nicht passiert. Den Teilnehmern und Zuschauern dieses Gaudiums wird zwar alles Mögliche geboten, nur auf eines müssen sie verzichten: das Wellenreiten, denn der nächste Brandungsstrand ist gut und gern 500 km entfernt. So klemmen sich die Kombattanten eben ihre Surfboards unter den Arm und rennen im heißen Wüstensand um die Wette. Hunderte von Touristen finden jährlich im August den Weg zu dem Fünf-Einwohner-Nest im Outback von Queensland, um bei der grotesk-komischen Veranstaltung dabei zu sein. Das freut den Wirt des legendären Blue Heeler Hotel in Kynuna, der das Spektakel organisiert, aber auch den Royal Flying Doctor Service, denn der Erlös des Surf Carnival fließt dem Luftrettungsdienst zu.

Das nach der Henley-on-Todd-Regatta verrückteste Bootsrennen der Welt, die **Beer-Can-Regatta,** findet jedes Jahr Ende Juli oder Anfang August in Darwin statt. Aufgrund des hohen Bierkonsums im Ort wurden die leeren Dosen zu einer Umweltplage. Nichts liegt in einer Hafenstadt näher, so dachten sich zwei clevere Darwiner, als eine Regatta mit Booten auszuschreiben, die aus leeren Bierdosen zusammengebastelt sind – schon 360 Stück tragen einen erwachsenen Menschen. Allein am Renntag wird übrigens genug Bier konsumiert, um das Baumaterial für die nächste Regatta zu sichern.

Surf Carnivals

Fast an jedem Wochenende in den Sommermonaten zeigen braun gebrannte Lebensretter(innen) an öffentlichen Badestränden ihr Können. Bei den sogenannten Surf Carnivals treten miteinander um Medaillen wetteifernde Teams zu simulierten Rettungseinsätzen an und tragen spannende Bootsrennen aus. Am berühmtesten sind die Veranstaltungen an den Stränden von Sydney.

Den Auftakt eines jeden Festes bildet ein Umzug, bei dem die Lebensretter die Standarte ihres Clubs tragen. Danach stehen Rettungs- und Wiederbelebungsübungen auf dem Programm, bei denen das schnellste Team Punkte erhält. Als Höhepunkt des Tages gelten die Regatten der Brandungsboote. Unbestrittene Stars dieses rein maskulinen Spektakels sind je fünf gestandene Mannsbilder, die in einem Ruderboot gegen die Brandung und gegen die Konkurrenz der Nachbarstrände kämpfen.

Kulturfestivals

In Sydney, Melbourne und anderen Großstädten Ostaustraliens herrscht ein reges Kulturleben. Die Höhepunkte des Kulturkalenders markieren Ereignisse wie das **Sydney Festival,** das **Moomba Festival** in Melbourne und das **Adelaide Arts Festival,** alles mehrwöchige Kulturspektakel mit vielfältigem Programm aus Oper, Theater, Konzert, Ballett u. v. m. Hinzu kommen zahlreiche kostenlose Openair-Veranstaltungen.

Hunderttausende Besucher zieht jährlich im Februar oder März das **Gay and Lesbian Mardi Gras** in Sydney an, ein schrilles, mittlerweile offiziell abgesegnetes mehrwöchiges Happening der nach San Francisco zweitgrößten Lesben- und Schwulengemeinde der Welt. Höhepunkt ist ein kilometerlanger Festzug teils skurril gestalteter Karnevalswagen über die Oxford Street in Darlinghurst und Paddington, Sydneys berühmten *Pink Precincts*. Ähnlich beliebt ist das im Januar in Melbourne stattfindende **Midsumma Festival,** ein Fest der Schwulen und Lesben mit Straßenparaden.

Für Farbtupfer sorgen auch exotische Feste einzelner Einwanderergruppen, etwa das **Chinese New Year** und das vietnamesische **Tet-Fest,** beides lautstarke Neujahrsfeste in den Chinatowns und Vietnamesenvierteln der Großstädte mit Feuerwerk und Löwentanz.

Ein ›Prosit der Gemütlichkeit‹ mit viel Bier, Blasmusik und Folkloretänzen wird jährlich im Januar beim **Schuetzenfest** in Hahndorf bei Adelaide geboten (s. S. 274), dem größten Bierfest nach ›deutscher Art‹ außerhalb der Bundesrepublik.

Staatliche Feiertage

1. Jan.: New Year
26. Jan.: Australia Day (Tag der Gründung der ersten europäischen Siedlung in Australien)
Karfreitag, Ostermontag
2. Mo im März: Labour Day, VIC
3. Mo im März: Labour Day, ACT
25. April: Anzac Day (Gedenktag zu Ehren der in den Weltkriegen gefallenen Australier)
1. Mo im Mai: Labour Day, QLD
2. Mo im Juni: Queen's Birthday
14. Sept.: National Aboriginal Day
1. Mo im Okt.: Labour Day, NSW
2. Mo im Okt.: Labour Day, SA
25. Dez.: Christmas Day
26. Dez.: Boxing Day; Proclamation Day, SA

Fällt ein Staatsfeiertag auf einen Sonntag, ist der darauffolgende Montag arbeitsfrei.

Architektur und Kunst

Viele Jahre lang orientierte sich das künstlerische Schaffen der weißen Australier an englischen und amerikanischen Vorbildern. Die Phase der kulturellen Selbstfindung begann erst in den 90er-Jahren des 19. Jh. mit dem Aufkommen des Nationalbewusstseins. Zu einer endgültigen Emanzipation kam es in den 1960er- und 1970er-Jahren. Inzwischen hat sich Down Under ein im ›Pionierland‹ Australien kaum vermutetes, facettenreiches Kulturleben entwickelt.

Beim Thema australische Kunst und Kultur müssen die meisten passen. Kaum einer hierzulande hat von dem Nobelpreisträger für Literatur Patrick White gehört oder gar von dem Maler Sidney Nolan und der Sopranistin Joan Sutherland. Allenfalls kennt man australische Rockgruppen, die sich in die internationalen Hitparaden gespielt haben.

Bis weit in das vergangene Jahrhundert hinein war das australische Kulturleben in hohem Maße von der einseitigen Orientierung auf Großbritannien geprägt. Da die australischen Künstler des 19. Jh. fest in britischen Traditionen verwurzelt waren, kam es weder in der Malerei noch in der Literatur und Musik zu einer Auseinandersetzung mit dem australischen Kontinent und seiner angestammten Kultur. Erst die Entwicklung des Nationalbewusstseins in den 1890er-Jahren brachte einen merklichen kulturellen Wandel. Vor allem in Malerei und Literatur war nun eine verstärkte Hinwendung zu spezifisch australischen Themen zu verzeichnen.

Als Australien in den 1940er-Jahren eben dabei war, sich politisch und kulturell von der britischen Vorherrschaft zu lösen, gelangte es in den Sog der Amerikanisierung. Mit den amerikanischen Soldaten, die während des Pazifikkrieges in großer Zahl auf dem Kontinent stationiert waren, fasste auch rasch eine neue (Alltags-)Kultur Fuß. Fortan beherrschten amerikanische Filmhelden die Kinoleinwände, dominierten amerikanische Musik- und Quizsendungen die Fernsehprogramme, standen amerikanische Schriftsteller an der Spitze der Bestsellerlisten.

Selbst in der zweiten Hälfte des 20. Jh. war Kultur für die meisten Australier lange Zeit kein Thema. Sport und andere Freizeitaktivitäten standen – und stehen heute noch – sehr viel höher im Kurs. Kunst und Kultur waren vor allem ein Anliegen des Bildungsbürgertums der Großstädte. So hatten die wenigen australischen Künstler in ihrem eigenen Land lange Zeit einen schweren Stand. Australiens künstlerische Avantgarde bezog damals immer wieder Schelte, weil in den sogenannten ›langweiligen 1950er-Jahren‹ Mittelmaß und Gleichförmigkeit als erstrebenswerte Ideale angesehen wurden. Wie ein Alpdruck lastete ein alles erstickender Puritanismus auf dem Kulturleben des Landes. Die Künstler aller Sparten verschwendeten in jenen Jahren einen Großteil ihrer Energie damit, gegen das anzukämpfen, was der Schriftsteller Ronald Conway einmal den »großen australischen Stumpfsinn« nannte. Das kulturelle Desinteresse bewog damals viele australische Künstler, auf der Suche nach Anerkennung ins Ausland zu gehen. Aufgrund dieses *Brain Drain* verwandelte sich der Kontinent damals in ein kulturelles Ödland.

Erst in den 1960er- und 1970er-Jahren begann eine neue Phase der kulturellen Emanzipation Australiens. Ein wachsendes allgemeines Interesse an den Künsten motivierte viele Kunstschaffende, eigene Wege zu gehen. Zu dieser Entwicklung trugen neben den zurückkehrenden emigrierten Künstlern auch die zahlreichen nicht britischen Einwanderer bei. Sie sprengten überkommene geistige und ästhetische Verkrustungen und brachten dadurch mehr Farbe und Vielfalt in den australischen Kulturbetrieb. Und je kosmopolitischer Australiens Metropolen wurden, desto größer, vielschichtiger und verständnisvoller wurde auch das Publikum.

Ab Ende der 1960er-Jahre nahm die Bundesregierung durch die Gründung des Australian Council for the Arts verstärkt Einfluss auf das Kulturschaffen. Einheimische Talente aus allen Bereichen der Kunst erfuhren nun eine großzügige Förderung. Ein sichtbarer Ausdruck dieses gewandelten Kulturverständnisses sind auch die zahlreichen Bauwerke, die während dieser Periode errichtet wurden, etwa das weltberühmte Sydney Opera House und das Victorian Arts Centre in Melbourne. Heute blüht Down Under ein im ›Pionierland‹ Australien kaum vermutetes Kulturleben. Dazu gehören nicht nur die Vorstellungen in den großen Kulturstätten, sondern auch die Aufführungen der vielen kleinen Musik- und Theaterbühnen oder die Vernissagen der Galerien, die in den letzten Jahren auch in Provinzstädten zahlreich aus dem Boden geschossen sind.

Architektur

Die Gründerzeit

In der Kolonialzeit und in der ersten Hälfte des 20. Jh. spiegelte sich in der Architektur des Fünften Kontinents weitgehend die architektonische Mode des Mutterlands Großbritannien wider. Das 19. Jh. stand im Zeichen von Neugotik und Neuklassizismus, wobei die herausragenden Kirchen- und Profanbauwerke dieser Epoche, etwa die **St. Marys Cathedral** und die **Universität** in Sydney, die **St. Patricks Cathedral** in Melbourne und das **Parlamentsgebäude** in Adelaide, mit ih-

ren historisierenden Zügen unverkennbar an das europäische Mittelalter erinnern. Bereichert wurde die Vielfalt der Baustile der Gründerzeit durch den georgianischen Stil, als dessen wichtigster Vertreter der ›Sträflingsarchitekt‹ Francis Greenway gilt (s. S. 114, 115, 124, 147). Heute noch entdeckt man in vielen Städten schöne Beispiele für den viktorianischen Terrace-Baustil des späten 19. Jh.: in Zeilen errichtete, schmale Wohnhäuser mit aufwendigen, schmiedeeisernen Verandageländern und Holzschnitzereien.

Baustile des 20. Jahrhunderts

Mit Beginn des 20. Jh. gewann der amerikanische Baustil der neuen Sachlichkeit an Einfluss. So entstand in den 1920er-Jahren nach Plänen des amerikanischen Architekten Walter Burley Griffin die neue Bundeshauptstadt **Canberra.** Als eigentliche architektonische Leistung des 20. Jh. gilt der kulturelle Monumentalbau. Vor allem drei australische Bauwerke zählen weltweit zu den gelungensten und bedeutendsten Beispielen zeitgenössischer Baukunst: das **Victorian Arts Centre** in Melbourne, das **Festival Centre** in Adelaide und das **Opera House** in Sydney, Australiens architektonisches Symbol, das allerdings nicht von einem australischen Architekten, sondern von dem Dänen Jørn Utzon entworfen wurde. Für Aufmerksamkeit über die Landesgrenzen hinaus sorgte im Jahr 2002 die Eröffnung des **Federation Square** in Melbourne, eines weitläufigen Areals mit mehreren futuristischen Bauwerken, die Museen, Galerien und Theater sowie Restaurants, Cafés und Boutiquen beherbergen.

Malerei

Verklärung eines Kontinents

Bis in die 80er-Jahre des 19. Jh. war die australische Malerei kaum mehr als eine Nachahmung europäischer Stilrichtungen. In der Gründungsphase der Kolonien hatte die Malkunst vornehmlich die Busch- und Gebirgslandschaften des neu entdeckten Kontinents zum Inhalt. Allerdings verrät kaum ein Ele-

Malerei der Aborigines – Träume am Ende der Traumzeit

Ein Ring aus Unrat umgibt die Siedlung, die wie ausgestorben in der grellen Sonne liegt. Die Luft ist voller Fliegen. Romantische Empfindungen sind es nicht, die das Aboriginal-Lager weckt. Nichts erinnert an jahrtausendealte künstlerische Traditionen. Dennoch zählt Yuendumu in der Wüste von Zentralaustralien zu den führenden Künstlergemeinden der australischen Ureinwohner.

Anfang der 70er-Jahre des 19. Jh. begannen einige Gruppen von Aborigines, sich in abgelegene Camps ihrer Reservate zurückzuziehen. Besonders unter Künstlern ist der Anteil derer sehr hoch, die diese Lebensweise gewählt haben.

Im Schatten knorriger Eukalypten sitzen einige Frauen, die Wattestäbchen in Farbtöpfe tauchen und Schlangenlinien, Kreise und punktgesäumte Pfade auf eine fast 3 m breite Leinwand tupfen. Die Botschaft des Bildes – symbolisch chiffrierte Verweise auf mythologisch-religiöse Überlieferungen einer jahrtausendealten Kultur – ist für Uneingeweihte nicht zu entschlüsseln. Das Gemälde erzählt eine Traumzeit-Episode.

Was europäischen Augen als eine uraustralische Variante abstrakter Kunst erscheint, ist die Illustration der Wanderungen mythologischer Vorfahren, eine ›spirituelle Landkarte‹. *Songlines* nennt man die unsichtbaren Wege, die den Fünften Kontinent durchziehen und entlang derer die Urahnen der Aborigines in der ›Traumzeit‹ wandernd und singend die Welt erschufen. Noch heute, so glauben die Ureinwohner, überziehen die Pfade der Ahnen das Land. Wenn Aborigines die Reisen der mythischen Urwesen in Wellenlinien und Spiralen, Bogen und Rauten, Schlangenmustern und Streifen, Kreisen und Kreuzen auf Felswände und Baumrinde oder heute mit Acrylfarben auf Leinwand malen, vollziehen

sie deren Schöpfungswerk in einem symbolischen Akt nach. Den Künstlern geht es nicht um ›kreative Selbstverwirklichung‹, sondern um die Ausführung eines religiösen Auftrags. So ist die Malerei der Aborigines ein Bestandteil ihres spirituellen, tief in der Ahnenverehrung verwurzelten Weltbilds.

Älteste Beispiele der Aboriginal-Malerei sind bis zu 20 000 Jahre alte Felsbilder. Man kann die Naturgalerien, die sich vorwiegend in den Sandsteinmassiven des Arnhem Land im Northern Territory, der Cape York Peninsula im nördlichen Queensland und der Kimberleys im Norden von Western Australia finden, mit einem riesigen Bilderbuch vergleichen. Da die australischen Ureinwohner nie eine Schrift entwickelt hatten, diente die Felskunst neben der mündlichen Überlieferung als Medium, mit dem sie die Vorzeitlegenden und Schöpfungsmythen der Traumzeit von Generation zu Generation weitergaben.

Wie ihre Vorfahren bannen auch heute Aborigines ihre Welt der Geister und Mythen in Bilder voller Kraft und Magie. In den 1970er-Jahren entstand eine Kunstbewegung, die den australischen Ureinwohnern Anerkennung, Selbstvertrauen, wieder erstarkte kulturelle Identität, aber auch Einnahmequellen verschaffte. Die erste Aboriginal-Künstlerkolonie bildete sich ab 1972 in der *Outstation* Papunya westlich von Alice Springs. Ein weißer Lehrer machte seine Schüler und deren Eltern mit

Thema

Acrylfarben vertraut und ermutigte sie, ihre Sandbilder und Bodenzeichnungen, die sie zur Illustration der Wanderungen ihrer Traumzeit-Heroen im Rahmen religiöser Zeremonien anfertigten, als Wandbilder auf einer Leinwand darzustellen. So entstand ein eigenwilliger Malstil aus Kreisen, Punkten und Linien, der sich inzwischen zu einem eigenen Genre entwickelt hat. Heute sind die Gemälde das erfolgreichste Kulturexportprodukt Australiens – was anfangs nur bei Ethnologen auf Interesse stieß, findet zunehmend Anklang in der etablierten Kunstszene. Schon vor Jahren hat der internationale Kunstmarkt die ›Busch-Picassos‹ entdeckt. Wurde Aboriginal Art einst nur von Völkerkundemuseum zu Völkerkundemuseum weitergereicht, so werden nun Gemälde von Aboriginal-Künstlern bei der Biennale in Venedig oder im Pariser Centre Pompidou von einem sachkundigen Publikum bestaunt und erzielen bei Auktionen in London oder New York Verkaufspreise in sechsstelliger Höhe.

Einen guten Ruf auf dem Kunstmarkt haben sich auch die Aboriginal-Maler von Arnhem Land im Northern Territory geschaffen. Sie praktizieren die sog. Röntgenmalerei, bei der nicht nur die Umrisse von Menschen und Tieren, sondern auch Knochen und innere Organe dargestellt werden. Bilder von Künstlern aus der Cape-York-Region im Norden von Queensland zeigen Mythenwesen mit surreal verzerrten Gliedmaßen und deformierten Geschlechtsteilen, sog. Quinkans. Mögen manche Künstler auch der Versuchung erliegen, das zu malen, was der Markt verlangt, so sehen viele Aboriginal-Ältere doch eine Möglichkeit, durch Kunst und Kunsthandwerk die in die Städte abwandernden Jugendlichen an das Stammesland zu binden und die spirituelle Verantwortung an die nächste Generation weiterzugeben.

In einer Art Pointillismus illustrieren Aboriginal-Künstler die Wanderungen ihrer mythologischen Traumzeit-Vorfahren

Architektur und Kunst

ment in der frühen australischen Malerei die Auseinandersetzung mit dem Land. So idealisierten frühe Kolonialmaler wie der Brite **Joseph Lycett** (1774–1828) und der Deutsche **Conrad Martens** (1801–1878) in der Tradition der englischen und deutschen Landschaftsmalerei das ungezähmte australische Busch- und Savannenland mit romantischen Beigaben.

Die Heidelberger Schule

Erst gegen Ende des 19. Jh. begann sich eine eigenständige australische Malerei zu entwickeln. Die Mitglieder der Künstlerkolonie Heidelberg, heute ein Vorort von Melbourne, entdeckten als erste australische Maler die Weite, Wildheit und Einsamkeit der Landschaft des Fünften Kontinents. Beeinflusst vom französischen Impressionismus schufen sie einen neuen, eigenständigen Bildtypus. Zu den bedeutendsten Vertretern der Heidelberger Schule, deren Werke in allen großen Galerien Australiens zu finden sind, zählen **Arthur Streeton** (1876–1943), **Charles Conder** (1855–1909) sowie **Thomas William Roberts** (1856–1931), der Gründer dieser Künstlervereinigung. In der Tradition der australischen Impressionisten steht auch das Werk des deutschstämmigen Malers **Hans Heysen** (1877–1968).

Moderne australische Maler

Zwar nahmen **William Dobell** (1899–1970) und Russell Drysdale (1912–1981) stilistische Anleihen bei europäischen Expressionisten, blieben inhaltlich jedoch den traditionellen Landschaftsmalern Australiens verbunden. Dagegen brachen **Sidney Nolan** (1917–1992) und **Arthur Boyd** (1920–1999) mit den naturalistischen Traditionen. Ihre Vorbilder finden sich unter europäischen Expressionisten und Surrealisten. Mit ihrer Distanzierung von bodenständig australischen Themen gelang vor allem Nolan und Boyd der Durchbruch über die Landesgrenzen hinaus. Ihre Werke sind heute in bedeutenden Galerien rund um den Globus zu sehen. Unter den jüngeren australischen Malern, die erfolgreiche Versuche unternahmen, sich von überseeischen Vorbil-

dern zu lösen, ragen **Brett Whiteley** (1939–1992), **Pro Hart** (1928–2006), **John Peart** (1945–2013), **Ken Done** (geb. 1940) und **Suzanne Archer** (geb. 1945) heraus.

Literatur

Die Anfänge

Das Leben in den Kolonien, die Sträflinge und Einwanderer sowie der australische Busch – das waren im 19. Jh. die zentralen Themen der australischen Prosa und Lyrik. Englischen

Postmodernes Design in Canberra: das National Museum of Australia

Traditionen verhaftet, zeichneten die frühen Schriftsteller ein ebenso idyllisches wie abenteuerliches Australienbild. Entsprechend handelt es sich bei den Versdramen von **Charles Harpur** (1813–1868) und **Henry Kendall** (1839–1882), die als Begründer der australischen Lyrik gelten, um betont romantisierte Naturschilderungen. Und auch der Romanautor **Henry Kingsley** (1830–1876) verklärte das raue Australien zu einem Land voller romantischer Reize.

Eine realistische Beschreibung des Lebens in den Strafkolonien gelang erst Autoren, die als Deportierte ins Land gekommen waren. **James Tucker** (1801–1866) schildert in seinem autobiografischen Roman »Ralph Rashleigh« sein Schicksal als Strafgefangener. Zu einer Anklage des Deportationssystems geriet **Marcus Clarkes** (1846–1881) Roman »For the Term of His Natural Life« (»Lebenslänglich«), der heute als einer der Klassiker der australischen Literatur gilt. **Thomas Alexander Browne** (Pseudonym Ralph Boldrewood, 1826–1915) beschrieb in seinem heute noch populären Roman »Robbery under Arms« das Leben der *Bushrangers* und Viehdiebe.

Architektur und Kunst

Einen Wendepunkt in der Geschichte der australischen Literatur markierte im Jahr 1880 die Gründung der Zeitschrift »The Bulletin«, die rasch zum Sprachrohr einer sich vom britischen Mutterland distanzierenden Gruppe von Schriftstellern wurde.

Die Buschbarden

Mit dem erwachenden Nationalbewusstsein erlebte Ende des 19. Jh. auch die Literatur einen Aufschwung. Die Jahre ab 1890 gelten als die Geburtsjahre der modernen, eigenständigen australischen Literatur. Die Schriftsteller beschäftigten sich inhaltlich verstärkt mit australischen Themen, die sie als Balladen und Kurzgeschichten verarbeiteten. Die sogenannten Buschbarden beschrieben in oft sehr drastischer Form die schweren Lebensbedingungen in den Weiten des Outback, aber auch das kumpelhafte Leben der Rinderhirten und Schafscherer. Kameradschaft, Heldentum und raubeiniges Durchhaltevermögen bildeten die Hauptzutaten ihrer Werke. Überdies thematisierten sie das soziale Elend in den wachsenden Städten und die Not der Unterprivilegierten. Der Balladendichter **Andrew Barton (Banjo) Paterson** (1864–1941) schrieb die Geschichte »The Man from Snowy River« und Australiens inoffizielle Nationalhymne »Waltzing Matilda«. **Henry Lawson** (1867–1922), der bekannteste Kurzgeschichtenautor Australiens, engagierte sich für den ›kleinen Mann‹ und forderte soziale Reformen.

Moderne australische Autoren

Als überragende Figur der australischen Literaturszene des 20. Jh. gilt **Patrick White** (1912–1990), der als bislang einziger Australier 1973 den Nobelpreis für Literatur erhielt. In seinem erzählerischen Werk, dessen äußerer Rahmen vorwiegend australisch ist, beschäftigte er sich vor allem mit Grundkonflikten des menschlichen Daseins. Zu seinen bekanntesten, teils auch ins Deutsche übersetzten Romanen gehören »The Tree of Man« (1955, »Zur Ruhe kam der Baum des Menschen nie«), eine episch angelegte Familienchronik, sowie »Voss« (1957), die Geschichte

vom Glück und Untergang des deutschen Abenteurers Ludwig Leichhardt.

Ein engagiertes Eintreten für die Rechte der Ureinwohner kennzeichnet das Schaffen von **Xavier Herbert** (1901–1984), **Katherine Prichard** (1884–1969) und **Thomas Keneally** (geb. 1935), dessen Roman »The Chant of Jimmie Blacksmith« das Scheitern eines jungen Halb-Aborigine in der weißen Apartheid-Gesellschaft zum Inhalt hat. Nach Keneallys Hauptwerk »Schindler's Ark« drehte Steven Spielberg den Film »Schindlers Liste«. Mit den Beziehungen zwischen Weißen und Aborigines setzt sich auch der Schriftsteller **David Malouf** (geb. 1934) auseinander, etwa in seinem Roman »Remembering Babylon« (»Jenseits von Babylon«). Von ähnlichem Rang wie Keneally und Malouf ist unter Australiens Autoren **Peter Carey** (geb. 1943), der 2002 für seinen Roman »Die wahre Geschichte von Ned Kelly und seiner Gang« seinen zweiten Booker Prize, den wichtigsten englischen Literaturpreis, erhielt. Zwei Jahre später erregte **Les Murray** mit seinem Versepos »Fredy Neptune« Aufsehen, in dem er die Geschichte des 20. Jh. auf erstaunliche Weise bündelt. Der erfolgreiche Krimiautor **Peter Temple** entführt seine Leser in die Abgründe eines dunklen Australien; auf Deutsch erschien zuletzt der packende Roman »Wahrheit« (2011).

Literatur der Aborigines

In den 1960er-Jahren entwickelte sich eine Aboriginal-Literatur von ungewöhnlicher Ausdruckskraft. Zu den bedeutendsten Schriftstellern des ›schwarzen Australien‹ gehört **Sally Morgan** (geb. 1951), die in ihrem autobiografischen Roman »My Place« eindringlich die bis 1970 geübte Praxis schildert, mischblütige Kinder gewaltsam von ihren Eltern zu trennen. Von hoher literarischer Qualität sind auch die Gedichte von **Oodgeroo Noonuccal,** die Romane von **Mudrooroo** und die Erzählungen von **Archie Weller,** welche die Gefühle der Aborigines sensibel und dennoch kraftvoll zum Ausdruck bringen. Alle Aboriginal-Autoren sind politisch engagiert und lenken das Augenmerk der Leser eindringlich auf die Diskriminierung der Ureinwohner.

Trivialliteratur

In den australischen Buchläden überwiegen noch immer Familiensagas und Abenteuergeschichten aus der Pionierzeit. Weltweite Bekanntheit erlangte in diesem Genre neben **Colleen McCullough,** der Autorin des Bestsellers »The Thorn Birds« (1977, »Die Dornenvögel«), **Nancy Cato,** als deren Hauptwerk »Forefathers« (1982, »Der ewige Baum«) gilt. Beide Schriftstellerinnen müssen sich allerdings von Kritikern den Vorwurf gefallen lassen, die Realität des Fünften Kontinents verzerrt darzustellen.

Musik

Klassische Musik

Nellie Melba (1861–1931) und **Joan Sutherland** (1926–2010), Australiens bekannteste Sopranistinnen, sangen in Übersee vor ausverkauften Opernhäusern, bevor sie in ihrer Heimat Anerkennung fanden. Auch die meisten australischen Komponisten von Weltrang, etwa **Percy Grainger** (1882–1961), verbrachten viele Jahre ihres Lebens außerhalb des Fünften Kontinents. Erst mit der Gründung der **Australian Opera Company** 1956 erfuhr die klassische Musik eine deutliche Aufwertung. Das Ensemble, das seinen Sitz im Sydney Opera House hat, gibt regelmäßig Gastspiele in allen großen australischen Städten. Nach der Förderung von klassischer Musik und Oper in den 1970er-Jahren besitzt Australien heute mehrere Symphonieorchester und Kammermusikgruppen sowie Opernhäuser in fast allen Staatshauptstädten.

Country and Folk

Im Gegensatz zu den klassischen Klängen erfreute sich die bodenständigere Country and Folk Music von Anfang an großer Popularität. Zu den nicht nur in ländlichen Regionen beliebten Sängern gehören **Chad Morgan** und vor allem **Slim Dusty.** Einer der bekanntesten und beliebtesten Songs auf dem Fünften Kontinent jedoch ist die 1895 von Andrew Barton (Banjo) Paterson geschriebene Ballade »Waltzing Matilda«, die Geschichte eines Landstreichers, der beim Diebstahl eines Schafes erwischt wird. Um nicht der Polizei in die Hände zu fallen, springt er in ein Wasserloch, in dem er ertrinkt. Die zu einer alten schottischen Melodie gesungene Ballade glorifiziert das freie Leben im australischen Busch. Es ist aber auch das Lied vom ›armen Hund‹, gegen den sich Gott und die Welt verschworen haben.

Australian Rock

Jugendliche können sich kaum mehr mit den Klängen von Fiedel und Akkordeon anfreunden – sie stehen eher auf Australian Rock. Als Erste spielten sich in den 1960er-Jahren die **Bee Gees** und die **Easy Beats** in die internationalen Charts. Ihnen folgten in den 70er-Jahren Gruppen wie **The Little River Band, Air Supply, Flash and the Pan** und die Hardrocker **AC/DC** sowie die zwei Solisten **Olivia Newton-John** und **Rick Springfield.** Den internationalen Durchbruch schafften während der 80er-Jahre des 20. Jh. Bands wie **Men at Work, INXS, Mental as Anything** und **Go Betweens** sowie der Solist **John Farnham.** Eine bemerkenswerte Karriere vom Teenie-Star zur international anerkannten Sängerin machte in den 1990er-Jahren **Kylie Minogue.** Einen Welterfolg landete 2008 **Gabriela Cilmi** mit ihrem Song »Sweet about me«.

Einen exponierten Platz in der australischen Musikszene der Gegenwart nimmt die Öko-Rock-Gruppe **Midnight Oil** mit ihrem eingängigen Gitarrenbeat ein. So spektakulär wie ihre Songs ist das Engagement der Band für die Aborigines und für ökologische Belange. Für ihren Auftritt bei der Abschlussfeier der Olympischen Sommerspiele 2000 wählte die Rockformation schwarze Kleidung, die mit dem Wort ›Sorry‹ bedruckt war.

Vor allem innerhalb der Landesgrenzen sind **Redgum** und **Goanna** erfolgreich. Die beiden Gruppen widmen sich, was bereits in den Namen zum Ausdruck kommt, australischen Themen und verflechten dabei in ihrer Musik Elemente traditioneller Volksmusik mit solchen des Rock und Blues. Didgeridoos, die Blasinstrumente der Ureinwohner, setzen Aboriginal-Bands wie **Yothu Yindi** ein.

Essen und Trinken

So multikulturell Australien heute ist, so wird auch gekocht und gespeist: Die größeren Städte warten mit einem Mega-Angebot an Spezialitätenrestaurants aus aller Herren Länder auf; die fantasievolle ›New Australian Cuisine‹ vermengt im Crossover-Stil australische, asiatische und europäische Einflüsse, und echte kulinarische Abenteuer verheißen die sogenannten ›Bush tucker‹-Gerichte der Aborigines.

Kulinarische Vielfalt

Multikulturelle Versuchungen

»Wenn man gut essen will«, bemerkte ein verzweifelter ausländischer Journalist, der in den 1950er-Jahren über australische Verhältnisse schrieb, »so muss man selbst kochen.« Doch die Zeiten, da man Down Under nur das Nationalgericht – Steak mit Spiegelei und Baked Beans aus der Dose – erhielt, gehören längst der Vergangenheit an. Das Beste, was der australische Küche, die lange Zeit ähnlich schlicht war wie die britische, passieren konnte, war der Zustrom kreativer Köche aus dem südeuropäischen und ostasiatischen Raum nach dem Zweiten Weltkrieg. Der wichtigste Aspekt der neuen facettenreichen Gastronomie-Landschaft Australiens ist ihre Inspiration durch die Außenwelt oder wie es ein Gastro-Kritiker einmal ausdrückte: ihre »Multikulturalität des Gaumens«. Allen britischen Traditionen zum Trotz findet sich in beinahe enzyklopädischer Vollständigkeit die Weltkarte der regionalen Küchen – von Äthiopien bis Zypern sind alle vertreten.

Mit italienischen Espressobars und Pizzerien fing es zu Beginn der 1960er-Jahre an. Heute gehören Feinschmeckerrestaurants aller Nationalitäten zum Straßenbild fast jeder Stadt. Selbst entlegene Outback-Nester haben mittlerweile ihren ›Chinesen‹ oder ›Italiener‹. Vor allem südostasiatische Lokale gehören inzwischen zu den Selbstverständlichkeiten in der bunten Restaurantszene.

Für Liebhaber fernöstlicher Gaumenfreuden lohnt sich in australischen Metropolen der Weg durch die Chinatown. Hier findet man meist alle regionalen Gerichte Chinas sowie neben indonesischen, malaiischen, thailändischen und vietnamesischen Restaurants auch Spezialitätenlokale von Einwanderern aus Kambodscha und Burma, aus Mauritius und der Mongolei.

›New Australian Cuisine‹

Aufgeschlossen für diese Einflüsse von außen, begannen innovative australische Chefköche die ›moderne australische Küche‹ zu kreieren. Spätestens seit den Olympischen Spielen in Sydney schwärmen Feinschmecker von den leichten Gerichten der lebendigen und experimentierfreudigen New Australian Cuisine, die europäisch anmutet, aber einen deutlich asiatisch-pazifischen Stil hat.

Die moderne Aussie-Küche zeichnet sich durch einfache, aber hochwertige Ingredienzen aus, die immer raffinierter zubereitet werden. Manche Küchenchefs überraschen mit Delikatessen wie austerngefülltem Rinderfilet, im Bananenblatt gegartem Fischfilet oder gebackener Ozeanforelle auf Buschkräuter-Aioli. Vor allem weil es immer mehr Gäste danach gelüstet, gehört zu ihrem Repertoire auch das für seinen geringen Cholesteringehalt gerühmte Känguruofleisch: gebraten wie Wild, auf englische Art geschmort, nach irischer Sitte als Gulasch oder als Känguruschwanzsuppe.

›Bush Tucker‹

Viele australische Meisterköche haben auch den Ureinwohnern auf die Finger geschaut und bereiten aufregende *Bush Tucker*-Gerichte zu, allerdings verfeinert und dem verwöhnten Gaumen der Städter angepasst. *Tucker* bedeutet in der australischen Umgangssprache Essen. Und *Bush Tucker* ist alles wild Wachsende und wild Lebende, das essbar und genießbar ist. In manchen Spezialitätenrestaurants kann man neben Känguru weitere Fleischsorten der sogenannten Buschküche goutieren, etwa Büffel-, Emu-, Kamel- oder Krokodilsteaks. Letztere stammen ausschließlich von gezüchteten Tieren; sie schmecken wie eine Mischung aus Huhn und Fisch. Feinschmecker schätzen Gerichte wie gebratene Magpie-Gans mit einer Sauce aus wilden Pflaumen, mariniertes Emu-Geschnetzeltes mit Karamell-Birnen oder über Holzkohle gegrilltes Wallaby-Filet mit wildem Thymian. Einige Restaurants locken mit gewöhnungsbedürftigen Delikatessen, die ursprünglich zu den Grundnahrungsmitteln der australischen Ureinwohner gehörten, etwa Mottenlarven, Mangrovenwürmern und anderen Insekten. Ein kulinarisches Abenteuer verspricht der Genuss von *Witchetty Grubs,* proteinreichen Larven eines Nachtfalters, die roh nach Haselnuss und gegart wie ein mit Zucker bestreutes Ei schmecken.

Fisch und Meeresfrüchte

Liebhaber von Fisch und Meeresfrüchten kommen in den australischen Küstenregionen voll auf ihre Kosten. Das Seafood, das meist fangfrisch aus der Speisekammer Neptuns auf die Tische kommt, zählt nach Meinung von Feinschmeckern zum besten der Welt. Besonders geschätzt sind etwa *Rock Oysters* (Felsaustern, die besonders schmackhaft in Sydney serviert werden), *Moreton Bay Bugs* (kleine Krustentiere, eine Spezialität von Brisbane), *Yabbies* (kleine Süßwasserkrebse), *Mud Crabs* (Mangrovenkrebse), *King Prawns* (Riesengarnelen), *Cray Fish* (Meereshummer) und *Scallops* (Jakobsmuscheln, eine Kammmuschelart). Ausgezeichnete Meeresfische sind Snapper (weiß, sehr zart), Whiting (weiß,

ähnlich unserem Kabeljau), John Dory (kräftig, leicht süßlich) und Trevalla (festes Fleisch). Sehr schmackhaft ist der barschähnliche Barramundi, den man in nördlichen Binnengewässern fängt und der gebacken oder gegrillt serviert wird.

Australische Eigenheiten

Zu den kulinarischen Merkwürdigkeiten des Fünften Kontinents gehören die *Aussie Meat Pies* (Fleischpasteten geheimnisvollen Inhalts, die mit einem kräftigen Schuss Tomatenketchup garniert werden), die *Woppers* (extra große Sandwiches), *Pavlova* (eine ominöse Süßigkeit aus Schaumgebäck, Früchten und Sahne) sowie vor allem das *Vegemite* (eine als Brotaufstrich dienende Hefepaste, die wie Schmieröl aussieht und wie Maggi-Konzentrat schmeckt).

Wo essen?

Aufgrund der verwirrenden australischen Alkoholgesetze lassen sich die Restaurants in drei Hauptkategorien einteilen: In manchen darf prinzipiell kein Alkohol getrunken werden *(Not Licensed Restaurants),* andere sind lizenziert und servieren alkoholische Getränke, allerdings in der Regel nur zusammen mit Mahlzeiten *(Fully Licensed Restaurants),* und die restlichen sind sogenannte *BYOs.* Diese Abkürzung steht für *Bring Your Own* und bedeutet, dass die Restaurants keine Lizenz zum Ausschank von alkoholischen Getränken haben, Gäste aber die Berechtigung haben, Wein und Bier mitzubringen. Obwohl die Wirte von *BYO*-Restaurants für das Kaltstellen und Öffnen der Flaschen eine Entkorkungsgebühr berechnen, sind die meisten Gaststätten dieser Kategorie preisgünstiger als lizenzierte Restaurants.

Ausgesprochen teuer sind die Spitzenrestaurants, bei denen meist eine telefonische Voranmeldung erforderlich ist und von Gästen formelle Kleidung erwartet wird. Für alle besseren Restaurants gilt: Man nimmt nicht am erstbesten Tisch Platz, selbst wenn dieser frei sein sollte, sondern wartet, bis man einen Platz zugewiesen bekommt. *Please, wait to be seated* nennt man diese Gepflo-

Essen und Trinken

genheit. Ausführliche Informationen über die Gourmettempel der Großstädte findet man u. a. in den Restaurantkolumnen größerer Tageszeitungen sowie in den Broschüren der Reihe »This Week in…«, die in den Touristeninformationen ausliegen.

Preiswert sowie meist gut und reichlich sind die *Counter Lunches* oder *Counter Meals,* die an den Theken vieler Pubs oder Hotelkneipen serviert werden. Das Gleiche gilt für die unzähligen *Take away*-Restaurants, deren Angebot sich gewöhnlich auf *Burger* und *Pies* beschränkt. Für einen Imbiss geht man besser in einen der zahlreichen *Fish and Chips Shops,* in denen goldbraun frittierte Fischfilets mit riesigen Bergen Pommes frites erhältlich sind. Im Vergleich zu den üblichen Hamburger- und Hotdog-Buden schneiden auch die asiatischen *Take away*-Lokale wesentlich besser ab.

Kleine, billige Mahlzeiten servieren außerdem viele Bistros und Cafeterien, die häufig die Bezeichnung *Deli* tragen. In größeren Städten findet man Schnellrestaurants bekannter Ketten, vornehmlich entlang der großen Ausfallstraßen.

Das Barbecue – eine australische Institution

Mag *Dining Out*, das abendliche Essengehen in schicken Restaurants, ein noch so wichtiger Bestandteil australischen Lifestyles sein: Viele Aussies können sich nichts Schöneres vorstellen, als sich mit Freunden im Garten zum Grillfest zu treffen. Das Barbecue, kurz *BBQ* oder *Barbie* genannt, ist eine der großen Freizeitleidenschaften der Australier. Einige haben das Grillen zur hohen Kunst perfektioniert und stellen selbst die Geschmacksnerven verwöhnter Feinschmecker zufrieden. Auf den heißen Eisenplatten der modernen, meist strom- oder gasbetriebenen Grills bruzzeln nicht nur Steaks und Würste, sondern auch frischer Fisch und marinierte Hühnchenschenkel, Kartoffelscheiben und knackiges Gemüse oder Delikatessen wie Krabben und Hummer. Das *Barbie* ist so typisch für Australien wie das Känguru – praktisch überall im Land findet man Barbecue-

Einrichtungen: in Stadtparks und Naturreservaten ebenso wie auf Campingplätzen und Caravan Parks.

Essenssitten und -zeiten

Ähnlich wie die Bewohner der britischen Inseln schätzen die meisten Australier ein reichhaltiges **Frühstück,** das in Hotels und Restaurants überwiegend aus kompletten Menüs besteht (Steak, Wurst, Eier und Speck u. a.). Sehr beliebt als sättigende Mahlzeit zu Tagesbeginn sind die *Cereals,* Haferflocken und Cornflakes, die zu Müslis in vielfältigen Variationen kombiniert werden.

Bescheidener fällt in der Regel das **Lunch** aus, das meist aus etwas Leichtem, etwa einem Sandwich oder Salat, besteht. Als Zwischengericht am Nachmittag gibt es bei Australiern, die britischen Traditionen verhaftet sind, den **Devonshire Tea:** Tee und Hörnchen *(Scones)* mit Marmelade und Schlagsahne. Generell gilt das **Dinner,** das warme Abendessen, als Hauptmahlzeit.

In Hotels und Restaurants wird das Frühstück meist von 7 bis 10 Uhr, das Mittagessen von 12 bis 14 Uhr und das Abendessen von 18 bis 21 Uhr serviert.

Bier oder Wein?

In den letzten Jahren hat Bier, das Nationalgetränk der Australier, einen ernst zu nehmenden Konkurrenten bekommen: den Wein. Immer mehr Einheimische lernen die hervorragende Qualität ihrer heimischen Tropfen lieben, und praktisch jedes Restaurant und jede Getränkehandlung bieten heute Flaschenweine an. Fast zwei Drittel aller australischen Weine kommen aus South Australia, v. a. dem Barossa Valley (s. S. 281).

Bier, Wein und andere alkoholische Getränke kann man in Australien nicht einfach im Supermarkt kaufen. Alkoholika gibt es nur in lizenzierten Läden, die Bezeichnungen tragen wie *Bottle Shop, Liquore Store* oder *Winery.* Die Alkoholgesetze sind sehr streng, zum Kaufen und Konsumieren muss man mindestens 18 Jahre alt sein.

Treffpunkt der Nation – australische Pubs Thema

Ob Banker oder Bauarbeiter – eine Gemeinsamkeit teilen die meisten australischen Männer: Nach Feierabend treffen sie sich zur Happy Hour in ihrer Stammkneipe. Stadtein, landaus sind die Pubs eine Institution. Sobald am späten Nachmittag die Menschen aus den Bürohochhäusern strömen, werden die Pubs der Innenstädte regelrecht gestürmt.

Auf dem Land spielen die ›Hotels‹, wie die Kneipen traditionell heißen (bis in die 1960er-Jahre war der Alkoholausschank nur in Lokalen gestattet, die auch Fremdenzimmer bereithielten), eine zentrale Rolle im Alltagsleben der Menschen, zumindest in dem der Männer. In jedem Outback-Kaff befindet sich das ›Hotel‹ im Zentrum des Ortes – genauer gesagt: Es ist das Zentrum, Dreh- und Angelpunkt des sozialen Lebens, Treffpunkt der Gemeinde und Informationsbörse. Natürlich dient es auch als Austragungsort von Trinkgelagen, bei denen Farmer und Wanderarbeiter, Viehtreiber und Lastwagenfahrer mangels ernsthafterer Feinde ihren Durst bekämpfen. Zwar gibt es im Outback zahlreiche urige Busch-Pubs, doch erinnert manch andere Kneipe mit karger bis spartanischer Inneneinrichtung eher an eine Stehbierhalle.

Trinken bedeutet Down Under Bier trinken. Der Konsum von 110 l Bier pro Kopf im Jahr (Kinder und Frauen mitgerechnet) sichert den Aussies weltweit einen Platz in der Spitzengruppe der Biertrinker, gleich hinter den Tschechen (145 l) und den Deutschen (125 l). In jedem Bundesstaat gibt es eine spezielle, von Großbrauereien hergestellte Biermarke. Landesweit dominiert die auch international bekannte Marke Fosters Lager, die in Victoria und New South Wales gebraut wird. In Queensland bevorzugt man das Castlemaine XXXX (gesprochen ›Four Ex‹) und in South Australia das West End. Beliebt sind weiterhin das Victoria Bitter (Victoria), das Cascade (Tasmanien) sowie das Powers Bitter und das Tooheys Bitter (New South Wales). Groß in Mode sind auch kleine Spezialitätenbrauereien, sogenannte *Boutique Breweries*.

Für Verwirrung sorgen die von Staat zu Staat unterschiedlichen Maßeinheiten. Ein *Glass of Beer* fasst in Victoria und New South Wales 0,2 l, in Queensland 0,325 l. In einen *Pot* passen in Victoria 0,285 l, in South Australia 0,575 l. Allerdings sind in vielen Pubs Gläser tabu, stattdessen nimmt man das Nationalgetränk aus der Dose zu sich. Eine Warnung für Leute mit empfindlichen Zahnnerven: Ob im Glas, in der Dose oder Flasche, serviert wird das Bier stets eiskalt, kurz vor dem Gefrierpunkt.

Einst eine reine Domäne der Männer, können die meisten Pubs heutzutage auch von Frauen – meist ohne Gefahr für Leib und Seele – aufgesucht werden. Das gilt auch für Touristen, die einmal so richtig *on the Piss* (auf Sauftour) gehen wollen. Je nach Alkoholpegel bietet der Pub eine ideale Gelegenheit, mit Einheimischen in Kontakt zu kommen und eine gehörige Portion Lokalkolorit einzufangen. Oft muss allerdings der Fremde den ersten Schritt tun, um eine Unterhaltung in Gang zu bringen. Klappt das nicht mit Bemerkungen über das Wetter oder das letzte Football-Spiel, ruft man am besten laut in Richtung Wirt »It's my shout!«. Spätestens dann erntet man anerkennende Blicke, denn man hat der bierseligen Säufergemeinschaft eine Runde ausgegeben.

Kulinarisches Lexikon

Frühstück

bacon	Speck
bread	Brot
breakfast (brekkie)	Frühstück
cereals	Cornflakes u. a.
egg: hard boiled	hartes Ei
egg: soft boiled	weiches Ei
egg: over easy	Spiegelei, von beiden Seiten gebraten
egg: scrambled	Rührei
egg: sunny side up	Spiegelei, nicht gewendet
ham	Schinken
jam	Marmelade
marmelade	Orangenmarmelade
oatmeal	Haferflocken
pancake	Pfannkuchen
roll	Brötchen
sausages	Würstchen
weeties	Frühstücksflocken aus Weizen

Fleisch und Geflügel

beef	Rindfleisch
chicken	Hühnchen
cold cuts	Aufschnitt
duck	Ente
lamb chop	Lammkotelett
meat	Fleisch
meatloaf	Hackbraten
minced beef	Hackfleisch vom Rind
mutton	Hammelfleisch
pork	Schweinefleisch
pork chop	Schweinekotelett
prime rib	Rinderbratenscheibe
sirloin steak	Lendenstück (Rind)
spare ribs	Schweinerippchen
steak medium rare	kurz angebratenes Steak
steak rare	rosa Steak
steak well done	durchgebratenes Steak
stew	Ragout
turkey	Truthahn
veal	Kalbfleisch

Fisch und Meeresfrüchte

bass	Barsch
catch of the day	fangfrischer Fisch
clams	Muscheln
cod	Kabeljau
crab	Krebs
cray (crayfish)	Hummerart
flounder	Flunder/Scholle
lobster	Hummer, Languste
mackerel	Makrele
mussels	Miesmuscheln
oysters	Austern
prawns	Riesengarnelen
salmon	Lachs
scallops	Jakobsmuscheln
seafood	Meeresfrüchte
shellfish	Schalentiere
shrimps	Garnelen
snapper	Blaufisch
squid	Tintenfisch
sole	Seezunge
swordfish	Schwertfisch
trout	Forelle
tuna	Tunfisch
yabbies	Süßwasserkrabben

Beilagen und Gemüse

baked beans	gebackene Bohnen in Tomatensauce
baked potatoes	gebackene Kartoffeln mit Schale
cabbage	Kohl
cauliflower	Blumenkohl
coleslaw	Salat aus geraspeltem Kohl, Karotten, Äpfeln und Zwiebeln
cucumber	Gurke
eggplant	Aubergine
french fries	Pommes frites
fried potatoes	Bratkartoffeln
gravy	Bratensauce
hash browns	Bratkartoffeln
mashed potatoes	Kartoffelpüree
mushrooms	Pilze
noodles	Nudeln

peas	Erbsen	cream	Sahne
pumpkin	Kürbis	custard	Vanillesauce
rice	Reis	donut	Spritzkuchenring
sweet corn	Mais	grapes	Weintrauben
vegetables (vegies)	Gemüse	ice cream	Eis
		pastry	Gebäck
		peach	Pfirsich

Zubereitungsarten

batter	im Teigmantel
braised	geschmort
boiled	gekocht
deep fried	frittiert (meist mit Panade)
fried	gebraten
pickled	gebeizt, eingelegt
roast	gebraten
smoked	geräuchert
stuffed	gefüllt

pear	Birne
pineapple	Ananas
raspberry	Himbeere
whipped cream	Schlagsahne

Getränke

beer on tap	Bier vom Fass
booze	alkoholisches Getränk
cider	Apfelwein
coffee	Kaffee
fruit juice	Fruchtsaft
grog	alkoholisches Getränk
milk	Milch
schooner	großes Glas Bier
soft drink	alkoholfreies Getränk
sparkling wine	Sekt
stubbie	kleine Bierflasche
tea	Tee
wine	Wein

Nachspeisen und Obst

apple pie	gedeckter Apfelkuchen
blackberry	Brombeere
black currant	schwarze Johannisbeere
brownie	Schokoladenplätzchen
cake	Kuchen
cherry	Kirsche

Wichtige Begriffe und Redewendungen

all you can eat	für einen Einheitspreis darf man essen, so viel man will
barbie	Barbecue
Dine in or take away?	Wollen Sie's hier essen oder mitnehmen?
dinner	Abendessen
eskie	Kühlbehälter
health food	Reformkost
Is this seat taken?	Ist dieser Platz besetzt?
lunch	Mittagessen
May I have the bill, please?	Ich möchte bitte zahlen.
menu	Speisekarte
napkin	Serviette
order	Bestellung
Please, wait to be seated.	Bitte warten Sie, bis Ihnen ein Platz zugewiesen wird.
special of the day	Tagesgericht
tea	einfaches Abendessen
tucker	Essen
waiter	Ober
waitress	weibliche Bedienung
Will it be cash or credit card?	Bezahlen Sie in bar oder mit Kreditkarte?
Would you care for a doggie bag?	Was übrig bleibt, wird von vielen Restaurants gerne für zu Hause verpackt.

Romantische Lagerplätze – wie hier am Murray River bei Mildura – und viele Caravan Parks machen Australien zum idealen Land für Reisen mit dem Wohnmobil

Wissenswertes für die Reise

Infos im Internet

www.germany.embassy.gov.au

Die Website der australischen Botschaft mit Basisinfos zum Land, aktuellen Reisehinweisen, Links zu interessanten Berichten in australischen Medien und den geltenden Einreisebestimmungen.

www.australia.com

Auf über 10 000 Seiten präsentiert sich hier Tourism Australia mit allgemeinen touristischen Informationen auf Deutsch, einem Reiseführer zum Downloaden und der Möglichkeit zur Online-Buchung verschiedener Reiseangebote.

Infos zu den Bundesstaaten

Auf den deutsch- und/oder englischsprachigen Websites der Fremdenverkehrsämter der einzelnen australischen Bundesstaaten finden sich u. a. nützliche Informationen zu Sehenswürdigkeiten, Routenplanung, Hotels, Restaurants, Veranstaltungen und lokalen Reiseagenturen:

www.canberratourism.com.au: Canberra
www.visitnsw.com.au: New South Wales
www.destinationnsw.com.au: ebenso
www.sydney.com: Sydney
www.nttc.com.au: Northern Territory
www.travelnt.com: ebenso
www.australiasoutback.de: ebenso
www.queensland-australia.eu: Queensland
www.queenslandholidays.com.au: ebenso
www.driveqld.com.au: ebenso
www.drivenorthqueensland.com.au: der Norden von Queensland
www.southaustralia.com: South Australia
www.tourism.sa.gov.au: ebenso
www.southaustralia.de: ebenso
www.discovertasmania.de: Tasmania
www.visitvictoria.com/de: Victoria
www.tourism.vic.gov.au: ebenso
www.backpackvictoria.com: ebenso

Insidertipps

Drei deutschsprachige Websites präsentieren ein breites Informationsangebot, u. a. mit Tipps zu Unterkunft, Restaurants, Nightlife, Aktivitäten und Routenplanung, persönlichen Erfahrungsberichten, Hintergrundinfos, Literaturhinweisen und Foren zum Meinungsaustausch: **www.australien-info.de, www.reisebine.de, www.in-australien.com.**

Auf dieser interaktiven Website geben Australier und reiseerfahrene Besucher ihre ganz persönlichen Geheimtipps ab. Etwa: Wo ist der schönste Strand? Wo das beste Restaurant?: **www.nothinglikeaustralia.com.**

Lust aufs Reisen macht der Internetauftritt der deutschsprachigen Australien-Community: **www.infobahnaustralia.com.au.**

Das Aboriginal Australia Culture Centre dient mit Infos über Kultur, Kunst und Einkaufsmöglichkeiten sowie von Aborigines geführte Touren: **www.aboriginalaustralia.com.**

Die Website des Auswärtigen Amtes bietet Basisinformationen, Sicherheitshinweise sowie Visa- und Einreisebestimmungen: **www.auswaertiges-amt.de.**

Tagespresse im Internet

Die Websites der wichtigsten australischen Tageszeitungen sind: **www.theaustralian.com.au, www.smh.com.au, www.theage.com.au.**

Rundfunk im Internet

Website der öffentlich-rechtlichen Rundfunkanstalt von Australien mit aktuellen News und Wetterbericht: **www.abc.net.au**

Touristenbüros

... in Deutschland

Tourism Australia:
Neue Mainzer Str. 22, 60311 Frankfurt/Main
Am besten über die Homepage zu erreichen: www.australia.com.

South Australian Tourism Commission:
Neue Mainzer Str. 22, 60311 Frankfurt/Main
service@satc.australia.com
Tourism Northern Territory:
Neue Mainzer Str. 22, 60311 Frankfurt/Main
info@tracvelnt.com
Tourism Queensland:
Oberbrunner Str. 4, 81475 München
Tel. 089-75 96 98 80
germany@queensland.com
Tourism Victoria:
Neue Mainzer Str. 22, 60311 Frankfurt/Main
tvic.frankfurt@tvic.australia.com

... in Australien

Alle Bundesstaaten unterhalten eigene Fremdenverkehrsorganisationen mit Zweigstellen in den Hauptstädten der jeweils anderen Staaten. In jedem Ferienzentrum und in jeder Stadt gibt es Infobüros, die **Visitor Information Centres,** zu erkennen am großen gelben ›I‹ auf blauem Grund. Überall erhält man – meist kostenlose – Broschüren und Karten sowie Auskünfte. Oft ist das Personal bei der Buchung von Hotels und Touren behilflich.

Infos und sehr gutes Kartenmaterial erhält man auch bei **Automobilclubs** (s. S. 78). Vor dem Besuch von Nationalparks bzw. vor Wanderungen sollte man die zuständigen Büros des **National Parks & Wildlife Service** kontaktieren, die hilfreiche Tipps geben und Broschüren zur Verfügung stellen.

Diplomatische Vertretungen

... in Deutschland
Australische Botschaft:
Wallstr. 76–79, 10179 Berlin,
Tel. 030-88 00 88-0
Visa-Informationen: Tel. 069-222 23 99 58,
Mo–Fr 10–13, 14–17 Uhr
Visa-Schalter Mo, Mi, Fr 9–11 Uhr
www.germany.embassy.gov.au

Australisches Generalkonsulat:
Neue Mainzer Str. 52–58
(Main Tower, 28. St.), 60311 Frankfurt/Main,
Tel. 069-90 55 80
www.austrade.gov.au
Das Generalkonsulat fungiert als Handelsvertretung, Visa werden nicht ausgestellt.

... in Österreich
Australische Botschaft:
Mattiellistr. 2–4, A-1040 Wien,
Tel. 01-50 67 40
Mo–Fr 9–12.30, 14–16 Uhr
www.austria.embassy.gov.au

... in der Schweiz
Australisches Generalkonsulat:
2 Chemin des Fins, Grand Saconner
1211 Genève 19
Tel. 022-799 91 00
www.geneva.mission.gov.au
Das Generalkonsulat stellt keine Visa aus – hierfür ist die australische Botschaft in Berlin zuständig.

... in Australien
Konsulate der Bundesrepublik Deutschland, von Österreich und der Schweiz gibt es in Sydney, Melbourne, Brisbane, Adelaide, Perth, Darwin, Hobart und Cairns.
Deutsche Botschaft:
119 Empire Circuit, Yarralumla, Canberra,
Tel. 02-62 70 19 11
Mo–Do 8–17, Fr 8–14 Uhr
www.canberra.diplo.de
Österreichische Botschaft:
12 Talbot St., Forrest, Canberra
Tel. 02-62 95 15 33
Mo–Fr 8.30–13, 14–16.30 Uhr
www.bmeia.gv.at/canberra
Schweizer Botschaft:
7 Melbourne Ave., Forrest, Canberra
Tel. 02-61 62 84 00
Mo–Do 9–12, 14–16, Fr 9–11.30 Uhr
www.eda.admin.ch/australia

Karten

Gute Dienste bei der Routenplanung leisten der im Buchhandel erhältliche **BP Australian Road Atlas** und die Straßenatlanten, die Autoverleiher ihren Kunden überlassen. Karten über die Bundesstaaten und Stadtpläne bekommt man oft gratis bei Fremdenverkehrsämtern oder bei Automobilclubs (s. S. 78).

Lesetipps

Erzählungen, Romane, Reiseberichte

Altmann, Andreas: Im Land der Regenbogenschlange – Unterwegs in Australien, Hamburg 2010. Eine Reise durch den Fünften Kontinent, dargestellt in einer abwechslungs- und kenntnisreichen Reportagensammlung.

Bryson, Bill: Frühstück mit Kängurus, München 2002. Mit scharfem Blick für alles Skurrile und Ungewöhnliche hält der Autor bei seinem Streifzug durch das unbekannte Australien die Leser in Atem.

Chatwin, Bruce: Traumpfade, München 2004. Sensible und fesselnde Einführung in das Leben und die Kultur der australischen Ureinwohner, einen Scherpunkt bildet die Schöpfungsmythologie der Aborigines.

Jungehülsing, Julica: Ein Jahr in Australien – Reise in den Alltag, München 2007. Sehr persönlicher Bericht über den Neubeginn in einem fremden Land.

Lorenz, Erik und Bauer, Thomas (Hrsg.): Australien, wie wir es sehen, Leverkusen 2013. Reise- und Auswandererstorys sowie Reportagen, die sich detailliert mit Landescharakteristika auseinandersetzen.

Temple, Peter: Wahrheit, München 2013. Melbourne, Victoria: Die nackte Leiche einer jungen Prostituierten in einer gläsernen Badewanne, mordende Polizisten, mordende Manager, mordende Jugendliche – Peter Temple führt die Leser in ein dunkles Australien.

Wälterlin, Urs: Weit weg im Outback, Berlin 2013. In ihrer Wahlheimat mitten im australischen Busch kämpfen der Autor und seine Familie gegen Überflutungen und Waldbrände, sie scheren Schafe und suchen nach immer neuen Mitteln, um die Kängurus von ihrem Gemüsegarten fernzuhalten.

White, Patrick: Im Auge des Sturms, München 1992; Eine Seele von Mensch, Frankfurt/M. 1991; Risse im Spiegel, Frankfurt/M. 1994; Welke Rosen, Frankfurt/M. 1995. Die Werke des Literatur-Nobelpreisträgers von 1973 sind nur noch antiquarisch erhältlich.

Winton, Tim: Der singende Baum, München 2007. Eine Reise durch innere wie äußere Landschaften; ausgezeichnet mit dem Miles Franklin Award, Australiens wichtigstem Literaturpreis.

Hintergrundinformationen und Bildbände

Barkhausen, Barbara: Das Australien-Lesebuch, Berlin 2011. (Fast) alles, was Sie über Down Under wissen müssen: Natur und Geschichte, Politik und Wirtschaft, Kultur und Lebensart, Städte und Regionen.

Fautré, Stanislas: Australien, Hamburg 2011. Wundervoller Bildband mit spektakulären Naturaufnahmen.

Fehling, Lutz: Australien – Natur-Reiseführer, München 2003. Umfassende Beschreibung der Tier- und Pflanzenwelt des Fünften Kontinents, ein Standardwerk für Öko-Touristen.

Gilissen, Elfie H. M.: KulturSchock Australien, Bielefeld 2013. Vermeintlich vertraute Kulturen sind uns oft doch nicht so vertraut, wie wir dachten …

Leue, Holger/Veit, Wolfgang: DuMont Bildatlas Australien Osten, Ostfildern 2014. In brillanten Fotos und kenntnisreichen Texten wird die reichhaltige Palette der Ostküste aufgefächert – städtische Kultur, die Tradition der Aborigines, großartige Landschaften mit Küsten-Regenwäldern und Outback-Savannen, Korallengärten und Traumstränden.

Ostaustralien als Reiseziel

Die Kombination von urbaner Vitalität und einer abwechslungsreichen Landschaft hat Ostaustralien zu einem beliebten Ferienziel werden lassen. Sowohl Kulturreisende als auch Aktivurlauber finden hier ausreichend Betätigungsfelder. Wer Abwechslung liebt, kann einen Aufenthalt in Sydney, Melbourne oder einer anderen Metropole – alle mit einem vielfältigen Kulturangebot und einem bunten Völkergemisch – mit einer Entdeckungsreise in eine fremdartige Natur verbinden.

Komfortreisende finden vom mehrsternigen Hotel bis zum Gourmetrestaurant alles, was zu einem genussreichen Urlaub gehört. Aber auch die ›Infrastruktur‹ für Rucksackreisende ist vom Backpacker Hostel bis zu speziellen Rundreisen für junge Leute hervorragend ausgebaut. Breit gefächert ist vor allem das Angebot für Aktivurlauber, für Wanderer und Bergsteiger, Camper und Geländewagenfahrer, Angler und Jäger, Kanuten und Segler, Taucher und Schnorchler.

Vorschläge für Rundreisen

Neun von zehn Besuchern, die zum ersten Mal nach Ostaustralien kommen, beginnen ihre Reise in **Sydney** (s. S. 104). Die heimliche Hauptstadt des Fünften Kontinents ist ein guter Startpunkt für Rundreisen und eine gute Basis für einen Ausflug in die **Blue Mountains** (s. S. 138). Durch eine der beliebtesten Ferienregionen Australiens mit kilometerlangen Bilderbuchstränden führt die Fahrt von Sydney entlang der Küste nach **Brisbane** (s. S. 148, 334), aber auch die Inlandsroute über das **New England Tableland,** die mehrere schöne Nationalparks berührt, hat viel zu bieten (s. S. 162). Mindestens genauso abwechslungsreich ist die Küstenstrecke zwischen Sydney und Melbourne mit ihren weiten Sandstränden und schroffen Steilklippen

(s. S. 172). Wiederum durch das Inland gelangt man von Sydney via **Canberra,** der ›echten‹ Hauptstadt, nach Melbourne; Abstecher führen in die Bergwelt der **Snowy Mountains** und der **Victorian Alps,** wo die höchsten Gipfel des Fünften Kontinents aufragen (s. S. 190).

Ein Ausflug von **Melbourne,** der zweiten großen australischen Metropole (s. S. 212), führt durch die ›**Goldfields**‹ von Victoria zum **Murray River,** dem ›Rhein des Fünften Kontinents‹ (s. S. 236). Zwischen Melbourne und Adelaide verläuft die **Great Ocean Road,** die vielleicht spektakulärste Küstenstraße des Landes (s. S. 247). Nicht minder faszinierend ist der urwüchsige **Grampians National Park** (s. S. 252) nördlich davon.

Von **Adelaide** (s. S. 268), der Hauptstadt von South Australia, lassen sich Ausflüge ins Weinanbaugebiet **Barossa Valley** und nach **Kangaroo Island** mit seiner einzigartigen Tierwelt machen (s. S. 286). Auf den Spuren der Entdecker gelangt man von Adelaide mit einem Abstecher ins Wüstengebirge der **Flinders Ranges** auf dem Stuart Highway nach **Alice Springs** im ›Roten Herzen‹ des Kontinents, wo sich der **Uluru (Ayers Rock)** erhebt, das landschaftliche Symbol Australiens (s. S. 290). Einen guten Eindruck von der Weite des Landes vermittelt auch die Fahrt von Adelaide durch das **Outback** nach Sydney (s. S. 318).

Die Route von **Brisbane,** der Hauptstadt des ›Sunshine State‹ Queensland (s. S. 348), nach **Townsville** führt in das tropische Australien. Hier wie auch auf der Fahrt von Townsville über **Cairns** nach **Cooktown** (s. S. 371), eine der landschaftlich interessantesten Reiserouten Australiens, bieten sich viele Möglichkeiten für Bootsausflüge zu den Inseln am **Great Barrier Reef** (s. S. 394).

Voller überraschender Naturschönheiten ist die stellenweise europäisch anmutende Insel **Tasmanien** vor der Südostküste Australiens (s. S. 405).

Zwei Wochen in Ostaustralien

1. Ankunft in Sydney – Fahrt nach Melbourne und weiter nach Adelaide – Ausflug ins Barossa Valley oder nach Kangaroo Island – Fahrt nach Coober Pedy und weiter nach Alice Springs mit Abstechern zum Flinders Ranges National Park, zum Uluru (Ayers Rock) und den Kata Tjuta (The Olgas) – Flug nach Sydney – Heimflug von Sydney.

2. Ankunft in Sydney – Flug nach Alice Springs – Ausflüge zu den MacDonnell Ranges, zum Uluru (Ayers Rock) und zu den Kata Tjuta (The Olgas) – Flug nach Cairns – Ausflüge zum Great Barrier Reef – Heimflug von Cairns.

Drei Wochen in Ostaustralien

1. Ankunft in Sydney – Fahrt nach Brisbane und weiter nach Cairns mit Ausflügen zum Great Barrier Reef – Flug nach Alice Springs – Ausflüge zu den MacDonnell Ranges, zum Uluru (Ayers Rock) und zu den Kata Tjuta (The Olgas) – Fahrt nach Adelaide mit Zwischenstopp in Coober Pedy – Heimflug von Adelaide.

2. Ankunft in Sydney – Fahrt via Canberra und Snowy Mountains nach Melbourne – Weiterfahrt nach Adelaide entlang der Great Ocean Road mit Abstecher zum Grampians National Park – Fahrt via Coober Pedy nach Alice Springs – Abstecher zum Uluru (Ayers Rock) und den Kata Tjuta (The Olgas) – Flug nach Cairns – Ausflüge zum Great Barrier Reef – Heimflug von Cairns.

Vier Wochen in Ostaustralien

Ankunft in Sydney – Fahrt nach Brisbane und weiter nach Cairns mit Ausflügen zum Great Barrier Reef – Flug nach Alice Springs – Ausflüge zu den MacDonnell Ranges – Weiterfahrt nach Adelaide mit Abstecher zum Uluru (Ayers Rock) und den Kata Tjuta (The Olgas) sowie Zwischenstopp in Coober Pedy – Weiterfahrt nach Sydney über Broken Hill oder Mildura – Heimflug von Sydney.

Fünf Wochen in Ostaustralien

Ankunft in Sydney – Fahrt nach Brisbane und weiter nach Cairns mit Ausflügen zum Great Barrier Reef – Abstecher nach Port Douglas und Cooktown – Flug von Cairns nach Alice Springs – Ausflüge in die MacDonnell Ranges – Weiterfahrt nach Adelaide mit Abstecher zum Uluru (Ayers Rock) und den Kata Tjuta (The Olgas) sowie Zwischenstopp in Coober Pedy – Weiterfahrt nach Melbourne – Abstecher nach Tasmanien – Heimflug von Melbourne.

Strandurlaub

Bei einer Küstenlinie von rund 36 750 km besitzt Australien viele Traumstrände, im tropischen Norden ebenso wie im gemäßigten Süden. Bei Vergleichen schneidet der ›Sunshine State‹ **Queensland** am besten ab. Die meisten der dortigen Strände sind, da sandig und flach, ideal für einen Urlaub mit Kindern. Während es jüngere Leute an die **Gold Coast** mit ihrem quirligen Nachtleben zieht, bevorzugen Ruhe suchende Urlauber die **Sunshine Coast.** Andere Ziele für Badeurlauber in Queensland sind die **Fraser Coast** um Hervey Bay, die **Capricorn Coast** um Rockhampton, die **Magnetic Coast** um Townsville, die **Marlin Coast** nördlich von Cairns und die Inseln des **Great Barrier Reef.**

Badehochburgen befinden sich auch in **New South Wales,** so etwa an der **Summerland Coast** südlich der Gold Coast oder auch an den Küstenabschnitten der **Central Coast** nördlich und südlich von Newcastle. Selbst in den kühleren ›Südstaaten‹ gibt es ausgezeichnete Badegelegenheiten, etwa an der **Illawarra Coast** südlich von Sydney, an der **Sapphire Coast** um Eden, an der **Gippsland-Küste** von Victoria (speziell in der Gegend von Lakes Entrance), am **Gulf St. Vincent** südlich von Adelaide sowie entlang der Nord- und Ostküste von **Tasmanien.**

Einige der schönsten Badestrände von ganz Australien erstrecken sich vor den Toren von Sydney, etwa **Manly Beach** und **Bondi Beach.** Auch Melbourne besitzt an der Mornington Peninsula und der Bellarine Peninsula großartige Strände im Einzugsbereich.

Natur und Abenteuer

National- und Naturparks

In Australien gibt es über 3000 Naturschutzgebiete unterschiedlicher Kategorien (National Parks, State Parks, Nature Reserves und State Recreation Areas), die rund 7,5 % der Gesamtfläche einnehmen. 14 Schutzgebiete hat die UNESCO zum Weltnaturerbe (World Heritage Site) erhoben, z. B. den Uluru-Kata Tjuta National Park im Zentrum des Kontinents oder den Great Sandy National Park auf Fraser Island, die weltgrößte Sandinsel vor der Küste Ostaustraliens.

Alle Naturschutzgebiete unterstehen der Verwaltung der Naturschutzbehörden der einzelnen Bundesstaaten, die unter Bezeichnungen wie *National Parks & Wildlife Service* firmieren. Die meisten Naturschutzgebiete werden von ausgedehnten und gut ausgebauten Wegnetzen durchzogen, die ideale Möglichkeiten zum Wandern und zur Tierbeobachtung bieten. Überall sorgen hoch qualifizierte Ranger für ein möglichst reibungsloses Zusammenspiel zwischen Tourismus und Natur. Die bekanntesten Nationalparks sind im Reiseteil beschrieben.

Während in New South Wales, Queensland, South Australia, Victoria und dem Northern Territory nur für einige größere Nationalparks **Eintrittsgebühren** anfallen (pro Tag/Auto 5–25 A-$), sind in Tasmanien alle Nationalparks gebührenpflichtig (pro Tag/Auto 24 A-$). Wer plant, in Tasmanien einen oder mehrere Parks an mehr als zwei Tagen zu besuchen, sollte den **Holiday Park Pass** erwerben, der zum Besuch aller Nationalparks

des Bundeslandes innerhalb eines bestimmten Zeitraums berechtigt (2 Mon./60 A-$, erhältlich an den Kassenhäuschen, in den Besucherzentren der Nationalparks oder online).

Fast in allen Naturschutzgebieten ist mit einer Genehmigung *(Permit)* des zuständigen National Parks & Wildlife Service **Camping** möglich, wofür zusätzliche Gebühren anfallen. Die bekannten und größeren Nationalparks und Schutzgebiete besitzen in der Regel Besucherzentren, in denen man fast immer **Informations- und Kartenmaterial** über Fauna und Flora sowie Wander- und Campingmöglichkeiten oder andere Aktivitäten erhält. Auskünfte erteilen die Büros der Naturschutzbehörden in den Staatshauptstädten.

Meist sehr informativ und von hohem Erlebniswert sind die von **Spezialveranstaltern** angebotenen Touren in die bekannteren Nationalparks. Zu empfehlen sind diese Ausflüge vor allem, wenn es sich um abseits gelegene Gebiete handelt, die man auf eigene Faust kaum erreichen kann. Informationen zu Spezialveranstaltern finden Sie bei den praktischen Hinweisen im Reiseteil.

Informationen im Internet

Einen Überblick über Nationalparks in Australien bieten folgende Websites:
www.atn.com.au/parks
www.deh.gov.au
Infos zu Nationalparks in New South Wales:
www.nationalparks.nsw.gov.au
Informationen zu Nationalparks in Victoria:
www.parkweb.vic.gov.au
Informationen zu Nationalparks in Tasmanien:
www.parks.tas.gov.au
Infos zu Nationalparks in South Australia:
www.environment.sa.gov.au/parks
Infos zu Nationalparks im Northern Territory:
www.nt.gov.au/nreta/parks
Infos zu Nationalparks in Queensland:
www.nprsr.qld.gov.au
Infos zum Great Barrier Reef Marine Park:
www.gbrmpa.gov.au

Die Besucher von Naturschutzgebieten sollten folgende Regeln beachten:
– Die Pflanzen- und Tierwelt der Parks ist geschützt. Keine Pflanzen ausreißen und (v. a. bei der Fotopirsch) möglichst keine Tiere aufscheuchen.
– Jagdwaffen sind ebenso verboten wie Hunde, Katzen und andere Haustiere.
– Zelten ist in den meisten Parks nur auf den dafür vorgesehenen Campingplätzen erlaubt.
– Vorsicht mit offenem Feuer. Ein Funke kann einen verheerenden Buschbrand entfachen. Beachten Sie unbedingt die sogenannten ›Days of Total Fire Ban‹. Benutzen Sie nach Möglichkeit Gas- oder Spirituskocher.
– Abfälle darf man nicht vergraben, sondern muss sie an den dafür vorgesehenen Stellen entsorgen oder wieder mitnehmen. Menschliche Ausscheidungen sollten immer mit einer dünnen Schicht Erde bedeckt werden.
– Flüsse und andere Wasserstellen niemals mit Speiseresten, Spülmitteln oder Seife verschmutzen.
– Um die Vegetation zu schonen und Erosionsschäden vorzubeugen, immer auf den angelegten Wegen bleiben und nie querfeldein wandern oder fahren.
– Möglichst in kleinen Gruppen wandern, da sie die Umwelt weniger belasten.
– Vor mehrtägigen und schwierigen Touren immer Rücksprache mit den zuständigen Rangern nehmen.

Tipps für die Reiseorganisation

Bei der Reiseplanung sollte man neben den klimatischen Gegebenheiten (s. S. 91) auch die **Ferientermine** und **Hauptreisezeiten** in Australien berücksichtigen. Wer zwischen Juni und August in den Uluru-Kata Tjuta National Park fährt, findet ohne rechtzeitige Reservierung oft keine Unterkunft mehr. Auch

Flüge zwischen Outback-Destinationen sind dann über Tage oder Wochen hinweg ausgebucht, ebenso Geländewagen, Allradcamper und Wohnmobile. Ähnliche Verhältnisse herrschen während der Sommerferien von Mitte Dezember bis Anfang Februar in den Touristenzentren der südlichen Küstenregionen.

Reisen auf eigene Faust

Ein Großteil der Australien-Besucher ist individuell im Land unterwegs. Die Wahl des Transportmittels hängt ab von der Reisedauer und den Entfernungen, die man zurücklegen will – Ostaustralien umfasst ein für europäische Verhältnisse sehr weites Gebiet, was einige Angaben verdeutlichen: Sydney–Brisbane 1000 km, Sydney–Melbourne 900 km, Sydney–Adelaide 1500 km, Adelaide–Alice Springs 1700 km. Wer dem ›Highway 1‹ einmal um ganz Australien folgt, legt – ohne Abstecher ins Landesinnere – 14 000–15 000 km zurück. Auf asphaltierten Highways kann man bis zu 1000 km pro Tag fahren, um monotone Streckenabschnitte zu überbrücken. Auf Schotterpisten und Naturtracks sollte das Limit der Tagesetappen bei 200–300 km liegen, sonst wird die Fahrt zur Strapaze.

Sind zeitliche Grenzen gesetzt, sollte man das Land punktuell erschließen, sich also auf Teilgebiete konzentrieren, um diese in ihrer ganzen Vielfalt zu erleben. Die endlosen Entfernungen zwischen den einzelnen Attraktionen legt man sinnvollerweise mit dem Flugzeug zurück und mietet sich an interessanten Punkten immer wieder ein Fahrzeug für Erkundungen in der Umgebung (›Fly & Drive‹). Auf diese Art und Weise kann man in 3–4 Wochen die Höhepunkte im Osten und im Zentrum des Fünften Kontinents kennen lernen; wer noch 7–10 Tage länger Zeit hat, kann einen Abstecher nach Tasmanien einplanen.

Generell ist Australien ein ›klassisches‹ Land für eine Reise im Mietwagen, den man wegen der günstigeren Tarife am besten bereits im Heimatland bucht (s. S. 75). Immer mehr Leute touren im Wohnmobil durch Australien. Mit Linienbussen und Zügen kann man zwar schnell und bequem zwischen den größeren Orten reisen, doch lassen sich viele Nationalparks und andere Naturattraktionen nicht oder nur sehr umständlich mit öffentlichen Verkehrsmitteln erreichen. Wer längere Zeit bleiben will, sollte in Erwägung ziehen, ein Fahrzeug zu kaufen (s. S. 76).

Organisierte Touren

Fast alle großen Reiseunternehmen sowie zahlreiche Spezialveranstalter haben Australien im Programm. Empfehlenswerte Adressen nennen die australischen Fremdenverkehrsämter auf ihren Websites.

In den ostaustralischen Großstädten und Touristenzentren wird ein breites Spektrum an organisierten Touren zu relativ günstigen Preisen angeboten. Dazu gehören Stadtrundfahrten und Ausflüge in die Umgebung ebenso wie Wander-, Rad- und Kanutouren, Tauch- und Schnorchelexkursionen. Über das jeweilige Angebot informieren die Touristenbüros, die auch die Buchung übernehmen.

Sehr beliebt sind seit einiger Zeit sog. Bus-Campingreisen in teils entlegene Outback-Gebiete, die mit Allradfahrzeugen durchgeführt werden. Ein gutes Renommee haben die folgenden Firmen: **Adventure Tours Australia:** Tel. 03-81 02 78 00 und 1300-65 46 04 (AUS), www.adventuretours.com.au; **Oz Experience:** Mobil-Tel. 0612-92 97 70 00 und 1300-30 00 28 (AUS), www.ozexperience. com; **Kimberley Adventure Tours:** Tel. 08-88 42 40 60 und 18 00-08 33 68 (AUS), www.kimberleyadventures.com.au.

Reisen mit Kindern

Das größte Problem für Kinder ist zweifellos die lange Reisedauer ans andere Ende der Welt, weshalb man überlegen sollte, den Hin- und Rückflug mit einem von den meisten Fluggesellschaften angebotenen Stopover-Programm zu stückeln, etwa einem kurzen Badeurlaub in Thailand, Malaysia oder Bali.

Vorausgesetzt man verzichtet auf extrem lange Autofahrten, ist Australien ein ideales Reiseland für die gesamte Familie. Tagesetappen auf Teerstraßen sollten nicht länger als 300 km sein, auf Schotterpisten 200 km oder weniger.

Da die meisten Caravan Parks und Campingplätze mit Spielplätzen und Swimmingpools ausgestattet sind, bietet sich als Reisevehikel ein Wohnmobil an. Auf Campingplätzen schließen Kinder beim Spielen rasch Freundschaft mit anderen Kids. Vor allem in Busch-Camps in Nationalparks kommt es immer wieder zu aufregenden Begegnungen mit Kängurus, Emus und anderen Tieren.

Familien- und kinderfreundlich sind auch zahlreiche Hotels und Motels ausgestattet. Oft verfügen sie über Mehrbettzimmer, Kinderpools und Spielplätze. Manche Hotels der gehobenen Kategorien bieten Kinderbetreuung. Auch viele Restaurants haben sich mit Kindergerichten auf kleine Gäste eingestellt.

Für Kinder, die keinen eigenen Sitzplatz benötigen, kleiner als 1 m und jünger als vier Jahre sind, fallen für den Flug 10 % des normalen Tarifs an, bis zum Alter von 12 Jahren bei einer max. Größe von 1,50 m 67 % des Flugpreises. Seit Juni 2012 benötigt jedes Kind, das ins Ausland reist, unabhängig vom Alter, einen eigenen Reisepass. Die Eintragung von Kindern in den elterlichen Reisepass ist demnach nicht mehr anerkannt.

Attraktionen für Kinder

Possierliche Koalas streicheln, handzahme Kängurus und Wallabies füttern – solche Erlebnisse lassen die meisten Kinderherzen höher schlagen. Möglich ist dies in den meisten **Zoologischen Gärten** Australiens, etwa im Taronga Zoo in Sydney, im Melbourne Zoo, im Billabong Sanctuary bei Townsville oder im Lone Pine Koala Sanctuary in Brisbane.

Weitere Attraktionen für die Kleinen sind **Ozeanarien,** in denen Haie, Rochen und andere Meeresbewohner hautnah an den Besuchern im Plexiglastunnel vorbeiziehen, z. B. das Sydney Aquarium, das Melbourne Aquarium, die Underwater World in Mooloolaba an der Sunshine Coast nördlich von Brisbane oder das Reef HQ in Townsville.

Im Zentrum faszinieren **Kamelfarmen,** die Ausritte auf den Rücken der ›Wüstenschiffe‹ anbieten. Im tropischen Norden locken **Bootsfahrten,** bei denen man Krokodilen und anderen Tieren sehr nahe kommt. Unvergessliche Eindrücke garantieren auch Besuche von **Themen- und Erlebnisparks,** beispielsweise von Dreamworld und Sea World an der Gold Coast südlich von Brisbane.

Schulkindern macht Funkunterricht live in einer **School of the Air** (Sprechfunkschule) Spaß. Sprechen sie schon etwas Englisch, dürfen sie bisweilen über Funk mit Outback-Kindern plaudern.

Ein Höhepunkt für Kinder und Eltern ist ein **Flug** in einer Propellermaschine oder einem Hubschrauber oder auch eine **Ballonfahrt** über dem Uluru (Ayers Rock).

Vorsichtsmaßnahmen

Wegen der Schlangengefahr sollten Kinder nur in übersichtlichem Gelände und nicht in hohem Gras spielen. Tabu als Spielplatz sind im tropischen Norden die Ufer von Flüssen, Seen und Wasserstellen, in denen Krokodile lauern könnten. Gefahr besteht dort auch an vielen Strandabschnitten am Meer, vor allem in der Nähe von Flussmündungen.

Nicht unterschätzen darf man die Kraft der ›australischen‹ Sonne. Kinder müssen unbedingt eingecremt werden, am besten mit einer Sonnencreme mit Lichtschutzfaktor 20 aufwärts. Zudem sollten sie beim Baden eine breitkrempige Kopfbedeckung und ein T-Shirt tragen. Kleinkinder im Kinderwagen sollte man mit einem Sonnenschirm schützen. Gute Dienste leistet auch ein Baumwolltuch, das man über den ganzen Wagen ausbreiten kann. Wegen der großen Hitze sollte man zwischen Dezember und Februar nicht mit Kindern ins ›Rote Herz‹ reisen.

Reisen mit Handicap

In Australien bemüht man sich sehr um Behinderte, sodass auch Rollstuhlfahrer oder Blinde nach sorgfältiger Planung keineswegs auf eine Australienreise verzichten müssen. Die meisten öffentlichen Einrichtungen sowie zahlreiche Hotels, Restaurants, Kinos und Museen verfügen über eine behindertengerechte Ausstattung. Immer mehr Stadtbusse werden mit ebenerdigen Türen ausgerüstet, viele Bahnhöfe haben rollstuhlgerechte Eingänge und Rampen, an Fußgängerampeln sind die Bürgersteige abgeflacht.

Auch viele Nationalparks sind zumindest teilweise für Behinderte zugänglich. So haben die örtlichen Büros des National Parks & Wildlife Service in manchen Naturschutzgebieten Wege für Rollstuhlfahrer sowie sogenannte *Senses Trails* für Blinde angelegt. Einen besonderen Service bietet Quicksilver Connections, ein Veranstalter von Kreuzfahrten zum Great Barrier Reef: Mit einem Spezialaufzug werden behinderte Gäste ins Wasser gelassen, wo sie mit Schwimmweste in den Korallengärten des äußeren Riffs schnorcheln können.

Infos erteilt der Dachverband der australischen Behindertenorganisationen: **National Disability Services,** 33 Thesiger Court, Deakin, ACT 2600, Tel. 02-62 83 32 00, www.nds. org.au.

Auskunft über behindertengerechte Hotels, Verkehrsmittel, Aktivitäten und weitere Hilfsorganisationen bekommt man auch beim **National Information Communication Awareness Network (NICAN),** 48 Brookes St., Mitchell, ACT 2911, Tel. 18 00-80 67 69 (AUS) und 02-62 41 12 20, www.nican.com.au.

Einreise und Zoll

Erforderliche Dokumente

Für die Einreise nach Australien benötigen Besucher aus Deutschland, Österreich und der Schweiz einen noch mindestens sechs Monate gültigen Reisepass (s. auch S. 69) sowie ein Touristenvisum, das zur mehrmaligen Einreise innerhalb eines Jahres für jeweils maximal drei Monate berechtigt.

Das Visum wird schnell, unkompliziert und kostenlos als sogenanntes eVisitor-Visum elektronisch erstellt. Man beantragt es auf der englischsprachigen Website der australischen Einwanderungsbehörde (www.immi. gov.au), wobei man in einem elektronischen Formular die Passdaten für alle mitreisenden Personen, auch für Kinder, und eine E-Mail-Adresse angeben muss. Die Antragsteller werden dann meist innerhalb weniger Minuten per E-Mail benachrichtigt, ob sie als eVisitors einreisen dürfen. Man kann das Visum auch über die meisten Reisebüros und Australien-Reiseveranstalter beantragen, wobei diese eventuell Bearbeitungsgebühren in Rechnung stellen. Hinweis: Man muss mit dem Pass, dessen Nummer bei der Visumsbeantragung angegeben wurde, auch einreisen – ansonsten muss das Visum neu beantragt werden. Das Online-Visum sollte spätestens zwei Wochen vor der geplanten Abreise beantragt werden.

Reisende, die sich länger als drei Monate in Australien aufhalten möchten, müssen ein normales Visum in Form eines Sichtvermerks bei der australischen Botschaft in Berlin oder Wien beantragen. Die nötigen Formulare können von der Website der australischen Botschaft (s. rechts oben) heruntergeladen werden. Deutsche und Schweizer reichen den Antrag bei der australischen Botschaft in Berlin ein, Österreicher bei der Botschaft in Wien (s. S. 63). Als Bearbeitungszeit für die gebührenpflichtige Ausstellung des Visums sind 3–4 Wochen zu veranschlagen.

Seit 2000 haben junge Deutsche, Österreicher und Schweizer im Alter von 18 bis 30 Jahren die Möglichkeit, ein *Working Holiday Visa* zu beantragen, das ihnen gestattet, ein Jahr lang durch Australien zu reisen und zur Finanzierung der Reise Jobs anzunehmen. **Infos:** www.immi.gov.au.

Einfuhr von Waren

Gegenstände für den persönlichen Bedarf können unbeschränkt mitgebracht werden. Reisende ab 18 Jahre dürfen 50 Zigaretten oder 50 g Tabak sowie 2,25 l Spirituosen zollfrei einführen. Andere anmeldepflichtige Waren sind bis zu einem Betrag von 900 A-$ (bis 18 Jahre 450 A-$) zollfrei. Devisenbeschränkungen bestehen nicht. Allerdings müssen Geldbeträge im Wert von über 10 000 A-$ deklariert werden.

Um die australische Landwirtschaft vor importierten Schädlingen und Krankheiten zu schützen, hat man strenge Quarantänebestimmungen sowie Einfuhrrestriktionen für Lebensmittel, Pflanzen und Tiere erlassen. Es ist verboten, frische wie abgepackte Lebensmittel (außer Brot oder Keksen), Gemüse, Früchte und Samen einzuführen. Im Zweifelsfall wendet man sich an die Immigrationsbeamten in der Ankunftshalle, denn bei Verstößen drohen hohe Geldstrafen. Detaillierte Auskünfte erhält man bei den diplomatischen Vertretungen oder im Internet unter www.customs.gov.au bzw. www.affa.gov.au.

Sicherheitsbestimmungen

Spitze Gegenstände wie Taschenmesser oder Nagelscheren dürfen nicht mit an Bord genommen werden. Seit November 2006 sind Flüssigkeiten, Gels, Shampoos, Zahnpasta, Cremes und Sprays nur noch in der Höchstmenge von 0,1 l erlaubt, die Behälter müssen in einem wieder verschließbaren, durchsichtigen Plastikbeutel verstaut werden.

Um das Einschleppen von Insekten zu verhindern, werden die Innenräume von Flugzeugen aus Übersee bisweilen mit einem von der Weltgesundheitsorganisation zugelassenen Sprühmittel desinfiziert, bevor die Passagiere die Kabine verlassen.

Bei der Einreise nach Deutschland, Österreich oder in die Schweiz ist zu beachten, dass das Washingtoner Artenschutzabkommen die Einfuhr von geschützten Tieren bzw. Produkten daraus verbietet. Dazu gehören Mitbringsel aus Reptilienleder, Elfenbein und Schildpatt, die auf manchen asiatischen Flughäfen, auf denen Zwischenstopps eingelegt werden, erhältlich sind. Nähere Informationen: **www.artenschutz-online.de** und **www.cites.bfn.de.**

Anreise

... mit dem Flugzeug

Ostaustralien liegt rund 17 000 Flugkilometer von Mitteleuropa entfernt. Für die Strecke werden auf der Ostroute über Südostasien mindestens 20 Stunden reine Flugzeit benötigt. Schnelle Verbindungen mit relativ kurzen Umsteigezeiten bieten auf der Ostroute **Emirates, Etihad Airways, Singapore Airlines** und **Thai Airways International,** die mehrmals pro Woche ab Frankfurt/Main oder München mit nur einem Zwischenstopp australische Metropolen anfliegen. Weitere Fluglinien mit guten Verbindungen auf der Asienroute sind **Austrian Airlines, British Airways, Cathay Pacific, EVA Airways, KLM, Malaysia Airlines** und **Vietnam Airlines.** Mit günstigen Tarifen locken oft **Air China, China Airlines, Qatar Airways** und **Korean Air.** Gemeinsam mit den Codeshare-Partnern Singapore Airlines und Thai Airways International bzw. Emirates bieten auch die **Lufthansa** und die nationale australische Fluggesellschaft **Qantas** Flüge zum Fünften Kontinent an. Meist ohne Aufpreis lässt sich die weite Reise mit einem Stopover unterbrechen, etwa in den Metropolen Bangkok und Singapur oder auf Bali. Manche Airlines offerieren attraktive **Stopover-Programme,** die günstige Übernachtungen, Stadtrundfahrten oder sogar Kurzbadeurlaube umfassen.

Eine interessante, allerdings teurere Alternative ist der etwas längere Flug auf der Westroute über Nordamerika. Auf dieser Route fliegen u. a. Air New Zealand, Air Canada und United Airlines. Möglichkeiten zu Zwischenstopps bestehen u. a. in Vancouver, Los Angeles und Auckland sowie auf Pazifikinseln wie Hawaii, Tahiti, Fiji, Cook Islands, Tonga oder West-Samoa.

Ostaustraliens wichtigste internationale **Flughäfen** sind Sydney, Melbourne, Adelaide, Brisbane und Cairns. Wertvolle Reisezeit lässt sich mit einem Gabelflug sparen, z. B. Ankunft in Sydney und Abflug von Cairns. Zwischen den Flughäfen und den Stadtzentren pendeln von frühmorgens bis spätabends meist in 30-minütigem Rhythmus Flughafenbusse. Zudem stehen ausreichend Taxis zur Verfügung. Vom Kingsford Smith Airport in Sydney gelangt man mit der Bahn in 10 Minuten in die City.

Die **Tarife** unterliegen erheblichen saisonalen Schwankungen. Hochsaison ist von Oktober bis Mitte April, Nebensaison von Ende April bis Juni und Zwischensaison von Juli bis September. Am teuersten sind die Flugtickets zwischen dem 10. Dezember und dem 31. Dezember. Je nach Saison kosten Tickets für Flüge in der Economy Class etwa 1000–1450 €, in der Business Class ab etwa 2600 €. Beim Preisvergleich sollte man unbedingt darauf achten, ob die Bahnfahrt zum europäischen Flughafen eingeschlossen ist und ob in Australien ein oder mehrere Gratis-Inlandsflüge enthalten sind bzw. ob man günstige Coupons für Inlandsflüge erwerben kann (s. S. 73). Wegen der starken Nachfrage zur Hauptsaison ist eine frühzeitige Buchung sehr zu empfehlen.

Unterwegs im Land

... mit dem Flugzeug

Dem geografischen Charakter des Landes angemessen, besitzt Australien ein sehr effizientes Binnenflugnetz. Mit kleinen Fluglinien kann man fast jeden Ort erreichen. Der Luftverkehr zwischen den größeren Städten wird hauptsächlich von der Staatslinie Qantas bestritten, deren Streckennetz durch zahlreiche Regionallinien ergänzt wird. Günstige Tarife bieten die beiden Billigflieger Jetstar (Sydney–Melbourne ab 40 €) und Virgin Australia (Melbourne–Alice Springs ab 125 €). Die Qantas-Tochter Jetstar bedient 16 Ziele überwiegend an der Ostküste und in Tasmanien, Virgin Australia 24 Ziele in ganz Australien. Bei den Billigfliegern muss die Verpflegung extra bezahlt werden und es werden keine Platzreservierungen vorgenommen.

Die australischen Airlines gehören zwar zu den sichersten, aber nicht zu den billigsten der Welt. Tipp: Bestimmte **Sondertarife** von Qantas beinhalten zwei Anschlussflüge innerhalb des Kontinents. Reisenden mit flexiblem Zeitplan bieten alle Fluglinien *Standby Fares:* 20 % Ermäßigung auf die Economy-Tarife. Studenten unter 26 Jahren bekommen bis zu 25 % Rabatt, wenn sie einen gültigen Studentenausweis und eine Bescheinigung ihrer Uni (auf Englisch) vorweisen können.
Qantas: Tel. 13 13 13 (AUS), www.qantas. com.au.
Jetstar: Tel. 00 61-3-96 45 59 99 und 13 15 38 (AUS), www.jetstar.com.au.
Virgin Australia: Tel. 00 61-7-32 95 22 96 und 13 67 89 (AUS), www.virginaustralia.com.au.
Flight Centre: Tel. 13 31 33 (in Australien), www.flightcentre.com.au. Informationen über Inlandsflüge aller Airlines.

... mit dem Zug

Alle großen Städte sind an das Zugnetz angeschlossen, das mit knapp 40 000 km im internationalen Vergleich eher bescheiden ist.

Am dichtesten ist das Bahnnetz im Osten und Südosten sowie im Südwesten. Hier verbinden **Regionalzüge** die Hauptstädte mit den größeren Orten.

Fernzüge zählen nicht gerade zu den billigsten (z. B. Brisbane–Cairns ab 135 €) und schnellsten, sicherlich aber zu den bequemsten Verkehrsmitteln Australiens. Vor allem die Nachtzüge sind sehr komfortabel ausgestattet mit Klimaanlage, Schlafkabinen, Duschen und Toiletten sowie Speisewagen. Bei allen Fernzügen besteht die Wahl zwischen *First Class* und *Economy Class*.

Reisenden, die Australien per Zug kennenlernen wollen, bietet Rail Australia mehrere günstige **Netztickets.** Der Discovery Pass erlaubt bei einer Gültigkeitsdauer von 14 Tagen, 1 Monat, 3 Monaten oder 6 Monaten (155/ 184/199/281 €) freie Fahrt sowohl im Zug- als auch Busnetz von NSW TrainLink, das rund 365 Ziele in New South Wales, Victoria, Queensland und dem Australian Capital Territory verbindet. Mit dem Rail Explorer Pass kann man 3 oder 6 Monate lang (306/403 €) die Expresszüge The Ghan, Indian Pacific und The Overland beliebig oft nutzen. 3 oder 6 Monate lang (254/357 €) unbegrenztes Fahren auf allen Langstrecken-Verbindungen der Queensland Rail erlaubt der Queensland Explorer Pass. Die Tickets können an jedem größeren Bahnhof vor Ort erworben werden, man spart jedoch etwa 10 %, wenn man sie außerhalb Australiens kauft, z. B. online unter www.reisebine.de.

Zu den interessantesten **Zugstrecken** gehören die Fahrten in den Expresszügen Indian Pacific und The Ghan (s. S. 296). Plätze für diese und andere Langstreckenzüge (z. B. The Overland zwischen Melbourne und Adelaide, The Spirit of Queensland zwischen Brisbane und Cairns) sollten frühzeitig werden.

Rail Australia: c/o hm-touristik, Livry-Gargan-Str. 10, 82256 Fürstenfeldbruck, Tel. 081 44-148 54 90, www.hm-touristik.de, www.rail australia.eu, Tel. 13 22 32 (AUS).

Great Southern Railway: www.gsr.com.au, www.trainways.com.au, Reservierung im Land: Tel. 1800-70 33 57 (Buchung von Indian Pacific, The Ghan und The Overland).
Eine Übersicht über die **Zugfahrpläne** in Australien bietet www.fahrplan-online.de.

... mit dem Bus

Günstige Tarife und gute Verbindungen machen Busse zum dominierenden Transportmittel im Überlandverkehr. Die modernen Expressbusse, die rund um die Uhr zwischen den wichtigsten Orten verkehren, sind klimatisiert sowie mit Waschraum, Toilette, Panoramafenstern und verstellbaren Sitzen mit Kopfstützen ausgestattet. An Raststätten werden regelmäßig Pausen eingelegt. Das Freigepäck ist gewöhnlich auf 20 kg begrenzt; für weitere Gepäckstücke wird meist eine Extragebühr verlangt.

Größte Busgesellschaft ist Greyhound Australia, die in fast jeder größeren Stadt ein Ticketoffice betreibt. Telefonische Reservierungen sind rund um die Uhr möglich. Ferner gibt es landesweit eine Vielzahl von kleineren Unternehmen, die günstige Busdienste im Fern- und Regionalverkehr anbieten.

Wer längere Strecken mit dem Bus reisen möchte, sollte den Kauf einer **Netzkarte** erwägen. So kann man mit dem Kilometre Pass von **Greyhound Australia** zeitlich unbegrenzt je nach Version 1000 bis 25 000 km zurücklegen (2500 km/439 A-$, 5000 km/829 A-$, 10 000 km 1515 A-$). In puncto Richtung und Strecke ist man völlig frei. Für Reisende, welche die Flexibilität des Kilometerpasses nicht benötigen, weil sie genau wissen, welche Routen sie in Australien zurücklegen möchten, ist der Mini Traveller Pass von Greyhound Australia ideal. Er ist etwas preiswerter als das Kilometerpässe, gilt aber nur in der einen oder in der umgekehrten Richtung zwischen zwei festgelegten Orten, wobei man die Fahrt beliebig oft unterbrechen kann, z. B. Sydney–Cairns 455 A-$, Melbourne–Cairns 555 A-$,

Brisbane–Melbourne 325 A-$. Die Streckenpässe sind 90 Tage ab der ersten gebuchten Teilstrecke gültig. Die Reisetage für die einzelnen Teilstrecken können individuell vor Ort festgelegt werden, unbedingt erforderlich ist jedoch eine rechtzeitige Sitzplatzreservierung. Ein gutes Transportnetz für junge Leute bietet **Oz Experience.**

Buspässe kann man in den Büros der Busgesellschaften, an Flughäfen, in Reisebüros, Fremdenverkehrsämtern und vielen Hotels kaufen. Eine Vorausbuchung über europäische Reiseveranstalter ist zwar nicht nötig, kann aber einen Preisvorteil bringen, z. B. online unter www.reisebine.de. Pensionäre und Rentner sowie Studenten und Mitglieder des Deutschen Jugendherbergswerks oder einer australischen Backpacker-Organisation erhalten 10 % Rabatt.

Auskunft erhält man in jedem besseren Reisebüro, bei Tourism Australia in Frankfurt/M. (s. S. 62) oder direkt bei den Busgesellschaften:
Greyhound Australia, Tel. 1300-47 39 46 (AUS), www.greyhound.com.au.
Oz Experience, Tel. 1300-30 00 28 (AUS), www.ozexperience.com.

Eine Übersicht über **Busfahrpläne** findet man unter www.fahrplan-online.de.

... mit der Fähre

Die beiden Passagier- und Autofähren »M.V. Spirit of Tasmania I« und »II« der Reederei TT Line verkehren einmal bzw. während der Hochsaison im Dezember/Januar zweimal täglich zwischen Melbourne und Devonport in Tasmanien. Nebensaison: Abfahrt Melbourne und Devonport 19.30 Uhr, Ankunft im Zielhafen am folgenden Tag um 7 Uhr; Hochsaison: Abfahrt Melbourne und Devonport 9 und 21 Uhr, Ankunft um 18 bzw. 6 Uhr.

Auskunft erhält man bei jedem Tasmanian Travel Centre oder bei **TT Line Reservations:** Tel. 18 00-63 49 06, www.tt-line.com.au und www.spiritoftasmania.com.au.

95 % aller Sehenswürdigkeiten Australiens sind auch ohne Jeep erreichbar

... mit dem Mietwagen

Alle international renommierten Mietwagenfirmen haben in den Metropolen und Touristenzentren Niederlassungen. Darüber hinaus findet man in den größeren Städten zahlreiche einheimische Autoverleiher, die häufig recht günstige Konditionen bieten. Äußerst preiswert sind Firmen, die betagte, aber technisch meist einwandfreie Fahrzeuge vermieten, etwa Rent-A-Wreck, Rent-A-Bomb oder Wicked. Landesweit vertreten sind auch besonders auf Wohnmobile und Geländewagen spezialisierte Vermieter.

Die Wahl des **Fahrzeugtyps** hängt von der Reiseroute ab. Wer sich auf die bekannten Attraktionen konzentrieren will, kann sich mit einem zweiradgetriebenen Fahrzeug begnügen, mit dem man unter normalen Umständen 95 % aller touristisch interessanten Orte erreicht. Zu einigen landschaftlichen Höhepunkten wie dem Palm Valley im Finke Gorge National Park bei Alice Springs oder der Cape York Peninsula in Queensland, die man nur mit einem Allradfahrzeug erreicht,

bieten lokale Veranstalter Touren an, oder man mietet sich vor Ort einen *Four Wheel Drive*. Ein Jeep lohnt nur für Reisende, die sich ausschließlich in wenig erschlossenen Outback-Gebieten aufhalten.

Für normale Pkws gibt es Beschränkungen für unbefestigte Straßen, obwohl einige Outback-Pisten zumindest in der Trockenzeit problemlos auch mit robusten Pkws oder sogar Wohnmobilen befahrbar sind. Manche Verleihfirmen bieten die Möglichkeit, verschiedene Fahrzeugtypen je nach Region miteinander zu kombinieren.

Wegen der günstigeren **Tarife** sollte man den Mietwagen bereits vor Reiseantritt im Heimatland buchen. Ein Kleinwagen kostet ab 25 € pro Tag. Die Preise für Campingbusse, Wohnmobile und Geländewagen unterliegen starken saisonalen Schwankungen und können sich in der Hochsaison verdoppeln. Für einen einfachen Camper muss man mit 50–75 € pro Tag rechnen. Hinzu kommen 15–25 € täglich für freiwillige, aber sinnvolle Zusatzversicherungen. Benzin und Diesel kosten je nach Region 1–1,25 €/l. Am preisgünstigsten sind Autos aller Art meist bei großen Veranstaltern wie CA Ferntouristik, FTI Touristik oder Dertour zu buchen. Es lohnt auch, einen Blick in die Websites von Vermittlern wie Holiday Autos (www.holiday autos.com), Billiger Mietwagen (www.billigermietwagen.de), Travel-Service Australien (www.t-s-a.de), Campervan Rentals (www.campervan-rentals.com) und Camper Boerse (www.camperboerse.de) zu werfen. In der Hauptsaison ist vor allem für Wohnmobile und Geländewagen eine frühzeitige Reservierung sehr zu empfehlen.

Klären sollte man, ob die Preise unbegrenzte Freikilometer (Unlimited Mileage) enthalten, ob man bei Einwegmieten für die Rückführkosten aufkommen muss, ob die Haftpflichtversicherung und der Collision Damage Waiver (s. oben) eingeschlossen sind und ob die Verleihfirma ein Mindestalter verlangt (für Pkw meist 21 Jahre, für Wohnmobile und Geländewagen häufig 25 Jahre). Es

lohnt sich, Angebote von Veranstaltern einzuholen, die Flüge kombiniert mit Mietwagen oder Wohnmobil (Fly & Drive) anbieten. Beim Mieten eines Wagens muss man einen internationalen Führerschein vorlegen, bisweilen zusätzlich den nationalen Führerschein. Sinnvoll ist es, eine Kreditkarte mitzunehmen, weil man sonst eine größere Summe als Kaution hinterlegen muss. Unbedingt darauf achten, dass im Kreditkartenabzug die Pfandsumme und *Bond only* eingetragen ist. Nie Blankobelege unterschreiben.

Autokauf

Bei einem längeren Aufenthalt in Australien sprechen Kostengründe für den Kauf eines günstigen Gebrauchtwagens. Verschiedene Händler bieten neben einer technisch-mechanischen Garantie auch eine Rückkaufgarantie. Der Vorteil der Letzteren: Man kann den Kauf meist bereits zu Hause arrangieren und gleich nach Ankunft in Australien sein Fahrzeug übernehmen; hinzu kommt die Zeitersparnis beim Wiederverkauf vor der Abreise. Der Nachteil ist der höhere Preis gegenüber einem Kauf ohne Rücknahmegarantie. Mietkauf rechnet sich bei einem Aufenthalt von mehr als sechs Wochen. Ein gutes Renommee haben folgende Firmen: **World On Wheels:** Tel. 02331-787 20 50, www.world-on-wheels.eu; **World-Wide-Wheels:** Tel. 041-55-210 00 11, www.world-wide-wheels.com; **Travel Car Centre,** c/o Bruno Frischknecht, 26 Orchard Rd., Brookvale, Sydney, NSW 2100, Tel. 00 61-2-99 05 69 28, www.travelcar.com.au.

Trampen

Zwar ist *Hitchhiking* nur in Queensland verboten, doch kann Australien wegen der großen Distanzen und der geringen Verkehrsdichte keineswegs als Traumland für Tramper gelten. In menschenleeren Regionen muss man häufig stunden-, wenn nicht sogar tagelange Wartezeiten einkalkulieren.

Zeitsparend und relativ billig ist es, gegen Benzinkostenbeteiligung eine **Mitfahrgelegenheit** anzunehmen. Angebote findet man an den Anschlagbrettern der Jugendherbergen und Backpackers Hostels sowie im Internet unter www.needaride.com.au.

Verkehrsregeln

An den Linksverkehr gewöhnt man sich in der Regel rasch, an die **Höchstgeschwindigkeit** von 100 km/h auf den meisten Highways langsamer. Ausnahmen sind die Überlandstraßen in South Australia (110 km/h) und das Northern Territory (keine Geschwindigkeitsbegrenzung). In geschlossenen Ortschaften darf man maximal 50 km/h fahren. An Schultagen gelten 7.30–9 und 14.30–16 Uhr vor Schulen ausgeschilderte Geschwindigkeitsbegrenzungen. Bei Überschreitungen drohen generell empfindliche Geldstrafen.

Wegen des **Linksverkehrs** gilt an Kreuzungen, im Kreisverkehr, an Fußgängerwegen und vor allem beim Überqueren von Straßen die lebenswichtige Regel: Immer zuerst nach rechts schauen! Trotz Linksverkehr gilt: Wer von rechts kommt, hat üblicherweise Vorfahrt (*Give Way*). Fahrzeuge im Kreisverkehr haben prinzipiell Vorfahrt. Vorsicht ist beim Rechtsabbiegen angebracht. Dies gilt besonders für Melbourne, wo sich Rechtsabbieger an Kreuzungen, die mit dem Hinweisschild *Right Turn From Left Only* gekennzeichnet sind, auf der äußerst linken Spur einordnen und zunächst den geradeaus fahrenden Verkehr passieren lassen müssen. Erst kurz bevor die Ampel für den kreuzenden Verkehr auf Grün schaltet, darf man nach rechts abbiegen. In manchen Bundesstaaten darf man bei Rotlicht links abbiegen, sofern ein entsprechendes Hinweisschild (*Turn Left At Any Time With Care*) angebracht ist und es der Verkehr zulässt.

Das Anlegen von Sicherheitsgurten ist Pflicht, auch auf den Rücksitzen. Die **Alkoholgrenze** liegt bei 0,5 Promille – Kontrollen sind häufig und Verstöße werden streng geahndet. Vor allem in Großstädten müssen Parksünder mit hohen Geldstrafen rechnen. Vor unbeschrankten Bahnübergängen ohne Signalanlage muss man kurz stoppen.

Australien besitzt ein recht gut ausgebautes **Straßennetz.** Autobahnähnliche Streckenabschnitte, die *Freeways* (Fwy), gibt es nur zwischen den Großstädten im Südosten. Ansonsten dominieren zweispurige Straßen, die, wenn es sich um Hauptrouten handelt, als *Highways* (Hwy) bezeichnet werden. Sämtliche Hauptverbindungsstraßen sind durchgehend asphaltiert. Das Outback wird abseits der Hauptrouten von einem dichten Netz an Schotterpisten (*Gravel Roads*) und unbefestigten Naturpisten (*Dirt Roads*) durchzogen.

In Großstädten und entlang großer Straßen ist das **Tankstellennetz** sehr dicht, abseits der Hauptrouten wird es rasch recht dünn. Aus Sicherheitsgründen sollten aber nur bei Fahrten in extrem entlegene Gebiete größere Treibstoffvorräte mitgeführt werden. Auch auf Outback-Pisten liegen meist nicht mehr als 300–400 km zwischen den Tankstellen.

In der Abenddämmerung ist das Risiko von Zusammenstößen mit Kängurus und anderen Tieren besonders groß, und nachts halten sich in Viehweidegebieten gerne Rinder auf dem warmen Asphalt auf. Auf der Hut sollte man auch vor den *Road Trains* sein, den bis zu 50 m langen und bis zu 120 t schweren Lastwagengespannen. Den Riesen auf Rädern mit dem Bremsweg eines Güterzugs lässt man üblicherweise die Vorfahrt und verlässt notfalls die Straße, um ihnen nicht in die Quere zu kommen. Unfallschwerpunkte sind, v. a. in Queensland, die einspurigen Brücken.

Besondere Vorsichtsmaßnahmen sollte man bei Reisen im Outback treffen. Mangelhafte Ausrüstung und Leichtsinn kosten auch heute noch Menschenleben. Grundvoraussetzung ist, dass sich das Fahrzeug in bestem Zustand befindet. Zur Ausrüstung gehören u. a. zwei Reservereifen, Abschleppseil, Bordwerkzeug, Spaten, Axt, Notfallapotheke sowie die wichtigsten Ersatzteile und genügend Reservekanister. Auch bei kürzeren Reisen ins Outback muss man stets ausreichend Wasser und Lebensmittel mitnehmen. In der australischen Sommerhitze braucht ein Erwachsener ca. 5 l Wasser pro Tag zum Überleben. Die meisten unbefestigten Straßen im Zentrum und im Norden befinden sich während der Regenzeit (Nov.–April) oft in einem abenteuerlichen Zustand. Grundsätzlich gilt: Vor dem Befahren von Naturpisten deren Zustand erfragen und vor der Fahrt in einsame Regionen die Polizei oder die Ranger eines Nationalparks über Reiseroute und -dauer informieren, damit im Notfall eine Hilfsaktion veranlasst werden kann. Bei einer Panne gilt die Regel: Beim Fahrzeug bleiben und Hilfe abwarten In sehr abgelegene Gebiete sollte man grundsätzlich nur im Konvoi fahren.

Mitglieder eines **Automobilclubs** können die Dienste der Australian Automobile Association (AAA, www.aaa.asn.au) in Anspruch nehmen. Sie unterhält in jedem Staat Unterorganisationen (etwa RACV in Victoria, www.racv.com.au, oder RACQ in Queensland, www.racq.com.au), von denen man gegen Vorlage eines gültigen Mitgliedsausweises des Heimatlandes kostenlos oder sehr preisgünstig Reiseinfos, Kartenmaterial, Hotel- und Caravan-Park-Verzeichnisse etc. erhält. Zum Service gehört auch die Pannenhilfe in Notfällen (*Breakdown Service*, Tel. 13 11 11).

Öffentlicher Nahverkehr

Taxis

In allen größeren Städten warten klimatisierte Taxis an Ständen und vor großen Hotels, man kann sie aber auch am Straßenrand heranwinken oder telefonisch bestellen. Alle großen Taxiunternehmen bieten behindertengerechte Fahrzeuge. Die Grundgebühr beträgt 4–4,50 A-$; der Fahrpreis errechnet sich aus den gefahrenen Kilometern und der benötigten Zeit (www.taxifare.com.au). In Sydney und anderen Großstädten gibt es Wassertaxis, die man für Ausflüge chartern kann. Eine telefonische Reservierung ist angeraten.

Bus und Bahn

Der öffentliche Nahverkehr in australischen Metropolen ist sehr gut ausgebaut und besteht aus Bussen, Vorortzügen und U-Bahnen sowie in Melbourne zusätzlich aus Straßenbahnen. Die städtischen Großräume sind in Tarifzonen eingeteilt, nach denen sich der Fahrpreis richtet. Fast überall werden auch Stunden-, Tages-, Wochen- und Monatstickets angeboten. Sie sind erhältlich in den Verkehrsmitteln, in Zeitschriftenläden und Drogerien sowie an speziellen Kiosken, wo es auch Fahrpläne, Netzpläne und Infos zu Spezialtarifen gibt. Einige Großstädte bieten Kombitickets an, mit denen man die öffentlichen Verkehrsmittel innerhalb eines bestimmten Zeitraums beliebig oft benutzen kann. Spezielle Buslinien im innerstädtischen Bereich können sogar kostenlos genutzt werden.

Das Spektrum der Unterkünfte reicht von Luxushotels mit Suiten um die 500 € bis zu Backpacker Hostels, wo ein Bett weniger als 20 € pro Nacht kostet. In allen Kategorien sind Einzelzimmer nur geringfügig preiswerter als Doppelzimmer. Hotels und Resorts der gehobenen Kategorien gestalten ihre Preise flexibel nach Marktlage. Für ein Zustellbett fallen meist Extrakosten an. Kinder unter 12 Jahren übernachten in der Regel kostenlos im Zimmer der Eltern. Das Frühstück ist – außer in B & Bs – nur selten im Preis enthalten, *Checkout* meist bereits um 10 Uhr. Je nach Bundesstaat kommen zum Übernachtungspreis bis zu 10 % Steuern hinzu. Die Preise in Feriengebieten unterliegen zum Teil erheblichen saisonalen Schwankungen. Während der Hochsaison (Juli–Sept. und Dez.–Febr.) empfehlen sich frühzeitige Vorausbuchungen, auch für Caravan Parks.

Hotels und Motels

Der Hauptunterschied zwischen Hotels und Motels besteht darin, dass Hotels eine öffentliche Bar besitzen müssen.

Hotels der oberen Kategorie bieten Zimmer mit internationalem Standard und meist ein oder mehrere Restaurants, Cafés, Bars, Geschäfte, Wechselstuben und Reiseagenturen. Häufig verfügen sie auch über Pools, Tennisplätze, Fitness- und Wellnesscenter. In die obere Kategorie fallen auch die Boutiquehotels – stilvoll restaurierte und modernisierte kleinere Hotels in Kolonialhäusern mit dem Flair des 19. Jh. Für ein Doppelzimmer zahlt man 125–250 €. Generell gilt, dass die meisten Tophotels bei einer Pauschalbuchung von Europa aus wesentlich günstiger sind, als wenn man sie vor Ort bucht. In **Hotels der Mittelklasse** muss man hinsichtlich der Ausstattung häufig nur geringfügige Abstriche in Kauf nehmen. Meist gibt es auch hier Restaurant und Pool. Die Preise liegen je nach Region bei 50–125 €. Selbst **einfachere Hotels** haben meist ein akzeptables Niveau und bieten saubere, klimatisierte Zimmer mit Bad und oft eine familiäre Atmosphäre. Für eine Übernachtung muss man mit 35–75 € rechnen. Wenig Komfort, aber jede Menge Lokalkolorit bieten **Hotelkneipen.** Traditionell tragen in Australien die meisten Pubs noch die Bezeichnung ›Hotel‹, die aus der Zeit stammt, als der Ausschank von Alkoholika nur in Lokalen gestattet war, die auch Gästezimmer hatten. In Outback-Orten bekommt man ein Doppelzimmer inkl. Frühstück häufig schon unter 35 € (Infos: www.pubstay.com.au).

Motels (oder Motor Inns) findet man meist an den Durchgangs- oder Ausfallstraßen größerer Orte. Motels verfügen über abgeschlossene Ein- und Mehrzimmereinheiten, die teilweise mit Kochnische und fast immer mit Wasserkocher (inkl. Teebeutel, Pulverkaffee, Milch, Zucker) ausgestattet sind. Motelketten wie Choice Hotels (www.choicehotels.com.au), Best Western (www.bestwestern.com.au), Golden Chain (www.goldenchain.com.au) oder Budget (www.budgetmotelchain.com.au) bieten landesweit Quartiere mit einem durchweg recht ordentlichen Standard.

Resorts

An den Stränden im tropischen Norden und auf Inseln des Great Barrier Reef gibt es luxuriöse, in weitläufige Tropengärten eingebettete **Strandresorts,** die hinsichtlich Ausstattung und Service keine Wünsche offen lassen. Erstklassige Restaurants und mehrere Pools sind hier ebenso selbstverständlich wie ein großes Sportangebot und oft auch Wellnessprogramme. Bisweilen liegen diese Resorts einsam in oder am Rand von Nationalparks und bilden ideale Basen für Naturerkundungen. Eine ›Spezialität‹ von Queensland sind die **Regenwaldresorts.** Übernachtungen kosten ab etwa 125 € aufwärts.

Ferienwohnungen

In allen Großstädten sowie vor allem in Urlaubszentren gibt es Ferienwohnungen für Selbstversorger, sogenannte *Holiday Flats* oder *Holiday Units*. Diese Unterkünfte sind ideal für Reisende, die sich länger an einem Ort aufhalten. Gewöhnlich verfügen sie zumindest über ein Schlaf- und Wohnzimmer sowie eine Küche oder Kochnische. Je nach Ausstattung und Lage muss man mit Preisen rechnen, die den mittleren bis oberen Hotelkategorien entsprechen. Die Anmietung erfolgt normalerweise auf täglicher oder wöchentlicher Basis. Angebote findet man z. B. unter www.homeaway.com.au, www.rent-a-home.com.au und www.stayz.com.au.

Bed & Breakfast

Kontakt mit Einheimischen versprechen die oft sehr stilvollen B & Bs, die – vor allem auf der Insel Tasmanien – gerne in historischen Gebäuden untergebracht sind. Einblicke in australisches Alltagsleben gewinnt man auch als zahlender Gast auf einer Farm. Da bei beiden in der Regel ein recht hoher Standard geboten wird, liegen die Preise je nach Region und Ausstattung zwischen 75 und 125 € für zwei Personen im Doppelzimmer inkl. Frühstück. Die meisten Touristenbüros haben Broschüren von B & Bs und *Farmstays* und übernehmen Buchungen.

Weitere Informationen findet man im Internet auf der **Bed & Breakfast Site** (www.babs.com.au), bei **Homestay Worldwide** (www.homestay.com.au), bei **Hosted Accomodation Australia** (www.australianbedandbreakfast.com.au), bei **Outback Beds** (www.outbackbeds.com.au), bei der **Bed & Breakfast and Farmstay Association of Far North Queensland** (www.bnbnq.com.au), sowie bei **Australian Farm Tourism** (www.aftagriculturaltourism.com.au).

Backpacker Hostels und Jugendherbergen

Für Reisende mit schmalem Geldbeutel gibt es eine große Auswahl an Backpacker Hostels, die gleichzeitig eine tolle Kontaktbörse sind. Übernachtet wird in Doppel- (30–50 €) oder Mehrbettzimmern (15–20 €/Pers.), Küchenbenutzung ist meist inklusive.

Die Youth Hostel Association of Australia (YHA) betreibt rund 150 Jugendherbergen. Erforderlich für die Aufnahme ist ein gültiger Jugendherbergsausweis oder eine Gastkarte, die man sich gegen eine geringe Gebühr ausstellen lassen kann.

In den meisten Großstädten gibt es Wohnheime von YMCA und YWCA (Young Men/Women Christian Association), oft recht komfortable Herbergen im Hotelstil mit Doppelzimmern. Die Preise liegen deutlich über denen der Backpacker Hostels und können das Niveau von einfacheren Hotels erreichen.

Youth Hostel Association of Australia: 10 Mallett St., Camperdown, NSW 2050, Tel. 02-95 65 16 99, www.yha.com.au.

Deutsches Jugendherbergswerk: Bismarckstr. 8, 32756 Detmold, Tel. 0 52 31-7 40 10, www.jugendherberge.de.

VIP Backpacker Resorts International: Sydney Central Station, Shop 7, Eddy Ave., Sydney, NSW 2000, Tel. 02-92 11 07 66, www.vipbackpackers.com.

Camping

Die meisten **Campingplätze** und **Caravan Parks** bieten sowohl Stellplätze für Wohnmobile (mit/ohne Strom) als auch für Zelte, außerdem Münzwaschautomaten und -trockner sowie häufig Kinderspielplätze, Swimmingpools und Picknickplätze mit münzbetriebenen Gas- oder Elektro-Barbecues. Auf vielen größeren Caravan Parks gibt es außerdem **Mietwohnwagen,** sogenannte *On-*

Site-Vans, und einfache **Hütten** *(Cabins)* sowie immer häufiger auch recht komfortable **Ferienhäuser** *(Chalets, Villas).* In der Regel sind diese Unterkünfte *self contained,* also mit Herd, Kühlschrank, Kochtöpfen und Geschirr ausgestattet. Die sanitären Einrichtungen müssen bei preiswerteren Unterkünften mit den Campern geteilt werden, teurere Cabins besitzen ein eigenes Bad. Besonders gut ausgestattet sind die Plätze der großen Caravan-Park-Ketten Big Four Tourist Parks (www.big4.com.au) und Top Tourist Parks (www.toptouristparks.com.au). Diese geben teils kostenlos Mitgliedsausweise aus, mit denen man Rabatte erhält. Die Preise auf den meisten Caravan Parks liegen bei 8–12 € für einen Zeltplatz, 15–25 € für einen Wohnmobil-Stellplatz mit Stromanschluss *(Powered Site),* 35–50 € für *On-Site-Vans* und *Cabins* sowie 75–125 € für *Chalets,* die meist Platz für 4–6 Personen bieten und daher sehr gut für Familien geeignet sind.

Neben kommerziellen Caravan Parks gibt es **Nationalpark-Campingplätze,** die von den Naturschutzbehörden der einzelnen Bundesstaaten unterhalten werden. Die Palette reicht von Plätzen im Stil von Caravan Parks bis zu einfachen Buschcamps mit Plumpsklos. In manchen Nationalparks ist das Campen kostenlos möglich, in anderen werden pro Person 5–7 € verlangt. Während der Hochsaison sind die Campingplätze in den Nationalparks häufig restlos ausgebucht und sollten daher früh reserviert werden.

Reservierung

Außerhalb der Hauptreisezeiten ist in der Regel eine spontane Zimmersuche möglich. Wer während der Hochsaison anreist, sollte für die ersten Nächte sicherheitshalber von zu Hause eine Reservierung vornehmen, entweder über Reisebüros und Veranstalter oder über das Internet. Während einer Rundreise auf eigene Faust in der Hochsaison empfiehlt es sich, rechtzeitig telefonisch oder per Internet ein Zimmer in einem Hotel am Zielort zu reservieren. Buchungen kann man auch über regionale Fremdenverkehrsbüros vornehmen lassen, die Informationen über Unterkunftsmöglichkeiten bereithalten. Manche Hotel-, Motel- und Caravan-Park-Ketten unterhalten überdies zentrale Reservierungsbüros, die Buchungen für den ganzen Kontinent entgegennehmen.

Spartipps

Viel sparen kann, wer Touristenhotels mittleren und gehobenen Standards **über große Veranstalter** bucht, denn gerade Luxus- und All-inclusive-Hotels werden in den Katalogen zu oft konkurrenzlos günstigen Preisen angeboten. Deutlich weniger als die offiziellen Preise zahlt man in der Regel auch bei **Online-Reservierung,** die direkt aber oft nur bei Hotels der oberen Kategorien möglich ist. Allerdings lassen sich Häuser der Mittelklasse häufig über **Online-Agenturen** reservieren, und zwar zu Preisen, die bis zu 50 % unter den *rack rates* liegen (www.hotel.com.au, www.agoda.de, www.hotelmaps.com, www.hotel.de, www.takeabreak.com.au, www.hostelworld.com, www.hostelscentral.com).

In Stadthotels der mittleren und oberen Kategorie werden häufig günstige **Wochenendtarife,** sogenannte *Weekend Packages,* angeboten. Auf gute Deals lassen sich viele Hotels in den Touristenzentren auch in der Nebensaison ein. Es ist generell nie verkehrt, sich nach der *Best Rate* und *Stand-by Rate* zu erkundigen.

Zunehmend beliebter unter Australien-Reisenden werden **Hotelgutscheine,** die man vor der Abreise im Heimatland günstig erwerben kann. Bei längeren Aufenthalten erhält man bei Unterkünften aller Kategorien in der Regel einen ordentlichen Preisnachlass.

Sport und Aktivurlaub

Surfen ist in Australien ein Volkssport – und ein Lebensstil

Angeln

Ostaustralien ist ein Mekka für Sportfischer. Zu den beliebtesten Gebieten für Forellenangler zählen der Lake District von Tasmanien, die Flüsse und Seen der Australischen Alpen sowie die Seen in den Snowy Mountains um die Orte Eucumbene und Jindabyne. Jagd auf Australiens Edelfisch Nummer eins, den Barramundi, macht man in den Seen, Flüssen und Flussmündungen des tropischen Nordens. Zentren des ostaustralischen Hochseeangelns sind Port Stephens nördlich von Sydney, Bermagui an der Südküste von New South Wales, Port Lincoln, Ceduna und Kangaroo Island in South Australia sowie Bicheno und St. Helens an der tasmanischen Ostküste. Zwischen September und Dezember wird vor der Küste von Queensland dem Blue Marlin nachgestellt, der bis zu 200 kg auf die Waage bringen kann. Boote auf Charterbasis operieren von Cairns und Lizard Island.

In Binnengewässern darf man das ganze Jahr über angeln, es gibt jedoch Fanglimits und für bestimmte Arten festgelegte Schonzeiten, die von Bundesstaat zu Bundesstaat verschieden sind. Genauere Auskünfte erteilen die Polizeistationen, Fremdenverkehrsämter und Sportgeschäfte vor Ort. Dort erhält man auch die erforderlichen Angellizenzen. Auch für das Hochseeangeln gelten regional unterschiedliche Bestimmungen.

Golf

Golfen ist Down Under ein Breitensport. Die meisten der zahlreichen Golfplätze sind für jedermann zugänglich; Ausrüstung kann gewöhnlich vor Ort stunden- oder tageweise geliehen werden. Die Greenfee-Gebühren liegen meist bei 50–75 A-$, auf Spitzenplätzen oft über 200 A-$. Am Wochenende ist es ratsam, telefonisch zu reservieren. Mitglieder europäischer Golfclubs dürfen mit einem Empfehlungsschreiben ihres Heimatclubs in der Regel die Anlagen der australischen Partnerclubs kostenlos nutzen. Nähere Infos gibt es im Internet unter **www.ausgolf.com.au** oder bei der **Australian Golf Union,** 153–155 Cecil St. South Melbourne, VIC 3205, Tel. 03-96 99 79 44, www.agu.org.au.

Radfahren

In den meisten Großstädten gibt es Radwege, und auf dem Land führen kleine, wenig befahrene Straßen durch die reizvollsten Gegenden. Favoriten bei Radfahrern sind die kurvenreiche Great Ocean Road in Victoria (s. S. 247) und die Insel Tasmanien. Fahrräder kann man vielerorts mieten, für längere Touren solllte man aber besser seinen eigenen Drahtesel mitbringen. Für Fahrradfahrer besteht Helmpflicht!

Rafting und Kanufahren

Zunehmender Beliebtheit erfreut sich das **White Water Rafting.** Auch Anfänger, Kinder und weniger Sportliche meistern unter professioneller Anleitung die Stromschnellen des Tully River in Nordqueensland, des Gwydir River in New South Wales oder des Franklin River in Tasmanien. Wer sich lieber etwas gemächlicher fortbewegt, kann vielerorts **Seekajaks** oder **Kanadier** mieten und damit beschauliche Exkursionen unternehmen. Infos: **Australian Canoeing,** Sports House, Wentworth Park, Wattle Street, Ultimo, NSW 2007, Tel. 02-81 16 97 27, www.canoe.org.au.

Reiten

Für Reiter bieten Ostaustraliens Wildnisgebiete ein schier unerschöpfliches Abenteuerpotenzial. In jedem Bundesstaat kann man Reiterferien machen – in den Snowy Mountains ebenso wie in den zentralaustralischen Halbwüsten. Während mehrtägiger, organisierter Ausritte, sogenannten *Trail Rides,* übernachtet man in gemütlichen Blockhütten oder in Camps unter freiem Himmel.

Segeln

Segeln ist bei Weitem keine exklusive Sportart in Australien, und an Wochenenden kreuzt auf dem Port Jackson bei Sydney oder der Port Phillip Bay bei Melbourne eine wahre Armada von Jachten. Als eines der besten und schönsten Segelreviere von Australien gilt die Inselgruppe der Whitsundays am Great Barrier Reef; Jachten (mit oder ohne Besatzung) können in Airlie Beach oder Shute Harbour gemietet werden. Weitere beliebte Segelzentren sind die Moreton Bay bei Brisbane, der Gulf St. Vincent bei Adelaide sowie der River Derwent bei Hobart auf Tasmanien. Mit einem Empfehlungsschreiben des Heimatclubs dürfen Segler oft die Einrichtungen und Boote australischer Gastclubs benutzen. Auskunft erteilt die **Australian Yachting Federation,** Locked Bag 806, Milsons Point, NSW 2061, Tel. 02-84 24 74 00, www.yachting.org.au.

Tauchen

Mit dem Great Barrier Reef vor der Ostküste besitzt das Land eines der Top-Tauchreviere der Welt. Neben farbenprächtigen Korallengärten locken an anderen Küstenabschnitten Wracks alter Segelschiffe. Ausrüstung kann in den Touristenzentren gegen Vorlage eines international anerkannten Tauchscheins gemietet werden. Vor allem im nördlichen Bereich des Great Barrier Reef, z. B. in Airlie Beach, Cairns oder Port Douglas, bieten viele Tauchschulen relativ preisgünstige Kurse an. Man muss aber kein Sporttaucher sein, um die Korallenbänke aus der Fischperspektive zu erkunden – eine Tauchmaske mit Schnorchel und Flossen genügen, denn die größte Farbenpracht findet man in Tiefen bis etwa 5 m. Informationen: **www.australien-info.de/tauchen.html, www.diveoz.com.au.**

Tennis

Tennis entwickelt sich immer mehr zu einem Breitensport. Landesweit gibt es unzählige allgemein zugängliche Tennisplätze, und fast überall kann man Tennisschläger ausleihen. Außerdem verfügen alle größeren Hotels über einen oder mehrere Plätze, auf denen professionelle Trainer Stunden erteilen.

Wandern

Fast 300 000 km^2 urwüchsiger Wald- und Buschgebiete stehen in Australien unter Naturschutz und sind von einem Netz markierter Wanderwege erschlossen. Möglich ist hier alles, vom einfachen Waldspaziergang bis hin zu mehrtägigen, anspruchsvollen Touren. Gute Wandergebiete findet man landesweit überall, in der rauen Bergwelt von Tasmanien ebenso wie in den zentralaustralischen Wüstenlandschaften und in den Regenwäldern des tropischen Nordens. In fast allen Naturschutzgebieten sind auch Campingplätze vorhanden.

Einer der bekanntesten Wanderwege in Australien ist der 65 km lange Overland Track zwischen Cradle Mountain und Lake St. Clair auf Tasmanien, für den man vier bis sechs Tage einplanen sollte. Informationen und Wanderkarten gibt es meist bei den Rangerstationen der Nationalparks, wo man sich vor schwierigen oder längeren Unternehmungen registrieren lassen sollte. Beim Bergwandern in den südlichen Landesteilen, vor allem auf Tasmanien, in den Snowy Mountains und in den Viktorianischen Alpen, muss man auch im Hochsommer mit plötzlichen Wetterstürzen rechnen. Selbst bei Halbtageswanderungen sollte man daher stets warme Kleidung, gutes Regenzeug und robuste Bergschuhe mitnehmen. Wer keine Erfahrung hat, kann sich vielerorts organisierten Wanderungen anschließen. Informationen: **www.greatwalksofaustralia.com.au.**

Wellenreiten und Surfen

Wellenreiten ist in Australien nicht nur Volkssport, sondern Lebensstil – ein Synonym für Freiheit und Ungebundenheit. Die besten Surfstrände des Ostens erstrecken sich an den Küsten von South Australia, Victoria und New South Wales und im Süden von Queensland. Im Norden von Queensland bremst das Great Barrier Reef die pazifischen Wellen, bevor sie das Festland erreichen, hier finden Windsurfer gute Bedingungen. Vielerorts an den Stränden kann man Surfboards leihen oder Unterricht nehmen. Weitere Informationen: **www.realsurf.com.au, www.surfingaustralia.com, www.coastalwatch.com.**

Wintersport

Australiens Wintersportgebiete befinden sich in den Höhenlagen der Great Dividing Range zwischen Sydney und Melbourne sowie in den Bergen von Tasmanien. Der Fünfte Kontinent verfügt über mehr Skipisten und Loipen als Österreich und die Schweiz zusammen. Allerdings wird das Skilaufen selbst von Australiern als relativ teuer empfunden, sodass es bislang nur von einer Minderheit ausgeübt wird. Die Skisaison dauert von Juni bis September. In den Wintersportzentren gibt es eine breite Auswahl an Unterkünften, dort kann man auch Skiausrüstungen leihen. Informationen: **www.aussiesnow.com.au.**

Souvenirs

Typische, aber nicht eben billige Souvenirs sind Opale und Opalschmuck sowie andere **Edel- und Halbedelsteine,** etwa Achate, Saphire oder Topase. Im tropischen Norden, vor allem im westaustralischen Broome, werden **Zuchtperlen** angeboten.

Meist ebenfalls nicht gerade günstig ist **Kunst(-Handwerk) der Aborigines.** Das Angebot umfasst Bilder, Rindenmalereien, Holzschnitzereien, Bumerangs, Flechtarbeiten, Speere und *Didgeridoos* (traditionelle Musikinstrumente). Qualitativ hochwertige Produkte verkaufen die von Aborigines betriebenen Galerien und Läden. Jeder gut sortierte Souvenirladen führt CDs mit traditioneller Musik der Aborigines.

Praktische Mitbringsel sind **Lederwaren** und **Wollsachen** (Pullover aus Merinowolle, Schaf- und Kängurufelle, Kleidungsstücke aus Känguruleder u. a.) sowie robuste **Outdoor-Bekleidung,** wie sie von *Stockmen,* den australischen Cowboys, getragen wird. Zur klassischen Ausstattung gehören ein Akubra, ein breitkrempiger Hut aus dem Filz von Kaninchenhaar (ab 120 A-$), Moleskin-Jeans im Eierschale-Farbton (ab 150 A-$) und Aussie Boots, halbhohe Stiefel mit seitlichem Gummieinsatz und Halteschlaufe am Schaft, die derb genug für den Busch und fein genug für den Pub sind (ab 180 A-$). Nicht fehlen darf ein Driza-Bone (ab 160 A-$), die australische Variante des Ostfriesen-Nerzes; die gewachsten Mäntel halten auch beim stärksten Tropenguss, was ihr Name verspricht: *Dry as a bone* – knochentrocken.

Souvenirs aller Art sind in Großstädten und Touristenzentren in **Duty Free Shops** zu relativ günstigen Preisen erhältlich. Besucher aus Übersee können hier gegen Vorlage des Reisepasses und eines internationalen Flugscheins einkaufen. Die verschweißte Verpackung vieler zollfreier Artikel darf man erst nach der Ausreise öffnen.

Märkte

Sammler und Schnäppchenjäger entdecken unter viel Ramsch und Trödel oftmals auch schöne Mitbringsel auf den Flohmärkten, die ein fester Bestandteil des Lebens in den größeren Städten sind. In Städten wie Sydney, Melbourne, Brisbane und Hobart werden meist am Wochenende Straßenmärkte für Kunst und Kunsthandwerk abgehalten. Das Angebot umfasst v. a. Glas, Keramik und Schmuck sowie Holz- und Lederarbeiten.

Umsatzsteuer-Rückerstattung

Australien gehört zu den Ländern, die Touristen die Umsatzsteuer (*Goods and Services Tax,* GST; zzt. 10 %) zurückerstatten. Die Bedingung ist, dass jede der eingereichten Rechnungen mindestens 300 A-$ beträgt und dass man eine vom Händler ausgestellte Steuerrechnung mit der elfstelligen Steuernummer vorlegen kann und die Güter im Handgepäck mitführt. Die Rückerstattung erfolgt an *Refound Counters* in den Abflughallen der internationalen Flughäfen, am besten man präsentiert die Waren in Originalverpackung. Für die Formalitäten sollte man ausreichend Zeit einplanen.

Öffnungszeiten

Geschäfte und Läden sind meist Mo–Fr von 9–17.30 und Sa 9–13 oder 14 Uhr geöffnet. In größeren Städten haben viele Kaufhäuser und Supermärkte ein- oder zweimal pro Woche bis 21 Uhr geöffnet, Geschäfte in den Malls (Fußgängerzonen) oft auch sonntags von 10 bis 17 Uhr. Einige Lebensmittelläden sowie die ›Milk Bars‹ (Mini-Krämerläden) sind häufig bis in die späten Abendstunden sowie an Sonn- und Feiertagen geöffnet.

Ausgehen

Bars, Clubs & Discos

Australiens Szene ist ständig in Bewegung, vor allem an den Wochenenden geht in den Metropolen die Post ab. Die meisten (Cocktail-)Bars und auch die (Night-)Clubs, wie die Discos genannt werden, haben eine strenge Kleiderordnung: Mit Shorts, T-Shirts, Turnschuhen oder Sandalen erhält man keinen Einlass. In fast allen Clubs werden 10–30 A-$ Eintritt *(Cover Charge)* verlangt, der z. T. einen Drink beinhaltet. Zwischen 18 und 20 Uhr gibt es in vielen Bars eine Happy Hour, dann heißt es meist: »Pay one, get two!«

Pubs

Weniger formell gibt man sich in den meisten Pubs, ein englisches Erbe, das zu Australien gehört wie der Ayers Rock. Sehr beliebt sind in den Großstädten die sog. Brewery Pubs, in denen hausgebrauter Gerstensaft gezapft wird. Vor allem im Outback sind die Pinten der gesellschaftliche Mittelpunkt – Busch-Pubs verbreiten Outback-Flair und dienen als wertvolle Kontakt- und Infobörse.

Traditionell tragen die meisten Pubs noch die Bezeichnung ›Hotel‹, die aus einer Zeit stammt, als man zur Einschränkung des Alkoholkonsums ein Gesetz erließ, nach dem Alkoholika nur zu bestimmten Zeiten und nur in Hotels ausgeschenkt werden durften. Noch heute gibt es Kneipen, die, um ihre Schanklizenz nicht zu verlieren, irgendwo unter dem Gebälk einige schlichte Gästezimmer bereithalten. Die Pubs öffnen meist zur Mittagszeit und schließen gegen Mitternacht.

Kultur & Unterhaltung

In Australiens Metropolen wird jeden Tag und jede Nacht Kultur gemacht – in Dutzenden von Theatern und Galerien sowie in architektonisch ansprechenden Kunst- und Kulturzentren. Nicht nur in Sydney, Melbourne, Adelaide und Hobart, sondern auch in Provinzstädten wie Ballarat, Bendigo oder Castlemaine hat sich ein im Pionierland Australien kaum vermutetes Kulturleben entwickelt. Jeden Abend präsentieren Bühnen zeitgenössische, oft experimentelle australische und ausländische Dramen und Klassiker, gibt es Konzerte (internationaler) Rock- und Popbands, Musicals, Kammermusik, Ballettaufführungen oder Vernissagen. Filmenthusiasten genießen Hollywood-Streifen ebenso wie Filmkunst jenseits des Mainstream. Auf verschiedenen Bühnen zeigen Aboriginal-Tanztheater eine faszinierende Mischung aus traditionellen Tänzen der Ureinwohner und modernem Musical.

Die Höhepunkte des Kulturlebens markieren Festivals wie das Moomba Festival in Melbourne und das Adelaide Arts Festival, beides mehrwöchige Kulturspektakel, oder das Gay and Lesbian Mardi Gras in Sydney, ein schrilles Happening der nach San Francisco zweitgrößten Lesben- und Schwulengemeinde der Welt.

Ticketkauf

Für bedeutende kulturelle Veranstaltungen sollte man sich unbedingt rechtzeitig bei einer der großen Vorverkaufsstellen um ein Ticket bemühen, beispielsweise bei **Ticketek** (www.ticketek.com.au) oder **Ticketmaster** (www.ticketmaster.com.au). Kreditkartenbuchungen – auch aus Übersee – sind möglich; die bestellten Tickets kann man persönlich abholen oder zuschicken lassen. In vielen australischen Großstädten gibt es zudem sogenannte **Halftix-Kioske**, die am Tag der Aufführung ab mittags Restkarten zum halben Preis anbieten. Ebenfalls verbilligt offeriert werden dort manchmal Tickets für Sightseeingtouren.

Elektrizität

Die Netzspannung beträgt 240/250 Volt. Da australische Steckdosen dreipolig sind, benötigt man einen Adapter, der daheim in Fachgeschäften oder in Australien an Flughäfen und in Elektrogeschäften erhältlich ist.

Fotografieren

Australien bietet eine Unzahl schönster Motive. Vielerorts sind die Einheimischen erstaunlich extrovertiert und lassen sich gerne fotografieren. Schon aus Höflichkeit sollte man versuchen, die Fotos im Einverständnis mit den Betreffenden zu machen – oft genügt ein kurzer Blickkontakt oder ein freundliches Lächeln. Respektieren sollte man allerdings die Kamerascheu vieler Aborigines, vor allem von Frauen und älteren Männern. Zu beachten sind die großen Beleuchtungskontraste: Gerade bei Porträtaufnahmen sollte ein Blitzgerät die Schatten aufhellen. Besondere Fotoerlaubnisse benötigt man meist in Museen. Für militärische Anlagen und Flugplätze gelten die üblichen Fotoverbote.

Wer mit einer Digitalkamera fotografiert, kommt gewöhnlich mit ein oder zwei Speicherchips aus, da in den meisten Internetcafés die Dateien voller Chips auf CD bzw. DVD gebrannt oder auf einen eigenen USB-Stick kopiert werden können.

Frauen allein unterwegs

Australien ist ein sehr sicheres Urlaubsland, und allein reisende Frauen setzen sich bei entsprechender Umsicht keinen größeren Risiken aus als Männer. Etwas Vorsicht ist allerdings bei Pub-Besuchen in ländlichen Regionen angebracht, da diese eine Männerdomäne mit oft rauer Atmosphäre sind. Aufs Trampen sollten Frauen generell verzichten.

Maße und Gewichte

Im Allgemeinen ist das metrische System gebräuchlich, gelegentlich erfolgen Höhenangaben aber noch in Fuß (1 *foot* – 30,48 cm) sowie Entfernungsangaben in Yards (1 *yard* – 91,44 cm) und Meilen (1 *mile* – 1609,34 m).

Öffnungszeiten

Touristenbüros: regional recht unterschiedlich, meist Mo–Fr 9–17 Uhr, gelegentlich auch Sa und So halbtags.
Ämter: Mo–Fr 9–17 Uhr.
Museen: regional unterschiedlich, am Karfreitag, am Anzac Day (25. April) und am 25. Dezember meist geschlossen.

Quarantänebestimmungen

Nicht nur bei der Einreise nach Australien (s. S. 71), sondern auch zwischen den Bundesstaaten gelten strenge Quarantänebestimmungen. Nach South Australia dürfen keine Gemüse, Früchte oder Samen eingeführt werden, denn das Bundesland ist frei von tierischen und pflanzlichen Schädlingen, die in anderen australischen Bundesstaaten vorkommen. Um die tasmanische Landwirtschaft vor der gefürchteten *Fruit Fly* zu schützen, darf kein Obst auf die Insel mitgebracht werden. Reisegepäckkontrollen mit Hunden sind üblich. Bei Zuwiderhandlungen drohen hohe Geldstrafen.

Rauchen und Trinken

In vielen Bereichen ist Rauchen verboten. Tabu ist der Griff zum Glimmstängel in öffentlichen Gebäuden, Flugzeugen, Bussen oder Bahnen ebenso wie in Geschäften und Einkaufszentren, Kinos und Theatern. Die meisten Restaurants haben einen deutlich gekennzeichneten Nichtraucherbereich, in vielen ist das Down Under zunehmend missbilligte Rauchen ganz untersagt. Auch beim Reservieren von Hotelzimmern sollte man sich nach den hausüblichen Gepflogenheiten erkundigen. Streng sind auch die Alkoholgesetze: Zum Kaufen und Konsumieren muss man mindestens 18 Jahre alt sein. In vielen Städten ist der Konsum alkoholischer Getränke auf öffentlichen Plätzen untersagt.

Richtiges Verhalten

Fremden gegenüber zeigen sich Australier in der Regel sehr aufgeschlossen sowie außergewöhnlich hilfsbereit – vor allem im menschenleeren Outback ist es ein ungeschriebenes Gesetz, in Not geratenen Mitmenschen zur Seite zu stehen. In der Stadt grüßt man sich beim morgendlichen Joggen, und wenn sich auf einer einsamen Landstraße zwei Autos begegnen, winken die Fahrer einander zu.

Kontaktfreudigkeit und Gastfreundschaft gehen normalerweise jedoch nicht so weit, Fremde in das eigene Heim einzuladen, denn: *My Home is my Castle,* da sind die Aussies britischer als die Briten. Für Kontakte bevorzugen sie Lokalitäten wie Pubs und Clubs. Wird man doch einmal eingeladen, ist eine Flasche Wein oder Hochprozentiges meist das richtige Mitbringsel.

Die klassische Begrüßung Down Under ist ein herzliches »*How are you today?*«. Dabei handelt es sich jedoch nur um eine Floskel, auf die als Antwort ein schlichtes »*Thank you, fine!*« erwartet wird. Keinesfalls sollte man von persönlichen Problemen berichten oder gar »schlecht« sagen.

Die meisten Australier sind – ungeachtet ihres sozialen Status – ausgesprochen *easy going* und kultivieren ein Lebensgefühl, das gerne als *informality,* als Ungezwungenheit,

apostrophiert wird. Auf Etikette achten sie gewöhnlich nur in vornehmem Ambiente oder bei ganz speziellen Anlässen. Wenn sie nicht gerade Banker oder Manager sind, sehen die Aussies eigentlich fast immer so aus, als gingen sie gerade zum Surfen oder Joggen. Ebenso informell sind die Australier bei Gesprächen – meist redet man sich schon nach dem ersten Händedruck kumpelhaft mit dem Vornamen an, und statt lange um den heißen Brei herumzureden, kommt man ohne Schnörkel zur Sache. Tabu sind allerdings sehr persönliche Fragen.

Besucher sollten versuchen, sich diesem legeren Ton anzupassen, denn übertriebene Höflichkeit kann leicht als Arroganz missverstanden werden. Auch sollte man in Gegenwart eines Aussie nie über Australien schimpfen oder gar fluchen – die Reaktion des Einheimischen kann vom Kopfschütteln bis zum Faustschlag reichen.

Zeit

Aufgrund seiner enormen Ost-West-Ausdehnung besitzt Australien drei Zeitzonen: Eastern Standard Time (EST, mitteleuropäische Zeit plus 9 Std.) in New South Wales (außer Broken Hill), Victoria, Queensland und Tasmanien; Central Standard Time (CST, mitteleuropäische Zeit plus 8,5 Std.) in South Australia (inkl. Broken Hill/NSW) und im Northern Territory; Western Standard Time (WST, mitteleuropäische Zeit plus 7 Std.) in Western Australia.

In allen australischen Staaten mit Ausnahme von Western Australia und Queensland herrscht zwischen Oktober und März Sommerzeit *(Daylight Saving Time),* die Uhren werden dann eine Stunde vorgestellt.

Wie in Großbritannien und in den USA sind in Australien die Zeitangaben mit dem Zusatz a. m. (*ante meridiem,* 0–12 Uhr) und p. m. *(post meridiem,* 12–24 Uhr) versehen.

Geld

Öffnungszeiten der Banken

Die meisten Banken sind Mo–Do 9.30–16, Fr 9.30–17 Uhr geöffnet. Längere Öffnungszeiten haben gewöhnlich die Wechselstuben in internationalen Flughäfen und großen Hotels.

Währung

Landeswährung ist der Australische Dollar (A-$), der in 100 Cents (c) unterteilt ist. Im Umlauf sind Banknoten zu 5, 10, 20, 50 und 100 A-$. Münzen gibt es zu 1, 2, 5, 10, 20 und 50 c sowie zu 1 und 2 A-$.

Die Wechselkurse in australischen Banken und Wechselstuben sind immer günstiger als im Ausland. Sinnvoll ist es aber, etwas Bargeld für die Ankunft dabeizuhaben, etwa für Taxifahrten. 1-A-$-Münzen benötigt man für die Gepäckwagen auf den Flughäfen.

Wechselkurse (Juli 2014): 1 € = 1,46 A-$, 1 A-$ = 0,68 €, 1 CHF = 1,19 A-$, 1 A-$ = 0,83 CHF (Aktuelle Tageskurse unter www. oanda.com).

Zahlungsmittel im Land

Mit gängigen Kreditkarten sowie EC-Karten mit Maestro- oder Cirrus-Symbol kann man an den meisten Geldautomaten *(Automatic Teller Machines, ATM)* Bargeld ziehen. Die geringsten Gebühren fallen bei Benutzung der EC-Karte an. Sicherheitshalber sollte man einige auf australische Dollars ausgestellte Reiseschecks mitnehmen.

Geldautomaten und Wechselstuben findet man im Flughafen. Banken, die Devisen jeglicher Art zu offiziell festgelegten Kursen tauschen, gibt es in jedem größeren Ort. Bei Reisen in entlegene Outback-Regionen sollte man ausreichend Bargeld mit sich führen.

Kreditkarten aller großen Organisationen sind in Australien gebräuchlich und oft von großem Nutzen, z. B. beim Anmieten eines Leihwagens oder im Hotel, wo bei Vorlage einer Kreditkarte die Vorauszahlung entfällt. Mit

Sperrung von EC- und Kreditkarten bei Verlust oder Diebstahl*:

001149-116 116

oder 001149-30 4050 4050
(* Gilt nur, wenn das ausstellende Geldinstitut angeschlossen ist, Übersicht: www.sperr-notruf.de)
Weitere Sperrnummern:
– MasterCard: 1800-12 01 13 (in Australien)
– VISA: 1800-12 54 40 (in Australien)
– American Express: 001149-69-97 97 20 00
– Diners Club: 001149-1805-07 07 04
Bitte halten Sie Ihre Kreditkartennummer, Kontonummer und Bankleitzahl bereit!

allen international gebräuchlichen Kreditkarten kann man in Hotels, guten Restaurants und Supermärkten sowie in den meisten Geschäften und Tankstellen bezahlen, wobei Zahlungen mit Kreditkarte nur noch mit Geheimzahl (persönliche ID, PIN) und nicht mehr mit Unterschrift möglich sind. Damit soll der Kreditkartenbetrug eingedämmt werden.

Preisniveau

Aufgrund des starken Dollar hat sich Australien in den vergangenen Jahren zu einem relativ teuren Reiseland entwickelt. Im Vergleich zu mitteleuropäischen Ländern zahlt man in Australien für die unterschiedlichsten Güter und Dienstleistungen bis zu 30 % mehr – von Übernachtungen über Restaurantbesuche bis zu öffentlichen Verkehrsmitteln. Etwas günstiger als bei uns sind Treibstoffpreise, erheblich teurer als zu Hause hingegen alkoholische Getränke und Tabakwaren.

Unterkunft und Verpflegung sind in den südlichen und östlichen Bundesstaaten um einiges günstiger als im Norden. Wegen der Transportkosten besteht auch in den zentralaustralischen Outback-Regionen ein recht hohes Preisniveau.

Je nach Saison und Region können die Übernachtungspreise erheblich schwanken. Hochsaison in den südlichen Urlaubsdestinationen ist von Oktober bis März, die Nebensaison dauert von April bis Juni und die Zwischensaison von Juli bis September. Im Norden und im Zentrum gelten die Monate Mai bis Oktober als Hochsaison. Am günstigsten ist eine Reise durch den Fünften Kontinent am Ende des australischen Sommers bzw. zu Herbstbeginn.

Kostenbeispiele

Essen: In einem der Food Courts oder Food Malls in den größeren Städten bekommt man ein Gericht ab etwa 5 €. Ein Dinner ohne Getränke schlägt in einem besseren Restaurant mit 20–25 € zu Buche. Als sehr belastend für das Reisebudget kann sich der Besuch eines Spitzenrestaurants erweisen.

Trinken: Für eine Cola (0,375 l) zahlt man im Supermarkt 0,50 €, im Restaurant 1,50–2,50 €. Eine Tasse Kaffee wird mit durchschnittlich 1,50–2,50 € berechnet. Ein Sixpack Bier (à 0,375 l) kostet im Bottle Shop 6–8 €. In Bars und Kneipen kostet ein kleines Bier (0,2 l) ca. 2,50–3 €, eine kleine Flasche Bier (0,375 l) ca. 3–5 € und ein Glas Wein 2,50–3 €.

Eintrittsgelder: Die Preise liegen auf mitteleuropäischem Niveau. So kostet der Museumseintritt in einer Großstadt für Erwachsene etwa 3–6 €, die Familienkarte (2 Erwachsene, 2 Kinder) für einen Zoo oder ein Ozeanarium etwa 30–40 € und für einen Freizeit- oder Themenpark etwa 60–70 €.

Spartipps

Mitglieder einer australischen **Backpacker-Organisation** (www.vipbackpackers.com) oder des **Deutschen Jugendherbergswerks** (www.jugendherberge.de) erhalten bei Bus- und Zugfahrten sowie Flügen billigere Tarife. Vergünstigungen gewähren auch einige Autovermieter, Tourveranstalter sowie die angeschlossenen Backpacker Hostels. In den Genuss von Ermäßigungen kommen überdies **Rentner** und **Studenten,** die einen entsprechenden Ausweis vorlegen können.

In Sydney, Melbourne und einigen anderen Städten kann man mit einem **Attractions Pass** Geld sparen: Man bezahlt einmal einen höheren Betrag und erhält damit für einen festgelegten Zeitraum freien Eintritt zu zahlreichen Sehenswürdigkeiten, bisweilen auch Rabatte in Restaurants und Geschäften. Bis zu 50 % spart man, wenn man Tickets für Sehenswürdigkeiten wie den Sydney Tower online bucht. Des Weiteren empfehlen sich für Stadtbesichtigungen **Kombitickets** wie z. B. in Melbourne die Metcard, mit der man alle städtischen Buslinien, Vorortzüge und zum Teil auch Fähren innerhalb eines bestimmten Zeitraums so oft wie man will benutzen darf. In manchen Städten können spezielle Buslinien sogar kostenlos genutzt werden.

Sparsamer und gleichzeitig meist stilvoller als im Hotel genießt man das **Frühstück** im Café gegenüber (z. B. Spiegelei mit Speck, Toast, Kaffee, Saft für 6–8 €). Für einen **Snack** zwischendurch oder ein kleines **Mittagessen** empfehlen sich asiatische Takeaway-Lokale oder Fish-and-Chips-Shops – dort wird man oft für weniger als 5 € satt.

Trinkgeld

Taxifahrer, Kellner, Gepäckträger oder Zimmermädchen im Hotel freuen sich immer über Trinkgelder *(Tips),* wenngleich natürlich keine Verpflichtung dazu besteht. Als Richtwert gelten in Restaurants der gehobenen Kategorie etwa 5 bis 10 % der Rechnungssumme. Bei Taxifahrten rundet man gewöhnlich auf den vollen Betrag auf. Prinzipiell liegt die Höhe eines Trinkgelds aber im eigenen Ermessen und hängt von der Zufriedenheit mit dem gebotenen Service ab.

Reisezeit und Klima

Down Under stehen die Jahreszeiten Kopf: Frühling von September bis November, Sommer von Dezember bis Februar, Herbst von März bis Mai, Winter von Juni bis August. Da sich der Kontinent aber über mehrere Klimazonen erstreckt, herrscht immer irgendwo ideales Reisewetter. Die Faustregel für die beste **Reisezeit** lautet: September bis April im Süden, Mai bis Oktober im Norden und Landesinnern. Will man Süden und Norden während einer Reise besuchen, muss man die Jahreszeiten an ihren ›Bruchstellen‹ erwischen: April und November sind gute Kompromisse für Reisen in ganz Australien.

Die **Südregionen** von New South Wales, Victoria und South Australia sind am schönsten im australischen Frühjahr und Sommer (Sept.–Febr.), wenn es auch zwischen Dezember und Februar extrem heiß werden kann. Auch der Herbst (März–Mai) gilt als gute Reisezeit; gelegentlicher Regen wird Mitteleuropäer kaum erschüttern. Die meisten Niederschläge fallen im Winter (Juni–Aug.), der recht kalt werden kann – mit viel Schnee im Gebirge, allerdings kaum Frost in den Küstenregionen. Beste Reisezeit für **Tasmanien** sind die Monate Dezember, Januar und Februar. Während der übrigen Jahreszeiten machen sich antarktische Kaltfronten mit Regen und (in den Bergen) Schnee bemerkbar.

Für das **Landesinnere** sind die Wintermonate als beste Reisezeit zu empfehlen. Zwischen Juni und August kann man im ›Roten Herzen‹ mit klaren, sonnigen Tagen und Temperaturen von 20–25 °C rechnen. Nachts benötigt man beim Campen jedoch einen warmen Schlafsack, da die Temperaturen oft bis auf den Gefrierpunkt absinken. Im Sommer ist die Hitze unerträglich. Tagestemperaturen von 40 °C und mehr im Schatten sind keine Seltenheit – und Schatten ist selten. Überdies erhält das Zentrum des Kontinents seine spärlichen Niederschläge im Sommer, sodass der Himmel häufig wolkenverhangen ist.

Die jahreszeitlichen Unterschiede verringern sich, je weiter man nach **Norden** gelangt. Das vom nordostasiatischen Monsun beeinflusste Wettergeschehen nördlich des

Klimadaten Sydney (NSW)

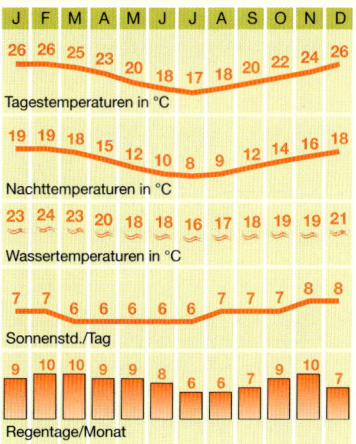

Klimadaten Alice Springs (NT)

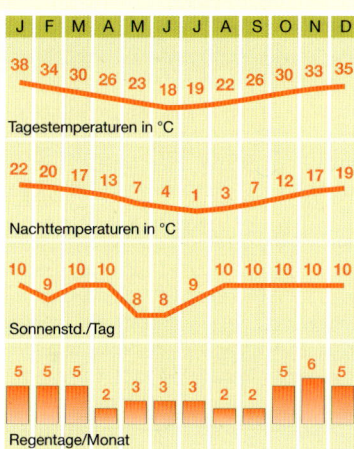

Für abenteuerliche Outback-Erkundungen gehört robuste Kleidung ins Gepäck

Wendekreises des Steinbocks *(Tropic of Capricorn)* kennt nur zwei regional mehr oder minder deutlich ausgeprägte Jahreszeiten, die sich weniger in der Temperatur als vielmehr in der Niederschlagsmenge unterscheiden: die Regenzeit *(The Wet)* von November bis April sowie die Trockenperiode *(The Dry)* von Mai bis Oktober. Kurz vor und während der Regenzeit herrscht im Norden ein oft unerträglich schwüles Treibhausklima mit täglichen Wolkenbrüchen. Aufgrund sintflutartiger Regenfälle kommt es dann regelmäßig zu Überschwemmungen, die das Reisen sehr erschweren oder gänzlich unmöglich machen. Zudem treten in der Regenzeit oft verheerende Wirbelstürme auf. Wegen der nur während der Regenmonate auftauchenden Quallen ist von November bis April im Norden an zahlreichen Stränden, die nicht mit Netzen gesichert sind, das Baden verboten. Angenehm warm, freundlich und meist trocken sowie ›quallenfrei‹ sind dagegen die Spätherbst- und Wintermonate.

Infos über das aktuelle Wetter in Australien bekommt man unter **www.wetteronline.de.**

Was gehört in den Koffer?

Mit leichter und legerer Freizeitkleidung passt man sich den sommerlichen Temperaturen und dem australischen Look am besten an. Nur für gehobene Kulturveranstaltungen sowie schicke Restaurants und Bars wird feine Garderobe erwartet (Krawattenpflicht für die Herren). Während der südlichen Wintermonate leisten eine Regenjacke und ein warmer Pulli gute Dienste. Für Reisen ins Outback sollte man strapazierfähige Hosen und Schuhe einpacken. Fehlende Outdoor-Bekleidung kann man auch problemlos vor Ort kaufen.

Staub und grelles Licht machen es für Träger von Kontaktlinsen ratsam, eine Brille mitzunehmen. Auch verschreibungspflichtige Medikamente und Filme sollte man in ausreichenden Mengen von zu Hause mitbringen. Wer Tiere beobachten möchte, sollte auf jeden Fall ein Fernglas einpacken. Um beim Verlust wichtiger Reisedokumente rasch Ersatz zu bekommen, sollten Kopien davon angefertigt und getrennt von den Originalen aufbewahrt werden.

Gesundheit

Folgende Sites informieren ausführlich über gesundheitliche Aspekte bei Reisen nach Australien: **www.die-reisemedizin.de** und **www.fit-for-travel.de.**

Impfungen

Derzeit sind für Reisende aus infektionsfreien Gebieten keine Impfungen vorgeschrieben. Auch sind prophylaktische Maßnahmen in der Regel nicht nötig – selbst im tropischen Norden gibt es keine Malaria. Zur Sicherheit empfiehlt sich die Auffrischung des Impfschutzes gegen Tetanus, Poliomyelitis und Diphtherie.

Ärztliche Versorgung

In Australien stehen hoch qualifizierte Ärzte und moderne Krankenhäuser zur Verfügung (Anschriften von Deutsch sprechenden Ärzten bekommt man bei den diplomatischen Vertretungen). Selbst im menschenarmen Outback ist die medizinische Versorgung ausgezeichnet organisiert. Dort sorgt der *Royal Flying Doctor Service* im Notfall für rasche ärztliche Hilfe (s. S. 321). Während der Luftrettungsdienst in der Regel auch für Besucher kostenlos ist, stellen Ärzte und Krankenhäuser für ihre Leistungen ziemlich hohe Honorare in Rechnung, die in bar oder mit Kreditkarte zu bezahlen sind. Da die meisten europäischen Krankenversicherungen nicht für Arztbehandlungen in Australien aufkommen, sollte man eine Auslandskrankenversicherung abschließen, die ggf. auch einen Krankenrücktransport abdeckt. Für die Rückerstattung der entstandenen Kosten benötigt man detaillierte Rechnungen über die Versorgungsleistungen.

Apotheken

Die meisten in Europa gebräuchlichen Medikamente sind bei *Chemists* erhältlich. Für rezeptpflichtige Präparate muss man einen einheimischen Arzt aufsuchen, da australische Apotheken keine ausländischen Rezepte annehmen. Nicht verschreibungspflichtige Medikamente und Verbandsmaterial erhält man in *Drugstores,* die sich oft in Supermärkten oder Einkaufszentren befinden.

Vorsichtsmaßnahmen im Land

›Slip! Slop! Slap!‹ – dieser Slogan fasst zusammen, wie man am besten einem Hautkrebs fördernden Sonnenbrand vorbeugen kann: Zieh dir ein T-Shirt an! *(Slip on a shirt!),* creme dich ein! *(Slop on sunscreen!),* trag einen Hut! *(Slap on a hat!).* Nicht vergessen sollte man zudem eine Sonnenbrille mit ausreichendem UV-Schutz. Bei Wanderungen und anderen körperlichen Betätigungen sollte man genügend Wasser oder ungesüßten Tee trinken. Am besten man meidet das Sonnenlicht gänzlich zwischen 11 und 15 Uhr, wenn die UV-Strahlung am stärksten ist, und beherzigt die während der Sommermonate täglich im Rundfunk verbreitete *Burntime,* d. h. die maximale Zeitdauer, die man sich ohne Sonnenbrandrisiko den gefährlichen ultravioletten Sonnenstrahlen aussetzen darf.

Im tropischen Norden können Moskitos Tropenkrankheiten wie das Dengue- und das Ross-River-Fieber übertragen, gegen die es keine medikamentöse Prophylaxe gibt. Zur Vorbeugung gegen Stiche sollte man in der Morgen- und Abenddämmerung langärmlige Hemden und lange Hosen tragen und sich mit wirksamen Insektenschutzmitteln einreiben, die in Drogerien zu kaufen sind (z. B. Aerogard oder Rid).

In allen Städten und größeren Orten kann man bedenkenlos Leitungswasser trinken. Wegen des hohen Gehalts an Mineralsalzen, der zu Magen- und Darmproblemen führen kann, sollte man im Outback allerdings kein Leitungswasser trinken. Völlig unbedenklich ist der Genuss von Regenwasser, das in großen Tanks gesammelt wird.

Sicherheit

Notruf

Die landesweite, kostenlose Telefonnummer für Polizei, Ambulanz, Feuerwehr lautet: 000.

Kriminalität

Im Allgemeinen gilt Australien als sicheres Reiseland. Gewaltverbrechen wie Raubüberfälle oder Vergewaltigungen kommen sehr selten vor. Allerdings häufen sich in Touristenzentren Diebstähle und Autoeinbrüche. Man beugt vor, indem man Wertsachen und Reisedokumente im Hotelsafe deponiert oder möglichst unauffällig am Körper trägt.

Die australische Regierung geht davon aus, dass das Land ein potenzielles Ziel von terroristischen Anschlägen ist, und hat die Bevölkerung zu erhöhter Wachsamkeit aufgerufen. Aktuelle Infos zur Sicherheitslage gibt es unter **www.auswaertiges-amt.de.**

›Wilde‹ Tiere

Immer wieder kommt es in Australien zu Zwischenfällen mit ›wilden‹ Tieren, aber keine Panik: Bei umsichtigem Verhalten ist die Gefahr relativ gering.

Im tropischen Norden muss man sich vor **Krokodilen** in Acht nehmen. Diesbezügliche Warnschilder sollten unbedingt beachtet werden, außerdem gilt die Regel: *Ask a local!* Die Einheimischen wissen am besten, wo sich die Tiere aufhalten.

Nirgendwo auf der Welt gibt es mehr und obendrein giftigere **Schlangen** als in Australien. Bei 20 der hier vorkommenden 140 Arten ist der Biss tödlich. Da Schlangen sehr scheue Tiere sind, ist eine Begegnung in freier Wildbahn aber eher selten. Als bester Schutz gelten folgende Vorsichtsmaßnahmen: Nie allein durch die Landschaft ziehen; vor allem in unübersichtlichem Gelände immer mit festen Schuhen und in langen Hosen wandern; immer geräuschvoll auftreten; evtl. den Boden vor sich mit einem Stock abklopfen; immer auf Steine und Baumstämme treten, nicht darüber steigen; nicht an steinigen, unübersichtlichen Plätzen rasten; Vorsicht an Tümpeln und Wasserstellen; sich nie einer Schlange nähern, auch wenn sie tot scheint; einer Schlange nie den Fluchtweg versperren. Bei einem Schlangenbiss sollte man folgende Erste-Hilfe-Maßnahmen treffen: Sofort einen Druckverband anlegen; das Bein oder den Arm mit

Urtümlich aussehende Echse in der Gibson Desert

einem Ast schienen und ruhig stellen; unnötige Bewegung vermeiden und sofortige medizinische Hilfe suchen; falls möglich, die Schlange töten und dem Arzt zur Bestimmung des Antiserums mitbringen; niemals die Bisswunde aufschneiden oder gar aussaugen.

Von den ca. 1500 verschiedenen **Spinnen** Australiens gelten 30 als giftig. Nur zwei Giftspinnen können allerdings dem Menschen gefährlich werden: die Trichternetzspinne *(Funnelweb Spider),* deren Verbreitung auf den Großraum Sydney begrenzt ist, sowie die Rotrückenspinne *(Redback Spider),* die überwiegend in Trockenregionen vorkommt.

In den ariden Gebieten Australiens gibt es auch **Skorpione,** deren Stich für Menschen schmerzhaft, aber nicht lebensgefährlich ist. Prinzipiell gelten dieselben Vorsichtsmaßnahmen wie bei Schlangen: Beim Zelten Schuhe und Kleidung vor dem Anziehen vorsichtig ausschütteln; Steine vor dem Aufheben immer erst mit dem Fuß anstoßen; vor allem abends und nachts nicht direkt auf dem Boden sitzen; auf Busch-Campingplätzen die Plumpsklos vor der Benutzung kontrollieren.

Im Meer ist das Risiko, auf gefährliche Tiere zu stoßen, um einiges größer als an Land. **Haie** haben in Australien bislang mehr Menschen angefallen als anderswo auf der Welt. Sicherheitshalber sollte man weder im Morgengrauen noch in der Abenddämmerung im Meer schwimmen gehen, weil das die Jagdzeit und aktivste Phase für Haie ist. Von Dezember bis Februar, wenn die Haigefahr am größten ist, sollte man nur an kontrollierten oder durch Netze geschützten Strandabschnitten baden. Die Meeresräuber können über Flüsse weit ins Landesinnere vordringen.

Mindestens ebenso gefährlich sind die Würfelqualle **Box Jelly Fish** (auch Sea Wasp oder Marine Stinger) und die oft nur fingernagelgroße Qualle **Irukandji Jelly Fish,** die vorwiegend im Flachwasser tropischer Meere vorkommen und zwischen November und April die nördlichen Küstengewässer unsicher machen. Die Fangarme der fast unsichtbaren Medusen sind an den Enden mit Nesselzellen ausgestattet, die ein starkes Gift absondern. Diese Substanz bewirkt neben schmerzhaften Verätzungen der Haut oft auch tödliche Lähmungen der Atmungsorgane. Viele Strände Nordaustraliens sind daher im Sommer für Badende gesperrt. Keine Gefahr droht an Abschnitten, die durch *Stinger Nets* gesichert sind. Risikolos schwimmen kann man auch auf vielen Inseln des Great Barrier Reef, allerdings nicht auf denen in Festlandsnähe.

Meeresströmungen

Vor allem in den südlichen Küstenregionen kann der Ozean an manchen Abschnitten für unerfahrene Schwimmer sehr gefährlich sein. Tückische **Unterströmungen** *(Rips)* haben schon manchen in das offene See hinausgezogen. Deshalb sollte man nur an Stränden baden und schwimmen, die von den Lebensrettern der *Surf Life Saving Association* überwacht werden. Und auch dort sollte man sich nur an den mit Flaggen gekennzeichneten Abschnitten ins Wasser wagen und die Signale beachten (grüne Flagge: gute Badebedingungen; rot-gelbe Flagge: überwachter Strandabschnitt; gelbe Flagge: Vorsicht!; rote Flagge: Baden verboten).

Buschfeuer und Wirbelstürme

Im heißen australischen Sommer kommt es regelmäßig zu Busch- und Waldbränden, im tropischen Norden außerdem zu Wirbelstürmen. Eine Gefahr für Reisende besteht in der Regel nicht, solange sie die über Radio und TV verbreiteten Warnungen ernst nehmen und die Anweisungen der Behörden befolgen. Während der Sommermonate ist landesweit in vielen Regionen an bestimmten Tagen jegliches offene Feuer im Freien strikt untersagt *(Days of Total Fire Ban).* Unbedingt zu beachten sind die in gefährdeten Gebieten errichteten Feuerwarntafeln.

Internet

An Internetcafés besteht in den Metropolen und Touristenzentren kein Mangel. Außerdem bieten zahlreiche Unterkünfte ihren Gästen Internetzugang, bisweilen sogar gratis. In den meisten Provinzstädten kann man in Computerläden oder öffentlichen Bibliotheken gegen eine Gebühr das Internet nutzen.

Wer ein internetfähiges Handy in Verwendung hat, sollte sich vorab über eventuelle Kosten informieren, denn manche Anbieter kassieren hohe Roaminggebühren. Wer seine Apps auch in Australien nutzen möchte, sollte sich eine Flatrate zulegen.

Wer mit Laptop reist, findet in vielen Internetcafés und Hotels sog. WiFi Hot Spots, die über WLAN drahtlosen Internetzugang ermöglichen, bisweilen auch kostenlos. Alternativ stellt jedes bessere Hotel einen Breitbandanschluss zur Verfügung. Erforderlich sind dazu RJ-45 Telefonstecker und vierpolige Telstra EXI-160-Stecker, die man vor Ort in Computerläden und Elektrogeschäften kaufen kann.

Post

Luftpostbriefe nach Mitteleuropa benötigen von den Hauptpostämtern der Metropolen aus 5–7 Tage, von Provinzpostämtern meist deutlich länger. Briefmarken erhält man in Postämtern, an Automaten, bei Zeitungshändlern und in Hotels. Luftpostpakete sind 10–14 Tage unterwegs, werden jedoch nur bis max. 20 kg befördert (Spezialkartons gibt es in allen größeren Postämtern); auf dem Seeweg brauchen Pakete mindestens 2–3 Monate.

Telegramme kann man in Postämtern oder über die Telefonvermittlung (dann nur mit Kreditkarte) aufgeben.

Die Postämter haben in der Regel Mo–Fr 9–17 Uhr geöffnet, in größeren Städten teilweise auch Sa 8.30–12 Uhr.

Telefonieren

Überall findet man Telefonzellen, die mit Münzen oder Telefonkarten funktionieren, in Großstädten und Ferienzentren außerdem zunehmend Kreditkartentelefone. Telefonkarten (für 5, 10, 20 und 50 A-$) werden in Postämtern, Drogerien, Zeitschriftenläden und Tankstellen verkauft. Ein **Ortsgespräch** kostet mindestens 40 c, in Hotels meist deutlich mehr. Für **Ferngespräche** gelten zu folgenden Zeiten verbilligte Tarife: Mo–Fr 18–22 Uhr und noch günstiger Mo–Fr 22–8 Uhr sowie Sa 18 Uhr bis Mo 8 Uhr.

Überseegespräche können von Telefonzellen mit der Kennzeichnung ISD (*International Subscriber Dialing*) geführt werden, wobei die Tarife privater Anbieter wesentlich günstiger sind als die der staatlichen Gesellschaft Telstra – dafür gestaltet sich auch das Telefonieren etwas umständlicher: Man muss eine spezielle Telefonkarte (*Phone Card,* erhältlich in Postämtern und Internetcafés) kaufen und dann zunächst eine Vermittlung anrufen und eine mehrstellige PIN-Nummer eingeben, bevor man den Teilnehmer anwählen kann. Es lohnt, denn die Gesprächsminute nach Deutschland kostet unter 0,10 €.

Mobiltelefone haben nur in der Nähe von Städten Empfang, nicht jedoch im Outback. Von Europa mitgebrachte Mobiltelefone mit Roaming-Service können in Australien benutzt werden; Auskunft gibt die Telefongesellschaft im Heimatland. Um einiges billiger ist das Telefonieren mit einer australischen SIM-Karte, zum Beispiel von Mojoknows, Tel. 00 61-3-97 72 12 79, www.mojoknows.com. au. Die Firma bietet für knapp 65 € (inkl. 25 € Guthaben) eine SIM-Karte, die ins Heimatland oder ins gebuchte Hotel geliefert wird. Eine SMS nach Deutschland kostet dann nurmehr 0,15 €, die Gesprächsminute 0,30 €, eingehende Anrufe 0,14 €. Im Preis inbegriffen ist eine Telefonkarte, mit der man fünf Stunden lang vom Festnetz nach Europa telefonieren kann. Zum Wiederaufladen eignen sich Prepaid-Karten von Telstra- und Vodafone, die es u. a. in Zeitschriftenläden und Tankstellen gibt. Eventuelle Restguthaben werden nach Rücksendung der SIM-Karte aufs Konto überwiesen. Weitere Informationen: **www.prepaid-vergleich-online.de.** Die **Vorwahl** für Australien lautet 00 61. Für Gespräche von Australien ins Ausland gilt folgende Nummernfolge: 00 11 + Ländercode + Ortskennziffer ohne 0 + Teilnehmernummer (Ländercodes: Deutschland 49, Österreich 43, Schweiz 41). Etwa 15 Sekunden nach Wählen der Nummer hört man ein melodisches Geräusch, das besagt, dass der Anruf aufgebaut wird. Nach weiteren 15 Sekunden ertönt das Rufzeichen des Teilnehmers.

Die Nummer der **Auskunft** ist 1222 (national) bzw. 1225 (international). Gebührenfreie Anschlüsse haben die Vorwahl 1800. Zum Ortstarif telefonieren kann man landesweit mit der Vorwahl 1300 sowie mit allen 6-stelligen Nummern, die mit 13 beginnen.

Radio & Fernsehen

Neben der öffentlich-rechtlichen Rundfunk- und Fernsehanstalt ABC *(Australian Broadcasting Corporation),* die landesweit über ca. 1000 Relaisstationen sendet, existieren rund 140 private Rundfunk- und etwa 50 private Fernsehgesellschaften. Dazu kommen die Ethnischen Programme des staatlichen *Special Broadcasting Service* (SBS) in Sydney, Melbourne und Canberra, der ausschließlich in Sprachen von Immigrantengruppen sendet. Die *Community Broadcasting Foundation* (CBF) fördert mittels staatlicher Zuschüsse Radio- und TV-Sender der Aborigines.

An den Highways informieren Schilder mit der Aufschrift *Tourist Radio* über die Frequenzen, auf denen man Nachrichten, Verkehrshinweise sowie touristische Informationen empfangen kann.

Vorwahlbezirke

ACT und NSW	02
VIC und TAS	03
QLD	07
NT, SA und WA	08

Postleitzahlen wichtiger Orte

Sydney, NSW	2000
Canberra, ACT	2600
Melbourne, VIC	3000
Brisbane, QLD	4000
Cairns, QLD	4870
Adelaide, SA	5000
Alice Springs, NT	0870
Hobart, TAS	7000

Zeitungen & Zeitschriften

In Australien erscheinen über 500 Zeitungen und Zeitschriften, darunter rund 70 Tageszeitungen. Landesweit vertrieben wird die Tageszeitung »The Australian«. Zu den wichtigsten **Tageszeitungen** in Ostaustralien gehören: »Sydney Morning Herald« und »The Daily Telegraph« (beide Sydney), »Age« und »The Herald Sun« (beide Melbourne), »The Advertiser« (Adelaide), »The Courier Mail« (Brisbane), »The Canberra Times« (Canberra).

Zu den bedeutendsten **Zeitschriften** zählen die australischen Ausgaben der Nachrichtenmagazine »Time« und »Newsweek«. In Australien erscheinen ca. 70 fremdsprachige Blätter, darunter die deutschsprachigen Zeitungen »Die Woche in Australien« und »Neue Heimat und Welt«. Einzige überregionale Zeitschrift der Aborigines ist die »Koori Mail«. Wichtigstes politisches Magazin ist das 1880 gegründete »Bulletin«.

Deutsche Zeitungen und Zeitschriften sind in größeren Städten und Urlaubszentren erhältlich, wegen des langen Postwegs allerdings mit erheblicher Verspätung. Zeitschriftenhandlungen heißen *Newsagencies.*

Küste bei Dora Point nahe St. Helens, Tasmanien

Unterwegs in
Ostaustralien

Australiens architektonisches Wahrzeichen:
das Sydney Opera House

Kapitel 1

Sydney und der Südosten

Allein die zahlreichen Landschaftsformen im südöstlichen ›Bumerang‹ um die heimliche Hauptstadt Sydney sind atemberaubend. Das weite Spektrum umfasst Regenwälder und Buschland, Berge und Seen, Wüsten und Küsten. Viele National- und Naturparks sowie zoologische Gärten bieten ausgezeichnete Möglichkeiten, die exotische Tierwelt des Fünften Kontinents kennenzulernen. Vor allem die vielgestaltigen Küstenstriche mit bizarren Klippen und Bilderbuchstränden haben die Region zu einer beliebten Feriendestination gemacht, in der Sonnenanbeter, Schwimmer, Schnorchler, Taucher und Surfer auf ihre Kosten kommen.

Bergketten wie die Blue Mountains im Hinterland geben einen Vorgeschmack auf die Snowy Mountains und Victorian Alps mit den höchsten Gipfeln des Kontinents. Die Australischen Alpen zwischen Sydney und Melbourne locken von Juni bis November Zehntausende von Wintersportlern an. In den Sommermonaten sind sie ein beliebtes Ausflugsziel für Bergwanderer und Angler.

Der Südosten Australiens mit seiner herrlichen Natur ist aber nicht nur ein Eldorado für Aktivurlauber, die Städte locken mit einem regen Kulturleben und einem riesigen Angebot an Spezialitäten-restaurants. Die meisten Australienbesucher beginnen ihre Reise in Sydney. In der kosmopolitischen Metropole leben heute Menschen aller Hautfarben harmonisch zusammen, insgesamt konzentriert sich dort mehr als ein Fünftel der Gesamtbevölkerung Australiens. Opera House und Harbour Bridge, zwei Wahrzeichen des Fünften Kontinents, sind die bekanntesten Attraktionen der Stadt, die man einfach gesehen haben muss. Aber auch Canberra, die ›echte‹ Hauptstadt, hat als gelungenste Retortenstadt der Welt einiges zu bieten.

Sydney und der Südosten

Sehenswert

1 Sydney: Die heimliche Hauptstadt Australiens mit dem Opera House und der Harbour Bridge (s. S. 104).

2 Blue Mountains: Westlich von Sydney liegen die berühmten ›Blauen Berge‹ mit schroffen Sandsteinfelsen, Wasserfällen, Canyons und Eukalyptuswäldern (s. S. 138).

3 Phillip Island: Kleines felsiges Eiland vor der Küste von Victoria mit Koala-Kolonie und Zwergpinguinparade – ein Muss für Naturliebhaber (s. S. 185).

4 Canberra: Die Hauptstadt des Fünften Kontinents, zugleich die gelungenste Retortenstadt der Welt (s. S. 191).

Schöne Routen

Waterfall Way: Die Panoramastraße, die sich von Armidale durch das New England Tableland hinab in die Küstenebene windet, erschließt einige der schönsten Wasserfälle des Landes (s. S. 165).

Küstenstraße Sydney–Melbourne: Eine der landschaftlich reizvollsten Routen im Südosten von Australien. Kilometerlange, oft einsame Strände bestimmen im Wechsel mit Klippen und Flussmündungen das abwechslungsreiche Bild (s. S. 172).

Map labels:

Warwick
›Rose and Rodeo Festival‹

aktiv Erkundungen im Tweed Valley und im Border Ranges National Park

Armidale
Waterfall Way — Urunga

NEW SOUTH WALES

Tamworth

aktiv Spaziergang über die Harbour Bridge

Blue Mountains 2

Unterwegs mit Australiens letztem Flusspostboten
Brooklyn

aktiv Klippenwanderung zu den Wentworth Falls

Sydney 1

The Hughenden

Canberra 4

aktiv Zu Fuß von Bondi Beach nach Clovelly

Murray R.
Albury

Jervis Bay
Walbeobachtung

Küstenstraße Sydney – Melbourne

Mt. Kosciuszko 2228 m
VICTORIA
Great Dividing Range

Twofold Bay

Melbourne
Orbost
Bairnsdale

Phillip Island 3

Tasman Sea

aktiv Rundwanderung im Wilsons Promontory

Meine Tipps

The Hughenden in Sydney: Diese plüschige Kolonialherberge ist eine kleine, feine Alternative zu den großen Luxushotels (s. S. 127).

Unterwegs mit Australiens letztem Flusspostboten: Von Brooklyn aus kann man Australia's Last Riverboat Postman bei seiner Tour zu entlegenen Siedlungen am Hawkesbury River begleiten (s. S. 148).

›Rose and Rodeo Festival‹ in Warwick: Wilde Pferde, schnaubende Stiere und harte Jungs geben sich am letzten Oktoberwochenende in Warwick am New England Highway ein Stelldichein (s. S. 170).

Walbeobachtung: Von Mitte September bis Ende November kommt man bei Whale Watching Cruises vor der Ostküste zwischen Jervis Bay und Twofold Bay den Giganten des Meeres ganz nahe (s. S. 175, 177, 180).

aktiv unterwegs

Spaziergang über die Harbour Bridge: Unvergleichliche Blicke auf Altstadt, Hafen und Oper (s. S. 109).

Zu Fuß von Bondi Beach nach Clovelly: Von der Brandung ausgespülte Klippen und endlose Strände (s. S. 122).

Klippenwanderung zu den Wentworth Falls: Bizarre Sandsteinfelsen und imposante Wasserfälle (s. S. 140).

Erkundungen im Tweed Valley und im Border Ranges National Park: An das Alpenvorland erinnernde Kulturlandschaft und urwüchsiger Regenwald (s. S. 158).

Rundwanderung im Wilsons Promontory: Zyklopenfelsen, versteckte Sandbuchten, dichte Wälder und Sümpfe (s. S. 186).

Sydney und Umgebung ▶ 1, U 15

Sydney, mit 4,6 Millionen Einwohnern größte Metropole und heimliche Hauptstadt des Fünften Kontinents, besitzt vieles von dem, was nötig ist, um auf die Hitliste der Weltstädte mit der größten Lebensqualität zu gelangen: ausgedehnte Parks, üppige Gärten, begrünte Straßenzüge und herrliche Badestrände im Stadtgebiet. Nicht zu vergessen das rege Kulturleben und das Mega-Angebot an Spezialitätenrestaurants.

Wenn die Sonne aufgeht über Port Jackson, glitzert nicht nur das weltbekannte Opera House, dann tauchen auch die ersten Jogger auf. Sie traben an der Uferpromenade entlang durch die Royal Botanic Gardens. Von dort bietet sich einer der eindrucksvollsten Blicke auf die Szenerie am Port Jackson. Blau streckt die See, getupft mit weißen Segeln, ihre Arme in malerische Buchten aus.

Auch Kapitän Arthur Phillip, Befehlshaber der britischen First Fleet und erster Gouverneur von New South Wales, war von der Schönheit des Port Jackson begeistert. Am 26. Januar 1788 ging er mit der ersten Sträflingsflotte in der durch mächtige Landzungen vor der wilden Pazifikbrandung geschützten Bucht vor Anker – »im besten Hafen der Welt«, wie er später in seinen Notizen festhielt. Seine Begeisterung aber wurde vermutlich nicht von allen seinen Mitreisenden geteilt. Sie waren zumeist nicht freiwillig ans andere Ende der Welt gekommen – es waren Sträflinge, Männer, Frauen und Kinder, verschoben aus den überquellenden Gefängnissen des englischen ›Mutterlandes‹.

Die Verbannten hatten es in ihrer neuen Zwangsheimat nicht leicht, denn dort gab es vor gut zwei Jahrhunderten nur unfruchtbare Steppe, Busch und Wald. In den Anfangsjahren plagten wiederholt Hungersnöte die Siedler. Zudem kam es zu Kämpfen mit Ureinwohnern sowie zu Auseinandersetzungen zwischen Deportierten und Wachsoldaten.

Gesichert war Sydneys Entwicklung zu einer respektablen Stadt erst, als 1813 ein Übergang über die Barriere der Blue Mountains gefunden wurde und das Hinterland der Kolonie ausgedehnt werden konnte. Die Grundlagen für eine solide Agrarwirtschaft legten schließlich freie Siedler, die seit Ende des 18. Jh. ins Land strömten. Rasch wuchs Sydney zu einem prosperierenden Exporthafen für Weizen und Wolle. Heute ist das ehemalige Auffangbecken für Englands Sträflinge mit 4,5 Mio. Einwohnern die größte Stadt des Fünften Kontinents und zugleich Hauptstadt von New South Wales, dem bevölkerungsreichsten australischen Bundesstaat. Bis auf die üblichen Sorgenkinder einer Großstadt sind die Sydneysiders ›rechtschaffene‹ Bürger. Aber ein ›Knacki‹ in der Ahnengalerie – woanders ein Makel, den man lieber verschweigt – gilt hier als eine Auszeichnung.

Innerhalb von etwas mehr als 200 Jahren hat Sydney den Aufstieg von einer kleinen Siedlung zu einer Weltmetropole vollzogen. Wegen ihrer spektakulären Lage wird die Stadt regelmäßig für internationale Wettbewerbe nominiert, in denen es um den Titel ›Schönste Stadt der Welt‹ geht. Aber Sydney ist auch wegen des lässigen Lebensstils und des neunmonatigen Sommers ein Magnet für Touristen. Rund um den Globus gibt es wohl nur wenige andere Metropolen, die urbane Geschäftigkeit und hohen Freizeitwert so glücklich miteinander verbinden.

Sydneys Bevölkerung entstammt mehr als 140 Nationalitäten, die friedlich zusammenleben. Mittlerweile hat die Stadt den Erzrivalen Melbourne als Zentrum der australischen Finanz- und Wirtschaftswelt abgelöst. Und nicht erst seitdem hier 2000 die XXVII. Olympischen Sommerspiele stattfanden, schickt sich die Metropole an, zum ›Manhattan der Südsee‹ zu werden. Noch vor nicht allzulanger Zeit hatte man viele Gebäude, die über 50 Jahre alt waren, abgerissen und stattdessen Hochhäuser errichtet. Inzwischen setzte ein Umdenken ein, und historische Bauten werden restauriert. Das architektonische Facelifting hat Sydney gut getan. Wen wundert es da noch, dass die meisten Sydneysiders für Canberra nur ein Naserümpfen übrig haben und Sydney als die eigentliche Hauptstadt Australiens betrachten?

The Rocks – Sydneys Altstadt

Cityplan: S. 106

Zehn Gehminuten nordwestlich vom Circular Quay, dem zentralen Knotenpunkt für Hafenfähren, Stadtbusse und Vorortzüge, erstreckt sich im Schatten der Hafenbrücke das historische Zentrum von Sydney. Am 26. Januar 1788 ließ Kapitän Arthur Phillip auf der felsigen Halbinsel den Union Jack hissen und gründete damit die erste britische Kolonie auf australischem Boden. Zu Ehren des damaligen britischen Innen- und Kolonialministers gab Phillip der neuen Siedlung den Namen Sydney. Während das Zentrum von Sydney schon bald nach Ankunft der Europäer zu florieren begann, verkam The Rocks allmählich zu einem Stadtteil voller Spelunken und Bordelle. Damals konnte man das Hafenviertel schon von See aus zwei Meilen gegen den Wind riechen. In einem Versuch, der infolge mangelnder Hygiene grassierenden Seuchen sowie einer Rattenplage Herr zu werden, brannte man 1900 ganze Straßenzüge nieder. Noch Mitte des 20. Jh. war The Rocks so heruntergekommen, dass man überlegte, alles abzureißen. Doch man besann sich eines

Besseren und begann in den 1970er-Jahren mit der Sanierung des historischen Viertels. Der Slum von einst hat sich inzwischen zum touristischen Vorzeigeviertel von Sydney entwickelt. Hinter den restaurierten historischen Fassaden findet man Pubs und Restaurants, Boutiquen und Galerien.

Rund um The Rocks Centre

Zur Einstimmung auf einen etwa vierstündigen Rundgang durch das historische Viertel empfiehlt sich ein Besuch von **The Rocks Centre** **1**, das sich im Penrhyn House an der Ecke Argyle Street und Playfair Street befindet. Dort kann man geführte Touren durch die Altstadt buchen und sich im Sydney Visitor Centre mit Informationen versorgen (Tel. 1800-06 76 76, www.therocks.com, tgl. 9.30–17.30 Uhr). Am The Rocks Square in der Playfair Street finden sonn- und feiertags kostenlose Openair-Konzerte statt.

Kauflustige zieht es in den **Argyle Department Store** **2** mit Restaurants, Boutiquen, Galerien und Souvenirläden. Zwei der zwischen 1826 und 1888 errichteten Lagerhäuser gehörten einst Mary Reiby aus Yorkshire, die als 13-Jährige wegen Pferdediebstahls nach Australien verbannt worden war. Bereits nach vier Jahren begnadigt, heiratete sie einen reichen Geschäftsmann. Nach dessen frühem Tod avancierte sie zur erfolgreichsten Unternehmerin der Strafkolonie und wurde schließlich eine der angesehensten Frauen in Australien (tgl. 9–19 Uhr).

Die Geschichte des historischen Viertels wird in **The Rocks Discovery Museum** **3** mithilfe von archäologischen Fundstücken, Gemälden, Fotografien und Dokumenten sowie Videofilmen und interaktiven Displays sorgfältig präsentiert (Kendall Lane, Tel. 02-92 40 86 80, www.rocksdiscoverymuseum.com, tgl. 10–17 Uhr, Eintritt frei).

Sailors Home und Cadmans Cottage

Das im Jahr 1864 errichtete **Sailors Home** **4** an der George Street war gegründet worden, um dem einträglichen Menschenhandel mit betrunkenen Seeleuten ein Ende zu setzen.

Damals war es gang und gäbe, neu angekommene Matrosen in Absteigen zu locken, sie unter Alkohol zu setzen und die Hilflosen dann an Kapitäne auslaufender Schiffe zu verhökern. Heute befindet sich in dem Seemannsheim eine Kunstgalerie (tgl. 9–18 Uhr, Eintritt frei).

Im **Cadmans Cottage** 5 wohnte einst John Cadman. Dieser war als Deportierter in die Strafkolonie gekommen und machte dort eine unglaubliche Karriere vom Häftling zum Oberinspektor der Regierungsflotte. 1816 erbaut, ist dieses Sandsteinhäuschen das älteste architektonische Relikt aus den koloni-

The Rocks

alen Gründerjahren. Es beherbergt heute das Büro des **National Parks & Wildlife Service,** eine wichtige Anlaufstelle für alle, die Buschwanderungen in den Naturschutzgebieten um Sydney planen (Tel. 02-92 53 46 00, Mo–Fr 9.30–16.30, Sa, So 10–16.30 Uhr, Eintritt frei).

Museum of Contemporary Arts 6

Hinter der Art-déco-Fassade des nahen **Museum of Contemporary Arts** werden Ausstellungen australischer und internationaler Gegenwartskunst sowie Wechselschauen präsentiert (Circular Quay West, Tel. 02-92 45 24 00, www.mca.com.au, Mo–Mi 10–17, Do 10–21, Fr–So 10–17 Uhr, Eintritt frei, Sonderausstellungen gebührenpflichtig).

Orient Hotel 7

Im **Orient Hotel** schräg gegenüber von Cadmans Cottage fließt seit 1843 das Bier in Strömen aus den blank polierten Zapfhähnen. Der traditionsreiche Pub gilt als eines der schönsten Beispiele des georgianischen Baustils der frühen Kolonialepoche.

Nurses Walk und Suez Canal

Biegt man beim historischen Russell Hotel rechts in die Globe Street ab, erreicht man **Nurses Walk** 8, ein Labyrinth kopfsteingepflasterter Gassen. Einst befand sich dort das erste Krankenhaus des Kontinents. Die Schwestern, die hier von 1788 bis 1816 Kranke und Verletzte pflegten, waren strafverbannte Frauen. Für ihre Arbeit erhielten sie außer freier Kost keinen Lohn.

Weiter geht es durch die dunkle Gasse **Suez Canal** 9 zur Harrington Street. Dort steht das Reynolds Cottage, ein bescheidenes Sandsteinhaus aus dem Jahr 1830.

Susannah Place 10

Richtung Süden gehend kommt man zum **Susannah Place** mit einfachen backsteinernen Reihenhäusern. Hier illustriert ein Museum die Alltagswelt der Arbeiter ab Mitte des 19. Jh. (58–64 Gloucester St., Tel. 02-92 41 18 93, www.hht.net.au, tgl. 14–17 Uhr, im Januar und in den Schulferien tgl. 10–18 Uhr, Museum: Erw. 8 A-\$, Kinder 4 A-\$, Familien 17 A-\$, Laden: Eintritt frei).

Harbour Bridge 11

Wer The Rocks aus der Vogelperspektive sehen möchte, sollte von der Cumberland Street die Stufen zur **Harbour Bridge** hinaufsteigen (s. Aktiv unterwegs S. 109). Bevor das Opera House diese Funktion übernahm, war der ›Kleiderbügel‹ *(Coat Hanger),* wie die Sydneysiders die Brücke nennen, das Wahrzeichen der Stadt. Die 1932 eingeweihte, mit 503 m zweitlängste Einbogen-Spannbrücke der Welt verbindet die City mit den nördlichen Vororten. 1400 Arbeiter errichteten innerhalb von sechs Jahren die Stahlkonstruktion, auf der acht Autospuren, zwei Bahnlinien sowie zwei Fuß- und Radwege verlaufen.

Um die Instandhaltungskosten zu decken, wird von stadteinwärts fahrenden Pendlern eine Maut von 2,50–4 A-$ pro Fahrzeug erhoben. Allein 30 000 l Farbe braucht man für jeden der regelmäßigen Neuanstriche. Auf der Lohnliste der Brückenmaler stand zeitweilig auch Paul Hogan, bevor er als Crocodile Dundee Filmkarriere machte. Es lohnt sich, die 200 Stufen zur **Aussichtsplattform** im Südost-Pylon hinaufzusteigen – nicht nur wegen des herrlichen Blicks, sondern weil sich im Innern des Brückenpfeilers eines der interessantesten Museen von Sydney befindet, in dem man alles über die Entstehungsgeschichte der Brücke erfährt (Tel. 02-92 40 11 00, www.pylonlookout.com.au, tgl. 10–17 Uhr, Erw. 13 A-$, Kinder 6,50 A-$).

Im Stadtteil Millers Point

Ein Fußgängertunnel führt von der Cumberland Street unter der Brücke hindurch zur Upper Fort Street im Stadtteil Millers Point, der nach den ersten Getreidemühlen der Kolonie benannt ist. Überragt wird das Viertel vom 1858 im Renaissancestil errichteten Kuppelbau des **Sydney Observatory** 12, eine Sternwarte, die heute den Rahmen für ein Museum für Astronomie bildet. Bei speziellen Veranstaltungen kann man mit Hilfe eines mächtigen Teleskops die Sternbilder der Südhalbkugel bewundern (Tel. 02-99 21 34 85, www.sydneyobservatory.com, tgl. 10–17 Uhr, Eintritt frei, Space Theatre and Telescope Tour Mo–Fr 14.30, 15.30 und 16, Sa, So, Fei

11, 12, 14.30 und 15.30 Uhr, Erw. 8 A-$, Kinder 6 A-$, Familien 22 A-$. Night Viewing auf Anfrage, Buchung erforderlich, Erw. 18 A-$, Kinder 12 A-$, Familien 50 A-$).

Vom **Observatory Park,** der die Sternwarte umgibt, genießen viele bei einem Picknick das Hafenpanorama. Wer frisch gezapftes Bier aus einer Minibrauerei schätzt, wird im **Lord Nelson Hotel** 13 am Fuße des Parks einen Stopp einlegen. Die älteste Kneipe von Sydney öffnete 1841 ihre Pforten.

Weiter geht es zum **Argyle Place** 14 mit einem Ensemble gut erhaltener georgianischer und viktorianischer Terrassenhäuser. Wegen der schönen Buntglasfenster lohnt ein Blick in die neogotische **Garrison Church** 15. Ein weiterer historischer Pub, das **Hero of Waterloo Hotel** 16 von 1844, lockt an der Ecke Windmill und Lower Fort Streets.

In den restaurierten Lagerhallen am **Pier Four** 17 der Walsh Bay Wharves sind heute die Sydney Theatre Company (www.sydney theatre.com.au) und die Sydney Dance Company (www.sydneydancecompany.com) zu Hause, zwei experimentierfreudige Ensembles. Am ebenfalls sanierten **Pier One** 18 bietet sich ein schöner Blick auf den Luna Park am anderen Ufer des Sydney Harbour.

Zurück zur George Street

Die Harbour Bridge unterquerend, kommt man zurück zur George Street, die sich samstags und sonntags in einen Straßenmarkt verwandelt. Tausende drängeln sich dann durch die Gänge des **The Rocks Market** 19 und stöbern nach Souvenirs.

Aus dem **Mercantile Hotel** 20, dessen Fassade Art-déco-Wandfliesen schmücken, dringt an Wochenenden der Klang irischer Folkmusik. Schräg gegenüber liegen die **Metcalfe Stores** 21, eine koloniale Häuserzeile mit Galerien für Kunsthandwerk und guten Souvenirläden (tgl. 9–19 Uhr).

Ein paar Schritte weiter steht auf der anderen Straßenseite die **Westpac Bank** 22, 1817 als erstes Geldinstitut Australiens errichtet. An das harte Leben der ersten Siedler erinnert in der Nähe der Bank die Sandsteinskulptur ›First Impressions‹.

aktiv unterwegs

Spaziergang über die Harbour Bridge

Tour-Infos

Anfahrt: Bus 431–434 und Sydney Explorer Haltestelle Argyle/George Streets
Start: Cumberland Street, The Rocks
Länge: 3,5–4 km
Dauer: 3 Std.

Beim Spaziergang über die Harbour Bridge versteht man, warum Cinemascope erfunden wurde: Das Panorama von Altstadt, Hafen und Oper sprengt einfach jeden Rahmen. Vom Fußweg auf der Brücke und besonders vom 89 m hohen Südost-Pylon bietet sich ein grandioser Blick, der über die Sydney Cove mit den ein- und auslaufenden Hafenfähren bis weit hinaus in den Port Jackson reicht, wo eine Armada von Segeljachten kreuzt.

Wer weitere attraktive Aussichten genießen möchte, sollte vom **Pylon Lookout & Museum** (s. S. 108) über die Harbour Bridge zum Nordufer des Sydney Harbour laufen. Hält man sich nach dem Treppenabgang am nördlichen Ende der Hafenbrücke an der Broughton Street rechts, kommt man zum **Stanton Lookout** oberhalb der Jeffrey Street Wharf. Gut platziert ist auch der Aussichtspunkt am **Milsons Point.**

Die Brücke unterquerend geht es weiter zum **North Sydney Olympic Pool,** einst Arena der australischen Weltrekordschwimmerinnen Dawn Fraser und Shane Gould. Im Winter ist das spektakulär gelegene öffentliche Bad überdacht und wird beheizt. Gleich daneben befindet sich der Eingang zum **Luna Park** (s. S. 135), einem Vergnügungspark mit Achterbahn und Riesenrad.

Herrliche Ausblicke eröffnen sich auch immer wieder auf dem Spazierweg entlang der **Lavender Bay.** Die Bucht, in der Segelboote dümpeln, wurde nach dem britischen Kolonialbeamten George Lavender benannt. Vom Luna Park führt ein Holzplankenweg

vorbei an den kleinen Grünanlagen **Clark Park** und **Charly Watt Park** zum vornehmen Stadtteil **McMahons Point,** der eine bevorzugte Wohnlage mit einem herrlichen Panoramablick über den Hafen kombiniert. Etwa auf halbem Weg blockieren schicke Apartmentanlagen den am Ufer verlaufenden Spazierpfad, sodass man auf die oberhalb verlaufende Bayview Street ausweichen muss. Hier bekommt man einen guten Eindruck davon, wie es sich in Sydney am Wasser lebt – vorausgesetzt man hat die notwendigen finanziellen Mittel. Von der **McMahons Point Wharf** kann man mit einer Hafenfähre zum **Circular Quay** in der City zurückfahren.

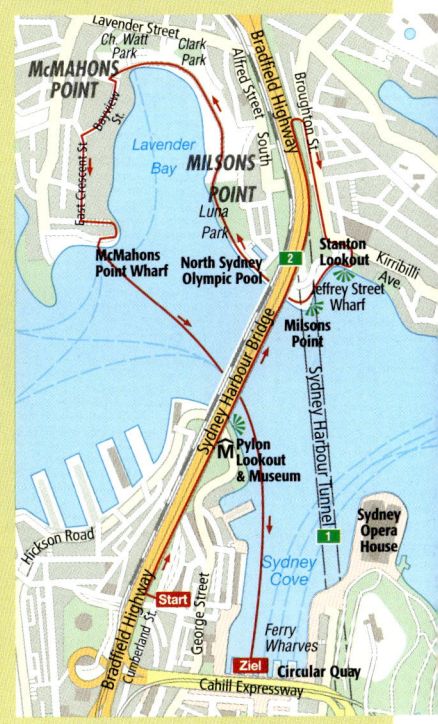

Sydney und Umgebung

An der Ecke George Street und Hickson Road fällt das **Australian Steam Navigation Building** 23 aus dem Jahr 1883 wegen seines flämischen Baustils auf. Restaurants und Bistros befinden sich in dem alten Sandsteinspeicher **Campbell's Storehouse** 24. Gegenüber Circular Quay West ragt die **Old Mariners' Church** 25 auf, deren Glocken 1859 erstmals läuteten. Nur wenige Schritte sind es von hier zurück zu The Rocks Centre.

Downtown und Royal Botanic Gardens

Cityplan: S. 112

Trotz der riesigen Ausdehnung von Sydney kann man den touristisch interessanten Kern der Innenstadt relativ leicht zu Fuß erkunden. Idealer Ausgangspunkt für einen Streifzug durch Downtown ist wiederum der **Circular Quay** 26, wo Clowns, Jongleure, Pantomimen und andere Straßenkünstler tagtäglich häufig bis tief in die Nacht das größte Openair-Theater von Sydney inszenieren.

Sydney Opera House 27

Entlang der Uferpromenade ist es ein Katzensprung zum Bennelong Point, einer in den Port Jackson ragenden Landzunge, an der sich in kühner Eleganz das **Sydney Opera House** erhebt, das nach seiner Eröffnung am 20. Oktober 1973 schnell zum Wahrzeichen der Stadt avancierte. Mit den wie vom Wind aufgeblähten Keramiksegeln gehört die monumentale Skulptur zu den architektonischen Meisterleistungen der Welt. Die Londoner »Times« pries die Konstruktion des Dänen Jørn Utzon als »Bauwerk des Jahrhunderts«. Neben Lobeshymnen gab es aber auch Kritik.

Von Anfang an rankten sich Skandale um das ehrgeizige Projekt, auch weil der Entwurf die Baukosten von kalkulierten 7 Mio. Dollar auf 102 Mio. Dollar anschwellen ließ. Die Mehrkosten wurden durch eine vom damaligen Premierminister Joseph Cahill initiierte ›Opernhauslotterie‹ beschafft. Der 2008 verstorbene Jørn Utzon war über die Querelen so verbittert, dass er Australien noch vor Vollendung seines Meisterwerks verließ und auch die Einladung zur Eröffnungsfeier ausschlug.

Campbell's Storehouse von 1861 – früher lagerten hier Tee, Zucker und Spirituosen

Fast 1000 Räume hat das Opera House, dessen Name jedoch missverständlich ist, da es als Mehrzweckbau einer Vielzahl von kulturellen Anforderungen genügen muss. So befinden sich unter den zehn Dächermuscheln eine Konzerthalle für 2690 Besucher und ein Opernsaal mit 1547 Sitzplätzen sowie das Theater mit einem 544 Personen fassenden Zuschauerraum, das Playhouse mit 398 und das Broadwalk-Studio mit 288 Sitzplätzen. Hinzu kommen ein Empfangssaal, Ausstellungsräume, Studios für Rundfunk und Fernsehen sowie mehrere Restaurants. Das Gebäude kann im Rahmen von Führungen besichtigt werden (Tel. 02-92 50 72 50, www. soh.nsw.gov.au und www.sydneyoperahouse. com, 1-stündige Führungen tgl. alle 30 Min. 9–17 Uhr, Erw. 35 A-$, Kinder 24,50 A-$, Familien 90 A-$ inkl. Getränk; 2-stündige Backstage Tour tgl. 7 Uhr, 155 A-$ inkl. Frühstück, Buchung erforderlich; 1-stündige Essential Tour auf Dt. Mo, Mi, Fr mehrmals tgl., Erw. 35 A-$, Kinder 24,50 A-$, Familien 90 A-$).

Royal Botanic Gardens

Nur wenige Schritte abseits des Opera House beginnen die 1816 angelegten **Royal Botanic Gardens** 28, die sich auf einem 29 ha großen Areal um die Bucht erstrecken. Im Lieblingspark der Sydneysiders versuchten einst Sträflinge und Soldaten verzweifelt, Gemüse auf dem sandigen Boden anzubauen, um zu überleben. Heute wachsen hier Pflanzen der südpazifischen Region. In den kuppel- und pyramidenförmigen Treibhäusern The Arc und The Pyramid Glasshouse gedeihen Regenwaldpflanzen. Der Stadtpark ist auch ein Refugium für zahlreiche australische Tiere, insbesondere für bunte Papageien und Fliegende Füchse, die tagsüber mit dem Kopf nach unten an den Ästen hoher Eukalyptusbäume hängen (Tel. 02-92 31 81 11, www. rbgsyd.nsw.gov.au, tgl. 7 Uhr bis Sonnenuntergang, Visitors Centre tgl. 9.30–16.30 Uhr, 1,5-stündige, kostenlose Führungen tgl. 10.30 Uhr, 1-stündige, kostenlose Führungen im März–Nov. Mo–Fr 13 Uhr (Treffpunkt Visitors Centre), The Arc und The Pyramid Glasshouse April–Sept., tgl. 10–16, Okt.–März tgl.

10–17 Uhr, Erw. 6,50 A-$, Kinder 4,50 A-$, Familien 14,50 A-$).

Ein schöner Spaziergang führt entlang der Farm Cove zu **Mrs. Macquarie's Point** 29, von dem sich ein herrlicher Blick über die Hafenbucht mit Opera House, Harbour Bridge und City-Skyline bietet. Zu sehen ist auch die in der Bucht liegende Felseninsel Pinchgut mit dem Fort Denison. Ein von Strafdeportierten Mitte des 19. Jh. in den Fels gemeißelter Sitz wird Mrs. Macquarie's Chair genannt, weil die Gouverneursgattin hier häufig Picknicks abhielt.

Im Norden werden die Royal Botanic Gardens von dem festungsartig wirkenden **Government House** 30 bewacht, dem ehemaligen Sitz des Generalgouverneurs (Tel. 02-99 31 52 22, www.hht.net.au, kostenlose Führungen Fr–So alle 30 Min. 10.30–15 Uhr).

Das **Conservatorium of Music** 31 erinnert mit seinen Zinnen, Söllern und Türmen an eine mittelalterliche Ritterburg. Zwischen 1817 und 1821 als Dienstbotenquartier und Pferdestall errichtet, beherbergt der eigenwillig gestaltete Bau seit Anfang des 20. Jh. eine Musikakademie (tgl. 8–18 Uhr, zugänglich ist nur das Foyer).

Museum of Sydney 32

In dem auf den Fundamenten des ersten Regierungssitzes der Kolonie ruhenden Gebäude an der Bridge Street, Ecke Phillip Street ist das **Museum of Sydney** untergebracht. Das der Immigrationsphase des 18. und 19. Jh. gewidmete Haus dokumentiert mit Ausstellungen und audiovisuellen Vorführungen nicht nur die frühe Stadtgeschichte, sondern setzt sich auch kritisch mit dem Zusammenprall zweier gänzlich verschiedener Kulturen auseinander – dem Kontakt der archaischen Welt der Aborigines mit der von den Europäern auf den Kontinent gebrachten weißen Zivilisation. Das Kunstwerk ›Edge of Trees‹ vor dem Museum, eine Installation aus 29 Sandsteinsäulen, Stahlsäulen und Holzpfeilern, symbolisiert den Kontakt zwischen Ureinwohnern und Europäern (Tel. 02-92 51 59 88, www. hht.net.au, tgl. 10–17 Uhr, Erw. 10 A-$, Kinder 5 A-$, Familien 20 A-$).

Downtown

Fortsetzung S. 114

112

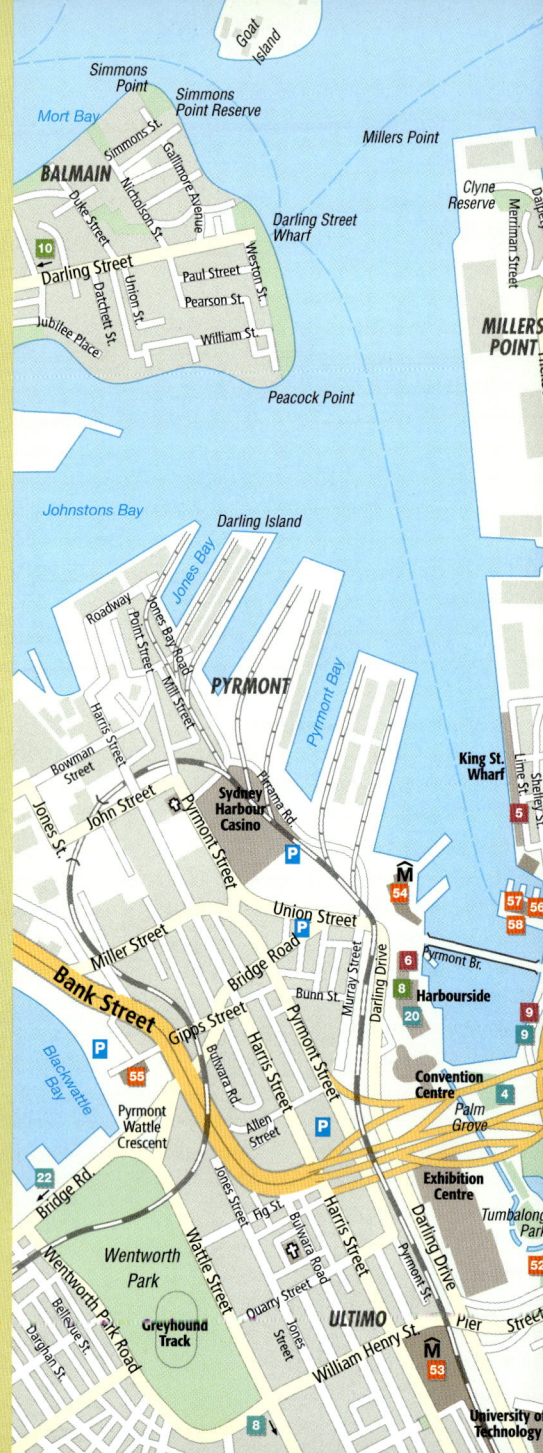

Downtown

Macquarie Place Park 33

Der 1810 als erster öffentlicher Platz der Stadt angelegte **Macquarie Place Park** verwandelt sich bei schönem Wetter freitags ab dem späteren Nachmittag in einen großen Biergarten. Kaum mehr auszumachen ist dann der von Francis Greenway entworfene und 1818 errichtete Sandsteinobelisk, der sich in der Mitte des kleinen, von Kolonialgebäuden gesäumten Stadtparks erhebt. Einst diente er als Kilometerstein Null, als Bezugspunkt für alle Entfernungsangaben in der Kolonie New South Wales.

Einen Blick sollte man auch auf das gegenüberliegende **Lands Department Building** werfen, dessen Fassade 48 Skulpturennischen mit den Bildnissen bedeutender Persönlichkeiten der australischen Geschichte aufweist.

Entlang der Macquarie Street

Obwohl die City das wichtigste Finanzzentrum des Landes beherbergt und durch moderne Hochhäuser ›manhattanisiert‹ wurde, blieben Stil und Charme der Gründerjahre erhalten. Die prächtigsten georgianischen Baudenkmäler der Stadt reihen sich entlang der Macquarie Street. Einige entwarf Francis Greenway (1777–1837), der bedeutendste Kolonialarchitekt von Sydney. Greenway wurde 1814 in England wegen Urkundenfälschung zu 14 Jahren Verbannung verurteilt und nach Australien deportiert. Bereits 1816 ernannte ihn der damalige Gouverneur Lachlan Macquarie zum Stadtbaumeister.

Ein Seitenflügel der neoklassizistischen, 1906 fertiggestellten **State Library of New South Wales 34** beherbergt mit der Mitchell Library eine einzigartige Sammlung von Büchern, Landkarten und anderen wertvollen Dokumenten aus der frühen Kolonialepoche Australiens. Im angegliederten Neubau befindet sich eine öffentliche Bibliothek, zu der ein großzügiger, lichtdurchfluteter Lesesaal gehört. Vor dem Säulenportal steht eine Statue von Matthew Flinders, der 1801–1803 Australien umsegelte und damit bewies, dass es sich bei der riesigen Landmasse um einen Kontinent handelt (Tel. 02-92 73 14 14, www.sl.nsw.gov. au, Mo–Do 9–20, Fr 9–17, Sa, So, Fei 10–17 Uhr, Eintritt frei).

Einige hundert Meter weiter erreicht man das zwischen 1811 und 1816 als Teil des Sydney Hospital im englisch-georgianischen Stil errichtete **Parliament House** `35`, das seit 1829 den Senatoren und Mitgliedern des Repräsentantenhauses von New South Wales als Tagungsstätte dient. Im Jubilee Room dokumentiert eine Ausstellung die Geschichte des Bundesstaates (Tel. 02-92 30 21 11, www.parliament.nsw.gov.au, Besuchertribüne Mo–Fr ab 14.15 Uhr, Eintritt frei; kostenlose Führung am 1. Do im Monat 13 Uhr).

Das **Sydney Hospital** `36`, ein Komplex viktorianischer Sandsteingebäude, war das erste Krankenhaus von Sydney. Weil die Kolonialverwaltung es mit den Profiten aus dem Rumhandel finanzierte, trug es lange Zeit den Beinamen ›Rum Hospital‹.

Das Herz der City schlägt gegenüber in der Fußgängerzone **Martin Place** `37`. Unter der Woche treten hier zur Mittagspause Musikanten, Artisten, Pantomimen und andere Straßenkünstler vor großem Publikum auf.

Zurück in der Macquarie Street befand sich im **Old Mint Building** `38` von 1851 bis 1927 die erste Dependance der Königlichen Münzprägeanstalt außerhalb von London. Heute residiert in dem Sandsteingebäude das Amt für Denkmalpflege.

Queens Square

Das Gebäudeensemble am Queens Square entwarf Francis Greenway. Als sein Meisterstück gelten die zwischen 1817 und 1819 errichteten **Hyde Park Barracks** `39`, die der Unterbringung deportierter Häftlinge dienten, bevor sie als Gerichtshof und Behördensitz

fungierten. Aus dem Großstadtlärm tritt man in den von einer Sandsteinmauer umgebenen Patio, wo einst renitente Häftlinge mit der ›neunschwänzigen Katze‹ ausgepeitscht wurden. Ungehorsam und Aufsässigkeit bestrafte man gewöhnlich mit 50 Hieben. Heute ist in den Hyde Park Barracks ein Museum zur Sozialgeschichte von Sydney und New South Wales untergebracht. Die Greenway Gallery im Erdgeschoss dokumentiert das Schaffen des Sträflingsarchitekten. Besonders beeindruckend ist der restaurierte Schlafsaal im zweiten Obergeschoss (Tel. 02-82 39 23 11, www.hht.net.au, tgl. 10–17 Uhr, Erw. 10 A-$, Kinder 5 A-$, Familien 20 A-$).

Als eindrucksvolles Beispiel georgianischer Sakralarchitektur erhebt sich gegenüber die nach Entwürfen von Greenway erbaute anglikanische **St. James Church** `40` von 1820. Eingeweiht wurde Sydneys älteste Kirche 1824 von dem Geistlichen Samuel Marsden, dem sein hartes Regiment als Friedensrichter den Beinamen ›Prügelpfaffe‹ einbrachte. Vorwiegend aus dem 20. Jh. stammen die Buntglasfenster, welche die Elemente Erde, Luft, Feuer und Wasser symbolisieren. Bevor er im Schatten der Glas-Beton-Giganten unterging, diente der Turm von St. James den Kapitänen einlaufender Schiffe als Orientierungshilfe (Tel. 02-82 27 13 00, www.sjks.org.au, Mo–Fr 10–16, Sa 9–13, So 7.30–16 Uhr, kostenlose Führungen Mo–Fr 14.30 Uhr).

Vervollständigt wird das Gebäude-Trio durch das **Old Supreme Court Building** `41`, dem zwischen 1820 und 1828 errichteten ehemaligen Obersten Gerichtshof.

Art Gallery of New South Wales `42`

Östlich der Macquarie Street erstreckt sich **The Domain,** ein Park, in dem alljährlich im Januar beim Festival of Sydney die größte Openair-Party Australiens stattfindet. Im Ostteil des Parks erstrahlt im Gründerzeitenglanz der neoklassizistische Sandsteinbau der **Art Gallery of New South Wales,** eines der bedeutendsten Kunstmuseen des Landes, das eine ebenso exquisite wie kontrastreiche Sammlung australischer, asiatischer und eu-

Sydney und Umgebung

ropäischer Kunst präsentiert. Werke von Aborigines und Künstler der Torres Strait Islands zeigt die Yiribana Gallery im untersten Stockwerk – traditionelle Rindenmalereien ebenso wie zeitgenössische Arbeiten (Tel. 1800-67 92 78, www.artgallery.nsw.gov.au, tgl. 10–17 Uhr, Mi bis 22 Uhr, Eintritt frei, Sonderausstellungen gebührenpflichtig; im Domain Theatre im 3. Untergeschoss Di–Fr 12–13 Uhr Didgeridoo-Musik).

St. Mary's Cathedral 43

Obwohl bereits 1788 mit der First Fleet katholische Deportierte aus Irland auf dem Fünften Kontinent eingetroffen waren, legte man erst 1821 den Grundstein für das erste katholische Gotteshaus auf australischem Boden – die St. Mary's Chapel, aus der zwischen 1866 und 1928 die heutige **St. Mary's Cathedral** hervorging. Die Gouverneure der Strafkolonie untersagten den katholischen Iren die Ausübung ihrer Religion, weil sie befürchteten, diese würden die Messfeiern für konspirative Treffen nutzen. Im Inneren der neogotischen Kathedrale beeindrucken die bunten Rosettenfenster in der West- und Südfassade sowie das Fußbodenmosaik der Krypta (Tel. 02-92 20 04 00, www.stmaryscathedral.org.au, tgl. 6.30–18.30 Uhr, kostenlose Führungen So 12 Uhr).

Australian Museum 44

Randvoll mit Exponaten zu Sachgebieten wie Biologie, Geologie und Ökologie präsentiert sich das **Australian Museum** als eine Schatzkiste der Naturwissenschaft. Eine Abteilung in dem 1849 fertiggestellten Sandsteingebäude ist ausschließlich den Kulturen der australischen Ureinwohner und der ozeanischen Völker gewidmet (Park/College Streets, Tel. 02-93 20 60 00, www.australianmuseum.net.au, tgl. 9.30–17 Uhr, Führungen tgl. 10, 11, 12, 14 und 15 Uhr, Erw. 15 A-\$, Kinder 8 A-\$, Familien 38 A-\$).

Hyde Park 45

Südlich des Queens Square öffnet sich der **Hyde Park.** In der Lunchpause strömen Angestellte aus den Bürotürmen hierher, um zu entspannen. Der 1810 angelegte Park diente als Pferderennbahn und Cricketspielfeld sowie in den Anfangsjahren der Strafkolonie als Exerzierplatz und Hinrichtungsstätte. Vorbei an der **Archibald Memorial Fountain,** die an die australisch-französische Allianz im Ersten Weltkrieg erinnert, erreicht man das **Anzac War Memorial,** ein Ehrenmal für die australischen Opfer des Ersten Weltkriegs.

Sydney Tower 46

Einen weiten Blick, der an klaren Tagen bis zu den 100 km entfernten Blue Mountains reicht, genießt man vom **Sydney Tower.** Das mit knapp 305 m zweithöchste Gebäude der südlichen Hemisphäre ragt als markantestes Bauwerk in der Skyline der Metropole westlich des Hyde Park in den Himmel. Im Eintrittspreis enthalten ist ein Besuch des Kinos ›Oztrek‹, das zu einer virtuellen Reise durch Australien einlädt. Als ›Fundament‹ des Bauwerks dient die Centre Point Arcade, eine Ladenstadt mit über 200 Geschäften und Restaurants an der Ecke Market Street und Castlereagh Street (Tel. 02-93 33 92 88, www.sydneytowereye.com.au, tgl. 9–22.30 Uhr, Erw. 26 A-\$, Kinder 15 A-\$, Familien 82 A-\$, online bis zu 30 % Rabatt).

Strand Arcade 47

In der **Strand Arcade,** einer viktorianischen Passage aus dem 19. Jh., breiten sich auf drei Stockwerken Ladengalerien mit exklusiven Shops aus. Bleiverglaste Fenster, kunstvolle Steinböden und gemeißelte Portale sowie Balustraden aus Schmiedeeisen und Edelholz sorgen für eine elegante Note (412–416 George St., Tel. 02-92 32 41 99, www.strandarcade.com.au, Mo–Mi, Fr 9–17.30, Do 9–20, Sa 9–16, So 11–16 Uhr).

Queen Victoria Building 48

Zum »schönsten Einkaufszentrum der Welt« erklärte der bekannte französische Modeschöpfer Pierre Cardin das Ende des 19. Jh. errichtete **Queen Victoria Building.** Fast 200 elegante Läden und Boutiquen beborgt der Sandsteinbau, ein Prachtstück viktorianischer Baukunst mit neobyzantinischer Fas-

Flanier- und Ausgehmeile Darling Harbour

sade und 35 m hoher Kupferkuppel (455 George St., Tel. 02-92 64 92 09, www.qvb. com.au, Mo–Mi 9–18, Do 9–21, Fr, Sa 9–18, So 11–17 Uhr; 45-minütige Führungen Di, Do Sa 11.30 Uhr, 16,50 A-$).

Town Hall und St. Andrew's Cathedral

An das Queen Victoria Building schließt sich der Sydney Square mit zwei weiteren viktorianischen Bauwerken an. Als ein Synonym für Stil und Eleganz gilt die **Town Hall** 49 aus dem Jahr 1868. Heute finden in einigen Sälen des Sandsteingebäudes regelmäßig kulturelle Veranstaltungen statt. Einen Rahmen für klassische Konzerte bildet die wegen ihrer Akustik gerühmte Centennial Hall mit einer der größten Orgeln der Welt.

Mit schönen Buntglasfenstern, zeitgenössischem Inventar und einem gut bestückten Kirchenmuseum überrascht die im Jahr 1869 eingeweihte anglikanische **St. Andrew's Cathedral** 50, die als Meisterwerk von Edmund Blacket (1817–1838) gilt, dem berühmtesten Kirchenarchitekten des kolonialen Australiens. Glanzstück des Kirchenschatzes ist

eine Bibel aus dem Jahr 1539 (Tel. 02-92 65 16 61, www.sydneycathedral.com, Mo–Fr 7.30–17.30, So 7.30–20 Uhr, kostenlose Führungen Mo–Fr 11, 14, So 12 Uhr).

Chinatown 51

Die **Chinatown** von Sydney südlich der Liverpool Street betritt man durch farbenprächtige Pagodeneingänge, hinter denen geschäftiges Treiben herrscht – ein angenehmer Kontrast zum nüchternen Ambiente des Business District, wenn das ganze Viertel auch ein wenig wie eine kitschige Hollywood-Kulisse wirkt. Zahlreiche Restaurants bieten einen repräsentativen Querschnitt durch alle regionalen Küchen des Reichs der Mitte.

Darling Harbour

Cityplan: S. 112
Noch Anfang der 1980er-Jahre erstreckte sich im Westen der Chinatown ein schmuddeliges Hafenareal mit alten Lagerhallen und Schuppen, verwaisten Kais und rostenden Brücken. Heute präsentiert sich Darling Har-

bour – benannt nach Ralph Darling, dem siebten Gouverneur der Kolonie New South Wales – als ein gestyltes Stück Sydney. Mit Millionenaufwand wurde anlässlich der 200-Jahr-Feier 1988 die Industriebrache in einen Einkaufs- und Vergnügungskomplex verwandelt. Nur restaurierte Schiffe erinnern noch an die Zeiten, als das Hafenviertel den Beinamen ›Höllenloch des Südpazifik‹ trug.

Garden of Friendship 52

Am Südrand von Darling Harbour genießt man im **Garden of Friendship,** dem größten chinesischen Garten außerhalb Chinas mit Pagoden, Lotusteichen und Wasserfällen, bei einer Tasse Tee auf der Terrasse des Restaurant-Pavillons fernöstliches Flair. Angelegt wurde der ›Garten der Freundschaft‹ von Gärtnern aus Guangdong (Kanton), einer Partnerstadt Sydneys (Tel. 02-92 40 88 88, www.chinesegarden.com.au, tgl. 9.30–17.30 Uhr, Erw. 6 A-$, Kinder 3 A-$, Familien 15 A-$).

Powerhouse Museum 53

Ein Besuchermagnet ist das **Powerhouse Museum** im alten Dampfkraftwerk, das einst Sydneys elektrische Straßenbahn mit Strom versorgte. Fast zwei Dutzend Ausstellungen zeigen Naturwissenschaft und Technologie, angewandte Künste und Sozialgeschichte. All dies wird per Video und Computeranimation fantasievoll dargestellt, überall gibt es Knöpfe zu drücken und Hebel zu bewegen (500 Harris St., Tel. 02-92 17 01 11, www.powerhousemuseum.com, tgl. 9.30–17 Uhr, Erw. 12 A-$, Kinder 6 A-$, Familien 30 A-$).

Australian National Maritime Museum 54

Vorbei an **Harbourside,** einem futuristischen Laden- und Restaurantkomplex im Zentrum von Darling Harbour, gelangt man zum **Australian National Maritime Museum.** Mit einer Fülle an Exponaten und multimedialen Hilfsmitteln wird hier die australische Seefahrtsgeschichte dokumentiert. Dabei spannt sich der historische Bogen von der seefahrerischen Tradition der zur Urbevölkerung zählenden Torres-Strait-Insulaner über die Ent-

deckungsreisen von James Cook und anderen europäischen Seefahrern bis hin zu den oft beschwerlichen Seereisen, die nach dem Zweiten Weltkrieg Hunderttausende von europäischen Flüchtlingen und Auswanderern in Kauf nahmen, um in das gelobte Land am anderen Ende der Welt zu gelangen. Am Kai im Freigelände dümpelt die Museumsflotte (Tel. 02-92 98 37 77, www.anmm.gov.au, tgl. 9.30–17, Jan. bis 18 Uhr, Erw. ab 7 A-$, Kinder ab 3,50 A-$, Familien ab 17,50 A-$, 1. Do im Monat Eintritt frei).

Sydney Fish Market 55

Ein etwa zehnminütiger Spaziergang führt vom National Maritime Museum zum **Sydney Fish Market,** dem größten Fischmarkt Australiens, wo man an Wochentagen frühmorgens die lautstarken Auktionen beobachten und danach fangfrisches Seafood am Pier des Fischereihafens genießen kann (Pyrmont Bridge Road/Bank Street, Blackwattle Bay, Tel. 02-90 04 11 00, www.sydneyfishmarket.com.au, Auktionen Mo–Fr ab 5.30, Einzelhandelsgeschäfte Mo–Fr 7–16, Restaurants Mo–Fr 7–21, Sa, So 9–22 Uhr).

Sydney Sea Life Aquarium 56

Die Pyrmont Bridge, eine drehbare Fußgängerbrücke, die sich für ein- und auslaufende Schiffe öffnen lässt, führt vom National Maritime Museum zum **Sydney Aquarium** auf der anderen Seite des Hafenbeckens. In einem Plexiglastunnel betritt man das submarine Reich des Pazifiks, wobei die Illusion vermittelt wird, unter Wasser Haien, Rochen und bunten Tropenfischen zu begegnen (Tel. 02-82 51 78 00, www.sydneyaquarium.com.au, tgl. 9–20 Uhr, Erw. 38 A-$, Kinder 24 A-$, Familien 124 A-$, online bis zu 30 % Rabatt).

Wild Life Sydney Zoo 57

Gleich neben dem Sydney Sea Life Aquarium kann man die giftigsten Schlangen und gefährlichsten Spinnen der Welt bestaunen. Zwar sind auch harmlose Spezies wie Kängurus und Koalas vertreten, doch liegt das Schwergewicht auf eher bizarren Vertretern der australischen Fauna. In einem Tropenge-

Tipp: Sydney für die ganze Familie

Großstadt mit Kindern? Nein, danke! Das trifft gewiss nicht auf Sydney zu, denn in der ›Fun City‹ wird es auch Kids kaum langweilig. Spaß für Kinder versprechen Erlebnis- und Freizeitparks oder Begegnungen mit Tieren in einem der Zoos (Karte S. 121).

Den **Taronga Zoo** 1 kann man bequem mit einer Hafenfähre vom Circular Quay erreichen. Kinder dürfen dort Koalas streicheln sowie Kängurus und Wallabies füttern. Attraktionen sind auch die große Flugvoliere Rainforest Aviary mit Regenbogen-Loris, Königspapageien und anderen Krummschnäbeln, das Nachttierhaus Australian Nightlife mit Bandicoots, Bilbies, Possums, Potoroos und anderen kleinen Beuteltieren, das Reptilienhaus Reptile World mit den giftigsten Schlangen der Welt und das Meerwasserbecken Great Southern Oceans, wo täglich von 11 und 14 Uhr Seelöwen ihr Können zeigen. Im Platypus-Haus bestaunen Kinder das Schnabeltier, halb Ente, halb Biber, Eier legend und doch seine Jungen säugend (Bradleys Head Road, Mosman, Tel. 02-99 69 27 77, www.taronga.org.au, tgl. 9.30–17 Uhr; im Sydney Ferries Info Centre am Circular Quay Pier 4 gibt es einen Zoo Pass, der die Gebühren für den Zooeintritt und alle Transporte umfasst, Erw. 52,50 A-$, Kinder 26,20 A-$, Familien 147,40 A-$; tagsüber alle 30 Min. Hafenfähre ab Circular Quay, Pier 2).

Im **Koala Park Sanctuary** 2 an der westlichen Peripherie von Sydney begegnen Kinder den flauschigen Kuscheltieren, die Generationen von Teddybären als Vorbild dienten. Angeschlossen ist das Koala Hospital, wo kranke und verletzte Koalas gepflegt werden. Der Park bietet aber auch Kängurus, Wombats und verschiedenen Vogelarten eine Heimat. Im Stockman's Camp finden zweimal täglich Schafschur-Vorführungen statt (Castle Hill Road, Pennant Hills West, Tel. 02-94 84 31 41, www.koalapark.com, tgl. 9–17 Uhr, Fütterung der Koalas tgl. 10.20, 11.45, 14 und 15 Uhr, Schafschur-Vorführungen 10.30 und 14.30 Uhr, Erw. 26 A-$, Kinder 15 A-$, Familien 67 A-$; CityRail (rote Linie) ab Central Station via Strathfield bis Pennant Hills, von dort Bus Richtung Glenorie; Sydney Day Tours, Tel. 02-92 51 61 01, halbtägige Ausflüge in das Koala Park Sanctuary).

Einen guten Einstieg in die Tierwelt Australiens bietet auch der 35 km westlich der City gelegene **Featherdale Wildlife Park** 3, der mit dem New South Wales Tourism Award ausgezeichnet wurde. Er beherbergt mehr als 2000 Tiere aus über 320 Arten, darunter Wombats, Tasmanische Teufel, Dingos und Pinguine. Kinder können hier Koalas streicheln und Kängurus oder Wallabies mit der Hand füttern. Zu sehen sind außerdem über 4 m lange Salzwasserkrokodile (Fütterung tgl. 10.15 Uhr) und Goannas, die Riesen unter den Echsen, sowie zahlreiche bunte Papageien und andere Vogelarten (217–229 Kildare Rd., Doonside, Tel. 02-96 22 16 44, www.featherdale.com.au, tgl. 9–17 Uhr, Erw. 28 A-$, Kinder 15,50 A-$, Familien 79 A-$; CityRail (gelbe Linie) ab Circular Quay bis Blacktown, dann Bus 725).

Einen Eindruck vom australischen Landleben kann man auf der **Calmsley Hill City Farm** 4 südwestlich von Parramatta gewinnen. Hier stehen Schafschurvorführungen, Peitschenknallen und Lassoschwingen auf dem Programm. Schäferhunde zeigen ihr Können und führen u. a. vor, wie sie nur mit den Augen eine Schafherde dirigieren. Wer will, kann selbst Hand anlegen, etwa beim Kühemelken (31 Darling St., Abbotsbury, Tel. 02-98 23 32 22, www.calmsleyhill.com.au, tgl. 9–16.30 Uhr, Erw. 23 A-$, Kinder 14 A-$, Familien 70 A-$; mit CityRail (gelbe Linie) bis Fairfield, dann Bus oder Taxi).

Spaß für die ganze Familie bieten auch das **Sydney Sea Life Aquarium** (s. S. 118) und der Tierpark **Wild Life Sydney Zoo** (s. S. 118) in Darling Harbour, die **Oceanworld Manly** (s. S. 125) sowie der Freizeitpark **Luna Park** in North Sydney (s. S. 135).

wächshaus flattern exotische Falter umher, ein eigenes Haus ist nachtaktiven Tieren wie Possums und Fledermäusen gewidmet (Tel. 02-93 33 92 88, www.wildlifesydney.com.au, tgl. 9–20 Uhr, Erw. 38 A-$, Kinder 24 A-$, Familien 124 A-$, online bis zu 30 % Rabatt).

Madame Tussauds Sydney 58

Am Aquarium Pier kann man in der australischen Dependance von Madame Tussauds 70 internationale und nationale Berühmtheiten in Wachs bewundern, darunter historische Persönlichkeiten, Wissenschaftler, Politiker, Sportler und Schauspieler wie Hugh Jackman und Nicole Kidman (Tel. 02-93 33 92 40, www.madametussauds.com/sydney, tgl. 9–20 Uhr, Erw. 40 A-$, Kinder 25 A-$, Familien 130 A-$, online bis zu 30 % Rabatt).

Sehenswürdigkeiten östlich der Downtown

Karte: rechts

Kings Cross 5

Per Bus kommt man vom Circular Quay nach **Kings Cross.** Der Stadtteil östlich der City hatte viele Jahre den Ruf eines Sündenpfuhls. Schuld daran waren amerikanische Soldaten auf Fronturlaub aus Vietnam, die das Viertel in einen Rotlichtbezirk verwandelten. Heute finden sich zwar noch einige Relikte aus der zwielichtigen Vergangenheit, doch präsentiert sich ›The Cross‹ mit hervorragenden Restaurants und Bistros sowie preiswerten Hotels und Pensionen als Viertel mit kosmopolitischem Flair, das sich zu einem Treffpunkt jugendlicher Reisender entwickelt hat.

Elizabeth Bay 6

Nördlich von Kings Cross beginnen mit Potts Point und **Elizabeth Bay** die teuersten Wohngegenden Sydneys mit dem prestigeträchtigen Hafenblick. Das mit Originalinventar ausgestattete **Elizabeth Bay House** vermittelt ein gutes Bild vom Lebensstil einer wohlhabenden viktorianischen Familie. Im Innern des zwischen 1835 und 1839 in einer Mischung

aus Kolonial- und klassizistischem Stil errichteten Anwesens, das lange als vornehmstes Gebäude des kolonialen Australiens galt, beeindruckt eine elegant geschwungene Freitreppe in einem kuppelgekrönten Treppenhaus (7 Onslow Ave., Tel. 02-93 56 30 22, www.hht.net.au, Fr–So und Fei 11–16 Uhr, Erw. 8 A-$, Kinder 4 A-$, Familien 17 A-$).

Darlinghurst 7

Das südlich an Kings Cross anschließende **Darlinghurst** ist berühmt und beliebt für seine Cafészene und sein buntes Straßenleben, das vor allem in der **Oxford Street** pulsiert – der berühmten ›schwulen Meile‹ von Sydney. Über 750 000 Besucher säumen die Straße, wenn alljährlich Anfang März beim Sydney Gay and Lesbian Mardi Gras ein kilometerlanger Festzug vorbeizieht.

Die Geschichte der jüdischen Einwanderer in Australien dokumentiert das **Sydney Jewish Museum** (148 Darlinghurst Rd., Tel. 02-93 60 79 99, www.sydneyjewishmuseum. com.au, Mo–Do 10–16, Fr 10–14, So 10–16 Uhr, Sa und an jüdischen Feiertagen geschl., Erw. 10 A-$, Kinder 7 A-$, Familien 22 A-$).

Paddington 8

Paddington ist ein vor Lebenslust sprühender Stadtteil, in dem sich ›Tout Sydney‹ beim Shoppen in den Trend-Boutiquen der Oxford Street trifft. Samstags findet zwischen 10 und 16 Uhr auf dem Vorplatz der St. Johns Church Sydneys berühmtester Openair-Markt statt, die **Paddington Markets** (395 Oxford St., Tel. 02-93 31 29 23, www.paddingtonmarkets. com.au). Berühmt ist der Stadtteil auch für sein brodelndes Nachtleben.

Doch allen Trends zum Trotz hat sich ›Paddo‹ das Flair des 19. Jh. bewahrt. Noch heute findet man dort schmale, doppelstöckige, in Zeilen errichtete Wohnhäuser im spätviktorianischen Terrace-Stil, deren Balkone und Veranden mit Schnörkeldekor aus Gusseisen verziert sind. Die schönsten Beispiele für die ornamentale Vielfalt des ›Paddington Lace‹ sieht man im **Old Village,** einem nördlich der Oxford Street gelegenen Viertel zwischen Shadforth, Prospect und Spring Streets.

Umgebung von Sydney

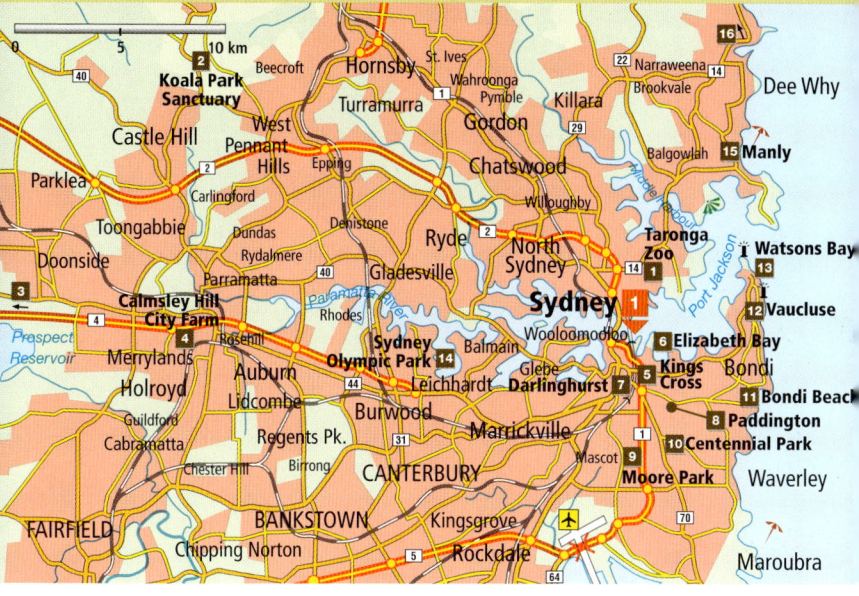

Moore Park 9

Südlich von Paddington erstreckt sich der **Moore Park** mit dem **Sydney Cricket Ground.** Wenn keine Spiele stattfinden, kann man bei Führungen einen Blick hinter die Kulissen des Stadions und in das Kricketmuseum werfen. Zum Programm gehört auch die Besichtigung des benachbarten **Sydney Football Stadium** (Driver Avenue, Tel. 13 00-72 47 37, www.sydneycricketground.com.au, 1,5-stündige Führungen Mo–Fr 10, 12, 14, Sa 10 Uhr, Erw. 27,50 A-$, Kinder 19,50 A-$, Familien 74,50 A-$, Buslinien 339, 340, 390–394 ab Circular Quay).

Centennial Park 10

Im Südosten geht der Moore Park in den **Centennial Park** über, die größte Parkanlage von Sydney. Der am 26. Januar 1888 anlässlich der Feiern zum 100-jährigen Bestehen des ›weißen Australien‹ eröffnete, 220 ha große Park mit Wäldern und Seen ist ein beliebtes Naherholungsgebiet für die Großstädter. In den Lachlan Swamps, einem Feuchtgebiet, aus dem Sydney früher Trinkwasser bezog, leben heute über 200 Vogelarten.

Bondi Beach 11

Bei mehr als 350 km ›hauseigener‹ Pazifikküste ist das Strandleben Teil des Lifestyles der Sydneysiders. Der berühmteste Abschnitt heißt **Bondi Beach** und war im Jahr 2000 Schauplatz der olympischen Beachvolleyball-Wettbewerbe. Zur hiesigen Strandkultur gehören die muskelstrotzenden Lebensretter ebenso wie die bronzefarbenen Surfartisten oder die Lebenskünstler, die in den Cafés an der Promenade ihren Cappuccino schlürfen.

Südlich des in eine Klippe gebauten Salzwasserpools des Bondi Icebergs Club beginnt ein 3 km langer Küstenpfad, der über Tamarama Bay nach Bronte führt (s. Aktiv unterwegs S. 122). Wiederum südlich davon erstrecken sich die Badestrände Clovelly Beach, Coogee Beach und Maroubra Beach, von denen jeder seine eigene Anhängerschaft hat.

Vaucluse und Watsons Bay

Wenig nördlich von Bondi Beach liegen die beiden Vororte Vaucluse und Watsons Bay, die man per Bus oder noch viel schöner per Fähre erreicht (ab Pier 4, City). Beim Auslaufen aus der Sydney Cove überquert die Ha-

aktiv unterwegs

Zu Fuß von Bondi Beach nach Clovelly

Tour-Infos

Anfahrt: Buslinien 333, 380 und L82 ab Circular Quay, 378 ab Central Station, Bondi and Bay Explorer
Start: Bondi Pavilion am Nordende der Campbell Parade
Länge: 4 km
Dauer: 2 Std.
Verpflegung: An der langen Strandpromenade Campbell Parade reihen sich Restaurants, Bistros und Cafés.
Infos im Internet: www.walkingcoastalsydney.com.au

Am Bondi Beach, der mit seinen viktorianischen Bauten ein wenig an die englischen Seebäder Blackpool und Brighton erinnert, laden die Brandungswellen des Pazifiks zum Schwimmen und Surfen. Sydneys berühmtester Strand ist aber auch Ausgangspunkt für eine teils auf Klippen, teils am Strand verlaufende Wanderung zu den Nachbarstränden von Bronte und Clovelly.

Den besten Eindruck von Bondi Beach, heute ein Hedonisten-Mekka der Schönen und Schrillen, der Surfer und Sonnenanbeter, bekommt man beim Spaziergang vom Bondi Pavilion entlang der legendären Sandmeile zum Bondi Icebergs Club, wo der Küstenpfad beginnt. Der Grundstein für den großzügigen **Bondi Pavilion,** der einst ein Restaurant, einen Ballsaal, Umkleidekabinen und ein türkisches Bad beherbergte, wurde 1928 gelegt. In einem Teil des viktorianischen Gebäudes, in dem heute Kulturveranstaltungen stattfinden, gibt das **Marine Discovery Centre** Einblicke in die bunte Unterwasserwelt des Südpazifiks (Tel. 02-93 00 02 42, www.marine discovery.org.au, Sa, So 10–16.30, Nov. und Schulferien Mi–So 10–16.30 Uhr, 12 A-\$, Kinder 6 A-\$, Familien 27,50 A-\$). Bereits 1920 öffnete das schräg gegenüber liegende Hotel Bondi als Nobelherberge seine Pforten und stand lange Zeit einsam am berühmten Strand, der damals noch ›im Busch‹ lag.

Ebenfalls in den Pioniertagen des australischen Strandlebens wurde 1929 der **Bondi Icebergs Club** am Südende des Bondi Beach gegründet. Hier können all jene, denen der Surf zu heftig ist, entspannt im Bondi Icebergs Pool, einem spektakulär gelegenen Meerwasserpool, baden (Tel. 02-91 30 31 20, www.icebergs.com.au, Mo–Mi und Fr 6–18.30, Sa, So 6.30–18.30 Uhr, Do geschl., Erw. 6 A-\$, Kinder 4 A-\$, Familien 16 A-\$).

Südlich des in eine Klippe gebauten Freibads beginnt ein 3,5 km langer betonierter

Wanderweg, der schöne Ausblicke auf die Küste mit von der Brandung bizarr ausgespülten Klippen bietet und via Tamarama zum Strand von Bronte führt. Steile Stufen führen hinauf zum **Mackenzie's Point,** wo man ein Breitwandpanorama genießt und tief unten die Surfer bei ihren akrobatischen Ritten auf den Riesenwellen beobachten kann.

Weiter geht es über die **Mackenzie's Bay** zum **Tamarama Beach.** An dem auch ›Glamourama‹ genannten Strand frönt Sydneys körperbewusste Jugend ihrem Schönheitsideal: sportlich, muskulös und natürlich braungebrannt. Wenn man von **Bronte** noch einige Hundert Meter weiterläuft, kommt man zum **Waverley Cemetery,** dem schönsten Fried-

hof Australiens. Dort fand auch Henry Lawson (1867–1922) seine letzte Ruhestätte, der bekannteste Kurzgeschichtenautor Australiens, der sich in seinen Werken für den kleinen Mann engagierte und soziale Reformen forderte. Den **Burrows Park** mit subtropischen Pflanzen durchquerend erreicht man **Clovelly Beach,** den Endpunkt des Spazierwegs. Von dort kann man mit Bus 353, 372 und 374 oder Taxi nach Bondi Beach zurückfahren oder man nimmt Bus 339 zurück zum Circular Quay. Besonders lohnend ist die Klippenwanderung übrigens im Okt./Nov., wenn Bildhauer bei der Ausstellung ›Sculpture by the Sea‹ drei Wochen lang ihre Werke zeigen (www.sculpturebythesea.com).

Berühmtester Abschnitt von Sydneys über 350 Strandkilometern: Bondi Beach

fenfähre den Sydney Harbour Tunnel, der seit 1992 die chronisch verstopfte Harbour Bridge entlastet. Die illustren Stadtteile, die sich östlich der City an das Südufer des Port Jackson reihen, gelten als feinste Adressen der Stadt. Vorbei an der Woolloomooloo Bay mit dem Marinestützpunkt Garden Island kommt man nach Potts Point und Elizabeth Bay mit prachtvollen Anwesen aus georgianischer und viktorianischer Zeit (s. S. 120). Auch hinter den Namen Rushcutters Bay, Darling Point, Double Bay, Point Piper, Rose Bay und Vaucluse verbergen sich exklusive Villenviertel.

Schon aristokratische Siedler der Gründerzeit wussten die Vorzüge dieser Wohnlagen zu schätzen, was in **Vaucluse 12** das von 1803 bis 1830 erbaute **Vaucluse House** unter Beweis stellt. Der ehemalige Wohnsitz des Staatsmanns und ›Entdeckers‹ William Charles Wentworth entspricht mit seiner Mischung aus frühem Kolonialstil und neoklassizistischen Zierformen ganz dem historisierenden Baustil des 19. Jh. Umgeben ist das Vaucluse House von einem Park mit einheimischen und importierten Pflanzen (Wentworth Road, Tel. 02-93 88 79 22, www.hht.net.au, Fr–So 11–16, Schulferien und Fei tgl. 9.30–16 Uhr, Erw. 8 A-$, Kinder 4 A-$, Familien 17 A-$).

Auf einer felsigen Halbinsel liegt der Vorort **Watsons Bay 13,** der sich den Charme eines Fischerdorfs bewahren konnte und wegen seiner ausgezeichneten Seafood-Lokale ein beliebtes Ausflugsziel ist. Klippenlandschaften sieht man nördlich des Orts am South Head und bei The Gap. Am windumtosten Outer South Head steht das **Macquarie Lighthouse,** das der Sträflingsarchitekt Francis Greenway 1816 als sein erstes bedeutendes Bauwerk in der Kolonie entwarf.

Sydney Olympic Park 14

Karte: S. 121
Rund 15 km westlich der City erstreckt sich auf einem 84 ha großen Areal am Parramatta River der **Sydney Olympic Park,** im Jahr 2000 Schauplatz der XXVII. Olympischen Sommerspiele. Während der Wettbewerbe wohnten über 15 000 Athleten aus mehr als 200 Nationen in dem Olympiadorf, das nach ökologischen Prinzipien errichtet wurde.

Zentrum der Anlage ist das 115 000 Zuschauer fassende **ANZ Stadium,** in dem neben Fußball- und Leichtathletikwettkämpfen auch die Eröffnungs- und Schlussfeierlichkeiten stattfanden.

Durch ihre elegante Architektur besticht die Schwimmhalle **Sydney International Aquatic Centre** mit Platz für 17 500 Zuschauer. Zum Bummeln lädt die 1,5 km lange Flaniermeile **Olympic Boulevard** ein. Ein guter Blick über das Olympiagelände bietet sich vom Aussichtspunkt **Kronos Hill** (Tel. 02-97 14 78 88, www.sydneyolympicpark.com.au, Self Guided Audio Tour tgl. 9–16 Uhr, 20 A-$; ANZ Stadium 1-stündige Führungen tgl. 11, 13, 15 Uhr, Erw. 28,50 A-$, Kinder 18,50 A-$, Familien 70 A-$; mit CityRail (gelbe Linie) ab Central Station direkt zum Olympic Park oder mit Hafenfähre RiverCat mehrmals tgl. ab Circular Quay, Pier 5 zur Anlegestelle Homebush Bay, von dort Shuttlebus zum olympischen Gelände, Auskunft: Tel. 13 15 00).

Nördlich des Port Jackson

Karte: S. 121
Der britische Schriftsteller Anthony Trollope, der Sydney Mitte des 19. Jh. besuchte, fand den Naturhafen »unaussprechlich reizend« und wollte ihn »so lange betrachten, wie man etwas überhaupt nur betrachten kann«. Zu der spektakulären Wasserlandschaft gehören sieben Felseninseln sowie zahlreiche malerische Buchten, zum Beispiel Lavender Bay, Rushcutters Bay und Shell Cove.

Der Port Jackson ist nicht nur das Herz der Stadt, sondern auch einer der beliebtesten Tummelplätze der wassersportbegeisterten Sydneysiders. Vor allem an Wochenenden kreuzen unglaublich viele Motorboote und Segeljachten auf dem Gewässer, das Klischee bestätigend, demzufolge Sydney auch die ›Stadt der Segel‹ ist. Das Treiben im Port Jackson und der Waterfront, zu der die Villenviertel und Jachthäfen ebenso gehören

Ein Muss für jeden Sydney-Besucher: die Fährfahrt nach Manly

wie Sandstrände und Klippen, Buschland und die himmelwärts stürmende City-Skyline, lässt sich am besten bei einer Fahrt mit der Fähre genießen.

Manly 15

Eine der schönsten kleinen Schiffsreisen der Welt ist der Ausflug vom Circular Quay nach Manly. Zu dem Seebad am North Harbour des Port Jackson flitzen zwar auch die Hydrofoil-Tragflügelboote (ab Pier 2), eindrucksvoller aber ist die Fahrt mit einer ›normalen‹ Hafenfähre (ab Pier 3). Begleitet von Möwen, passiert das Schiff den Bennelong Point mit dem Opera House und die kleine Felseninsel Pinchgut mit dem Fort Denison, einst Karzer für widerspenstige Sträflinge. Auf der Kirribilli-Halbinsel erheben sich zwei architektonische Schmuckstücke aus der Kolonialzeit: das Admiralty House von 1845 (die Residenz des Generalgouverneurs) und das im gleichen Jahr erbaute Kirribilli House (der Amtssitz des Premierministers von New South Wales). Nach rund 35 Minuten legt die Fähre schließlich in **Manly** an.

»Sieben Meilen von Sydney, aber tausend Meilen von allen Sorgen entfernt«, so lautet eine Redewendung, die auf diesen Strandvorort, zugleich eines der beliebtesten Ausflugziele der Großstädter, anspielt. Gesund sehen die Menschen alle aus: sportlich, frisch und braun gebrannt. Dabei gab es eine Zeit, da Baden und Schwimmen bei Tag strengstens verboten waren – der Etikette wegen. Im Jahr 1902 wurde dieses Gesetz jedoch gebrochen. William H. Gocher hieß der Übeltäter, der sich am helllichten Tag in die Fluten stürzte. Er wurde zwar prompt verhaftet, aber seine mutige Tat führte dazu, dass man die prüden Badevorschriften lockerte.

Manly Beach, neben Bondi Beach das traditionsreichste Seebad im Großraum Sydney mit nostalgischem Flair, quillt an Sommerwochenenden von Ausflüglern über. Trotzdem lohnt sich ein Abstecher zum kilometerlangen, von Norfolk-Pinien gesäumten Sandstrand, der nur wenige Schritte vom Geschäftszentrum entfernt beginnt.

Im riesigen Meerwasseraquarium **Oceanworld,** etwas außerhalb an der West Espla-

Sydney und Umgebung

nade gelegen, kann man in die Unterwasserwelt Australiens abtauchen, ohne nass zu werden. 5 Mio. l Wasser fasst der Tank, in dem Hunderte von Fischarten Platz finden. Besucher können hier, einen Tunnel aus Acrylglas durchschreitend, Stachelrochen und Haie aus nächster Nähe beobachten. Auf Wagemutige wartet ein besonderer Nervenkitzel: ein 45-minütigen Tauchgang im Haibecken (Tel. 02-82 51 78 77, www.oceanworld.com.au, tgl. 10–17.30 Uhr, Erw. 24 A-$, Kinder 12 A-$, Familien 60 A-$).

An der Panoramastraße zur Landzunge North Head liegt die **Old Quarantine Station.** Vietnamesische *Boat People* waren 1984 die letzten ›Gäste‹ dieser 1832 an den Steilklippen außerhalb der Stadt errichteten Quarantänestation. Über 150 Jahre lang wurden wiederholt ganze Schiffsbesatzungen unter Quarantäne gestellt, um zu verhindern, dass Seuchen eingeschleppt wurden (Tel. 02-94 66 15 51, www.quarantinestation.com.au, Führungen tgl. 11 Uhr, Erw. 15 A-$, Kinder 10 A-$, Familien 40 A-$; ›Ghost Walk‹ Fr, Sa 19 Uhr, Erw. 36 A-$, Kinder 28 A-$, Familien 120 A-$).

In dem Naturpark am **North Head** kann man kurze Wanderungen durch Küstenbuschland unternehmen und dabei das Panorama über die Bucht hinweg zur Wolkenkratzer-Silhouette von Sydney genießen.

Northern Beaches

In Manly beginnen die schicken nördlichen Vororte, die allesamt über hauseigene Badestrände verfügen. Die ersten Ränge in dieser Strand-Hitparade belegen **Dee Why Beach** (Brandungsstrand für Wellenreiter), **Narrabeen Beach** (bewachter Badestrand mit Salzwasserpool, sehr beliebt bei Familien), **Newport Beach** (erstklassiger Sandstrand mit Surfclub und Pool), **Bilgola Beach** (kleiner Bade- und Surfstrand mit Seewasserschwimmbad), **Avalon Beach** (500 m langer, sehr schöner Brandungsstrand für Wellenreiter), **Whale Beach** (noch ein Paradestrand für Surfer) und **Palm Beach** (kilometerlanger, halbmondförmiger Traumstrand mit mehreren überwachten Abschnitten und einem Meerwasserpool). An Letzterem hat man die

Wahl zwischen der wilden Brandung des Pazifiks und den sanften Wellen des ruhigen Meeresarms Pitt Water.

Ku-ring-gai Chase National Park 🔢

Jenseits des bei Windsurfern und Seglern beliebten Pitt Water erstreckt sich der **Ku-ring-gai Chase National Park.** Das Reservat, das sich auf einem während der letzten Eiszeit von mächtigen Flüssen tief zerfurchten Sandsteinplateau ausbreitet, schützt nicht nur Tiere und Pflanzen, es ist auch ein beliebtes Naherholungsgebiet. Obwohl der Park gute Wandermöglichkeiten bietet, kommen die meisten Ausflügler wegen der vielfach mit Hainetzen gesicherten Badebuchten, oder um Bootsausflüge auf dem verästelten Delta des Hawkesbury River zu unternehmen. Darüber hinaus gibt es uralte Felskunstwerke der hier einst ansässigen Guringai-Aborigines zu entdecken. Gravierungen von Haien, Walen, Kängurus und Ameisenigeln sowie Abbildungen von Schöpferwesen finden sich am Basin Track (ca. 10 Min. zu Fuß vom Parkplatz an der West Head Road) und an der Echidna Aboriginal Engraving Site (West Head Road). Beim Kalkari Visitors Centre im Südteil des Nationalparks lädt ein Naturlehrpfad zu einem halbstündigen Spaziergang ein.

Infos

Sydney Visitor Centre: c/o The Rocks Centre, Argyle/Playfair Streets (The Rocks), Filiale in Darling Harbour (neben LG IMAX Cinema), Tel. 18 00-06 76 76, 02-82 73 00 00, www.sydneyvisitorcentre.com.au, tgl. 9.30–17.30 Uhr. Infos zu Sydney und Umgebung sowie zu allen touristisch bedeutsamen Regionen von New South Wales; Buchung von Hotels, Ausflügen, Mietwagen u. a.; Verkauf des See Sydney & Beyond Attractions Pass (s. S. 137). **Travellers Information Service:** Kingsford Smith Airport, Tel. 02-96 67 60 50, tgl. 6–23 Uhr. Hotelbuchung und Verkauf des See Sydney & Beyond Attractions Pass (s. S. 137). **National Parks & Wildlife Service:** 102 George St. (The Rocks), Tel. 13 00-36 19 67 und 02-92 53 46 00. 🔢

National Roads and Motorists Association Limited (NRMA): York/Margaret Streets (City), Tel. 1300-27 95 28, www.nrmatravel.com.au. Automobilclub.

Sydney im Internet: www.sydney.com, www.discoversydney.com.au, www.cityofsydney.nsw.gov.au, www.sydney.citysearch.com.au, www.thesydneymagazine.smh.com.au, www.bestrestaurants.com.au.

Übernachten

Cool gestyltes Boutiquehotel ▶ Blue Sydney 1: Finger Wharf 9, 6 Cowper Wharf Rd. (Woolloomooloo), Tel. 02-93 31 90 00, www.tajhotels.com/sydney. Viel Design, viel Charme, Top-Lage in vornehmer Wohngegend mit Blick auf Hafenbucht und Skyline. Die Zimmer sind minimalistisch-elegant ausgestaltet. Im gleichen Komplex, einer stilvoll restaurierten Werftanlage, gibt es mehrere extravagante Restaurants. DZ 525–995 A-$.

Luxus mit Blick auf die Oper ▶ Four Seasons 2: 199 George St. (City), Tel. 02-92 50 31 00, www.fourseasons.com/sydney. Wo heute die Fünf-Sterne-Hotel steht, darbten einst die Insassen von Australiens erstem Gefängnis. Berühmt ist das Four Seasons wegen seiner Aussicht auf Oper und Hafen – den besten Blick bieten die Zimmer mit der Endnummer 15. DZ City View 385–425 A-$, DZ Harbour View 420–755 A-$.

Ruhige Lage am Park ▶ Vibe Rushcutters 3: 100 Bayswater Rd. (Rushcutters Bay), Tel. 02-83 53 89 88, www.vibehotels.com.au. Wer in diesem modernen Boutiquehotel ein Zimmer zur Hafenseite gemietet hat, kommt in den Genuss eines *View with a Room.* Gourmetrestaurant, nette Frühstücksterrasse und beheizbarer Pool auf der Dachterrasse. Günstige Onlinebuchung! DZ 325–455 A-$.

Farbenfrohes Design ▶ Medusa 4: 267 Darlinghurst Rd. (Darlinghurst), Tel. 02-93 31 10 00, www.contemporaryhotels.com.au. Das Designer-Hotel in einer viktorianischen Stadtvilla nahe Darlinghursts ›Cappuccino Strip‹ bietet 18 minimalistisch-schick gestylte Zimmer, in denen Designermöbel und ungewöhnliche Farbakzente individuelle Noten setzen. DZ 310–420 A-$.

Tipp: The Hughenden

Englischer Country-Charme mitten in Sydney – diese koloniale Hotellegende verbindet Eleganz und Atmosphäre eines viktorianischen Herrenhauses mit den Annehmlichkeiten eines modernen Großstadthotels. Im Viertel der Galerien und Antiquitätenhändler gelegen, wirkt das mit erlesenen alten Möbeln bestückte Hughenden beinahe museal. Die Besitzerinnen, die Schwestern Elizabeth und Susan Gervay, haben ihr 35-Zimmer-Hotel zu einem Forum für junge Maler gemacht, die hier in Wechselausstellungen ihre Werke präsentieren. Hübsch und besonders ruhig sind die Suiten mit eigener Terrasse. Wer sich eine Übernachtung nicht leisten kann, sollte wenigstens einmal zum *High Tea* vorbeischauen, der sonntags zwischen 13 und 16 Uhr serviert wird. Übrigens: Paddington mit der Shoppingmeile Oxford Street und zahlreichen angesagten Nightspots liegt gleich um die Ecke, und zum Bondi Beach braucht man mit dem Bus gerade einmal 10 Minuten.

The Hughenden 7: 14 Queen St. (Woollahra), Tel. 02-93 63 48 63, www.thehughenden.com.au. DZ 186–294 A-$ (inkl. Frühstück).

Direkt am Bondi Beach ▶ Ravesi's 5: 118 Campbell Pde./Hall St. (Bondi Beach), Tel. 02-93 65 44 22, www.ravesis.com.au. Das oft ausgebuchte Hotel bietet 12 schnörkellos-elegant gestylte Zimmer; von den Balkons der Zimmer 5, 6 und 12 hat man ebenso wie von der Frühstücksterrasse im 1. Stock einen herrlichen Blick auf den Sonnenaufgang über dem Meer. Der Bilderbuchstrand von Bondi liegt vor der Haustür, aber Sydney ist mit dem Bus leicht erreichbar. DZ 260–485 A-$.

Koloniales Flair ▶ Harbour Rocks 6: 34–52 Harrington St. (The Rocks), Tel. 02-82 20 99 99, www.harbourrocks.com.au. Gemütliches Hotel in einem umfassend saniertem Kolonialgebäude mit 55 geschmackvollen Zimmern. Ideale Lage für Entdeckungstouren. Günstige Tarife bei Onlinebuchung. DZ 240–430 A-$.

127

Sydney und Umgebung

In Sydneys In-Viertel ▶ **Arts Hotel** **8** : 21 Oxford St. (Paddington), Tel. 02-93 61 02 11, www.artshotel.com.au. Modernes Haus im Herzen von ›Trendy Paddo‹, 64 zweckmäßig und gemütlich ausgestattete Zimmer, mit Pool im begrünten Innenhof. Besitzer Peter Sullivan gibt gerne Tipps zu Sightseeing, Shopping und Nightlife. DZ 185–295 A-$.

Gutes Preis-Leistungs-Verhältnis ▶ **Hotel Ibis Worlds Square** **9** : 382–384 Pitt St. (City), Tel. 02-82 67 31 11, www.ibishotel.com.au. Gewiss nicht der coolste Ort und von außen auch nicht unbedingt ein Schmuckstück, aber 166 gut ausgestattete Zimmer, opulentes Frühstücksbuffet und hinsichtlich der Lage kaum zu toppen. DZ 175–225 A-$.

Top-Lage ▶ **Park 8 Hotel Sydney** **10** : 185 Castlereagh/Park Streets (City), Tel. 02-92 83 24 88, www.8hotels.com. Modernes Hotel mitten in der City mit bester Verkehrsanbindung – idealer Ausgangspunkt für Stadterkundungen. 36 helle, geräumige Zimmer mit Kitchenette. DZ 170–220 A-$.

Nobel-Jugendherberge ▶ **Sydney Harbour YHA** **11** : 110 Cumberland St. (The Rocks), Tel. 02-82 72 09 00, www.yha.com.au. Ende 2009 eröffnete, bestens ausgestattete Jugendherberge im historischen Viertel mit großzügiger Lobby und Internetcenter. Von der Dachterrasse bietet sich ein herrlicher Blick auf den Hafen und das Opera House. DZ 155–180 A-$, im Mehrbettzimmer ab 47 A-$/Pers.

Wohlfühlpension ▶ **Hart's of Paddington** **12** : 91 Stewart St. (Paddington), Tel. 02-93 80 55 16, www.bbbook.com.au. Die heimelige Frühstückspension mit nur 4 Zimmern liegt in einer ruhigen Wohngegend 2 Gehminuten von der quirligen Oxford Street entfernt. Nach Meinung vieler Stammgäste serviert Kathrine Hart das beste Frühstück auf dem Fünften Kontinent. Im Haus besteht Rauchverbot. DZ mit Frühstück 150–170 A-$.

Viktorianisches Juwel ▶ **Victoria Court** **13** : 122 Victoria St. (Potts Point), Tel. 02-93 57 32 00, www.victoriacourt.com.au. Familiäre Pension in einem 1881 erbauten, umfassend renovierten Terrassenhaus mit nostalgischem Charme; ruhig gelegen, aber nur wenige Geh-

minuten zu den Zentren des Nachtlebens; reichhaltiges Frühstücksbuffet im üppig mit Tropengrün ausstaffierten Wintergarten. DZ mit Frühstück 145–215 A-$.

Luftig-helle Zimmer ▶ **Aarons Hotel** **14** : 37 Ultimo Rd. (Haymarket), Tel. 02-92 81 55 55, www.aaronssydney.com.au. Gemütliches, generalsaniertes Stadthotel mit freundlichen Zimmern (AC, Bad/WC). Chinatown, Darling Harbour und der Central Business District sind fußläufig zu erreichen. DZ 135–205 A-$.

Pub-Hotel ▶ **The Mercantile Hotel** **20** : 25 George St. (The Rocks), Tel. 02-92 47 35 70, www.themercantilehotel.com.au. Im viktorianischen Stil erbautes Haus im historischen Kern von Sydney mit 12 individuell gestalteten Zimmern (einige noch mit Etagenbad). Frühzeitig buchen! Von der irischen Molly Malone Bar im Erdgeschoss, wo es Guinness vom Fass gibt, ins Bett ist der Weg erfreulich kurz. DZ 130–170 A-$.

Für Budget-Reisende ▶ **Pensione Hotel** **15** : 631-635 George St. (Haymarket), Tel. 02-92 65 88 88, www.8hotels.com. Das originelle Hotel, das zwei Gebäude aus dem 19. Jh. belegt, ist ein Geheimtipp unter jugendlichen Reisenden auf Budget-Niveau. Die 72 Zimmer sind zwar sparsam möbliert und winzig, aber Lage und Preis sind nahezu unschlagbar. DZ ab 125 A-$.

Camping ▶ **Lakeside Holiday Park** **16** : Lake Park Road (North Narrabeen), Tel. 02-99 13 78 45, www.sydneylakeside.com.au. Großer, bestens ausgestatteter Platz in Strandnähe 25 km nördlich der City, große Auswahl an geräumigen Cabins, mit Fähre und Bus gut erreichbar.

Essen & Trinken

Klassiker ▶ **Rockpool** **1** : 107 George St. (The Rocks), Tel. 02-92 52 18 88, www.rockpool.com.au, Mo–Fr 11–14, 18–23, Sa 18–23 Uhr. Vornehmes Speiselokal, das schon seit gut 25 Jahren die Gastro-Kritiker begeistert. Das Motto von Besitzer Neil Perry lautet: »East meets west«. Seine Kreationen, unter denen Fischgerichte den Schwerpunkt bilden, sind eine Mischung aus klassischen asiatischen Rezepturen mit einem kräftigen

Schuss Italienisch-Französischem – das Resultat ist beste Crossover-Küche. 2-Gänge-Menü 145 A-$, 3-Gänge-Menü 165 A-$.

New Australian Cuisine ▶ Forty One 2: Level 42, The Chifley Tower, 2 Chifley Square (City), Tel. 02-92 21 25 00, www.webmenu. com.au, Di–Fr 12–14.30, Mo–Sa 18–24 Uhr. 42 Stockwerke über der Erde, in Tuchfühlung mit den Wolken und mit einer unvergleichlichen Aussicht – das Forty One im obersten Stock des Wolkenkratzers Chifley Tower bietet gehobene kulinarische Genüsse der modernen australischen Küche mit französischem und asiatischem Touch. 4-Gänge-Menü 130 A-$, 5-Gänge-Menü 140 A-$.

Edelitaliener ▶ Otto Ristorante 3: Area 8, Finger Wharf, 6 Cowper Wharf Rd. (Woolloomooloo), Tel. 02-93 68 74 88, www.otto.net. au, tgl. 12–15.30, 18–22.30 Uhr. Australische Zutaten auf italienisch-mediterrane Art zubereitet, z. B. gegrillter Barramundi mit Olivenöl oder Riesengarnelen mit Zucchini. Umfangreiche Weinkarte. Vorspeisen 20–29 A-$, Hauptgerichte 41–95 A-$.

Seafood-Institution ▶ Doyles on the Beach 4: 11 Marine Pde. (Watsons Bay), Tel. 02-93 37 20 07, www.doyles.com.au, Mo–Fr 12–15, 17.30–21, Sa, So 12–16, 17.30–21 Uhr. Traditionsreiches Seafood-Restaurant, unbedingt einen Platz auf der Terrasse reservieren. Eingekauft wird täglich frisch auf dem Sydney Fish Market, wo sich auch eine Dependance von Doyles befindet (Tel. 02-95 52 43 39, tgl. 11–15.30 Uhr). Ein weiterer Ableger liegt am Circular Quay West (Tel. 02-92 52 34 00, tgl. 11–23 Uhr). Stilvoll ist die Anfahrt mit der Hafenfähre. Vorspeisen 18,50–20,50 A-$, Hauptgerichte 35,50–95 A-$.

Mit Hafenblick ▶ Wolfie's Grill 24: 17–21 Circular Quay West (The Rocks), Tel. 1300-11 71 18, www.wolfiesgrill.com.au, tgl. 11–24 Uhr. Rustikales Lokal in einem kolonialen Backsteinhaus unter der Harbour Bridge, das mit exzellenter australischer Hausmannskost lockt, vor allem Steaks (auch Känguru!) und über Holzkohle gegrilltes Seafood. Als Dreingabe gibt es einen schönen Blick auf die Szenerie am Sydney Harbour. Hauptgerichte 35–49 A-$.

Kulinarische Weltreise ▶ King Street Wharf 5: Little St. (Darling Harbour), www.ksw.com. au, meist tgl. 11–23 Uhr. Die Uferpromenade schräg gegenüber von Darling Harbour ist eine einzige Schlemmermeile. Hier kann man einen kulinarischen Streifzug durch Küchen aus aller Welt machen, z. B. **Casa di Nico** (italienisch, Tel. 02-92 79 41 15), **I Thai** (thailändisch, Tel. 02-92 99 89 99), **Kobe Jones** (japanisch/kalifornisch, Tel. 02-92 99 52 90), **Steersons Steakhouse** (australisch, Tel. 02-92 79 22 25) oder **The Malaya** (südostasiatisch, Tel. 02-92 79 11 70). Mittleres bis gehobenes Preisniveau, Hauptgerichte 30–45 A-$.

Bei den Locals beliebt ▶ Blue Fish 6: 287 Harbourside Promenade (Darling Harbour), Tel. 02-92 11 03 15, www.bluefishsydney.com. au, tgl. 8–24 Uhr. Das bodenständige, v. a. von Einheimischen besuchte Seafood-Restaurant wurde mit dem ›Australia's Best Fish & Chips Award 2009‹ prämiert. Die Terrassenplätze sind besonders abends heiß begehrt, wenn die Lichter der Skyline über der Cockle Bay glitzern. Gerichte ab 19,90 A-$.

Panasiatische Küche ▶ Jimmy Liks 7: 186–188 Victoria St. (Potts Point), Tel. 02-83 54 14 00, www.jimmyliks.com, tgl. 17–24 Uhr. Spannende Melange verschiedener südostasiatischer Küchen – der Grundton ist thailändisch, die Zwischentöne sind malaysisch und vietnamesisch. Vorspeisen 4,50–13 A-$, Hauptgerichte 18–34 A-$.

Mediterrane Köstlichkeiten ▶ Macchiato 8: Pitt/Liverpool Streets (City), Tel. 02-92 62 95 25, www.macchiato.com.au, tgl. 7–24 Uhr. Beste Pasta und Pizza, Seafood und Steaks. Der Service ist ebenso flott wie freundlich. Gerichte 18–33 A-$.

Mit Livejazz-Begleitung ▶ Chinta Ria – Temple of Love 9: Level 2, Roof Terrace, Cockle Bay Wharf, 201 Sussex St. (Darling Park), Tel. 02-92 64 32 11, www.chintaria. com, Mo–Sa 12–14.30, 18–23, So 12–14.30, 18–22.30 Uhr. Malaysische Gerichte und gute Musik unter dem Motto »Hot Food & Cool Jazz«. Probiertipp: Sate Ayam – gegrillte Hühnerfleischspießchen mit würzig süßer Erdnusssauce. Fürs Dinner keine Tischreservierung! Gerichte 16,50–28,50 A-$.

Modern Chinese ▶ Billy Kwong `10`: 3/355 Crown St. (Surry Hills), Tel. 02-93 32 33 00, www.kyliekwong.org, Mo–Do 18–22, Fr, Sa 18–23, So 18–21.30 Uhr. Mit viel Fantasie verzaubert der kreative Kopf dieses kleinen, ungewöhnlichen Lokals, Australiens Fernsehkochstar Kylie Kwong, marktfrisches zu Gerichten, die von Gastrokritikern als Inbegriff der modernen chinesischen Küche gefeiert werden. Ein schönes Mitbringsel sind die von Kylie Kwong handsignierten Kochbücher. Vorspeisen 7–29 A-\$, Hauptgerichte 15–49 A-\$.

Frisch aus Neptuns Garten ▶ Sydney Fish Market `55`: Bank Street/Pyrmont Bridge Road, Blackwattle Bay (Pyrmont), Tel. 02-90 04 11 00, www.sydneyfishmarket.com.au, Mo–Fr 7–21, Sa, So 9–22 Uhr. Hier findet man Sushi-Bars und luftige Terrassenlokale mit fangfrischem Seafood, besonders stimmungsvoll geht es hier am Wochenende zu. Gerichte 15–30 A-\$.

Snack-Stop ▶ MCA Café `6`: Circular Quay West (The Rocks), Tel. 02-92 41 42 53, tgl. 10–16.30 Uhr. Das Café im Museum of Contemporary Arts bietet sich an für ein leichtes Mittagessen oder einen gepflegten Kaffee zwischen Altstadtbummel und Museumsbesuch. Von der Terrasse aus hat man die Szenerie am Circular Quay gut im Blick. Gerichte 12,50–29,50 A-\$.

Gut & günstig ▶ Dixon House Food Court `11`: Basement Dixon House, 80 Dixon/Little Hay Sts. (Chinatown), tgl. 10.30–20.30 Uhr. Mehrere Dutzend Essensstände mit einem bunten Querschnitt durch die Küchen Asiens. Dazu eine lebhafte Atmosphäre wie auf einem asiatischen Nachtmarkt. Unbedingt probieren: frisch gepressten Zuckerrohrsaft. Gerichte ab 7,50 A-\$.

Mit Kultstatus ▶ Harry's Café de Wheels `12`: Cowper Wharf Roadway (Woolloomooloo), Tel. 02-93 57 30 74, www.harryscafede wheels.com.au, tgl. 8–3 Uhr. Schon seit über 50 Jahren ist dieser urige Imbiss-Waggon eine kulinarische Institution der Stadt – hier gibt's zu Retro-Musik von den Beach Boys und Bee Gees die besten Meat Pies und Hot Dogs von Sydney. Gerichte 5,50–8,50 A-\$.

Einkaufen

Shoppingmeile ▶ Oxford Street `1`: Die interessanteste Shoppingmeile von Sydney im angesagten Stadtteil Paddington mit einer Vielzahl von Designershops, Trend-Boutiquen und individuellen Läden.

Märkte ▶ Paddington Markets `2`: Sydney's beliebtester Openair-Markt, s. S. 120. **Paddy's Market** `3`: Groundfloor, Market City, Hay/Thomas Streets (Haymarket), Mi–So 9–17 Uhr und Parramatta Road (Flemington), Fr 10–16.30, Sa 6–14, So 9–16.30 Uhr, Tel. 13 00-36 15 89, www.paddysmarkets.com.au. Beliebte Flohmärkte mit mehreren Hundert Ständen. **The Rocks Market** `19`: George St. (The Rocks), Tel. 02-92 40 87 17, www.the rocksmarket.com, Sa, So 10–18, Winter bis 17 Uhr. Überdachter Straßenmarkt für Kunst und Kunsthandwerk. **The Rocks Foodies Market,** Jack Mundey Place, Fr 10–16 Uhr. Gourmetmarkt mit regionalen Spezialitäten. **Bondi Beach Markets** `4`: Campbell Pde. (Bondi Beach), www.bondimarkets.com.au, So 10–16 Uhr. Zwischen Krimskrams findet man Designermode aus zweiter Hand und Klamotten mit Retro-Schick.

Nobelkaufhaus ▶ David Jones `5`: Elizabeth/Market Sts. (City), Tel. 02-92 66 55 44, www.davidjones.com.au, Mo–Mi 9.30–18, Do 9.30–21, Fr 9.30–19, Sa 9–18, So 10–18 Uhr. Traditonsreiches Edelkaufhaus mit einer eigenen Abteilung für Australiana.

Buchhandlung ▶ Berkelouw Booksellers `6`: 19 Oxford St. (Paddington), Tel. 1800-04 62 40, www.berkelouw.com.au, So–Do 9–22, Fr/Sa 9–23 Uhr. Bestens sortierter Buchladen mit angeschlossenem Literaturcafé.

Souvenirs ▶ The Rocks Centre `1`: Argyle/Playfair Streets (The Rocks), tgl. 9–19 Uhr. Australische Souvenirs und Kunsthandwerk der Aborigines.

Kunsthandwerk ▶ Object Gallery `7`: 417 Bourke St. (Surry Hills), Tel. 02-93 61 45 11, www.object.com.au, Di–Fr 11–17, Sa, So 10–17 Uhr. Das Zentrum für australisches Kunsthandwerk und Design gibt einen Überblick von Objektdesign bis Mode. **Gavala** `8`: Shop 131, Harbourside Shopping Centre (Darling Harbour), Tel. 02-92 12 72 32, tgl. 10–19 Uhr.

Die Galerie für Kunst und Kunsthandwerk der Ureinwohner im Besitz von Aborigines versteht sich als Cultural Education Centre: Künstler zeigen ihre Maltechnik und erläutern die Symbolik ihrer Bilder.

Opale ▶ **Australian Opal Cutters** 9 : 3rd Floor, 295–301 Pitt St. (City), Tel. 02-92 61 24 42, www.australianopalcutters.com, Mo–Fr 9–18, Sa 10–16 Uhr. Opale und Opalschmuck, steuerfreier Einkauf bei Vorlage von Reisepass und internationalem Flugschein. Angeschlossen sind eine Schleiferwerkstatt und ein kleines Museum.

Outlet-Shopping ▶ **Birkenhead Point Outlet Centre** 10 : Roseby St. (Drummoyne), Tel. 02-98 12 88 00, www.birkenheadpoint.com. au, Mo–Mi 10–17.30, Do 10–19.30, Fr 10–17.30, Sa 9–18, So 10–18 Uhr. Ugg Boots, Speedo, Jigsaw, Allanah Hill und andere australische Marken mit bis zu 70 % Rabatt. Anfahrt mit Hafenfähre ab Circular Quay Pier 5 oder Bus 515, M52 ab Circular Quay.

Weine ▶ **Australian Wine Centre** 11 : 1 Alfred St., Circular Quay (City), Tel. 02-92 47 27 55, www.australianwinecentre.com, Mo–Fr 9–19, Sa, So 10–16 Uhr. Eine Probierstube und ein Restaurant laden zum Verweilen ein, im angeschlossenen Shop findet man erlesene Flaschenweine aus allen australischen Anbaugebieten.

Handgemachte Kerzen ▶ **The Candle Factory** 21 : Metcalfe Arcade, 80–84 George St. (The Rocks), Tel. 02-92 41 33 65, www.the candlefactory.com.au, tgl. 9.30–17.30 Uhr. Handgemachte Kerzen von kunstvoll bis kitschig, z. B. in Form von Eisbechern, Tortenstücken, Totenköpfen oder Fußbällen. Die australische Tierwelt ist mit Koala-, Krokodil-, Platypus- und Spinnenkerzen vertreten.

Hüte und Mützen ▶ **Helen Kaminski** 2 : Shop 3, Four Seasons Hotel, Tel. 02-92 51 98 50, www.helenkaminski.com.au, Mo–Fr 9–19, Sa, So 9.30–19 Uhr. Bei Sydneys führender Designerin von teils ungewöhnlichen Kopfbedeckungen findet man mit Sicherheit ein originelles Souvenir.

Bekleidung ▶ **R. M. Williams** 12 : 389 George/King Streets (City), Tel. 02-92 62 22 28, www.rmwilliams.com.au, Mo–Mi 9–18, Do

9–21, Fr, Sa 9–17. Akubra-Hüte, Aussie Boots, Moleskin-Jeans, Driza-Bone-Regenmäntel und anderes Outback-Outfit. **Mambo** 13 : 80 Campbell Pde./Hall St. (Bondi Beach), Tel. 02-93 65 22 55, www.mambo.com.au, tgl. 9.30–18.30 Uhr. Die bunte, wild gemusterte Sports-, Swim- und Surfwear der australischen Kultmarke ist in Einkaufszentren in Sydney erhältlich, die Zentrale aber befindet sich direkt an Sydneys Paradestrand.

Abends & Nachts

Jeden Abend präsentieren Bühnen zeitgenössische, oftmals experimentelle australische und ausländische Dramen sowie Klassiker, gibt es Konzerte (internationaler) Rock- und Pop-Bands, Musicals, Kammermusik, Ballettaufführungen sowie Vernissagen in einer der unzähligen Galerien. Filmenthusiasten genießen in zahlreichen Kinos nicht nur die neuesten Hollywood-Kassenschlager, sondern auch anspruchsvolle Filmkunst jenseits des Mainstreams. Auf verschiedenen Bühnen zeigen Aboriginal-Tanztheater eine faszinierende Mischung aus traditionellen Tänzen der Ureinwohner und modernem Musical. Buchungen (auch aus Übersee) für alle großen kulturellen Veranstaltungen übernehmen **Ticketek** (Filialen Westfield Sydney City, Level 5, Shop 5006 A, Castlereagh St., City, und Theatre Royal, 108 King St., City, Tel. 13 28 49, www.ticketek.com.au, Mo–Fr 9–17, Sa 10–14 Uhr) und **Ticketmaster** (State Theatre, 49 Market St., City, Tel. 13 61 00, www.ticket master.com.au, Mo–Fr 9–17 Uhr). Ermäßigte Restkarten, meist für Abendvorstellungen am selben Tag, erhält man bei Lasttix (Tel. 1300-LASTTIX, www.lasttix.com.au) und Halftix (Tel. 1300-30 20 17, www.halftix.com.au).

Nightlife-Zentren sind Darlinghurst und Paddington mit jeweils Dutzenden Bars und Pubs, Diskotheken und Nightclubs. Treffpunkte von Gays und Lesben konzentrieren sich entlang der Oxford Street, die durch diese beiden Stadtteile verläuft. Bunt gemischt ist das Nightlife-Angebot in Kings Cross: Von gemütlichen Pubs bis zu eher schmuddeligen Sexclubs ist alles vertreten. Niveauvolle Nachtlokale gibt es im Nachbarviertel Woolloomooloo. Bodenständige Studentenkneipen finden sich vorwiegend in Balmain und Glebe. Im Altstadtviertel The Rocks genießt man in historischen Pubs z. T. selbst gebraute Biere. Ab dem späteren Freitagnachmittag verwandelt sich der Central Business District in ein Epizentrum brodelnden Nachtlebens, wenn honorige Geschäftsleute bei einer verlängerten Happy Hour mit reichlich Bier und Wein lautstark das Wochenende begrüßen.

Musiktheater und Ballett ▶ Sydney Opera House 27: Benelong Point, Circular Quay East (City), Tel. 02-92 50 77 77, www.sydney operahouse.com. Sitz der Australian Opera Company, auf dem Programm stehen aber auch Sprechtheater, Kammermusik, Musicals und Ballett. Kenner schwärmen von der hervorragenden Akustik, im Opernsaal ebenso wie in der Konzerthalle, der Heimspielstätte des Sydney Symphony Orchestra, www.syd neysymphony.com. Tickets 50–350 A-$.

Sprechtheater ▶ State Theatre 1: 49 Market St. (City), Tel. 02-93 73 66 55, www. state theatre.com.au. Theater- und Musicalpro-

Tipp: Unterhaltung gratis

Kostenlose Mittagskonzerte von Jazz über Pop bis Klassik gibt es unter der Woche in der Fußgängerzone **Martin Place.** Zur Mittagszeit erklingen auch die Orgeln in der **Sydney Town Hall** und in der benachbarten **St. Andrew's Cathedral** zu einem halbstündigen Konzert. Theater unter freiem Himmel, Straßenmusikanten, Gaukler und Zauberkünstler sorgen jeden Tag am **Circular Quay** und in **Darling Harbour** für Stimmung. Kostenlose Unterhaltung wird zudem sonn- und feiertags von 11 bis 16 Uhr an verschiedenen Plätzen in **The Rocks** und vor dem **Sydney Opera House** geboten. Viele Gratisveranstaltungen gibt es während des **Sydney Festival** im Januar; beliebt sind vor allem das ›Australia Day Concert‹ und die ›Opera in the Park‹ in The Domain, bei der die Mitglieder der Australian Opera Company Auszüge aus klassischen Opern zum Besten geben.

duktionen aus dem In- und Ausland in ›barockem‹ Ambiente. Tickets 60–180 A-$. **Sydney Theatre Company 17**: Pier 4, Hickson Road, Walsh Bay (Millers Point), Tel. 02-92 50 17 77, www.sydneytheatre.com.au. Etabliertes Ensemble, das sich einem Programm-Mix aus zeitgenössischen australischen und ausländischen Dramen sowie Klassikern verschrieben hat. Aufführungen auch im Dramatheater des Sydney Opera House. Tickets 60–140 A-$. **Belvoir Street Theatre 2**: 25 Belvoir St. (Surry Hills), Tel. 02-96 99 34 44, www.belvoir.com.au. Experimentierfreudige, alternative Bühne für freie Gruppen aus dem In- und Ausland. Tickets 45–80 A-$.

Tänze der Aborigines ▶ Bangarra Dance Theatre 3: Pier 4/5, Hickson Road, Walsh Bay (Millers Point), Tel. 02-92 51 53 33, www. bangarra.com.au. Auf diversen Bühnen präsentiert dieses Tanztheater eine faszinierende Mischung aus traditionellen Tänzen der Ureinwohner und modernem Musical.

Kino ▶ LG IMAX Theatre 4: Southern Promenade (Darling Harbour) Tel. 02-92 81 33 00, 13 16 20-12 55 (Programmauskunft), www. imax.com.au, So–Do 10–22, Fr, Sa 10–23 Uhr (wechselnde Vorstellungen, Beginn zur vollen Stunde). Ultimatives Kinoerlebnis in einem Filmpalast mit der angeblich größten Leinwand der Welt. Tickets: Erw. ab 22 A-$, Kinder ab 16,50 A-$, Familien ab 65 A-$. **Academy Twin Cinema 5**: 3A Oxford St. (Paddington), Tel. 02-93 61 44 53. Künstlerisch wertvolle Streifen aus aller Welt.

Livemusik ▶ Basement 6: 29 Reiby Place (Eingang 7 Macquarie Pl.), Circular Quay (City), Tel. 02-92 51 27 97, www.thebasement. com.au, tgl. 19–1 Uhr. Alteingesessener Jazzkeller, in dem auch renommierte Ensembles aus Übersee auftreten. **Excelsior Hotel 7**: 64 Foveaux St. (Surry Hills), Tel. 02-92 11 49 45, Mo–Mi, So 19–1, Do–Sa 20–3 Uhr. Tgl. Livemusik von Blues bis Folk, Di Jazz. **Sandringham Hotel 8**: 387 King St., (Newtown), Tel. 02-95 57 12 54, www.sando.com.au, Mo–Do, So 11–1, Fr, Sa 11–3 Uhr. Das Sandringham hat seit Jahren sein erfolgreiches Rezept nicht verändert: harter Rock, enge Tanzfläche, eiskaltes Bier.

Discos und Nachtclubs ▶ Home 9 : 101 Cockle Bay Wharf, Sussex St. (Darling Park), Tel. 02-92 66 06 00, www.homesydney.com, Fr–So 22.30–4 Uhr. Ein angesagter Riesentanztempel mit DJ- und Livemusik. **Kinsela's 10** : 383 Bourke St., Taylor Square (Darlinghurst), Tel. 02-93 31 31 00, www.kinselas.com.au, Mo–Do, So 19–1, Fr, Sa 20–4 Uhr. Schriller Nachtclub mit vielfältigem Unterhaltungsprogramm in einem ehemaligen Beerdigungsinstitut. **Minc Lounge 11** : 365 George/King Streets (City), Tel. 02-92 79 30 30, So–Do 18–1, Fr, Sa 18–3 Uhr. Nightclub und Lounge in den Tresorräumen einer ehemaligen Bank, viel Edelstahl und coole Atmosphäre. **Ruby Rabbit 12** : 231 Oxford St. (Darlinghurst), Tel. 02-93 26 00 44, Di–Sa 21–3 Uhr. Großer, bunt ausgeleuchteter Club mit exzellenten Sound- und Lichteffekten. **The Backroom 13** : 2A Roslyn St. (Kings Cross), Tel. 02-93 61 50 00, www.backroomsydney.com, Fr–So 21–4 Uhr. Kleiner Club mit großartigen DJs und jungem Publikum. Hier legt man meist schwarze Rhythmen auf: Soul, Funk und groovigen Underground House. **The Midnight Shift Hotel 14** : 85 Oxford St. (Darlinghurst), Tel. 02-93 58 38 48, www.themidnightshift.com.au, So–Do 21–2, Fr, Sa 21–4 Uhr. Schwulen- und Lesben-Club mit Techno-Sound und Lasershow.

Bars ▶ Blue Bar on 36 15 : 176 Cumberland St. (City), Tel. 02-92 50 60 00, www.shangri-la.com/sydney, tgl. 17–1 Uhr. Hippe Cocktailbar im 36. Stock des Shangri-La Hotel. Der Blick über Hafen und City ist atemberaubend – die Getränkepreise sind es auch. **Establishment 16** : 252 George St. (City), Tel. 02-92 40 31 00, www.merivale.com.au, Mo–Fr ab 11, Sa ab 18 Uhr bis spät. 12 Bars, drei Restaurants und einer der bekanntesten Nachtclubs der Stadt machen das Etablissement zum beliebten Treffpunkt für Nachtschwärmer. **Hugo's Bar Pizza 17** : 33 Bayswater Rd. (Kings Cross), Tel. 02-93 57 44 11, www.hugos.com.au, Di–Sa 17–2, So 15–2 Uhr. Eine der angesagtesten Bars in ›The Cross‹. Ab dem frühen Abend drängeln sich hier die Jungen und Schönen und anderes Trendvolk, um zu sehen, gesehen zu werden und zwi-

schendurch an einer der leckeren Pizzas zu knabbern. **Marble Bar 18** : Sydney Hilton, 259 Pitt St. (City), Tel. 02-92 66 20 00, www.marblebarsydney.com.au, Mo–Do 16–24, Fr, Sa 16–2, So 16–23 Uhr. Dauerbrenner seit 1893 – ein Tempel aus Spiegeln, Marmor und Walnussholz, vom australischen ›Playboy‹ wiederholt zur besten Bar des Landes gekürt. **The Victoria Room 19** : Level 1, 235 Victoria St. (Darlinghurst), Tel. 02-93 57 44 88, www.thevictoriaroom.com, Di–Fr 18–24, Sa 12–2, So 12–24 Uhr. Promi- und promillelastige Bar mit Reminiszenzen an das Shanghai der 1920er-Jahre. Das museale Inventar und die Atmosphäre erinnern an Szenen aus Romanen von Graham Greene. **The Watershed Hotel 20** : 198 Harbourside Promenade (Darling Harbour), Tel. 02-92 82 94 44, www.thewatershedhotel.com.au, tgl. 12–1 Uhr. Bar und Bistro, sehr schön zum Draußensitzen in warmen Sommernächten mit überwältigendem Blick auf das Lichtermeer der City.

Kneipen und Szenetreffs ▶ Bar Coluzzi 21 : 322 Victoria St. (Darlinghurst), Tel. 02-93 80 54 20, tgl. 4.45–19.30 Uhr. Ab den frühen Morgenstunden geöffnetes Szenelokal an Sydney ›Cappuccino Strip‹. **Friend in Hand Hotel 22** : 58 Cowper St. (Glebe), Tel. 02-96 60 23 26, www.friendinhand.com.au, So–Do 12–23, Fr, Sa 12–1 Uhr. In der urigen Kneipe werden am Mittwochabend ab 20 Uhr ›Krabbenrennen‹ ausgetragen. **Lord Nelson Hotel 13** : 19 Kent St. (Millers Point), Tel. 02-92 51 40 44, www.lordnelsonbrewery.com, So–Do 12–23, Fr, Sa 12–1 Uhr. Ältester Pub der Stadt mit eigener Minibrauerei, die sechs verschiedene, sehr süffige Biere produziert. **The Art House Hotel 23** : 275 Pitt St., City, Tel. 02-92 84 12 00, www.thearthousehotel.com.au, Mo–Do 11–1, Fr, Sa 11–3 Uhr. Das 1836 erbaute Pub-Hotel mit Restaurant, Bistro, Bar und Lounge ist ein Forum für junge australische Maler und Fotografen, die hier ihre Werke zeigen. **The Mercantile Hotel 20** : 25 George St. (The Rocks), Tel. 02-92 47 35 70, www.themercantilehotel.com.au, So–Do 11–24, Fr, Sa 11–1 Uhr. Inoffizielles irisches Kulturzentrum Sydneys mit Guinness vom Fass und irischem Folkrock am Wochenende.

Sydney und Umgebung

Aktiv

Stadttouren ▶ Die Guides von **The Rocks Walking Tours** [1] kommentieren die 90-minütigen Touren durch das Viertel auf unterhaltsame Art, Buchung in The Rocks Centre (s. S. 105) oder beim Veranstalter (Shop 4a, Clocktower Square, Harrington/Argyle Sts., Tel. 02-92 47 66 78, www.rockswalkingtours.com.au, tgl. 10.30, 13.30 Uhr, Erw. 35 A-$, Kinder 17,50 A-$, Familien 87,50 A-$). Spannend wird es zu nächtlicher Stunde bei den 2-stündigen **The Rocks Ghost Tours** [1], die beim Cadmans Cottage starten. Buchung in The Rocks Centre (s. S. 105) oder beim Veranstalter (Shop 121, Clocktower Square, Harrington/Argyle Sts., Tel. 02-92 41 12 83, www.ghosttours.com.au, April–Sept. tgl. 18.45 Uhr, Okt.–März tgl. 19.45 Uhr, Erw. 42 A-$, Jugendliche 33 A-$).

Radtouren und Radverleih ▶ Bonza Bike Tours [2]: 30 Harrington St. (The Rocks), Tel. 02-92 47 88 00, www.bonzabiketours.com. Mit dem Fahrrad durch Sydney zu fahren ist ein besonderes Erlebnis. Der Veranstalter Bonza Bike Tours organisiert die wohl interessantesten Stadtrundfahrten, z. B. halbtägige Rundtouren durch die Innenstadt (Erw.

119 A-$, Kinder 99 A-$, Familien 349 A-$), Harbour-Bridge-Touren durch die nördlichen Stadtteile (Erw. 149 A-$, Kinder 129 A-$, Familien 449 A-$), Manly-Beach-Touren (Erw. 149 A-$, Kinder 129 A-$, Familien 449 A-$). Alle Preise inkl. Getränke und ggf. Mittagessen. Die Teilnehmer werden von einem Reiseleiter begleitet und auf unterhaltsame Art mit geschichtlichen und kulturellen Informationen versorgt. Für individuelle Touren können auch Räder gemietet werden (halbtags 35 A-$, ganztags 50 A-$).

Hafenrundfahrten ▶ Sydneys traumhafte Lage genießt man am besten im Rahmen einer der Hafenrundfahrten, die ganzjährig von zahlreichen Unternehmen ab Circular Quay veranstaltet werden. Informationen über die unterschiedlichen Angebote (z. B. Luncheon, Cabaret Dinner, Twilight und Starlight Dinner Cruises) bekommt man an den Kiosken der Veranstalter am Circular Quay, Pier 6 oder auch bei **Australian Travel Specialists** [3] (Shop W1, Alfred St., Circular Quay vis-à-vis Pier 6, Tel. 1800-35 55 37, www.atstravel.com.au). Über 20 unterschiedliche Touren bietet **Captain Cook Cruises** [4] (Circular Quay, Pier 6, Tel. 02-92 06 11 11, www.captaincook.

Highlight des ›Gay and Lesbian Mardi Gras‹: die Parade entlang der Oxford Street

com.au), z. B. die 75-minütige Harbour High-lights Cruise (tgl. 9.30, 11, 12.45, 14.30, 16, 18, 19.30 Uhr, Erw. 32 A-$, Kinder 16 A-$, Familien 66 A-$). In die koloniale Vergangen-heit zurückversetzt fühlt man sich bei einer Kreuzfahrt auf einem alten Segelschiff der **Tall Ship Harbour Cruises** 5 (Circular Quay East, Tel. 13 00-66 44 10, www.sydneytall shipscom.au, z. B. Family Pirate Lunch Cruise, tgl. 11–13 Uhr, Erw. 99 A-$, Kinder 45 A-$, Familien 243 A-$). Bei den rasanten, bis zu 80 km/h schnellen Jetboot-Fahrten von **Ozjet Boating** 6 (Circular Quay East, Tel. 02-98 08 37 00, www.ozjetboating.com, Erw. 75 A-$, Kinder 45 A-$, Familien 195 A-$/30 Min.) durch den wohl schönsten Hafen der Welt stockt den Passagieren schon mal der Atem.

Hubschrauber-Rundflüge ▶ **Sydney Heli Tours** 7: 472 Ross Smith Ave. (Mascot), Tel. 02-93 17 34 02, www.sydneyhelitours. au. 20- bis 30-minütige Hubschrauber-Rund-flüge über den Sydney Harbour mit atembe-raubenden Aussichten auf das Opera House und die Harbour Bridge (ab 209 A-$).

Kajaktouren ▶ **Sydney Harbour Kayaks** 8: Spit Road, Spit Bridge (Mosman), Tel. 02-99 60 43 89, www.sydneyharbourkayaks. com. Im Kajak durch den schönsten Hafen der Welt, solo oder im Rahmen einer 3-stündigen geführten Tour (99 A-$).

Klettern und Abseilen ▶ **BridgeClimb** 9: 3 Cumberland St. (The Rocks), Tel. 02-82 74 77 77, www.bridgeclimb.com. 3-stündige Kletterpartie in Gruppen von 10–12 Pers. über die Sydney Harbour Bridge. Auch für Kinder (ab 12 Jahre) und Senioren zu bewältigen. Besonders spektakulär ist der nächtliche Auf-stieg, wenn die City-Skyline im Lichterschein funkelt. Die Touren sind auf Wochen ausge-bucht, daher vor Reiseantritt reservieren! Fo-toapparate und andere persönliche Gegen-stände dürfen aus Sicherheitsgründen nicht mitgenommen werden (Febr.–Nov. Erw. ab 198 A-$, Kinder ab 148 A-$, Dez./Jan. Erw. ab 228 A-$, Kinder ab 158 A-$). **Sydney Tower Skywalk** 46: 100 Market St. (City), Tel. 02-93 33 92 88, www.sydneytower.com.au, tgl. 9–20.30, Sa bis 21.30 Uhr. 45-minütige Kletterpartie am Sicherungsseil 268 m über

dem Erdboden mit atemberaubendem Blick über ganz Sydney (Erw. 69 A-$, Kinder ab 8 Jahre 45 A-$).

Surfen ▶ Es gibt kaum einen besseren Ort als Australien, um diesen Sport zu erlernen. Für Anfänger werden an ungefährlichen Ab-schnitten der Strände von Bondi und Manly zahlreiche Kurse angeboten (Anfängerkurs 3 x 2 Std. ab 215 A-$). Boards verleihen u. a. **Let's go surfing** 10 (128 Ramsgate Ave., North Bondi, Tel. 02-93 65 18 00, www.letsgo surfing.com.au) und **Manly Surf School** 11 (42 Pittwater Rd., Manly, Tel. 02-99 32 70 00, www.manlysurfschool.com).

Freizeitpark ▶ **Luna Park** 12: Alfred South Street, Milsons Point (North Sydney), Tel. 02-90 33 76 76, www.lunaparksydney.com, Mo 11–18, Fr, Sa 11–23, So 10–18 Uhr, Weih-nachts- und Sommerferien So–Do 10–21, Fr, Sa 10–23 Uhr, Herbst-, Winter- und Frühlings-ferien So–Do 10–18, Fr, Sa 10–23 Uhr. Mit Achterbahn, Riesenrad etc. am Sydney Har-bour; der Eintrittspreis bemisst sich nach Kör-pergröße: ab 130 cm/44,95 A-$, 106–129 cm/ 34,95 A-$, 85–106 cm/24,95 A-$, Anfahrt mit der Hafenfähre ab Circular Quay Pier 4, Hal-testelle Milsons Point.

Termine

Sydney Festival (Jan.): 2-wöchiges Kunst- und Kulturfestival mit Konzerten, Openair-Veranstaltungen etc.

Chinese New Year (Jan./Febr.): Chinesi-sches Neujahrsfest mit Drachenumzügen, Feuerwerken u. a.

Gay and Lesbian Mardi Gras (Anfang März): Lesben- und Schwulenfest – Höhepunkt und Abschluss des vierwöchigen Spektakels ist eine Parade in schrillen Kostümen entlang der Oxford Street in Darlinghurst und Pad-dington. Infos unter www.mardigras.org.au.

Royal Easter Show (Ostern): Landwirtschafts-ausstellung mit vielfältigem Begleitprogramm.

Sydney Cup (Ostern): Pferderennen.

Biennale of Sydney (Mitte März–Mitte Juni in geradzahligen Jahren): Größtes Event für zeitgenössische Kunst in Australien.

Vivid Sydney (Ende Mai–Mitte Juni): Spekta-kuläres Lichterfestival.

Sydney und Umgebung

Sydney International Film Festival (Juni).
City to Surf Run (2. So im Aug.): 40 000 bis 50 000 Menschen joggen 14 km von der William Street zum Bondi Beach.
Festival of the Winds (2. So im Sept.): Drachenwettkampf am Bondi Beach.
Sculpture by the Sea (Okt./Nov.): Künstler aus aller Welt zeigen drei Wochen lang entlang dem Küstenweg zwischen Bondi Beach und Tamarama Beach ihre Werke (Eintritt frei).
Sydney-Hobart-Regatta (29. Dez.–2. Jan.): Prestigeträchtige Segelregatta.
New Year's Eve (31. Dez.): Große Openair-Party mit Feuerwerk über dem Hafen.

Verkehr

Flüge: Der internationale Kingsford Smith Airport liegt 9 km südl. der City (Tel. 02-96 69 51 11, www.sydneyairport.com.au). Vom Flughafen zur Central Railway Station verkehrt der Expresszug Airport Link (tgl. 5–24 Uhr alle 10–15 Min., Fahrzeit 15. Min., Tel. 02-83 37 84 17, www.airportlink.com.au, Erw. 17,20 A-$, Kinder 12,90 A-$). Nicht viel teurer als die Bahn sind private Tür-zu-Tür Airport Shuttle-Busse, die man bereits von zu Hause buchen kann, z. B. AAC Airport Express (Tel. 02-47 31 69 06, www.airportexpress.com.au). Für ein Taxi zahlt man 50–60 A-$.
Züge: Fernzüge in alle Richtungen starten ab der Central Railway Station, Eddy Avenue. Auskunft und Buchung: CountryLink Travel Centre, Central Station, Tel. 13 22 32.
Busse: Überlandbusse starten ab dem Sydney Coach Terminal, Eddy Ave./Pitt St. Auskunft und Buchung: Tel. 02-92 81 93 66, www.sydneycoachterminal.com.au.
Mietwagen: Eine große Auswahl an Fahrzeugen jeder Art haben Avis, Tel. 13 63 33; Budget, Tel. 13 27 27; Hertz, Tel. 02-96 69 24 44. Alle Firmen haben Filialen am Flughafen. Günstige Tarife bietet Bayswater Car Rental, 180 William St. (Kings Cross), Tel. 02-93 60 36 22, www.bayswatercarrental.com.au.

Fortbewegung in der Stadt

An den drei Infoschaltern von State Transit (dem Betreiber aller öffentlichen Verkehrsmittel) am Circular Quay erhält man Fahrpläne und Übersichtskarten sowie Hinweise auf günstige Tarife. Der **Bus InfoKiosk** befindet sich an der Ecke Alfred und Loftus Streets (gegenüber Circular Quay), das **City Rail Information Centre** gegenüber Pier 5 und das **Sydney Ferries Info Centre** am Pier 4. Auskunft (Public Transport InfoLine) für alle öffentlichen Verkehrsmittel: Tel. 13 15 00 (tgl. 6–22 Uhr), www.transportnsw.info.
Kombitickets: Wer Sydney mit öffentlichen Verkehrsmitteln erkunden will, sollte sich den **MyMulti DayPass** oder bei längeren Aufenthalten den **MyMulti Weekly Pass,** den es in drei Versionen gibt, kaufen. Mit diesen Kombitickets kann man alle städtischen Buslinien sowie Fährdienste 1 bzw. 7 Tage lang nutzen. Im Preis inbegriffen sind außerdem unbegrenztes Fahren mit der CityRail (gesamtes Netz), dem Airport Link und der Metro Light Rail. Nicht eingeschlossen sind Fahrten mit privaten Bus- und Fähranbietern sowie Jetcat nach Manly und Rivercat nach Parramatta. Der MyMulti DayPass kostet für Erw. 23 A-$, für Kinder 11,50 A-$, der MyMulti Weekly Pass je nach Version 46, 54, 63 A-$ bzw. 23, 27, 31,50 A-$. Erhältlich sind die Kombitickets u. a. beim Travellers Information Service am Kingsford Smith Airport sowie am Bus InfoKiosk und Sydney Ferries Info Centre am Circular Quay.
Busse: Sydneys Stadtlinienbusse sind zuverlässig und sicher. Ergänzt wird das dichte Busnetz durch zwei private Sightseeing-Linien (s. u.). Auf der Route Central Station, George St., Circular Quay, Elizabeth St. verkehrt der **kostenlose Bus 555** im 10-Min.-Takt (Mo–Mi, Fr 9.30–15.30, Do 9.30–21, Sa, So, Fei 9.30–18 Uhr). Der **Sydney Explorer** (rot) verkehrt tgl. 8.30–19.30 Uhr auf einem 26 km langen Rundkurs in Abständen von 20 Min.; Abfahrt: Circular Quay, an 26 Haltepunkten in der Stadt kann man mit einer Tageskarte die Fahrt beliebig oft unterbrechen. Das Gleiche gilt für den **Bondi and Bay Explorer** (blau), der tgl. 9.30–18.30 Uhr in Abständen von 30 Min. vom Circular Quay über Kings Cross, Double Ray, Vaucluse und Watsons Bay zum Bondi Beach fährt und auf dem Rückweg in Coogee Beach, Randwick

und Paddington hält (insgesamt 19 Stopps entlang der Strecke). Die Haltestellen beider Linien sind mit roten bzw. blauen Schildern markiert. Die für beide Busse gültigen Tickets sind im Fahrzeug selbst bei den Busfahrern erhältlich: One Day Combined Ticket Erw. 40 A-$, Kinder 25 A-$, Familien 110 A-$; Two Day Combined Ticket Erw. 60 A-$, Kinder 40 A-$, Familien 170 A-$. Weitere Informationen: www.theaustralianexplorer.com.au.

Züge: Das engmaschige Netz von CityRail erstreckt sich nördlich bis Newcastle, südlich bis Nowra und westlich bis Lithgow jenseits der Blue Mountains. Alle Vorortzüge starten ab Circular Quay. Im Bereich der citynahen Stadtteile sind – vor allem während der Rush Hour – die Doppeldecker-Züge meist deutlich schneller als Busse. Es gibt acht farblich gekennzeichnete Hauptrouten. Unterirdisch verläuft der City Circle, die wichtigste Linie im Zentrum mit den Stationen Central, Town Hall, Wynyard, Circular Quay, Martin Place, St. James und Museum. Die Straßenbahn **Metro Light Rail** fährt von der Central Railway Station über Chinatown und Darling Harbour zum Sydney Fishmarket (tgl. 24 Std., tagsüber alle 10–15 Min., nachts alle 30 Min.) und weiter über Wentworth Park zu den inneren westlichen Vororten Glebe und Lilyfield (tgl. 6–23 Uhr, tagsüber alle 10–15 Min., nachts alle 30 Min.). Tickets sind in der Straßenbahn erhältlich: Einzelticket ab 3,60 A-$, Day Pass Erw. 9,20 A-$, Kinder 6,20 A-$, Familien 21 A-$, kostenlos mit MyMulti Pass (s. S. 136). Informationen: Tel. 02-85 84 52 88, www.transport.nsw.gov.au/lightrail.

Fähren: Zentrale Anlegestelle der Fähren ist der Circular Quay. Die Hafenfähren verkehren tgl. 6–24 Uhr, die Tragflügelboote (Hydrofoils) nach Manly 6.30–19 Uhr.

Taxis: Entweder auf der Straße heranwinken oder telefonisch bestellen, z. B. Legion Cabs, Tel. 13 14 51; Premier Cabs, Tel. 13 10 17; RSL Cabs, Tel. 13 22 11. Für individuelle Ausflüge im Sydney Harbour kann man **Wassertaxis** chartern; sinnvoll ist eine telefonische Reservierung, z. B. bei Harbour Taxis, Tel. 02-95 55 11 55; Taxis Afloat, Tel. 02-95 55 32 22; Yellow Water Taxis, Tel. 02-92 11 77 30.

Mit dem eigenen Fahrzeug: Wegen des hohen Verkehrsaufkommens und sündhaft teurer Parkplätze sollte man nicht mit dem Mietwagen in die City fahren. Sydney lässt sich gut zu Fuß oder mit öffentlichen Verkehrsmitteln erkunden. Wer dennoch mit einem Auto in die City fährt, muss an Harbour Bridge oder Tunnel 2,50–4 A-$ Maut zahlen. Dies ist allerdings nur noch mit E-Maut möglich, d. h. man muss sich online registrieren oder vor Ort einen Aufkleber besorgen. Für die meisten Touristen ist der Short Term Tag die beste Lösung (5 A-$/Woche plus Maut). Der Aufkleber kommt an die Windschutzscheibe und wird von Scannern erfasst. Mittels eines sogenannten E-Pass oder E-Tag muss man auch für den Sydney Harbour Tunnel und die mautpflichtigen Stadtautobahnen M1, M4 und M7 bezahlen. An anderen mautpflichtigen Stadtautobahnen kann man die Gebühren weiterhin bar entrichten (Infos: www.rta.nsw.gov.au, Stichwort ›Using NSW Roads‹). Das auch für Wohnmobile geeignete Parkhaus beim Overseas Passenger Terminal am Circular Quay West kostet für 24 Std. 65 A-$ (Mo–Fr) bzw. 30 A-$ (Sa, So).

Tipp: See Sydney & Beyond Attractions Pass

Der Pass berechtigt innerhalb eines festgelegten Zeitraums zur kostenfreien Benutzung der öffentlichen Verkehrsmittel und gewährt freien Eintritt zu über 40 Attraktionen in und um Sydney und in den Blue Mountains (u. a. Sydney Aquarium, Sydney Wildlife World, Sydney Tower). Erhältlich ist er in den Sydney Visitor Centres in The Rocks und Darling Harbour oder online unter www.seesydney card.com zu folgenden Preisen: Zweitageskarte Erw. 229 A-$, Kinder 145 A-$, Dreitageskarte Erw. 312 A-$, Kinder 195 A-$, Siebentageskarte Erw. 355 A-$, Kinder 215 A-$. Preise ohne Verkehrsmittel: Zweitageskarte Erw. 175 A-$, Kinder 109 A-$, Dreitageskarte Erw. 219 A-$, Kinder 149 A-$, Siebentageskarte Erw. 289 A-$, Kinder 185 A-$.

Eine Rundfahrt, für die man zwei oder drei Tage einplanen sollte, führt von Sydney nach Westen, wo die Blue Mountains unvermittelt aus der Küstenebene emporragen. Die gut 500 km lange Route berührt zudem geschichtsträchtige Städte wie Parramatta und Windsor mit architektonischen Relikten aus den Anfängen der Kolonie.

Von Sydney in die Blue Mountains ▶ 1, U 15

Karte: S. 142

Parramatta 1

Auf dem Weg von Sydney in die Blue Mountains lohnt ein Stopp in **Parramatta,** das 1788 nach Sydney als zweite europäische Siedlung auf dem Kontinent gegründet wurde. Zu den schmuck restaurierten Kolonialbauten, die man auf einem etwa zweistündigen Rundgang kennenlernt, zählen das in den 1830er-Jahren errichtete **Roseneath House** (O'Connell St., Tel. 02-96 89 19 14, Di–Do 10–16, So, Fei 11–16 Uhr, Erw. 8 A-$, Kinder 4 A-$, Familien 17 A-$), die anglikanische **St. Johns Cathedral** von 1820 (Tel. 02-96 35 59 04, Do, Fr 10–14 Uhr), das 1799–1815 erbaute **Old Government House** (Tel. 02-96 35 81 49, Di–Fr 10–16.30, Sa, So, Fei 10.30–16.30 Uhr, Erw. 8 A-$, Kinder 4 A-$, Familien 17 A-$) und das 1885 im englischen Tudor-Stil errichtete **Parramatta Gate House** (Di–Do 10–16, So, Fei 11–16 Uhr, Eintritt frei).

Die 1793 gegründete **Elizabeth Farm** war einst Wohnsitz von John Macarthur, der die ersten Merino-Schafe ins Land einführte und damit einen bis heute lukrativen Wirtschaftszweig begründete: die Wollindustrie (70 Alice St., Rosehill, Tel. 02-96 35 94 88, www.hht.net.au, Sa, So, Fei 10.30–15.30, Jan. und Schulferien tgl. 9.30–16 Uhr, Erw. 8 A-$, Kinder 4 A-$. Familien 17 A-$).

Infos

Parramatta Visitors Information Centre: 346A Church St., Tel. 13 00-88 97 14, www.discoverparramatta.com.au, tgl. 9–17 Uhr.

Cabramatta 2

Das südwestlich von Parramatta gelegene **Cabramatta** ist der Dreh- und Angelpunkt asiatischen Lebens in Sydney. Beim Bummel durch diesen Vorort mit seinem exotischen Lebensmittelangebot und asiatischen Sprachengewirr wähnt man sich für einen Moment in Hanoi oder Ho Chi Minh City. Weil hier seit Mitte der 1970er-Jahre Flüchtlinge aus Indochina eine zweite Heimat fanden, wird der Stadtteil auch ›Vietnamatta‹ genannt.

Blue Mountains National Park ▶ 1, U 15

Karte: S. 142

Westlich von Penrith, wo man 1987 prähistorische, 45 000 Jahre alte Steinwerkzeuge fand, windet sich der Great Western Highway hinauf zu den Blue Mountains. Ein Vierteljahrhundert lang hatte diese bis zu 1200 m hohe, von tiefen Schluchten durchfurchte Gebirgsbarriere eine weitere Ausdehnung der Kolonie nach Westen verhindert. Erst nachdem die drei Pioniere Gregory Blaxland, William Lawson und Charles Wentworth 1813 ci nen Weg durch die Bergwelt entdeckt hatten, wurden die Weidegründe westlich davon erreichbar und die Versorgung der Siedlung am Port Jackson gesichert. Heute steht ein Großteil der Blue Mountains in einem Nationalpark unter Schutz – mit seinen Sandsteinfelsen, Wasserfällen, Canyons, Eukalyptuswäldern und zahlreichen Aussichtspunkten einer der schönsten des Landes. Auf Pfaden kann man kürzere Spaziergänge oder mehrtägige Wanderungen mit Expeditionscharakter unternehmen. Nähert man sich den Blue Mountains an einem heißen Sommertag, so erlebt man ein ›blaues Wunder‹. Die von unzähligen Eukalyptusbäumen in die Atmosphäre abgesonderten ätherischen Öle bilden dann einen bläulichen Dunstschleier, der über den Bergwäldern hängt und der Region ihren Namen gab. 2001 wurde der Blue Mountains National Park zusammen mit den benachbarten Kanangra-Boyd National Park und Wollemi National Park von der UNESCO als **Greater Blue Mountains World Heritage Area** zum Weltnaturerbe erklärt.

Glenbrook 3

Glenbrook an den östlichen Ausläufern der Blue Mountains ist Ausgangspunkt für Erkundungen des noch wenig erschlossenen Südteils des Nationalparks. Im Visitor Information Centre (s. u.) geben Ranger Tipps zu Wanderungen. Relativ einfach sind die Touren zur **Glenbrook Gorge** (hin und zurück 1 Std.) und zum **Jelly Bean Pool** (hin und zurück 1 Std.), etwas anspruchsvoller die zur **Red Hands Cave** mit Aboriginal-Felsmalereien (Rundweg 8 km/3 Std.).

Infos

Blue Mountains Visitor Information Centre: Great Western Highway, Tel. 13 00-65 34 08, Mo–Sa 8.30–16, So 8.30–15 Uhr.

Faulconbridge 4

In **Faulconbridge** lebte der Maler, Bildhauer und Autor Norman Lindsay (1879–1969), einer der angesehensten Künstler des Landes. Viele Straßen im Ort sind nach Figuren aus seinen Büchern benannt. Sein Wohnhaus dient heute als Museum, in dem zahlreiche seiner Werke ausgestellt sind (Norman Lindsay Gallery and Museum, 14 Norman Lindsay Crescent, Tel. 02-47 51 10 67, www.norman lindsay.com.au, tgl. 10–16 Uhr, Erw. 30 A-$, Kinder 15 A-$).

Wentworth Falls 5

Etwas südlich des kleinen Orts **Wentworth Falls** stürzen die nach ihrem Entdecker William Charles Wentworth benannten Wasserfälle in eine 300 m tiefe Schlucht. Der beste Blick auf das Spektakel bietet sich vom Princes Rock Lookout (15 Min. vom Parkplatz). Der Wentworth Pass Track führt, teils auf dem Klippenrand, teils im Talgrund verlaufend, zu den Empress Falls, wo man in einem Felsenpool baden kann (s. Aktiv unterwegs S. 140). Eindrucksvolle Bergpanoramen genießt man bei den Wanderungen Princes Rock Undercliff Walk (Rundweg 2,5 Std.) und Valley of the Waters Nature Track (Rundweg 3 Std.).

Leura 6

In Kaskaden donnern die Gordon Falls und die Leura Falls nahe **Leura** zu Tal. Am Sublime Point kann man vor dem Panorama des sich öffnenden Jamison Valley picknicken. Eine überbordende Farbenpracht entfaltet sich in den von Pfaden bevölkerten **Everglades Gardens** am Rande des Bergstädtchens (Tel. 02-47 84 19 38, www.everglades.org.au, tgl. 10–17 Uhr, Erw. 10 A-$, Kinder 4 A-$).

Von Leura führt die kurvige Cliff Drive, eine Straße mit fantastischen Ausblicken, nach Katoomba. Stopps lohnen sich bei den Aussichtspunkten Cahills Lookout, Narrow Neck Lookout und Hildas Lookout.

Übernachten

Nostalgischer Charme ▶ Megalong Manor: 151 Megalong St., Tel. 02-47 84 14 61, www.megalongmanor.com. Eine ganz besondere Atmosphäre umfängt die Gäste dieses romantischen und eleganten B & B in einem viktorianischen Kolonialhaus. Trotz Renovierung hat das Megalong Manor den Charme früherer Jahre bewahrt – mit viel Stuck, alten Lampen und schönem Originalmobiliar. Nachmittags werden auf der Veranda Tee und Gebäck serviert. DZ ab 190 A-$.

aktiv unterwegs

Klippenwanderung zu den Wentworth Falls

Tour-Infos

Start: Conservation Hut, Wentworth Falls
Länge: 5 km
Dauer: 3–4 Std.
Schwierigkeitsgrad: anspruchsvoll

Diese nicht ohne Grund sehr beliebte Wanderroute verbindet Panoramaaussichten von den Klippen der Blue Mountains mit den imposanten Wentworth Falls. Sie beginnt an der Conservation Hut an der Ecke Valley Road und Fletcher Street in Wentworth Falls. Von dort nimmt man den ausgeschilderten Pfad

in Richtung Valley of the Waters. Nach etwa 10 Min. ist der **Queen Victoria Lookout** mit schönem Ausblick auf das Tal erreicht. Kurz darauf rückt der **Empress Lookout** das Naturschauspiel der **Empress Falls** in den Blick. Steile Metalltreppen führen nach unten, an den Fuß der Fälle gelangt man auf der National Pass Route. Bei der Abzweigung zu den Vera Falls hält man sich links und folgt weiter der National Pass Route. Wer die Wanderung verlängern möchte, kann von hier aus in ca. 2,5–3 Std. zu den **Vera Falls** und wieder zurück laufen, eine etwas anspruchsvollere, aber sehr schöne Wanderung.

Der folgende Abschnitt der National Pass Route gehört zu den spektakulärsten der Wanderung. Der Weg verläuft durch farbenprächtige Sandsteinfelsen, nach unten eröffnen sich sagenhafte Blicke auf das Jamison Valley. Nach 45 Min. ist die Abzweigung zu den **Slacks Stairs** erreicht. Steile Metalltreppen führen hinunter zu einem idyllischen natürlichen Pool mit kleinem Sandstrand am unteren Ende der **Lower Wentworth Falls,** wo man ein erfrischendes Bad nehmen kann. Der anschließende Aufstieg zurück zur Hauptroute setzt allerdings körperliche Fitness voraus. Zurück auf der National Pass Route sind nach ein paar Hundert Metern die **Upper Wentworth Falls** erreicht. Ein ziemlich steiler, aber relativ kurzer Anstieg führt zum oberen Ende der Wasserfälle.

Nun folgt man dem Overcliff-Undercliff Track. Auf den letzten Kilometern zurück zur Conservation Hut führen immer wieder kurze Abstecher zu lohnenden Aussichtspunkten. Nach einem letzten Blick vom **Lyrebird Lookout** auf das Tal gelangt man in einem zehnminütigen steilen Anstieg zur Conservation Hut zurück.   *Corinna Melville*

An den Wentworth Falls kontrastiert saftiges Grün mit rotem Sandstein

Koloniales Flair ▶ **Leura House:** 7 Britain St., Tel. 02-47 84 20 35, www.leurahouse. com.au. In dem familiären Kolonialhotel mit 11 behaglich möblierten Zimmern fühlen sich nicht nur Nostalgiker wohl. DZ 130–180 A-$.
Camping ▶ **Leura Village Caravan Park:** Great Western Highway/The Mall, Tel. 02-47 84 15 52. Gut ausgestattet, viele geräumige Cabins, schöne Lage.

Essen & Trinken

Dinner with a View ▶ **Solitary:** 90 Cliff Dr., Leura Falls, Tel. 02-47 82 11 64, www.solitary. com.au, Mi–So 10.30–16.30, Fr, Sa zusätzlich 18.30–22.30 Uhr. New Australian Cuisine mit französischem und italienischem Einschlag in einem Kolonialgebäude mit Blick auf das Jamison Valley. Vorspeisen 16–19 A-$, Hauptgerichte 29–36 A-$.

Termine

Leura Gardens Festival (Okt.): Blumenfest mit kulturellem Beiprogramm.

Katoomba 7

Katoomba, das 1017 m hoch gelegene touristische Zentrum der Blue Mountains, diente bereits im 19. Jh. betuchten Bürgern aus Sydney als Sommerfrische. Vom frühen Tourismus zeugen in dem charmanten Städtchen noch stattliche Kolonialhäuser und weitläufige Parks sowie an der Hauptstraße einige schöne Art-déco-Gebäude, z. B. das denkmalgeschützte Paragon Café (tgl. 8–18 Uhr).

Vor allem während der Sommermonate, wenn die Sydneysiders unter Temperaturen von bis zu 40 °C stöhnen, zieht es Tausende von Besuchern in die bequem per Auto, Bus oder Bahn erreichbare Gebirgsstadt mit frischer Höhenluft. An manchen Tagen stauen sich schon am frühen Vormittag die Ausflugsbusse am Echo Point, von wo man die **Three Sisters** bewundern kann (s. Abb. S. 146/147). Ruhiger wird es meist am späteren Nachmittag. Dann setzt auch die tief stehende Sonne die meistfotografierte Felsformation der Region ins rechte Licht. Der Legende nach handelt es sich bei den Riesenfelsnadeln um drei verzauberte Schwestern, die von ihrem Vater

zur Strafe in Felsen verwandelt wurden, weil sie mit drei Freiern anbandelten.

Beim Infozentrum am Echo Point beginnen verschiedene Wanderwege. Am schnellsten entflieht man dem Trubel, wenn man die rund 1000 Stufen des Giants Stairway hinab ins Jamison Valley steigt. Im schattig-feuchten Tal mit üppiger Vegetation führt der Pfad vorbei an den Katoomba Falls zur Talstation der **Scenic Railway.** Die Fahrt mit der 1880 zum

Kohletransport angelegten, angeblich steilsten Schienenseilbahn der Welt erspart den Aufstieg zurück zum Plateau (tgl. 9–17 Uhr, letzter Zug 16.50 Uhr, Erw. 14 A-$, Kinder 8 A-$, Familien 36 A-$). Auf dem Clifftop Walk geht es zurück zum Echo Point (Rundweg 10 km/4 Std.).

Ein Erlebnis ist auch die Tour mit der **Scenic Skyway** oder der **Scenic Cableway,** Seilbahnen, die aus schwindelerregender Höhe

grandiose Blicke auf die ›Drei Schwestern‹
bieten (Tel. 02-47 80 02 00, www.scenicworld.
com.au, tgl. 9–17 Uhr, Unlimited Discovery
Pass für Railway, Skyway und Cableway Erw.
35 A-$, Kinder 18 A-$, Familien 88 A-$).

Infos

Blue Mountains Visitor Information Centre:
Echo Point Road, Tel. 13 00-65 34 08, www.
visitbluemountains.com.au, tgl. 9–17 Uhr.

Übernachten

**Im Landhausstil ▶ Avonleigh Country
House:** 174 Lurline St., Tel. 02-47 82 15 34,
www.bluemts.com.au/avonleigh. Komfortables B & B mit kolonialem Flair und hervorragendem Restaurant. Schöner Garten. DZ
125–185 A-$ (inkl. Frühstück).

Familienfreundlich ▶ Sky Rider Motor Inn:
302 Bathurst Rd., Tel. 02-47 82 16 00, www.
skyridermotorinn.com.au. Gut geführt, Kinder

sind willkommen, schöner Pool, Restaurant. DZ ab 110 A-$, Familienzimmer ab 140 A-$.

Mit Bergpanorama ▶ Echo Point Motor Inn: 18 Echo Point Rd., Tel. 02-47 82 20 88, www.echopointmotel.com. Ruhig gelegenes Motel mit 36 behaglichen Zimmern und Restaurant in schöner Lage nahe den Three Sisters. DZ ab 95 A-$.

Edel-Jugendherberge ▶ Blue Mountains YHA: 207 Katoomba St., Tel. 02-47 82 14 16, www.yha.com.au. Beste Budget-Unterkunft der Region in einem denkmalgeschützten Art-déco-Gebäude. DZ ab 85 A-$, im Mehrbettzimmer ab 26,50 A-$.

Campingplatz ▶ Katoomba Falls Caravan Park: Katoomba Falls Road, Tel. 02-47 82 18 35, www.bmtp.com.au/katoomba-falls.html. Gut ausgestattet, große Auswahl an geräumigen Cabins, schön am Scenic Cliffs Drive gelegen.

Essen & Trinken

Schöne Terrasse ▶ Echoes: Echoes Boutique Hotel, 3 Lilianfels Ave., Tel. 02-47 82 19 66, www.echoeshotel.com.au, tgl. 12–15, 18.30–23 Uhr. Exzellente italienische und moderne australische Gaumenfreuden vor dem Panorama des Jamison Valley. An einem sonnigen Tag unbedingt einen Terrassentisch reservieren! 2-Gänge-Menü 85 A-$, 3-Gänge-Menü 115 A-$.

Exotische Genüsse ▶ Chork Dee: 216 Katoomba St., Tel. 02-47 82 19 13, Mo–Do 17.30–21, Fr, Sa 17.30–22, So 17.30–21 Uhr. Hervorragende Thai-Küche – die Gerichte sind ein Gaumenschmaus und zugleich ein Fest fürs Auge. Vorspeisen 7,50–9,50 A-$, Hauptgerichte 14,50–23,50 A-$.

Pasta-Variationen ▶ Pins on Lurline: 132 Lurline St., Tel. 02-47 82 22 81, www.pinsonlurline.com.au, tgl. 12–15, 18.30–22 Uhr. Nudelgerichte aus aller Welt und köstliche Desserts. Gerichte 12,50–17 A-$.

Aktiv

Wandern mit Aborigines ▶ Blue Mountains Walkabout: Mobil-Tel. 0408-44 38 22, www.bluemountainswalkabout.com. Von dem jungen Aboriginal-Guide Evan Yanna Muru

geführte, 4- bzw. 7,5-stündige anspruchsvolle Wanderungen abseits der ausgetretenen Pfade, bei denen man Einblicke in Leben und Kultur der Ureinwohner erhält; Start an der Faulconbridge Railway Station (Mo–Fr 10.35, Sa, So, Fei 10.45 Uhr, Erw. und Jugendliche ab 12 Jahre 75 bzw. 95 A-$).

Abenteuersport ▶ Blue Mountain Adventure Company: 84 A Bathurst Rd., Tel. 02-47 82 12 71, www.bmac.com.au. Kurse im Abseilen, Klettern, Kanufahren sowie Bushwalking- und Mountainbiketouren. **High 'n' Wild Mountain Adventures:** 3–5 Katoomba St., Tel. 02-47 82 62 24, www.highandwild.com.au. Kurse im Abseilen, Klettern und Kanufahren, Survival-Training, mehrtägige Wildniswanderungen in wenig erschlossenen Regionen des Blue Mountains National Park und Kanangra-Boyd National Park.

Termine

Blue Mountains Music Festival (März): Einwöchiges Musikfest – von Jazz bis Klassik.
Yulefest (Juni–Aug.): Traditionelles Weihnachtsfest in verschiedenen Berggemeinden.

Verkehr

Züge: Das Netz der Sydney CityRail erstreckt sich bis Lithgow. Tgl. Züge (gelbe Linie) ab Sydney Central Station nach Wentworth Falls, Leura, Katoomba, Blackheath, Lithgow, Infos: Tel. 13 15 00 (tgl. 6–22 Uhr).
Busse: Blue Mountains Explorer Bus, Tel. 13 00-30 09 15, www.theaustralianexplorer.com.au. Der Doppeldeckerbus für Touristen verkehrt tgl. 9.45–17 Uhr alle 60 Min. auf einer Rundstrecke mit 29 Haltepunkten, Abfahrt ab Katoomba Railway Station (Erw. 38 A-$, Kinder 19 A-$, Familien 95 A-$). Die Anreise mit CityRail und den Blue Mountains Explorer Bus umfasst das Blue Mountains Explorer-Link Ticket (Erw. ab 51,50 A-$, Kinder ab 26,50 A-$, Familien ab 129,50 A-$).

Blackheath 🔳

Von Aussichtspunkten in der Nähe des attraktiven Bergstädtchens **Blackheath,** das sich als alternativer Standort zum überlaufenen Katoomba anbietet, eröffnen sich schöne

Blicke auf das Grose River Valley, etwa vom **Evans Lookout,** zugleich der Startpunkt für den Grand Canyon Walk (Rundweg 5 km/ 4 Std.). Man erreicht den Aussichtspunkt zu Fuß auf dem reizvollen Cliff Top Track (einfacher Weg ca. 1,5 Std.), alternativ kann er auch mit dem Pkw angesteuert werden.

Im **Blue Mountains Heritage Centre** am **Govetts Leap Lookout** informieren Videos und eine kleine Ausstellung über die Tier- und Pflanzenwelt der Bergregion. Die Ranger geben auch Tipps zu Wanderungen und anderen Aktivitäten im Nationalpark (Tel. 1300-36 19 67, www.nationalparks.nsw.gov.au, tgl. 9–16.30 Uhr). Nach kurzen Spaziergängen, die nahe der Aussichtsplattform beginnen, sieht man die **Horseshoe Falls** und **Bridal Veil Falls** über Terrassen in die Tiefe stürzen. Eine abschnittsweise schottrig-staubige Stichstraße führt von Blackheath zum **Pulpit Rock** und Perrys Lookdown, der Blicke in Schwindel erregende Tiefen bietet.

Lohnende Ziele von Blackheath aus sind das malerische **Megalong Valley** sowie die Aussichtspunkte **Hargreaves Lookout** und **Mount Blackheath Lookout.** Auf dem 1060 m hohen Mount York beim Ort **Mount Victoria** 6 km nordwestlich von Blackheath hat man zwei Monumente zur Erinnerung an die erste Überquerung der Blue Mountains errichtet.

Übernachten

Wohlfühl-Oase ▶ **Redleaf Resort:** Evans Lookout/Valley View Roads, Tel. 02-47 87 81 08, www.redleafresort.com.au. Gut ausgestattet, sehr hilfsbereites Personal, Restaurant, Hallenbad, Spa, Sauna. DZ ab 125 A-$.

Camping ▶ **Blackheath Glen Tourist Park:** Prince Edward St., Tel. 02-47 87 81 01, www. bmtp.com.au/blackheath-glen.html. Gut ausgestatteter Platz mit Cabins in schöner Lage am Rand des Nationalparks.

Essen & Trinken

Kreative Frischeküche ▶ **Ashcrofts:** 18 Govetts Leap Rd., Tel. 02-47 87 82 97, www. ashcrofts.com, Do–So 18–23, Sa, So auch 12–15 Uhr. Klein, aber sehr fein und seit Jahren eine kulinarische Institution in den Blue Mountains. Hier wird ›moderne australische Küche‹ mit mediterranem Einschlag serviert. Sehr einfallsreiche Desserts! 2-Gänge-Menü 78 A-$, 3-Gänge-Menü 90 A-$.

Jenolan Caves ▶ 1, U 15

Karte: S. 142
Bei Hartley, einer restaurierten alten Goldgräbersiedlung, zweigt vom Great Western Highway eine Teerstraße zum Kanangra-Boyd National Park ab. Die **Jenolan Caves** **9**, das bekannteste und größte Tropfsteinhöhlensystem Australiens, erstrecken sich 50 km südlich des Highway am Rande des Nationalparks. Schmale Gänge, die in große Grotten münden, entführen die staunenden Besucher in eine unterirdische Märchenlandschaft, in der die Natur kunstvolle Kalkgebilde geschaffen hat. Die Formen und Farben der Tropfsteine inspirierten zu Namen wie Orient Cave und Queens Chamber. Vom Visitor Centre starten mehrmals täglich Führungen unterschiedlicher Länge und Schwierigkeit (Tel. 13 00-76 33 11, www.jenolancaves.org.au, tgl. 9–17 Uhr; Cave Passport für mehrere Höhlen Erw. ab 32 A-$, Kinder ab 22 A-$, Familien ab 75 A-$).

Die staubige Weiterfahrt auf einer 32 km langen Schotterstraße zu den **Kanangra Walls** lohnt sich vor allem am späten Nachmittag, wenn die tief stehende Sonne die roten Sandsteinklippen zum Leuchten bringt.

Lithgow ▶ 1, U 15

Karte: S. 142
An den westlichen Ausläufern der Blue Mountains liegt der Bergbauort **Lithgow** **10**, heute ein Ziel für Fans alter Dampflokomotiven. Mehrmals täglich schnauft von dort die historische **Zig Zag Railway** 19 km auf einer abenteuerlichen Trasse nach Bell am Rande des Wollemi National Park (Clarence Station, Tel. 02-63 55 29 55, www.zigzagrailway.com. au, tgl. 11, 13 und 15 Uhr, Erw. 31,50 A-$, Kinder 16,50 A-$, Familien 79,50 A-$).

Blue Mountains

Infos

Lithgow Visitors Centre: Great Western Highway, Tel. 13 00-76 02 76, www.tourism. lithgow.com, tgl. 9–17 Uhr.

Übernachten

Umweltfreundliche Luxuslodge ▶ Wolgan Valley Resort: Wolgan Road, Wolgan Valley (ca. 20 km nördl. von Lithgow), Tel. 02-92 90 97 33, www.wolganvalley.com. Umweltverträglich in die Landschaft eingebettetes, aus Naturmaterialien erbautes Resort, das auch in puncto Wasseraufbereitung und Energieeffizienz gute Noten erhält. Zum Tal öffnen sich die luxuriös ausgestatteten Bungalows mit großen Glasfronten. Mit Gourmetrestaurant und Pool. Bungalow ab 1750 A-$.

Funktionelle Motel-Units ▶ Zig Zag Motel: Chifley St./Bells Line of Road, Tel. 02-63 52 24 77, www.zigzagmotel.com.au. 50 eher zweckmäßig ausgestattete Zimmer, mit Restaurant und Pool. DZ ab 130 A-$.

Camping ▶ Lithgow Caravan Park: Cooerwull Rd., Tel. 02-63 51 43 50. Einfach, auch Cabins.

Bells Line of Road   ▶ 1, U 15

Karte: S. 142

Mount Wilson 🔟

Wer mit dem eigenen Fahrzeug unterwegs ist, könnte auf der zwischen dem Blue Mountains National Park und Wollemi National Park verlaufenden **Bells Line of Road** nach Sydney zurückfahren. Von der reizvollen Bergstraße führt ein 8 km langer Abstecher nach **Mount Wilson** auf der Kuppe eines erloschenen Vulkans. Das Dorf ist für seine hübschen Gärten bekannt. Auf dem mineralstoffreichen Basaltgestein blüht im Okt./Nov. ein Meer scharlachroter Rhododendronsträucher.

Mount Tomah Botanic Gardens 🔢

In den **Mount Tomah Botanic Gardens** gedeihen über 10 000 Pflanzenarten aus den kühl-gemäßigten Zonen der Erde. Besonders interessant sind die endemischen Pflanzen der Südhalbkugel, die sich nach der Abspaltung Australiens von Gondwanaland (s. auch S. 16) nur auf dem Inselkontinent entwickelten. Zum Gelände gehört auch The Jungle, ein Areal mit urwüchsigem Bergregenwald. Stärken kann man sich im Bistro-Restaurant, dessen Panoramafenster herrliche Ausblicke bieten (Tel. 02-45 67 30 00, www.rbgsyd.nsw. gov.au, März–Sept. tgl. 10–16, Okt.–Febr. 10–17 Uhr, Eintritt frei).

Richmond und Windsor

Von Kurrajong Heights mit dem Bellbird Hill Lookout windet sich die Straße hinab in die Küstenebene. Sehenswerte architektonische

Die Gegend um die berühmten Three Sisters ist zum Wandern wie geschaffen

Relikte aus den Anfängen der Kolonie besitzen **Richmond** 13 am Ufer des Hawkesbury River und das benachbarte Städtchen **Windsor** 14, das Gouverneur Lachlan Macquarie im Jahr 1794 gründete. 1817 wurde nach Plänen des berühmten Sträflingsarchitekten Francis Greenway die **St. Matthews Church** errichtet, die erste anglikanische Kirche auf dem Fünften Kontinent. Restaurierte Kolonialgebäude gruppieren sich um den Thompson Square, beispielsweise das **Macquarie Arms Hotel** von 1815 und der **O'Connell Inn** von 1819, der heute das **Hawkesbury Museum of Local History** beherbergt (Tel. 02-45 77 23 10, tgl. 10–17 Uhr, Eintritt frei, Spende erbeten).

Ebenezer 15

Über das 10 km weiter nördlich gelegene **Wilberforce** erreicht man das Postkartenstädtchen **Ebenezer,** das besonders stolz darauf ist, mit der 1809 erbauten **St. Johns Church** das älteste Gotteshaus von Australien in seiner Gemarkung zu besitzen.

Für den Rückweg nach Sydney bietet sich eine landschaftlich äußerst reizvolle Nebenstrecke entlang dem Hawkesbury River an. Über **Sackville North** geht es zunächst nach **Wisemans Ferry,** wo tagsüber regelmäßig eine Autofähre den Fluss überquert. Beim kleinen Ort **Central Mangrove** stößt man wieder auf den Pacific Freeway, der zurück nach Sydney führt.

Die Küste zwischen Sydney und Brisbane

Quirlige Ferienzentren, einsame Sandstrände, reizvolle Küstenseen und hügeliges Hinterland – der knapp 1000 km lange Pacific Highway verspricht eine abwechslungsreiche Reise zwischen den Hauptstädten von New South Wales und Queensland. Darüber hinaus berührt diese Route auch einige historisch interessante Orte.

Central Coast

Karte: S. 150

Brooklyn ▶ 1, U 15

Eilige Reisende nehmen für die Fahrt gen Norden den Sydney-Newcastle-Freeway. Die reizvollere Alternative ist der alte Pacific Highway, der sich durch ein von Flüssen zerfurchtes Sandsteinplateau windet. Bei **Brooklyn** 1 überspannen zwei Brücken den breiten Mündungstrichter des Hawkesbury River.

In der Siedlung startet jeden Wochentag **Australia's Last Riverboat Postman** seine halbtägige Tour. Per Boot liefert er Briefe, Päckchen und Pakete, aber auch Lebensmittel und Zeitungen in entlegene Siedlungen. Zahlende Gäste dürfen ihn begleiten und gewinnen dabei nicht nur Einblicke in australisches Alltagsleben, sondern genießen auch die wildromantische Landschaft des Dharug National Park aus ungewöhnlicher Perspektive (Mobil-Tel. 0400-60 01 11, www.riverboatpostman.com.au, Mo–Fr 10–13.15 Uhr; Buchung auch bei Australian Travel Specialists, Shop W1, Alfred St., Circular Quay, gegenüber Pier 6, Sydney, Tel. 02-92 11 31 92, www.atstravel.com.au, Erw. 50 A-$, Kinder 15 A-$, Familien 115 A-$).

Gosford ▶ 1, U 15

Größter Besuchermagnet der Region ist der **Australian Reptile Park** nahe **Gosford** 2, in dem man sich von Taipans, Tigerschlangen und Todesottern Schauer über den Rücken

jagen lassen kann. Die angeschlossene **Spider World,** Australiens erster Spinnenzoo, zeigt neben handtellergroßen Vogelspinnen und Skorpionen die gefährlichen Trichternetz- und Rotrückenspinnen, deren Biss einen Menschen töten kann. Allerdings wollen die Parkbetreiber die Besucher nicht das Gruseln lehren, sondern Verständnis für die achtbeinigen Lebewesen wecken. Über interaktive Bildschirme und Filmvorführungen lernt man auf spielerische Weise die Spinnenwelt Australiens kennen. Man kann auch beobachten, wie Giftspinnen zur Herstellung von Serum gemolken werden (Pacific Highway, Somersby, Tel. 02-43 40 10 22, www.reptilepark.com.au, tgl. 9–17 Uhr, Erw. 28 A-$, Kinder 15 A-$, Familien 75 A-$).

Bei **Terrigal** 11 km östlich von Gosford fällt die Klippe The Skillion 100 m tief zu einem Strand ab. Am Wochenende locken die Badestrände südlich von Terrigal – Avoca Beach, MacMasters Beach, Hardys Beach und Pretty Beach – Ausflügler aus Sydney an.

Infos

Central Coast Visitor Centre: 200 Mann St., Tel. 13 00-13 29 75, www.visitcentralcoast.com.au.

Übernachten

Ruhig & gemütlich ▶ Bermuda Motel: Pacific Hwy./Henry Parry Drive, Tel. 02-43 24 43 66, www.bermudamotel.com.au. Freundlich geführt, gutes Preis-Leistungs-Verhältnis. Salzwasserpool. DZ 85–125 A-$.

Essen & Trinken

Verfeinerte Regionalküche ▶ **Arc:** Victoria Court, 36–40 Victoria St., Tel. 02-43 24 77 10, tgl. 12–14.30, 17.30–22 Uhr. Oase in der kulinarischen Wüste mit leichter, Zutaten der Saison verarbeitender Regionalküche. Vorspeisen 12–14 A-$, Hauptgerichte 19–23 A-$.

Von Gosford nach Newcastle

▶ **1, U/V 15**

Auf der Weiterfahrt Richtung Newcastle ist die auf einem schmalen Landstreifen zwischen dem Pazifik und dem Tuggerah Lake verlaufende Küstenstraße eine reizvolle Alternative zum Pacific Highway. Im großen Ferienort **The Entrance** 3, wo der Tuggerah Lake durch eine schmale Öffnung mit dem Ozean verbunden ist, fühlt sich trotz des Trubels eine große Pelikankolonie wohl (Fütterung tgl. 15.30 Uhr). An den kilometerlangen Sandstränden nördlich von The Entrance verlieren sich die wenigen Spuren von Joggern. Buschland, Küstenheide und Dünen prägen den kleinen **Wyrrabalong National Park,** durch den die Straße nach **Doyalson** mäandert. Dort trifft die Nebenstrecke wieder auf den Pacific Highway, der hier auf einer Nehrung zwischen dem Pazifik und dem seichten Lake Macquarie verläuft, ein bei Anglern und Seglern beliebtes Revier.

Newcastle ▶ 1, V 14/15

1804 als Strafkolonie mit dem Beinamen ›Hölle von New South Wales‹ gegründet, entwickelte sich **Newcastle** 4 mit heute knapp 550 000 Einwohnern zur zweitgrößten Stadt des Bundesstaats. Das Bild wird geprägt von Hafenanlagen, Eisen- und Stahlwerken, aber es blieben auch einige markante Gebäude aus der Vergangenheit erhalten, etwa die den Hafen überragende **Christ Church Cathedral** von 1902, die 1929 errichtete viktorianische **City Hall** mit weithin sichtbarem Glockenturm und das **Post Office Building** aus dem Jahr 1898 im italienischen Renaissancestil. Von überregionaler Bedeutung ist die **Newcastle Region Art Gallery,** die Werke von Arthur Boyd, William Dobell, Brett Whiteley und anderen australischen Malern des 19. und

20. Jh. zeigt (Laman St., Tel. 02-49 74 51 00, www.nag.org.au, Di–So 10–17 Uhr, Eintritt frei). Das Fort Scratchley am Nobbys Head beherbergt das **Newcastle Regional Maritime Museum,** das dem Leben am und auf dem Wasser gewidmet ist (Tel. 02-49 74 50 33, www.fortscratchley.com.au, tgl. außer Di 10–16 Uhr, Eintritt frei). Von hier bietet sich auch ein schöner Blick über die Stadt.

Infos

Newcastle Visitors Centre: Wheeler Place, 361 Hunter St., Tel. 18 00-65 45 58, www.visitnewcastle.com.au, Mo–Fr 9–17, Sa, So, Fei 10–15 Uhr.

Übernachten

In schöner Aussichtslage ▶ **The Novocastrian Motor Inn:** 21 Parnell Pl., Tel. 02-49 26 36 88, www.novocastrian.com.au. Sehr ruhig oberhalb der City gelegen, mit gutem Restaurant. DZ 125–161 A-$.

Camping ▶ **Redhead Beach Holiday Park:** 1A Kalaroo Rd., Tel. 02-49 44 89 44, www.redheadbeach.com.au. 15 km südl. der City am herrlichen Nine Mile Beach, sehr gut ausgestattet, mit Pool.

Verkehr

Züge: Tgl. mehrere Züge mit Sydney CityRail nach Sydney, Central Station; Auskunft: Tel. 13 15 00.

Busse: Tgl. Verbindungen mit Greyhound Australia, Tel. 13 00-47 39 46, und Premier Motor Services, Tel. 13 14 99, nach Sydney und Port Macquarie.

Hunter River Valley ▶ 1, U 14

Zwei Wirtschaftszweige, die gegensätzlicher kaum sein könnten, kontrastieren im Tal des Hunter River nordwestlich von Newcastle: Weinanbau und Kohleabbau. Die Winzer des Hunter River Valley, des ältesten und nach dem südaustralischen Barossa Valley zweitgrößten Weinbaugebiets des Fünften Kontinents, produzieren rund 10 % des australischen Weins, gleichzeitig fördert man hier fast ein Drittel der Kohle Australiens. Während im unteren Hunter River Valley Weinan-

Sydney – Brisbane

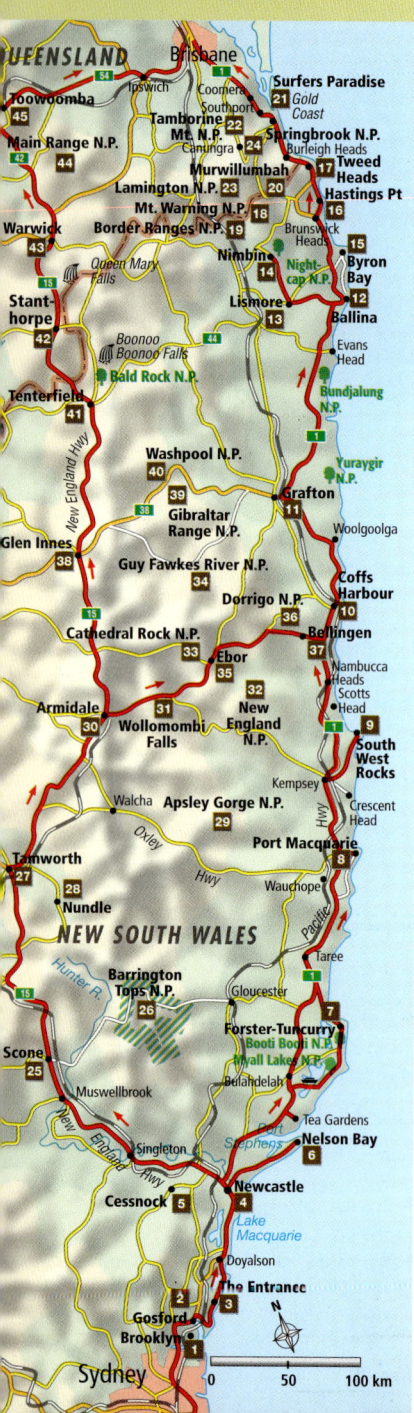

bau und Landwirtschaft dominieren, hat sich das Upper Hunter Valley um Muswellbrook in ein ›australisches Ruhrgebiet‹ verwandelt.

Die Gegend um die kleinen ›Weinhauptstädte‹ **Cessnock** 5 und das wenige Kilometer westliche **Pokolbin** ist ein Patchwork aus mehr als drei Dutzend Weingütern, die fast alle für Besichtigungen und Weinproben offen stehen, z. B. Hungerford Hill Wines (2450 Broke Rd., Pokolbin, Tel. 02-49 98 76 66, www.hungerfordhill.com.au, Mo–Fr 9–16.30, Sa, So, Fei 10–16.30 Uhr), Lindemans (McDonalds Road, Pokolbin, Tel. 02-49 98 76 84, www.lindemans.com, Mo–Fr 9–16.30, Sa, So, Fei 10–16.30 Uhr), Pepper Tree Wines (Halls Road, Pokolbin, Tel. 02-49 98 75 39, www.peppertreewines.com.au, Mo–Fr 9–17, Sa, So, Fei 9.30–17 Uhr). Ein Besuch lohnt ganz besonders während der Weinlese, die hier in die Monate Februar und März fällt.

Infos

… in Cessnock:

Cessnock Tourist Information Centre: Turner Park, Aberdare Road, Tel. 02-49 90 44 77, www.visithunter.com.au, tgl. 9–17 Uhr.

… in Pokolbin:

Hunter Valley Wine Society: Broke Road, Tel. 02-49 90 09 00, www.winecountry.com.au, tgl. 9–17 Uhr.

Übernachten

… in Cessnock:

Angenehmes Motel ▶ Hunter Valley Travellers Rest: 35 Colliery St., Tel. 02-49 91 23 55, www.hvtr.com.au. Gemütlich, freundlicher Service, beliebtes B. Y. O.-Restaurant. DZ 85–130 A-\$.

… in Pokolbin:

Luxushotel in ehemaligem Kloster ▶ Peppers Convent Hunter Valley: Halls Road, Tel. 02-49 93 89 99, 13 00-73 74 44, www.peppers.com.au. Traditionsreiches Hotel in historischem Gebäude mit preisgekröntem Restaurant. DZ ab 295 A-\$ (inkl. Frühstück).

Camping ▶ Valley Vineyard Tourist Park: Mount View Road, Tel. 1800-64 91 56, www.valleyvineyard.com.au. Gut ausgestattet, gemütliche Cabins, Pool und Restaurant.

Essen & Trinken

... in Pokolbin:

East meets west ▶ **Cellar Restaurant:** Broke Road, Tel. 02-49 98 75 84, www.the-cellar-restaurant.com.au, Mo–Do 18–22.30, Fr–So 12–14.30, 18–23 Uhr. Asiatisch inspirierte New Australian Cuisine. Vorspeisen 26 A-$, Hauptgerichte 32–39 A-$.

Aktiv

Weintouren ▶ **Hunter Valley Day Tours:** c/o Wine Country Visitors Information Centre, Wine Country Drive, Pokolbin, Tel. 02-49 51 45 74, www.huntervalleydaytours.com.au. Tgl. Touren, ab 95 A-$ inkl. Weinprobe und Lunch.

Termine

Hunter Valley Harvest Festival (April): Weinlesefest mit viel Kultur.

Jazz in the Vines (Okt.): Renommiertes Festival. Infos auf www.jazzinthevines.com.au.

Nelson Bay und Umgebung

▶ 1, V 14

Zwischen Newcastle und Port Macquarie erstreckt sich eine reizvolle Küstenlandschaft mit einer lang gestreckten Seenplatte, die vom offenen Meer durch einen Dünenstreifen getrennt wird. Nördlich von Newcastle wartet die Bucht **Port Stephens** mit endlosen Stränden auf. Gegenüber von **Nelson Bay** 6 , der touristischen Hochburg der Region, liegen die Ferienorte **Tea Gardens** und **Hawks Nest,** die Ausgangspunkte für den **Myall Lakes National Park** mit fischreichen Lagunen und verästelten Wasserwegen.

Infos

... in Nelson Bay:

Port Stephens Visitor Information Centre: Victoria Parade, Tel. 1800-80 89 00, www.portstephens.org.au, Mo–Fr 9–17, Sa, So 9–16 Uhr.

Übernachten

... in Nelson Bay:

Ruhig & freundlich ▶ **Dolphins Motel:** Dixon Drive, Tel. 02-49 81 11 76, email@nelsonbaydiggers.com.au. Angenehm und zentral, aber dennoch ruhig gelegen, mit Pool. DZ 88–134 A-$.

... in Anna Bay:

Camping ▶ **One Mile Beach Holiday Park:** Gan Gan Road, Tel. 02-49 82 11 12, 18 00-65 00 35, www.onemilebeach.com.au. Komfortable Cabins, Pool, Spielplatz, am Strand.

Essen & Trinken

... in Nelson Bay:

Seafood at it's best ▶ **Ketch's Restaurant:** Westbury's Marina Resort, 33 Magnus St., Tel. 02-49 81 44 00, tgl. 11.30–15, 17.30–23 Uhr. Am Jachthafen. Vorspeisen 18,50–25,50 A-$, Hauptgerichte 27,50–48,50 A-$.

Aktiv

Delfinbeobachtung ▶ **Moonshadow Cruises:** Nelson Bay, Tel. 02-49 84 93 88, www.moonshadow.com.au. 90-minütige Touren tgl. 10.30, 13.30, 15.30 Uhr, Erw. 25,80 A-$, Kinder 10,80 A-$, Familien 65,50 A-$.

Forster-Tuncurry ▶ 1, V 14

Einige Kilometer nördlich von Bulahdelah zweigt vom Highway der kurvenreiche Lakes Way zum Ferienort **Forster-Tuncurry** 7 am Wallis Lake ab. Die Route berührt den **Bulahdelah State Forest** mit den höchsten Eukalyptusbäumen von New South Wales. Eine 11 km lange Stichstraße führt zu den **Seal Rocks,** wo gelegentlich Seehunde zu sehen sind. Im Okt./Nov. kann man vom Sugarloaf Point Lighthouse dicht an der Küste vorbeiziehende Buckelwale beobachten. Gut zum Schwimmen eignen sich die Sandstrände Elizabeth Beach, Boomerang Beach sowie Blueys Beach im **Booti Booti National Park.**

Die Doppelstadt Forster-Tuncurry bildet das Zentrum einer Urlaubsregion, in der vor allem Wassersportler ihr Dorado finden. Oldtimerfans besuchen das **Vintage Car Historical Museum** (5 Angel Close, Forster, Tel. 02-65 55 48 00, tgl. 9–17 Uhr, Erw. 9,50 A-$, Kinder 5,50 A-$, Familien 22,50 A-$). Action und Spaß verspricht der **Ton O'Fun Family Fun Park** mit Wasserrutschen, Hüpfburg und Tretbooten (North Tuncurry, Tel. 02-65 54 30 90, www.tonofun.com.au, Sa, So, Fei und in den

Ferien tgl. 10–16 Uhr, Erw. 42 A-$, Kinder 28 A-$, Familien 112 A-$).

Abseits der Küste verläuft der Pacific Highway durch das Manning Valley mit grünen Wiesen, auf denen Milchkühe grasen. Nördlich von Taree rücken ›Die Brüder‹ ins Blickfeld, drei Felsmassive, von denen der Middle Brother mit 556 m das höchste ist.

Infos

Great Lakes Tourism: Little St., Forster, Tel. 18 00-80 26 92, www.greatlakes.org.au, tgl. 9–17 Uhr.

Übernachten

Strandnah ▶ Tudor House Lodge: 1 West St. (Forster), Tel. 02-65 54 87 66, Fax 02-65 54 84 53. Herberge mit dem Flair vergangener Zeiten, Pool, hervorragendes Restaurant. DZ 118–146 A-$.

Camping ▶ Big4 Forster-Tuncurry Great Lakes Holiday Park: 1 Baird St. (Tuncurry), Tel. 02-65 54 68 27, www.greatlakes.com.au. Stellplätze für Wohnmobile und Zelte, geräumige Cabins, mit Pool und Spielplatz.

Port Macquarie ▶ 1, V 14

Ein gutes Renommee als Bade-, Angel- und Surfzentrum besitzt das 1821 als Strafkolonie gegründete **Port Macquarie 8**. Die wenigen noch erhaltenen Kolonialgebäude verschwinden heute jedoch im Schatten moderner Hotels und Erholungszentren.

An der Ecke Hay und William Street hat die 1824–1828 von Deportierten errichtete anglikanische **St. Thomas Church** die Zeit überstanden. Vom Turm des Gotteshauses genießt man eine schöne Aussicht auf die Stadt, die sich am Mündungsdelta des Hastings River über mehrere Hügel ausbreitet (Tel. 02-65 84 10 33, tgl. 9.30–12, 14–16 Uhr).

Das **Hastings Historical Museum** gewährt einen Blick in frühkoloniale Zeiten, in denen Port Macquarie als Verbannungsort für die renitentesten Rückfallverbrecher von New South Wales diente (22 Clarence St., Tel. 02-65 83 11 08, Mo–Sa 9.30–16.30, So 13–16.30 Uhr, Erw. 5 A-$, Kinder 2 A-$, Familien 10 A-$). Das lokale Fremdenverkehrs-

amt und eine Kunstgalerie von überregionaler Bedeutung befinden sich in dem architektonisch interessanten Gebäude **The Glasshouse** (Hay/Clarence Sts., Tel. 02-65 81 80 66, www.glasshouse.org.au, Mo–Fr 9–17.30, Sa, So 9–16 Uhr, Eintritt frei).

Tief in den subtropischen Regenwald eindringen, ohne sich den Mühen einer anstrengenden Wanderung aussetzen zu müssen, kann man auf einem 1,3 km langen, auch für Rollstuhlfahrer geeigneten Weg im **Sea Acres Rainforest Centre** (Pacific Drive, Tel. 02-65 82 33 55, www.nationalparks.nsw.gov.au, tgl. 9–16.30 Uhr, Erw. 14,50 A-$, Kinder 9,50 A-$, Familien 38,50 A-$). Koalas und andere australische Tierarten präsentiert der **Billabong Koala Park** etwa 10 km westlich (Billabong Drive/Pacific Highway, Tel. 02-65 85 10 60, www.billabongkoala.com.au, tgl. 9–17 Uhr, Koala-Fütterung tgl. 10.30, 13.30, 15.30 Uhr, Erw. 24,50 A-$, Kinder 14 A-$, Familien 72 A-$). Kranke und verletzte Koalas werden im **Koala Hospital** in der Ortsmitte wieder gesundgepflegt (Roto House, Lord St., Tel. 02-65 84 15 22, www.koalahospital.org, tgl. 8–16.30 Uhr, Fütterung 15 Uhr, Eintritt frei). Gute Badestrände findet man südlich von Port Macquarie, etwa Rocky Beach, Flynns Beach, Nobbys Beach oder Shelly Beach.

Wauchope 22 km südwestlich ist für sein Freilichtmuseum **Timbertown** bekannt. In dem rekonstruierten Holzfällerdorf aus der Zeit um 1900 werden die Lebens- und Arbeitsverhältnisse der erstem Siedler dokumentiert (Oxley Highway, Tel. 02-65 86 19 40, www.timbertown.com.au, tgl. 9.30–16 Uhr, Erw. 19,50 A-$, Kinder 16 A-$, Familien 65 A-$).

Infos

Port Macquarie Visitor Information Centre: Hay/Clarence Sts., Tel. 13 00-30 31 55, www.portmacquarieinfo.com.au, Mo–Fr 9– 17.30, Sa, So 9–16 Uhr.

Übernachten

Boutiquehotel in schöner Lage ▶ HW Boutique Hotel: 1 Stewart St., Tel. 02-65 83 12 00, www.hwboutique.com.au. Ruhig in Strandnähe gelegen, mit Pool und herrlichem

Blick über das Delta des Hastings River. DZ 135–165 A-$ (inkl. Frühstück).

Großzügige Zimmer ▶ Mid Pacific Motel: Short/Clarence Streets, Tel. 02-65 83 21 66, www.motelmidpacific.com.au. Komfortables Haus am Hastings River mit Tropengarten und Pool. DZ 105–180 A-$.

Camping ▶ Sundowner Breakwall Tourist Park: 1 Munster St., Tel. 18 00-63 64 52, www.sundownerholidays.com. Sehr gut ausgestattet, Cabins, Pool, strandnahe Lage.

Essen & Trinken

Australische Hausmannskost ▶ Waterfront Restaurant: El Paso Motor Inn, 29 Clarence St., Tel. 02-65 83 19 44, www.elpaso motorinn.com.au, tgl. 18–22.30 Uhr. Seafood und Steaks in stimmungsvollem Ambiente. Vorspeisen 13,50–18 A-$, Hauptgerichte 24–44,50 A-$.

Termine

Carnival of the Pines (Okt.): Volksfest mit kulturellem Beiprogramm.

Verkehr

Züge: Vom Bahnhof in Wauchope (22 km westlich) tgl. Verbindungen nach Brisbane und Sydney mit Countrylink, Tel. 13 22 32.
Busse: Tgl. Verbindungen mit Greyhound Australia, Tel. 13 00-47 39 46, und Premier Motor Services, Tel. 13 14 99, nach Sydney, Coffs Harbour, Byron Bay und Brisbane.

North Coast

Karte: S. 150

Von Port Macquarie nach Coffs Harbour ▶ 1, V/W 13/14

Nördlich von Port Macquarie geht der Pacific Highway auf Distanz zur Küste. Ein Abstecher führt von Kempsey am Pacific Highway nach **South West Rocks** 9. Etwa 5 km östlich des Standorts steht an der Trial Bay das **Trial Bay Gaol.** Das düstere, in den 1880er-Jahren errichtete Zuchthaus diente während des Ersten Weltkriegs als Internie-

rungslager für deutsche Zivilisten. Um das ehemalige Gefängnis, heute ein historisches Museum, erstrecken sich weite Sandstrände.

Im weiteren Streckenverlauf zweigen vom Highway kleine Stichstraßen ab nach **Scotts Head** und **Nambucca Heads,** beliebten Ferienorten mit schönen Stränden. Von Urunga windet sich der **Waterfall Way** nach Armidale im New England Tableland (s. S. 165). 8 km vor Coffs Harbour liegt der ruhige Ferienort **Sawtell** mit schönen Sandstränden und einem herrlichen natürlichen Felsenbad.

Coffs Harbour ▶ 1, W 13

Coffs Harbour 10 ist Mittelpunkt einer vor allem bei Ruheständlern beliebten Ferienregion und Zentrum des größten Bananenanbaugebiets von Australien. Um den Ort als Hauptstadt dieser ›Bananenrepublik‹ ins Blickfeld zu rücken, erhebt sich einige Kilometer nördlich von Coffs Harbour am Pacific Highway die **Big Banana,** eine riesige Banane aus Fiberglas, in deren Innern eine Multimediashow über die Tropenfrucht informiert. Wer mehr erfahren möchte, kann mit einer Schmalspurbahn durch die Bananenplantage zockeln (Tel. 02-66 52 43 55, www.bigbanana.com, tgl. 9–16.30 Uhr, Tour Erw. 16 A-$, Kinder 14 A-$, Familien 46 A-$).

Zu den weiteren Sehenswürdigkeiten gehören der **Botanische Garten** am Coffs Harbour Creek (Hardcare St., Tel. 02-66 52 38 20, tgl. 9–17 Uhr, Eintritt frei) und **Dolphin Marine Magic,** ein Pool, in dem Kinder Delfine streicheln und mit Seehunden schmusen können (Orlando St., Tel. 13 00-54 77 37, www.dolphinmarinemagic.com.au, tgl. 9–16 Uhr, Seal and Dolphin Kisses tgl. 9.30, 12.30 Uhr, Marine Magic Show tgl. 10 und 13 Uhr, Erw. 34 A-$, Kinder 18 A-$, Familien 96 A-$).

Im **Mutton Bird Island Nature Reserve,** das vom Festland über einen langen Damm zu erreichen ist, nisten Tausende Sturmvögel *(Mutton Birds).*

Ab Coffs Harbour werden Landschaft und Klima zunehmend tropisch. Zu den Bananenplantagen gesellen sich nun Zuckerrohrfelder, welche die Küste bis hinauf nach Cairns im Norden von Queensland säumen.

Küste zwischen Sydney und Brisbane

Nördlich von Coffs Harbour kündigt der weiße Guru Nanak Sikh Temple das Städtchen **Woolgoolga** an, in dem eine große Sikh-Gemeinde aus Nordindien eine neue Heimat gefunden hat.

Infos

Coffs Harbour Visitor Information Centre: Urara Park, Pacific Highway, Tel. 13 00-36 90 70, www.coffscoast.com.au, tgl. 9–17 Uhr.

Übernachten

Komfort Aussie-Style ▶ BreakFree Aanuka Beach Resort: Firman Drive (Diggers Beach), Tel. 02-66 52 75 55, 13 00-98 76 02, www.breakfree.com.au. Ca. 4 km nördlich, Tropengarten, Restaurant, schöne Poollandschaft, großes Sportangebot. DZ ab 158 A-$, Apartment ab 234 A-$, Bungalow ab 292 A-$.

Mediterranes Flair ▶ Toreador Motel: 31 Grafton St. (Pacific Highway), Tel. 02-66 52 38 87, www.toreadormotel.com. Gegenüber dem Fremdenverkehrsamt, ruhig und gemütlich, mit Pool. DZ 100–130 A-$.

Camping ▶ Park Beach Holiday Park: Ocean Parade, Tel. 1800-20 05 55, www.coffsholidays.com.au. Mit Cabins, strandnah.

Essen & Trinken

Dinieren mit Meerblick ▶ Saltwater on the Beach: 104 Fiddaman Rd., Emerald Beach (ca. 3 km nördlich), Tel. 02-66 56 18 88, www.saltwateronthebeach.com, Mi–So 12–14.30, 18–22 Uhr. New Australian Cuisine mit thailändischem Einschlag, angenehm zum Draußensitzen mit Blick aufs Meer. Vorspeisen 16–20 A-$, Hauptgerichte 28–44 A-$.

Beliebtes Fischlokal ▶ Mangrove Jack's: The Promenade, 321 Harbour Dr., Tel. 02-66 52 55 17, www.mangrovejackscafe.com.au, So–Do 11–15, Fr, Sa 11–15, 17.30–22.30 Uhr. Gutes Seafood und regionale Spezialitäten. Hauptgerichte 25–33 A-$.

Aktiv

Walbeobachtung ▶ Whale Watch on Pacific Explorer: Pier 1, International Marina, Tel. 02 66 52 09 00, www.pacificexplorer.com.au. Mit Katamaranen durchgeführte Touren zur Beobachtung von Buckelwalen (Juli–Nov. tgl. 8.30 Uhr, Erw. 105 A-$, Kinder 75 A-$, Familien 285 A-$).

Verkehr

Züge: Tgl. Verbindungen nach Brisbane und Sydney mit Countrylink, Tel. 13 22 32.

Busse: Tgl. Verbindungen mit Greyhound Australia, Tel. 13 00-47 39 46, und Premier Motor Services, Tel. 13 14 99, nach Sydney, Port Macquarie, Byron Bay, Gold Coast und Brisbane.

Grafton ▶ 1, W 13

Nördlich von Coffs Harbour schwenkt der Pacific Highway wieder ins Landesinnere und führt in weitem Bogen nach **Grafton** 11 am mächtigen Clarence River. Das Städtchen, das den britischen Charme der Jahrhundertwende bewahren konnte, ist landesweit wegen seiner im Frühling violett blühenden Jacaranda-Bäume bekannt. Seit 1935 wird hier in der letzten Oktober- und ersten Novemberwoche ein großes Jacaranda Festival gefeiert. Anlaufstellen für Besucher sind die **Regional Art Gallery** (158 Fitzroy St., Tel. 02-66 42 31 77, Di–So 10–16 Uhr, Eintritt frei) und das **Schaeffer House,** ein heimatkundliches Museum (192 Fitzroy St., Tel. 02-66 42 70 11, Di–Do und So 13–16 Uhr, Erw. 5 A-$, Kinder 2,50 A-$, Familien 12,50 A-$).

Grafton ist ein guter Ausgangspunkt für Ausflüge in den **Gibraltar Range National Park** und in den **Washpool National Park** (s. S. 168f.). Nördlich von Grafton windet sich der Pacific Highway abseits der Küste durch eine fruchtbare Agrarregion. Eine Stichstraße führt nach **Evans Head,** einem Dorado für Hochseeangler. Der kleine Ort liegt am Nordrand des **Bundjalung National Park,** der ebenso wie der südlich gelegene **Yuraygir National Park** eine herrliche Küstenlandschaft mit einsamen Stränden und felsigen Landspitzen umfasst.

Infos

Clarence Visitor Information Centre: Pacific Highway (South Grafton), Tel. 02-66 42 46 77, www.clarencetourism.com, tgl. 9–17 Uhr.

Übernachten

Umweltfreundlich geführtes Motel ▶ Fitzroy Motor Inn: 27–29 Fitzroy St., Tel. 02-66 42 44 77, www.fitzroymotel.com.au. Für Umweltverträglichkeit ausgezeichnet, ruhig, mit Pool. DZ 117–133 A-$.

Camping ▶ Grafton Sunset Caravan Park: 302 Gwydir Hwy, Tel. 02-66 42 38 24, www.graftoncaravanpark.com. Cabins und Pool.

Termine

Jacaranda Festival (Okt./Nov.): Australiens ältestes Blumenfest.

Summerland Coast
▶ 1, W 12

Karte: S. 150

Ballina 12

Mit Bade- und Surfstränden an der Shaws Bay wartet **Ballina** auf, der südlichste einiger Ferienorte an der Summerland Coast, die sich bis zur Grenze von Queensland erstreckt. Neben anderen maritimen Exponaten zeigt das **Naval Museum** am Ortsrand das Balsaholzfloß »Atzlan«, mit dem 1973 vier Amerikaner die Seereise von Ecuador nach Australien wagten. Nach der 178 Tage dauernden und fast 14 000 km langen Pazifiküberquerung landeten sie an der Küste nahe Ballina (Las Balsas Plaza, Tel. 02-66 81 10 02, www.ballinamaritimemuseum.org.au, tgl. 9–16 Uhr, Erw. 2 A-$, Kinder 1 A-$).

Besucher sind auch auf der **Thursday Plantation** willkommen, wo das berühmte Teebaumöl hergestellt wird. In einem kleinen Laden beim Besucherzentrum kann man die für ihre antiseptische Wirkung bekannten Naturprodukte kaufen (Pacific Highway, Tel. 02-66 20 51 00, www.thursdayplantation.com, tgl. 9–17 Uhr, Eintritt frei).

Von **Lennox Head** 7 km nördlich der Stadt reicht der Blick über kilometerlange Strände bis zum **Cape Byron,** dem östlichsten Punkt des australischen Festlands (s. S. 156).

Infos

Ballina Tourist Information Centre: Las Balsas Plaza, Tel. 1800-77 76 66, www.discoverballina.com.au, tgl. 9–17 Uhr.

Wild und (meist) menschenleer: der Strand von Ballina

Übernachten

Nettes Strandhotel ▶ **Ballina Beach Resort:** Compton Drive (Lighthouse Beach), Tel. 02-66 86 88 88, 18 00-02 53 98, www.tropical nsw.com.au/bbr. Komfortables Resorthotel mit Pool und Restaurant, das auf die moderne australische Küche spezialisiert ist. DZ 138–256 A-$.

Zentral, aber ruhig ▶ **Ballina Travellers Lodge:** 36 Tamar St., Tel. 02-66 86 67 37, www.ballinatravellerslodge.com.au. Ruhiges Motel nahe dem Richmond River, mit Salzwasserpool. DZ ab 95 A-$.

Camping ▶ **Ballina Central Holiday Park:** 1 River St., Tel. 02-66 86 22 20, www.ballina-central-holiday-park.nsw.big4.com.au. Gut ausgestattet, gemütliche Cabins, öffentliches Schwimmbad in der Nähe.

Essen & Trinken

Mit Meerblick ▶ **Shelly's on the Beach:** 12 Shelley Beach Rd., Tel. 02-66 86 98 44, tgl. 7.30–15 Uhr. Stimmungsvolles Strandbistro mit leichter Frischeküche. Vorspeisen 12,50–18 A-$, Hauptgerichte 21,80–38 A-$.

Abstecher ins Hinterland

Lismore 🔟, eingebettet in eine Landschaft aus sanften Tälern und mit dichtem Regenwald bedeckten Hügeln, besitzt mit dem **Wilson River Heritage Centre** ein Naturkundemuseum von Rang (Molesworth Street/ Bruxner Highway, Tel. 02-66 26 01 00, www. visitlismore.com.au, Mo–Fr 9.30–16, Sa, So, Fei 10–15 Uhr, Erw. 8,50 A-$, Kinder 5 A-$, Familien 22 A-$).

Im **Tucki Tucki Nature Reserve** 15 km südöstlich von Lismore ist eine Kolonie frei lebender Koalas heimisch.

In **Nimbin** 🔟, etwa 30 km nördlich von Lismore, gründeten Anfang der 1970er-Jahre zahlreiche Aussteiger Landkommunen. Nordöstlich von Nimbin liegt der **Nightcap National Park** mit imposanten Wasserfällen.

Übernachten

… in Lismore:

Am Seeufer ▶ **Lakeside Lodge Motel:** 100 Bruxner Highway, Tel. 02-66 21 73 76, www.

lismoremotel.com.au. Ruhig, am Lismore Lake. DZ 99–130 A-$.

Camping ▶ **Lismore Palms Caravan Park:** 42–48 Brunswick St., Tel. 02-66 21 70 67, www.lismorepalms.com.au. Cabins und Pool.

Essen & Trinken

… in Lismore:

Weinbar mit Bistroküche ▶ **The Left Bank:** 133 Molesworth St., Tel. 02-66 22 23 38, tgl. 12–14.30, 18–22 Uhr. Moderne australische Küche. Vorspeisen 11,50–15,50 A-$, Hauptgerichte 19,50–32,50 A-$.

Byron Bay 15

In den 1960er-Jahren noch ein idyllisches Fischerstädtchen, hat sich **Byron Bay** inzwischen zu einer lebhaften, bisweilen schrillen Kulturstadt entwickelt, die mit Festivals und Events landesweit auf sich aufmerksam macht und vor allem ein jugendliches Publikum anzieht. Weil sich hier angeblich Kraftfelder und Energielinien treffen, wurde Byron Bay auch zu einem Treffpunkt der Esoteriker, Rebirther, Yogis und Tarotkartenleger sowie Aroma- und Klangtherapeuten. Der Ort, in dem es mehr Ökoläden als Supermärkte gibt, bietet neben einem attraktiven Kulturprogramm zahlreiche Freizeitaktivitäten. Auch Wellness-Urlauber kommen auf ihre Kosten. Herrlich sind die Strände, z. B. der Main Beach in der Stadt, die selbst in der Hauptsaison nicht überlaufen sind.

Das nahe gelegene **Cape Byron**, der östlichste Punkt des australischen Festlands, wurde von Kapitän Cook nach seinem Entdeckerkollegen John Byron benannt. Auf der felsigen Landspitze wacht ein 1901 erbauter Leuchtturm über die Wellenreiter, die am Watego Beach unterhalb des Kaps ihr Können zeigen. Vom Rundwanderweg Cape Byron Walking Track (3,6 km/1,5 Std.) bieten sich herrliche Ausblicke. Mit etwas Glück kann man Delfine sowie von Juli bis September sogar Buckelwale beobachten.

Infos

Byron Bay Visitor Centre: 80 Jonson St., Tel. 02-66 80 85 58, www.visitbyronbay.com.

Übernachten

Günstig gelegen ▶ Byron Motor Lodge:
Lawson/Butler Streets, Tel. 02-66 85 65 22,
www.byronmotorlodge.com. Behagliche Zimmer, Pool, strandnah. DZ ab 130 A-$.

Im Resort-Stil ▶ Byron Sunseeker Motel:
100 Bangalow Rd., Tel. 02-66 85 73 69, www.
byronsun.com.au. Strandnah, in einer tropischen Gartenanlage, mit schönem Pool. DZ
115–140 A-$, Bungalow 125–195 A-$.

Camping ▶ Clarkes Beach Caravan Park:
Lighthouse Rd., Tel. 02-66 85 64 96, www.
clarkesbeach.com.au. Gut ausgestattet, mit
Cabins, am Strand.

Essen & Trinken

Gehobene Thai-Küche ▶ Thai @ Byron:
Shop 10, Feros Arcade, 2 Johnson St., Tel.
02-66 85 67 37, www.thaiatbyron.com, tgl.
17.30–23 Uhr. Elegantes Thai-Restaurant mit
vielfältiger Karte. Vorspeisen 9,90– 18,90 A-$,
Hauptgerichte 14,90–27,90 A-$.

Gutes Fischlokal ▶ Fishmongers: Shop 1,
Bay Lane, Tel. 02-66 80 80 80, tgl. 11–22 Uhr.
Schlichtes Ambiente, aber hervorragende
Fischgerichte. Hauptspeisen ab 9,50 A-$.

Einkaufen

Straßenmarkt ▶ Byron Community Markets: Jeden 1. So im Monat 8–15 Uhr, www.
byronmarkets.com.au. Kunsthandwerk etc.

Aboriginal Art ▶ Dreamtime Journey: 4/11
Banksia Dr., Tel. 02-66 80 85 05, tgl. 10–17 Uhr.

Termine

Blues Festival (Ostern): Mehrtägiges Event
mit Blues-Musikern aus aller Welt.

Verkehr

Busse: Tgl. Busse von *Greyhound Australia,*
Tel. 13 00-47 39 46, und *Premier Motor Services,* Tel. 13 14 99, nach Sydney, Port Macquarie, Coffs Harbour und Brisbane.

Hastings Point und Tweed Heads

Auf der Weiterfahrt Richtung Queensland ist
man gut beraten, nördlich von Brunswick
Heads den Highway zu verlassen und der

schmalen Küstenstraße zu folgen. Die Szenerie bei **Hastings Point** 16 mit spektakulären
Klippen und kilometerlangen Sandstränden
ist zauberhaft. In **Bogangar** und **Kingscliff**
nördlich von Hastings Point hat das Leben einen ruhigeren Rhythmus als in der Touristenhochburg Gold Coast.

An der Grenze zu Queensland liegt der
Ferienort **Tweed Heads** 17, wo das **Minjungbal Aboriginal Cultural Centre** Einblicke in das Leben und die Kultur der Ureinwohner gewährt (Kirkwood Road, South
Tweed Heads, Tel. 07-55 24 21 09, Mo–Fr
10–16 Uhr, Erw. 16,50 A-$, Kinder 8,50 A-$,
Familien 41,50 A-$). Dort beginnt auch ein
Naturlehrpfad, der teils auf Holzstegen durch
ein Mangrovendickicht am Ufer des Tweed
River führt (Rundweg 1 km/30 Min.).

Gold Coast ▶ 1, W 12

Karte: S. 150
Rund 60 km südlich von Brisbane beginnt
Australiens populärste Ferienregion: die **Gold
Coast.** An den ca. 40 km langen Küstenstreifen strömen jedes Jahr mehr Besucher, als
Queensland Einwohner hat. Die Costa Brava
des Fünften Kontinents‹ ist fast bis zum Horizont mit himmelstürmenden Feriensilos für
den Pauschaltourismus und Apartmenthäusern für betuchte Pensionäre zugebaut.

Surfers Paradise 21

Hauptstadt der Gold Coast ist **Surfers Paradise.** Tagsüber tummelt sich alles am kilometerlangen Strand, nachts verlagern sich die
Aktivitäten in die Discos und Clubs. Für Abwechslung sorgt ein Besuch von **Ripley's Believe It or Not Museum** in der Cavill Mall, das
ein Sammelsurium skurriler Objekte präsentiert (Raptis Plaza, Tel. 07-55 92 00 40, www
.ripleys.com/surfersparadise, tgl. 9–23 Uhr,
Erw. 24,90 A-$, Kinder 13,50 A-$).

Barack Obama, Kylie Minougue und anderen Promis begegnet man im **Wax Museum,** dem größten Wachsmuseum der südlichen Hemisphäre (Elkhorn St./Ferny Ave.,
Tel. 07-55 38 39 75, www.waxmuseum.com.

aktiv unterwegs

Erkundungen im Tweed Valley und im Border Ranges National Park

Tour-Infos

Start: Murwillumbah, World Heritage Rainforest Centre (s. unten)
Länge: 206,5 km
Dauer: 5–6 Std. ohne Wanderungen, mit kürzeren Wanderungen 8–9 Std.
Information: World Heritage Rainforest Centre, Alma St./Tweed Valley Way, Tel. 02-66 72 13 40, 1800-11 82 95, www.tweedtourism.com.au, Mo–Sa 9–16.30, So 9.30–16 Uhr, Eintritt frei
Karte: S. 150

Das landschaftlich reizvolle Tal des Tweed River liegt abseits der großen Reiseströme, obwohl es einiges zu bieten hat. Schmale Straßen mäandern durch eine ›unaustralisch‹ kleinräumige Landschaft, die mit Bergen und Viehweiden ein wenig an das Alpenvorland erinnert. Im Norden begrenzen zwei Nationalparks das Tal, die zum UNESCO-Weltnaturerbe gehören: der Mount Warning National Park und der Border Ranges National Park.

Im Zentrum des **Mount Warning National Park** [18] ragt der 1157 m hohe Mount Warning auf, der einst den Schlot eines vor 20 Mio. Jahren aktiven Schildvulkans bildete. Im nördlich angrenzenden **Border Ranges National Park** [19] steht der größte zusammenhängende subtropische Regenwald Australiens mit Baumfarnen, Würgefeigen und uralten Antarktischen Buchen unter Schutz.

Die Erkundungstour beginnt und endet in dem sympathischen 9000-Seelen-Städtchen **Murwillumbah** [20], mit einer Zuckerraffinerie und Obstplantagen wirtschaftlicher Mittelpunkt des Tweed Valley. Zur Einstimmung empfiehlt sich ein Besuch im sehr informativen **World Heritage Rainforest Centre,** das über die geologischen und botanischen Besonderheiten der Region informiert. 10 km

südwestlich von Murwillumbah zweigt vom Highway 40 eine Stichstraße zum Mount Warning National Park ab. Wer den Berg besteigen will, sollte dafür einen Extra-Tag einplanen. Für den anstrengenden Aufstieg entschädigt ein grandioser Panoramablick (hin und zurück 9 km/4 Std.). Ideales Standquartier ist der Mount Warning Holiday Park.

Bei Lilian Rock (km 43,5) zweigt der **Tweed Range Scenic Drive** durch den Border Ranges National Park ab. Die Fahrt auf der gut 60 km langen, zumindest bei Trockenheit auch von Pkws befahrbaren Schotterstraße vermittelt in Verbindung mit kurzen Wanderungen auf markierten Pfaden einen guten Eindruck von der Flora des Nationalparks. Am südlichen Parkeingang (km 52,5) muss eine Eintrittsgebühr von 9,50 A-$/Auto entrichtet werden. Ab hier schlängelt sich die Piste durch subtropischen Regenwald.

Die **Bar Mountain Picnic Area** (km 60,5) ist der Startpunkt verschiedener Wanderungen. Mit informativen Schautafeln ist der Naturlehrpfad Falcorostrum Loop bestückt (Rundweg 750 m/20 Min.). Einen guten Eindruck vom subtropischen Regenwald vermittelt der markierte Bar Mountain Circuit (Rundweg 3,5 km/1,5–2 Std.).

Vom **Blackbutts Lookout** (km 63,5) öffnet sich ein herrliches Panorama des Mount Warning und der mächtigen Caldera des urzeitlichen Schildvulkans. Von einem Parkplatz an der Straße (km 70,0) läuft man 200 m zum **Pinnacle Lookout** mit dem vielleicht besten Blick auf den Mount Warning.

Bei km 78,5 zweigt der **Brindle Creek Loop** zur **Brindle Creek Picnic Area** (km 80,5) ab. Dort beginnen Wanderwege durch den Regenwald, der den idyllischen Brindle Creek säumt. Bereits auf dem kurzen Hermholtzia Loop (Rundweg 1 km/25 Min.) sieht man Zwergkängurus und Pennantsittiche. Zu einem 1000 Jahre alten, 48 m hohen Urwaldriesen führt der Red Cedar Loop (Rundweg 750 m/20 Min.). Etwas Kondition erfordert der Brindle Creek Walk (hin und zurück 9 km/4–5 Std.), auf dem man mit etwas Glück scheue Leierschwanzvögel (Lyrebirds) sichtet.

Von Moos und Flechten bewachsene, bis zu 2000 Jahre alte Buchen kann man bei der **Antarctic Beech Picnic Area** (km 85,5) bewundern. Ein fantastischer Cinemascope-Blick bietet sich vom **Tweed Valley Lookout** (km 87,5). Bei km 88,5 endet der Brindle Creek Loop und es geht wieder weiter auf dem Tweed Range Scenic Drive.

Ein schöner, wenn auch etwas entlegener Campingplatz auf einer Lichtung im Regenwald befindet sich bei der **Forest Tops Picnic Area** (km 93,0). Nach weiteren 5 km passiert man den westlichen Parkeingang. Die in der Nähe gelegene **Sheepstation Creek Camping Area** (km 99,0) ist ideal für Besucher, die etwas länger bleiben möchten.

Ab km 110,0 rollen die Räder wieder auf Asphalt. Man kann entweder auf der reizvollen **Lions Tourist Road** durch die McPherson Range (s. S. 161) nach Queensland fahren oder auf dem **Summerland Way** über Kyogle nach Murwillumbah zurückkehren.

Übernachten

Hillcrest Mountain View Retreat: Upper Crystal Creek Road, Crystal Creek, Tel. 02-66 79 10 23, www.hillcrestbb.com. Gemütliches B & B auf einem Hügel mit herrlichem Blick auf die Berge, Pool. DZ 145–195 A-$.

Tweed River Motel: 55 Tweed Valley Way, Tel. 02-66 72 39 33, www.tweedrivermotel. com.au. Angenehmes Haus mit Restaurant und Pool. DZ 95–120 A-$.

Mount Warning Rainforest Park: 153 Mount Warning Rd., Tel. 02-66 79 51 20, www.mt warningrainforestpark.com. An der Zufahrtsstraße zum Mount Warning National Park, guter Campingplatz mit Cabins und Pool.

Fast wie im Allgäu: Die Landschaft des Tweed Valley erinnert an das Alpenvorland

au, tgl. 10–22 Uhr, Erw. 18,95 A-$, Kinder 10,95 A-$, Familien 48,95 A-$).

Themen- und Tierparks

Publikumsmagnet der Region ist die **Sea-world** in **Southport.** Zu Australiens weitläufigstem Marinepark gehören ein Ozeanarium mit Haien, Rochen und anderen Fischen, ein Wasserpark mit Schwimm- und Plantschbecken sowie ein Freizeitpark mit Wasserski- und Tierdressur-Shows (Tel. 07-55 19 62 00, www.seaworld.com.au, tgl. 9.30–17.30 Uhr, Erw. 89,99 A-$, Kinder 69,99 A-$).

Großer Beliebtheit erfreuen sich auch die nach Disney-World-Muster gestrickten Vergnügungsparks der Umgebung. Drei davon liegen einige Kilometer nördlich bei **Coomera** am Pacific Highway. **Dreamworld** bietet eine Achterbahn, ein Koala-Gehege und eine nachgebaute Goldrauschstadt (Tel. 18 00-07 33 00, www.dreamworld.com.au, tgl. 9.30–17 Uhr, Erw. 99,99 A-$, Kinder 79,99 A-$). In **Movie World** kann man einen Blick hinter die Kulissen von Film und Fernsehen werfen (Tel. 07-55 73 84 85, www.movieworld.com.au, tgl. 10–17 Uhr, Erw. 89,99 A-$, Kinder 59,99 A-$). Mit einem riesigen Wellenbad, Wasserrutschen und mehreren Pools lockt **White Water World** (Tel. 18 00-07 33 00, www.whitewaterworld.com.au, tgl. 10–17 Uhr, Erw. 59,99 A-$, Kinder 39,99 A-$).

Einen Kontrast bilden Naturschutzgebiete und Tiergärten. Auf einer felsigen Landspitze breitet sich südlich des gleichnamigen Orts der kleine **Burleigh Heads National Park**

Tipp: Three Park Fun Pass

Dieser Pass bietet fünf Tage lang freien Eintritt zu den Themenparks Seaworld, Movie World und White Water World. Kosten: Erw. 189,99 A-$, Kinder 139,99 A-$. Er ist erhältlich bei Automobilclubs und Reiseagenturen oder online unter www.myfun.com.au. Zu allen Parks gibt es Zubringerbusse ab Brisbane und Surfers Paradise, Auskunft und Buchung unter Tel. 07-55 92 34 88.

---

aus. In West Burleigh liegt der **David Fleay Wildlife Park** mit Kängurus, Koalas und anderen einheimischen Tieren (Tel. 07-55 76 24 11, www.fleayswildlife.com.au, tgl. 9–17 Uhr, Erw. 19,95 A-$, Kinder 8,95 A-$, Familien 49,60 A-$). Vogelliebhaber zieht es ins **Currumbin Wildlife Sanctuary** bei Currumbin. Hier kann man in der größten begehbaren Voliere der südlichen Hemisphäre teils seltene australische Vögel beobachten. Es gibt auch Freigehege mit Koalas und Baumkängurus (Gold Coast Highway, Tel. 07-55 34 12 66, www.cws.org.au, tgl. 8–17 Uhr, Erw. 49 A-$, Kinder 33 A-$, Familien 131 A-$).

Infos

... in Surfers Paradise:
Gold Coast Visitor Information Centre: Cavill Mall, Tel. 13 00-30 94 40, www.visitgoldcoast.com, Mo–Fr 8.30–17.30, Sa 9–17, So u. Fei 9–15.30 Uhr.

Übernachten

... in Southport:
Extravagantes Luxushotel ▶ **Palazzo Versace:** Sea World Drive, Tel. 07-55 09 80 00, 1800-09 80 00, www.palazzoversace.com.au. In eine Wasserlandschaft eingebettetes Hotel im historisierenden Stil, mit Wellnesscenter. DZ 370–550 A-$, Suite 575–1195 A-$.

... in Surfers Paradise:
Komfortables Ferienresort ▶ **BreakFree Beachcomber Surfers Resort:** 18 Hanlan St., Tel. 13 00-98 76 02, www.breakfree.com.au. Spitzenhotel mit Bar, Restaurant, Pool, Fitnesscenter. DZ ab 174 A-$.

Camping ▶ **Main Beach Tourist Park:** 3600 Main Beach Pde., Tel. 07-56 67 27 20, www.goldcoasttouristparks.com.au. Cabins.

... in North Burleigh Heads:
Geräumige Studios ▶ **Outrigger Burleigh Heads Resort:** 2007 Gold Coast Hwy., Tel. 07-55 35 11 11, www.outriggerresort.com.au. Sehr geschmackvolles Motel im mediterranen Stil, Restaurant, Pool. DZ 125–185 A-$.

... in Coolangatta:
Ideal für Familien ▶ **Calypso Plaza:** 99 Griffith St., Tel. 07-55 99 00 00, 1300-66 22 93, www.theoaksgroup.com.au. Gutes Sea-

food-Restaurant, großer Pool. Apartment ab 165 A-$.

Essen & Trinken

… in Southport:

Mit Hafenblick ▶ Grumpy's Wharf Restaurant: Mariners Cove, Sea World Drive, Tel. 07-55 31 61 77, tgl. 11.30–14.30, 17.30–23 Uhr. Seafood und Steaks vor Hafenpanorama. Vorspeisen 14–22 A-$, Hauptgerichte 24–48 A-$.

… in Burleigh Heads:

Verwöhnadresse ▶ Oskars on Burleigh: Burleigh Beach Pavilion, 43 Goodwin Tce., Tel. 07-55 76 37 22, www.oskars.com.au, tgl. 12–15, 17.30–22.30 Uhr. New Australian Cuisine mit Schwerpunkt Seafood. Vorspeisen 16–26,50 A-$, Hauptgerichte 38–48 A-$.

Verkehr

Busse: Terminals in Southport (Scarborough Street), Surfers Paradise (Beach/Cambridge Roads), Coolangatta (Griffith/Warner Streets). Tgl. Busse von Greyhound Australia, Tel. 13 00-47 39 46, nach Sydney, Port Macquarie, Coffs Harbour, Byron Bay und Brisbane. Tgl. 7–22 Uhr alle 60 Min. Busse von Coachtrans, Tel. 07-33 58 97 00, www.coachtrans.com. au, nach Brisbane. Vom Brisbane Airport fährt tagsüber alle 30 Min. eine S-Bahn an die Gold Coast, von Coachtrans gibt es einen Shuttlebus direkt zur Unterkunft. Im Stadtgebiet pendeln Translink-Busse auf 15 Routen. Für Vielfahrer lohnt sich die wiederaufladbare Go-Card (erhältlich z. B. in Seven-Eleven-Läden, 11,50 A-$, Infos auf www.translink.com.au).

Tamborine Mountain National Park **22**

Wer von dem künstlichen Urlaubsparadies an der Gold Coast genug hat, findet im Hinterland unberührte Natur. Im **Tamborine Mountain National Park** 30 km nordwestlich von Southport kann man den Regenwald aus ungewöhnlicher Perspektive erleben: von einem Laufsteg, der in bis zu 30 m Höhe durch die Baumkronen führt (Tamborine Mountain Rd., Tel. 07-55 54 23 33, www.rainforestskywalk. com.au, tgl. 9.30–16 Uhr, Erw. 19,50 A-$, Kinder 9,50 A-$, Familien 49 A-$).

Lamington National Park und Springbrook National Park

Ein weiteres Ausflugsziel ist der 1000 m hoch gelegene **Lamington National Park 23**, der sich über die McPherson Range erstreckt, einen Gebirgszug vulkanischen Ursprungs. Der Park schützt einen der ältesten subtropischen Regenwälder der Erde, in dem u. a. die seltenen Antarktischen Buchen zu finden sind. Startpunkt für Wanderungen im Westteil des Parks ist das O'Reilly's Rainforest Guesthouse (s. u.) mit einer Ranger Station. Der Moran Falls Track führt zu Wasserfällen (hin und zurück 6 km/1,5 Std.), der Python Rock Track zu einem Aussichtsfelsen (hin und zurück 5 km/1,5 Std.). Ein ›Muss‹ ist der Tree Top Walk, der teils auf Hängebrücken hoch in den Wipfeln von Bäumen verläuft. Wanderungen in der östlichen Parkregion starten bei der Binna Burra Mountain Lodge (s. u.), die ein Besucherzentrum des National Parks and Wildlife Service beherbergt.

Östlich des Lamington National Park erstreckt sich der aus mehreren kleineren Naturreservaten bestehende **Springbrook National Park 24**, der mit großartigen Wasserfällen aufwartet. Nicht verpassen darf man den Panoramablick vom **Best of All Lookout.** Eine Ausstellung über die Region sowie Infos über Wanderungen gibt es im Springbrook Information Centre im Bergdorf **Springbrook** (www.springbrook.info, tgl. 8–17 Uhr).

Infos

Queensland Parks & Wildlife Service: Green Mountains, Tel. 07-55 44 06 34; Binna Burra, Tel. 07-55 33 35 84, Mo–Fr 13–15.30 Uhr.

Übernachten

Rustikal ▶ O'Reilly's Rainforest Guesthouse: Tel. 07-55 44 06 44, 18 00-68 87 22, www.oreillys.com.au. Komfortabel und familiär, Wanderungen, Ausflüge im Allradbus. Nahebei einfacher Camping. DZ 215–395 A-$.

Schön in die Natur integriert ▶ Binna Burra Mountain Lodge: Tel. 07-55 33 36 22, 1300-24 66 22, www.binnaburralodge.com. au. Bungalows mit 4–6 Betten, Restaurant, Camping. DZ 195–375 A-$ (inkl. Frühstück).

New England Tableland

Eine empfehlenswerte Alternative zum viel befahrenen Pacific Highway an der Küste ist die Fahrt auf dem New England Highway durch das Hinterland von Queensland und New South Wales. Australiens größtes Hochplateau beherbergt nicht nur einige der schönsten Nationalparks des Landes, sondern auch mehrere historisch bedeutsame Orte sowie Tamworth, die ›Australian Country Music Capital‹.

Der New England Highway beginnt bei Newcastle (s. S. 149) und führt von der Küste zunächst durch das untere Hunter River Valley (s. S. 149), bis er sich hinter Muswellbrook langsam ins Hochland hinaufschwingt. Mit 33 000 km² ist das New England Tableland die ausgedehnteste Hochlandfläche Australiens. Feuchte ozeanische Luftmassen sorgen in den Wintermonaten für Schneefälle und in den Sommermonaten für häufige Gewitter und Hagelstürme. Aufgrund der ergiebigen Niederschläge und mineralstoffreichen Böden hat sich das Hochland zu einer produktiven Agrarregion entwickelt. Klima und Landschaftsbild erinnerten die Pioniersiedler an ihr Mutterland, sodass sie ihrer neuen Heimat den Namen New England gaben.

Scone und Umgebung
▶ 1, U 14

Karte: S. 150
Den Südrand des New England Tableland markiert das Städtchen **Scone** 25, das als *Horse Capital of Australia* ein Ziel für Pferdenarren ist. In mehreren Gestüten freut man sich über Besucher, etwa in den **Pine Lodge Thoroughbreds** (Moobi Road, Tel. 02-65 45 31 02, Anmeldung erbeten). Die Höhepunkte des lokalen Festkalenders bilden Reitturniere und andere Pferdesportveranstaltungen.

20 km nördlich von Scone liegt am New England Highway der **Burning Mountain,** ein vor einigen tausend Jahren wahrscheinlich durch Blitzschlag entzündetes Kohleflöz, das heute noch glimmt. Auf den Gipfel des ›Brennenden Berges‹, wo schwefeliger Rauch aus Felsspalten quillt, führt der Naturlehrpfad Burning Mountain Walking Track (hin und zurück 3,5 km/1,5 Std.).

Für Naturliebhaber empfiehlt sich auch ein Abstecher in den **Barrington Tops National Park** 26, der durch seine Ursprünglichkeit besticht. Das bis zu 1590 m aufragende, zerklüftete Bergmassiv umfasst gemäßigten Regenwald, tiefe Schluchten und tosende Wasserfälle und ist ein Dorado für Bergwanderer und Kletterer. Einen guten Eindruck von der Region vermittelt eine Fahrt entlang dem 145 km langen Barrington Tops Forest Drive zwischen Scone und Gloucester.

Infos
Scone Information Centre: Kelly Street, Tel. 02-65 45 15 26, Mo–Fr 9–17, Sa, So 10–15.30 Uhr.

Übernachten
Viktorianisches Juwel ▶ **Airlie House Motor Inn:** 229 New England Highway, Tel. 02-65 45 14 88, www.airliehouse.com.au. Ruhiges Motel mit dem Flair vergangener Zeiten, gut ausgestatteten Zimmern, Restaurant und Pool. DZ 135–180 A-$.
Camping ▶ **Scone Caravan Park·** New England Highway, Tel. 02-65 45 20 24. Sehr gut ausgestattet, mit Cabins.

Aktiv

Reiten ▶ **Scone Stud Tours:** Tel. 02-65 45 33 37. Geführte Touren zu verschiedenen Gestüten (ab 95 A-$).

Tamworth und Umgebung

▶ 1, U 13

Karte: S. 150

Tamworth 27, das Versorgungszentrum der Region, ist mit wenigen optischen Highlights gesegnet, dafür aber landesweit bekannt als ›Hauptstadt der Country Music‹. Jährlich im Januar, wenn das zehntägige **Country Music Festival** stattfindet, wird der Ort zum Ziel Zehntausender Fans aus allen Ecken des Kontinents. Vor 40 Jahren erklangen die Gitarren erstmals im Rahmen dieses Festivals – dem größten seiner Art auf der Südhalbkugel – in der Provinzstadt, die sich seitdem zu einer Art australischen Nashville entwickelt hat. An die 2000 Acts von mehr als 600 Musikern stehen auf dem Programm, hinzu kommen Jam Sessions und Straßenmusik.

Als Wahrzeichen der Stadt ragt an der südlichen Peripherie die 12 m hohe **Big Golden Guitar** empor. Hier befindet sich auch das **Gallery of Stars Wax Museum,** das mittels Wachsfiguren die Geschichte der australischen Country Music dokumentiert, weiterhin gibt es einen großen Souvenir- und Musikshop sowie ein Café (New England Highway, Tel. 02-67 65 26 88, www.biggolden guitar.com.au, tgl. 9–17 Uhr, Erw. 9,50 A-$, Kinder 7 A-$, Familien 26 A-$). Country-Music-Anhänger zieht es auch zum **Hands of Fame Memorial** nahe dem Tamworth Visitors Centre, wo Größen der australischen Country Music ihre Handabdrücke in Beton hinterlassen haben. Ein weiter Blick über Tamworth und das New England Tableland bietet sich vom Oxley Lookout im Norden der Stadt.

Ein für Fotografen und Freunde von Goldgräberromantik lohnender Abstecher führt in das historische Dorf **Nundle** 28 65 km südöstlich, das sein Bild aus der Kolonialzeit nahezu komplett erhalten konnte. Um die Fördertürme und Lagerschuppen des einstigen Goldbergwerks gruppieren sich Holzhäuser und Wellblechbuden, zwischen denen alte Loren, Zahnräder, Dampfhämmer und Gleise von Gras überwuchert werden.

Ungefähr 40 km nordöstlich von Tamworth kann man vom New England Highway gen Osten auf den Oxley Highway abzweigen und zum **Apsley Gorge National Park** 29 fahren, wo die Apsley Falls und die Stony Falls in eine tiefe Schlucht donnern. Von Aussichtspunkten am Oxley Walk bieten sich herrliche Blicke (hin und zurück 4 km/1 Std.).

Infos

Tamworth Visitors Information Centre: Peel/Murray Streets, Tel. 02-67 67 53 00, www.visittamworth.com, tgl. 9–17.

Übernachten

Familiär und nicht zu teuer ▶ **Town and Country Motor Inn:** 217 Goonoo Goonoo Rd. (South Tamworth), Tel. 02-67 65 32 44, www.townandcountrymotorinn.com.au. Kleines familiengeführtes Motel mit Pool und gepflegtem Garten. DZ 112–127 A-$.

Für Country-Music-Fans ▶ **Sundance Park:** New England Hwy., Tel. 02-67 65 79 22, www.sundancepark.com.au. Von weitläufiger Gartenanlage umgeben, mit Restaurant und Pool in Gitarrenform. DZ 99–115 A-$.

Camping ▶ **Paradise Tourist Park:** 575 Peel St., Tel. 02-67 66 31 20. www.paradise touristpark.com.au. Gut ausgestattet, mit Cabins, schöne Lage am Fluss.

Tipp: Transport im Hinterland

Alle größeren Orte am New England Highway sind problemlos mit öffentlichen Verkehrsmitteln zu erreichen. Von Toowoomba, Warwick, Glen Innes, Armidale, Tamworth und Scone gibt es täglich Züge nach Brisbane und Sydney; Infos: Countrylink, Tel. 13 22 32. Die gleichen Orte werden von Bussen der Gesellschaft Greyhound Australia, Tel. 1300-47 39 46, und regionalen Buslinien bedient.

Bumerangs: Meisterwerke der Aerodynamik

Thema

Obwohl nicht die bedeutendste, ist der Bumerang doch die bekannteste aller Waffen der australischen Ureinwohner. Dieses für die Kultur der Aborigines typische Wurfholz ist ein uraltes Instrument. Im Torfboden eines Sumpfgebiets erhalten gebliebene hölzerne Fragmente beweisen, dass Bumerangs bereits vor 10 000 Jahren in Gebrauch waren.

Allerdings kannte man die Krummhölzer nicht in allen Teilen des Fünften Kontinents, die Aboriginal-Stämme in Tasmanien und Nordaustralien benutzten sie nicht. Ihre Anwendung wäre bei dem oft sehr dichten Baumbestand in diesen Regionen auch gar nicht möglich gewesen.

Man unterscheidet zwei Arten von Bumerangs: die nicht zurückkehrende und die zurückkehrende Variante. Zur Jagd benutzten die Aborigines fast nur die nicht zurückkehrenden Krummhölzer, die sich durch eine sehr massive Form auszeichnen und in einer geraden Flugbahn geworfen werden. Diese Variante diente beim Jagen kleinerer Tiere auch als Schlagwaffe. Die Rückkehrbumerangs, die perfekten Meisterwerke der Aerodynamik, sind als Jagdwaffe nur bedingt tauglich – etwa zum Treiben von Beutetieren. Meist werden sie als reine Spielgeräte verwendet.

Da die persönliche Habe der nomadisierenden Ureinwohner auf ein Minimum beschränkt sein musste, hatten Bumerangs auch noch andere Funktionen. So konnten sie als Sichel zum Grasmähen ebenso eingesetzt werden wie als ›Schaufel‹ zur Nahrungssuche. Bei zeremoniellen Veranstaltungen dienten zwei aneinander geschlagene Bumerangs als Rhythmusinstrument zur Begleitung der Sänger.

Beliebte Souvenirs: mit traditionellen Motiven bemalte Bumerangs

Essen & Trinken

Elegantes Hotelrestaurant ▶ The Work-shop: 248 Armidale Road, Tel. 02-67 66 70 00, tgl. 11.30–15, 17.30–22 Uhr. Moderne australische Küche. Vorspeisen 20,90–24,90 A-$, Hauptgerichte 29,90–49,90 A-$.

Steaks at their best ▶ Stetsons Steakhouse Saloon: Craigends Lane/New England Hwy., Tel. 02-67 62 22 38, tgl. 18–23 Uhr. Lokal mit Wildwestflair, Steaks vom Grill. Hauptgerichte 24,50–42 A-$.

Armidale ▶ 1, V 13

Karte: S. 150

Während Tamworth sein Cowboy- und Hillbilly-Image pflegt, weckt die Universitätsstadt **Armidale** 30 Erinnerungen an die englischen Städte Oxford und Cambridge. Dazu tragen hübsche Gärten und gepflegte Parks ebenso bei wie die neogotische St. Mary's Cathedral, die anglikanische Cathedral of St. Peter sowie mehr als 30 weitere Gebäude aus dem 19. Jh. im viktorianischen Stil. Relikte der kurzen Historie kann man im **Armidale Folk Museum** bewundern (Faulkner/Rusden Streets, Tel. 02-67 70 35 36, tgl. 13–16 Uhr, Eintritt frei. Im **New England Regional Art Museum** werden Werke bedeutender australischer Maler gezeigt (Kentucky St., Tel. 02-67 72 52 55, www.neram.com.au, Di–Fr 10–17, Sa, So 10–16 Uhr, Eintritt frei), während das benachbarte **Aboriginal Cultural Centre and Keeping Place** Einblicke in die Kultur der Ureinwohner gibt (Kentucky St., Tel. 02-67 71 36 06, www.acckp.com.au, Mo–Fr 9–16, Sa, So 10–14 Uhr, Eintritt frei, Spende erbeten). Den Lebensstil des Bürgertums im kolonialen Australien zeigt die **Saumarez Homestead** nahe dem Flughafen mit Originalmobiliar von 1888 (New England Highway, Tel. 02-67 72 36 16, Führungen Sa, So, Fei 10.30, 14 und 15.30 Uhr, Erw. 12 A-$, Kinder 8 A-$).

Infos

Armidale Visitors Centre: 82 Marsh St., Tel. 18 00-62 77 36, www.armidaletourism.com.au, tgl. 9–17 Uhr.

Übernachten

Englischer Country-Charme ▶ Moore Park Inn: Uralla Road, Tel. 02-67 72 23 58, www.mooreparkinn.com.au. Elegantes Motel mit kolonialem Flair, Restaurant und Pool. DZ 145–199 A-$.

Ruhig & familiär ▶ Alluna Motel: 180 Dangar St., Tel. 02-67 72 62 26, www.allunamotel.com.au. Makellose Zimmer, freundlicher Service, kleiner Pool, zentral. DZ ab 95 A-$.

Camping ▶ Highlander Van Village: 76 Glen Innes Rd. (North Armidale), Tel. 02-67 72 47 68, www.highlandervanvillage.com. Sehr gut ausgestattet, Cabins und Pool.

Essen & Trinken

Mehrfach prämiert ▶ Archie's on the Park: Uralla Rd., Tel. 02-67 72 23 58, Mo–Sa 18.30–23 Uhr. Kreative Gerichte der New Australian Cuisine. Vorspeisen 15–17 A-$, Hauptgerichte 24–45 A-$.

Einkaufen

Straßenmarkt ▶ Armidale Markets: The Mall, letzter So im Monat 9–13 Uhr. Straßenmarkt für Kunst und Kunsthandwerk.

Waterfall Way ▶ 1, V 13

Karte: S. 150

Wollomombi Falls 31

Die Panoramastraße Waterfall Way, die sich von Armidale durch das New England Tableland hinab in die Küstenebene windet, erschließt einige der schönsten Wasserfälle des Landes. Den Auftakt bilden die spektakulären **Wollomombi Falls,** die 40 km östlich von Armidale in tosenden Kaskaden über eine Felswand in eine Schlucht von atemberaubender Schönheit donnern. Der Name Wollomombi entstammt einem Idiom der Aborigines und bedeutet ›Treffpunkt der Gewässer‹. Von den Aussichtspunkten Wollomombi Falls Lookout, Checks Lookout und Gorge Lookout bieten sich überwältigende Blicke auf die 260 m hohen Wasserfälle, die zu den höchsten in ganz Australien gehören.

New England Tableland

New England National Park 32

Gut 80 km östlich von Armidale berührt der Waterfall Way den **New England National Park.** Wanderwege schlängeln sich durch das windzerzauste und regenreiche Naturschutzgebiet, dessen Vegetation gemäßigten Regenwald in den Talsohlen bis zu subalpinen Hochmooren und Schnee-Eukalypten in den Hochlagen umfasst. Eine 15 km lange geschotterte, auf den beiden letzten sehr steilen Kilometern geteerte Stichstraße windet sich zum 1563 m hohen **Point Lookout** hinauf. Vom höchsten Aussichtspunkt des New England Tableland reicht bei schönem Wetter der Blick über dicht bewaldete Bergketten bis zur 60 km entfernten Pazifikküste.

Am Banksia Point beginnen Wanderungen, die einen guten Eindruck von der üppigen Vegetation des gemäßigten Regenwalds vermitteln, etwa der Banksia Point Circular Walk (Rundweg 2 km/1 Std.), der Lyrebird Walk (Rundweg 7 km/3 Std.) und eine kurze Wanderung (hin/zurück 1 km) zum Weeping Rock, einer breiten, steil abfallenden Felswand mit mehreren kleinen Wasserfällen.

Cathedral Rock National Park, Guy Fawkes River National Park

Nördlich des Waterfall Way dehnt sich der **Cathedral Rock National Park** 33 mit bizarren Granitfelsen aus. Die Barokee Area mit Camping- und Picknickplatz dient als Ausgangspunkt für den Cathedral Rock Circuit Walk (Rundweg 6 km/3 Std.).

Wer der Zivilisation einmal den Rücken kehren will, ist im **Guy Fawkes River National Park** 34 gut aufgehoben. Das Quellgebiet verschiedener Flüsse ist eine ungebändigte, dramatische Landschaft.

Ebor Falls

Nahe dem Städtchen **Ebor** 35 am Waterfall Way donnern die vom Guy Fawkes River gebildeten **Ebor Falls** in zwei Kaskaden über steile Sandsteinfelsen 300 m tief ins Tal. Eine faszinierende Aussicht bietet sich auf dem kurzen Spazierweg zwischen Lower Falls Lookout und Upper Falls Lookout entlang der Kliffabbruchkante.

Dorrigo National Park 36

Wenige Kilometer nach Ebor biegt der Waterfall Way Richtung Osten ab. Am Rande eines der letzten geschlossenen subtropischen Regenwälder Australiens liegt in einer Höhe von 762 m das Städtchen Dorrigo und 4 km östlich der **Dorrigo National Park.** Das Naturreservat, das die von Holzfällern verschonten Reste des Regenwalds auf dem Dorrigo Plateau schützt, wird von einem Netz unterschiedlich langer Wanderwege erschlossen. Sie führen zu den Wasserfällen des Parks und

zu diversen Aussichtspunkten mit schönem Blick über die Küstenebene. Einen grandiosen Blick aus der Vogelperspektive genießt man von der spektakulär in einen Berghang gebauten Aussichtsplattform **Skywalk.** Vertiefen lassen sich die Eindrücke im **Dorrigo Rainforest Centre** (Dome Road, Tel. 02-66 57 23 09, tgl. 9–16.30 Uhr, Eintritt frei).

2 km nördlich von Dorrigo stürzen die kleinen **Dangar Falls** in eine Schlucht, und 8 km östlich liegt mit dem **Griffith Mountain Top Lookout** ein weiterer Aussichtspunkt.

Infos

Dorrigo Tourist Information Centre: 36 Hickory Street, Tel. 02-66 57 24 86, www.visit waterfallway.com.au, Mo–Fr 9–17, Sa, So 10–16 Uhr.

Übernachten

Schön gelegen ▶ **The Lookout Motor Inn:** Maynard Plains Road, Tel. 02-66 57 25 11, www.lookoutmotorinn.com.au. 4 km östlich von Dorrigo in herrlicher Lage, mit gemütlichen Zimmern, gutem Restaurant und urigem

Für die Weideflächen im Hochland mussten große Waldgebiete weichen

New England Tableland

Pub. Kinderspielplatz und kleines Tiergehege. DZ 106–119 A-$.

Historisches Pub-Motel ▶ Dorrigo Heritage Hotel Motel: Cudgery St. (Dorrigo), Tel. 02-66 57 20 16, www.hotelmoteldorrigo.com.au. Einfache, aber ordentliche Zimmer in einem Kolonialgebäude, im Pub leckere, preiswerte *Counter Meals*. DZ 65–90 A-$.

Camping ▶ Dorrigo Mountain Resort Caravan Park: Waterfall Way (östl. Ortsrand), Tel. 02-66 57 25 64, www.dorrigmountain resort.com.au. Mit gemütlichen Cabins.

Bellingen 37

Vom Hochland schwingt sich die Straße hinab ins Tal des Bellinger River, bevor sie kurz hinter dem Städtchen **Bellingen** südlich von Coffs Harbour auf den Pacific Highway trifft (s. S. 153). In der einstigen Holzfällerstadt haben sich viele Kunsthandwerker niedergelassen, die ihre Produkte in Galerien und Läden entlang der Hauptstraße anbieten. Beim alljährlich am dritten Augustwochenende stattfindenden Bellingen Jazz Festival geben sich Top-Jazzer aus aller Welt ein Stelldichein.

Übernachten

Elegant & intim ▶ Bellingen Valley Lodge: 1381 Waterfall Way, Tel. 02-66 55 15 99, www.bellingenvalleylodge.com.au. Restaurant, Wellnesscenter, Pool. DZ ab 118 A-$.

Glen Innes ▶ 1, V 13

Karte: S. 150

Im 1000 m hoch gelegenen **Glen Innes** 38, das Mitte des 19. Jh. Einwanderer aus Schottland, Irland und Wales gründeten, werden keltische Traditionen wachgehalten. Auf einem Hügel, der den Bergort im Osten überragt, hat man zum Gedenken der keltischen Pioniersiedler Menhiren nachempfundene Steinsetzungen errichtet. Als Vorbild diente der prähistorische Ring of Brodgar auf den schottischen Orkney-Inseln. Die Standing Stones sind auch der Schauplatz des jährlich stattfindenden Celtic Festival. Von den Pioniertagen des Städtchens mit gut erhaltenen

Kolonialgebäuden berichtet das **Land of the Beardies History Museum** (West Ave./Ferguson St., Tel. 02-67 32 10 35, www.beardies historyhouse.info, Mo–Fr 10–12, 13–16, Sa, So 13–16 Uhr, Erw. 7,50 A-$, Kinder 4,50 A-$, Familien 19,50 A-$).

Einen Eindruck von den schwierigen Arbeitsverhältnissen in einem Bergwerk des 19. Jh. vermittelt das **Mining Museum** im 40 km nordwestlich gelegenen Emmaville (86 Moore St., Tel. 02-67 34 70 25, www.mining museum.emmaville.net, Fr–Mi 10–16 Uhr, Erw. 3,50 A-$, Kinder Eintritt frei).

Infos

Glen Innes Tourist Office: New England Highway, Tel. 02-67 30 24 00, www.glenninnes tourism.com, Mo–Fr 9–17, Sa, So 9–15 Uhr.

Übernachten

Gut & günstig ▶ Central Motel: 131 Meade St., Tel. 02-67 32 22 00, www.centralmotel gi.com.au. Einfach, aber sauber, ruhig, mit Pool. DZ 95–125 A-$.

Camping ▶ Craigieburn Tourist Park: New England Highway, Tel. 02-67 32 12 83, www.craigieburntouristpark.com.au. Mit Cabins und On-Site-Vans, in natürlichem Buschland.

Termine

Australian Celtic Festival (1. Wochenende im Mai): Keltenfest mit Musik und Tanz.

Gibraltar Range National Park ▶ 1, V 13

Karte: S. 150

Glen Innes eignet sich als Basis, um den südlich des Gwydir Highway gelegenen **Gibraltar Range National Park** 39 zu erkunden. Wegen seiner einzigartigen Fauna und Flora wurde er zum UNESCO-Weltnaturerbe ernannt. Granitfelsen und offene Eukalyptuswälder prägen das Schutzgebiet, das sich in den Frühlingsmonaten in ein farbenprächtiges Wildblumenparadies verwandelt. Besonders häufig kommt hier die Waratah vor, das Blütensymbol von New South Wales.

Vom Besucherzentrum am Gwydir Highway mäandert eine schottrige Straße 10 km lang durch Eukalyptuswälder und Grassavannen sowie Heide- und Moorlandschaften zur Mulligans Hut mit Camping- und Picknickplatz, dem Ausgangspunkt für Wanderungen im Park. Ziel einer empfehlenswerten Tour ist das Granitmassiv The Needles (hin und zurück 6 km/2 Std.).

Washpool National Park
▶ 1, V 12

Karte: S. 150

3 km östlich des Visitors Centre am Gwydir Highway befindet sich die Zufahrt zum ebenfalls UNESCO-geschützten **Washpool National Park 40,** den gemäßigter Regenwald und Felsformationen vulkanischen Ursprungs dominieren. Eine gute Schotterstraße führt zur 1 km entfernten Granite Picnic Area. Dort beginnt der kurze Granite Loop Walk, der zwei Aussichtspunkte verbindet. Einen guten Eindruck von der üppigen Vegetation des subtropischen Regenwalds, in dessen Wipfeln sich häufig Nebelfetzen verfangen, vermittelt der Washpool Walk (Rundweg 8,5 km/3,5 Std.). Ausgangspunkt ist der Coombadjha-Picknickplatz, erreichbar auf einer 3 km langen Schotterpiste.

Darling Downs   ▶ 1, V 12

Karte: S. 150

Tenterfield 41
Jenseits der Grenze zu Queensland geht das New England Tableland in bis zu 700 m hohes Tafelland über: die Darling Downs. Am südlichen Rand dieser Agrarregion, noch in New South Wales, liegt **Tenterfield.** In dem Städtchen, das sich mit dem Beinamen ›Birthplace of our Nation‹ schmückt, fand ein bedeutendes Ereignis in der kurzen Geschichte des ›weißen Australien‹ statt: In der School of Arts hielt Sir Henry Parkes, der damalige Premier von New South Wales, am 24. Oktober

1889 seine berühmte Föderationsrede ›One Nation‹, die zwölf Jahre später zur Gründung des Commonwealth of Australia führte.

Bald Rock National Park
Nördlich von Tenterfield ragt der **Bald Rock** auf, der größte Granitmonolith von Australien. Ein schweißtreibender Aufstieg, der mit einem schönen Blick in alle Himmelsrichtungen belohnt wird, führt zum Gipfel des kahlen Riesen (hin und zurück 2,5 km/1,5 Std.). Auf dem Weg zum **Bald Rock National Park** lohnt ein Stopp bei den **Boonoo Boonoo Falls,** die in Kaskaden zu Tal stürzen.

Stanthorpe 42
Die Kleinstadt **Stanthorpe** liegt im Granite Belt, einem etwa 15 km breiten und 60 km langen Hochplateau, aus dem mächtige, bis zu 1270 m hohe Granitmassive emporragen. Vor allem während der Frühjahrsblüte im September und Oktober zieht der 25 km südlich von Stanthorpe gelegene **Girraween National Park** zahlreiche Naturliebhaber an.

Infos
Stanthorpe Information Centre: 28 Leslie Pde., Tel. 07-46 81 20 57, www.stanthorpe. com, Mo–Fr 9–17, Sa, So 10–16 Uhr.

Übernachten
Hüttenromantik ▶ Happy Valley Retreat: 146 Glenlyon Drive, Tel. 07-46 81 13 70, www. happyvalleyretreat.com.au. 4 km westl., rustikale, komfortable Hütten mit 3–5 Betten. Bei Doppelbelegung 120–170 A-$ pro Hütte.

Camping ▶ Top of the Town Tourist Park: 10 High St., Tel. 07-46 81 48 88, www.topof town.com.au. Sehr gut ausgestattet, mit Cabins und On-Site-Vans.

Warwick und Umgebung
Das verschlafene Städtchen **Warwick 43** erwacht einmal im Jahr zu brodelndem Leben, wenn am letzten Oktoberwochenende das Rose and Rodeo Festival stattfindet (s. S. 170). Viel Lokalkolorit erlebt man auch bei den regelmäßig dienstags und mittwochs abgehaltenen Rinder- und Schafmärkten.

Tipp: Das ›Rose and Rodeo Festival‹ in Warwick

Bereits Mitte des 19. Jh. veranstalteten die Siedler in Warwick sogenannte *Buckjumping Contests,* die Vorläufer der heutigen Rodeos. Das erste offizielle Warwick Rodeo fand 1906 statt, seitdem ist es nur aufgrund von höherer Gewalt ausgefallen. Alljährlich zieht es am letzten Wochenende im Oktober rund 400 Cowboys und über 30 000 Zuschauer an (Infos unter www.warwickrodeo.com.au).

Ein Rodeo umfasst verschiedene Wettbewerbe. Beim *Team Roping* sind zwei Reiter und ein halbwüchsiger Stier die Teilnehmer. Einer der Cowboys muss ein Lasso über den Kopf des Tieres werfen, während der andere versucht, mit einem Lasso einen Hinterlauf des Jungbullen einzufangen, sodass das Tier gestoppt wird. Beim *Calf Roping* muss ein berittener Stockman, wie die australischen Cowboys genannt werden, mit einem Lasso ein Kalb einfangen, blitzschnell aus dem Sattel springen, das Tier zu Boden werfen und ihm Vorder- und Hinterläufe zusammenbinden. Könner gelingt dies in weniger als zehn Sekunden. *Steer Wrestling* heißt übersetzt ›mit einem Stier ringen‹. Dabei treten ein Stockman und ein junger Stier gegeneinan-

der an. Der Reiter wirft sich vom galoppierenden Pferd auf das Tier, zwingt es zu Boden und versucht, es auf den Rücken zu drehen. Punkte gibt es nur, wenn das Tier mit beiden Schulterblättern den Boden berührt.

Der *Bull Ride* ist einer der Höhepunkte eines jeden Rodeos. Die Teilnehmer, *Roughriders* genannt, sind fast immer Profis. Sie tragen ein prächtiges Outfit, darunter allerdings wattierte Bandagen, um die Folgen der Stürze abzumildern. Der Sieger wird nach einem Punktesystem ermittelt. Jeder Reiter muss mindestens acht Sekunden auf dem Rücken des Stieres bleiben, wobei er sich nur mit einer Hand festhalten darf. Außerdem zählen Haltung und Reitstil. Die Aufgabe der häufig auftretenden Clowns besteht nicht nur darin, das Publikum zu erheitern, sie müssen vor allem nach dem Sturz eines *Roughrider* den wütenden Stier ablenken. Die gleichen Spielregeln gelten beim *Saddle Bronc,* nur tritt an die Stelle des Stiers ein Wildpferd *(Brumbie).*

Beim *Barrel Race* haben meist Cowgirls ihren großen Auftritt. Sie müssen mit ihren Pferden in möglichst kurzer Zeit einen mit Fässern markierten Parcours bewältigen.

In Australien werden die Cowboys Stockmen genannt

Ausflüge führen zu den **Queen Mary Falls,** die über eine 42 m senkrecht abfallende Felswand in eine Regenwaldschlucht stürzen, und zum **Main Range National Park** 44 mit der Cunningham Gap zwischen dem 1135 m hohen Mount Cordeaux und dem 1168 m hohen Mount Mitchell. Durch die Schlucht verläuft der Cunningham Highway, an dem das Hauptquartier des Nationalparks liegt. Dort beginnen Wanderungen, von denen der durch mehrere Vegetationszonen führende Mount Cordeaux Lookout Walk besonders zu empfehlen ist (hin und zurück 7 km/3 Std.).

Infos

Warwick Tourist Information Centre: 49 Albion St. Tel. 07-46 61 34 01, www.southern downsholidays.com.au, Mo–Sa 9–17, So 9–15 Uhr.

Übernachten

Verlässliche Kettenqualität ▶ City View Motel: Cunningham Hwy./Yangan Rd., Tel. 07-46 61 50 00, www.cityviewmotelwarwick. com.au. Schön gelegen. DZ ab 100 A-$.

Camping ▶ Oasis Caravan Park: New England Hwy. (South Warwick), Tel. 07-46 61 28 74, http://kahlers-oasis-caravan-park.qld. big4.com.au. Mit Cabins und On-Site-Vans.

Toowoomba und Umgebung

Der wirtschaftliche und kulturelle Mittelpunkt des reichsten Farmlands in Queensland ist **Toowoomba** 45. Vor allem im Frühling führen zahlreiche Gärten, Parks und Alleen vor Augen, warum Australiens zweitgrößte Binnenstadt den Beinamen ›Garden City‹ trägt. Unter den gut 150 Grünanlagen der Stadt ragen der **Queens Park** mit den angeschlossenen Botanical Gardens, der **Webb Park** und der **Japanese Garden** heraus. Als ehemaliger Rastplatz der Kutschen der Gesellschaft Cobb & Co. bietet die 1859 gegründete Stadt heute das sehenswerte **Cobb & Co. Museum** mit der landesweit schönsten Sammlung alter Pferdekutschen (27 Lindsay St., Tel. 07-46 59 49 00, www.cobbandco.qm. qld.gov.au, tgl. 10–16 Uhr, Erw. 12,50 A-$, Kinder 6,50 A-$, Familien 25 A-$).

Etwa 45 km nordwestlich von Toowoomba liegt in der Nähe des Städtchens Jondaryan die **Jondaryan Woolshed,** eine historische Schafschurhalle, die heute als Themenpark Besuchern australisches Landleben bietet. Scherer demonstrieren, wie man ein Schaf in zwei, drei Minuten aus seinem Wollkleid pellt. Schäferhunde geben eine Probe ihres Könnens (Tel. 07-46 92 22 29, www.jondaryan woolshed.com, tgl. 9–16.30 Uhr, Erw. 13 A-$, Kinder 8 A-$, Familien 38 A-$).

Ein Ziel von Naturfreunden und Wanderern ist der **Bunya Mountains National Park** gut 60 km nördlich von Jondaryan. Neben offenem Grasland und lichten Eukalyptuswäldern prägt den Nationalpark üppiger Bergregenwald mit säulengeraden Hoop-Pinien und Bunya-Kiefern. Bekannt ist das Naturreservat für seine artenreiche Vogelwelt, vornehmlich für die großen Populationen von Königspapageien und Pennantsittichen. Der Rundweg Big Falls Circuit führt durch den subtropischen Regenwald zu mehreren Wasserfällen und Aussichtspunkten (10 km/3 Std.).

Infos

Toowoomba Visitor Information Centre: James/Kitchener Streets, Tel. 18 00-33 11 55, www.toowoombaholidays.info, Mo–Fr 9–17, Sa, So 10–15 Uhr.

Übernachten

... in Toowoomba:

Familiär & gemütlich ▶ Garden City Motor Inn: 718 Ruthven St., Tel. 07-46 35 53 77, www.gardencitymotel.com.au. Ruhig gelegenes, kleines Motel mit Salzwasserpool. DZ 110–130 A-$.

Camping ▶ Toowoomba Motor Village Tourist Park: 821 Ruthven St., Tel. 18 00-67 51 05, www.toowoomamotorvillage.com. au. Mit komfortablen Cabins.

Termine

... in Toowoomba:

Gardenfest (Mai): ›Australische Bundesgartenschau‹.

Carnival of Flowers (Sept.): Blumenfest mit kulturellen Veranstaltungen.

Im Südosten lernen Reisende ganz unterschiedliche Gesichter der australischen Landschaft kennen. An der Küste bestimmen kilometerlange, oft einsame Strände im Wechsel mit Klippen und Flussmündungen das Bild, während das Hinterland von fischreichen Binnenseen und dichten Bergregenwäldern geprägt wird. Die landschaftlichen Reize und das milde Klima haben diese Region zu einem geschätzten Urlaubsrevier einheimischer und ausländischer Touristen gemacht.

Illawarra Coast

Karte: S. 174

Botany Bay National Park

▶ 1, U 15

Die Botany Bay 20 km südlich von Sydney ist für traditionsbewusste Einheimische ein Stück australischer Urgeschichte: Hier ging am 28. April 1770 Kapitän James Cook mit seinem Schiff ›Endeavour‹ vor Anker. Den Spuren der ersten Europäer, die dieses Stück Land betraten, kann man im nördlichen Teil des **Botany Bay National Park 1** auf dem ca. 2 km langen Monument Track folgen. Im **Captain Cooks Landing Place Park** dokumentiert das Discovery Centre die Entdeckungsreisen von James Cook und die Inbesitznahme des Fünften Kontinents durch die Briten (Tel. 02-96 68 99 23, Mo–Fr 10–16.30, Sa, So 9.30–16.30 Uhr, Erw. 10 A-$, Kinder 5 A-$, Familien 25 A-$).

Royal National Park ▶ 1, U 15

Nach weiteren rund 15 km auf dem Princes Highway erreicht man den **Royal National Park 2**, der 1879 als Australiens ältester Nationalpark gegründet wurde. Neben schönen Badestränden gibt es Wanderwege durch Eukalyptuswälder und Buschland. Auf der 2 km langen Wanderung vom Otford Lookout zum Werrong Lookout im Süden des Parks,

bieten sich überwältigende Panoramen der Steilküste. An versteckten Stellen finden sich Felsritzungen der Ureinwohner. Eine Übersichtskarte sowie Infos über Wandermöglichkeiten und andere Aktivitäten gibt es im Visitors Centre der Nationalparkbehörde in Audley nahe dem Princes Highway (Tel. 02-95 42 06 48, tgl. 8.30–16.30 Uhr).

Wollongong ▶ 1, U 15

Ausgerechnet die 80 km südlich von Sydney gelegene Stahlmetropole **Wollongong 3**, die man auf der Panoramastraße Grand Pacific Drive erreicht (www.grandpacificdrive.com.au), bildet den ›offiziellen‹ Auftakt zu dieser Ferienregion im Südosten und – streng genommen – auch die Illawarra Coast. Die Küste wird ihrem Namen, der aus einem Aboriginal-Idiom stammt und ›schönes Land am Meer‹ bedeutet, erst südlich der Stadt gerecht. Sobald man die mit gut 290 000 Einwohnern drittgrößte Metropole des Bundesstaates hinter sich gelassen hat, öffnet sich das Land zum ausgedehnten Binnensee **Lake Illawarra**, der als Naherholungsgebiet vielfältige Wassersportmöglichkeiten bietet.

Kiama ▶ 1, U 15

Größte Attraktion des Urlauberstädtchens **Kiama 4** ist das **Blowhole**. Durch von der Meereserosion geschaffene Röhren presst die Flut das Seewasser mit so starkem Druck nach oben, dass es wie bei einem Geysir bis zu 60 m in die Luft geschleudert wird. Im nahen **Pilots Cottage** von 1881 befindet sich ein kleines Seefahrtsmuseum (Tel. 02-42 32 10 01, Fr–Mo 11–15 Uhr, Eintritt frei).

In schroffen Konturen ragt 3 km nördlich die Klippenformation **Cathedral Rocks** auf, in der man mit ein wenig Fantasie Kirchen und Kathedralen erkennen kann.

Ziel eines Abstechers in das Hinterland ist das Postkartendorf **Jamberoo,** das mit einem restaurierten Ensemble georgianischer Bauten überrascht. Im nahen **Minnamurra Rainforest Centre** im **Budderoo National Park** lernt man auf einem Naturlehrpfad, der zu Wasserfällen führt, die Flora eines Regenwalds der gemäßigten Zone kennen (2 Std.). Die ersten 500 m auf einem Holzsteg sind auch für Rollstuhlfahrer geeignet (Tel. 02-42 36 04 69, www.environment.nsw.gov.au, tgl. 9–17 Uhr, 11 A-\$/Pkw).

Am Steilabbruch der Great Dividing Range, 18 km westlich des Minnamurra Rainforest Centre, ermöglicht es der **Illawarra Fly Tree Top Walk** Besuchern ohne Höhenangst, den Regenwald aus neuer Perspektive zu erleben. Auf Metallrampen geht es in Schwindel erregenden Höhen 500 m durch die Wipfel der Urwaldriesen zu einem 45 m hohen Aussichtsturm (Knights Hill, Tel. 13 00-36 28 81, www.illawarrafly.com, tgl. 9–17 Uhr, Erw. 25 A-\$, Kinder 10 A-\$, Familien 64 A-\$).

Infos

Kiama Visitors Centre: Blowhole Point, Tel. 13 00-65 42 62, www.kiama.com.au, tgl. 9–17 Uhr.
Im Internet: www.sydney-melbourne.com.au

Übernachten

Komfortables Stadthotel ▶ Kiama Shores Motel: 45–51 Collins St., Tel. 02-42 33 11 00, www.kiamaterracemotel.com.au. Ruhiges Motel mit 50 behaglichen Zimmern, Restaurant, Pool. DZ 159–269 A-\$.

Schön gelegenes B & B ▶ Bed and Views: 69 Riversdale Rd., Tel. 02-42 32 36 62, www. bedandviewskiama.com.au. 3 km außerhalb Richtung Jamberoo. Behagliche Zimmer, europäisches Frühstück, hilfsbereite deutschsprachige Besitzer. DZ 140–220 A-\$.

Camping ▶ Blowhole Point Holiday Park: Blowhole Point Road, Tel./Fax 02-42 32 27 07. Gut ausgestattet, mit Cabins, schön gelegen.

Essen & Trinken

Für Seafood-Fans ▶ Cargo's Wharf Restaurant: Kiama Harbour, Tel. 02-42 33 27 71, tgl. 12–15, 18.30–22 Uhr. Terrassenlokal am Wasser mit fangfrischen Meeresspezialitäten. Vorspeisen 14–19,50 A-\$, Hauptgerichte 23,50–41 A-\$.

Guter Italiener ▶ Chachi's: 5/32 Collins St., Tel. 02-42 33 11 44, www.chachisrestaurant. com.au, Di–Sa 11.30–14.30, 17.30–22 Uhr. Beste Pasta und Pizza, Fisch- und Fleischgerichte. Gerichte 14,50–38,50 A-\$.

Pub-Restaurant mit Biergarten ▶ Grand Hotel Kiama: 49 Manning St., Tel. 02-42 32 10 37, www.grandhotelkiama.com.au, tgl. 12–14, 18–20.30 Uhr. Hervorragende Burger und Steaks. Gerichte 12,50–34 A-\$.

Tipp: Transport an der Südostküste

Wer diesen Küstenabschnitt genauer erkunden möchte, sollte sich unbedingt ein Auto mieten, denn längst nicht alle Orte entlang der Route sind mit öffentlichen Verkehrsmitteln zu erreichen. Die **Züge** der Sydney CityRail (blaue Linie), Tel. 13 15 00, enden bereits in Nowra-Bomaderry (s. S. 174). Eine direkte Bahnverbindung nach Melbourne gibt es erst wieder mit V/Line, Tel. 13 61 96, ab Sale im Bundesstaat Victoria (s. S. 183f.). Entlang der Südostküste verkehren außerdem **Busse,** die jedoch nur in den größeren Orten am Princes Highway halten: u. a. Greyhound Australia, Tel. 13 00-47 39 46 (tgl. Sydney–Melbourne); Premier Motor Services, Tel. 13 34 10 (tgl. Sydney–Bega bzw. Sydney–Eden); Sapphire Coast Bus Lines, Tel. 02-64 95 64 52 (mehrmals wöchentl. Batemans Bay–Melbourne). Nahverkehrsbusse zu Orten abseits des Highway sind eher rar.

Verkehr

Infos zu Verkehrsverbindungen entlang der Küste s. unten.

Nowra und Umgebung ▶ 1, U 16

Über Gerringong erreicht man das Feriengebiet um **Nowra** 5 am Shoalhaven River. An dessen Mündungstrichter liegt das bereits 1822 gegründete Dorf **Coolangatta,** wo man Töpfern und Glasbläsern über die Schultern schauen kann. **Shoalhaven Heads** am Nordufer der Flussmündung ist ein Wassersport-

und Urlaubszentrum, in dessen Nähe sich der ausgezeichnete Bade- und Surfstrand Seven Mile Beach erstreckt. Am Ufer des Shoalhaven River etwas nördlich von Nowra liegt der **Shoalhaven Zoo** mit Kängurus, Koalas und anderen Tieren (Tel. 02-44 21 39 49, www.shoalhavenzoo.com.au, tgl. 9–17 Uhr, Erw. 20 A-$, Kinder 10 A-$, Familien 50 A-$).

Zu ebenso lehrreichen wie erholsamen Spaziergängen verlockt der Botanische Garten im **Jervis Bay National Park** auf der hügeligen Halbinsel an der gleichnamigen

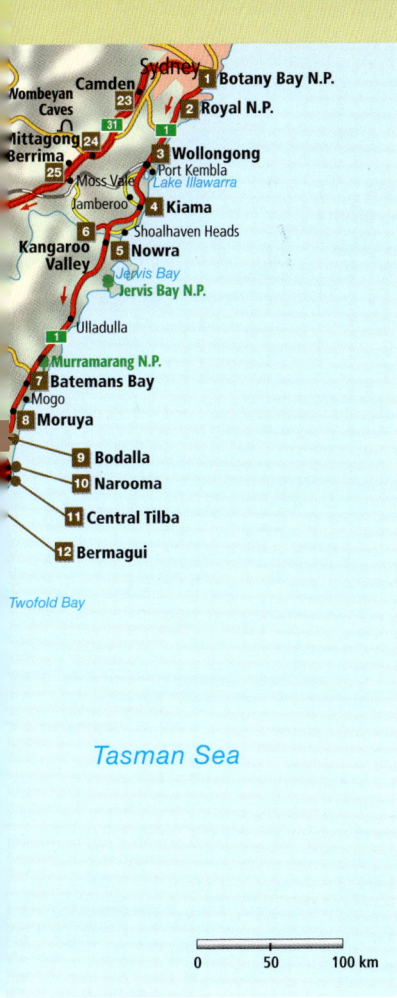

Camden
Wombeyan Caves
Sydney
1 Botany Bay N.P.
2 Royal N.P.
Mittagong
Berrima
1
Moss Vale
Lake Illawarra
3 Wollongong
Port Kembla
Jamberoo
4 Kiama
Shoalhaven Heads
Kangaroo Valley
5 Nowra
Jervis Bay
Jervis Bay N.P.
Ulladulla
1
Murramarang N.P.
7 Batemans Bay
Mogo
8 Moruya
9 Bodalla
10 Narooma
11 Central Tilba
12 Bermagui

Twofold Bay

Tasman Sea

0   50   100 km

Übernachten

Luxus-Camp ► **Paperbark Camp:** 571 Woollamia Rd. (Huskisson, Jervis Bay), Tel. 02-44 41 60 66, www.paperbarkcamp.com. au. Einer afrikanischen Lodge nachempfundenes Edel-Zeltcamp mit preisgekröntem Restaurant (s. u.). Zelt bei Doppelbelegung 615–810 A-$ (inkl. Frühstück und Dinner).

Am Flussufer ► **Riverhaven Motel:** 1 Scenic Dr. (Nowra), Tel. 02-44 21 20 44, www. riverhaven.com.au. Schöne Lage am Shoalhaven River, mit Restaurant und beheizbarem Pool. DZ ab 90 A-$.

Camping ► **Shoalhaven Heads Tourist Park:** Shoalhaven Heads Road, Tel. 1300-78 22 22, www.shoalhaventouristpark.com.au. Bestens ausgestattet, mit komfortablen Cabins und schönem Pool, direkter Zugang zum Seven Mile Beach.

Essen & Trinken

In den Baumwipfeln ► **The Gunyah:** Paperbark Camp, 571 Woollamia Rd. (Huskisson), Tel. 02-44 41 72 99, Sept.–Juni Di–Sa 18.30–22.30 Uhr. Moderne australische Küche, v. a. Seafood, serviert im Baumhaus. Unbedingt reservieren! 3-Gänge-Menü 55–75 A-$.

Meeresspezialitäten ► **D.J.'s Fish 'n' Chips:** Greenwell Point (15 km südöstl. von Nowra), Tel. 02-44 47 13 32, tgl. 11–21 Uhr. Pilgerziel für Seafood-Fans; hier gibt es auch frische Austern. Vorspeisen 14–18,50 A-$, Hauptgerichte 19,50–36 A-$.

Einkaufen

Kunsthandwerk ► **Historic Coolangatta Craft Centre:** 1180 Bolong Rd. (Nowra), Tel. 02-44 48 80 35, Mo–Fr 9–18, Sa, So 10–17 Uhr. Töpferwaren und andere handgefertigte Erzeugnisse.

Aktiv

Delfin- und Walbeobachtung ► **Dolphin Watch Cruises Jervis Bay:** 50 Owen St. (Huskisson, Jervis Bay), Tel. 02-44 41 63 11, www.dolphinwatch.com.au. 2-stündige Bootstouren in der Jervis Bay zur Beobachtung von Delfinen und Seerobben (tgl. 10, 13 Uhr, Erw. 35 A-$, Kinder 20 A-$, Familien 92 A-$). Mitte

Bucht südöstlich von Nowra (Mo-Fr 8–16 Uhr, Sa, So, Fei 10–17 Uhr). Weitere Attraktionen des Naturschutzgebiets sind neben Klippen mehrere makellose Sandstrände, etwa der halbmondförmige Greenfield Beach, ein Bade- und Surfstrand mit Duschen und Umkleidekabinen.

Infos

Shoalhaven Visitors Centre: Princes Highway (Bomaderry), Tel. 13 00-66 28 08, www. shoalhavenholidays.com.au, tgl. 9–17 Uhr.

Sept.–Mitte Nov. tgl. zusätzlich 3-stündige Touren zur Walbeobachtung (Erw. 65 A-$, Kinder 28 A-$, Familien 165 A-$).

Abstecher in die Southern Highlands ▶ 1, U 15

Westlich von Nowra beginnen, die Küstenebene bis zu 700 m überragend, die Southern Highlands (s. S. 190). Vorbei am **Mount Cambewarra Lookout,** von dem die Fernsicht bis zur Tasman-See reicht, schlängelt sich der Highway 79 ins **Kangaroo Valley** 6. Das abgelegene, von dicht bewaldeten Bergen umgebene Hochtal, in das 1820 erstmals weiße Siedler zogen, erinnert mit seinen saftig-grünen Wiesen und grasenden Kühen ein wenig an heimatliche Alpenländer. Der gleichnamige Ort ist ein beliebtes Ausflugsziel mit einer kleinen Feriensiedlung, Cafés und Souvenirläden. Einen Eindruck von den Lebens- und Wohnverhältnissen der Pioniere vermittelt der **Pioneer Museum Park** mit historischen Gebäuden und einer Sammlung alter landwirtschaftlicher Geräte (Tel. 02-44 65 13 06, www.kangaroovalleymuseum.com, Fr–Mo 11–15 Uhr, Erw. 7 A-$, Kinder 5 A-$, Familien 15 A-$). Den Kangaroo River überspannt die **Hampden Bridge,** 1898 eröffnet und somit die älteste Hängebrücke Australiens.

Auf der serpentinenreichen Weiterfahrt geht das hügelige Agrarland allmählich in Regenwald über, aus dem vereinzelt rote Felsklippen ragen. Nach 16 km erreicht man inmitten eines zerklüfteten Sandsteinplateaus den **Morton National Park** mit den 120 m tief in eine Schlucht stürzenden Fitzroy Falls. Das beste Panorama bietet sich von einer Aussichtsplattform beim Visitor Centre. Zu Jersey Lookout, Starkeys Lookout und weiteren Aussichtspunkten führt der West Rim Track (hin und zurück 3 km/1 Std.).

Übernachten

Sehr gemütliche Frühstückspension ▶ **Tall Trees B & B:** 8 Nugents Creek Rd. (Kangaroo Valley), Tel. 02-44 65 12 08, www.talltrees bandb.com.au. Kleines B & B in schöner Lage mit 3 Zimmern, sehr hilfsbereites Besitzerehepaar. DZ 150–175 A-$.

Camping ▶ **Kangaroo Valley Tourist Park:** Moss Vale Road, Tel. 1300-55 99 77, www. holidayhaven.com.au. Gut ausgestattet, gemütliche Cabins, schön gelegen.

Batemans Bay und Umgebung ▶ 1, U 16

Der bereits 1770 von Kapitän James Cook nach dem späteren Gründer von Melbourne benannte Ferienort **Batemans Bay** 7 an der Mündung des Clyde River lockt Besucher mit einem vielfältigen Freizeitangebot. Spaß für Groß und Klein verspricht der **Birdland Animal Park** mit Papageien, Koalas, Wombats und anderen australischen Tieren (55 Beach Rd., Tel. 02-44 72 53 64, www.birdlandanimal park.com.au, tgl. 9.30–16 Uhr, Erw. 24 A-$, Kinder 12 A-$, Familien 65 A-$). Flach abfallende Badestrände mit blendend weißem Silikatsand erstrecken sich 3 km südöstlich bei **Batehaven.** Bootsausflüge führen zur nahen **Tollgate Island,** auf der man mit etwas Glück Pinguine beobachten kann. Zutraulichen Kängurus begegnet man vor allem spätnachmittags im kleinen **Murramarang National Park,** der sich nordöstlich von Batemans Bay an der Küste erstreckt.

Bei **Nelligen,** einige Kilometer nordwestlich von Batemans Bay, verbreitert sich der Clyde River auf Seengröße. Noch etwas weiter landeinwärts liegt das hübsche Kolonialstädtchen **Braidwood.**

In **Mogo** 10 km südlich von Batemans Bay dokumentiert die Gold Rush Colony, der originalgetreue Nachbau einer Goldgräbersiedlung aus dem 19. Jh., anschaulich den damaligen Arbeitsalltag (26 James St., Tel. 02-44 74 21 23, www.goldrushcolony.com.au, 90-minütige Führungen tgl. 10.30, 12, 13.30, 15 Uhr, Erw. 20 A-$, Kinder 12 A-$, Familien 55 A-$). Tiere aus aller Welt leben im Mogo Zoo (222 Tomakin Rd., Tel. 02-44 74 48 55, www.mogozoo.com.au, tgl. 9–17 Uhr, Erw. 29,50 A-$, Kinder 16 A-$, Familien 85 A-$).

Infos

Batemans Bay Visitors Centre: Princes Highway, Tel. 18 00-80 25 28, www.euro bodalla.com.au, tgl. 9–17 Uhr.

Übernachten

Am Flussufer ▶ **Mariners Waterfront Hotel:** 31 Orient St., Tel. 02-44 72 62 22, www.marinerswaterfront.com.au. Komfortables Motel am Clyde River mit Restaurant und Pool. DZ 125–175 A-$ (inkl. Frühstück).

Klein & preiswert ▶ **Bayside Motel:** 60 Beach Rd., Tel. 02-44 72 64 88, www.baysidemotel.com.au. Etwas außerhalb, nicht weit vom Strand, mit Pool. DZ 99–139 A-$.

Camping ▶ **Riverside Holiday Park:** Wharf Road, Tel. 1800-13 27 87, www.easts.com.au. Gut ausgestatteter Caravan Park am Clyde River mit geräumigen Cabins.

Essen & Trinken

Leckere Bistroküche ▶ **Blank Canvas Waterfront Cuisine:** Annett's Arcade, Orient St., Tel. 02-44 72 50 16, tgl. 11–15, 17–23 Uhr. Leichte Gerichte der New Australian Cuisine mit Blick auf den Clyde River. Vorspeisen 14–18 A-$, Hauptgerichte 21,50–39,50 A-$.

Aktiv

Bootstouren ▶ **Batemans Bay Fishing & Cruise Charters:** 27 Beach Rd., Tel. 1800-63 93 96, www.batemans-bay-fishing.com.au. Ausflüge zur Tollgate Island (Erw. 70 A-$, Kinder 40 A-$, Familien 180 A-$), zum Hochseefischen, Mitte Sept.–Mitte Nov. auch zur Walbeobachtung.

Sapphire Coast

Karte: S. 174

Moruya und Bodalla ▶ 1, U 16

Ein hervorragendes Renommee als Bade-, Angel- und Surfzentrum besitzt das entspannte Städtchen **Moruya** 8 . Hier wechselt die Küste ihre Bezeichnung und trägt bis an die Grenze des Bundesstaats Victoria den verheißungsvollen Namen Sapphire Coast.

Im Big Cheese, dem Verkaufsraum der Käserei von **Bodalla** 9 , kann man Käse probieren und kaufen. Die aus Granit und Sandstein erbaute All Saints Anglican Church von 1880 wirkt wie eine mittelalterliche Wehrkirche.

Narooma ▶ 1, U 16

Das Städtchen **Narooma** 10 wird im australischen Frühling zum Treffpunkt von betuchten Sportfischern aus aller Welt, die von dort Jagd auf Haie und Marlins machen.

Lohnend sind Bootsfahrten mit der »Wagonga Princess« auf dem Wagonga Inlet. Bootsausflüge in Begleitung von Rangern führen auf die vorgelagerte **Montague Island** mit Pinguin- und Robbenkolonien. Im Oktober und November tummeln sich in den Gewässern um die Insel Buckelwale.

Infos

Narooma Visitors Centre: Princes Highway, Tel. 18 00-24 00 03, www.narooma.org.au, tgl. 9–17 Uhr.

Übernachten

Großzügige Studios ▶ **Amooran Court:** 30 Montague St., Tel. 02-44 76 21 98, www.amooran.com.au. Familiäres, strandnahes Motel mit beheiztem Pool. DZ 148–193 A-$, Apartments 208–347 A-$.

Relaxtes Ferienmotel ▶ **Holiday Lodge Motor Inn:** 126 Princes Hwy., Tel. 02-44 76 22 82, www.holidaylodge.com.au. Gemütliches Motel mit Restaurant und Salzwasserpool. DZ 112–165 A-$.

Camping ▶ **Island View Beach Resort:** Princes Highway, Tel. 1800-46 54 32, www.islandview.com.au. Gut ausgestatteter Caravan Park am Strand, geräumige Cabins, Pool.

Essen & Trinken

Schöne Terrasse ▶ **The Quarterdeck Marina:** 13 Riverside Dr., Tel. 02-44 76 27 23, tgl. 12–15, 18.30–23 Uhr. Nettes Lokal mit fangfrischem Seafood; an schönen Tagen sind die Terrassenplätze heiß begehrt. Vorspeisen 14–18 A-$, Hauptgerichte 19,50–36 A-$.

Aktiv

Bootsausflüge ▶ **Narooma Charters:** 9 Collins Cresc., Tel. 02-44 76 22 40, www.naroomacharters.com.au. 3-stündige Bootstouren nach Montague Island (Erw. 130 A-$, Kinder 110 A-$), Mitte Sept.–Mitte Nov. zusätzlich Walbeobachtung.

Central Tilba gehört zu den 20 wichtigsten Heritage Sites in Australien

Central Tilba ▶ 1, U 16

Im Schatten der Bergkulisse des 808 m hohen Mount Dromedary präsentiert sich etwas abseits des Princes Highway das gegen Ende des 19. Jh. während eines kurzen Goldrausches angelegte **Central Tilba** 11 in museal gepflegtem Zustand. Die Holzbauten, hinter deren restaurierten Fassaden sich Galerien und Läden verbergen, stehen heute unter Denkmalschutz. Einen Besuch lohnt auch die **ABC Cheese Factory** (Tel. 02-44 73 73 87, www.tilba.com.au/abccheesefactory.html, tgl. 9– 17 Uhr, Eintritt frei).

Übernachten

Mit viel Lokalkolorit ▶ Dromedary Hotel: 5 Bate St., Tel. 02-44 73 72 23, www.gday pubs.com.au. Historisches B & B mit beliebtem Pub. DZ ab 70 A-$.

Nach Merimbula ▶ 1, T/U 16/17

Einen weiten Bogen durch das Hinterland beschreibend, führt der Princes Highway nun südwärts nach Bega. Folgt man stattdessen der Küstenstraße, so kommt man vorbei am fischreichen Wallaga Lake nach **Bermagui** 12. Bekannt wurde der Ort durch den amerikanischen Schriftsteller Zane Grey, der dort in den 1930er-Jahren seiner großen Leidenschaft frönte, dem Hochseeangeln. Auch heute starten von Bermagui Sportfischer zu Fangtörns in den Südpazifik. Ein gutes Renommee hat der Ort zudem für seine frischen und preiswerten Austern.

Über **Tathra,** in dessen Nähe sich der **Mimosa Rocks National Park** mit bizarren Felsenklippen und einsamen Buchten erstreckt, erreicht man **Bega,** das Zentrum einer von Milchwirtschaft geprägten Region. Im Besucherzentrum der Bega Cheese Factory kann man diverse Käsesorten probieren und sich ein Bild von der Käseherstellung machen (Lagoon Street, Tel. 02-64 91 77 62, www.bega cheese.com.au, tgl. 9–17 Uhr, Eintritt frei).

Der beliebte Strandort **Merimbula** 13 bietet den Vergnügungspark **Magic Mountain** (Tel. 02-64 95 22 99, www.magicmountain. net.au, tgl. 10–16 Uhr, Erw. 39 A-$, Kinder 32 A-$) und das **Merimbula Aquarium,** das einen guten Eindruck von der Vielfalt der hiesigen Meeresfauna vermittelt (Tel. 02-64 95 44 46, www.merimbulawharf.com.au, tgl. 10–17 Uhr, Fütterung Mo, Mi, Fr 11.30 Uhr, Erw. 14 A-$, Kinder 8 A-$, Familien 36 A-$).

Infos

… in Bermagui:
Tourist Information Centre: Bunga Street, Tel. 18 00-64 58 08, www.bermagui.net, tgl. 10–16 Uhr.

… in Merimbula:
Visitor Information Centre: Beach Street, Tel. 18 00-15 04 57, www.sapphirecoast.com.au, Mo–Fr 9–17, Sa 9–16, So 10–16 Uhr.

Übernachten

… in Bermagui:
Hilfsbereite Besitzer ▶ Bermagui Motor Inn: 38 Lamont St., Tel. 02-64 93 43 11, www.bermaguimotorinn.com.au. Familiäres Motel mit 17 behaglichen Zimmern, 100 m vom Strand entfernt; John und Sue, das nette Besitzerehepaar, organisieren Ausflüge zu Wasser und zu Land. DZ 115–120 A-$.

… in Bega:
Nostalgisches B & B ▶ The Pickled Pear: 62 Carp St., Tel. 02-64 92 13 93, ppear@acr.net.au. Sehr elegantes B & B in einem 1870 errichteten Kolonialgebäude, nur 3 Zimmer, für Kinder weniger geeignet. DZ 185 A-$.

… in Merimbula:
Komfortables Ferienresort ▶ Black Dolphin Resort Motel: Arthur Kaine Drive, Tel. 02-64 95 15 00, www.blackdolphin.com.au. Zwischen Merimbula Lake und Main Beach, Garten, Pool, Restaurant. DZ 125–185 A-$.

Zimmer mit Ausblick ▶ Kingfisher Motel: 105 Merimbula Dr., Tel. 02-64 95 15 95, www.kingfishermotel.com.au. Gut geführt, mit beheiztem Pool und Kinderplanschbecken, jedes Zimmer mit eigenem Balkon und schönem Blick auf die Küste. DZ 105–165 A-$.

Camping ▶ Merimbula Beach Holiday Park: Short Point Road, Tel. 1300-78 78 37, www.merimbulabeachholidaypark.com.au. Sehr gut ausgestattet, mit architektonisch ansprechenden und geräumigen Cabins, am herrlichen Short Point Beach gelegen.

Essen & Trinken

… in Bermagui:
Für manche gibt es nur einen Grund, den Abstecher nach Bermagui zu machen: frische Austern. Zu kaufen gibt es sie im **Seafood-Laden** am Fischerhafen oder in einem der kleinen **Fish 'n' Chips-Lokale** an der Hauptstraße – ein Dutzend zu 20–25 A-$.

… in Merimbula:
Leicht & kreativ ▶ Pier One: Lakeside, Tel. 02-64 95 11 01, tgl. 11.30–14.30, 17.30–22.30 Uhr. New Australian Cuisine, v. a. Fisch, mit Blick auf den Merimbula Lake. Vorspeisen 14–19,50 A-$, Hauptgerichte 22,50–38 A-$.

Aktiv

Bootsausflüge ▶ Merimbula Marina: Merimbula Jetty, Tel. 02-64 95 16 86, www.merimbulamarina.com. 3,5-stündige Bootstouren zur Walbeobachtung von Mitte Sept. bis Mitte Nov. (Erw. 69 A-$, Kinder 39 A-$, Familien 179 A-$).

Eden und die Twofold Bay
▶ 1, T 17

Auf eine recht bewegte Vergangenheit kann **Eden 14** zurückblicken, der letzte größere Ort vor der Grenze zu Victoria. Hier schwang Mitte des 19. Jh. der ehrgeizige Schotte Ben Boyd das Zepter. Als ›Walfänger-König‹ hatte er ein Vermögen erworben, mit dem er gegenüber von Eden, am Südufer der Twofold Bay, den Hafen **Boydtown** gründete. Der Ort sollte Sydney als Hauptstadt der Kolonie New South Wales ablösen – zuvor allerdings machte Boyd Bankrott und verschwand auf die Salomon-Inseln. Architektonische Zeugen dieser Zeit sind eine neogotische Kirche und das restaurierte Seahorse Inn, ein herrschaftlicher Sandsteinbau, der nun ein Hotel und Restaurant beherbergt.

Eden ist heute Heimathafen einer Fischereiflotte. Hervorragende Möglichkeiten zur Walbeobachtung ziehen jedes Jahr Besucherscharen an. Zu sehen sind vor allem Buckelwale *(Humpback Whales)*, mit etwas Glück auch Killer-, Pott- und Zwergwale. Einen Blick in die Zeit der Walfänger gestattet das **Eden Killer Whale Museum,** dessen größte Attraktion das Skelett eines Schwertwals ist (Tel. 02-64 96 20 94, www.killerwhalemuseum.com.au, Mo–Sa 9.15–15.45, So 11.15–15.45 Uhr, Erw. 9 A-$, Kinder 2,50 A-$, Familien 20,50 A-$).

Das **Sapphire Coast Marine Discovery Centre** am Hafen informiert über die Meeresfauna und -flora der Küstengewässer (Wharf Building, Snug Cove, Tel. 02-64 96 16 99, www.sapphirecoastdiscovery.com.au, Di–Fr 10-14, Schulferien Di–Sa 10–15 Uhr, Erw. 10 A-$, Kinder 5 A-$, Familien 20 A-$).

Infos

Eden Visitor Centre: Mitchell/Imlay Streets, Tel. 02-64 96 19 53, www.visiteden.com.au, tgl. 9–17 Uhr.

Übernachten

Koloniales Ambiente ► Crown & Anchor Inn: 239 Imlay St., Tel. 02-64 96 10 17, www.crownandanchoreden.com.au. Stilvolles B & B in kolonialem Gemäuer, für Kinder weniger geeignet. DZ 180–220 A-$.

Ideal für Familien ► Twofold Bay Motor Inn: 166 Imlay St., Tel. 02-64 96 31 11, www.twofoldbaymotorinn.com.au. In schöner Lage über der Twofold Bay, familiengerechte Zimmer und Pool. DZ 110–180 A-$.

Camping ► Twofold Bay Beach Resort: Princes Highway, Tel. 02-64 96 15 72, www.aspenparks.com.au. 7 km südl. von Eden an der Twofold Bay, gut ausgestattet, mit gemütlichen Cabins.

Essen & Trinken

Fangfrisches aus dem Meer ► Wheelhouse Restaurant: Fishermans Wharf, Tel. 02-64 96 33 92, Sept.–April tgl. 18–24, Mai–Aug. Di–So 18–24 Uhr. Delikates Seafood und erlesene Weine. Vorspeisen 16–24 A-$, Hauptgerichte 28–44 A-$.

Aktiv

Bootsausflüge ► Cat Balou Cruises: Main Wharf, Tel. 04 27-96 20 27, www.catbalou.com.au. Touren zur Twofold Bay, im Okt. und Nov. zusätzlich zur Walbeobachtung (Erw. 75 A-$, Kinder 60 A-$, Familien 225 A-$).

Termine

Eden Whale Festival (Ende Okt./Anfang Nov.): Dreitägiges Volksfest mit Musik- und Tanzveranstaltungen sowie Straßenparaden.

Gippsland

Karte: S. 174

Jenseits der Bundesstaatengrenze führt die ›Number One‹ durch Gippsland, ein Gebiet, das den Namen des in den 1840er-Jahren amtierenden Gouverneur George Gipps trägt. Unberührte Wälder und einsame Strände sowie Kraftwerke und Kohlegruben sind die Gegenpole im Landschaftsbild. Während man im Westen die größten Braunkohlelager der Welt abbaut, präsentiert sich der Osten als eine noch weitgehend intakte Naturoase, in der rund zwei Drittel aller Vogel- und Säugetierarten von Victoria heimisch sind.

Nach Orbost ► 1, T 17

Bei Genoa, dem ersten größeren Ort in Victoria, zweigt eine Stichstraße nach Süden ab und mäandert durch den **Croajingolong National Park,** das landschaftliche Highlight des östlichen Gippsland. Nach 23 km ist der

ruhige Ferienort **Mallacoota** 15 erreicht, der sich an dem von schärenartigen Inseln übersäten und dicht bewaldeten Hügeln umrahmten Mallacoota Inlet ausbreitet. Herrliche Blicke auf die verästelte Bucht bieten sich vom Lakeside Drive.

Wieder zurück auf dem Princes Highway geht es nun durch bergiges, dicht bewaldetes Terrain gen Westen. Nach etwa 48 km könnte man beim **Cabbage Tree Palms Reserve,** in dem zahlreiche Cabbage-Palmen wachsen, einen Abstecher an die einsame und pittoreske Granitfelsenküste beim **Cape Conran** machen. Nach weiteren 27 km auf dem Highway kommt man nach **Orbost,** dem Zentrum der holzverarbeitenden Industrie im östlichen Gippsland.

Infos

Mallacoota Information & Booking Service: Mallacoota, Tel. 03-51 58 07 88, www. visitmallacoota.com.au, tgl. 9–17 Uhr.

Übernachten

Gemütliche Motel-Units ▶ **Mallacoota Hotel Motel:** 51–55 Maurice Ave. (Mallacoota), Tel. 03-51 58 04 55, www.mallacootahotel. com.au. Gut geführtes Haus mit Restaurant und Pool. DZ 100–180 A-$.

Camping ▶ **Beachcomber Caravan Park:** 85 Betka Rd. (Mallacoota), Tel. 03-51 58 02 33, www.mallacoota.info. Gut ausgestattet, On-Site-Vans und Cabins, schön gelegen.

Termine

Festival of the Southern Ocean (Ostern): Mehrtägiges Volksfest in Mallacoota mit Musik- und Tanz, Straßentheater etc.

Snowy River National Park und Buchan Caves ▶ 1, T 17

Orbost ist der Ausgangspunkt des **Snowy Mountains Country Trail,** einer gut 300 km langen Rundfahrt, die durch die einsame, häufig nebelverhüllte Bergwelt des **Snowy**

Die Gippsland Lakes bei Lakes Entrance

...nal Park 16 führt. Zunächst geht ...er teils geteerten, teils geschotter- ...malen Bergstraße, die den Westrand des Errinundra National Park mit majestätischen Eukalyptuswäldern berührt, nach **Bonang.** Dort folgt man einer rauen Piste entlang dem Deddick River. Am großen Busch-Campingplatz an der McKillops Bridge im Herzen des Snowy River National Park beginnen Wanderungen unterschiedlicher Dauer und Schwierigkeit. Ein sehr spektakulärer Aussichtspunkt thront über der **Little River Gorge,** der tiefsten Schlucht Victorias. Vom Seldom Seen Roadhouse am Nordwestrand des Nationalparks kann man entweder gen Norden nach Jindabyne (s. S. 200) in den ›Schneebergen‹ von New South Wales fahren oder südwärts über Buchan an die Küste zurückkehren.

Das nette Städtchen **Buchan** 17 ist für seine Tropfsteinhöhlen, die **Buchan Caves,** bekannt. Über verwinkelte, oft nur schulterhohe Gänge gelangt man in das Reich der Stalagmiten und Stalaktiten, in eine wahre Schatzkammer der Natur. Rund 300 Höhlen umfasst das ausgedehnte System. Besonders lohnend sind Exkursionen in die Fairy Cave und die Royal Cave (Tel. 13 19 63, www. parkweb.vic.gov.au, Führungen Okt.–März tgl. 10, 11.15, 13, 14.15, 15.30, April–Sept. tgl. 11, 13, 15 Uhr, Erw. 17,50 A-$, Kinder 10,50 A-$, Familien 45,50 A-$).

Übernachten

… in Buchan:

Country-Style-Motel ▶ **Buchan Motel:** Main Street (Buchan), Tel. 03-51 55 92 03, www. buchanaccomodation.com. Rustikales Haus mit geräumigen Zimmern. DZ 70–125 A-$.

Camping ▶ **Buchan Caves Caravan Park:** Buchan Caves Reserve, Tel. 03-51 55 92 64, www.parkweb.vic.gov.au. Gut ausgestattet, mit geräumigen Cabins, schön gelegen.

Lakes Entrance ▶ 1, T 17

Das Touristenzentrum bezieht seine Reize aus den **Gippsland Lakes,** die zu den schönsten Wasserlandschaften Australiens gehören. Die lang gestreckte Seenplatte ist bei **Lakes Entrance** 18 durch eine schmale Öffnung – daher der Name – mit der Tasman-See verbunden. Einst war diese Küstenregion vom Meer überflutet. In vielen tausend Jahren bauten Wind und Meer einen bis zu 40 m hohen Dünenwall auf, hinter dem sich heute eine Kette von Lagunen und Seen erstreckt – ein ideales Revier für Angler und Segler. Vom **Jemmy's Point** am Princes Highway westlich der Stadt öffnet sich ein grandioser Blick auf die Dünenkette und die vogelreichen, türkis schillernden Lagunen mit ihren Buchten und kleinen Inseln.

In Lakes Entrance lohnt sich ein Blick in das **Griffiths Sea Shell Museum** mit mehreren Aquarien und 90 000 Muscheln aus aller Welt (Tel. 03-51 55 15 38, tgl. 10–17 Uhr, Erw. 8 A-$, Kinder 4 A-$, Familien 20 A-$).

Infos

Lakes Entrance Vistor Information Centre: Marine Parade/Esplanade, Tel. 18 00-63 70 60, www.discovereastgippsland.com.au und www.lakesentrance.com, tgl. 9–17 Uhr.

Übernachten

In Strandnähe ▶ **Coastal Waters Motel:** 635 Esplanade (Princes Highway), Tel. 03-51 55 17 92, www.coastalwaters.com.au. Komfortabel, mit Restaurant und beheiztem Pool, 200 m zum Strand. DZ 120–210 A-$.

An der Esplanade ▶ **Heyfield Motel:** 115 Esplanade (Princes Highway), Tel. 03-51 55 17 11, www.heyfieldmotel.com. Modern ausgestattete, geräumige Zimmer und Ferienwohnungen mit Kitchenette, kleiner Pool, strandnah. DZ ab 105 A-$.

Familienfreundlich ▶ **Cunningham Shore Motel:** 639 Esplanade (Princes Hwy.), Tel. 03-51 55 29 60, www.cunninghamshore.com. Geräumige Zimmer, beheizter Pool, Kinderspielplatz, strandnah, Restaurants in fußläufiger Entfernung. DZ 100–125 A-$.

Camping ▶ **Lakes Beachfront Holiday Retreat:** 430 Lake Tyers Beach Rd., Tel. 03-51 56 55 82, www.lakesbeachfront.com.au. Bestens ausgestatteter Caravan Park mit Cabins und Beach Villas sowie einem einladenden Pool.

Essen & Trinken

Seafood in gediegenem Ambiente ▶ Boathouse Restaurant: Bellevue on the Lakes, 201 Esplanade (Princes Hwy.), Tel. 03-51 55 30 55, www.bellevuelakes.com, tgl. 12–14.30, 18–22.30 Uhr. Das vornehme Speiselokal gehört zu den zehn besten Seafood-Restaurants von Victoria; an warmen Sommerabenden unbedingt einen Platz auf der Terrasse reservieren! Vorspeisen 18,50–24,40 A-$, Hauptgerichte 29,50–54,50 A-$.

Frische Regionalküche ▶ Miriam's Restaurant: 297 Esplanade (Princes Hwy.), Tel. 03-51 55 39 99, www.miriamsrestaurant.com. au, tgl. ab 17.30 Uhr. Saisonale Küche mit regionalen Zutaten. Vorspeisen 8,50–17,50 A-$, Hauptgerichte 17,50–38,50 A-$.

Aktiv

Bootstouren ▶ Peels Thunderbird Cruise: Post Office Jetty, Tel. 03-51 55 12 46. Touren auf den Gippsland Lakes (tgl. 10 und 14 Uhr, Erw. 42 A-$, Kinder 22,50 A-$, Familien 102,50 A-$). **Scenic Eco-Cruises:** Post Office Jetty, Tel. 0413-66 66 38, www.lakes cruise.com. Ausflüge auf den Gippsland Lakes zur Beobachtung von Delfinen, Robben und Wasservögeln (tgl. außer Mi 13 Uhr, Erw. 50 A-$, Kinder 25 A-$, Familien 120 A-$).

Bairnsdale und Paynesville
▶ 1, S 17

In weitem Bogen führt der Princes Highway nun durchs Inland nach **Bairnsdale 19**. Sehenswert ist hier vor allem die **St. Mary's Church** von 1913 mit ihren Buntglasfenstern und Deckenmalereien. Über Leben und Kultur der einst in dieser Gegend ansässigen Ureinwohner informiert das Museum **Krowathunkoolong Keeping Place** (37–53 Dalmahoy St., Tel. 03-51 52 18 91, Mo–Fr 9–17 Uhr, Erw. 6 A-$, Kinder 4 A-$, Familien 15 A-$). Spaziergänge kann man im Botanischen Garten unternehmen, der ein weites Spektrum einheimischer Pflanzen zeigt.

Im Ferienort und Jachthafen **Paynesville** 18 km südlich von Bairnsdale wurde die St. Peter by the Lake Church mit verschiedenen Reminiszenzen an ein Schiff versehen.

Der Kirchturm lässt an einen Leuchtturm denken, die Kanzel an einen Schiffsbug, und als Altarlicht brennt eine alte Positionslaterne. Mit einer Autofähre kann man von Paynesville über die schmale McMillan Strait zur kleinen **Raymond Island** übersetzen, wo an der Swan Cove Koalas leben.

In der rauen und wilden Landschaft des **Mitchell River National Park** nordwestlich von Bairnsdale können gut ausgerüstete *Bushwalker* einige Tage der Zivilisation den Rücken kehren.

Infos

Bairnsdale Visitors Centre: 240 Main St. (Princes Highway), Tel. 18 00-63 70 60, tgl. 9–17 Uhr.

Übernachten

… in Bairnsdale:

Angenehmes Kettenmotel ▶ Mitchell on Main: 295-299 Main St. (Princes Highway), Tel. 1800-16 68 35, www.motelinbairnsdale. com. Komfortabel, mit Restaurant und Pool. DZ ab 135 A-$.

Camping ▶ Bairnsdale Holiday Park: 139 Main St. (Princes Hwy.), Tel. 1800-06 28 85, www.bairnsdaleholidaypark.com. Gut ausgestattet, On-Site-Vans, Cabins und Pool.

Sale und Umgebung ▶ 1, S 17

Landschaftlich wenig reizvoll ist die Strecke von Bairnsdale über Stratford upon the River Avon nach **Sale 20**, Versorgungszentrum für die Erdöl- und Erdgasfelder in der Bass Strait. Außer einigen Kolonialgebäuden, der **Sale Regional Art Gallery** (Tel. 03-51 44 28 29, Mo–Fr 9.30–17, Sa 9.30–12 Uhr, Eintritt frei) und dem **Lake Guthridge** mit Nistplätzen Tausender Vögel gibt es nichts, was Besucher längere Zeit aufhalten könnte.

Ein lohnender Ausflug führt nach **Loch Sport.** Der Ferienort liegt zwischen dem lang gestreckten Lake Reeve und dem Lake Victoria, zwei Vogelparadiesen mit Tausenden schwarzer Schwäne. Vor den Toren der Siedlung beginnt der **Lakes National Park,** wo man am Point Wilson halbzahmen Grauen Kängurus und Sumpfwallabies begegnet.

Küste zwischen Sydney und Melbourne

Golden Beach und **Paradise Beach** sind beliebte Ferienorte am Ninety Mile Beach, Australiens längstem Sandstrand. Hier kann man kilometerlang am Meer entlanglaufen, ohne einem Menschen zu begegnen. Wegen der Brandung und tückischer Unterströmungen ist das Schwimmen allerdings nicht ungefährlich.

Infos
Central Gippsland Tourism: Princes Hwy., Tel. 18 00-67 75 20, www.gippslandtourism. com.au, tgl. 9–17 Uhr.

Übernachten
Zentral, aber ruhig ▶ Aspen Motor Inn: 342 York St., Tel. 03-51 44 38 88, www.aspen. bestwestern.com.au. Komfortabel und ruhig. DZ 105–160 A-$.

Camping ▶ Sale Motor Village: Princes Highway, Tel. 1800-64 25 87, www.salemotor village.com.au. Gut ausgestattet, mit Cabins.

Verkehr
s. S. 173; außerdem tgl. mehrere Regionalbusse nach Bairnsdale und Lakes Entrance.

La Trobe Valley ▶ 1, S 17
Reisende mit dem Ziel Melbourne müssen in Sale eine Entscheidung treffen: Entweder sie folgen dem durchs Binnenland führenden Princes Highway oder sie fahren auf dem South Gippsland Highway Richtung Küste.

Der Princes Highway durchschneidet das La Trobe Valley, den ›Kohlenpott‹ von Victoria. Hier befinden sich die größten Braunkohlevorkommen der Welt, ein Flöz von 70 km Länge, bis zu 25 km Breite und einer Tiefe von bis zu 200 m. Zwischen **Morwell** 21 und **Moe** sieht man die Krater gigantischer Tagebauminen sowie die Schornsteine riesiger Wärmekraftwerke, die für Besucher teilweise kostenlose Besichtigungen arrangieren.

Ein Abstecher führt von Moe zum 35 km nördlichen **Baw Baw National Park,** eine der schönsten Berglandschaften Victorias mit majestätischen Königseukalypten und üppigen Baumfarnen. Am südöstlichen Rand des Naturschutzgebiets liegen in einem malerischen Flusstal die Überreste von **Walhalla,** einer in der zweiten Hälfte des 19. Jh. reichen Goldgräberstadt mit einst mehr als 5000 Einwohnern. Zu besichtigen ist die Long Tunnel Goldmine (Tel. 03-51 65 62 59, www.walhalla board.org.au, Führungen Mo–Fr 13.30, Sa, So, Fei 12, 13.30, und 15, in den Schulferien tgl. 12, 13.30 und 15 Uhr, Erw. 19,50 A-$, Kinder 13,50 A-$, Familien 49,50 A-$). Nostalgische Eisenbahnfahrten bietet die Walhalla Goldfields Railway, die früher die Goldgräberstadt mit der Außenwelt verband (Tel. 03-51 26 42 01, www.walhallarail.com, Sa, So, Fei 11, 13 und 15 Uhr, Erw. 20 A-$, Kinder 15 A-$, Familien 50 A-$).

Infos
La Trobe Visitor Information Centre: The Old Church, Princes Highway (Traralgon, östlich von Morwell), Tel. 18 00-62 14 09, www. latrobe.vic.gov.au, tgl. 9–17 Uhr.

Übernachten
... in Morwell:
Moderne Motel-Units ▶ Coal Valley Motor Inn: 141 Princes Dr., Tel. 03-51 34 62 11, www.cvmi.com.au. Komfortabel, mit Pool. DZ 89–145 A-$.
... in Walhalla:
Mit historischem Flair ▶ Walhalla Star Hotel: Main Road, Tel. 03-51 65 62 62, www.star hotel.com.au. Die 12 Suiten des stilgerecht restaurierten Hotels bieten koloniales Flair und modernen Luxus. Im Restaurant gibt es regionale Spezialitäten. Suite für 2 Personen 189–249 A-$ (inkl. Frühstück).

Verkehr
Züge: Tgl. mehrere Züge der V/Line von Melbourne nach Moe, Morwell und Traralgon, Auskunft: Tel. 13 61 96.

Wilsons Promontory National Park ▶ 1, S 18
Der **Wilsons Promontory National Park** 22, kurz ›The Prom‹, ist ein uraltes Granitvorgebirge und Teil der ehemaligen Landbrücke zur Insel Tasmanien, die infolge des Anstiegs des Meeresspiegels nach der letzten Eiszeit vor

etwa 10 000 Jahren überflutet wurde. Lichte Eukalyptusforste mit kleinen Flecken subtropischem Regenwald überziehen die gebirgige Halbinsel, drängen sich bis an die Zyklopenfelsen und versteckten Strände am Meer. Die großen Moore im Landesinnern mit harten Gräsern und dem mannshohen Strauchwerk erinnern an norddeutsche Heidelandschaften. Hier ist die Heimat von Känguru- und Emuherden.

In dem heute etwa 490 km² großen Naturschutzgebiet, das sich auf der südlichsten Spitze des australischen Kontinents erstreckt, kann man auf rund 100 km Wanderpfaden kurze Spaziergänge oder mehrtägige Wildniswanderungen unternehmen (s. Aktiv unterwegs S. 186f.). Bereits die Fahrt auf der 32 km langen Panoramastraße **Prom Nature Drive** vom Parkeingang bei Yanakie bis Tidal River, wo sich das Besucherzentrum und ein Campingplatz befinden, vermittelt einen guten Eindruck vom Park.

Spaziergänge führen zur **Whisky Bay** und zum feinsandigen **Squeaky Beach.** Mit etwas Glück können Frühaufsteher dort ein possierliches Schauspiel erleben: Kurz nach Sonnenaufgang hüpfen Kängurus und Wallabies ans Wasser und nippen einige Tropfen, um ihren täglichen Salzbedarf zu decken. Meterhohe Baumfarne wachsen im **Lilly Pilly Gully,** durch das sich ein Naturlehrpfad windet (Rundwanderung 5 km/2 Std.). Ein grandioser Rundumblick ist die Belohnung für die schweißtreibende Wanderung auf den Gipfel des 557 m hohen **Mount Oberon** (hin und zurück 6 km/2 Std.).

Infos

Prom Country Visitor Information Centres: South Gippsland Highway, Korumburra und Stockyard Gallery, McDonald/Main Streets, Foster, Tel. 18 00-63 07 04, www.visitprom country.com.au, www.promcountrytourism. com.au.

Wilsons Promontory National Park Visitor Centre: Tidal River, Tel. 03-56 80 95 55 und 13 19 63, www.parkweb.vic.gov.au, tgl. 8.30–16.30 Uhr. Hier oder am Parkeingang ist eine Gebühr von 12 A-$/Auto zu entrichten.

Übernachten

Motel in Parknähe ▶ **Comfort Inn Foster:** 3800 South Gippsland Hwy., Foster, Tel. 03-56 82 20 22, www.choicehotels.com.au/au385. Angenehmes Motel mit Restaurant und Pool in Foster ca. 50 km nördlich des Nationalparks. DZ ab 135 A-$.

Camping ▶ **Tidal River Caravan Park:** Tel. 03-56 80 95 55, wprom@parks.vic.gov.au. Großer Campingplatz mit gut ausgestatteten Cabins; ideales Standquartier für die Erkundung des Nationalparks, während der Hochsaison rechtzeitig buchen.

3 Phillip Island ▶ 1, R 17

Begegnungen mit der australischen Tierwelt stehen im Mittelpunkt eines Besuchs von **Phillip Island** 130 km südöstlich von Melbourne. Die kleine, nach dem ersten Gouverneur der Strafkolonie New South Wales, Arthur Phillip, benannte Insel ist Heimat von Koalas, Kängurus, Seehunden und zahlreichen Vogelarten. Größter Besuchermagnet sind die Zwergpinguine (Little Penguins), die hier vor allem in den Sommermonaten allabendlich zur ›Pinguinparade‹ antreten. Wegen der großen Nachfrage ist es sinnvoll, im Phillip Island Information Centre kurz hinter der Brücke, welche die Insel mit dem Festland verbindet, rechtzeitig Eintrittstickets hierfür zu besorgen.

Erstes Highlight ist **Churchill Island** nördlich von Newhaven, eine Insel, zu der man über eine Holzbrücke gelangt. Aus der viktorianischen Epoche blieb dort ein stattliches, von einer schönen Parkanlage umgebenes Herrenhaus erhalten. Vom Wanderweg, der um die Insel führt, bieten sich herrliche Panoramen der Western Port Bay (www.penguins. org.au, tgl. 10–17 Uhr, Erw. 11,90 A-$, Kinder 5,95 A-$, Familien 27,75 A-$).

Nur zu Fuß lässt sich das **Cape Woolamai** südlich der Phillip Island Road erreichen. Auf der mit 109 m höchsten Erhebung der Insel nisten Tausende Sturmvögel (Mutton Birds). Fotografen finden in der pittoresken Klippenformation The Pinnacles ein lohnendes Motiv (Rundweg 8 km/3,5 Std.). Die Strände bieten Surfern ideale Bedingungen.

aktiv unterwegs

Rundwanderung im Wilsons Promontory

Tour-Infos

Start: Telegraph Saddle (Mount Oberon Car Park). Von Nov. bis Ostern verkehrt ein Shuttle-Bus zwischen Tidal River und Telegraph Saddle (gratis). In der übrigen Zeit muss die Strecke zu Fuß bewältigt werden (ca. 1 Std.).
Ziel: Tidal River
Länge: 57,2 km
Dauer: 2 bzw. 3 Tage
Schwierigkeitsgrad: mittelschwer
Ausrüstung: Zelt, Schlafsack, Gaskocher, ausreichend Proviant und Wasser
Vorbereitung: Übernachtungen müssen im Voraus gebucht und bezahlt werden: Parks Victoria, Tel. 13 13 63, oder beim Visitor Centre in Tidal River, Tel. 03-56 80 95 55. Die Nationalparkgebühr ist in der Übernachtung inbegriffen; Preise siehe Tourbeschreibung.

Diese mehrtägige Wanderung deckt die Highlights der Ost- und Westküste ab und gibt auch einen Eindruck von der Wildnis im rauen Süden des Wilsons Promontory. Fast der gesamte Park wurde von den Buschfeuern im Januar 2014 in Mitleidenschaft gezogen. Viele Pflanzen haben jedoch Strategien entwickelt, um dem Feuer zu widerstehen und z. B. Zapfen ausgebildet, in denen Samen brandsicher aufbewahrt und nach dem Feuer freigesetzt werden. Dieser natürliche Schutzmechanismus bescherte Wanderern im darauffolgenden Frühling und Sommer eine besonders üppig blühende und grünende Natur. Aus verkohlten Baumstämmen sprossen zartgrüne Blätter, hohe Eukalypten waren wieder zum Leben erwacht und auf den Wiesen leuchteten bunte Wildblumen um die Wette. Auch die Tiere sind mittlerweile in den Park zurückgekehrt. Die Selbstheilungskräfte der Natur, die man sich hier so eindrucksvoll entfalten sieht, machen diese Rundwanderung zu einem ganz besonderen Erlebnis.

Die erste Tagesetappe führt vom **Telegraph Saddle** zur **Refuge Cove** (16,6 km, 4–5 Std.). Vom Parkplatz am Telegraph Saddle aus ist der Weg nach Sealers Cove ausgeschildert. Durch Eukalyptuswald geht es zunächst aufwärts zum **Windy Saddle,** einem aussichtsreichen Pass zwischen Mount Ramsay und Mount Wilson. Von dort fällt der Weg bis nach Sealers Cove wieder ab. Auf den letzten 1,8 km durchquert man ein Sumpfgebiet – zum größten Teil auf einem Brettersteg (Boardwalk). Am schönen und meist einsamen Strand von **Sealers Cove** hält man sich rechts, um nach ca. 500 m zum **Sealers Creek** zu gelangen. Auch bei Ebbe lässt sich dieser nicht trockenen Fußes durchqueren – also Schuhe aus und Hosen hochkrempeln! Man passiert den Zeltplatz und folgt den Schildern zur Refuge Cove. Der etwa 45-minütige Aufstieg zum **Horn Point** wird mit einem grandiosen Blick auf den Five Mile Beach im Norden und Seal Island im Osten belohnt. Hier verlässt der Pfad die Küste und senkt sich langsam zum **Refuge Beach** hinab. Direkt hinter dem Strand am südlichen Ende der Bucht befindet sich ein Zeltplatz für Wanderer mit fließend Wasser (8 A-$/Pers.).

Etappenziel des zweiten Tages ist das **Lighthouse** (17,9 km, 6–7 Std.). Gleich zu Beginn geht es steil aufwärts auf ein offenes Felsplateau und anschließend durch ein kleines Waldgebiet. Ein kurzer, lohnender Abstecher (0,3 km einfach) führt zum **Kersop Peak,** von wo man das Lighthouse bereits ausmachen kann. Zurück auf der Hauptroute fällt der Weg langsam zur **North Waterloo Bay** ab. Hier folgt man dem Strand in südwestlicher Richtung. An seinem Ende beginnt ein steiniger Pfad, der an der Küste entlang zur **Little Waterloo Bay** führt.

Wer die Wanderung verkürzen möchte, biegt am Waterloo Beach 50 m hinter **Freshwater Creek** rechts ab und steigt hinauf zum

Boulder Saddle. Teile der Strecke führen über Bretterstege. Nach 1–1,5 Std. stößt der Weg auf den **Telegraph Track.** Auf diesem gelangt man in etwa 2 Std. zurück zum Telegraph Saddle. Alternativ folgt man dem ursprünglichen Weg bis zur **Oberon Bay** und wandert von dort weiter wie für den dritten Tag beschrieben (ca. 3,5 Std.).

Wer den gesamten Rundwanderweg begehen möchte, folgt in der **Little Waterloo Bay** ca. 40 Min. lang dem Strand, bis kurz vor seinem Ende der Pfad im Zickzackkurs zum **Mount Boulder** hinaufführt. Oben angekommen folgt man dem Bergkamm, der unerwartet zu einem offenen Felsplateau führt, Hier belohnt ein herrlicher Blick für den anstrengenden Aufstieg. Im Anschluss fällt der Weg gemächlich ab. Auf einer markierten Abzweigung vom South East Track erreicht man in 15 Min. das **Lighthouse.** Dort kann man in gemütlichen Cottages mit 2 bis 4 Betten die müden Knochen ausruhen (Standard um 55 A-\$/Bett, Sa 85 A-\$).

Die dritte Tagesetappe führt vom Lighthouse nach **Tidal River** (23,2 km, 7–8 Std.). Man kehrt zunächst zurück zum South East Track und wandert auf diesem in westlicher Richtung bis zum **Roaring Meg Camp** (ca. 2 Std.). Dort stößt man auf den Telegraph Track, dem man an **Martins Hill** und **Half Way Hut** vorbei nordwärts bis zur Kreuzung mit dem Waterloo Bay Track folgt (ca. 2 Std.). Hier hält man sich links, um nach ca. 1 Std. die **Oberon Bay** zu erreichen. Am Meer wendet man sich nach rechts und folgt dem Strand etwa 1,2 km lang, bis man am Ende den Pfad zur **Little Oberon Bay** erreicht. Ein letzter kurzer Aufstieg führt zum **Norman Point,** dann fällt der Pfad allmählich zum **Norman Beach** ab. Hier läuft man entweder am Strand entlang oder folgt dem schattigeren Pfad nach **Tidal River** (2–3 Std.). *Corinna Melville*

Küste zwischen Sydney und Melbourne

Im **Koala Conservation Centre** an der Phillip Island Road kann man auf einem Baumwipfelpfad frei lebende Koalas beobachten (Tel. 03-59 51 28 00, www.penguins. org.au, tgl. 10–17 Uhr, Erw. 11,90 A-$, Kinder 5,95 A-$, Familien 27,75 A-$, Fernglas mitbringen!). Bekanntschaft mit Emus, Dingos, Wallabies, Wombats und anderen australischen Tierarten macht man im **Phillip Island Wildlife Park** südlich der Inselhauptstadt Cowes (Thompson Avenue, Tel. 03-59 52 20 38, www.piwildlifepark.com.au, tgl. 10 Uhr bis Sonnenuntergang, Erw. 17 A-$, Kinder 8,50 A-$, Familien 46 A-$).

Cowes, der größte Ort auf der Insel, bietet Besuchern zwar keine nennenswerten Sehenswürdigkeiten, aber gemütliche Unterkünfte und gute Restaurants.

Bei **Point Grant** an der Südwestspitze der Insel erschließt ein Holzbohlenweg die bizarr zerklüftete Basaltküste. Aus einem **Blowhole,** einer Spalte in einer Felsenklippe, schießt bei starker Brandung die Gischt wie eine Fontäne meterhoch empor. Der Küste vorgelagert sind **The Nobbies,** zwei kleine Inseln, die man bei Ebbe zu Fuß erreichen kann. Etwas weiter entfernt trotzen die **Seal Rocks** mit einer mehrere tausend Tiere zählenden Robbenkolonie der Brandung. In kolonialen Zeiten hatten Jäger die Pelzrobben fast ausgerottet, aber seitdem die Tiere unter Schutz stehen, haben sich ihre Bestände rasch vergrößert. Man kann die Robben von einem starken Fernglas beobachten oder ab Cowes eine Bootstour unternehmen, bei der man den Seal Rocks ganz nahe kommt.

Im **Nobbies Centre** am Point Grant wird mit modernster Technologie Wissenswertes über die Meeressäuger vermittelt (Tel. 03-59 51 28 00, tgl. 11 Uhr bis zum Sonnenuntergang, Eintritt frei).

Den absoluten Höhepunkt und Abschluss eines erlebnisreichen Tages auf Phillip Island bildet, vor allem im Dezember und Januar, die ›Pinguinparade‹. In einer 3000 Zuschauer fassenden Arena am Summerland Beach im Südwesten des Eilands erleben Besucher, wie in der Abenddämmerung oft Hunderte von Zwergpinguinen – mit weniger als 35 cm die kleinsten der Welt – von der Nahrungssuche im Meer zu ihren Bruthöhlen in den Strandhügeln zurückwatscheln. Obwohl man

Auf Phillip Island lebt die größte Kolonie Australischer Pelzrobben

sich das Spektakel, bei dem Fotografieren tabu ist, mit vielen Schaulustigen teilen muss, sollte man es nicht versäumen. Wissenswertes über die befrackten Zwerge vermittelt das Besucherzentrum. Mithilfe von Guckkästen kann man dort das Innenleben in Bruthöhlen live beobachten (Tel. 03-59 56 83 00, www.penguins.org.au, tgl. 10 Uhr bis Sonnenuntergang, Erw. 23,80 A-$, Kinder 11,90 A-$, Familien 59,50 A-$; Tipp: unbedingt warme Kleidung und Regenschutz mitbringen; Eintrittskarte rechtzeitig kaufen oder telefonisch vorbestellen).

Infos

Phillip Island Information Centre: Phillip Island Road (Newhaven), Tel. 13 00-36 64 22, www.visitphillipisland.com, tgl. 9–17, in den Sommerferien tgl. 9–18 Uhr. Allgemeine Infos sowie Verkauf der Eintrittskarten für die Pinguinparade und des Phillip Island Three Parks Pass, der Zugang zu Pinguinparade, Koala Conservation Centre und Churchill Island bietet (Erw. 40,40 A-$, Kinder 20,20 A-$, Familien 101 A-$).

Übernachten

Plüschige Pension ▶ **Genesta House:** 18 Steele St. (Cowes), Tel. 03-59 52 36 16, www.genesta.com.au. Gemütliches B & B in einem strandnahen Kolonialgebäude, Zimmer mit individueller Note, Kinder unter 15 Jahren sind unerwünscht. DZ 170–210 A-$.

Gediegener Komfort ▶ **Kaloha Holiday Resort:** Steele/Chapel Streets (Cowes), Tel. 03-59 52 21 79, www.kaloha.com.au. Architektonisch ansprechendes Resorthotel am Strand mit Bar, Restaurant und Pool. DZ 95–195, Apartment 139–279 A-$.

Strandnah & behaglich ▶ **Seahorse Motel:** 29–31 Chapel St. (Cowes), Tel. 03-59 52 20 03, www.seahorsemotel.com.au. Ruhiges und sympathisches kleines Motel in Strandnähe. DZ 105–185 A-$.

Ideal für Familien ▶ **Koala Park Resort:** Phillip Island Road, Tel. 03-59 52 21 76, www.koalaparkresort.com.au. Familienfreundlich, mit Pool, Tennisplätzen und hervorragendem Seafood-Restaurant. DZ 95–175 A-$.

Camping ▶ **Beach Park Tourist Caravan Park:** 2 McKenzie Rd. (Cowes), Tel. 03-59 52 21 13, www.beachpark.com.au. Gut ausgestattet, mit Cabins und Pool, in Strandnähe. **Cowes Caravan Park:** 164 Church St. (Cowes), Tel. 03-59 52 22 11, www.cowescaravanpark.com.au. Gut ausgestattet, mit gemütlichen Ferienhäuschen, am Strand.

Essen & Trinken

Mit Blick auf die Bucht ▶ **Harry's on the Esplanade:** 17 The Esplanade (Cowes), Tel. 03-59 52 62 26, www.harrysrestaurant.com.au, tgl. 10–14.30, 17–23 Uhr. Fangfrisches Seafood und saftige Steaks in stimmungsvoller Atmosphäre. Vorspeisen 10–19,80 A-$, Hauptgerichte 27,80–42 A-$.

Relaxt & freundlich ▶ **The Hotel Restaurant:** 25 The Esplanade (Cowes), Tel. 03-59 52 20 60, tgl. 12–15, 17–22.30 Uhr. Seafood, Steaks und Schnitzel, auch spezielles Kids' Menu. Vorspeisen 8–14 A-$, Hauptgerichte 19,50–36 A-$.

Aktiv

Freizeitpark ▶ **A Maze'n Things:** Phillip Island Road, Tel. 03-59 52 22 83, www.amazenthings.com.au, tgl. 9–18 Uhr, Erw. 21 A-$, Kinder 14,50 A-$, Familien 63 A-$. Vergnügungspark mit großem Labyrinth, Maxigolf und einer Reihe unterschiedliche Illusionen erweckenden Räumen.

Tierbeobachtung ▶ **Wildlifecoast Cruises:** Tel. 13 00-76 37 39, www.wildlifecoastcruises.com.au. 2-stündige Bootstouren zu den Seal Rocks zur Beobachtung von Pelzrobben (Okt.–April tgl. 14, 16.30, Mai–Sept. tgl. außer Do 14 Uhr, Erw. 72 A-$, Kinder 49 A-$, Familien 199 A-$). **Pelican Feeding:** The Wharf (San Remo), tgl. 11.30 Uhr.

Verkehr

Busse: Tgl. mehrere Busse von V/Line, Tel. 13 61 96, nach Melbourne. Auf Phillip Island gibt es keine öffentlichen Verkehrsmittel.
Von Melbourne aus werden auch zahlreiche **Tagesausflüge** nach Phillip Island angeboten (Info und Buchung: Melbourne Visitor Centre, s. S. 222).

Canberra und südliche Great Dividing Range

Mit rund 870 km ist der Hume Highway die kürzeste Verbindung zwischen Sydney und Melbourne. Landschaftlich ist diese Route weniger spektakulär als die Küstenstrecke, dafür aber ›typisch‹ australisch – über weite Abschnitte bestimmen Schafweiden und Weizenfelder das Bild. Abstecher führen in die Snowy Mountains, die Victorian Alps und nach Canberra, die Hauptstadt des Fünften Kontinents.

Southern Highlands

▶ 1, U 15

Karte: S. 174

Südwestlich von Sydney erstrecken sich die fruchtbaren Southern Highlands. Als Ausläufer der Great Dividing Range mit einer Höhe von durchschnittlich 600 m geben sie einen Vorgeschmack auf die Snowy Mountains und die Victorian Alps, in denen die höchsten Gipfeln des Kontinents aufragen.

Camden 23

Etwas abseits des Hume Highway liegt **Camden.** Auf der kolonialen **Belgenny Farm** nahebei legte der ehemalige Offizier John Macarthur 1805 mit dem Import von Merinoschafen den Grundstock für die australische Wollindustrie (Camden Park Estate, Tel. 02-46 54 68 00, www.belgennyfarm.com.au). Ausgedehnte Spaziergänge kann man im nahen **Mount Annan Botanic Garden** unternehmen, einem der größten des Landes, (Narrelan Rd., Tel. 02-46 34 79 00, www.rbgsyd.nsw.gov.au/annan, tgl. 10–17 Uhr, Eintritt frei).

Mittagong 24

In **Mittagong** ist das Informationszentrum für die Region Southern Highlands zu finden, der Urlaubsort besitzt einige liebevoll restaurierte Bauwerke aus der frühen Kolonialepoche. Eine rund 50 km lange, zum Teil ungeteerte Straße führt von hier durch eine reizvolle Landschaft mit Mittelgebirgscharakter zu den

Wombeyan Caves. Durch die Kalksteingrotten mit spektakulären Tropfsteinen werden mehrmals täglich Führungen angeboten (Tel. 02-48 43 59 76, tgl. 9–16.30 Uhr, eine Höhle: Erw. 18 A-$, Kinder 12 A-$, Familien 45 A-$; mehrere Höhlen: Erw. 32 A-$, Kinder 22 A-$, Familien 86 A-$).

Infos

Southern Highlands Visitor Information Centre: Winifred West Park, Old Hume Highway, Tel. 1300-65 75 59, www.southern-highlands.com.au, Mo–Fr 9–17, Sa, So 10–16 Uhr.

Berrima und Moss Vale

Historisches Flair hat das 1831 gegründete Städtchen **Berrima** 25 am Wingecarribee River südwestlich von Mittagong. Das georgianische Kleinod steht heute fast gänzlich unter Denkmalschutz und bietet Sehenswürdigkeiten wie das klassizistische Court House von 1838, das ein Jahr später erbaute Berrima Jail und die Holy Trinity Church, in der 1849 erstmals eine Heilige Messe gefeiert wurde. Beim Streifzug durch die Vergangenheit darf auch der Surveyor General Inn nicht fehlen, das 1834 eröffnete, älteste Gasthaus Australiens, in dem man heute noch ein frisch gezapftes Bier genießen kann.

Auch im benachbarten **Moss Vale,** das Anfang des 19. Jh. als einer der ersten Außenposten der Kolonie gegründet wurde, blieben einige Gebäude aus der Pionierzeit erhalten. Besonders eindrucksvoll ist das

Haus im Thorsby Park, das in den 1830er-Jahren errichtet wurde (tgl. 10–16 Uhr, Erw. 7,50 A-$, Kinder 5 A-$, Familien 20 A-$.

Abstecher führen in den Morton National Park und ins Kangaroo Valley (s. S. 176f.).

Goulburn

Als zweitälteste Binnenstadt des Landes kann **Goulburn** auf eine bewegte Geschichte zurückblicken. Aus alten Zeiten stammt das um 1840 errichtete, von einem hübschen Park umgebene **Riversdale Homestead,** heute ein Familienmuseum, das Erinnerungsstücke aus den Pionierjahren und historisches Mobiliar präsentiert (Tel. 02-48 21 47 41, www. nationaltrust.org.au/nsw/riversdale, Mo, Di, Do, So 10–14 Uhr, Erw. 6 A-$, Kinder 4 A-$, Familien 12 A-$). Goulburns heutige Rolle als Zentrum der regionalen Schafindustrie demonstriert **The Big Merino,** ein über 15 m hoher Schafbock aus Beton, der einen Laden für Wollprodukte und ein Wollmuseum birgt. Über Stufen kann man dem Schaf zu Kopfe steigen und durch seine Augen über die Stadt blicken (Tel. 02-48 22 80 13, www.bigmerino. com.au, tgl. 8.30–17.30 Uhr, Eintritt frei).

Wenige Kilometer westlich von Goulburn zweigt vom Hume Highway der Federal Highway ab. Vorbei am Lake George, der so seicht ist, dass er in längeren Dürreperioden immer wieder austrocknet, geht es auf einem kargen Hochplateau weiter nach Canberra.

Infos

Goulburn Visitors Centre: 201 Sloane St., Tel. 1300-45 62 28, www.igoulburn.com.au, tgl. 9–17 Uhr.

Übernachten

Mit gutem Steak-Restaurant ▶ Lilac City Motor Inn: 126–128 Lagoon St. (Old Hume Highway), Tel. 02-48 21 50 00 und 18 00 65 41 24, www.lilaccitymotorinn.com.au. Komfortables Motel mit geräumigen Zimmern. DZ 115–185 A-$.

Camping ▶ Goulburn South Caravan Park: 149 Hume St. (Hume Highway), Tel. 02-48 21 32 33, www.goulburnsouthcp.com.au. Gut ausgestattet, mit geräumigen Cabins.

4 Canberra ▶ 1, T 16

Cityplan: S. 196

Canberra liegt abseits der Reiserouten der meisten Australienbesucher, was sehr bedauerlich ist, denn die 360 000 Einwohner zählende Stadt, von der ein ganzer Erdteil regiert wird, ist ein wichtiger Mosaikstein im facettenreichen Australienbild.

Als Hauptstadt des Fünften Kontinents ist Canberra (der Name geht auf ein Aboriginal-Wort für ›Versammlungsplatz‹ zurück) ein Kompromiss, da Sydney und Melbourne nach der Gründung des Commonwealth of Australia einander die Würde der Bundeshauptstadt nicht gönnten. So beschlossen die Politiker, eine Retortenstadt zu schaffen – in gebührendem Abstand zwischen den beiden Rivalinnen. Canberra ist das Produkt eines Architektenwettbewerbs im Jahr 1911, den der Amerikaner Walter Burley Griffin gewann. Seine harmonisch auf die natürlichen Gegebenheiten des Monaro-Plateaus abgestimmte Konzeption orientierte sich am Vorbild der US-amerikanischen Hauptstadt Washington D. C.

Obwohl das perfekt geplante Canberra mit mustergültigem Grundriss aus Dreiecken und konzentrischen Kreisen als die gelungenste Retortenstadt der Welt gilt, wird sie ebenso geliebt wie geschmäht. Kritiker bemängeln vor allem das Fehlen urbaner Geschichte und kommunalen Lebens. Ihrer Meinung nach besitzt Canberra zwar künstlich gestaltete Schönheit, aber wenig natürlichen Charme. Auch Besuchern drängt sich – insbesondere an Wochenenden, wenn zahlreiche Regierungs- und Botschaftsangestellte in belebtere Gefilde entschwinden – der Eindruck auf, dass in der Beamtengarnison Canberra eher repräsentiert als gelebt wird.

Canberras Zentrum wird durch den künstlichen Lake Burley Griffin in zwei Bereiche geteilt. Während sich im Norden das Geschäfts- und Einkaufszentrum ausbreitet, steht das Gebiet südlich des Sees, das ›Parlamentarische Dreieck‹, ganz im Zeichen von Politik und Verwaltung. Dort befinden sich das Parlament, die Ministerien, der Bundesgerichts-

Canberra und südliche Great Dividing Range

Der Palast für das Volk: New Parliament House

hof und die meisten diplomatischen Vertretungen. Mittelpunkte der beiden etwa gleich großen Stadtteile sind der City Hill im Norden des Sees und der Capital Hill im Süden.

Da die Entfernungen zwischen den einzelnen Sehenswürdigkeiten zum Teil groß sind, ist eine Erkundung zu Fuß nur punktuell möglich. Aber auch eine Stadtrundfahrt im Auto gestaltet sich aufgrund des verwirrenden Straßensystems kompliziert. Empfehlenswert ist daher eine Kombination aus Stadtrundfahrt im Bus und Rundgang in überschaubaren Bezirken. Wer auch einen Blick in die Museen werfen will, sollte für die Stadtbesichtigung mindestens einen Tag ansetzen.

New Parliament House 🟥

Ein günstiger Ausgangspunkt für einen Stadtrundgang ist das **New Parliament House,** das wie ein riesiger Bunker in den Capital Hill versenkt wurde. So passt sich das architektonische Symbol von Canberra, das 1988 zur 200-Jahr-Feier Australiens von Königin Elizabeth II. eröffnet wurde, mit seinem grasbewachsenen, begehbaren Dach perfekt in die Anlage der Stadt ein. Überragt wird der mächtige, 4500 Räume umfassende Komplex, der in Form zweier Bumerangs gestaltet ist, von einem turmähnlichen Flaggenmast aus Edelstahl. Ganz im Sinne der Architekten, die das Parlament als einen ›Palast für das Volk‹ konzipierten, gibt es in dem mit Marmor und edlen Hölzern ausstaffierten Bauwerk weite öffentliche Bereiche. Einige tausend Gemälde, Skulpturen und andere Kunstobjekte sind über das Gebäude verteilt. Wer den 76 Senatoren oder den 148 Mitgliedern des Repräsentantenhauses beim Debattieren zusehen möchte, sollte versuchen, einen Platz auf der Besuchertribüne zu bekommen (Infos: Tel. 02-62 77 53 99, Tickets: Tel. 02-62 77 48 89, www.aph.gov.au, tgl. 9–17 Uhr, kostenlose 45-minütige Führungen an sitzungsfreien Tagen 10, 13 und 15 Uhr).

Yarralumla

Westlich vom Capital Hill erstreckt sich das Botschaftsviertel Yarralumla. In dem architektonischen Einerlei stechen einige diplomatische Vertretungen im jeweils landestypischen Stil heraus. Gelungene Visitenkarten ihrer Nationen sind die **Indische Botschaft**

2, die an einen Mogul-Palast erinnert, die **Thailändische Botschaft 3** mit nach oben gewölbten Giebeln im Stil eines buddhistischen Tempels und die **Griechische Botschaft 4**, deren säulengegliederte Fassade Erinnerungen an den Parthenon weckt. Die sehenswerte **High Commission of Papua New Guinea 5** am Forster Crescent beherbergt in einem ›Geisterhaus‹ ein Völkerkundemuseum (Tel. 02-62 73 33 22, Mo–Fr 9–13, 14–17 Uhr, Eintritt frei). Neben dem Hauptgebäude der **Indonesischen Botschaft 6**, deren Eingang von mythologischen Wächterstatuen flankiert wird, hat man im Stil eines balinesischen Tempels ein kleines Museum mit Artefakten aus der indonesischen Inselwelt errichtet (Tel. 02-62 50 86 00, Mo–Fr 9.30–12.30, 14–17 Uhr, Eintritt frei).

Royal Australian Mint 7

Der Stadtteil Deakin südlich des Botschaftsviertels ist Sitz der **Royal Australian Mint,** der Königlichen Münzprägeanstalt. Das angeschlossene Museum informiert über die Geschichte und Entwicklung des Geldwesens. Von einer Besuchergalerie lässt sich durch große Glasscheiben der gesamte Produktionsablauf verfolgen (Denison Street, Tel. 02-62 02 69 99, www.ramint.gov.au, Mo–Fr 8.30–17, Sa, So, Fei 10–16 Uhr, Führungen Mo–Fr 10, 14, Sa 11, 14 Uhr, Eintritt frei).

Old Parliament House 8

Im schneeweißen **Old Parliament House** an der King George Terrace unterhalb des neuen Parlamentsgebäudes tagte über 60 Jahre lang das australische Bundesparlament. Heute bildet das neoklassizistische Gebäude den Rahmen für das **Museum of Australian Democracy.** Eine kostenlose Führung vermittelt einen Einblick in die bedeutsamen politischen Ereignisse, die sich zwischen 1927 und 1988 in dem historischen Gemäuer abspielten. Umgeben ist das Bauwerk von den **National Rose Gardens,** in denen zwischen November und April 5000 Rosenbüsche ihre Farbenpracht entfalten (Tel. 02-62 70 82 22, www.moadoph.gov.au, tgl. 9–17 Uhr, Erw. 2 A-$, Kinder 1 A-$, Familien 5 A-$). Vor dem

Gebäude haben Aborigines, die für Landrechte demonstrieren, eine *Tent Embassy* (›Zelt-Botschaft‹) errichtet.

Parlamentarisches Dreieck

Zahlreiche Bauwerke im ›Parlamentarischen Dreieck‹ zwischen Commonwealth Avenue und Kings Avenue zählen zum Schönsten, was Australien an moderner städtischer Architektur aufzuweisen hat. Das bemerkenswerteste Gebäude, das in den letzten Jahren errichtet wurde, ist die im Dezember 2008 eröffnete **National Portrait Gallery 9** mit den Porträts von mehr als 400 bedeutenden Persönlichkeiten der australischen Geschichte und Gegenwart (Tel. 02-61 02 70 00, www.portrait.gov.au, tgl. 10–17 Uhr, Eintritt frei). In einem aus riesigen Kuben zusammengesetzten Bau präsentiert die **National Gallery of Australia 10** über 70 000 Werke australischer und ausländischer Künstler. Einen starken Akzent setzt die Staatsgalerie auf die Kunst der Aborigines. Unter den Plastiken im großen Skulpturengarten findet man Aktstudien von Auguste Rodin (Tel. 02-62 40 64 11, www.nga.gov.au, tgl. 10–17 Uhr, Führungen tgl. 10.30, 11.30, 12.30, 13.30, 14.30 Uhr, Eintritt frei, Sonderveranstaltungen gebührenpflichtig).

Der wuchtige Glas-Beton-Bau nebenan ist Sitz des **High Court 11**, des Obersten Gerichtshofs. Im Foyer, das der Öffentlichkeit zugänglich ist, informiert eine Ausstellung über das australische Rechtssystem (Tel. 02-62 70 68 50, www.hcourt.gov.au, Mo–Fr 9.45–16.30, So 12–16 Uhr, Eintritt frei).

Wenige Schritte weiter bietet das **National Science and Technology Centre 12** auf vier Etagen Naturwissenschaft und Technologie zum Anfassen (Tel. 02-62 70 28 00, www.questacon.edu.au, tgl. 9–17 Uhr, Erw. 23 A-$, Kinder 17,50 A-$, Familien 70 A-$).

Zu den elegantesten Bauten der Stadt gehört die **National Library of Australia 13**, die mit ihrem markanten Säulengang wie in Parthenon der Neuzeit wirkt. Das Betonskelett der 1968 fertiggestellten Nationalbibliothek wurde von einem Mantel aus weißem Marmor umhüllt. Mit mehr als 4 Mio. Bänden sowie

Canberra und südliche Great Dividing Range

Tausenden von Filmen, Tonbändern, Manuskripten, Drucken und Landkarten ist sie die größte Bibliothek des Landes und zugleich das führende Dokumentationszentrum für Literatur aus und über Australien. Einzigartig ist die Sammlung von Dokumenten über die ›Entdeckung‹ und Erforschung Australiens, zu der auch die Originaltagebücher von Kapitän James Cook gehören. Im Foyer sind Wandteppiche mit Szenen aus der australischen Geschichte und Buntglasfenster mit Darstellungen von Planeten zu sehen. Die beiden Galerien im Untergeschoss und im Mezzanin zeigen Wechselausstellungen zeitgenössischer Kunst (Tel. 02-62 62 11 11, www.nla. gov.au, Mo–Do 9–21, Fr, Sa 9–17, So 13.30–17 Uhr, Eintritt frei).

Entlang dem nördlichen Seeufer

Über die Commonwealth Avenue Bridge erreicht man das Nordufer des Lake Burley Griffin. Umgeben von Parks, ist das nach Canberras Planer benannte Gewässer ein wichtiges Gestaltungselement der Stadtlandschaft. Mitten im See setzte man mit dem **Captain Cook Memorial Water Jet** 14 dem ›Entdecker‹ Australiens ein imposantes Denkmal. Bei Windstille erreicht die Fontäne des Hochstrahlbrunnens eine Höhe von 147 m See (tgl. 10–12, 14–16, 19–21 Uhr).

Verschiedene Aspekte der Stadtplanung erläutert **The National Capital Exhibition** 15 am Regatta Point (Tel. 02-62 57 10 68, www. nationalcapital.gov.au, Mo–Fr 9–17, Sa, So 10–16 Uhr, Eintritt frei). Nahe dem Pavillon befindet sich das **Captain Cook Memorial** – eine große Weltkugel aus Metall, auf der die Entdeckungsreisen von James Cook aufgezeichnet sind.

Ein kurzer Spaziergang entlang der Seepromenade führt zu **Blundell's Cottage** 16, einem der ältesten Gebäude der Stadt von 1860 (Tel. 02-62 72 29 02, www.national capital.gov.au, Do, Sa 10–11.30, 12–16 Uhr, Eintritt frei).

Auf der kleinen Aspen Island ragt einer der schönsten Glockentürme der Welt in den Himmel, der mit weißem Quarz verkleidete **Canberra Carillon** 17. Die 55 Glocken des

Turmes erklingen an jedem Mittwoch und Sonntag um 12.30 Uhr zu einem 45-minütigen, weithin vernehmbaren Konzert (Tel. 02-62 57 10 68).

Australian American Memorial 18

Von Aspen Island ist bereits das 73 m hohe **Australian American Memorial** zu sehen, das die Erinnerung an die Waffenbrüderschaft der Australier und Amerikaner im Pazifischen Krieg (1941–45) wachhält. Auf der Spitze des Aluminiumobelisken thront ein Adler, den man aus der Ferne leicht mit einem Paar Kaninchenohren verwechseln kann – so nennt der Volksmund das Denkmal denn auch ›Bugs Bunny‹. Östlich der Gedenkstätte erhebt sich der 663 m hohe Aussichtshügel **Mount Pleasant**.

Anzac Parade

Vom Lake Burley Griffin erstreckt sich die Anzac Parade, eine von Eukalypten gesäumte Prachtstraße. Etwa im Schnittwinkel mit der Constitution Avenue liegen die beiden ältesten Gebäude der Stadt: die anglikanische **Church of St. John the Baptist** 19 und das **St. John's Schoolhouse** 20 aus den 40er-Jahren des 19. Jh. (Tel. 02-62 49 68 39, Mi 10–12, Sa, So 14–16 Uhr, Eintritt frei).

Am nördlichen Ende der von Kriegerdenkmälern und Gedenkstätten flankierten Anzac Parade erinnert das monumentale neobyzantinische **Australian War Memorial** 21 an die australischen Soldaten, die in vielen Schlachten für das britische Mutterland in den Tod marschierten. Auf einer *Roll of Honour* im zentralen Kuppelbau sind die Namen der über 100 000 australischen Kriegstoten alphabetisch aufgelistet. In einem Seitenflügel befindet sich ein Kriegsmuseum, in dem Dioramen, Fotografien, Gemälde und zahlreiche Militaria die Militärgeschichte Australiens von der Kolonialzeit bis zum Vietnamkrieg dokumentieren. Das Australian War Memorial wird jährlich von über 1 Mio. Menschen besucht. Kritiker sehen in dem monumentalen Sandsteingebäude allerdings keinen Ort der Trauer und Besinnung, sondern eine Glorifizierung des Krieges (Tel. 02-62 43 42 11, www.awm.gov.au, tgl. 10–17 Uhr, Führungen tgl. 10, 10.30, 11, 13.30, 14 Uhr, Eintritt frei).

Nordöstlich der Gedenkstätte erhebt sich der 842 m hohe **Mount Ainslie,** erreichbar über eine Panoramastraße. Von der Aussichtsplattform genießt man einen herrlichen Blick über die Stadt.

Shopping District und National Film and Sound Archive 22

Mit Ausnahme des architektonisch ansprechenden National Convention Centre hat das Einkaufs- und Geschäftsviertel, das sich um den City Hill ausbreitet, nichts Außergewöhnliches zu bieten. Westlich davon liegt der Campus der Australian National University mit dem 1984 gegründeten **National Film and Sound Archive**, in dem eine Ausstellung die australische Rundfunk-, Film- und Fernsehgeschichte dokumentiert (Mc Coy Circuit, Tel. 1800-06 72 74, www.nfsa. gov.au, Mo–Fr 9–17, Sa, So, Fei 10–17 Uhr, Eintritt frei).

National Museum of Australia 23

Das **National Museum of Australia** dokumentiert ebenso anschaulich wie unterhaltsam die Geschichte des Fünften Kontinents, von den Felsmalereien im Kakadu National Park über die Ankunft der ›Ersten Flotte‹ bis zur Gegenwart. Hörstationen, Computeranimationen, interaktive Displays und Video-Einspielungen vertiefen die Eindrücke des Rundgangs, der prägnante Schlaglichter von gut 200 Jahren Geschichte liefert. Dem Verständnis mancher Besucher entzieht sich der eigenwillig gestaltete Garden of Australian Dreams im Innenhof, aber die hilfsbereiten Angestellten geben bereitwillig Erläuterungen (Tel. 1800-02 61 32, www.nma.gov.au, tgl. 9–17 Uhr, Eintritt frei, Sonderausstellungen gebührenpflichtig).

Besucher mit Interesse an der Kultur der australischen Ureinwohner sind im benachbarten **Australian Institute of Aboriginal and Torres Strait Islanders Studies,** kurz AIATSIS, willkommen (Mo–Fr 9–17 Uhr).

National Botanic Gardens

In naturbelassener Umgebung erstrecken sich an den östlichen Ausläufern des 812 m hohen Black Mountain die **National Botanic Gardens** 24: Ca. 90 000 Pflanzen von über 6000 Arten aus allen Teilen des Kontinents sind hier zu sehen (Tel. 02-62 50 95 40, www.anbg.gov.au/gardens, tgl. 8.30–17 Uhr, Besucherzentrum tgl. 9.30–16.30 Uhr, Führungen tgl. 11, 14 Uhr, Eintritt frei).

Eine gute Möglichkeit, sich einen Eindruck vom geometrisch klaren Konzept des Stadtplaners zu verschaffen, bietet der 195 m hohe **Telstra Tower** 25 auf der Spitze des Black Mountain (Tel. 02-62 19 61 11, www.telstra tower.com.au, tgl. 9–22 Uhr, Erw. 7,50 A-$, Kinder 3 A-$).

National Aquarium und Zoo 26

Obwohl etwa 100 km von der Südostküste entfernt, kann man auch in Canberra die australische Unterwasserwelt kennen lernen. Im 6,5 km südwestlich der City am Scrivener Dam gelegenen **National Aquarium** wandern die Besucher in Acryltunneln mitten durch die Meeresfauna des Pazifik hindurch. Im angeschlossenen **National Zoo** macht man Bekanntschaft mit Vertretern der australischen Fauna (Tel. 02-62 87 84 00, www.nationalzoo. com.au, tgl. 10–17 Uhr, Erw. 38 A-$, Kinder 21,50 A-$, Familien 105 A-$).

Infos

Canberra Visitors Centre: 330 Northbourne Ave. (Dickson), Tel. 02-62 05 00 44 u. 13 00-55 41 14, Mo–Fr 9–17, Sa, So, Fei 9–16 Uhr. Infos zu Canberra und Umgebung sowie zu allen touristisch bedeutsamen Regionen in New South Wales und Victoria.

ACT Parks and Conservation Service: P. O. Box 1065, Tuggeranong, ACT 2901, Tel. 02-62 37 52 22, www.tams.act.gov.au/parks-recreation.

National Roads and Motorists Association (NRMA): 92 Northbourne Ave. (Braddon), Tel. 02-62 40 46 00. Automobilclub.

Canberra im Internet: www.visitcanberra. com.au, www.canberratourism.com.au, www. bestrestaurants.com.au.

Übernachten

Fünf-Sterne-Luxus ▶ Hyatt Hotel Canberra 1: Commonwealth Ave. (Yarralumla), Tel. 02-62 70 12 34, www.canberra.park.hyatt. com. Firstclass-Unterkunft mit großzügigen Suiten, mehreren Restaurants, Pool und Fitnessstudio. DZ 285–645 A-$.

Modernes Designhotel ▶ Diamant Boutique Hotel 2: 15 Edinburgh Ave. (Acton), Tel. 02-61 75 22 22, www.diamant.com.au. Modern designte Zimmer mit cremefarbenen Wänden, viel Holz, schwarzen Möbeln und drahtlosem Internetzugang über WLAN. DZ 195–355 A-$, Suite 415 A-$.

Von viel Grün umgeben ▶ Tall Trees Motel 3: 21 Stephen St. (Ainslie), Tel. 02-62 47 92 00, www.talltrees.bestwestern.com.au.

Gut geführtes, ruhiges Motel mit komfortabel ausgestatteten Zimmern und schönem Garten. DZ 185–225 A-$.

Historisches Ambiente ▶ Mercure Canberra 4: Limestone/Ainslie Aves. (Braddon), Tel. 1800-47 53 37, www.mercurecanberra. com.au. Die einzelnen Gebäude dieses denkmalgeschützten Ensembles aus den 1920er-Jahren gruppieren sich um einen üppig grünen Garten; Zimmer mit persönlicher Note, Restaurant und Bar. DZ ab 165 A-$.

Auf dem Campus ▶ University House at the Australian National University 5: 1 Balmain Cresc. (Acton), Tel. 02-61 25 52 76, 1800-81 48 64, www.anu.edu.au/unihouse. Ruhiges Hotel am Rande der City, gut ausgestattete Zimmer, Restaurant. EZ 101 A-$

Canberra

(Gemeinschaftsbad), DZ 146–161 A-$ (Bad/WC), Apartment ab 192 A-$.

Gut geführtes B & B ▶ Victor Lodge 6: 29 Dawes St. (Kingston), Tel. 02-62 95 77 77, www.victorlodge.com.au. Sympathisch, mit gemütlichen Zimmern und All-You-Can-Eat-Breakfast, die netten Betreiber sind bei der Tagesplanung behilflich. DZ 109–116 A-$.

Jugendherberge ▶ Canberra YHA 7: Akuna Street (City), Tel. 02-62 48 91 55, www.yha.com.au. Moderne, kleine Jugendherberge mit freundlichen Räumen, Gemeinschaftsküche, Indoor-Pool, Sauna und einer schönen Dachterrasse. DZ 103–148 A-$, im Mehrbettzimmer 30–36 A-$/Pers.

Camping ▶ Capital Country Holiday Village 8: 1520 Bidges Rd. (Federal Highway), (Sutton), Tel. 02-62 30 34 33, www.capitalcountry.holidayvillages.com.au. Etwa 10 km nordöstlich der City gelegener Campingplatz mit Stellplätzen für Wohnmobile, Cabins, Pool, Grilleinrichtungen und Tennisplatz.

Essen & Trinken

Ikone der Gastroszene ▶ Sage 1: Gorman House Arts Centre, Ainslie Avenue, Braddon, Tel. 02-62 49 60 50, www.sagerestaurant.net.au, Di–Fr 12–14.30, 18–21.30, Sa 18–21.30 Uhr. Kyle Prowse, Küchenchef dieses preisgekrönten Gourmettempels, zaubert eine innovative zeitgenössische australische Küche vom Feinsten. Auch die Weinauswahl ist ausgezeichnet. 3-Gänge-Menü 95 A-$, 4-Gänge-Menü 105 A-$.

Mit Aussicht ▶ Alto 25: Black Mountain Tower, Black Mountain Drive (Acton), Tel. 02-62 47 55 18, Di, Mi 18–21.30, Do, Fr 12–15, 18–21.30, Sa 18–21.30, So 12–15, 18–21.30 Uhr, fürs Dinner unbedingt reservieren. Die beste Aussicht zum Essen gibt es im Drehrestaurant des Black Mountain Tower, serviert werden kreative Gerichte der modernen australischen Küche mit thailändischem Einschlag. Vorspeisen 16,50–28,50 A-$, Hauptgerichte 34,50–58 A-$.

Canberra und südliche Great Dividing Range

Gerichte aus dem Nahen Osten ▶ **Ottoman Cuisine** **2** : Broughton/Blackall Streets (Barton), Tel. 02-62 73 61 11, www.ottoman cuisine.com.au, Di–Fr 12–14.30, 18–22, Sa 18–22 Uhr, Reservierung empfohlen. Gerichte aus der Türkei und dem Nahen Osten, einfallsreich neu interpretiert; elegantes Ambiente in einem Art-déco-Gebäude. Vorspeisen 18–24 A-$, Hauptgerichte 30–36 A-$.

East meets west ▶ **The Boathouse by the Lake** **3** : Grevillea Park, Menindee Drive (Russell), Tel. 02-62 73 55 00, www.boathouseby thelake.com.au, Mo–Fr 12–15, 18–22, Sa 17–23 Uhr. Asiatisch angehauchte moderne australische Küche mit Blick auf den Lake Burley Griffin. 3-Gänge-Menü 80 A-$.

Modern Asian ▶ **The Chairman and Yip** **4** : 108 Bunda Street (City), Tel 02-62 48 71 09, www.thechairmanandyip.chairmangroup. com.au, Mo 18–22.30, Di–Fr 12–14.30, 18–22.30 Uhr. Innovative asiatische Küche, aufmerksamer Service und ansprechendes Setting. Büfett-Menü 58–68 A-$.

Panasiatische Küche ▶ **Abell's Kopi Tiam** **5** : 7 Furneaux St. (Manuka), Tel. 02-62 39 41 99, www.abellskopitiam.blogspot.com, Di–So 11.30–14.30, 17.30–22 Uhr. Ausgezeichnete Nonya-Küche, eine Mischung aus malaysischen, indonesischen und chinesischen Einflüssen. Büfett-Menü 24,50–58,50 A-$.

Beste Sri-Lanka-Küche ▶ **Banana Leaf Restaurant & Café** **6** : U2/240-250 City Walk (City), Tel. 02-62 48 55 22, www.banana leafrestaurant.com.au, Mo–Sa 11.30–15, 17.30–22.30 Uhr. Gut besuchtes, charmantes Lokal mit ceylonesischen Gerichten, die westliche Geschmacksnerven nicht durch übermäßigen Chiligebrauch strapazieren. Gerichte 20,80–29,90 A-$.

Scharf, schärfer, am schärfsten ▶ **Two Sisters** **7** : Woolley St. (Dickson), Tel. 02-62 47 71 99, www.twosistersrestaurant.com, Di–Sa 12–14.30, 17.30–22.30, So 17.30–22.30 Uhr. Spezialisiert auf laotisch-thailändische Küche, Tipp: *Laab Gai* – chilischarfes Hackfleisch vom Huhn mit Pfefferminzblättern und anderen aromatischen Kräutern, Vorspeisen 6,90–8,90 A-$, Hauptgerichte 14,90–25,90 A-$.

Einkaufen

Märkte ▶ **Gorman House Markets** **1** : Gorman House Arts Centre, Ainslie Avenue (Braddon), Tel. 02-62 47 32 02, www.gorman house.com.au, Sa 10–16 Uhr. Bunter, multikultureller Markt für Kunsthandwerk und Kurioses. **Old Bus Depot Market** **2** : Wentworth Avenue (Kingston), Tel. 02-62 95 33 31, www.obdm.com.au, So 10–16 Uhr. Kunsthandwerk, Textilien und Trödel.

Abends & Nachts

Livemusik ▶ **Transit Bar** **1** : 9 Akuna St. (City), Tel. 02-61 62 08 99, www.transitbar. com.au, tgl. 15–24 Uhr. Gemütlicher Pub mit Livemusik, das musikalische Spektrum reicht von Blues über Funk bis hin zu Jazz.

Mega-Disco ▶ **Galaxy Nightclub** **2** : Canberra Casino, 21 Binara St. (Civic), Tel. 13 11 14, www.casinocanberra.com.au, Mo–Do 19–1, Fr, Sa 19–3, So 19–1 Uhr. Beliebte Disco mit DJ- und Livemusik.

Irischer Pub ▶ **King O'Malley's** **3** : 131 City Walk (City), Tel. 02-62 57 01 11, www. kingomalleys.com.au, tgl. 11–24 Uhr. Das inoffizielle irische Kulturzentrum von Canberra ist tagsüber ein rustikal gestyltes Pub-Restaurant. Freitag- und samstagabends stehen die Gäste mit ihrem Guinness in Dreierreihen vor dem Tresen, wenn eine Folk-Rock-Band live aufspielt.

Termine

Royal Canberra Show (letztes Wochenende im Febr.): Landwirtschaftsausstellung mit vielfältigem Beiprogramm.

Multicultural Festival (Febr./März): Folkloristische Veranstaltungen unterschiedlicher ethnischer Gruppen.

Canberra Festival (März): ›Geburtstagsparty‹ der Stadt mit Volksfestcharakter.

Floriade Spring Festival (Sept./Okt.): Blumenfest mit kulturellem Beiprogramm.

Verkehr

Flüge: Zwischen dem 8 km östlich der City gelegenen Flughafen und dem Zentrum pendelt in kurzen Abständen ein Flughafenbus; Auskunft: Tel. 02-62 95 69 99.

Züge: Fernzüge in alle Richtungen (u. a. mehrmals tgl. nach Sydney) starten ab der Central Railway Station, Wentworth Avenue (Kingston). Auskunft und Buchung: Country-Link Travel Centre, Jolimont Centre, 65–67 Northbourne Avenue, Tel. 13 22 32, www.countrylink.info. Nach Melbourne gibt es nur eine Bus-Zug-Verbindung über Yass (Infos und Buchung: V/Line, Tel. 13 61 96).

Busse: Überlandbusse starten ab Jolimont Centre, 65–67 Northbourne Ave. Auskunft und Buchung: Greyhound Australia, Tel. 13 00-47 39 46; Murrays Australia, Tel. 13 22 51.

Fortbewegung in der Stadt

Informationen über alle öffentlichen Verkehrsmittel erteilt ACTION, der Betreiber des Transportnetzes in Canberra: Tel. 13 17 10, www.action.act.gov.au.

Busse: Das Busnetz wird durch eine Touristenlinie ergänzt. Der **Canberra Explorer Bus,** Tel. 04 18-45 50 99, www.canberradaytours.com.au, verkehrt tgl. 9–17 Uhr alle 60 Min. auf einer 25 km langen Rundstrecke, an 19 Haltepunkten kann man mit einer Tageskarte die Fahrt beliebig oft unterbrechen; Abfahrt beim Melbourne Building, 59 Northbourne Ave. (Erw. 35 A-$, Kinder 20 A-$, Tickets erhältlich bei den Busfahrern). Für die regulären Busse empfiehlt sich das MyWay Ticket, eine Tageskarte für 7,50 A-$.

Großraum Canberra

▶ 1, T 16

Im **Gold Creek Village** am Barton Highway, 8 km nordwestlich der City, liegen mehrere Sehenswürdigkeiten vereint. Restaurants, Galerien und Kunsthandwerksläden findet man im **Ginninderra Village,** einem Ensemble historischer Gebäude des späten 19. Jh. (Tel. 02-62 05 00 44, tgl. 10–17 Uhr). In der Nachbarschaft präsentiert der Freiluft-Miniaturpark **Cockington Green** Nachbildungen traditioneller britischer Häuser und Gärten im Maßstab 1 : 12 (Tel. 02-62 30 22 73, www.cockingtongreen.com.au, tgl. 9.30–17 Uhr, Erw. 18,50 A-$, Kinder 10,50 A-$, Familien 52 A-$). Eben-

falls auf dem Gelände befinden sich das auf die australische Reptilienwelt spezialisierte **Australian Reptile Centre** (Tel. 02-62 53 85 33, www.canberrareptilesanctuary.org.au, Di–Sa 10–17, So, Fei 10–16 Uhr, Erw. 12 A-$, Kinder 8 A-$, Familien 32 A-$) und das **National Dinosaur Museum** (Tel. 02-62 30 26 55, www.nationaldinosaurmuseum.com.au, tgl. 10–17 Uhr, Erw. 14 A-$, Kinder 9,50 A-$, Familien 40 A-$).

Im rund 5 km entfernten Dorf **Hall** am Barton Highway warten zahlreiche Souvenir- und Kunstgewerbeläden in historischem Gemäuer auf Kunden.

Ein Reiz der Hauptstadt besteht darin, dass die Natur gleich vor der Haustür liegt. Überraschend schnell ist man mitten im Busch, etwa im rund 25 km südwestlich gelegenen **Tidbinbilla Nature Reserve,** wo Kängurus und Koalas leben. Über Wanderrouten informieren die Ranger im Visitor Centre (Tel. 02-62 05 12 33, www.tidbinbilla.com.au, April–Nov. tgl. 9–18, Dez.–Febr. tgl. 9–21, März tgl. 9–20 Uhr, 10 A-$/Auto).

Südöstlich daran anschließend erstreckt sich der **Namadgi National Park,** der fast die Hälfte des knapp 2400 km[2] großen Australian Capital Territory einnimmt. An seinem Nordrand liegt der **Canberra Deep Space Communication Complex.** Von der 1965 gegründeten, auch Tidbinbilla Space Tracking Station genannten Weltraumbeobachtungsstation werden die Umlaufbahnen von Satelliten verfolgt. Einst überwachte man hier auch die Reisen der Apollo- und Voyager-Raumschiffe. Modelle, Schautafeln und Videos informieren über die australische und internationale Weltraumforschung (Tel. 02-62 01 78 80, www.cdscc.nasa.gov, tgl. 9–17 Uhr, Eintritt frei).

Snowy Mountains ▶ 1, T 16

Karte: S. 174

Südwestlich von Canberra erstrecken sich über ein Gebiet von 7000 km[2] die ›Schneeberge‹, die alle Merkmale einer Hochgebirgslandschaft besitzen: über 2000 m hohe Gipfel, Bergseen, Flüsse sowie Hochmoore, Heide, gemäßigte Regenwälder und Schnee-Eukalypten *(Snow Gums).* Einen Großteil der Region schützt der **Kosciuzko National Park,** benannt nach dem mit 2228 m höchsten Berg des Kontinents. Da die Hochlagen bis zu sechs Monate im Jahr schneebedeckt sind, bieten sich Skiläufern dort ausgezeichnete Möglichkeiten. Im Sommer sind die Snowy Mountains ein Paradies für Bergwanderer und Angler.

In den Snowy Mountains findet man aber nicht nur Gebirgsseen, Wasserfälle und bunte Wildblumenwiesen, sondern auch mächtige Staudämme und Rohrleitungen. Die Anlagen gehören zum Snowy Mountains Irrigation and Hydroelectric Scheme, das einen großen Teil des Energiebedarfs im südöstlichen Australien deckt. Bei diesem kühnen technischen Unternehmen wurde der Snowy River umgeleitet, der seine kostbaren Wassermassen zuvor ungenutzt von den Bergen in die Tasman-See trug. Heute fließen er und seine wichtigsten Nebenflüsse, nachdem sie die Turbinen mehrerer, teils unterirdischer Wasserkraftwerke angetrieben haben, nach Westen, wo sie in der Riverina-Region Obst und Gemüse gedeihen lassen.

Cooma 27

Größter Ort der Region und Drehscheibe des Tourismus ist **Cooma** (800 m). Im **Centennial Park** mit der Avenue of the Flags flattern die Fahnen der 27 Nationen, aus denen die Arbeiter stammten, die am Bau des Snowy River Projekts beteiligt waren. Das administrative Zentrum der Snowy Mountains Hydroelectric Authority befindet sich am Monaro Highway in Cooma North. Dort informieren Videofilme, Modelle und Schautafeln über das Mammutprojekt, das 1972 nach 25 Jahren abgeschlossen wurde (Tel. 18 00-62 37 76, www.snowyhydro.com.au, Mo–Fr 8–17, Sa, So 9–14 Uhr, Eintritt frei).

Infos

Cooma Visitors Centre: 119 Sharp St., Tel. 18 00-63 65 25, www.visitcooma.com.au, tgl. 10–17 Uhr.

Übernachten

In schöner Lage ▶ Kinross Inn: 15 Sharp St., Tel. 02-64 52 35 77, www.kinrossinn.com.au. Gut geführtes Haus mit geräumigen Zimmern und beheiztem Pool. DZ 115–195 A-$.
Intimes Boutique-Motel ▶ White Manor Motel: 252 Sharp St., Tel. 02-64 52 11 52, www.whitemanor.com.au. Familiäres Motel, bequeme und in fröhlichen Farben eingerichtete Zimmer. DZ 100–142 A-$.
Camping ▶ Snowtels Caravan & Camping Area: Snowy Mountains Highway, Tel. 02-64 52 18 28, www.snowtels.com.au. Gut ausgestattet, große Auswahl an geräumigen Cabins, schön gelegen.

Essen & Trinken

Verfeinerte Regionalküche ▶ Elevation: Alpine Hotel, 170 Sharp St., Tel. 02-64 52 51 51, Di–Sa 18.30–22.30 Uhr. New Australian Cuisine mit mediterranem Touch. Vorspeisen 15–22,50 A-$, Hauptgerichte 25,50–38 A-$.

Termine

Numeralla Folk Festival (Jan.): Drei Tage Country Music und Volkstänze.
Snowy Ride (Nov.): Großes Motorradfahrer-Treffen mit volksfestähnlichem Beiprogramm.

Berridale und Jindabyne

Das Städtchen **Berridale** 28 ist bekannt für hochwertige Töpferwaren und andere kunstgewerbliche Produkte. Eine Stichstraße führt von hier zum **Lake Eucumbene,** dem zentralen Stausee des Snowy Mountains Scheme, zugleich ein beliebtes Angelrevier.

Im 930 m hoch gelegenen **Jindabyne** 29, dem größten Wintersportzentrum der Snowy Mountains, informiert das großzügig gestaltete Snowy Region Visitor Centre (s. S. 201) über Fauna und Flora der Gebirgsregion sowie über Wandermöglichkeiten im Mount Kosciusko National Park. Am Ufer des Lake Jindabyne, einem Stausee des Snowy Mountains Scheme, erinnert eine Statue an den polnischen Grafen Paul Edmund Strzelecki (1797–1873), der 1840 den höchsten Berg Australiens bestieg. Jindabyne ist auch der Startpunkt für den 109 km langen, via Thredbo nach Khancoban führenden Alpine Way (s. S. 202), schlechthin die Panoramastraße durch die ›Schneeberge‹.

Infos

Snowy Region Visitor Centre: Jindabyne, Tel. 02-64 50 56 00, www.snowymountains.com.au, www.greatalpinevalleys.com.au, tgl. 8–18 Uhr.

Übernachten

… in Jindabyne:

Alpenromantik ▶ **Enzian Lodge:** 42 Gippsland St., Tel. 02-64 56 20 38, www.enzianlodge.com.au. Rustikales B & B mit gemütlichem Kaminzimmer. DZ 105–145 A-$.

Am Seeufer ▶ **Banjo Paterson Inn:** 1 Kosciuszko Rd., Tel. 18 00-04 62 75, www.banjopatersoninn.com.au. Komfortabel, Zimmer verschiedener Kategorien, Restaurant und Bar. DZ 100–230 A-$ (inkl. Frühstück).

Camping ▶ **Snowline Caravan Park:** Kosciuszko/Thredbo Roads, Tel. 18 00-24 81 48, http://snowline-holiday-park.nsw.big4.com.au. Große Auswahl an gemütlichen Cabins, schöne Lage am Lake Jindabyne.

Essen & Trinken

… in Jindabyne:

Australisch-europäisch ▶ **Wildbrumby Café:** Wollondibby Rd./The Alpine Way, Tel. 02-64 57 14 47, www.wildbrumby.com, tgl. 10–17 Uhr. Deftige Aussie-Hausmannskost und europäische Speisen wie *Sausages on Sauerkraut*. Gerichte 15–30 A-$.

Termine

Man from Snowy River Rodeo (26. Dez.): Rodeo in Jindabyne mit Musik und Tanz.

Kosciuszko National Park

Etwa 5 km westlich von Jindabyne zweigt vom Alpine Way die Kosciusko Road nach **Sawpit Creek** 30 in der Kernregion des Kosciusko National Park ab. Dort lädt der Sawpit Creek Nature Track, ein Naturlehrpfad durch Eukalyptuswald, zu einem informativen Spaziergang ein (Rundweg 1,6 km/1 Std.).

Eine Stichstraße führt von Sawpit Creek auf das ›Dach Australiens‹. **Guthega, Smiggin Holes, Perisher Valley** und **Charlottes Pass Village** sind in den Wintermonaten Skizentren, im Sommer nahezu verwaiste ›Geis-

Wanderparadies: das alpine Hochplateau des Mount Kosciuszko National Park

201

terstädte‹. Der Wintersportort **Mount Blue Cow** ist durch eine 8,5 km lange U-Bahn, die ›Skitube‹, mit Perisher Valley und Bullocks Flat am Alpine Way verbunden. Vom **Charlottes Pass Lookout**, einem der Ausgangspunkte für die relativ einfache Besteigung des Mount Kosciusko (Rundweg 16 km/7 Std.), bietet sich ein herrlicher Blick auf die höchsten Gipfel des Fünften Kontinents.

Übernachten
… in Sawpit Creek:
Ideales Standquartier ▶ Kosciuszko Mountain Retreat: Tel. 02-64 56 22 24, www.kositreat.com.au. Gemütliche Blockhäuser, schöne Lage, in der Saison rechtzeitig buchen.

Alpine Way
Auf der Kosciuszko Road geht es zurück zum Alpine Way und über **Bullocks Flat,** die Talstation der ›Skitube‹, nach **Thredbo** **31** auf 1370 m. Auch von diesem mondänen Wintersportzentrum kann man den Mount Kosciuszko erreichen. Ein Sessellift bringt Wanderer auf die 1930 m hohen Mount Crackenback, von dem ein Pfad zum Mount Kosciusko führt (hin und zurück 12 km/6 Std.).

Nach Thredbo steigt die Straße steil an zum 1582 m hohen Dead Horse Gap. Eine 9 km lange Schotterpiste führt zum **Olsens Lookout** mit Blick auf die Steilabbrüche des Gebirgszugs. Vorbei an Wasserkraftwerken, die zu besichtigen sind, schwingt sich der Alpine Way hinab ins Tal des Murray River. Endpunkt der Panoramastraße ist der Ort **Khancoban** **32** am gleichnamigen Stausee.

Infos
National Parks & Wildlife Service Information Centre: Scott Street (Khancoban), Tel. 02-60 76 93 73, www.nationalparks.nsw.gov.au, tgl. 8.30–12, 13–16 Uhr.

Übernachten
… in Thredbo:
Gediegen ▶ Thredbo Alpine Hotel: Tel. 02-64 59 42 00, www.rydges.com.au. Spitzenhotel im Ortszentrum mit Restaurant, Hallenbad, Spa und Sauna. DZ 175–265 A-$.

Charmant rustikal ▶ House of Ullr: Banjo Drive, Tel. 02-64 57 62 10, www.houseofullr.com.au. Nach dem germanischen Gott des Winters benanntes, gemütliches kleines Hotel. DZ ab 130 A-$.

Jugendherberge ▶ Thredbo YHA Hostel: 8 Jack Adams Pathway, Tel. 02-64 57 63 76, www.yha.com.au. Architektonisch ansprechend und komfortabel. DZ ab 73 A-$, im Mehrbettzimmer ab 30 A-$.

… in Khancoban:
Home away from home ▶ Cossettini's Bed & Breakfast: Alpine Way, Tel. 02-60 76 93 32. Gemütliche Frühstückspension, hilfsbereites Besitzerehepaar. DZ 95–135 A-$.

Mit ländlichem Charme ▶ Khancoban Alpine Inn: Alpine Way, Tel. 02-60 76 94 71, www.alpineinn.com.au. Rustikales Haus mit Zimmern unterschiedlicher Qualität, Restaurant und Bar. DZ 80–110 A-$.

Camping ▶ Khancoban Lakeside Caravan Resort: Alpine Way, Tel. 02-60 76 94 88, www.klcr.com.au. Gut ausgestattet, gemütliche Cabins, schöne Lage am See.

Essen & Trinken
… in Thredbo:
Gewölbesaal mit Kamin ▶ Crackenback Cottage: Alpine Way, Tel. 02-64 56 21 98, im Winter tgl. 10–16, 18–22, im Sommer Do–So 10–22 Uhr. Italienisch inspirierte moderne australische Küche. Vorspeisen 12,50–19 A-$, Hauptgerichte 24,50–42 A-$.

Von Khancoban nach Albury
Westlich von Khancoban liegt das Landstädtchen **Corryong,** das als Schauplatz von Andrew Barton (Banjo) Patersons Ballade »The Man from Snowy River« landesweite Bekanntheit erlangte.

Tallangatta am Lake Hume, ein beliebtes Wassersport- und Angelrevier, befand sich ursprünglich einige Kilometer weiter östlich. Mitte der 1950er-Jahre mussten die Bewohner umziehen, da man den Mitta Mitta River und den Murray River zum Lake Hume aufstaute. Von Aussichtspunkten sieht man auf die gespenstisch wirkenden Spitzen abgestorbener Bäume, die aus den Fluten ragen.

Albury und Umgebung

▶ 1, S 16

Karte: S. 174

Die aufstrebende Stadt **Albury** 33 entwickelte sich mit ihrer auf der anderen Seite des Murray River in Victoria gelegenen Schwesterstadt **Wodonga** in den letzten Jahren zu einem der Wirtschaftszentren des Kontinents. Der Ort ging aus einer 1838 zum Schutz einer Furt über den Murray errichteten Polizeistation hervor. Zwischen 1850 und 1870 befand sich hier der Endhafen für die auf dem Murray verkehrenden Raddampfer.

Einen Besuch in Albury lohnen die Anfang des vergangenen Jahrhunderts im venezianischen Renaissancestil erbaute Town Hall, die heute das **Albury Regional Art Centre** mit einer Kunstgalerie beherbergt (Tel. 02-60 43 58 00, Mo–Fr 10.30–17, Sa, So 10.30–16 Uhr, Eintritt frei), der **Monumental Hill** mit einem über 30 m hohen Obelisken und das **Albury Regional Museum** im 1877 erbauten Turks Head Hotel im Australia Park (Tel. 02-60 21 45 50, tgl. 10–17 Uhr, Eintritt frei). Zu einer kleinen Pause im Grünen laden die **Botanical Gardens** ein, im etwas weiter südlich gelegenen Noreuil Park ankert im Murray River die »**P. S. Cumberoona**«. In dem Nachbau eines Schaufelraddampfers informiert eine Ausstellung über die Schifffahrt auf Australiens zweitlängstem Fluss (Tel. 02-60 21 11 13, Mo–Fr 10–17, Sa, So 10–16 Uhr, Erw. 5 A-$, Kinder 2,50 A-$, Familien 12,50 A-$).

Eine weitere Attraktion der Gegend ist der 2 km nördlich am Hume Highway gelegene **Ettamogah Pub.** Das von einer Comicserie des Karikaturisten Ken Maynard (1928–1998) inspirierte Gasthaus ist der Prototyp einer australienweit beliebten Restaurant- und Pub-Kette (Tel. 02-60 26 23 66, www.ettamogah.com, tgl. 11–24 Uhr).

Über Wodonga, das nordöstliche Eingangstor des Bundesstaats Victoria, erreicht man **Rutherglen** und **Chiltern.** Dort siedelten sich gegen 1850 zahlreiche deutsche Winzer aus dem Rheintal an, die den Weinanbau im nördlichen Victoria begründeten. In den meisten Kellereien sind Besucher willkommen.

Infos

Albury-Wodonga Gateway Visitor Information Centre: Lincoln Causeway, Wodonga, Tel. 13 00-79 62 22, www.destinationalbury wodonga.com.au, tgl. 9–17 Uhr.

Übernachten

Am Flussufer ▶ **Australia Park Motel:** 356 Wodonga Place, Tel. 02-60 21 60 00, www.australiaparkmotel.com.au. Komfortabel, am Murray River, mit Restaurant und Pool. DZ 130–150 A-$.

Ideal für Familien ▶ **Albury City Motel:** Young/Tribune Streets, Tel. 02-60 21 76 99, www.alburycitymotel.com. Unkompliziert, mit Pool und Kinderspielplatz. DZ 105–120 A-$.

Camping ▶ **Albury Motor Village:** 372 Wagga Rd. (Hume Highway), Lavington, Tel. 1800-62 45 20, www.alburymotorvillage.com. au. Komfortable Cabins, großer Pool.

Essen & Trinken

Leichte Frischeküche ▶ **Cadells on Dean:** Country Comfort Albury, Dean/Elizabeth Sts., Tel. 02-60 21 53 66, tgl. 12–15, 18–22 Uhr. Moderne australische Küche in elegantem Ambiente. Vorspeisen 12,50–18 A-$, Hauptgerichte 22–39,50 A-$.

Deftig-australisch ▶ **Paddlesteamer Bar & Grill:** Albury Paddlesteamer Motor Inn, 324 Wodonga Pl., Tel. 02-60 42 05 00, Mo–Sa 18–23 Uhr. Steaks und andere Fleischgerichte in opulenten Portionen. Reservierung empfohlen. Vorspeisen 9,50–14 A-$, Hauptgerichte 21–36 A-$.

Aktiv

Weintouren ▶ **Grapevine Getaway:** Tel. 02-60 32 92 24, www.grapevinegetaways.com. au. Halb- und ganztägige Touren zu den Weingütern der Umgebung mit Verkostungen (mindestens 2 Pers., an den Wochenenden 4 Pers.) Halbtagestour 42 A-$, Ganztagestour 56 A-$, mit Gourmet-Lunch 98 A-$.

Termine

Albury-Wodonga Wine & Food Festival (1. Wochenende im Okt.): Hier gibt es alles, was Küche und Keller hergeben.

Tipp: Wangaratta Jazz Festival

Spitzen-Jazz von Ensembles aus der ganzen Welt zieht alljährlich Ende Oktober/Anfang November eine große Fan-Gemeinde nach Wangaratta am Hume Highway, ca. 60 km südwestlich von Albury. Informationen: www.wangarattajazz.com.

Beechworth ▶ 1, S 16

Karte: S. 174

Beechworth 34, eine der besterhaltenen Goldgräberstädte des Landes, lockt mit Wildwestatmosphäre. Aus der Goldrausch-Ära in Victoria blieben über 30 Gebäude erhalten. Sehenswert sind vor allem das **Tanswells Commercial Hotel** mit einem schmiedeeisernen Verandageländer sowie das **Post Office Building** mit einem Glockenturm. Der alte Bierkeller MB Historic Cellar beherbergt ein **Brauereimuseum** (William Street, Tel. 03-57 28 13 04, tgl. 10–16 Uhr, Erw. 6 A-$, Kinder 3 A-$, Familien 15 A-$).

Historische Pferdekutschen kann man im **Carriage Museum** der Beechworth Railway Station betrachten (Tel. 03-57 28 45 97, tgl. 10.30–12.30, 13.30–16.30 Uhr, Erw. 6 A-$, Kinder 3 A-$, Familien 15 A-$). Das **Powder Magazine,** ein historisches Munitionsdepot an der Ecke Gorge Road/Camp Street, beherbergt ein Heimatmuseum (tgl. 10–15 Uhr, Eintritt frei). In den Türmen auf dem Friedhof verbrannten chinesische Goldsucher symbolisch Gebetsbücher und Speisen für ihre Verstorbenen.

Einen Besuch lohnt das **Burke Museum** in der Loch Street mit einer rekonstruierten Ladenarkade aus dem 19. Jh. und der nachgebildeten Zelle aus dem Old Melbourne Gaol, in der Ned Kelly seine letzten Tage verbrachte. Australiens bekanntester Buschräuber machte in den 1870er-Jahren die Gegend zwischen Beechworth und Benalla unsicher. Mit seiner Bande überfiel er Banken und raubte Postkutschen aus. Nach dem Mord an drei Polizisten wurde die Kelly Gang im Juni 1880 in Glenrowan gestellt. Drei Bandenmitglieder kamen bei der Schießerei um, Ned Kelly starb am 11. November 1880 in Melbourne am Galgen. Interessierte können auch das Ned Kelly Theatre in Glenrowan 20 km südwestlich von Wangaratta besuchen, wo per Computeranimation Episoden aus dem Leben des Strauchdiebs nachgespielt werden (Tel. 03-57 28 80 67, www.burkemuseum.com.au, tgl. 10–17 Uhr, Erw. 8 A-$, Kinder 5 A-$, Familien 16 A-$).

Infos

Beechworth Visitor Information Centre: Town Hall, Ford Street, Tel. 13 00-36 63 21, www.beechworthonline.com.au, tgl. 9–17 Uhr.

Übernachten

Wohlfühlpension ▶ **Barnsley House:** 5 John St., Tel. 03-57 28 10 37, www.barnsleyhouse.com.au. Stilvolles B & B in elegantem Landhaus. DZ ab 179 A-$.

Erschwinglicher Komfort ▶ **Beechworth Motor Inn:** 54 Sydney Rd., Tel. 03-57 28 13 01, www.beechworthmotorinn.com.au. Geräumige Units, Pool, Garten. DZ 129–185 A-$.

Camping ▶ **Lake Sambell Caravan Park:** Peach Dr., Tel. 03-57 28 14 21, www.caravanparkbeechwort.com.au. On-Site-Vans und Cabins, schöne Lage an einem kleinen See.

Essen & Trinken

Innovative Küche in altem Gemäuer ▶ **The Bank Restaurant:** 86 Ford St., Tel. 03-57 28 22 23, tgl. 12–15, 17–22 Uhr. New Australian Cuisine in gediegenem Kolonialambiente. Vorspeisen 14–19 A-$, Hauptgerichte 22–41,50 A-$.

Victorian Alps ▶ 1, S 16/17

Karte: S. 174

Ausgedehnte Weinfelder und große Obstplantagen im fruchtbaren Tal des Murray sind das eine Gesicht des Nordostens von Victoria, das andere sind herrliche Berglandschaften mit einer artenreichen alpinen Vegetation

und den größten und schönsten Nationalparks des Bundesstaates. Von Wodonga führt
der Kiewa Valley Highway ins High Country.
Hier befinden sich einige der bekanntesten
australischen Wintersportorte wie Mount Buffalo, Falls Creek und Hotham Heights. Aber
auch im Sommer lohnen sich Abstecher in
die Region, die spektakuläre Aussichtspunkte
und ein großes Wanderwegenetz besitzt.

Bright und Alpine National Park

Drehscheibe des Tourismus der Region ist
Bright **35**. Mit seinen Tausenden von Laub-
bäumen hält das Städtchen im Herbst jeden
Vergleich mit dem Indian Summer in den Ost-
staaten der USA stand.

Bright bietet sich an als Startpunkt für eine
225 km lange Rundfahrt auf fast durchgehend asphaltierter Straße durch den östlichen
Teil des **Alpine National Park** mit den höchsten Berggipfeln von Victoria. Etwa 6 km südöstlich von Bright beginnt die **Alpine Tourist
Road,** der man zunächst durch das Tal des
Ovens River nach Harrietville folgt. Hinter
dem netten Bergort steigt die schmale Straße
steil an nach **Hotham Heights,** im Sommer
ein ausgestorbenes Nest, im Winter eine Ski-
fahrerhochburg. Über Dinner Plain führt die
Bergstraße durch karge Alpinflora weiter zum
alten Goldgräbernest **Omeo** **36**. Der Ort ist
Ausgangspunkt für Trail Rides, Ausritte durch
die Gebirgslandschaft der Umgebung.

Weiter geht es auf dem Omeo Highway
Richtung Norden. Etwa 5 km vor Glen Valley
biegt man nach Westen ab, passiert den
Rocky-Valley-Stausee und erreicht das Wintersportzentrum **Falls Creek.** Die landschaftlich reizvolle Strecke zwischen dem Ferienort
Mount Beauty und Bright führt über den 895 m
hohen Pass Tawonga Gap, von dem sich ein
schöner Blick auf den Mount Bogong bietet,
den mit 1986 m höchsten Berg Victorias.

Infos

Alpine High Country Visitor Centre: Great
Alpine Road, Bright, Tel. 1300-55 11 17, www.
brightescapes.com.au, Mo–Fr 9–17, Sa, So
8.30–16.30 Uhr.

Omeo Visitor Information Centre: Great
Alpine Road, Omeo, Tel. 03-51 59 15 52,
Mo–Fr 9–17, Sa, So 10–16 Uhr.

Übernachten

… in Bright:

Am Flussufer ▶ **Riverbank Park Motel:** 69
Gavan St., Tel. 03-57 55 12 55, www.riverbank
parkmotel.com.au. Gut ausgestattete Zimmer
mit Balkon, Restaurant. DZ 95–130 A-$.

Camping ▶ **Freeburgh Cabins & Caravan
Park:** 1099 Great Alpine Rd., Tel. 03-57 50 13
06, www.freeburghcabins.com.au. Gut ausgestattet, gemütliche Cabins.

… in Omeo:

Rustikal ▶ **Omeo Motel:** 43 Park Street,
Tel. 03-51 59 12 97, www.omeomotel.com.
au. Klein und gemütlich. DZ 92–136 A-$.

Camping ▶ **Omeo Caravan Park:** Old
Omeo Hwy., Tel. 03-51 59 13 51, www.omeo
caravanpark.com.au. Ruhig, schön gelegen,
mit On-Site-Vans.

… in Mount Beauty:

Mit netter Weinbar ▶ **Allamar Motor Inn:**
33 Ranch Road, Tawonga South, Tel. 03-57
43 65, www.allamarmotorinn.com.au. Ebenfalls ein nettes, kleines Motel. DZ ab 135 A-$.

Essen & Trinken

… in Bright:

Raffiniert ▶ **Simone's Restaurant:** 98 Gavan St., Tel. 03-57 55 22 66, www.simones
bright.com.au, Di–Sa ab 18.30 Uhr. Ausgezeichnete New Australian Cuisine. Vorspeisen 14–19 A-$, Hauptgerichte 21,50–42 A-$.

Bodenständig ▶ **Bright Chalet:** 113 Great
Alpine Rd., Tel. 03-57 55 18 33, tgl. 12–14.30,
18–22.30 Uhr. Hier wird solide Aussie-Hausmannskost serviert. Vorspeisen 12–14 A-$,
Hauptgerichte 19,50–36 A-$.

Mount Buffalo National Park **37**

Vom Städtchen **Porepunkah** ca. 7 km nordwestlich von Bright windet sich eine Bergstraße zum **Mount Buffalo National Park**
empor (14 A-$/Auto). Im Zentrum dieses be-
liebten Wander- und Skigebiets liegt auf
1300 m das Hotel-Restaurant Mount Buffalo
Chalet. Nahe der traditionsreichen Herberge

Canberra und südliche Great Dividing Range

bieten Aussichtspunkte wie **Echo Point Lookout** und **Bents Lookout** atemberaubende Panoramen der Bergwelt. Kurze Wanderungen führen zu weiteren lohnenden Aussichtspunkten, etwa zum 1419 m hohen Granitblock **Monolith** (hin und zurück 2 km/1 Std.).

Vom Chalet schlängelt sich die 11 km lange Panoramastraße **Nature Drive** über die von Mooren durchsetzte Hochebene, die sich im Frühling und Frühsommer in ein Meer aus bunten Wildblumen verwandelt. Dicht an der Straße, von der meist kurze Wanderwege abzweigen, ragen die mächtigen Granitformationen **The Cathedral** und **The Hump** empor. Vom Endpunkt des Nature Drive kann man **The Horn**, die mit 1724 m höchste Erhebung im Nationalpark, besteigen (hin und zurück 1,5 km/45 Min.).

Übernachten

Romantisch ▶ Mount Buffalo Resort: Tel. 18 00-03 70 38, www.victravel.com.au. Kolonialhotel mit Restaurant und Wellnesscenter, viele Zimmer mit Blick auf die Berge. Derzeit wegen Renovierung geschlossen. DZ 310–350 A-$ (mit Vollpension).

Lake Eildon und Umgebung

Wer nach Melbourne unterwegs ist, kommt auf dem vierspurigen Hume Freeway am schnellsten ans Ziel, allerdings hat die Fahrt wenig Abwechslung zu bieten. Reizvoller ist es, ab Benalla dem Midland Highway nach Mansfield und von dort dem Maroondah Highway nach Eildon zu folgen. Südlich der Straße erstreckt sich der weit verzweigte **Lake Eildon 38**, der größte künstliche See von Victoria. In Snobs Creek kurz vor dem Ort Eildon werden in der Freshwater Fisheries Research Station and Hatchery Forellen gezüchtet, um die Bestände der überfischten Flüsse und Seen in Victoria wieder aufzustocken (Tel. 03-57 74 22 08, tgl. 10–16.30 Uhr. Erw. 5 A-$, Kinder 2 A-$, Familien 10 A-$). Südwestlich von Eildon zweigt die Straße zum 543 m hohen **Mount Pinninger Lookout** ab, der einen schönen Blick über den Lake Eildon, im Sommer ein Dorado für Wassersportler, bietet. Von Eildon führt die reiz-

volle Höhenstraße Skyline Road zum **Lake Eildon National Park** mit schönen Camping- und Picknickplätzen.

Übernachten

… in Eildon:

Von viel Grün umgeben ▶ Eildon Parkview Motor Inn: 5 Hillside Avenue, Tel. 03-57 74 21 65, www.lakeeildon.com/parkview. Klein, ruhige Lage. DZ 99–105 A-$.

Camping ▶ Eildon Caravan Park: Eildon Road, Tel. 03-57 74 21 05, www.eildoncp. com. Einfach, aber schön gelegen.

Marysville und Healesville

Ein Abstecher vom Maroondah Highway hat den kleinen Bergort **Marysville 39** zum Ziel. Der kleine Bergort wurde im Februar 2009 von verheerenden Buschfeuern fast völlig zerstört, ist mittlerweile aber wieder weitgehend aufgebaut. In der Nähe stürzen die 82 m hohen, nachts beleuchteten **Steavenson Falls** in eine farnbestandene Schlucht.

Zwischen Narbethong und Healesville mäandert der Maroondah Highway durch den **Yarra Ranges National Park** mit majestätischen Königseukalypten und riesigen Baumfarnen. Letzte Highlights auf der Strecke – bereits außerhalb der Gebirgsregion und nur noch eine Autostunde von Melbourne entfernt – sind **Healesville 40** mit seinem gleichnamigen Tierpark (s. S. 234) und der **Dandenong Ranges National Park** (s. S. 233).

Übernachten

Ruhig & preiswert ▶ Maroondah View Motel: Maroondah Hwy./McKenzie Avenue, Healesville, Tel. 03-59 62 41 54, www.healesville.budgetmotelchain.com.au. Unscheinbar, aber sehr angenehm, Restaurant, Salzwasserpool, schöner Garten. DZ 99–125 A-$.

Essen & Trinken

Feine Regionalküche ▶ Healesville Hotel & Restaurant: 256 Maroondah Hwy., Tel. 03-59 62 40 02, www.healesvillehotel.com.au, tgl. 11–21 Uhr. Delikatessen aus der Region in kolonialem Ambiente. Vorspeisen 14,50–21 A-$, Hauptgerichte 32,50–46 A-$.

Trio Infernal – Regen, Dürre und Buschfeuer

Thema

Hart gebackene Erde und dürres Gesträuch. Eine vor Hitze flirrende Marslandschaft, die sich in alle Richtungen bis zum verschwimmenden Horizont ausdehnte. Schon seit Monaten hatten die Schaf- und Rinderfarmer keinen Eintrag mehr in ihren Niederschlagstabellen machen können. Wie ein rotbraunes Gespenst kroch die Dürre über das Land.

Während der ›Großen Trockenheit‹ zur Jahreswende 1991/92 verwandelte der australische Sommer ausgedehnte Binnenregionen der Bundesstaaten Queensland, New South Wales und Victoria in einen riesigen Glutofen. Flussbetten trockneten aus, selbst der Darling River, der längste Fluss Australiens, führte kaum noch Wasser. Rinder, Schafe und Kängurus verendeten zu Hunderttausenden, als ihre Nahrungsquellen dahindörrten und die letzten Wasserlöcher immer schneller schrumpften. Als dann im Februar 1992 endlich der lang ersehnte Regen kam, richtete er genauso viel Schaden an wie die vorausgegangene Dürrekatastrophe. Während der langen Trockenzeit war der Boden so hart geworden, dass die sintflutartigen Regenfälle nicht mehr versickern konnten. Rinnsale verwandelten sich in reißende Ströme, Senken in quadratkilometergroße Seen. Vor allem in der Trockenzone von New South Wales ertranken ganze Ortschaften in der Flut, waren zeitweise Zehntausende von der Außenwelt abgeschnitten. Einen positiven Aspekt aber hatte die Sintflut: Sie verhinderte damals den Ausbruch von Bränden im knochentrockenen Buschland des Outback.

Dürre und Flut gehören zu Australien wie Känguru und Koala. Meteorologen stellten fest, dass ausgeprägte Dürreperioden im Rhythmus von fünf Jahren auftreten. Normalerweise befindet sich Australien im Einflussbereich warmer, feuchter Luftmassen, die für die meisten Landesteile eine gewisse Niederschlagsmenge gewährleisten. Etwa alle fünf Jahre dominiert jedoch eine Hochdrucklage, die lange Trockenzeiten verursachen kann. Wenn das Barometer dann wieder fällt, folgen den Dürreperioden meist sintflutartige Regenfälle mit weiträumigen Überschwemmungen. Niederschläge von 100 mm in wenigen Stunden sind dann keine Seltenheit.

Zum Katastrophenduo Dürre und Flut gesellen sich Buschfeuer, die häufig nach langen Trockenperioden ausbrechen. In Dürrezeiten sammelt sich im Unterholz der kargen australischen Wälder strohtrockenes Material aus Zweigen, Rinden und Blättern an, das wie Zunder brennt. Dazu kommen die allgegenwärtigen Eukalyptusbäume, deren Blätter ätherische Öle und Alkaloide enthalten, die in der Hitze eines Buschfeuers wie Brandbomben explodieren. Ist einmal ein großer Buschbrand außer Kontrolle geraten, kann er sich ungehindert über oftmals Hunderte von Quadratkilometern ausbreiten. Hilflos sind die australischen *Firefighters* vor allem dann, wenn trockene, orkanartige Stürme eine Feuersbrunst über das brettebene Land treiben. So erlebte der Bundesstaat Victoria im Februar 2009 die ›Hölle auf Erden‹, als sich unmittelbar vor den Toren von Melbourne eine Feuerwalze durch das Land schob. Über 170 Menschen verloren bei der verheerendsten Brandkatastrophe in der jüngeren Geschichte Australiens ihr Leben.

Blick über die Twelve Apostles im Port Campbell National Park

Kapitel 2

Melbourne und der Süden

Die Südecke von Ostaustralien nimmt Victoria ein. Der nach der britischen Königin Victoria (1819–1901) benannte Bundesstaat ist flächenmäßig der zweitkleinste, bevölkerungsmäßig aber der zweitgrößte Bundesstaat Australiens: Auf nur 3 % der gesamten Landesfläche lebt über ein Viertel der Bevölkerung, was Victoria zugleich zum dichtestbesiedelten Bundesstaat macht.

Im Winzling unter den Staaten des australischen Festlands, dessen Landschaftsspektrum erstaunlich weit gefächert ist, lässt sich die Vielfalt des Fünften Kontinents kompakt entdecken: endlose Sandstrände und spektakuläre Klippen an der Küste im Süden; ein bis zu knapp 2000 m aufragendes Bergland im Nordosten, in dem Wanderer im Sommer Gletscherseen und Hochmoore vorfinden, während in den Wintermonaten dort Skifahrer die Pisten bevölkern; das Tal des Murray River mit renommierten Weinbauregionen; und schließlich das Outback mit riesigen Weizenfeldern, Busch- und Weideland, Savannen und Wüstensteppen im Nordwesten.

Hauptstadt von Victoria ist Melbourne. Die zweitgrößte Metropole von Australien, in der Menschen aller Hautfarben harmonisch zusammenleben, besitzt ein reges Kulturleben sowie alle wichtigen Zutaten, um auf die Hitliste der Weltstädte mit der größten Lebensqualität zu gelangen.

Abends in die Oper oder in ein Feinschmeckerlokal gehen, morgens im Busch Koalas knuddeln; im Yarra Valley Wein verkosten oder sich in einem Wellnesshotel im Spa Country entspannen; bei einer Raddampferfahrt auf dem Murray River Südstaatenromantik genießen oder bei Wanderungen in alpine Höhen aufsteigen – Australiens Süden hat einfach jedem etwas zu bieten.

Auf einen Blick

Melbourne und der Süden

Sehenswert

5 Melbourne: Die viktorianische Stadt der Gärten und Parks mit dem Federation Square, dem Victorian Arts Centre und den Royal Botanic Gardens (s. S. 212).

Ballarat und Bendigo: In den historischen Goldrauschstädten erinnern heute noch viele alte Gebäude und Museen an die stürmischen Tage der Goldrauschära (s. S. 236).

Twelve Apostles: An der Südküste haben Wind, Wetter und Wellen in Jahrmillionen bizarre Felsskulpturen modelliert. Am bekanntesten sind die Twelve Apostles, ein Ensemble verwitterter Felsnadeln (s. S. 250).

Grampians National Park: Als ein Dorado für Wanderer und Kletterer präsentiert sich abseits der Küste der Grampians National Park mit Schluchten und tosenden Wasserfällen (s. S. 252).

Schöne Routen

Great Ocean Road: Mag sein, dass Gott in Frankreich essen geht. Wenn er Auto fahren will, wird er die Great Ocean Road benutzen, die sich an der zerklüfteten Steilküste westlich von Melbourne zwischen Fels und Meer quetscht. Auf dieser Panoramastraße, deren kurvenreiche Streckenführung einer nicht enden wollenden Aussichtsterrasse gleicht, eröffnen sich immer wieder faszinierende Blicke auf schroff abfallende Steilklippen, pittoreske Buchten und traumhafte Sandstrände (s. S. 247).

Grampians Tourist Road: In Verbindung mit Wanderungen vermittelt diese Panoramastraße einen hervorragenden Eindruck von der wilden Berglandschaft der Grampians (s. S. 252).

Meine Tipps

Windsor Hotel in Melbourne: Wer in der Nobelherberge nächtigt, muss schon deutlich im Haben stehen, wandelt dafür aber auf den Spuren ungezählter Prominenter (s. S. 224).

Sightseeing mit Insidern: Ortsansässige zeigen Besuchern, was sie an ihrer Heimatstadt Melbourne so sehr lieben (s. S. 228).

Walbeobachtung: Von einer Aussichtsplattform am Logans Beach bei Warrnambool kann man zwischen Juni und September dicht an der Küste vorbeiziehende Buckelwale beobachten (s. S. 251).

Naturhotels in den Grampians: Luxuriös nächtigen im Einklang mit der Natur – dies ermöglichen drei außergewöhnliche Lodges im Grampians National Park (s. S. 256).

aktiv unterwegs

Wanderung zum Pinnacle Lookout: Diese überaus lohnende Tour führt zu einem der schönsten Aussichtspunkte in den nördlichen Grampians. Das abwechslungsreiche Gelände sorgt dafür, dass Wanderer nicht erst auf dem Gipfel für ihre Anstrengungen belohnt werden (s. S. 254).

Hausboottour auf dem Murray River: Wer Lust hat, selbst einmal für ein paar Tage Kapitän zu spielen, kann sich am Murray River ein Hausboot mieten. Es dürfte in Australien wohl keine stressfreiere Art zu reisen geben als das beschauliche Dahingleiten auf dem Fluss (s. S. 262).

›The place to be‹ – mit diesem auf den Nummernschildern vieler Autos prangenden Slogan verleihen die Melburnians der Begeisterung für ihre Heimatstadt Ausdruck. Neben einem reichen Kulturleben und einer abwechslungsreichen gastronomischen Szene tragen sicher auch die vielen Grünanlagen dazu bei, dass Melbourne in puncto Lebensqualität unter den Großstädten auf dem Globus ganz vorne rangiert.

Melbourne ist Hauptstadt des Bundesstaates Victoria und mit rund 4,2 Mio. Einwohnern nach Sydney zweitgrößte Metropole des Kontinents. Es waren stets wirtschaftliche Interessen, denen die Stadt ihre Bedeutung verdankte. Im Jahr 1835 als Blockhaussiedlung gegründet, erlebte der nach dem damaligen britischen Premier Viscount Melbourne benannte Ort 16 Jahre später einen kometenhaften Aufstieg zur Metropole von Weltrang. Im Hinterland bei Ballarat und Bendigo hatte man ergiebige Goldfelder entdeckt, und Zehntausende von Glücksrittern aus aller Herren Länder folgten dem Lockruf des Goldes nach Victoria. Melbourne erblühte wirtschaftlich und kulturell, war eine Zeit lang sogar die reichste Stadt der Welt (gemessen am Pro-Kopf-Einkommen). Zu dieser Zeit errichtete man als Zeichen der Prosperität auch die meisten der prunkvollen Kolonialbauten, die noch heute das Zentrum prägen. Sie bildeten den Grundstein für die sprichwörtliche Konkurrenz mit Sydney, dem Melbourne zumindest im 19. Jh. den Rang ablaufen konnte.

Heutzutage ist Melbourne ein ökonomisches Powerhouse, muss sich aber in puncto wirtschaftlicher Bedeutung mit Platz zwei hinter Sydney zufrieden geben. Auch unter touristischen Aspekten führte Melbourne bislang eher ein Aschenbrödeldasein im Schatten der glitzernden Rivalin. In den letzten Jahren sind die Besucherzahlen aber stetig angestiegen.

Die Metropole am Yarra ist keine Stadt, die Besucher auf Anhieb in ihren Bann zieht, vielmehr erschließt sie sich erst auf den zweiten oder dritten Blick. Das mag daran liegen, dass die Fundamente von Melbourne immer noch viktorianisch sind. Keine australische Metropole weist in der Architektur mehr britische Züge auf, und kaum ein Australier fühlt sich britischen Bräuchen stärker verpflichtet als ein echter Melburnian. Mag Melbourne auch den Ruf einer ›Stadt von gestern‹ haben, in angelsächsischen Traditionen verkrustet ist es nicht. Dafür sorgen die zahlreichen Einwanderer aus aller Welt. Vor allem der Zustrom südeuropäischer Immigranten hat das Bild beeinflusst, so gilt Melbourne beispielsweise als zweitgrößte ›griechische‹ Stadt nach Athen.

Ob sie nun angelsächsischer Herkunft sind oder aus Griechenland, Italien oder dem ehemaligen Jugoslawien stammen, eine im klerikal-konservativen Melbourne kaum vermutete Leidenschaft verbindet fast alle Einwohner: ihre Sportbegeisterung. Wenn Canberra die Hauptstadt der Beamten und Sydney die der Lebensfreude ist, dann ist Melbourne die Kapitale des Sports. Hier residieren die Spitzenmannschaften des in Victoria erfundenen Australian Rules Football, hier findet jährlich der Melbourne Cup (das wichtigste Pferderennen der Nation) statt. Internationale Großevents sind der Formel 1 Grand Prix und das Tennisturnier Australian Open.

Zentrum

Cityplan: S. 216

Das Zentrum von Melbourne am Nordufer des Yarra River präsentiert sich als eine Mischung aus europäisch-kolonialer Geschichte und modernem, großstädtischem Flair. Die Melburnians haben es verstanden, die Stilrichtungen der viktorianischen Epoche in die Neue-Welt-Atmosphäre zu integrieren. So findet man futuristische Hochhäuser und neogotische Kirchen, postmoderne Warenhausgiganten und klassizistische Kolonialgebäude, Marmor und Beton in enger Nachbarschaft. Einen besonderen Platz in den Herzen der Einheimischen und Touristen haben die nostalgischen Trams erobert, die als rumpelnde Museen vereinzelt immer noch durch die Stadt rattern.

Der Rundgang durch die City und den zentrumsnahen Stadtteil Southbank südlich des Yarra River entspricht einem vollen Tagesprogramm. Wer von Sehenswürdigkeiten wie den Museen am Federation Square, dem Melbourne Museum, dem Victorian Arts Centre oder den Royal Botanic Gardens mehr als einen flüchtigen Eindruck erhaschen will, muss mindestens einen zusätzlichen Tag einplanen. Da man in Melbourne an vielen Tagen im Jahr innerhalb von 24 Stunden alle vier Jahreszeiten erleben kann, tut man gut daran, Regenschirm und Jacke einzupacken.

Federation Square 1

Gegenüber der viktorianischen Flinders Street Station mit gelber Renaissance-Fassade erstreckt sich über den Gleisanlagen der **Federation Square** (www.fedsquare.com), Mittelpunkt der Metropole und idealer Startpunkt für einen Stadtrundgang. Im Melbourne Visitor Centre, das sich im Untergeschoss eines Glaspavillons am Eingang befindet, erhält man hilfreiche Pläne und Broschüren.

Auf dem 3,8 ha großen Federation Square erhebt sich ein kühner Kulturkomplex, dessen Fassaden aus Stahl, Zink, Glas und Sandstein ein spektakuläres Puzzle von Dreiecken bilden. Hinter der futuristischen Architektur verbergen sich Museen, Galerien, Theater und Kinos sowie Restaurants, Cafés und Boutiquen. Tagsüber dient die terrassierte, mit Steinen aus den westaustralischen Kimberleys gepflasterte Plaza als Bühne für Straßenkünstler und Forum für Performances.

Als ›Ableger‹ der National Gallery of Victoria (s. S. 218) zeigt das **Ian Potter Centre** die größte Sammlung australischer Kunst von der Kolonialzeit bis zur Gegenwart (Tel. 03-86 20 22 22, www. ngv.vic.gov.au, tgl. außer Mo 10–17 Uhr, Eintritt frei, Sonderausstellungen gebührenpflichtig). Im **Australian Centre for the Moving Image** wird die australische Film- und Fernsehgeschichte dokumentiert (Tel. 03-86 63 22 00, www.acmi.net.au, tgl. 10–18 Uhr, Eintritt frei).

Flinders Street

An der Flinders Street erstrahlt das renovierte **Old Customs House** 2 im Gründerzeitglanz. Das Gebäude beherbergt heute das Immigration Museum, das die Geschichte der Einwanderung nach Victoria nachzeichnet (Tel. 03-99 27 27 00, www.immigration.museum. vic.gov.au, tgl. 10–17 Uhr, Erw. 10 A-$, Kinder Eintritt frei).

Ein 360-Grad-Panorama von Melbourne und ein Fernblick, der an klaren Tagen bis zu 60 km weit reicht, bietet sich vom Restaurant Vue de Monde im 55. Stockwerk der **Rialto Towers** 3. Mit 253 m ist der Wolkenkratzer eines der höchsten Geschäftsgebäude der Südhalbkugel. Beim Rialto Run-up hetzen einmal im Jahr Hunderte Frauen und Männer 1254 Stufen hinauf. Der Gewinner erhält einen Freiflug nach New York zur Teilnahme am Empire State Building Run-up …

Im **Melbourne Aquarium** 4 gelangen Besucher durch einen Plexiglastunnel in das Reich des Pazifik. Große Raubfische schwimmen nur wenige Zentimeter über ihren Köpfen. Zu sehen gibt es außerdem ein künstliches Korallenatoll und einen nachgebildeten Mangrovensumpf. Neueste Attraktion sind Königspinguine aus der Antarktis (Tel. 03-99 23 59 99, www.melbourneaquarium.com.au, tgl. 9.30–18 Uhr, Jan. tgl. 9.30–20 Uhr, Erw. 38 A-$, Kinder 22 A-$, Familien 93 A-$, online bis zu 20 % Rabatt).

Tipp: Melbournes ›Golden Mile‹

›Goldene Meile‹ heißt ein Weg durch Melbournes Zentrum, der zu historischen Stätten führt und das kulturelle und architektonische Erbe der Hauptstadt von Victoria erläutert. Fast alle viktorianischen Bauten wurden in der Wachstumsphase der Stadt von 1831 bis 1900 errichtet, als die Goldfunde von Ballarat und Bendigo Melbourne zur wohlhabendsten Stadt des Kontinents machten.

Die Golden Mile beginnt am Yarra River mit dem Immigration Museum im Old Customs House – an der Stelle, wo einst die meisten Goldgräber an Land gingen. 3–4 Std. sollte man für die 4 km lange Strecke einplanen, die quer durch die City bis zu den Carlton Gardens mit dem Melbourne Museum führt. Als Wegweiser dienen 2200 Messingplatten, die in die Gehsteige eingelassen wurden. Ovale Plaketten an den Gebäuden vermitteln historische Fakten und machen auf Persönlichkeiten der Stadtgeschichte aufmerksam.

Im Immigration Museum und im Melbourne Visitor Centre am Federation Square gibt es eine Broschüre, die über die historische Bedeutung der einzelnen Stationen informiert. Man kann sich auch einer geführten Tour anschließen, die tgl. 10 Uhr beim Melbourne Visitor Centre beginnt (Tel. 13 00-78 00 45, www.melbournegoldenmile.com.au, Erw. 29 A-$, Kinder 17 A-$).

Südliche Swanston Street

Wenige Schritte vom Federation Square ragt die 1891 errichtete **St. Paul's Cathedral** 5 in den Himmel, die mit kunstvoll dekorierten Spitzbogen- und großen Rosettenfenstern an der Südfassade eines der besten Beispiele australischer Neogotik ist. Andere Gebäude in der Hauptschlagader der City künden vom frühen Reichtum der Stadt, etwa die viktorianische **Town Hall** 6.

Collins Street und Bourke Street

Entlang der Collins Street finden sich einige der nobelsten Shopping-Adressen der City. Einen nostalgischen Bummel verspricht die **Block Arcade** 7 zwischen Collins Street und Little Collins Street, die aus der Zeit der großen Passagenarchitektur des 19. Jh. stammt (Mo–Fr 9–19, Sa, So 9–16 Uhr). Noch ein Prunkstück viktorianischer Baukunst ist die **Royal Arcade** 8 zwischen Little Collins Street und Bourke Street Mall. In der eleganten Einkaufspassage mit hohem Kuppelgewölbe und Mosaikfußboden schlagen seit 1892 die mythologischen Riesenfiguren Gog und Magog zu beiden Seiten einer großen Uhr die Zeit an (Mo–Fr 9–19, Sa, So 9–16 Uhr, Führungen tgl. 13 Uhr, Erw. 10,50 A-$).

Zumeist dichtes Gedränge herrscht in der Fußgängerzone **Bourke Street Mall,** Melbournes beliebtester Einkaufsstraße westlich der Swanston Street. Das säulenschwere Gebäude des ehemaligen General Post Office an der Ecke Bourke Street und Elizabeth Street spiegelt die Ästhetik einer Zeit wider, welche die glatten Linien der klassizistischen Architektur schätzte. Heute befindet sich dort das **GPO Melbourne** 9, ein exklusives Einkaufszentrum (Mo–Do 10–18, Fr 10–20, Sa 10–18, So 11–17 Uhr).

Chinatown

Von der Bourke Street Mall ist es nur ein kurzes Stück bis zur Chinatown in der Little Bourke Street zwischen Swanston Street und Exhibition Street. Mandarin und Kantonesisch dominieren das Stimmengewirr, doch auch Indonesier und Thais, Japaner und Koreaner führen Lokale und Geschäfte in dem Stadtteil, der einen angenehmen Kontrast zum nüchternen Ambiente des Geschäftsviertels bildet. Am Cohen Place berichtet das kleine **Chinese Museum** 10 vom Schicksal der seit dem Goldrausch von 1851 ins Land geströmten Chinesen (Tel. 03-96 62 28 88, www.chinesemuseum.com.au, tgl. 10–17 Uhr, Erw. 8 A-$, Kinder 6 A-$, Familien 20 A-$).

Nördliche Swanston Street

In dem neogotischen Gebäudeensemble an der Ecke von Swanston Street und La Trobe Street befindet sich die **State Library 11**. Die mit ihrem Portal aus korinthischen Säulen sehr majestätisch wirkende Staatsbibliothek besitzt mehr als 1 Mio. Bücher sowie eine bedeutende Sammlung von Dokumenten aus der frühen Kolonialepoche Australiens (Tel. 03-86 64 70 00, www.slv.vic.gov.au, Mo–Do 10–21, Fr–So 10–18 Uhr, Eintritt frei).

Die mehrstöckige Ladenstadt **Melbourne Central 12**, ein Pionierbau postmoderner Architektur, lässt jedes Konsumentenherz höher schlagen. In das futuristische Gebäude mit einer riesigen Glaskuppel wurde der **Shot Tower** integriert, ein historischer Backsteinturm, der im 19. Jh. zur Herstellung von Bleikugeln diente – man ließ geschmolzenes Blei in die Tiefe tropfen, das während des freien Falls erhärtete und eine Kugelform annahm (Mo–Fr 9–19, Sa, So 9–16 Uhr). Im Schatten des Einkaufszentrums verschwindet die **St. Francis Church**, die zwischen 1841 und 1845 erbaute, älteste römisch-katholische Kirche von Victoria.

Etwas weniger vornehm als im Melbourne Central, dafür umso lebhafter geht es auf dem **Queen Victoria Market 13** zu. In den über 100 Jahre alten Markthallen sorgt ein buntes Völkergemisch für exotisches Flair. Angeboten werden vor allem Obst und Gemüse, Fisch und Fleisch sowie andere Lebensmittel (Tel. 03-93 20 58 22, www.qvm.com.au, Di, Do 6–14, Fr 6–17, Sa 6–15, Flohmarkt So 9–16, Nachtmarkt Nov.–Febr. Mi 17.30–22 Uhr; Führungen Di, Do, Fr, Sa 10–12 Uhr, 25 A-$).

Hinter den Mauern des **Old Melbourne Gaol 14** fand einst Australiens bekanntester Buschräuber, Ned Kelly, sein unrühmliches Ende (s. S. 204). Heute verbirgt sich in dem ehemaligen Hochsicherheitsgefängnis für Schwerverbrecher ein historisches Museum. Nichts für Zartbesaitete ist die Sammlung von Totenmasken einiger der 135 Insassen, die hier von 1864 bis 1929 hingerichtet wurden (Tel. 03-86 63 77 28, www.oldmelbournegaol. com.au, tgl. 9.30–17 Uhr, Erw. 25 A-$, Kinder 13,50 A-$, Familien 55 A-$).

East Melbourne

Cityplan: S. 216

Spring Street

In der Spring Street markiert das klassizistische **Parliament House 15** einen städtebaulichen Akzent. Das zwischen 1856 und 1892 errichtete Gebäude, das heute den Volksvertretern des Bundesstaats Victoria als Tagungsstätte dient, war nach der Gründung des Commonwealth of Australia 1901 als Sitz der australischen Bundesregierung 27 Jahre lang der Mittelpunkt des politischen Lebens (Tel. 03-96 51 89 11, www.parliament.vic.gov. au, kostenlose Führungen an sitzungsfreien Tagen Mo–Fr 9.30, 10.30, 11.30, 13.30, 14.30 und 15.45 Uhr).

Das Areal hinter dem Parlament wird von der neogotischen **St. Patrick's Cathedral 16** überragt, dem größten Gotteshaus Australiens. Durch ornamentale Vielfalt fällt am Parliament Place südlich der Kathedrale die dreistöckige Häuserzeile **Tasma Terrace** auf. In den Gebäuden ist heute der National Trust of Victoria untergebracht, das Amt für Denkmalpflege. Die Geschichte von Melbourne dokumentiert das City Museum im **Old Treasury Building 17** südlich des Parlaments (Tel. 03-96 51 22 33, www.oldtreasurybuilding.org.au, tgl. außer Sa 10–16 Uhr, Eintritt frei).

Captain Cooks Cottage 18

Östlich der Spring Street erhebt sich in den Fitzroy Gardens das georgianische **Captain Cooks Cottage,** das Elternhaus des ›Entdeckers‹. Es wurde 1933 in Einzelteilen aus England herübergebracht und mit zeitgenössischem Mobiliar und vielen Erinnerungsstücken ausgestattet (Tel. 03-94 19 46 77, tgl. 9–17 Uhr, Erw. 5 A-$, Kinder 2,50 A-$).

Yarra Park

Das Zentrum des Yarra Park südöstlich der Fitzroy Gardens dominiert der **Melbourne Cricket Ground 19**. Das mehr als 100 000 Zuschauern Platz bietende ›Supertheater‹ des australischen Sports ist dem neuen Olympiastadion in Sydney absolut ebenbürtig. Die

riesige Anlage beherbergt auch die Australian Gallery of Sport und das National Sports Museum, in dem man alles über die australische Sportgeschichte erfährt (Tel. 03-96 57 88 88, www.mcg.org.au, Führungen mehrmals tgl. 10–15 Uhr, Erw. 20 A-$, Kinder 10 A-$, Familien 50 A-$).

Olympic Park

Über eine Fußgängerbrücke, von der sich ein schöner Blick auf die City-Skyline bietet, gelangt man in den Olympic Park, 1956 Schauplatz der XVI. Olympischen Sommerspiele. Im **National Tennis Centre** 20 feierten schon Steffi Graf und Boris Becker Triumphe. Ein Mehrzweckzentrum für verschiedene Sportarten und das Leichtathletikstadion komplettieren das Olympiagelande. Auf dem Yarra River, über den die Swan Street Bridge nach Southbank führt, langen Profi- und Freizeitruderer kräftig in die Riemen.

Southbank

Cityplan: oben

Kings Domain

Musikfans pilgern im Sommer zur Kings Domain, wo in der Freilichtbühne **Sidney Myer Music Bowl** 21 regelmäßig Konzerte von Klassik bis Pop stattfinden.

Das historische **Government House** 22 wird heute für Staatsempfänge und andere repräsentative Zwecke genutzt, kann aber im Rahmen einer kostenlosen Führung besichtigt werden (Tel. 03-96 56 98 00, Führungen Mo, Do 10, 11.30, 13, 14.30 Uhr).

Melbourne

An der südlichen Peripherie der Kings Domain steht **La Trobes Cottage** 23. Die schlichte Residenz des ersten Kolonialgouverneurs von Victoria wurde 1839 Stein für Stein aus England nach Übersee verschifft (Tel. 03-96 56 98 00, So 13–16 Uhr, Eintritt frei, Spende erbeten).

Beim Spaziergang durch die Parklandschaft zwischen dem Yarra River und der St. Kilda Road hat man fast immer ein kolos-sales Bauwerk im Blick – den 1934 errichteten **Shrine of Remembrance** 24, der an die im Ersten Weltkrieg gefallenen australischen Soldaten erinnert. Das Sanctuary des Ehrenmals weist eine Besonderheit auf: Zur elften Stunde des elften Tages im elften Monat – dem Zeitpunkt, an welchem 1918 der Erste Weltkrieg zu Ende ging – fällt durch einen Schlitz in der Kuppel ein Sonnenstrahl auf den *Stone of Remembrance* (›Gedenkstein‹).

Melbourne und Umgebung

Von der Aussichtsplattform genießt man einen weiten Blick über die Parklandschaft bis zur Skyline des Central Business District (Tel. 03-96 54 84 15, www.shrine.org.au, tgl. 10–17 Uhr, Eintritt frei, Spende erbeten).

Royal Botanic Gardens 25

Die **Royal Botanic Gardens** gelten weltweit als eines der besten Beispiele für Landschaftsarchitektur. Auf einer Fläche von 36 ha kann man zwischen alten Bäumen und Blumenbeeten schlendern und dabei mehr als 12 000 verschiedene Pflanzenarten aus aller Welt entdecken. Hobby-Ornithologen zieht es zum künstlich angelegten Ornamental Lake im Herzen des Parks mit Dutzenden Vogelarten. Weitere Attraktionen sind ein Wüstengarten, mehrere Gewächshäuser und das National Herbarium mit einem Besucherzentrum. Beim Visitors Centre beginnen die Aboriginal Heritage Walks, bei denen Ureinwohner den Gebrauch und Nutzen von Buschpflanzen erläutern (Tel. 03-92 52 23 00, www.rbg.vic.gov.au, tgl. 7.30 Uhr bis Sonnenuntergang; National Herbarium mit Besucherzentrum Mo–Fr 9–17, Sa, So 9.30–17 Uhr, Eintritt frei, kostenlose Führungen tgl. außer Mo und Sa 10, 11 Uhr; Aboriginal Heritage Walks, Tel. 03-92 52 24 29, Di–Fr und jeden 1. So im Monat 11–12.30 Uhr, Erw. 25 A-$, Kinder 10 A-$, Familien 60 A-$, Treffpunkt Visitor Centre am Observatory Gate, Buchung erforderlich).

Victorian Arts Centre 26

Das **Victorian Arts Centre** am nördlichen Ende der St. Kilda Road ist Melbournes Antwort auf Sydneys Opera House. Der Ende der 1960er-Jahre fertiggestellte, meist nur kurz Arts Centre genannte Kulturkomplex umfasst die Melbourne Concert Hall, deren Akustik die der Oper von Sydney übertreffen soll, das Theaterhaus für die Inszenierung von Oper, Ballett und Musical, das Playhouse, in dem klassische und moderne Dramen aufgeführt werden, und das Studio, eine avantgardistische Bühne, auf der oft Stücke junger australischer Autoren präsentiert werden (Tel. 03-92 81 80 00, www.artscentremelbourne.com.

au, 1-stündige Führungen durch Konzerthalle und Theatergebäude Mo–Do und Sa 11 Uhr, 20 A-$, So 11 Uhr Backstage Tour, 20 A-$). Zum Kunstzentrum gehören auch das Performing Arts Museum, in dem sich alles um die darstellenden Künste dreht (Tel. 03-92 81 80 00, Mo–Fr 11–17, Sa, So 12–17 Uhr, Eintritt frei), und die National Gallery of Victoria.

1968 eröffnet, ist die **National Gallery of Victoria** mit einer Buntglasdecke im riesigen Foyer das älteste Gebäude des Arts Centre. Fünf Jahre benötigte der Melbourner Künstler Leonard French, um das aus 10 000 Einzelteilen bestehende, größte Mosaikdach der Welt zu schaffen. Umgeben von einem Wassergraben, weckt das fensterlose, aus massiven Basaltquadern errichtete Bauwerk Assoziationen an eine mittelalterliche Festung.

Nachdem der australische Teil der Sammlung mit dem Ian Potter Centre am Federation Square ein eigenes Domizil erhalten hat (s. S. 213), zeigt die Nationalgalerie heute nur noch internationale Kunst. In der Sammlung europäischer Kunst sind Werke alter Meister wie Rembrandt und Renoir ebenso vertreten wie Repräsentanten moderner Stilrichtungen. Gemälde, Zeichnungen, Skulpturen und Keramiken aus verschiedenen Epochen zahlreicher asiatischer Länder präsentiert die Asienabteilung (Tel. 03-86 20 22 22, www.ngv.vic. gov.au, Mi–Mo 10–17 Uhr, kostenlose Führungen Mi–Mo 11 und 14 Uhr, Eintritt frei, Sonderausstellungen gebührenpflichtig). Als weithin sichtbares Wahrzeichen erhebt sich über dem Victorian Arts Centre ein 115 m hoher Aufbau, der an den Eiffelturm erinnert.

Australian Centre for Contemporary Art 27

Fünf Fußminuten vom Victorian Arts Centre entfernt befindet sich in der Sturt Street nahe dem Malthouse Theatre das **Australian Centre for Contemporary Art,** einer der spannendsten Orte für zeitgenössische Kunst in Australien mit Ausstellungen von Weltniveau (111 Sturt St., Tel. 03-96 97 99 99, www.acca online.org.au, Di–So 10–17, Mi 10–20 Uhr, Eintritt frei, Spende erbeten).

Southgate Complex

Unmittelbar am Südufer des Yarra River haben Stadtplaner den **Southgate Complex** 28 geschaffen. Die Flanierpromenade mit Restaurants, Cafés und Boutiquen wird wochentags zur Mittagszeit, wenn hier kostenloses

Freizeitvergnügen und Business liegen auch in Melbourne nah beieinander

Tipp: Entspannen in den Gärten und Parks von Melbourne

In der Hauptstadt macht der ›Garden State‹ seinem Namen alle Ehre: Über 400 bis ins Detail gestaltete Parks und öffentliche Anlagen, welche die englische Gartenarchitektur des 19. Jh. widerspiegeln, nennt Melbourne sein Eigen. Kaum eine andere Weltstadt bietet so viel Grün und so viel Wasser im Stadtbild – etwa ein Drittel des zentrumsnahen Gebiets ist Parklandschaft. Kein Wunder, dass das ›Population Crisis Committee‹ in Washington 1998 nach einer großen Vergleichsstudie Melbourne unter 100 Weltstädten auf Platz eins der Liste der Metropolen mit der größten Lebensqualität setzte.

Vor allem während der Mittagspause strömen Menschen aus den nahen Bürohochhäusern in die **Carlton Gardens** nördlich der Victoria Parade, um im Schatten hoher Bäume aus aller Welt zu entspannen. Angelegt wurden die Gärten 1857 nach Plänen des Landschaftsarchitekten Edward Bateman. Alle Wege, Alleen und Beete sind auf das für die Weltausstellung von 1880 erbaute Royal Exhibition Building (s. S. 221) ausgerichtet.

Gleichermaßen beliebt zur Lunchzeit, da an den Central Business District angrenzend, sind die **Treasury Gardens** sowie die benachbarten **Fitzroy Gardens** südlich der Victoria Parade. Letztere wurden ebenfalls von Edward Bateman entworfen, der die Ulmenallee so anlegen ließ, dass sie aus der Luft betrachtet wie ein riesiger Union Jack aussieht. Sehenswert sind die fünfmal jährlich wechselnden Blumenschauen im 1930 erbauten Gewächshaus ›The Conservatory‹

und das Captain Cooks Cottage (s. S. 215) (Tel. 03-96 19 21 55, www.fitzroygardens.com, kostenlose Führungen Mi 11, 12.30 Uhr).

Aus dem Schatten des Victorian Arts Centre (s. S. 218) führt der Weg in den Schatten von Eukalypten, Platanen und Ulmen. Jenseits der St. Kilda Road dehnt sich eine riesige grüne Lunge aus. Mit ihren Rosenbeeten gelten die **Queen Victoria Gardens** als einer der attraktivsten Gärten der Stadt. Angelegt wurden sie 1905, um für eine Statue der Königin einen passenden Rahmen zu schaffen. Ein Geschenk Schweizer Uhrmacher ist die in ein Bett Tausender Blüten eingefügte ›Blumenuhr‹ an der St. Kilda Road.

Nördlich davon, am Südufer des Yarra River, liegen die **Alexandra Gardens,** deren Springbrunnen und Bänke an romantischen Plätzen wie geschaffen sind für Verliebte.

Die **Kings Domain** (s. S. 216) ist nicht nur das Revier der Jogger und Radfahrer, hier entwickelt sich eine ganz besondere Atmosphäre, wenn an lauen Sommerabenden auf dem Rasen um die Sidney Myer Music Bowl zu den Klängen des Melbourne Symphony Orchestra das Picknick ausgepackt wird. Der Mitte des 19. Jh. auf Buschland angelegte Park geht auf einen Entwurf des aus Rostock stammenden Naturforschers Baron Ferdinand von Müller zurück, der mit den **Royal Botanic Gardens** (s. S. 218) ein weiteres gartenbauliches Meisterwerk schuf.

Ganz im Zeichen des Sports stehen der **Olympic Park** (s. S. 216) und der **Yarra Park** (s. S. 215) am Nordufer des Yarra River.

Live-Entertainment geboten wird, zum Lunch-Break-Treff für Bank- und Büroangestellte. Abends ist der Southgate Complex ein sehr stimmungsvoller Ort, um das gegenüberliegende City-Panorama zu genießen. Von hier legen auch Ausflugsboote zu Flussfahrten nach Williamstown an der Mündung des Yarra River in die Hobsons Bay ab.

Ein grandioser Blick auf die Stadt bietet sich von der Aussichtsplattform im 88. Stock des 297 m hohen **Eureka Tower** 29, des dritthöchsten Wolkenkratzers der Südhalbkugel. Adrenalin fließt bei den Besuchern, wenn sie den Ausguck ›The Edge‹ betreten – durch den gläsernen Boden des Glaswürfels, der 3 m über die Wand hinausragt, blicken sie in die Schwindel erregende Tiefe (Tel. 03-96 93 88 88, www.eurekaskydeck.com.au, tgl. 10–22 Uhr, Erw. 18,50 A-$, Kinder 10 A-$, Familien 42 A-$, ›The Edge Experience‹ zzgl. Erw. 12 A-$, Kinder 8 A-$, Familien 29 A-$).

Der **Crown Entertainment Complex** 30 mit dem Melbourne Casino am Flussufer ist ein Epizentrum des Melbourner Nachtlebens. Unter einem Dach versammelt der riesige Vergnügungskomplex ein Hotel, eine Kegelbahn, Kinos, Bars, Restaurants und Geschäfte, in denen viele Edelmarken vertreten sind. Ein Stückchen weiter erstreckt sich der verglaste Gebäudekomplex des **Melbourne Exhibition Centre,** Ausrichtungsort bedeutender internationaler Messen, und noch etwas weiter westlich dümpelt das alte Segelschiff **»Polly Woodside«** 31 im Wasser**,** dessen hölzerner Rumpf heute das Melbourne Maritime Museum beherbergt. Die Dreimastbark wurde 1885 in Belfast gebaut und soll 16-mal das Kap Hoorn umrundet haben, bevor man sie ausmusterte (Tel. 03-96 99 97 60, www.nationaltrust.org.au, Sa, So 10–16 Uhr, in den Schulferien tgl. 10–16 Uhr, Erw. 16 A-$, Kinder 9,50 A-$, Familien 43 A-$).

Docklands 32

Cityplan: S. 216
Das ehemalige Hafengelände am Nordufer des Yarra River, südwestlich der Spencer Street, war einst ein schmuddliger Hinterhof der City. Dies änderte sich, als der Hafen für moderne Containerschiffe zu klein wurde und man ihn deshalb weiter Richtung Flussmündung nach West Melbourne verlegte. Vor einigen Jahren begann man damit, die Industriebrache zu den **Docklands** umzugestalten, einer Mischung aus schickem Wohnviertel und Freizeitpark mit Restaurants, Cafés und Bars. Hier dreht sich der Melbourne Star, das mit 120 m Höhe drittgrößte Riesenrad der Welt, das aus 21 vollverglasten Kabinen einen 360-Grad-Blick auf Melbourne bietet (Tel. 03-86 28 60 00, www.melbournestar.com, tgl. 10–22 Uhr, Erw. 32 A-$, Kinder 19 A-$, Familien 67 A-$). Den Südeingang der Docklands

›bewacht‹ ein riesiger, weißer Adler aus Holz, Aluminium und Glas des Melbourner Künstlers Bruce Armstrong (www.docklands.com, kostenlose City Circle Tram 35 ab La Trobe Street, 48 ab Collins Street, 70 ab Flinders Street oder 86 ab Bourke Street).

Am Wurundjeri Way östlich der Docklands erhebt sich das 54 000 Zuschauer fassende **Etihad Stadium,** in dem Großveranstaltungen aller Art stattfinden (Tel. 03-86 25 72 77, www.etihadstadium.com.au, 1-stündige Führungen Mo–Fr 11, 13, 15 Uhr, Erw. 15 A-$, Kinder 8 A-$, Familien 39 A-$).

Carlton und Parkville

Cityplan: S. 216
Im Norden geht die City nahtlos in den Vorort **Carlton** über, bekannt als Standort der Melbourne University und der Carlton Brewery (s. S. 229). Hier pulsiert griechisches und vor allem italienisches Leben. Mediterranes Flair vermittelt die quirlige **Lygon Street,** Melbournes ›Little Italy‹ mit Pizzerien, Espressobars und Trattorien. Übrigens: Seit italienische Einwanderer hier die ersten Espressomaschinen des Fünften Kontinents in Betrieb nahmen, ist der kleine Schwarze ein großes Kultobjekt, und schon der Nachwuchs wird entsprechend darauf eingestimmt, beispielsweise mit ›Babyccino‹, geschäumter Milch mit Schokopulver.

In manchen Straßenzügen von Carlton findet man schmale, doppelstöckige Reihenhäuser im spätviktorianischen Terrace-Stil, deren Balkone und Veranden mit Schnörkeldekor aus Gusseisen geschmückt sind. Am Ostrand des Viertels liegen die Carlton Gardens mit dem **Royal Exhibition Building** 33, dem ersten im Jahr 2004 von der UNESCO zum Welterbe erklärten Bauwerk des Landes. In dem für die Weltausstellung von 1880 errichteten Kuppelbau tagte von 1901 bis 1927 das Bundesparlament, bevor es nach Canberra umzog. (Tel. 13 11 02, www.museum victoria.com.au/reb, Führung tgl. 14 Uhr, Treffpunkt Kassenschalter Melbourne Museum, Erw. 5 A-$). Das **Melbourne Museum** 34, ebenfalls in dem Park gelegen, ist der größte Museumskomplex der südlichen Hemisphäre und vereint unter seinem futuristischen Dach Sammlungen und interaktive Displays zu Sachgebieten wie Geologie, Biologie, Ökologie, Ethnografie und Sozialgeschichte. Die Bunjilaka Gallery berichtet vom Leben der australischen Ureinwohner, und im Kindermuseum wird erklärt, weshalb man wächst. Auf großes Publikumsinteresse stoßen auch die Wechselausstellungen (Tel. 13 11 02, www.museumvictoria.com.au/melbournemuseum, tgl. 10–17 Uhr, Erw. 10 A-$, Kinder Eintritt frei, Tram 86 oder 96 ab William Street). Ein atemberaubendes Kinoerlebnis verspricht das IMAX Theatre unmittelbar nebenan (Tel. 03-96 63 54 54, www.imaxmelbourne.com.au, wechselnde Vorstellungen tgl. 10–22 Uhr alle 60 Min., Erw. ab 23 A-$, Kinder ab 13,50 A-$, Familien ab 65 A-$).

Nordwestlich von Carlton, in **Parkville,** leben zahlreiche einheimische Tiere und exotische Importe im **Melbourne Zoo** 35, dem ältesten Zoo Australiens. Zu den Attraktionen gehören das Schnabeltier- und das Schmetterlingshaus, das Koalagehege und die große Flugvoliere der Papageien. Absolutes Highlight aber ist das Angebot ›Roar 'n' Snore‹, ein nächtlicher Zoorundgang mit Übernachtung in Zelten neben den Tiergehegen (Elliott Ave., Tel. 03-92 85 93 55, www.zoo.org.au, tgl. 9–17 Uhr, Erw. 30 A-$, Kinder 13,20 A-$, Familien 68,50 A-$; ›Roar 'n' Snore‹ Sept.–Mai mehrmals wöchentlich 18–9 Uhr, Buchung Tel. 1300-96 67 84, Erw. 195 A-$, Kinder 145 A-$ inkl. Barbecue am Abend, Frühstück und Zelt, Schlafsäcke können gegen eine geringe Gebühr ausgeliehen werden; Mo–Sa Tram 55 ab William Street, So Tram 68 ab Elizabeth Street).

Fitzroy und Richmond

Urige Kneipen, Restaurants aller Preisklassen, Künstlercafés, Secondhand-Läden, Galerien sowie teils gut erhaltene Häuser im viktorianischen Terrace-Baustil mit filigranem schmiedeeisernem Dekor kennzeichnen den Vorort **Fitzroy,** der im Osten an Carlton grenzt. Ein bunt gemischtes Publikum zieht vor allem die Brunswick Street an, Melbournes angesagtester ›Szene‹-Treff.

Der Dreh- und Angelpunkt asiatischen Lebens in Melbourne ist **Richmond** südöstlich der City. Beim Bummel entlang der Victoria Street mit bunten Geschäften, exotischem Lebensmittelangebot und asiatischem Sprachengewirr wähnt man sich für einen Moment in Hanoi, Vientiane oder Phnom Penh. In diesem Stadtviertel fanden seit Mitte der 1970er-Jahre vor allem Flüchtlinge aus Indochina eine neue Heimat.

Infos

Melbourne Visitor Centre: Federation Square, Swanston/Flinders Streets (City), Tel. 03-96 58 96 58, Fax 03-96 50 61 68, tourism@

melbourne.vic.gov.au, Mo–Fr 9–18, Sa, So, Fei 10–18 Uhr. Infos zu Melbourne und Umgebung sowie zu allen touristisch bedeutsamen Regionen von Victoria; Buchung von Hotels, Tagesausflügen, Mietwagen etc.

Travellers Information Service: am Flughafen, Tel. 03-93 39 18 05, tgl. 8–22 Uhr.

Melbourne Visitor Booth: Bourke Street Mall (City), Mo–Sa 9–17, So 10–17 Uhr.

Parks Victoria: Tel. 13 19 63 (nur tel. Auskunft). Infos über Nationalparks in Victoria.

Royal Automobile Club of Victoria: 438 Little Collins St., Tel. 03-99 44 88 08, www.racv.com.au, Mo–Fr 10–17, Sa 10–13 Uhr.

Melbourne im Web: www.thatsmelbourne.com.au, www.visitmelbourne.com.au (engl.), www.visitmelbourne.com/de (dt.), www.melbourne.org.au, www.melbourne.citysearch.com.au, www.mdg.com.au (Restaurants).

Übernachten

Altehrwürdig ▶ **Windsor Hotel 1**: s. S. 224

Elegantes Boutiquehotel ▶ **Hotel Lindrum 2**: 26 Flinders St. (City), Tel. 03-96 68 11 11, www.hotellindrum.com.au. Einst befand sich hier der Saloon der australischen Billard-Legende Walter Lindrum. Heute noch sorgen Holzfußböden und hohe Decken für ein gediegenes Flair. Das Restaurant **Felt** ist ein wahres Gourmetparadies mit raffinierter, modern-australischer Küche. DZ 325–455 A-$.

Top-Lage am St. Kilda Beach ▶ **Novotel St. Kilda 3**: 16 The Esplanade, Tel. 03-95 25 55 22 und 1300-66 88 05, www.novotelstkilda.com.au. Stilvolle Zimmer mit Balkon, Restaurant, Fitnessstudio, Hallenbad. DZ 238–398 A-$.

Gediegenes Ambiente ▶ **Quest Gordon Place 4**: 24 Little Bourke St. (City), Tel. 03-

Little Saigon in der Victoria Street im Stadtteil Richmond

Tipp: Das Windsor Hotel

Es gab eine Zeit, da galt das altehrwürdige **Windsor Hotel** ▮, die große alte Dame unter den Luxushotels von Melbourne, als Kandidat für die Abrissbirne. Doch dann kümmerte sich eine Gruppe lokaler Geschäftsleute um die Restaurierung des Hotelpalasts. Heute wird das Windsor, das mittlerweile als historisches Bauwerk unter Denkmalschutz steht, oft mit anderen Grand Old Hotels verglichen, etwa dem Oriental in Bangkok oder dem Raffles in Singapur. Dicke Teppiche dämpfen die Schritte durchs viktorianisch geprägte Foyer, und die Antiquitäten aus verschiedenen Epochen erinnern daran, was man im Melbourne des 19. Jh. unter gediegener Gastlichkeit verstand. Beliebt bei Nostalgikern sind vor allem die 19 sehr geschmackvoll eingerichteten Suiten mit privaten Speisezimmern, in denen Butler das Dinner servieren. Einzigartig ist das Kopfkissenmenü, das dem anspruchsvollen Gast ein gutes Dutzend unterschiedlicher Kissenarten zur Auswahl stellt. Falls eine Übernachtung im Windsor das Reisebudget überfordert, sollte man zumindest einmal zur Teestunde hereinschauen, um koloniales Flair zu schnuppern: Windsor Hotel, Spring/Little Collins Sts. (City), Tel. 03-96 33 60 00, www.thehotelwindsor.com.au. DZ 365–495, Suite 585–1245 A-$, günstigere Online-Tarife.

96 63 28 88, www.questapartments.com.au. Stilvolles Haus im Herzen der Stadt, ruhige Lage, mit Restaurant, Pool und begrüntem Innenhof, gut ausgestattete Apartments unterschiedlicher Größe. DZ 225–375 A-$.

Mit moderner Kunst dekoriert ▶ **Tolarno Boutique Hotel** ▮: 42 Fitzroy St. (St. Kilda), Tel. 03-95 37 02 00, www.hoteltolarno.com.au. 32 individuell gestaltete Zimmer mit Gemälden zeitgenössischer Künstler, hervorragendes Bistro mit New Australian Cuisine, in der Nähe des St. Kilda Beach, gute Verkehrsanbindung in die City. Achtung: Etwas laut sind die zur Fitzroy Street hingehenden Zimmer. DZ 155–195 A-$, Suite 230–400 A-$.

Designhotel ▶ **Jasper Hotel** ▮: 489 Elizabeth St. (City), Tel. 03-83 27 27 77, www.jasperhotel.com.au. Designhotel in einem kernsanierten Stadthaus mit sehr trendig ausgestatteten Zimmern und modern-australischem Restaurant. Die Gäste können kostenlos ein nahes Fitnesscenter mit Pool benutzen. DZ 145–235 A-$.

Behaglich-modern ▶ **City Limits Motel** ▮: 20-22 Little Bourke St. (City), Tel. 03-96 62 25 44, www.citylimits.com.au. Kleines, achtstöckiges Hotel am Rande der Chinatown mit sehr gutem Preis-Leistungs-Verhältnis; die hellen und geräumigen Zimmer mit Kitchenette wirken beinahe wie kleine Apartments. DZ 134–187 A-$ (inkl. Frühstück).

Zweckmäßig ▶ **Atlantis Hotel** ▮: 300 Spencer St. (City), Tel. 03-96 00 29 00, www.atlantishotel.com.au. Modernes, mehrstöckiges Hotel mit Restaurant und Swimmingpool nahe Southern Cross Station, funktionell ausgestattete Zimmer. DZ 115–185 A-$.

Trendiges Jugendhotel ▶ **Pensione Hotel** ▮: 16 Spencer St. (City), Tel. 03-96 21 33 33, www.8hotels.com. Dieses originelle Hotel, das ein Gebäude aus dem 19. Jh. belegt, ist ein Geheimtipp unter jugendlichen Reisenden auf Budget-Niveau. Die 114 Zimmer sind zwar sparsam möbliert und winzig, aber Lage und Preis sind nahezu unschlagbar. Ein weiteres Plus ist der schöne Roof Top Garden. DZ ab 110 A-$.

Günstiger Klassiker ▶ **The Victoria Hotel** ▮: 215 Little Collins St. (City), Tel. 03-96 69 00 00, www.victoriahotel.com.au. Großes Hotel im Stadtkern für fast jedes Budget (die preiswerten Zimmer mit Gemeinschaftsbad), hervorragendes Frühstücksbuffet und ebensolches thailändisches Restaurant, Parkmöglichkeit in Tiefgarage. DZ 105–275 A-$.

Camping ▶ **Melbourne Holiday Park** ▮: 265 Elizabeth St. (Coburg East), Tel.1800-80 26 78, www.melbournebig4.com.au. 10 km nördlich, mit Pool, Kinderspielplatz und geräumigen Cabins.

Essen & Trinken

Melbournes Gastronomieszene gestaltet sich noch vielfältiger als die von Sydney! In der Stadt kann man eine kulinarische Reise durch beinahe alle Küchen der Welt machen: Die Italiener sind in der Lygon Street in Carlton zu Hause (Tram 1 oder 22 ab Swanston Street), die Griechen in der Lonsdale Street und Russell Street, die Spanier in der Johnstone Street, die Chinesen in der Little Bourke Street und die Vietnamesen in der Victoria Street in Richmond (Tram 48 oder 75 ab Flinders Street). Eine bunte Mischung aller möglichen Restaurants findet man in der Acland Street und Fitzroy Street in St. Kilda (Tram 16 ab Swanston Street oder Tram 96 ab Bourke Street), in der Chapel Street in Prahran (Tram 72 ab Swanston Street), in der Brunswick Street in Fitzroy (Tram 112 ab Collins Street) sowie im Southgate Complex an der Southbank Promenade und in Docklands.

Innovative Crossover-Küche ▶ **Coda 1**: 141 Flinders Lane (City), Tel. 03-96 50 31 55, www.codarestaurant.com.au, tgl. 12–15, 18–22.30 Uhr. Frische, leichte und originelle moderne australische Gaumenfreuden mit französischen und vietnamesischen Einflüssen. Die angeschlossene, immer volle Bar ist sehr beliebt für einen After-Work-Drink. 4- bis 6-Gänge-Menü 60–100 A-$.

Szenig und eigenwillig ▶ **Cutler & Co. 2**: 55–57 Gertrude St. (Fitzroy), Tel. 03-94 19 48 88, www.cutlerandco.com.au, Di–Do 18–23, Fr 12–15, 18–23, Sa 18–23, So 12–15, 18–23 Uhr. Fusion-Food jenseits aller Konventionen, der experimentierfreudige Chef Andrew McConnell gilt als ›junger Wilder‹ der Melbourner Gastro-Szene. Vorspeisen 24–28 A-$, Hauptgerichte 39–47 A-$.

Mit Meerblick ▶ **Stokehouse 3**: 30 Jacka Blvd. (St. Kilda), Tel. 03-95 25 55 55, www.stokehouse.com.au, tgl. 12–15, 18–24 Uhr. Leichte Gerichte, vor allem Seafood, in stimmungsvoller Atmosphäre am St. Kilda Beach. Vorspeisen 23,50–28,50 A-$, Hauptgerichte 34,50–49,50 A-$.

Bushfood vom Feinsten ▶ **Charcoal Lane 4**: 136 Gertrude St. (Fitzroy), Tel. 03-92 35 92 00, www.charcoallane.com.au, Di–Sa 10–15, 18–22 Uhr. Der Küchenchef hat die Buschkost (also im Prinzip alles, was wild gedeiht und gesammelt oder gejagt werden kann) in Melbourne salonfähig gemacht. Zudem werden junge Aborigines in Küche und Service ausgebildet. Vorspeisen 19,50–22 A-$, Hauptgerichte 29,50–38 A-$.

Edel-Italiener ▶ **Tutto Bene 28**: Mid Level, Southgate Complex (Southbank), Tel. 03-96 96 33 34, www.tuttobene.com.au, tgl. 12–15, 18–23 Uhr. Pasta und Pizza, Carpaccio und Carne – die Gerichte halten, was der Name verspricht. Sehr schön zum Draußensitzen in Sommernächten mit einem überwältigenden Blick auf das Lichtermeer der City. Vorspeisen 14–24 A-$, Hauptgerichte 23–36,50 A-$.

Asiatische Kreationen ▶ **Gingerboy 5**: 27 Crossley St., City, Tel. 03-96 66 42 00, www.gingerboy.com.au, Mo–Fr 12–14.30, 17.30–22.30, Sa 17.30–22.30 Uhr. Das von der thailändischen und vietnamesischen Küche inspirierte Essen wird in kleinen Portionen geordert und zu einem harmonischen Menü kombiniert. Immer voll, unbedingt reservieren! Menü 45–60 A-$.

St.-Kilda-Klassiker ▶ **Circa 6**: im Prince of Wales Hotel, 2 Acland St. (St. Kilda), Tel. 03-95 36 11 22, www.circa.com.au, tgl. 12–23 Uhr. Kombination aus europäischem Erbe und Innovationen aus Down Under, preisgekrönte Weinkarte. Vorspeisen 19,50–24 A-$, Hauptgerichte 25,50–45 A-$.

Angesagter Spanier ▶ **MoVida Next Door 7**: 1 Hosier Lane (City), Tel. 03-96 63 30 38, www.movida.com.au, tgl. 12–24 Uhr. Das kleine, etwas versteckt gelegene Lokal lockt mit ausgefallen Tapas-Variationen und einem modernen, spanischen Ambiente. Gerichte 16,50–34 A-$.

Pikant-chinesisch ▶ **Ants Bistro 8**: 7 Corrs Lane (Chinatown), Tel. 03-96 39 29 08, www.antsbistro.com.au, Di–Fr, So 11.30–15, 17.30–22.30, Sa 17.30–22.30 Uhr. Hier wird à la Szechuan gekocht, in einem der würzigeren Küchenstile Chinas. Vorspeisen 8,50–11,50 A-$, Hauptgerichte 14–28,50 A-$.

Melbourne und Umgebung

Pfiffig-südostasiatisch ▶ **Old Town Kopitiam** **9**: 195 Little Bourke St. (Chinatown), Tel. 03-96 39 60 98, So–Mi 11.30–21.30, Do 11.30– 22.30, Fr, Sa 11.30–2 Uhr. Einfallsreiche Küche mit Einflüssen aus China, Malaysia und Indien. Vorspeisen 7,50–10,50 A-$, Hauptgerichte 13,50–22 A-$.

Kult-Italiener ▶ **Pellegrini's Espresso Bar** **10**: 66 Bourke St. (City), Tel. 03-96 62 18 85, tgl. 7.30–22 Uhr. Von diesem kleinen Lokal im authentischen Retro-Look aus trat vor über 40 Jahren der Espresso seinen Siegeszug durch Melbourne an. Beste Pasta und Pizza, mittags immer voll. Gerichte 10,50–22 A-$.

Vegetarisch ▶ **Crossways** **11**: 123 Swanston St. (1. Stock) (City), Tel. 03-96 50 29 39, Mo–Sa 11.30–15.30 Uhr. Hare-Krishna-Restaurant mit sehr guten vegetarischen Speisen aus aller Welt. Gerichte 5–7,50 A-$.

Asia-Snacks ▶ **Food Mall** **12**: Target Centre, Bourke St. (City), tgl. 10.30–19.30 Uhr. Mehrere Dutzend Essensstände mit einem bunten Querschnitt durch die Küchen Asiens. Gerichte 4,50–7,50 A-$.

Einkaufen

Shoppingmeile ▶ **Chapel Street** **1**: Prahran und South Yarra, www.chapelstreet. com. au, Tram 72 ab Swanston Street. Eine der interessantesten Shoppingmeilen Melbournes mit über 1000 Boutiquen und Galerien, vor allem Mode und Accessoires. Ein Muss ist das originelle Einkaufszentrum **Jam Factory** (500 Chapel St., South Yarra, Tel. 03-98 60 85 00, www.thejamfactory.com.au).

Märkte ▶ **Arts Centre Sunday Market** **2**: Victorian Arts Centre, 100 St. Kilda Rd., Tel. 03-92 81 80 00, So 10–17 Uhr. (Kunst-)Handwerk. **Rose Street Artists' Market** **3**: 60 Rose St. (Fitzroy), Tel. 03-94 19 55 29, www. rosestmarket.com.au, Sa, So 11–17 Uhr, Tram 96 ab Bourke Street oder Tram 112 ab Collins Street. Mode und Schmuck junger Designer auf dem Sprung zum Erfolg. **The Esplanade Market** **4**: Upper Esplanade (St. Kilda), www.esplanademarket.com.au, So 10–17 Uhr, Tram 16 ab Swanston Street oder Tram 96 ab Bourke Street. Kunsthandwerk und Trödel.

Outlet-Shopping ▶ **Bridge Road** **5**: Richmond, www.bridgerd.com.au, Tram 48 oder 75 ab Flinders Street. Shoppingparadies für Schnäppchenjäger, vor allem Kleidung. Markenartikel mit bis zu 70 % Rabatt! **Chadstone the Fashion Capital** **6**: 1341 Dandenong Rd., ca. 15 km südöstl. der City am Monash Highway, Tel. 03-95 63 33 55, www. chadstoneshopping.com.au, Mo–Fr 9–19, Sa, So 10–18 Uhr. Designer-Kleidung australischer und internationaler Modeschöpfer in einer Mall mit mehr als 470 Läden.

Souvenirs made in Australia ▶ **Something Aussie** **7**: 400 Victoria St. (North Melbourne), Tel. 03-93 29 86 22, www.somethingaussie.com.au, Mo–Fr 9.30–18, Sa, So 10–18 Uhr, Tram 55 oder 57 ab Elizabeth Street bis Stop 10. Riesige Auswahl an Mitbringseln.

Aboriginal-Kunst ▶ **Original & Authentic Aboriginal Art** **8**: 90 Bourke St. (City), Tel. 03-96 63 51 33, www.originalandauthentic aboriginalart.com, Mo–Sa 10–18, So 11–17 Uhr. Gemälde namhafter Aboriginal-Künstler sowie hochwertiges Kunsthandwerk der Ureinwohner.

Opale ▶ **National Opal Collection** **9**: 119 Swanston St. (City), Tel. 03-96 62 35 24, www.nationalopal.com, Mo–Fr 9–19, Sa, So 10–16 Uhr. Opale und Opalschmuck, steuerfreier Einkauf bei Vorlage von Reisepass und internationalem Flugschein. Man darf einen Blick in die Schleiferwerkstatt werfen, im Museum erfährt man in Form einer Opalmine Wissenswertes über die Steine.

Kitsch & Kuriositäten ▶ **Wunderkammer** **10**: 439 Lonsdale St. (City), Tel. 03-96 42 46 94, www.wunderkammer.com.au, Mo–Fr 10–18, Sa 10–16 Uhr. Das Spektrum reicht vom chinesischen Skalpell aus dem 19. Jh. über das alte italienische Barometer zur ausgestopften Schleiereule …

Mode & Accessoires ▶ **GPO** **9**: Bourke/Elizabeth Streets (City), Tel. 03-92 90 02 00, www.melbournesgpo.com, Mo–Do 10–18, Fr 10–20, Sa 10–18, So 11–17 Uhr. Schicke Ladengalerie in der ehemaligen Hauptpost, vor allem Mode von australischen Stardesignern.

W.A.W. – What Australians Wear **28**: Southgate Shopping Centre (Southbank), Tel. 03-

96 86 44 44, www.whataustralianswear.com, Mo–Fr 9–19, So u. Fei 10–18 Uhr. Von Aussie Boots aus Känguruleder über Akubra-Hüte bis hin zu Driza-Bone-Regenmänteln.

Abends & Nachts

Buchungen (auch aus Übersee) für alle größeren Kulturveranstaltungen übernehmen **Ticketek** (Exhibition/Lonsdale Streets, City, Tel. 13 28 49, www.ticketek.com.au, Mo–Fr 9–18, Sa 9–16, So 10–14 Uhr) und **Ticketmaster** (Atheneaum Theatre, 188 Collins St., City, Tel. 13 61 00, www.ticketmaster.com.au, Mo–Fr 9–18, Sa 9–16, So 10–14 Uhr). Am **Halftix-Kiosk** (Melbourne Town Hall, Swanston/Little Collins Streets, City, Tel. 03-96 50 94 20, www.halftixmelbourne.com, Mo 10–14, Di–Do 11–18, Fr 11–18.30, Sa 10–14 Uhr) bekommt man Restkarten zum halben Preis, meist für Abendvorstellungen am selben Tag.

Nightlife-Zentren mit zahlreichen Restaurants, Pubs und Clubs sind die Fitzroy Street und Acland Street in St. Kilda (Tram 16 ab Swanston Street oder Tram 96 ab Bourke Street), die Chapel Street in Prahran (Tram 72 ab Swanston Street), die Brunswick Street in Fitzroy (Tram 112 ab Collins Street) und die Lygon Street in Carlton (Tram 1 oder 22 ab Swanston Street).

Kulturzentrum ▸ Victorian Arts Centre 26: 100 St. Kilda Rd. (South Melbourne), Tel. 1300-18 21 83, www.artscentremelbourne.com.au. Klassische Konzerte, Ballett und Theater. Tickets 60–300 A-$.

Theater ▸ La Mama 1: 205 Faraday St. (Carlton), Tel. 03-93 47 61 42, www.lamama.com.au. Alternative Bühne für freie Gruppen aus dem In- und Ausland. Tickets 40–80 A-$. **Malthouse Theatre** 2: 118 Sturt St. (Southbank), Tel. 03-96 85 51 11, www.malthousetheatre.com.au. Avantgardistisches Theater mit z. T. gewagten Neuinszenierungen. Tickets 30–50 A-$. **Princess Theatre** 3: 163 Spring St. (City), Tel. 03-92 99 98 00, www.marrinergroup.com.au. Etablierte Bühne mit z. T. monatelang zuvor ausverkauften Vorstellungen, häufig Musicals. Tickets 50–120 A-$.

Jazzlokale ▸ Bennetts Lane Jazz Club 4: 25 Bennetts Lane (zwischen La Trobe und Little Lonsdale Streets, nahe Exhibition Street, City), Tel. 03-96 63 28 56, www.bennettslane.com, tgl. 19–1 Uhr, Livemusik ab 21.30 Uhr. In dem Jazz-Club mit relaxter Atmosphäre treten australische Spitzen-Jazzer wie Paul Grabowsky, Bob Sedergreen und Ted Vining auf. **Dizzy's Jazz Club** 5: 381 Burnley St. (Richmond), Tel. 03-94 28 12 33, www.dizzys.com.au, Di–Do 17.30–1, Fr, Sa 17.30–2 Uhr, Livemusik ab 20/21 Uhr. Bester Jazz von Dixieland über Bebop bis Free Jazz, dazu modernaustralische Gerichte und erlesene Weine.

Nachtclubs & Discos ▸ Cookie 6: 252 Swanston St., City, Tel. 03-96 63 76 60, www.cookie.net.au, So–Do 12–1, Fr, Sa 12–3 Uhr. Laut Eigenwerbung eine Mischung aus Restaurant, Pub und Disco, kreative moderne Aussie-Küche und ellenlange Getränkekarte, sehr beliebt und immer voll. **The Liberty Social** 7: 277-279 Flinders Lane (City), Tel. 03-96 63 17 69, www.thelibertysocial.com.au, So–Do 20–2, Fr, Sa 20–3 Uhr. Hipper Danceclub mit einem breiten Musikprofil von Hip Hop über Indie bis Modern Jazz, mal von DJs aufgelegt, mal von Live Acts performed. Am Wochenende oft lange Schlangen vor der Tür. **The Lounge** 8: 243–245 Swanston St. (City), Tel. 03-96 63 29 16, www.lounge.com.au, tgl. 17–1 Uhr. Cross-over aus Café, Bar und Danceclub, DJs und Livemusik, guter Ort zum Eingrooven. **The Metro** 9: 20–30 Bourke St.(City), Tel. 03-96 63 42 88, So–Do 21–3, Fr, Sa 21–4 Uhr. Einer der größten Nachtklubs von Melbourne mit drei Tanzflächen und acht Bars, die sich über drei Stockwerke verteilen.

Bars & Lounges ▸ Chill on 28: Southgate Complex, 3 Southgate Ave., Southbank, Tel. 1300-42 32 27, www.chillon.com.au, Mo–Do 10–22/23, Fr, Sa 10–1, So 10–22/23 Uhr. In dieser Lounge-Bar mit konstant – 10° C besteht alles aus Eis – die Wände, die Tische, die Stühle und sogar die Gläser. **Level 35 Atrium Bar** 10: Sofitel Hotel, 25 Collins St. (City), Tel. 03-96 53 00 00, www.no35.com.au, tgl. 17–24 Uhr. Restaurant-Bar mit Live-Unterhaltung im 35. Stock der Nobelherberge; Attraktion ist die ›Glas‹-Toilette mit prächtigem Blick über Melbourne. **The Croft Institute** 11: 21–25 Croft Alley (Chinatown), Tel.

Melbourne und Umgebung

Beim Melbourne Cup laufen die Hüte den Pferden schon mal den Rang ab ...

03-96 71 43 99, www.thecroftinstitute.com.
au, Mo–Do 17–2, Fr 17–3, Sa 20–3 Uhr. Die
mit einer umfangreichen Sammlung an alten
medizinischen Geräten dekorierte Trendbar
hat den morbiden Charme einer Krankensta-
tion aus den 1930er-Jahren – *das* derzeitige
Szene-Highlight. **Transport Hotel** 12: Federation Square (City), Tel. 03-96 54 88 08,
www.transporthotel.com.au, Mo–Do 11–24,
Fr, Sa 11–4, So 11–24 Uhr. In dem angesagten Veranstaltungscenter gibt es in der Transport Bar originelle Drinks und im Taxi Dining
Room japanisch inspirierte Gerichte. In warmen Sommernächten sitzt man sehr angenehm auf der Terrasse der Transit Lounge.
Walter's Wine Bar 28: Southgate Complex,
South Melbourne, Tel. 03-96 90 92 11, www.
walterswinebar.com.au, tgl. 12–23.30 Uhr. Erlesene Weine aus Victoria und kleine Gerichte
vor dem City-Panorama.

Kneipen ▶ Bridie O'Reilly's 13: 462 Chapel
St. (South Yarra), Tel. 03-98 27 77 88, www.
bridieoreillys.com.au, So–Do 12–23, Fr, Sa
12–1 Uhr. Beliebter irischer Pub, in dem die
Gäste freitag- und samstagabends in Dreierreihen mit ihrem Guinness vor dem Tresen
stehen, wenn eine Folk-Rock-Band live aufspielt. **Young & Jacksons Pub** 14: 1 Swanston St. (City), Tel. 03-96 50 38 84, www.young
andjacksons.com.au, So–Do 10–24, Fr, Sa
10–1 Uhr. Eine der stadtweit bekanntesten
Kneipen mit einem der berühmtesten Gemälde Australiens: dem Bildnis der Chloe, einem in Lebensgröße wiedergegebenen weiblichen Akt von 1875.

Aktiv

Stadttouren ▶ Melbourne Greeter Service
1: c/o Melbourne Visitor Centre, Federation
Square, Tel. 03-96 58 96 58 (Mo–Fr), 03-96
58 99 42 (Sa, So), www.thatsmelbourne.com.
au. Engagierte Freiwillige zeigen Gästen bei
2- bis 4-stündigen Spaziergängen ihre Stadt
aus einer ganz individuellen Perspektive und
machen sie auf Sehenswürdigkeiten aufmerksam, die in kaum einem Reiseführer zu
finden sind – gratis und in über 15 Sprachen
(tgl. 9.30 Uhr, mind. einen Tag im Voraus buchen). **Hidden Secrets Tours** 2: c/o Melbourne Visitor Centre, Federation Square, Tel.
03-96 63 33 58, www.hiddensecretstours.
com. Mit Fiona Sweetman geht es durch die
angesagtesten Shops und Läden der Stadt.
Die Fashion-Kennerin führt die Teilnehmer

durch versteckte Gässchen und Arkaden, über Märkte und gibt Tipps für schlaueres Shopping (Mo–Sa 10–13 Uhr, ab 95 A-$).

Bootstouren ▶ **Melbourne River Cruises** **3**: 11 Banana Alley, Tel. 03-86 10 26 00, www.melbcruises.com.au. Bootstouren auf dem Yarra River nach Williamstown (alle 30 Min. 10.30–15.30 Uhr, Erw. ab 24 A-$, Kinder ab 12 A-$, Familien ab 60 A-$).

Brauereibesichtigung ▶ **Carlton & United Brewery Tours** **4**: Carlton Brew House, Nelson/Thompson Sts. (Abbotsford), Tel. 03-94 20 68 00, www.carltonbrewhouse.com.au. Australiens größte Brauerei (Führungen Mo–Fr 10, 12, 14 Uhr, 20 A-$, Buchung nötig).

Termine

Australian Open (Jan.): Tennisturnier.

Chinese New Year (Jan./Febr.): An einem Neumondtag zwischen 21. Jan. und 19. Febr. feiern die Chinesen aus Melbourne ihr Neujahrsfest. Höhepunkte sind farbenfrohe Drachen- und Löwenparaden in der Chinatown sowie als Finale ein Feuerwerk.

Midsumma Festival (Jan./Febr.): Fest der Schwulen und Lesben mit Straßenparaden.

Melbourne Food and Wine Festival (Febr./März): Ein Fest für den Gaumen.

Moomba Festival (Febr./März): ›Lasst uns zusammenkommen und Spaß haben‹ – so lautet das Motto des ausgelassensten Festivals der Stadt.

International Flower and Garden Show (März): Blumenfest in den Fitzroy Gardens.

Melbourne Grand Prix (März): Wertungslauf für die Weltmeisterschaft der Formel 1.

Melbourne International Comedy Festival (März/April): Australiens größtes Event für nationale und internationale Spaßvögel.

Melbourne International Jazz Festival (Juni): Mit internationalen Spitzenjazzern.

Melbourne International Film Festival (Juli/Aug.).

Grand Final (Sept.): Endspiel im Australian Rules Football.

Melbourne Fringe Festival (Sept./Okt.): Avantgardistisches Kulturspektakel.

Royal Melbourne Show (Sept./Okt.): Landwirtschaftsausstellung mit Beiprogramm.

Melbourne International Arts Festival (Okt.): Zweiwöchiger Reigen kultureller Events.

Melbourne Cup (1. Di im Nov.): Das bedeutendste Pferderennen des Landes.

Carols by Candlelight (Dez.): Öffentliche Weihnachtsfeiern mit (klass.) Konzerten.

Verkehr

Flüge: Zwischen dem 25 km nordwestl. der City gelegenen Tullamarine Airport (http://melbourneairport.com.au) und der Southern Cross Station (Spencer Street) im Zentrum pendelt ein Flughafenbus; von dort Gratis-Transfer zu Hotels in der City; nach vorheriger Anmeldung auch kostenlose Abholung im Hotel für die Fahrt zum Flughafen (Skybus, Tel. 03-96 00 17 11, www.skybus.com.au, rund um die Uhr alle 10–15 Min., Fahrtdauer 20–30 Min., einfache Fahrt: Erw. 18 A-$, Kinder 8 A-$, Familien 41 A-$, hin und zurück: Erw. 30 A-$, Kinder 12 A-$, Familien 70 A-$). Für ein Taxi bezahlt man 60–70 A-$.

Züge: Fernzüge in alle Richtungen starten ab Southern Cross Station (Spencer Street), Auskunft und Buchung: V/Line, Tel. 13 61 96, www.viclink.com.au.

Busse: Überlandbusse in alle Richtungen starten ab Southern Cross Station Terminal, (Spencer Street, City), Auskunft und Buchung: Greyhound Australia, Tel. 13 00-47 39 46.

Tipp: See Melbourne Attractions Pass

Dieses Ticket bietet nach Bezahlung eines All-inclusive-Preises innerhalb eines festgelegten Zeitraumes kostenfreie Benutzung der öffentlichen Verkehrsmittel und freien Eintritt zu über 35 Attraktionen in und um Melbourne (u.a. Eureka Skydeck, Melbourne Aquarium, Melbourne Zoo). Erhältlich sind die Karten am Stand von ›Best of Victoria‹ am Federation Square oder online unter www.seemelbournepass.iventurecard.com (2-Tages-Karte Erw. 145 A-$, Kinder 99 A-$, 3-Tages-Karte Erw. 175 A-$, Kinder 120 A-$, 7-Tages-Karte Erw. 235 A-$, Kinder 169 A-$).

Melbourne und Umgebung

Mietwagen: Eine große Auswahl an Fahrzeugen jeder Art haben Avis, Tel. 13 63 33; Budget, Tel. 13 27 27; Hertz, Tel. 13 30 39. Alle Firmen haben Filialen am Flughafen.

Fähren: 1 x bzw. während der Hochsaison (Dezember/Januar) 2 x tgl. Verbindungen nach Devonport auf Tasmanien (s. S. 75). Überfahrten während der Hauptsaison rechtzeitig reservieren! Auskunft und Buchung: TT Line Reservations, Tel. 18 00-63 49 06, www.tt-line.com.au oder www.spiritoftasmania.com.au; Tasmanian Travel Centre, 259 Collins St., City, Tel. 03-92 06 79 22.

Fortbewegung in der Stadt

Infos über den öffentlichen Nahverkehr: **The Met Shop,** Melbourne Town Hall, Swanston/Little Collins Streets, City, Mo–Fr 9–17.30, Sa 9–13 Uhr; **Public Transport InfoLine,** Tel. 1800-80 00 07 (tgl. 6–22 Uhr); im **Internet** unter www.ptv.vic.gov.au.

Kombiticket: Für Busse, Züge und Straßenbahnen in der City und den zentrumsnahen Vororten gibt es die preisgünstige **MykiCard,** die unbegrenzte Fahrten innerhalb eines bestimmten Zeitraums ermöglicht (2 Std. 6 A-$, 24 Std. 12 A-$). Erhältlich ist sie an Infoschaltern und Automaten in Bahnhöfen, an Automaten in Straßenbahnen, in Zeitschriftenhandlungen und Drogerien.

Busse: Das Busnetz wird durch einen Flughafenbus (s. o.) und eine Sightseeing-Linie ergänzt. Die Busse des **Melbourne Visitor Shuttle** fahren ab dem Victorian Arts Centre, 100 St. Kilda Rd., tgl. 9.30–16.30 Uhr im Halbstundentakt durch die Innenstadt; an 13 Haltestellen kann man die Fahrt beliebig oft unterbrechen (Tagesticket 5 A-$, Kinder unter 10 Jahren frei).

Straßenbahnen: Wichtigstes öffentliches Verkehrsmittel in der City und den zentrumsnahen Vororten. Auf dem City Circle (Flinders St.–Spring St.–La Trobe St.–Docklands) verkehrt die kostenlose Trambahnlinie 35, welche die meisten Sehenswürdigkeiten der Innenstadt erschließt (So–Mi 10–18, Do–Sa 10–21 Uhr im Zehnminutentakt).

Züge: Nahverkehrszüge in alle Vororte starten ab Flinders Street Station, Auskunft:

V/Line, Tel. 13 61 96, www.viclink.com.au.

Taxis: sind zahlreich; Taxibestellung: Arrow Taxi Service, Tel. 13 22 11; Embassy Taxis, Tel. 13 17 55; Silver Top Taxis, Tel. 13 10 08; Yellow Cabs, Tel. 13 19 24.

Mit dem eigenen Fahrzeug: Wer trotz des hohen Verkehrsaufkommens und chronischen Parkplatzmangels mit dem Auto in die City fährt, sollte beachten, dass die 22 km lange Stadtautobahn CityLink mautpflichtig ist. Die Gebühren können nicht bar, sondern nur noch mit E-Maut entrichtet werden, dazu muss man sich online registrieren oder vor Ort einen Aufkleber besorgen. Dieser kommt an die Windschutzscheibe und wird von Scannern erfasst (Infos: Tel. 13 26 29, www.citylink.com.au). Auch sollte man sich mit den speziellen Regeln beim Rechtsabbiegen in Melbourne vertraut machen (s. S. 77).

Großraum Melbourne

Karte: rechts

South Yarra **1**

Mit der Straßenbahn (Tram 16 ab Swanston St. oder Tram 96 ab Bourke St.) erreicht man den südlich der City gelegenen Vorort **South Yarra.** Das von einem herrlichen Park umgebene **Como House,** eines der eindrucksvollsten Kolonialgebäude von Victoria, entspricht mit seiner Mischung aus frühem australischem Kolonialstil und viktorianischen Elementen dem historisierenden Baustil des 19. Jahrhunderts. Im Innern des 1847 errichteten Herrenhauses wurden erlesene Einrichtungsgegenstände aus anderthalb Jahrhunderten zusammengetragen (William Rd./Lechlade Ave., Tel. 03-98 27 25 00, www.como house.com.au, tgl. 10–16 Uhr, Erw. 12 A-$, Kinder 6,50 A-$, Familien 30 A-$, zzt. ist nur der Park zugänglich).

Elsternwick **2**

Auf einen weiteren Hort großbürgerlicher Wohnkultur, wie sie in der zweiten Hälfte des 19. Jh. gepflegt wurde, stößt man im weiter südlich gelegenen Vorort **Elsternwick.** Dort

Umgebung von Melbourne

steht die zwischen 1860 und 1887 errichtete viktorianische Villa **Rippon Lea,** einer der letzten in Privatbesitz befindlichen australischen Landsitze. Mit zeitgenössischem Mobiliar und zahlreichen Memorabilien wird Besuchern ein guter Eindruck vom feudalen Lebensstil der Oberen Zehntausend im kolonialen Melbourne vermittelt. Die Eleganz von Rippon Lea unterstreicht ein im Stil eines englischen Landschaftsgartens angelegter Park mit einem idyllischen See (192 Hotham St., Tel. 03-95 23 60 95, www.ripponleaestate. com.au, tgl. 10–17 Uhr, Erw. 15 A-\$, Kinder 9 A-\$, Familien 35 A-\$).

St. Kilda und Brighton Beach

Ein ›bodenständigeres‹ Leben herrscht in Melbournes Strandvorort **St. Kilda** 3, an der Port Phillip Bay (Tram 16 ab Swanston Street oder Tram 96 ab Bourke Street). Neben einem Sonnenbad locken hier ein Bummel durch die Acland Street mit Konditoreien und Spezialitätenrestaurants aus aller Herren Länder sowie die Schnäppchenjagd auf dem Arts and Craft Market, der sonntags an der Esplanade abgehalten wird. Direkt an der Strandpromenade liegt der Luna Park, ein Rummelplatz mit Achterbahn, Riesenrad und Karussells (Tel. 03-95 25 50 33, www.lunapark.com. au, Sommer Fr 19–23, Sa 11–23, So 11–18, Winter Sa, So 11–18 Uhr, Erw. 45,95 A-$, Kinder 35,95 A-$, Familien 138,95 A-$). Nachtschwärmer zieht es in die Fitzroy Street mit zahlreichen Pubs und Clubs. Die in St. Kilda bereits seit den 1860er-Jahren bestehende Tradition der Seebäder setzen die **St. Kilda Sea Baths** fort, heute ein sehr gepflegter, auch Tagesgästen offenstehender Sportclub mit Meerwasserschwimmbad, Fitnessstudio und Spa sowie diversen Cafés und Restaurants (www.stkildaseabaths.com.au). Zum Baden und Schwimmen lädt auch der lang gestreckte Sandstrand zwischen St. Kilda und Port Melbourne ein.

Saubere Sandstrände und sehr gute Wasserqualität bietet auch **Brighton Beach** 4 weiter südlich. Der Ort ist bekannt für seine *Beach Boxes,* knallbunte Strandhütten.

Australian Shark and Ray Centre 5

Im **Australian Shark and Ray Centre** bei **Dandenong South** können unerschrockene Besucher beim Schwimmen und Füttern die großen Meerestiere hautnah erleben (Princes Hwy., Ecke Progress St., Dandenong South, Tel. 03-87 59 00 69, www.ozsharkandray. com.au, tgl. 9–17 Uhr, Erw. 29,50 A-$, Kinder 19,50 A-$, Familien 95 A-$).

Mornington Peninsula

An der Port Phillip Bay entlang führt der Nepean Highway gen Süden zur Mornington Peninsula. Die fast ganz von Land umrahmte Port Phillip Bay besitzt zum offenen Meer hin

Beach Boxes in Brighton Beach

nur eine schmale Öffnung. Durch ihre geschützte Lage ist die Bucht ein ideales Revier für fast alle Arten von Wassersport. Kein Wunder, dass sich an Wochenenden auf dem Nepean Highway die Autos der Ausflügler stauen. Aus der Vogelperspektive kann man die Port Phillip Bay und die Mornington Peninsula vom 305 m hohen **Arthurs Seat** 6 betrachten. Zu erreichen ist die höchste Erhebung der Halbinsel von Dromana per pedes auf einem Wanderpfad, mit dem eigenen Fahrzeug oder mit einem Sessellift.

Sorrento 7 ist Ausgangspunkt für Bootstouren zur Beobachtung von Delfinen in der Port Phillip Bay. Besonders zahlreich erscheinen die Großtümmler hier im australischen Sommer, wenn sie ihre Jungen aufziehen. Bei drei- bis vierstündigen Bootsfahrten kommt man den Delfinen ganz nahe. Wer will, kann – ausgerüstet mit Neoprenanzug und in Begleitung von Experten – sogar mit den Tieren schwimmen (Polperro Dolphin Swims, Sorrento Pier, Tel. 03-59 88 84 37, www.polperro.com.au, tgl. 8, 12 Uhr, Schwimmer 130 A-$, Zuschauer Erw. 55 A-$, Kinder 35 A-$, Buchung erforderlich).

Über den gepflegten Bade- und Ferienort **Portsea** 8 geht die Fahrt weiter zum **Point Nepean.** Von der Spitze der stiefelförmigen Mornington Peninsula hat man einen schönen Blick auf The Rip, die schmale Einfahrt in die Port Phillip Bay. Die felsige Landzunge gehört zum **Mornington Peninsula National Park,** der die Vegetation der Küstenregion bis zum **Cape Schanck** 9 schützt. Der Küstenstreifen besticht durch weite Sandstrände, pittoreske Felsformationen sowie mit Küstenheiden und Buschwerk bewachsene Klippen. In der Nähe des Cape-Schanck-Leuchtturms führen Holzstege an der zerklüfteten Sandsteinküste entlang.

Dandenong Ranges National Park

Wer der Großstadt einmal den Rücken kehren will, ist mit einem Ausflug in den **Dandenong Ranges National Park** ungefähr 35 km östlich des Zentrums gut beraten. Die zerklüftete Bergkette, von den Aborigines *Tanje-*nong* (›hohe Berge‹) genannt, fasziniert durch üppig grüne Schluchten, in denen Baumfarne wachsen, und Wälder mit bis zu 100 m hohen Königseukalypten. Die Region war früher für die Holzgewinnung bedeutend, so wurden hier die riesigen Masten für die Segelschiffe geschlagen. Heute werden die Dandenong Ranges von einer Reihe bequem zu begehender Wanderrouten durchzogen.

Von Lilydale am Maroondah Highway erreicht man auf einer kurvigen Straße das südlich gelegene Montrose. Dort beginnt die **Mount Dandenong Tourist Road,** von der nach wenigen Kilometern eine Straße zum 633 m hohen Mount Dandenong abzweigt. Das fantastische Panorama von diesem Aussichtspunkt vermittelt einen guten Eindruck von der Weitläufigkeit der über 6000 km^2 großen Metropole Melbourne (SkyHigh Mount Dandenong, 7,50 A-$/Auto).

Nördlich des Orts Olinda liegt das **William Ricketts Sanctuary** 10, eine Kunstgalerie unter freiem Himmel. In einem kleinen, labyrinthartig angelegten Park werden die Meisterwerke des Bildhauers William Ricketts präsentiert, der sich mit den Ureinwohnern spirituell verbunden fühlte. Tonskulpturen verschmelzen mit natürlichen Felsen, Köpfe und Figuren aus Holz scheinen aus moosbewachsenen Baumstämmen herauszuwachsen. Ein Spaziergang durch den Felsengarten kommt einem Gang durch die Traumzeit gleich (Tel. 13 19 63, www.parkweb.vic.gov.au, tgl. 10–16.30 Uhr, Erw. 8,20 A-$, Kinder 4,20 A-$, Familien 20,60 A-$).

In **Olinda** 11 haben sich viele Künstler und Kunsthandwerker niedergelassen, die ihre Produkte in Ateliers und Galerien anbieten. Ein Besuch des hübschen Bergdorfs lohnt vor allem in den Frühlingsmonaten Oktober/November, wenn sich in den **National Rhododendron Gardens** eine scharlachrote Farbenpracht entfaltet (Tel. 13 19 63, www.parkweb.vic.gov.au, tgl. 9–17 Uhr, Erw. 9,60 A-$, Kinder 4,80 A-$, Familien 25,40 A-$).

Weiter geht die Dandenong-Rundfahrt in südlicher Richtung nach Ferny Creek. Dort kann man der Mount Dandenong Tourist Road bis Upper Ferntree Gully folgen oder

Melbourne und Umgebung

zum **Sherbrooke Forest** 🔟, einem ausgedehnten Eukalyptuswald, abzweigen. Bei einem Spaziergang durch die **Alfred Nicholas Memorial Gardens** mit riesenhaften Königseukalypten begegnet man mit etwas Glück einem der äußerst scheuen Leierschwanzvögel (Tel. 13 19 63, www.parkweb.vic.gov. au, tgl. 10–17 Uhr, Erw. 7,60 A-$, Kinder 3,80 A-$, Familien 19 A-$).

Liebhaber nostalgischer Dampflokomotiven zieht es nach **Belgrave** 🔟, wo Puffing Billy (›Keuchender Billy‹), ein Schmalspur-Dampfross aus der Frühzeit des Eisenbahnwesens, täglich auf einer 13 km langen Strecke durch Schluchten und Täler zum Bergstädtchen Emerald zuckelt (Tel. 03-97 57 07 00, www.puffingbilly.com.au, 4–6 x tgl., Erw. ab 28,50 A-$, Kinder ab 14 A-$, Familien ab 47 A-$). In **Emerald** 🔟 erwartet Reisende neben einer schönen Aussicht ein Badesee und eine große Modelleisenbahnanlage.

Yarra Valley

Das Yarra Valley, etwa 60 km nordöstlich von Melbourne gelegen, ist eine der bedeutendsten Weinregionen von Victoria und eine der am schnellsten wachsenden in Australien. Schon jetzt liegen in dem Tal Dutzende von Weingütern, die hervorragende Tafelweine produzieren. Berühmt ist vor allem der Semillon, ein spritziger Weißwein. In zahlreichen Winzereien können Besucher an Führungen und Weinproben teilnehmen. Ausgezeichnete Gastwirtschaften und gemütliche Herbergen mit unterschiedlichen Wellnessangeboten tun ein Übriges, um von einer raschen Rückkehr nach Melbourne abzuhalten. Damit man die Weinproben auch so richtig genießen kann, sollte man sich am besten einer organisierten Tour anschließen (s. rechts). Weinlese ist von Januar bis Mai.

Ein weiterer Besuchermagnet des Yarra Valley ist das **Healesville Sanctuary** 🔟 im gleichnamigen Städtchen. Der weitgehend naturbelassene Tierpark präsentiert auf 30 ha Buschland über 200 einheimische Tierarten, darunter Kängurus, Wombats, Koalas, Dingos und Tasmanische Teufel. Besonders spannend zu beobachten ist das Schnabel-

tier, ein Säugetier, das wie eine Amphibie im Wasser lebt und Eier legt, die geschlüpften Jungen aber säugt. In einer aquariumähnlichen Anlage kann man das scheue Wesen unter Wasser erleben. Damit die Besucher die Schnabeltiere in ›Aktion‹ sehen, werden im Platypus-Gebäude für die nachtaktiven Tiere eigens die Tageszeiten geändert: Nachts wird das Licht eingeschaltet, tagsüber abgedunkelt; sogar die Mondphasen werden simuliert. Neben Säugetieren gehören auch Reptilien wie die Goanna-Echse und zahlreiche Vogelarten zu den Bewohnern des Parks (Badger Creek Road, Tel. 03-59 57 28 00, www.zoo. org.au, tgl. 9–17 Uhr, Erw. 30 A-$, Kinder 13,20 A-$, Familien 68,50 A-$).

Aktiv

Weinproben ▶ **Domaine Chandon:** Green Point, Maroondah Highway, Coldstream, Tel. 03-97 38 92 00, www.domainechandon.com. au, Führungen tgl. 11, 13, 15 Uhr, Weinproben tgl. 10.30–16.30 Uhr. Renommiertes Weingut mit informativem Besucherzentrum. **Henkell Vineyards:** Melba Highway, Yarra Glen, Tel. 03-59 65 20 16, www.henkellvineyards.com. au, Do, So und Fei 11–17, Fr, Sa 11–21 Uhr. Weingut eines Nachfahren des gleichnamigen deutschen Sektherstellers, mit gemütlichem Restaurant. **Long Gully Estate:** Long Gully Road, Healesville, Tel. 03-95 10 57 98, www.longgullyestate.com, tgl. 11–17 Uhr. Von einem deutschen Ehepaar gegründetes Weingut. **Oakridge Winery:** Maroondah Highway, Coldstream, Tel. 03-97 38 99 00, tgl. 10–17 Uhr. Großes Weingut mit Restaurant. **Riverstone Estate Wines:** 105 Skye Rd., Coldstream, Tel. 03-59 62 39 47, www. riverstonewine.com.au, tgl. 10–18 Uhr. Kleines, aber feines Weingut; vom Terrassenrestaurant genießt man einen tollen Blick über das Yarra Valley.

Touren ins Yarra Valley ▶ **Australian Wine Tour Company,** Tel. 03-94 19 44 44, www. austwinetourco.com.au. Tgl. Tour inkl. Weinprobe und Lunch (ab 110 A-$). **Yarra Valley Winery Tours:** Tel. 13 00-19 67 66, www. yarravalleywinerytours.com.au. Gleiches Angebot (ab 105 A-$).

Koalas – Kuscheltiere in Not

Thema

Sie wurden für Faultiere gehalten, für australische Affen oder gar für Bären – alles falsch: Die Koalas gehören zur Spezies der Beuteltiere. Zwar standen die flauschigen Gesellen mit ihren Knopfaugen und Stupsnasen Generationen von Teddys Modell, doch haben ›Koalabären‹ mit echten Bären biologisch nichts gemeinsam.

Einfach so in den Tag hineinleben, viel schlafen und möglichst wenig Aufregung – wer hätte das nicht gern? Die Koalas haben dieses Problem gelöst. Den größten Teil ihres 15 bis 18 Jahre dauernden Lebens verbringen die Koalas hoch in den Wipfeln von Eukalyptusbäumen. Die meiste Zeit, immerhin rund 18 Stunden pro Tag, schlafen die possierlichen Tiere. Erst zur Abenddämmerung werden die Beuteltiere munter und aktiv.

Der Grund für die lässige Lebensart der ›Beutelbären‹ liegt in ihrer Ernährungsweise. Sie nehmen ausschließlich Eukalyptusblätter zu sich und beschränken sich dabei lediglich auf ein halbes Dutzend der rund 600 Arten. Von denen aber mümmelt ein ausgewachsener Koala täglich bis zu zweieinhalb Pfund in sich hinein.

Wegen des ständigen Genusses von Eukalyptusöl duften die Koalas wie kiloschwere Hustenbonbons. Und so reinlich, wie sie riechen, sind sie auch. Nicht weil die behäbigen Kuscheltiere übermäßig viel Zeit auf Körperpflege verwenden würden, sondern weil ihnen die ätherischen Öle der Eukalyptusblätter aus allen Körperporen dringen. Und das wiederum schätzen Parasiten nicht sonderlich, denn pures Eukalyptusöl ist reines Gift. Der Giftgehalt der blättrigen Nahrung, die ein Koala täglich zu sich nimmt, würde manchem anderen Zeitgenossen den Garaus machen. Ein Koala aber wird davon lediglich ein wenig schläfrig. Trinken übrigens müssen die Baumbeutler nicht, ihren Flüssigkeitsbedarf beziehen sie ausschließlich aus ihrer Nahrung. Dieser Tatsache verdanken sie auch ihren Namen, der aus einem Aboriginal-Dialekt stammt und ›Tier, das nicht trinkt‹ bedeutet.

Ein Weibchen bringt alle zwei Jahre ein Junges zur Welt. Fast ein Jahr lang schleppt die Mutter den Nachwuchs durch die Bäume, die ersten sechs Monate im schützenden Beutel, danach krallt sich das Jungtier auf dem Pelz der Mutter fest. Im zweiten Lebensjahr wagt der Koala die ersten ›Gehversuche‹ im luftigen Revier. Zwar fehlt ihm der für die meisten Kletterbeutler typische Greifschwanz, dafür aber kann er sich mit seinen langen, scharfen Krallen überall gut festklammern.

Weit und breit in der Natur lässt sich kaum ein friedfertigeres Geschöpf finden als der Koala. Doch durch die Vernichtung der Eukalyptuswälder wird der Lebensraum der Tiere immer stärker eingeschränkt. Dies ist insofern besonders tragisch für die Koalas, weil ihre Darmflora nur in der Lage ist, ganz bestimmten Eukalyptusarten Nährstoffe zu entziehen. Tausende von Koalas werden zudem alljährlich von Autos überfahren oder fallen Buschfeuern zum Opfer. Die derzeit wohl größte Gefahr für die etwa noch 200 000 ausschließlich an der Ostküste von Australien vorkommenden Tiere aber ist die sogenannte Papageienkrankheit. Die Infektion, bei Papageien erstmals entdeckt, kann Störungen im Bereich der Geburtswege der Weibchen hervorrufen, bis hin zur Unfruchtbarkeit. Etwa die Hälfte aller Koalas soll schon erkrankt sein.

Goldfields und Murray River

Dieser Ausflug in Victorias ›goldene Vergangenheit‹ führt durch geschichtsträchtiges Land mit historischen Goldrauschstädten wie Ballarat und Bendigo zum Murray River, dem ›Rhein des Fünften Kontinents‹, wo man sich bei einer Fahrt in einem Schaufelraddampfer in vergangene Zeiten entführen lassen kann. Für die etwa 700 km lange Rundreise sollte man zwei bis drei Tage einplanen.

Über den Western Freeway gelangt man von Melbourne nach Central Victoria, eine Region mit ruhigem Lebensrhythmus, die heute vornehmlich von Landwirtschaft und Viehzucht lebt. Mitte des 19. Jh. ging es in dem damaligen ›Goldenen Dreieck‹ allerdings hoch her. Nachdem man 1851 nördlich von Ballarat die ersten Nuggets entdeckt hatte, avancierte Victoria über Nacht zum Anziehungspunkt von Glücksrittern aus aller Herren Länder. Der Spuk dauerte zwei Jahrzehnte, dann waren die Goldadern ausgebeutet. Obwohl der *goldrush* längst vorüber ist, verschafft er so manchem heute noch ein ordentliches Einkommen, denn einige Städte haben sich aufgrund ihrer ›goldenen Vergangenheit‹ zu viel besuchten Touristenzielen entwickelt.

Ballarat ► 1, R 17

Ballarat, das heute als Umschlagplatz einer bedeutenden Agrarregion floriert, war eines der Zentren des Goldfiebers und das Tor zu den Goldfeldern von Victoria. Lebendige Geschichte erlebt man in **Sovereign Hill,** einer originalgetreuen Nachbildung der ehemaligen Goldgräbersiedlung. Mit viel Liebe zum Detail erstellte Gebäude und Förderanlagen versetzen Besucher in die Zeit zwischen 1851 und 1861. Australiens Osten wird hier jeden Tag zum Wilden Westen, wenn kostümierte Schauspieler die turbulenten Jahre des Goldrauschs aufleben lassen. Im Saloon hämmert

ein Pianist auf die Tasten seines Klaviers, in der Zeitungsdruckerei kommt die neueste Ausgabe der »Ballarat Times« frisch aus der Presse, vor dem United States Hotel kündigt ein Marktschreier den Auftritt von Lola Montez an. Die Tänzerin, die es schon dem bayerischen König Ludwig I. angetan hatte, trat in den 1850er-Jahren tatsächlich hier auf und erhielt eine stilechte Gage: Goldklumpen flogen auf die Bühne. Zum Pflichtprogramm der Besucher gehören Goldwaschen und Fahrten in der Pferdekutsche. Vertiefen lassen sich die Eindrücke im Besucherzentrum mit einer gelungenen audiovisuellen Präsentation der Goldrush-Epoche (Bradshaw Street, Tel. 03-53 37 11 00, www.sovereignhill.com.au, tgl. 10–17 Uhr, Erw. 47 A-$, Kinder 21,40 A-$, Familien 117,50 A-$, inkl. Eintritt ins Goldmuseum). Das **Goldmuseum** nebenan informiert über das Phänomen Gold (Tel. 03-53 31 19 44, tgl. 9.30–17.30 Uhr, Erw. 11,40 A-$, Kinder 5,70 A-$, Familien 28,50 A-$).

Die Gegend um die Kreuzung der Eureka und Stawell Streets war einst Schauplatz einer Revolte, die als ›Eureka Stockade‹ in die Geschichtsbücher einging. 1854 hatten sich Goldgräber gegen willkürliche Maßnahmen der Obrigkeit aufgelehnt und politische Forderungen gestellt. Ihr Aufstand wurde zwar blutig niedergeschlagen, bildete jedoch den Auftakt zu einer demokratischen Entwicklung in den australischen Kolonien. Dioramen im **Museum of Australian Democracy at Eureka** dokumentieren die damaligen Ereignisse. Bedeutendstes Exponat ist die Eureka Flag, das Originalbanner der geschichtsträchtigen Rebellion (102 Stawell St. South, Tel. 1800-28 71 13, www.made.org, tgl. 10–17 Uhr, Erw. 12 A-$, Kinder 8 A-$, Familien 35 A-$). Gleich um die Ecke bietet der **Ballarat Wildlife Park** einen guten Überblick über die Tierwelt des Fünften Kontinents (Fussell/York Streets, Tel. 03-53 33 59 33, www.wildlife park.com.au, tgl. 9–17.30 Uhr, Erw. 28 A-$, Kinder 16 A-$, Familien 75 A-$).

In der Stadtmitte zeugen entlang der Sturt Road und der Lydiard Street zahlreiche ansehnliche Gebäude vom Wohlstand, den die Goldfunde dem Ort bescherten. Einen Ruf über die Grenzen der Stadt hinaus besitzt die **Art Gallery of Ballarat,** die Werke australischer Meister präsentiert (Tel. 03-53 20 58 58, www.balgal.com, tgl. 10–17 Uhr, Eintritt frei, Sonderausstellungen und -veranstaltungen gebührenpflichtig).

Am Ufer des Lake Wendouree mit der Ruderstrecke der Olympischen Spiele von 1956 erstrecken sich die zauberhaften **Ballarat Botanical Gardens** mit Gewächshaus und Pavillons (Tel. 03-53 20 74 44, tgl. 8 Uhr bis Sonnenuntergang, Eintrit frei). An Wochenenden und Feiertagen rumpelt auf einer gut 1 km langen Strecke die ausgediente Straßenbahn Ballarat Vintage Tramway durch den Botanischen Garten (Tel. 03-53 34 15 80, Sa, So und Fei sowie tgl. in den Schulferien 12.30–17 Uhr, Erw. 4 A-$, Kinder 2 A-$).

Infos

Ballarat Visitor Information Centre: 43 Lydiard. St., Tel. 18 00-44 66 33, www.visitballa rat.com.au, tgl. 9–17 Uhr.

Übernachten

Komfortable Motel-Units ▶ Sovereign Park Motor Inn: 217–229 Main Rd., Tel. 03-53 31 39 55, www.sovpark.com. Elegant, Restaurant und Hallenbad. DZ ab 195 A-$.

Design trifft Klassik ▶ The Ansonia: 32 Lydiard St., Tel. 03-53 32 46 78, www.theansonia onlydiard.com.au. Modernes Boutiquehotel hinter historischer Fassade, mit hervorragendem Restaurant. DZ 185–295 A-$.

Romantischer Schlupfwinkel ▶ Braeside Garden Cottages: 3 Albion St., Golden Point, Mobil-Tel. 0419-81 50 12, www.braesidegar dencottages.com.au. 2 hübsch restaurierte Kolonialhäuschen im viktorianischen Stil, hilfsbereite Gastgeber, ruhige Lage. Cottage für 2 Pers. ab 150 A-$ (inkl. Frühstück).

Mit kolonialem Flair ▶ The George Hotel: 27 Lydiard St., Tel. 03-53 33 48 66, www. georgehotelballarat.com.au. Plüschige Kolonialherberge im Herzen der Stadt, mit Restaurant und Bar. DZ ab 115 A-$ (mit Gemeinschaftsbad), ab 140 A-$ (mit Bad/WC).

Camping ▶ Windmill Holiday Park: 56 Remembrance Dr., Tel. 18 00-25 66 33, www. ballaratwindmill.com.au. Sehr gut ausgestattet, komfortable Holzbungalows, Pool und Kinderspielplatz.

Essen & Trinken

East meets West ▶ Boatshed Restaurant: 27a Wendouree Pde., Tel. 03-53 33 55 33, www.boatshed-restaurant.com, tgl. 7–22 Uhr. Australische Gerichte mit thailändisch-pikantem Touch bei schönem Blick auf den Lake Wendouree. Vorspeisen 9,50–18,50 A-$, Hauptgerichte 24,50–31,50 A-$.

Zeitgenössisch-australisch ▶ The Glasshouse: Comfort Inn Belltower, 1845 Sturt St., Tel. 03-53 34 16 00, www.belltower.com.au, Mo–Sa 18–21 Uhr. Leichte, saisonal orientierte australische Küche, erlesene Weine aus der Region. Unbedingt reservieren! Vorspeisen 8–22 A-$, Hauptgerichte 22–29 A-$.

Einkaufen

Aboriginal-Kunsthandwerk ▶ Aboriginal Balla-Art: 403–407 Main Rd., Tel. 03-53 32 27 55, www.aboriginalballarat.com.au, Mo–Fr 9–17, Sa 10–16 Uhr. Hochwertiges Kunsthandwerk der Ureinwohner.

Termine

Blood on the Southern Cross: Sovereign Hill, Bradshaw St., Tel. 03-53 37 11 99, www. sovereignhill.com.au. Die Eureka Stockade als Multimedia-Spektakel. Beginn nach Jahreszeit zw. 17.30 und 22.30 Uhr, Erw. 57 A-$, Kinder 30,50 A-$, Familien 154,50 A-$.

Goldfields und Murray River

Ballarat Begonia Festival (März): Blumenfest mit kulturellem Beiprogramm.
Ballarat Springfest (Sept.): Volksfest.

Verkehr
Züge: Verbindungen mit V/Line nach Melbourne, Bendigo, Echuca, Swan Hill u. a. Auskunft: Ballarat Station, Tel. 13 61 96.

Goldfields Tourist Route
▶ **1, R 16/17**

Von Ballarat mäandert der Midland Highway, mit braunen Schildern als »Goldfields Tourist Route« gekennzeichnet, durch die historisch bedeutsame Region. Entlang der Route wurden viele Relikte aus der Goldenen Epoche restauriert, erinnern zahlreiche Provinzmuseen an jene Zeit.

Creswick, in dem sich nur noch einige Gebäude aus den Goldrauschjahren erhalten haben, trauert seinem verlorenen Glanz nach. In der Nähe von **Clunes** 20 km nordwestlich vom Midland Highway löste im Juni 1851 James ›Civil Jim‹ Esmonds mit dem Fund der ersten Nuggets den größten Goldrausch in der Geschichte von Australien aus.

Daylesford und **Hepburn Springs,** inmitten von Hügeln, Wäldern und Seen gelegen, haben sich seit den 1920er-Jahren dank der mehr als 100 heißen und kalten Mineralquellen zu Australiens bekanntesten Heilbädern entwickelt. Mit der jüngst modernisierten Kuranlage im edwardianischen Baustil besitzt Hepburn Springs etwas vom mondänen Flair europäischer Bäder.

Über das Städtchen **Guildford,** in dem während des Goldrausches Tausende von Chinesen lebten, geht die Fahrt weiter nach **Castlemaine.** Das einstige Epizentrum des *goldrush* hat sich mit Kunstausstellungen und klassischen Konzerten einen Namen als Kulturstadt gemacht. Die landesweit bekannte Castlemaine Art Gallery zeigt Werke bedeutender australischer Maler (14 Lyttleton St., Tel. 03-54 72 22 92, www.castlemainegallery. com, Mo–Fr 10–17, Sa, So 10–12, 13–17 Uhr, Eintritt frei). Wechselausstellungen zeitgenössischer Kunst finden in den Castlemaine

Längst haben Schafe das Gold als Haupteinnahmequelle der Goldfields abgelöst

Markets statt. In dem klassizistischen Gebäude von 1862 gewährt zudem ein kleines
Heimatmuseum Einblick in die Goldrausch-
ära (Mostyn Street, Tel. 03-54 72 27 12, tgl.
13–17 Uhr, Eintritt frei). Spaziergänge im
Schatten mächtiger Platanen und anderer
Bäume kann man im Botanischen Garten
machen, der sich am Rande der Stadt um einen kleinen See ausbreitet.

Maryborough abseits der Route am Py-
renees Highway strahlt mit viktorianischen
Holz- und Ziegelfassaden heute noch viel
Goldrausch-Atmosphäre aus. Ein architektonisches Juwel ist der Bahnhof von 1890.

Das Glanzstück des Goldfields Museum
von **Dunolly** ist eine Kunststoffattrappe des
sog. ›Welcome Stranger Nugget‹, des mit
einem Gewicht von 62,875 kg zweitgrößten
bislang entdeckten Goldklumpens der Welt
(27 Thompson St., Tel. 03-54 68 12 62, Sa,
So 13.30–16.30 Uhr, Erw. 5 A-$, Kinder
2,50 A-$, Familien 12,50 A-$).

Maldon präsentiert Besuchern stolz seine
viktorianische Bausubstanz aus der Goldrauschära. Eindrucksvolle architektonische
Relikte sind die Old Shire Hall von 1859 und
das Court House aus dem Jahr 1861.

Infos

… in Daylesford:
Daylesford Visitor Information Centre:
94–98 Vincent St., Tel. 03-53 21 61 23, www.
visitdaylesford.com.au, tgl. 9–17 Uhr.
… in Castlemaine:
Castlemaine Visitor Information Centre:
Market Building, 44 Mostyn St., Tel. 1800-
17 18 88, www.maldoncastlemaine.com.au,
Mo–Fr 9–17, Sa, So 10–16 Uhr.

Übernachten

… in Daylesford:
Kurhotel mit Tradition ▶ **Central Springs
Inn:** Camp/Howe Streets, Tel. 03-53 48 31 34,
www.centralspringsinn.com.au. Denkmalge-
schütztes Kurhotel mit Restaurant und Well-
nessabteilung. DZ 110–195 A-$.
… in Castlemaine:
Familienfreundliches Motel im Grünen ▶
Castle Motel: 1 Duke Street (Melbourne

Road), Tel. 1800-23 87 59, www.castlemotel.
com.au. Komfortables Motel mit Restaurant
und Pool. DZ 95–125 A-$.

Essen & Trinken

… in Daylesford:
Gourmet-Paradies ▶ **Lake House:** King
Street, Tel. 03-53 48 33 29, www.lakehouse.
com.au, tgl. 12–15, 17.30–22.30 Uhr. Preis-
gekrönte New Australian Cuisine. 2- bis 4-
Gänge-Menü ab 76 A-$.

Aktiv

Wellness ▶ **Hepburn Bathhouse & Spa:**
Hepburn Springs, Tel. 03-53 21 60 00, www.
hepburnbathhouse.com, Mo–Do 10–19, Fr
10–20, Sa, So 9–19 Uhr. Einer der bekanntesten Wellness-Tempel der Region, geboten
werden Pools, Saunen, Jacuzzi (ab 26 A-$)
sowie diverse Kosmetikbehandlungen und
Heilmassagen wie Shiatsu (ab 95 A-$/Std.)
und Reiki (ab 105 A-$/Std.). Wellnesspakete
mit verschiedenen Anwendungen sollten im
Voraus bestellt werden.

Bendigo ▶ 1, R 16

Auch in Bendigo, der großen Rivalin von
Ballarat während des Goldrauschs, zeugen
stattliche Bauwerke vom Glanz der Vergangenheit. Hier gab es elegante Hotels und
Restaurants, eine Oper, in der internationale
Stars wie Nellie Melba auftraten, und die
erste Straßenbahn nördlich von Melbourne.
Geblieben ist das besterhaltene Ensemble
viktorianischer Architektur in Australien.

Zu den Bauwerken, die gegen Ende des
19. Jh. entstanden und sich an der nach Londoner Vorbild Pall Mall genannten Durch-
gangsader reihen, gehören das **Post Office
Building** und die **Law Courts.** Das **Shamrock Hotel,** dem noch in den 1970er-Jahren
der Abbruch drohte, erstrahlt heute, vorbild-
lich restauriert, in einem Glanz, den es zuvor
nie hatte. Die **Town Hall** erkennt man an
ihrem 36 m hohen Glockenturm, in dem allerdings seit der Grundsteinlegung noch nie
eine Glocke hing. Die imposante, ab 1896 er-

Goldfields und Murray River

richtete **Sacred Heart Cathedral** ist eine der größten Sandsteinkirchen des Landes. Von Nymphen geschmückt wird die verspielte **Alexandra Fountain.**

Mit dem **Rosalind Park** besitzt Bendigo in der Ortsmitte eine grüne Oase. Palmenhaine, ein Farngarten und ein Gewächshaus mit subtropischen Pflanzen machen den Spaziergang zu einem Naturerlebnis. 124 Stufen führen auf die Aussichtsplattform eines ausgedienten Förderturms, den man 1931 hierher verpflanzte, nachdem die Garden Gully United Mining Company Konkurs angemeldet hatte. Der Blick vom alten Förderturm reicht bis zur **Central Deborah Goldmine,** die noch bis 1954 in Betrieb war. Heute dient das aufgelassene Bergwerk als Industriemuseum, in dem Besucher in der ersten von insgesamt 16 Ebenen, 60 m unter der Erde, einen Eindruck davon erhalten, wie mühsam die Bergleute früher das goldhaltige Gestein förderten. Wer will, kann auch selbst Hand an den Pressluftbohrer legen (76 Violet St., Tel. 03-54 43 83 22, www.central-deborah.com, 75-minütige Führungen tgl. 9.30, 11, 12.30, 14 und 15.30 Uhr, Erw. 28,50 A-$, Kinder 15 A-$, Familien 78,50 A-$).

Mit Werken bekannter australischer Maler wartet am Nordrand des Rosalind Park die **Bendigo Art Gallery** auf. In dem neoklassizistischen Gebäude sind Klassiker des 19. Jh. wie Arthur Streeton ebenso vertreten wie zeitgenössische Künstler. Angeschlossen sind ein Shop und ein nettes Café (42 View St., Tel. 03-54 34 60 88, www.bendigoartgallery.com. au, tgl. 10–17 Uhr, Eintritt frei).

Wohlstand und Einfluss der Nachfahren chinesischer Goldgräber spiegeln sich in einem verschachtelten Kulturkomplex östlich der City wider. Das **Golden Dragon Museum** berichtet vom Schicksal der chinesischen ›Gastarbeiter‹. Glanzstücke der Sammlung sind die reich verzierten Drachenfiguren, die für Prozessionen verwendet werden. Der Loong (Drachen) von 1892 gilt als ältester erhaltener der Welt, der 1970 in Gebrauch genommene Sun Loong (›neuer Drachen‹) ist mit 100 m der längste (1–11 Bridge St., Tel. 03-54 41 50 44, www.goldendragonmuseum.org,

tgl. 9.30–17 Uhr, Erw. 11 A-$, Kinder 6 A-$, Familien 28 A-$). Im **Yi Yuan Chinese Garden** mit Lotusteichen, Wasserfällen und Pagoden genießt man fernöstliches Flair. Kuan Yin, der Göttin der Barmherzigkeit, ist der taoistische Tempel neben dem chinesischen Garten geweiht. Bereits 1860 wurde die buddhistisch-konfuzianistische Andachtsstätte **Chinese Joss House** in North Bendigo errichtet, die noch heute als Gebetshaus in Betrieb ist (Finn St., Tel. 03-54 42 16 85, www. bendigotrust.com.au, tgl. 11–16 Uhr, Erw. 5,50 A-$, Kinder 3,50 A-$, Familien 11 A-$).

Infos

Bendigo Visitor Information Centre: Old Bendigo Post Office, 51–67 Pall Mall, Tel. 18 00-81 31 53, www.bendigotourism.com, tgl. 9–17 Uhr.

Übernachten

Ein viktorianisches Juwel ▶ **Antoinette's B & B:** 179 Wattle St., Tel. 03-54 42 36 09, www.bendigocentral.com.au. 2 plüschige Zimmer in einem stilvoll restaurierten Haus mit dem Flair der Goldrauschzeit, nette Gastgeber, ruhige Lage nahe Rosalind Park. DZ 165–175 A-$ (inkl. Frühstück).

Koloniales Flair ▶ **Shamrock Hotel:** Pall Mall/Williamson Street, Tel. 03-54 43 03 33, www.hotelshamrock.com.au. Hotel in einem Gebäude aus der Kolonialzeit mit Bar und Restaurant. DZ ab 140 A-$.

Camping ▶ **Central City Caravan Park:** 362 High St. (Calder Highway), Tel. 18 00-50 04 75, www.centralcitycaravanpark.com.au. Gut ausgestattet, mit Cabins und Pool.

Essen & Trinken

Kulinarische Institution ▶ **Whirrakee:** 17 View Point, Tel. 03-54 41 55 57, www.whirra keerestaurant.com.au, Mo, Do 18–22, Mi–So 12–15, 18–22 Uhr. Exzellente italienische und moderne australische Küche. Vorspeisen 15–17 A-$, Hauptgerichte 22–32 A-$.

Asiatisch-australisch ▶ **Malayan Orchid:** 155 View St., Tel. 03-54 42 44 11, www.mala yanorchid.com.au, Mo–Fr 12–14, 17–22, Sa 17–22 Uhr. Malaiische Curries mit australi-

schen Zutaten wie Büffel-, Känguru- und Kro-
kodilfleisch. Vorspeisen 4–15 A-$, Hauptge-
richte 20–30 A-$.

Einkaufen

Töpferkunst ▶ Bendigo Pottery: 146 Midland Hwy., Epsom, Tel. 03-54 48 44 04, www.
bendigopottery.com.au, tgl. 9–17 Uhr. Wenn
man durch die 1858 gegründete, älteste Töpferei Australiens streift, denkt man wehmütig
an die Freigepäckgrenze beim Rückflug.

Aktiv

Stadttouren ▶ Bendigo Talking Tram Tour:
76 Violet St., Tel. 03-54 42 28 21, www.bendi
gotramways.com. Stadtrundfahrt mit Erläuterungen in einer historischen Straßenbahn
(tgl. 9.30–16 Uhr alle 60 Min., Abfahrt an der
Central Deborah Gold Mine, Erw. 16 A-$, Kin-
der 10 A-$, Familien 47 A-$).

Termine

Chinese New Year (Jan./Febr.): Drachenumzüge, Feuerwerke u. a.
Easter Fair (Ostern): Kulturveranstaltungen
inkl. chinesischer Drachenprozession.

Verkehr

Züge: V/Line fährt nach Melbourne, Ballarat,
Echuca, Swan Hill u. a. Info: Bendigo Station,
Tel. 03-54 40 27 65.

Echuca ▶ 1, R 16

Die Versorgung der Goldfelder um Bendigo
erfolgte einst zum großen Teil über den 100 km
nördlich mäandrierenden Murray River, die
Lebensader des südöstlichen Australien.
Echuca am Zusammenfluss von Murray,
Goulburn und Campaspe war, ehe die großen
Trucks und Eisenbahnen kamen, der größte
Binnenhafen des Landes. Zu jener Zeit wur-
den hier jährlich bis zu 100 000 Ballen Wolle
verladen. Am Ufer des Murray standen da-
mals 80 Kneipen.
   An die glorreiche Vergangenheit der 1853
gegründeten Stadt erinnert im historischen
Port of Echuca der dreistöckige, 1865 er-

baute Pier, an dem die historischen Schaufelraddampfer »P.S. Adelaide« (1866), »P.S.
Pride of the Murray« (1924) etc. Südstaatenromantik aufkommen lassen. In einer alten
Lagerhalle dokumentiert eine ausgezeichnete, wenngleich etwas pathetische Multimediashow die Geschichte der Murray-Fluss-
fahrt (Murray Esplanade, Tel. 1300-94 27 37,
www.portofechuca.org.au, tgl. 9–17 Uhr, Erw.
14 A-$, Kinder 8 A-$, Familien 45 A-$; inkl.
einstündiger Raddampferfahrt Erw. 34 A-$,
Kinder 16 A-$, Familien 95 A-$).
   In der dampfbetriebenen Sägemühle **Red
Gum Works** werden heute noch wie einst
Fluss-Eukalypten aus dem Barmah Forest
verarbeitet. Hier restaurierte man auch den
Flussdampfer »P.S. Hero«, dessen Wrack im
Schlamm des Murray entdeckt worden war
(Mo–Fr 10–14, Sa, So 9–16 Uhr, Eintritt frei).
   Vis-à-vis dem Pier stehen das Star Hotel
von 1867 und das 1858 erbaute Bridge Hotel,
zwei gemütliche Pub-Restaurants mit histo-
rischem Flair. Ziel von Fans alter Autos ist das
National Holden Museum mit einer Samm-
lung von über 30 Oldtimern (7–11 Warren St.,
Tel. 03-54 80 20 33, www.holdenmuseum.
com.au, tgl. 9–17 Uhr, Erw. 7,40 A-$, Kinder
3,90 A-$, Familien 18,70 A-$).

Infos

**Echuca Moama Tourist Information Cen-
tre:** 2 Heygarth St., Tel. 18 00-80 44 46, www.
echucamoama.com, tgl. 9–17 Uhr.

Übernachten

Historisches B & B ▶ Steam Packet Inn:
37 Murray Esplanade, Tel. 03-54 82 34 11,
www.steampacketinn.com.au. Elegant, im
Hafenviertel. DZ 129–195 A-$ (inkl. Frühstück).

**Verlässlicher Kettenkomfort ▶ Pevensey
Motor Lodge:** 365 High St., Tel. 03-54 82 51
66, www.pevensey.bestwestern.com.au. Elegantes Haus mit beheiztem Pool, 10 Gehminuten vom Hafenviertel. DZ 115–175 A-$.

Gut & günstig ▶ Big River Motel: 317 High
St., Tel. 03-54 82 25 22, www.bigrivermotel
echuca.com.au. 15 zweckmäßig ausgestattete Motel-Units in einer ruhigen Gegend der
Stadt, mit Pool. DZ 80–130 A-$.

Goldfields und Murray River

Camping ▶ Echuca Caravan Park: Crofton St., Tel. 1800-55 56 40, www.echucacaravan park.com.au. Großer, sehr gut ausgestatteter Campingplatz am Murray River mit geräumigen Cabins und Pool; fußläufige Entfernung zum Hafenviertel.

Essen & Trinken

In-Lokal am Hafen ▶ Oscar W's: 101 Murray Esplanade, Tel. 03-54 82 51 33, www. oscarws.com.au, tgl. 11–23 Uhr. Gute Grillgerichte vor dem Panorama des Murray River. Vorspeisen 16,50–19,90 A-$, Hauptgerichte 27–46,50 A-$.

Dinner Cruises ▶ »M. V. Mary Ann«: Booking Office, 41 Murray Espl., Tel. 03-54 80 22 00, www.maryann.com.au. Italienisch essen bei einer Flussfahrt. Vorspeisen 12–16 A-$, Hauptgerichte 21–42 A-$.

Pub-Restaurant ▶ The Bridge Hotel: 1 Hopwood Pl., Tel. 03-54 82 22 47, tgl. 11.30–15, 17.30–22.30 Uhr. Restaurant in historischem Gemäuer mit internationalen Gerichten. Vorspeisen 9,50–12 A-$, Hauptgerichte 16,50–32 A-$.

Aktiv

Bootstouren ▶ Zahlreiche historische Schaufelraddampfer (z. B. »P.S. Canberra«, »P.S. Emmylou«, »P.S. Pride of the Murray«) laden zu Mini-Kreuzfahrten auf dem Murray River ein. Reservierung und Ticketverkauf im zentralen Booking Office, 57 Murray Esplanade, Tel. 03-54 82 52 44, www.murray paddlesteamers.com.au (Abfahrten regelmäßig tgl. 9.45–16 Uhr, Erw. ab 23,50 A-$, Kinder ab 10 A-$, Familien ab 62,50 A-$). Kingfisher Wetland Cruises: 57 Murray Esplanade, Tel. 03-58 55 28 55, www.kingfisher cruises.com. au. 2-stündige Bootstour zum Barmah Forest, dem größten existierenden Wald von River Red Gums in Australien (Mo, Mi, Do, So 12.30 Uhr, Erw. 35 A-$, Kinder 21 A-$, Familien 100 A-$).

Termine

Port of Echuca Heritage Steam Festival (Okt.): Wettfahrt von Raddampfern und Volksfest.

Verkehr

Züge und Busse: Verbindungen mit V/Line nach Melbourne, Ballarat, Bendigo, Swan Hill, Mildura, Albury-Wodonga u. a., Auskunft: Echuca Station, Tel. 13 61 96.

Zurück nach Melbourne
▶ 1, R 17

Kyneton am Calder Highway 60 km südlich von Bendigo war einst ein wichtiger Stützpunkt auf dem Weg von Melbourne zu den Goldfeldern. Das Bild des Städtchens prägen historische Gebäude aus blauem Sandstein. Naturliebhaber können in den Kyneton Botanical Gardens durch eine üppige subtropische Pflanzenwelt spazieren.

Östlich von Woodend, einem Ausflugsort mit Restaurants und Spezialitätenläden, ragt der 711 m hohe Hanging Rock auf. Das Felsmassiv gilt als ›Berg der Mythen‹, seit dort um 1900 zwei Internatsschülerinnen spurlos verschwanden. Der Film »Picknick am Valentinstag« von Peter Weir nach einem Roman von Joan Lindsay hat den Berg berühmt gemacht.

Wegen des Panoramablicks lohnt sich ein Abstecher zum 1013 m hohen erloschenen Vulkan Mount Macedon, der östlich des Calder Highway aus der Ebene aufragt. Auf dem Gipfelplateau, zu dem sich eine kurvenreiche Straße hinaufwindet, steht in einem Park ein mächtiges Betonkreuz zum Gedenken an die im Ersten Weltkrieg gefallenen australischen Soldaten. Das Dorf Mount Macedon, das sich an die Südostflanke des Berges schmiegt, ist für seine kunstvollen Gärten bekannt. Besonders schön sind die im altenglischen Stil angelegten Currumundi Gardens an der Mount Macedon Road (tgl. 9–17 Uhr, Eintritt frei, Spende erbeten).

Riesigen Orgelpfeifen ähneln die entsprechend benannten, bis zu 20 m hohen Basaltsäulen im Organ Pipes National Park nahe dem Tullamarine Airport von Melbourne. Die spektakuläre Felsformation entstand in einer durch vulkanische Aktivität geprägten, rund 1 Mio. Jahre zurückliegenden Epoche der Erdgeschichte.

Tipp: Raddampfertouren auf dem Murray River

Mitte des 19. Jh. verkehrten noch rund 100 Schaufelraddampfer auf dem Murray, dem ›Rhein des Fünften Kontinents‹, und einigen seiner Nebenflüsse. Bevor Bahnschienen von der Küste ins Binnenland gelegt wurden, versorgte man die Farmen und die Goldfelder im Südosten des Kontinents ausschließlich über diese Wasserstraßen. Die Dampfschiffe transportierten auch die landwirtschaftlichen Erzeugnisse, vor allem die Schurwolle.

Knapp ein Dutzend *Paddle Steamers* hat die Dampfschiffära auf dem Murray River überlebt und lädt heute zu nostalgischen Kreuzfahrten ein, darunter die »P.S. Murray Princess«.

Wie bei einer ›echten‹ Kreuzfahrt wird den maximal 40 Passagieren morgens das Tagesprogramm in die Kabine gereicht. Für Frühaufsteher, die den Sonnenaufgang genießen wollen, gibt es ab sechs Uhr Kaffee, Tee und Gebäck, gefolgt vom Frühstücksbuffet. Um neun Uhr erfolgt die Positionsmeldung von der Brücke. Zum Rahmenprogramm der zwei- bis fünftägigen Kreuzfahrten gehören Ausflüge in Naturschutzgebiete, Besichtigungen eines Weinguts, einer Zitrusplantage und einer Emufarm sowie Vorträge über die Kultur der einst am Murray ansässigen Aborigines oder über die Geschichte der Flussdampfer. Man kann sich aber auch einfach auf dem Sonnendeck der Muße hingeben und die Landschaft genießen. Abends wird ein nach allen Regeln der leichten New Australian Cuisine komponiertes Dinner serviert, anschließend darf getanzt werden. Bevor sich die Passagiere in ihre klimatisierten Kabinen begeben, gibt es noch einen Mitternachtssnack.

Infos und Buchung: Captain Cook Cruises, 96 Randell St., Mannum (SA), Tel. 18 00-80 48 43, 02-92 06 11 44, www.captaincook. com.au. Preise: 3 Tage ab 799 A-$, 4 Tage ab 1019 A-$, 7 Tage ab 1584 A-$ (jeweils pro Person in einer Doppelkabine).

Relikt vergangener Zeiten: historischer Raddampfer auf dem Murray River

Die Küste zwischen Melbourne und Adelaide

Auf dieser etwa 1000 km langen Strecke gibt die Natur den Ton an. Die kurvenreiche Great Ocean Road folgt einem der spektakulärsten Küstenabschnitte Australiens. Mit weiteren rund 500 km schlägt der Abstecher in die Bergwelt der Grampians zu Buche, ein wahres Paradies für Wanderer und Kletterer. Mindestens fünf Tage sollte man sich für diese erlebnisreiche Fahrt Zeit nehmen.

Werribee ▶ 1, R 17

Karte: S. 246
Durch Großstadtverkehr geht es von Melbourne auf dem Princes Freeway Richtung Geelong. Für Reisende mit Zeit und Interesse an australischer Geschichte lohnt ein Stopp in **Werribee 1**, wo mitten in einem Park eines der prächtigsten architektonischen Relikte des viktorianischen Australien steht: das in den 1870er-Jahren erbaute **Werribee Park Mansion.** Aufgrund des enormen Bedarfs an Schurwolle, der im englischen ›Mutterland‹ während der industriellen Revolution in der zweiten Hälfte des 19. Jh. herrschte, brachten es die australischen Schaffarmer zu beträchtlichem Wohlstand – zu den reichsten und mächtigsten zählte die Familie Chirnside. Der ›Woll-König‹ Thomas Chirnside investierte die damals unvorstellbar hohe Summe von über 60 000 englischen Pfund in das Herrenhaus, dessen 60 Räume weitgehend Originalmobiliar enthalten. Einige davon werden für Kulturveranstaltungen genutzt. Umgeben wird das prunkvolle Anwesen vom Werribee Park, einer weitläufigen Gartenanlage, in der von November bis April 4500 Rosenbüsche ihre Farbenpracht entfalten (Tel. 03-97 41 24 44, www.werribeepark.com.au, April–Sept. Mo–Fr 10-16, Sa, So 10–17, Okt.–März tgl. 10–17 Uhr, Führungen tgl. 11.30, 14 Uhr, Erw. 9 A-$, Kinder 6,50 A-$, Familien 28,60 A-$, Führung zusätzlich 9 A-$/Pers.).

Jenseits des Werribee River erstreckt sich der **Werribee Open Range Zoo,** in dem man sich in die afrikanische Savanne versetzt fühlt. Auf einer ›Safari‹ kann man Giraffen, Zebras, Antilopen etc. beobachten (Tel. 03-97 31 96 00, www.zoo.org.au, tgl. 9–17, Erw. 30 A-$, Kinder 13,20 A-$, Familien 68,50 A-$).

Geelong ▶ 1, R 17

Karte: S. 246
Das an der Corio Bay gelegene **Geelong 2** ist mit rund 160 000 Einwohnern die zweitgrößte Stadt von Victoria. Schon bald nach seiner Gründung in den 1830er-Jahren entwickelte sich der Ort zu einem Zentrum der Schafzucht und Wollproduktion. Für einen ökonomischen Aufschwung sorgte der Hafen, der auch heute noch ein Lebensnerv der regionalen Wirtschaft ist. Trotz des regen Handels hat Geelong das Flair einer beschaulichen Stadt mit Parks und viktorianischen Häusern bewahren können.

Im **National Wool Museum,** das in einem ehemaligen Wollspeicher eingerichtet wurde, dreht sich alles um das Thema Wolle, vom Schafscheren über die Versteigerung der Schurwolle bis zur Verarbeitung in der Textilindustrie (Moorabool/Brougham Sts., Tel. 03-52 72 47 01, www.nwm.vic.gov.au, Mo–Fr 9.30–17, Sa, So 10–17 Uhr, Erw. 7,50 A-$, Kinder 4 A-$, Familien 25 A-$).

Geelong 3220
Wharf Shed, 15 Eastern Beach Rd.

Ev

Waterfront Restaurant & Bar
öffnet (wieder) 11h

Bay View Bar & Grill (moderne australische Küche)
schließt 21h
shop 2 6/8 Eastern Beach Rd.
Geelong

~18td Fahrzeit

(EASTERN) Western BEACH ROAD, GEELONG
vic 3220 / Daytime Car Park

Ziel: Caroline Springs Cafe

Westworkers Cafe   3,7 Sterne
schließt um 20h!!
10/20 Lake Street, Caroline
Springs

Oliver Brown Caroline Springs
4,4 Sterne / schließt um 21h !!
29-35 Lake Street Caroline Springs

Nando's   4,3 Sterne

(portugisisch/ afrikanisch)

Shop 8, Caroline shopping Center

13-19 Lake street (bis 21 uhr!)

~3km, 5 min mit Auto

30 min zu Fuß

über Caroline Springs Blvd

immer geradeaus, über Kororoit

Creec, an Caroline Springs Lake

Einen Überblick über die australische Malerei von der Pionierzeit bis heute bietet die **Geelong Art Gallery** in der Little Malop Street (Tel. 03-52 29 36 45, www.geelonggallery.com.au, tgl. 10–17 Uhr, Eintritt frei). Gegenüber der Kunstgalerie, die weit über die Stadtgrenzen hinaus bekannt ist, setzt die klassizistische **Town Hall** mit ihrem Säulenportikus einen architektonischen Akzent. Zu den Kolonialgebäuden, die sich über das ganze Stadtgebiet verteilen, gehört auch die edwardianische **Seamans Mission** aus dem Jahr 1845 in der Nähe des Hafens. Dort stehen auch die **Bollards** von Geelong: 104 etwa 2 m hohe, farbenfrohe, aus alten Pollern gefertigte Figuren, die auf ungewöhnliche Weise die Geschichte der Stadt illustrieren, von den hier einst ansässigen Aborigines bis zu den Badenixen und Rettungsschwimmern unserer Tage.

Im Vorort Newtown zeigen das Herrenhaus **The Heights** und die Villa **Barwon Grange** eine Mischung aus frühem australischem Kolonialstil und viktorianischen Elementen (The Heights: 140 Aphrasia St., Tel. 03-52 21 35 10, www.nationaltrust.org.au; Barwon Grange: Fernleigh St., Tel. 03-52 21 39 06, www.nationaltrust.org.au; Öffnungszeiten für beide Herrenhäuser Sept.–April 1., 2. und 3. So im Monat 13–16, Mai–Aug. nur 1. So im Monat 13–16 Uhr, Eintritt jeweils Erw. 10 A-$, Kinder 4 A-$, Familien 20 A-$).

Im **Botanischen Garten** am Ostrand der City, dessen Ursprünge in die 1850er-Jahre zurückreichen, kann man teils seltene Pflanzen entdecken (Tel. 03-52 27 03 87, Mo–Fr 7.30–17, Sa, So 7.30–19 Uhr, Eintritt frei).

Infos

Geelong Visitor Information Centre: National Wool Museum, Moorabool/Brougham Sts., Tel. 1800-62 08 88, www.visitgeelongbellarine.com.au, tgl. 9–17 Uhr.

Übernachten

Mit schöner Aussicht ▶ Bayside Geelong: 13–15 The Esplanade, Tel. 03-52 44 77 00, www.baysidegeelong.com.au. Gut geführt, in schöner Lage über der Corio Bay, mit Restaurant, Bar und Pool. DZ ab 119 A-$.

Camping ▶ Geelong Surfcoast Highway Holiday Park: 621 Torquay Rd., Mount Duneed, Tel. 03-52 64 12 43, www.geelongsurfcoast.com.au. Gut ausgestattet, große Auswahl an geräumigen Cabins, Pool, 10 km südl.

Essen & Trinken

Fisch & Meeresfrüchte ▶ Fishermen's Pier: Yarra Street, Tel. 03-52 22 41 00, www.fishermenspier.com.au, tgl. 11–15, 17–23 Uhr. Seafood und regionale Spezialitäten vor dem Panorama der Corio Bay. Vorspeisen 18–24 A-$, Hauptgerichte 34–46 A-$.

Modern chinese ▶ Man Bo: 361 Moorabool St., Tel. 03-52 21 78 88, www.manbo.co.au, Di–So 11.30–15, 17.30–23 Uhr. Mit Kreativität und Gespür verwandelt der Küchenchef Marktfrisches in hervorragende Gerichte der modernen chinesischen Küche. Vorspeisen 4,50–15 A-$, Hauptgerichte 21–35 A-$.

Einkaufen

Kunsthandwerk der Aborigines ▶ Narana Creations: 410 Torquay Rd., Grovedale (8 km südl.), Tel. 03-52 41 57 00, www.narana.com.au, Mo–Fr 9–17, Sa 10–16 Uhr. Kunsthandwerk der Ureinwohner.

Termine

Festival of Sails (Jan.): Großes Volksfest mit Sportveranstaltungen und kulturellen Ereignissen. Infos: www.festivalofsails.com.au.

Tipp: Transport an der Küste

V/Line-Züge verkehren zwischen Melbourne, Geelong und Warrnambool. Auf der Great Ocean Road zwischen Geelong und Port Campbell pendeln mehrmals täglich (Sa, So geringe Frequenz) Busse von V/Line. Auskunft: Tel. 13 61 96, www.viline.com.au. Premier-Stateliner-Busse, Tel. 08-84 15 55 55, www.premierstateliner.com.au, befahren täglich die Küstenroute von Adelaide nach Mount Gambier. Allgemein über die Strecke informiert www.greatoceanrd.org.au.

Queenscliff ▶ 1, R 17

Karte: rechts

Wie ein Riegel schiebt sich östlich von Geelong die Bellarine Peninsula zwischen die Port Phillip Bay und die Bass Strait. Traumstrände machen die Halbinsel zu einem beliebten Ausflugsziel. **Queenscliff 3**, schon um 1900 ein Treffpunkt des Melbourner Geldadels, besitzt noch etwas vom Charme eines traditionellen viktorianischen Seebads. Bäderarchitektur der Gründerzeit prägt die Straßen, viktorianische Strandhotels wie das Vue Grand Hotel, das Ozone Hotel und das Queenscliff Hotel bieten stilvolle Unterkunft oder elegantes Ambiente für ein Dinner.

Das Ende des 19. Jh. zur Abwehr einer befürchteten russischen Invasion erbaute **Fort Queenscliff,** das über der Port Phillip Bay thront, ist eine der größten Festungen der Südhalbkugel. Auf dem Gelände des Forts steht das **Black Lighthouse,** ein aus schwarzen Steinen gemauerter Leuchtturm (King Street, Tel. 03-52 58 14 88, kostenlose Führungen Sa, So, Fei 13, 15, Ferien tgl. 11, 13, 15 Uhr). Ein Hit für Dampflokomotiven-Fans ist die **Bellarine Peninsula Railway** (Tel. 03-52 58 20 69, www.bellarinerailway.com.au, Sa, So, Fei, Ferien auch Di, Do, mehrmals tgl., Erw. 30 A-$, Kinder 20 A-$, Familien 70 A-$). Bei **Ocean Grove,** südwestlich von Queenscliff, erstreckt sich ein bei Surfern beliebter Brandungsstrand.

Infos

Queenscliff Visitor Information Centre: 55 Hesse St., Tel. 13 00-88 48 43, www.queenscliffe.vic.gov.au, tgl. 9.30–17 Uhr.

Übernachten

Boutiquehotel mit historischem Flair ▶
Vue Grand Hotel: 46 Hesse St., Tel. 03-52 58 15 44, www.vuegrand.com.au. Traditionsreiches Kolonialhotel mit Gourmetrestaurant und Pool. DZ ab 225 A-$ (inkl. Frühstück).

Camping ▶ Beacon Resort Caravan Park: 78 Bellarine Hwy., Tel. 18 00-35 11 52, www. beaconresort.com.au. Bestens ausgestattet, mit Luxus-Cabins, Hallenbad und Spielplatz.

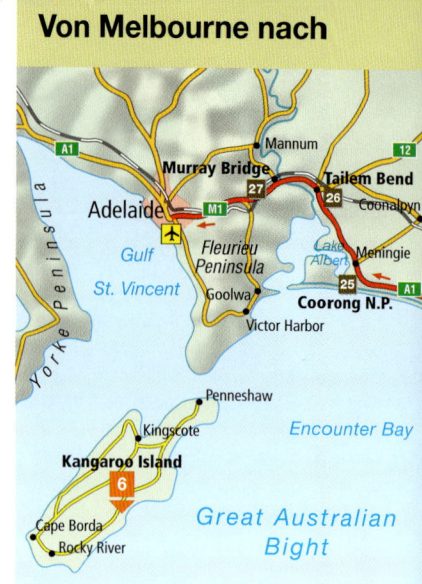

Essen & Trinken

Elegantes Hotel-Restaurant ▶ Mietta's Queenscliff Hotel: 16 Gellibrand St., Tel. 03-52 58 10 66, www.miettas.com.au, Mi–So 12–14.30, 19–21 Uhr. Kreative moderne australische Küche, große Weinkarte. Vorspeisen 16,50–22 A-$, Hauptgerichte 24,50–42 A-$.

Aktiv

Delfin- und Robbenbeobachtung ▶ Sea All Dolphins Swims: Tel. 03-52 58 38 89, www.dolphinswims.com.au. Ca. 3,5-stündige Bootstouren, von Okt.–April kann man sogar mit den Tieren schwimmen. Für Schwimmer Erw. 135 A-$, Kinder 115 A-$, für Zuschauer Erw. 70 A-$, Kinder 60 A-$.

Termine

Queenscliff Music Festival (letztes Wochenende im Nov.): Leistungsschau der zeitgenössischen australischen Musikszene, von Folk über Jazz bis Rock. Infomationen: www.qmf.net.au.

Verkehr

Fähren: Zwischen Queenscliff und Sorrento auf der Mornington Peninsula pendeln tgl. zwischen 7 und 18 Uhr zwei Autofähren, Ab-

Adelaide

fahrt jeweils zur vollen Stunde. Auskunft: Tel. 03-52 58 32 44, www.searoad.com.au.

Great Ocean Road

Karte: oben

Die Strecke von Geelong nach Warrnambool ist auf dem Princes Highway in gut zwei Stunden zu bewältigen, doch sollte man sich Zeit lassen und die Küstenroute nehmen. In Torquay beginnen die 300 schönsten Straßenkilometer des südlichen Australiens. Bizarre Felsformationen wie die Twelve Apostles oder der London Arch, lange Traumstrände, pittoreske Hafenstädte und Fischerdörfer ebenso wie Regenwälder mit Riesenfarndschungeln und Wasserfällen kennzeichnen die **Great Ocean Road,** eine der schönsten Panoramastraßen der Welt.

Gebaut wurde die bereits in den 1890er-Jahren projektierte Trasse zwischen 1918 und 1932 von australischen Soldaten, die aus dem Ersten Weltkrieg zurückgekehrt waren. Die Errichtung der Straße diente allerdings nicht nur als Arbeitsbeschaffungsmaßnahme, sondern auch als Mahnmal für die in Europa gefallenen Australier.

Torquay ▶ 1, R 17

Torquay 4 besitzt als *Surf Capital of Australia* ein weltweites Renommee. Kenner schwören, dass die Surfbedingungen hier mindestens so gut seien wie auf Hawaii. Am südlich gelegenen **Bells Beach** herrscht alljährlich um Ostern Hochbetrieb bei einem internationalen Surfwettbewerb. Die **Surfworld Australia** illustriert die Geschichte des Wellenreitens ab den 1930er-Jahren, als der Hawaiianer Duke Kahanamoku, der legendäre ›König der Surfer‹, den Australiern zeigte, wie man auf einem Brett über die Wellen reitet (Surf City Plaza, Beach Road, Tel. 03-52 61 46 06, www.surfworld.org.au, tgl. 9–17 Uhr, Erw. 12 A-$, Kinder 8 A-$, Familien 30 A-$).

Infos

Torquay Visitor Information Centre: Surfworld Australia, Surf City Plaza, Beach Road, Tel. 03-52 61 42 19, www.visitsurfcoast.com, tgl. 9–17 Uhr.

Übernachten

Ruhiges Ferienhotel ▶ **Torquay Tropicana Motel:** Surfcoast Highway/Grossmans Road, Tel. 03-52 61 43 99, www.torquaytropicana motel.com.au. Familiäres Motel mit gemütli-

247

chen Zimmern, freundlichem Service und Pool. DZ 140–260 A-$.

Camping ▶ Torquay Holiday Resort: 55 Surfcoast Hwy., Tel. 03-52 61 24 93, www.torquayholidayresort.com.au. Mit Cabins, Pool.

Essen & Trinken

Thai-Küche ▶ Sujin Thai Restaurant: 45 Surfcoast Hwy., Tel. 03-52 61 62 28, www.sujinthai.com.au, tgl. 17–23 Uhr. Schlemmen wie in Thailand. Vorspeisen 9,50–14 A-$, Hauptgerichte 14,50–28 A-$.

Lorne und Umgebung
▶ 1, R 17

Über die Badeorte **Anglesea** mit kilometerlangen Stränden und **Aireys Inlet,** von dessen 1891 errichteten **Split Point Lighthouse** (Führungen tgl. 11, 12, 13, 14 Uhr, Erw. 12 A-$, Kinder 7 A-$, Familien 35 A-$) sich ein toller Blick bietet, gelangt man in das traditionsreiche **Lorne** **5**. Im 19. Jh. reisten wohlhabende Sommerfrischler aus Melbourne per Dampfschiff an und logierten im 1879 eröffneten Grand Pacific Hotel, Victorias ältestem Strandhotel. An der Mountjoy Parade, auf der die Herrschaften einst flanierten, reihen sich heute Bistros und Boutiquen.

Während Lorne in den Sommerferien oft überlaufen ist, präsentieren sich die **Otway Ranges** im Hinterland als Idylle. In der bis zu 600 m aufragenden Bergkette mit altem Baumbestand wuchert zwischen Eukalypten mannshoher Farn. Schon die ersten Europäer, welche die Küste erforschten, waren hingerissen von der Schönheit der üppigen Regenwälder. Ein ca. 10 km langer Abstecher Richtung Nordwesten führt zu den **Erskine Falls** im **Angahook-Lorne State Park.**

Infos

Visitor Information Centre: 144 Mountjoy Pde. (Great Ocean Road), Tel. 03-52 89 11 52, www.visitlorne.com, tgl. 9–17 Uhr.

Übernachten

Mit Blick aufs Meer ▶ Ocean Lodge: 6 Armytage St., Tel. 03-52 89 13 30, www.oceanlodgelorne.com.au. Gemütliches Motel mit Meerblick, gut ausgestattete, geräumige Zimmer. DZ ab 132 A-$.

Camping ▶ Cumberland River Holiday Park: Great Ocean Road, Tel. 03-52 89 17 90, www.cumberlandriver.com.au. 5 km westl., gut ausgestattet, mit Cabins, herrliche Lage.

Essen & Trinken

Frisch aus dem Netz ▶ Lorne Pier Seafood Restaurant: Pier Head, Tel. 03-52 89 11 19, tgl. 11–23 Uhr. Fangfrisches Seafood, zum Drinnen- und Draußensitzen. Vorspeisen 16,50–22 A-$, Hauptgerichte 24,50–46 A-$.

Apollo Bay und Umgebung
▶ 1, R 17

Nördlich und südlich des traditionellen Seebads **Apollo Bay** **6** winden sich von der Great Ocean Road, eine grandiose Aussicht

bietend, wiederholt Stichstraßen in die Küstenberge empor, beispielsweise die **Mariners Lookout Road.**

Bemooste Baumriesen dominieren den **Otway National Park,** den man hinter Apollo Bay durchquert. Der Mait's Rest Rainforest Walk , der ab der Hauptstraße ausgeschildert ist, vermittelt einen guten Eindruck von der Vegetation des Regenwalds der gemäßigten Zonen (Rundweg 2 km/45 Min.).

Kurz darauf zweigt eine 12 km lange Stichstraße zum **Cape Otway** ab, wo bereits seit 1848 ein Leuchtturm herannahende Schiffe vor der gefährlichen Felsküste warnt (Tel. 03-52 37 92 40, www.lightstation.com, tgl. 9–17 Uhr, Erw. 18,50 A-$, Kinder 7,50 A-$, Familien 46,50 A-$).

Bei Beech Forest 40 km nordwestlich von Apollo Bay bietet der **Otway Fly Tree Top Walk** Besuchern die Möglichkeit, den Regenwald aus ungewohnter Perspektive zu erleben. Auf brückenähnlichen Metallrampen geht es 25 m über dem Erdboden durch das grüne Laubdach der majestätischen Urwaldriesen. Die 600 m lange Stahlkonstruktion ist so gebaut, dass sie sich harmonisch in die Natur einfügt und die empfindliche ökologische Balance des Waldes nicht beeinträchtigt. Einen besonders spektakulären Blick genießt man von einem 50 m hohen Aussichtsturm (Tel. 03-52 35 92 00, www.otway fly.com, tgl. 9–17 Uhr, Erw. 23,75 A-$, Kinder 9,50 A-$, Familien 60,80 A-$).

Infos

Great Ocean Road Visitor Information Centre: 55 Great Ocean Rd., Tel. 03-52 37 65 29, www.greatoceanroad.org, tgl. 9–17 Uhr.

Eine der schönsten Küstenstraßen der Welt: die Great Ocean Road

Tipp: Great Ocean Road per Rad und per pedes

Die meisten Besucher erleben die fantastische Great Ocean Road im Auto, Camper oder Reisebus. Noch besser genießen kann man aber die Naturschönheiten in langsamerer Gangart: per Fahrrad. In einer Broschüre der regionalen Touristenorganisation werden sieben Radtouren vorgeschlagen, die auch kombiniert werden können. Streckenverlauf, Entfernungen, Sehenswürdigkeiten, Schwierigkeitsgrad und Höhenprofil sind detailliert beschrieben. Ein wichtiger Tipp: die Strecke von West nach Ost befahren. Der oft starke

Wind bläst meist aus südwestlicher Richtung und es ist wesentlich angenehmer, ihn im Rücken zu haben. Wer es noch gemächlicher angehen will, wandert auf dem spektakulären, 104 km langen Great Ocean Walk von Apollo Bay bis zu den Twelve Apostles. Der in acht Tagen zu bewältigende Fernwanderweg führt durch eine abwechslungsreiche Landschaft mit einsamen Sandstränden und schroffen Felsklippen und schlängelt sich zwischendurch durch Regenwälder mit Riesenfarnen (www.greatoceanwalk.com.au).

Übernachten

Zimmer mit Aussicht ▶ **Great Ocean View Motel:** 1 Great Ocean Rd., Tel. 03-52 37 65 27, www.greatoceanviewmotel.com.au. Am westlichen Ortsrand, gut geführt, Zimmer z. T. mit Balkon und Meerblick. DZ 90–250 A-$.

In Strandnähe ▶ **Skenes Creek Lodge Motel:** 61 Great Ocean Rd., Tel. 03-52 37 69 18, www.skenescreekmotel.com. 3 km östl., ruhig, mit Restaurant und schönem Blick aufs Meer. DZ 85–159 A-$.

Camping ▶ **Apollo Bay Holiday Park:** 27 Cawood St., Tel. 03-52 37 71 11, www.apollo bayholidaypark.com.au. Mit gemütlichen Ferienhäuschen, Spielplatz und Pool.

Essen & Trinken

Stimmungsvolles Ambiente ▶ **Chris's Beacon Point Restaurant:** 280 Skenes Creek Rd., Tel. 03-52 37 64 11, www.chriss.com.au, Mo–Fr 18–22, Sa, So 12–14, 18–22 Uhr. Seafood und Gerichte mit mediterranem Akzent, schöner Blick aufs Meer, 4 km östl. Vorspeisen 16–22 A-$, Hauptgerichte 24,50–42 A-$.

Port Campbell National Park
▶ 1, Q 17

Je näher man dem **Port Campbell National Park 7** kommt, desto dramatischer wird die Küstenszenerie. Spektakulär stürzt der australische Kontinent senkrecht in den schäumenden Southern Ocean. In Jahrmillionen

haben die Kräfte des Meeres bizarre Klippenskulpturen geformt.

Zu den neben dem Uluru wohl meistfotografierten Naturphänomenen Australiens gehören die **Twelve Apostles** (s. Abb. S. 208), ein Ensemble von Klippen, die vor der Steilküste wie Wachposten in der Brandung stehen. Vor allem bei Sonnenuntergang, wenn die Felssäulen wie handkoloriert wirken, bietet sich ein unvergleichlicher Anblick. Aus einer ungewöhnlichen Perspektive kann man die Twelve Apostles bewundern, wenn man über den steilen Stufenpfad Gibsons Steps zum Strand hinunterklettert. Eigentlich müsste der größte Publikumsmagnet an der Great Ocean Road in Seven Apostles umbenannt werden, denn ihre Zahl verringert sich ständig – zum letzten Mal stürzte 2009 eine der Felssäulen in sich zusammen. Die Gewässer um die Twelve Apostles stehen übrigens als Meeresnationalpark unter Schutz.

Die **Loch Ard Gorge,** eine von der Brandung ausgehöhlte Schlucht, ist stumme Zeugin so mancher Schiffskatastrophe. Vier Gräber erinnern an den Untergang der »Loch Ard«, die hier am 1. Juni 1878 an einem Riff zerschellte. Von den 54 Menschen an Bord überlebten nur zwei das Unglück. Doch die »Loch Ard« war nicht das einzige Schiff, dem dieser sturmgepeitschte Küstenstrich zum Verhängnis wurde. Bis 1920 ereigneten sich an der 120 km langen ›Shipwreck Coast‹ zwischen Cape Otway und Port Fairy 80 größere Schiffsunglücke. Vom Parkplatz an der Loch Ard Gorge führen kurze Wanderungen zu The Island Archway, einem im Januar 2009 kollabierten Felsbogen, von dem heute nur noch zwei Steinpfeiler aus der Brandung ragen (Rundweg 900 m/40 Min.), zum Loch Ard Cemetery (hin und zurück 1,4 km/50 Min.) und zu einem **Blowhole**, durch das die Flut Seewasser wie bei einem Geysir in die Höhe schleudert (hin und zurück 3,2 km/1,5 Std.).

Dass sich die wildromantische Küstenlinie des Port Campbell National Park in ständiger Veränderung befindet, beweist auch die einst zweibogige Naturbrücke **London Bridge,** die früher mit dem Festland verbunden war. Am 15. Januar 1990 stürzte binnen Sekunden einer der Felsbögen in die brodelnden Fluten. Zwei Besucher der Felsbrücke mussten per Helikopter gerettet werden. In den Strandhügeln auf dem Festland befinden sich die Bruthöhlen von Zwergpinguinen.

Auch beim Felsentor **The Arch** und der vom Meerwasser aus den Kalkklippen gewaschenen Höhle **The Grotto** lohnen Stopps. Gelegenheit für einen kurzen Spaziergang bieten die mit Schautafeln bestückten Aussichtspunkte an der **Bay of Islands.** Dort präsentiert sich Betrachtern eine Fels-Meer-Landschaft, wie sie nur die Kräfte von Wind, Wetter und Wellen schaffen können.

Wegen seiner guten Infrastruktur ist das Städtchen **Port Campbell** 🟧8 als Standort für Ausflüge bestens geeignet. Wissenswertes über die Region erfährt man im dortigen Port Campbell National Park Information Centre (26 Morris St., Tel. 03-55 98 60 89, www.great oceanroad.org, tgl. 10–17 Uhr, Eintritt frei). Am geschützten Naturhafen entlang führt der Port Campbell Discovery Walk zur Two Mile Bay (hin und zurück 1,5 Std.).

Übernachten

Sensationelle Lage ▶ **Loch Ard Motor Inn:** 18 Lord St., Tel. 03-55 98 63 28, www.lochard motorinn.com.au. Gemütliche Zimmer und Apartments mit Balkon und Meerblick, nur 50 m von einem sicheren Badestrand entfernt. DZ ab 145 A-$, Apartment ab 205 A-$.

Zimmer mit privater Terrasse ▶ **Portside Motel:** 62 Lord St., Tel. 03-55 98 60 84, www. portsidemotel.com.au. Klein und gemütlich, jedes der 10 Zimmer hat eine eigene Veranda. DZ ab 118 A-$.

Camping ▶ **Port Campbell Holiday Park:** Tregea/Morris Streets, Tel. 18 00-50 54 66, www.pchp.com.au. Schön gelegen und gut ausgestattet, mit gemütlichen Cabins.

Essen & Trinken

Für Romantiker ▶ **Waves:** 29 Lord St., Tel. 03-55 98 61 11, www.wavesportcampbell. com.au, tgl. 8–22 Uhr. Feine regionale Küche, v. a. Seafood, stimmige Weinkarte, Reservierung empfohlen. Vorspeisen 14–19,50 A-$, Hauptgerichte 24–42 A-$.

Aktiv

Helikopter-Rundflüge ▶ **12 Apostles Helicopters:** Tel. 03-55 98 82 83, www.12ah. com. Tgl. 7–17 Uhr, ab 145 A-$.

Warrnambool ▶ 1, Q 17

Karte: S. 246

Östlich des ehemaligen Wal- und Robbenfängerhafens **Warrnambool** 🟧9 trifft die Great Ocean Road wieder auf den Princes Highway. Einen Blick in die bewegte Vergangenheit des Orts gewährt das **Flagstaff Hill Maritime Village,** die Rekonstruktion der Hafenstadt Warrnambool im Jahr 1870 (Merri St., Tel. 18 00-55 61 11, www.flagstaffhill.com, tgl. 9–17 Uhr, Erw. 16 A-$, Kinder 6,50 A-$, Familien 39 A-$).

Ein Stopp in Warrnambool lohnt sich vor allem von Juni bis September, wenn man von einer Aussichtsplattform am **Logans Beach** Buckelwale *(Humpback Whales)* beobachten kann. Die Meeressäuger, die bis zu 15 m lang und über 40 t schwer werden können, ziehen nach einer sechsmonatigen Futterperiode aus ihren arktischen Nahrungsgründen in wärmere Gewässer, um ihre Jungen zu gebären. Bei ruhigem Wellengang nähern sich die Eltern mit ihrem Nachwuchs der Küste bis auf weniger als 200 m.

Küste zwischen Melbourne und Adelaide

Um zwei Vulkankraterseen erstreckt sich 10 km westlich von Warrnambool das **Tower Hill State Game Reserve.** In der Morgen- und Abenddämmerung kann man dort Kängurus, Koalas und Emus beobachten.

Infos
Warrnambool Visitor Information Centre: Flagstaff Hill, Merri Street, Tel. 18 00-63 77 25, www.visitwarrnambool.com.au, tgl. 9–17 Uhr.

Übernachten
Designer-Boutiquehotel ▶ **Hotel Warrnambool:** Koroit/Kepler Streets, Tel. 03-55 62 23 77, www.hotelwarrnambool.com.au. 12 puristisch designte Zimmer in einem Kolonialgebäude; preisgekröntes Restaurant. DZ 145–210 A-$.

Gut & günstig ▶ **Raglan Motor Inn:** 376 Raglan Pde. (Princes Highway), Tel. 03-55 62 85 11, www.raglanmotorinn.com. 16 gut ausgestattete, helle Zimmer. DZ ab 90 A-$.

Camping ▶ **Ocean Beach Holiday Park:** 25 Pertobe Rd., Tel. 1800-80 81 30, www.discoveryholidayparks.com.au. Gut ausgestattet, mit On-Site-Vans und Cabins, am Strand.

Essen & Trinken
Frisch aus dem Meer ▶ **Breakers:** 79 Banyan St., Tel. 03-55 61 30 88, www.breakersrestaurant.com.au, tgl. 11.30–15, 17–22 Uhr. Seafood in allen erdenklichen Variationen. Vorspeisen 16–22 A-$, Hauptgerichte 24–42 A-$.

Kreative Bistroküche ▶ **Images:** 60 Liebig St., Tel. 03-55 62 42 08, www.imagesrestaurant.com.au, Mo–Fr, So 12–14, 17.30–22.30, Sa 17.30–22.30 Uhr. Seafood, Steaks, Mediterranes. Vorspeisen 10,90–14,90 A-$, Hauptgerichte 20,90–29,90 A-$.

Aktiv
Spaziergänge mit Aborigines ▶ **Tower Hill Traditions Aboriginal & Wildlife Experience:** Tel. 03-55 65 92 02, www.worngundidj.org.au. Bei Exkursionen im Tower Hill State Game Reserve wird man mit der traditionellen Lebensweise der Aborigines vertraut gemacht (Mo–Fr 9.30 Uhr, Erw. 19,50 A-$, Kinder 9,50 A-$, Familien 48,50 A-$).

Grampians National Park
▶ 1, Q 16/17

Karte: S. 246

Von Warrnambool führt ein Abstecher in die Grampians. Als erster Weißer ›entdeckte‹ Major Thomas Mitchell den von den Aborigines »Gariwerd« genannten Gebirgsstock aus rotem Sandstein und Quarzit, der bis zu 1167 m aus hügoligom Agrarland aufsteigt. Einen Großteil dieser Region nimmt der **Grampians National Park** 10 ein, den Wan-

Aussichtspunkt für Schwindelfreie: The Balconies, Grampians National Park

derer und Kletterer als einen der schönsten Nationalparks von Australien preisen.

Wind und Wetter haben in Millionen von Jahren Sandsteinskulpturen geformt, über die Wasserfälle tosend in die Tiefe stürzen. Das Naturschutzgebiet lässt sich auf guten Wanderwegen erkunden, am besten während der Frühjahrsblüte zwischen September und November, wenn sich in den Bergen ganze Landstriche in riesige Blumenteppiche verwandeln. In den Grampians kann man zudem einen Blick in eine längst vergangene Epoche der Menschheitsgeschichte werfen, denn im Westteil der Gebirgsregion befinden sich rund 80 % aller bislang bekannten prähistorischen Felsmalereien der Ureinwohner von Victoria.

Nach dem Landstädtchen **Dunkeld** am Südrand des Grampians National Park steigt die Straße C 216 parallel zur schroffen Serra Range an. Eine Alternative dazu ist die Straße C 217, die sich kurvenreich durch das malerische Victoria Valley windet, bevor sie 40 km südlich von Halls Gap auf die C 216

Wanderung zum Pinnacle Lookout

Tour-Infos

Start: Wonderland Carpark an der Mount Victory Road westlich von Halls Gap
Länge: 4,2 km
Dauer: 2–2,5 Std.
Schwierigkeitsgrad: mittelschwer

Diese überaus lohnende Wanderung führt zu einem der schönsten Aussichtspunkte in den nördlichen Grampians und in einer Schleife wieder zurück zum Aussichtspunkt. Das abwechslungsreiche Gelände sorgt dafür, dass Wanderer nicht erst auf dem Gipfel für ihre Anstrengungen belohnt werden. Vom Wonderland Carpark aufbrechend überquert man zunächst auf einer kleinen Fußgängerbrücke

den **Stony Creek.** Nach wenigen Metern ist der **Grand Canyon** erreicht, eine felsige Schlucht in karger Umgebung. Steile Stufen führen hinauf zu einem glatten Felsplateau, auf dem man den Pfeilmarkierungen bis zu den **Bridal Veil Falls** folgt. Der kleine Wasserfall ist nach starken Regenfällen am schönsten, allerdings muss die kurze Strecke unter den Fällen dann über Steine hüpfend zurückgelegt werden. Die Landschaft wird nun allmählich grüner, am Wegrand finden sich im Frühling und Sommer kleine farbenprächtige Orchideen.

Vorbei an bizarren Felsformationen erreicht man schließlich die **Street of Silence,** eine kaum mehr als schulterbreite Passage zwischen zwei hoch aufragenden Felsen, die jegliches Geräusch aus der Außenwelt abblocken. Nach einem letzten steilen Anstieg kommt der viel fotografierte **Pinnacle** in den Blick, eine exponierte Felsnadel oberhalb einer senkrechten Wand. An klaren Tagen bietet sich von hier aus ein überwältigender Blick auf den Lake Bellfield, das Tal um Halls Gap und die gegenüberliegende Mount William Range. Bei einem Picknick lässt sich die Aussicht genießen.

Der Rückweg erfolgt auf derselben Route oder man folgt den Wegweisern zum **Wonderland Loop Track.** Dieser Weg führt am Gebirgskamm entlang und fällt dabei stetig ab. Er passiert eine felsige Schlucht und führt schließlich durch dichten Eukalyptus- und Nadelwald talwärts. Im Talgrund angekommen stößt man auf den Caravan Park von Halls Gap, den man durchquert. Am Ende des Campingplatzes biegt hinter der Schranke ein Weg links ab zum **Venus Bath,** einem natürlichen Felsenpool mit glasklarem Wasser. Man folgt dem **Stony Creek** weiter bis zum Wonderland Carpark. Wer diesen alternativen Rückweg wählt, sollte ca. 2,5 Std. zusätzlich einplanen.   *Corinna Melville*

trifft. Einen ersten Panoramablick über die fünf hintereinander gestaffelten Bergketten, in die sich die Grampians geografisch gliedern, gewinnt man vom **Mount William.** Dem Gipfel des mit 1167 m höchsten Berges der Grampians kann man auf einer Stichstraße sehr nahe kommen, die 12 km südlich von Halls Gap von der C 216 abzweigt. Nur der letzte, streckenweise sehr steile Anstieg erfolgt zu Fuß (vom Straßenende hin und zurück 3 km/1,5 Std.).

Das Tor zu den Grampians ist der Bergort **Halls Gap.** Im Brambuk National Park & Cultural Centre unterrichten eine Ausstellung und audiovisuelle Schauen über die geologische Entwicklung sowie Fauna und Flora der Region. Die Ranger geben Tipps für Wanderungen und andere Unternehmungen im Nationalpark. Im Besucherzentrum sind auch Karten für eine Tour durch die Grampians erhältlich Zugleich erfährt man im Brambuk Centre Wissenswertes über das Leben und die Kultur der hier ansässigen Aborigines (277 Grampians Rd., Tel. 03-53 61 40 00, www.brambuk.com.au und www.parkweb.vic.gov.au, tgl. 9–17 Uhr, Eintritt frei). Eine gute Einstimmung auf die Tierwelt des Nationalparks bietet der Halls Gap Zoo südöstlich des Städtchens mit Koalas, Wombats, Possums und anderen einheimischen Tieren (4061 Ararat Halls Gap Rd., Tel. 03-53 56 46 68, www.hallsgapzoo.com.au, tgl. 10–17 Uhr, Erw. 24 A-\$, Kinder 12 A-\$, Familien 60 A-\$).

Vom Wonderland Car Park an der Mount Victory Road westlich von Halls Gap starten verschiedene Wanderwege. Sehr empfehlenswert ist die Tour durch den Grand Canyon zum **Pinnacle Lookout** (s. Aktiv unterwegs S. 254).

Weitere Aussichtspunkte lassen sich auf Stichstraßen, die von der Mount Victory Road abzweigen, mit dem Auto erreichen, etwa der **Boroka Lookout,** von dem das Auge weit über Halls Gap, den Lake Bellfield und die Mount Difficult Range schweift, und der **Reids Lookout,** von dem ein Spaziergang zu dem Felsengebilde **The Balconies** führt (hin und zurück 2 km/1 Std.). Die Mount Victory Road berührt auch die **McKenzie Falls,** die

mächtigsten Wasserfälle des Nationalparks (Wanderung vom Parkplatz auf einem Stufenpfad hin und zurück 1,5 km/1 Std.). Am großen Picknickplatz **Zumsteins** werden Besucher, kaum aus dem Auto gestiegen, von halbzahmen Kängurus empfangen. Hobby-Ornithologen können dort auch Kookaburras aus nächster Nähe beobachten.

In den sanft abfallenden Westhängen der Grampians gibt es die meisten Aboriginal-Felsmalereien dieser Region. Einfache Zeichnungen von anthropomorphen Wesen findet man in der **Ngamaddji Shelter** (2 km nördlich von Lah-Arum nach Osten abzweigen, dann 6 km), vornehmlich Handabdrücke dagegen in der **Gulgurn Manja Shelter** (5 km südlich des Western Highway in den nördlichen Grampians). Etwas beschwerlicher gestalten sich die Abstecher vom Henty Highway zur **Billimina Shelter** und zur **Manja Shelter,** die man nur auf Pisten erreicht.

Infos

Halls Gap Visitor Information Centre: Grampians Road, Tel. 18 00-06 55 99, www.visithallsgap.com.au, www.grampianstravel.com.au, tgl. 9–17 Uhr.

Übernachten

Hüttenromantik ▶ Halls Gap Log Cabins: Grampians Road, Halls Gap, Tel. 03-53 56 42 56, www.hallsgaplogcabins.com.au. Rustikale Lodge mit komfortablen Blockhütten und beheiztem Pool. Blockhütte 130–195 A-\$.

Günstige Motel-Units ▶ The Grampians Motel: Grampians Road, 4 km südl. von Halls Gap, Tel. 03-53 56 42 48, www.grampians motel.com.au. Ordentliches Touristenmotel mit Restaurant und beheiztem Pool. Großer Garten mit Kängurus. DZ 110–145 A-\$.

Panoramaverglaste Zimmer ▶ Kookaburra Lodge: 26–28 Heath St., Halls Gap, Tel. 03-53 56 43 95, www.kookaburralodge.com. au. Gemütliche Herberge, ruhig und zentral. DZ 94–114 A-\$.

Camping ▶ Halls Gap Caravan Park: Grampians Road, Halls Gap, Tel. 03-53 56 42 51, www.hallsgapcaravanpark.com.au. Mit gemütlichen Cabins, nebenan ist ein Freibad.

Tipp: Naturhotels im Grampians National Park

Luxuriös nächtigen im Einklang mit der Natur: Dies bieten drei außergewöhnliche Lodges im Grampians National Park. Die Gäste der **Aquila Eco Lodges** schlafen in *Treehouses,* nach ökologischen Prinzipien erbauten Holzbungalows, deren Fenster freie Sicht auf mächtige Eukalyptusbäume bieten. Alle Gebäude besitzen einen großen Wohnraum mit Holzofen, ein oder zwei Schlafzimmer und ein Kitchenette. Von der gemütlichen Wohnterrasse kann man Kängurus beobachten. Die Lodge hat kein Restaurant, aber im nahen Städtchen Dunkeld wartet das Royal Mail Hotel (Tel. 03-55 77 22 41, www.royalmail.com. au) mit erstklassiger spanisch beeinflusster, modern-australischer Küche auf (Victoria Valley Rd., Dunkeld, Tel. 03-55 77 25 82, www. ecolodges.com.au, Bungalow ab 280 A-$).

Maximal zehn Gäste beherbergt die **Meringa Springs Lodge.** Jeder der fünf Bungalows verfügt über einen offenen Kamin und einen eigenen Whirlpool mit Blick auf das malerische Wartook Valley. Morgens und am späten Nachmittag tummeln sich Dutzende Kängurus auf dem naturbelassenen Gelände der Lodge. Das Restaurant bietet australische und internationale Gerichte (2974 Northern Grampians Rd., Wartook, Mobil-Tel. 06 13-53 83 63 63, www.meringasprings.com.au, Bungalow ab 370 A-$). Dem romantischen Hideaway **Boroka Downs** ist ein Spa-Bereich angegliedert, in dem man sich vor dem schönen Bergpanorama so richtig verwöhnen lassen kann (Birdswing Rd., Pomonal, Tel. 03-53 56 62 43, www.borokadowns.com.au, Bungalow ab 435 A-$).

Essen & Trinken

Bodenständig ▶ Halls Gap Tavern: 5 Dunkeld Rd., Tel. 03-53 56 44 16, tgl. 12-15, 17–22.30 Uhr. Steaks, Seafood und Pasta sowie Weine aus den Anbaugebieten um Ararat und Great Western. Gerichte 12,50–34 A-$.

Ein kulinarisches Abenteuer ▶ Bushfoods Café: Brumbuk Centre, Grampians Road, Tel. 03-53 56 44 52, tgl. 11–19 Uhr. Herzhafte Gerichte der Busch-Küche, zu empfehlen ist der Kangaroo Burger. Gerichte 6,95–24,70 A-$.

Aktiv

Abenteuersport ▶ Adventure Services: Shop 4, Stony Creek Store, 105–107 Grampians Rd., Tel. 03-53 56 45 56. Kurse im Abseilen, Klettern und Kajakfahren, Bushwalking- und Mountainbiketouren.

Port Fairy ▶ 1, Q 17

Karte: S. 246

Ein Besuch von **Port Fairy** 11 westlich von Warrnambool an der Mündung des Moyne River ist wie eine Zeitreise. Gegen 1810 von

Wal- und Robbenfängern gegründet, war Port Fairy in den 40er-Jahren des 19. Jh. der zweitgrößte Hafen des Kontinents. Der Ort ist noch heute ein Zentrum der Fischerei, aber auch eines der besterhaltenen Beispiele für eine australische Kleinstadt des frühen 19. Jh. Der einstündige **Port Fairy Historic Walk** führt zu Häusern mit kunstvollen Dachgiebeln, Pionierbauten aus grob behauenem Feldstein und anderen Gebäuden aus der Gründerzeit, hinter deren Fassaden sich heute Antiquitäten- und Kunsthandwerksläden verbergen. Auf der Route liegen das **Motts Cottage,** ein von Walfängern um 1845 erbautes Wohnhaus (Campbell/Sack Streets, Mi/Sa 14–16 Uhr, Eintritt frei), und der **Caledonian Inn,** die älteste Kneipe von Victoria, in der 1844 erstmals Bier gezapft wurde. Einen Stadtplan erhält man beim Touristenbüro oder im Port Fairy History Centre im historischen Courthouse von 1869 (30 Gipps St., Tel. 03-55 68 22 63, www.historicalsociety.port fairy. com, Mi, Sa, So, Fei 14–17 Uhr).

Griffiths Island ist ein guter Platz, um Sturmvögel *(Mutton Birds)* zu beobachten, die sich hier in den Sommermonaten zu Tausenden versammeln, um zu nisten, zu brüten und ihre Jungen aufzuziehen, bevor sie zum Überwintern in wärmere Gefilde aufbrechen. Tierfreunde zieht es auch zur **Lady Julia Percy Island,** auf der sich eine Kolonie von Pelzrobben angesiedelt hat.

Infos

Port Fairy Visitor Information Centre: Bank Street, Tel. 03-55 68 26 82, www.visitport fairy-moyneshire.com.au, tgl. 9–17 Uhr.

Übernachten

Mit hervorragendem Restaurant ▸ **Merrijig Inn:** 1 Campbell St., Tel. 03-55 68 23 24, www.merrijiginn.com. Stilvolle Kolonialherberge, deren Restaurant über die Grenzen der Region hinaus einen guten Ruf genießt. DZ 150–240 A-$ (inkl. Frühstück).

Ruhig & von viel Grün umgeben ▸ **Central Motel Port Fairy:** 56 Sackville St., Tel. 1800-88 66 08, www.centralmotelportfairy.com.au. Gut geführtes Haus mit behindertengerechter Ausstattung und Restaurant, nur Nichtraucher-Zimmer. DZ ab 145 A-$.

Camping ▸ **Big 4 Port Fairy Holiday Park:** 115 Princes Highway, Tel. 18 00-06 33 46, www.big4portfairy.com.au. Mit großer Auswahl an Cabins.

Essen & Trinken

Für Genießer ▸ **The Victoria Hotel:** 42 Bank St., Tel. 03-55 68 28 91, www.vichotel portfairy.com.au, Mo–Fr 11.30–14.30, 18–22, Sa, So 11.30–15, 17–22.30 Uhr. Prämiertes Lokal mit asiatisch angehauchter New Australian Cuisine, v. a. Seafood. Vorspeisen 14,50–18 A-$, Hauptgerichte 23,50–41 A-$.

Seafood am Wasser ▸ **Wisharts at the Wharf:** am Fischereihafen, Tel. 03-55 68 18 84, tgl. 11–21 Uhr. Die besten Fish 'n' Chips der Region. Ab 9,50 A-$.

Aktiv

Bootstouren ▸ **Port Fairy Boat Charter:** 77 Campbell St., Tel. 03-55 68 14 80, www.pf boatcharter.com.au. Ausflüge zur Griffiths Island und Lady Julia Percy Island (Erw. ab 85 A-$, Kinder ab 65 A-$).

Portland und Umgebung

▸ **1, P/Q 17**

Karte: S. 246

Riesige Zementsilos kündigen die wenig attraktive Industriestadt **Portland** **12** an, den einzigen Tiefseehafen zwischen Geelong und Adelaide. Da der 1834 von der Schafzüchter-Familie Henty gegründete Ort schon lange vorher Walfängern als Stützpunkt diente, macht Portland dem 1810 gegründeten Port Fairy den Titel ›Geburtsstätte von Victoria‹ streitig. Nur wenige architektonische Überbleibsel erinnern heute in der modernen Hafenstadt an die Gründerzeit. Dem Leben am und auf dem Wasser ist das Seefahrtsmuseum **Portland Maritime Discovery Centre** gewidmet (Lee Breakwater Road, Tel. 18 00-03 55 67, tgl. 9–17 Uhr, Eintritt frei).

Reizvoller ist die Umgebung. So bietet sich vom Leuchtturm am **Cape Nelson** 15 km südlich von Portland ein Küstenpanorama mit langen, von Klippenformationen unterbrochenen Sandstränden (Leuchtturm: Tel. 03-55 23 51 00, tgl. 10–17 Uhr, Eintritt frei).

Infos

Portland Visitor Information Centre: Lee Breakwater Road, Tel. 18 00-03 55 67, www.visitportland.com.au, tgl. 9–17 Uhr.

Übernachten

Freundlicher Service ▸ **Melaleuca Motel:** 23 Bentinck St., Tel. 03-55 23 33 97, 1800-03 44 49, www. melaleucamotel.com.au. Zentral, behaglich möblierte Zimmer, hilfsbereite Betreiber. DZ ab 115 A-$.

Camping ▸ **Portland Bay Holiday Park:** 184 Bentinck St., Tel. 1800-62 20 05, www.port landbayhp.com.au. Gut ausgestattet, Cabins.

Cape Bridgewater **13**

Am **Cape Bridgewater,** das sich 22 km westlich von Portland wie eine Trutzburg dem Ozean entgegenstemmt, führt ein kurzer Spaziergang entlang der Küste zum **Petrified Forest.** Die wie Stalagmiten aus dem vegetationslosen Boden wachsenden Naturplastiken des Versteinerten Waldes entstanden in

Küste zwischen Melbourne und Adelaide

Jahrtausenden durch das Zusammenspiel von Sand, Wasser und Wind. In einem einst von Wanderdünen verschütteten Wald bildete versickerndes Regenwasser eine Sandkruste um die Baumstämme, die später vom Wind freigelegt wurden. Etwas abseits der Mondlandschaft gibt es in den Klippen *blowholes,* quadratmetergroße Spalten im Fels, aus denen bei Flut und Sturm die weiße Gischt spritzt. Eine Wanderung über die höchsten Klippen von Victoria führt vom Cape Bridgewater oder vom gleichnamigen Ferienort an der Bridgewater Bay zur **Seal Colony,** wo man oft Hunderte von Pelzrobben beobachten kann (hin und zurück 5 km/2 Std.).

Übernachten

Mit Meerblick ▶ **Cape Bridgewater Sea View Lodge:** 1636 Bridgewater Road, Tel. 03-55 26 72 76, www.hotkey.net.au/~seaview lodge. Gemütliches Bed & Breakfast in schöner Lage, Abendessen auf Vorbestellung. DZ 140–150 A-$ (inkl. Frühstück).

Aktiv

Robbenbeobachtung ▶ **Seals by Sea Tours:** Tel. 03-55 26 72 47, www.sealsbysea tours.com.au. Bootstouren zur Beobachtung von Pelzrobben (Erw. 35 A-$, Kinder 20 A-$, Familien 90 A-$).

Mount Richmond
National Park 14

Die nahe der Küste verlaufende Straße zwischen Portland und Nelson berührt den **Mount Richmond National Park,** in dessen Zentrum der von Wanderdünen verschüttete, erloschene Vulkan Mount Richmond aufragt. Von September bis November verwandeln sich die Ausläufer des 229 m hohen Berges in ein buntes Wildblumenparadies.

Lower Glenelg National Park

Im **Lower Glenelg National Park** 15 hat der Glenelg River eine bis zu 50 m tiefe Schlucht in das Küstenplateau gegraben. Bootsfahrten, die im Städtchen **Nelson** 16 an der Mündung des Glenelg River in die Discovery Bay starten, eröffnen die Welt der rostroten Fels-

wände, der von Fluss-Eukalypten und Baumfarnen gesäumten Sandbänke, der Wasserfälle und der Felsenpools. Schöne Blicke auf Fluss und Schlucht bieten sich auch vom 22 km langen, streckenweise etwas rauen **Glenelg Drive,** der zwischen der Winnap Road und Nelson verläuft. Battersby Camp und Forest Camp sind Buschcamping- und Picknickplätze am Glenelg River.

Das verästelte System der **Princess Margaret Rose Caves** am Westrand des Parks fasziniert mit gewaltigen Tropfsteingebilden (Tel. 08-87 38 41 71, www.princessmargaret rosecave.com, Touren tgl. 10, 11, 12, 13.30, 14.30, 15.30, 16.30 Uhr, Erw. 17,50 A-$, Kinder 11,50 A-$, Familien 40 A-$).

Durch den Lower Glenelg National Park und den Discovery Bay Coastal Park windet sich der 250 km lange **Great South West**

Petrified Forest am Cape Bridgewater

Walk, auf dem man der Zivilisation für 14 Tage den Rücken kehren kann. Wanderer finden im Abstand von 10 bis 20 km einfache Campingplätze mit Trinkwasserversorgung.

Infos

Nelson Visitor Information Centre: Leake Street, Nelson, Tel. 08-87 38 40 51, www.nelsonvictoria.com.au, tgl. 8.30–16.30 Uhr.

Übernachten

Einfach, aber nett ▶ Pinehaven Motel: Main Road, Nelson, Tel. 08-87 38 40 41. Klein, rustikal und gemütlich, ein einfaches Lokal befindet sich in der Nähe. DZ 85 A-$.

Camping ▶ River-Vu Park: Kellet Street, Tel. 08-87 38 41 23, www.rivervupark.com.au. Campingplatz in schöner Lage am Glenelg River, mit Cabins.

Aktiv

Bootstouren ▶ Nelson River Cruises: Tel. 08-87 38 41 91, www.nelsonrivercruises.com.au. 3,5 Std. auf dem Glenelg River (Erw. 30 A-$, Kinder 10 A-$, Familien 70 A-$).

Mount Gambier ▶ 1, P 17

Karte: S. 246
Jenseits der Bundesstaatengrenze zwischen Victoria und South Australia liegt inmitten von Nadelbaumplantagen **Mount Gambier 17**. Die drittgrößte Stadt von South Australia verdankt ihren Wohlstand der Holz verarbeitenden Industrie und der Landwirtschaft des Umlands. Mount Gambier empfängt Besucher mit dem Nachbau des historischen Seglers **»Lady Nelson«,** der am Jubilee Highway als

Blickfang für ein Seefahrtsmuseum dient (Tel. 08-87 24 97 50, tgl. 9–17 Uhr, Erw. 11,50 A-$, Kinder 5,50 A-$, Familien 28,50 A-$).

Der erloschene Vulkan in Mount Gambier stellt Wissenschaftler vor ein Rätsel, da der 180 m tiefe und 71 000 m² große Kratersee **Blue Lake** im Rhythmus der Jahreszeiten seine Farbe wechselt. Während der australischen Herbst- und Wintermonate ist das Wasser schiefergrau, Anfang November leuchtend blau. Der John Watson Drive um den See passiert verschiedene Aussichtspunkte. Sehr schön ist die Rundwanderung Blue Lake Grand Circuit (4 km/1,5 Std.).

Naherholungsgebiete mit Wassersportmöglichkeiten sind die Kraterseen **Valley Lake** und **Brownes Lake** weiter östlich. Ein tolles Panorama bietet sich vom Centenary Tower am Südostrand der Seenplatte (geöffnet, wenn die Fahne weht, Erw. 2,50 A-$, Kinder 1 A-$).

Als Heimathafen von Australiens größter Hummerflotte schmückt sich **Port MacDonnell** 20 km südlich von Mount Gambier mit dem Beinamen ›Rock Lobster Capital of Australia‹. In dem Kolonialhaus Dingley Dell am Ortsrand verfasste Adam Lindsay Gordon, einer der bedeutendsten australischen Schriftsteller des 19. Jh., seine Hauptwerke.

Infos

The Lady Nelson Visitor and Discovery Centre: Jubilee Highway East, Tel. 18 00-08 71 87, www.mountgambiertourism.com.au, tgl. 9–17 Uhr.

Übernachten

Bewährtes Kettenmotel ▶ **Southgate Motel:** 175 Commercial St. East, Tel. 08-87 23 11 75, www.southgate.bestwestern.com.au. Elegantes Motel mit Restaurant und beheiztem Pool. DZ 129–189 A-$.

Zentral, aber ruhig ▶ **Mid City Motel:** 15 Helen St., Tel. 08-87 25 72 77, www.midcity motel.com. Kleines Haus mit Zimmern unterschiedlicher Kategorien. DZ 104–172 A-$.

Camping ▶ **Blue Lake Holiday Park:** Bay Road, Tel. 18 00-67 60 28, www.bluelake holidaypark.com.au. Schön gelegen, sehr gut ausgestattet, mit komfortablen Cabins.

Essen & Trinken

Rustikal ▶ **The Barn Steakhouse:** 69 Punt Rd., Tel. 08-87 26 82 50, www.barn.com.au/ steakhouse.html, tgl. 11.30–23 Uhr. Mit Wildwest-Atmosphäre, abends manchmal Livemusik. Vorspeisen 8,50–17,50 A-$, Hauptgerichte 29,50–59 A-$.

Abstecher nach Naracoorte

Penola 18 ist eine der ältesten Siedlungen von South Australia. Zeugen der Vergangenheit sind einige Kolonialgebäude wie das Yallum Park Mansion aus dem Jahr 1880. Zwischen Penola und Coonawarra erstreckt sich ein Weinanbaugebiet, in dem einige der besten Rotweine Australiens gekeltert werden.

In **Naracoorte 19** verbergen sich die Attraktionen unter der Erde: die von der UNESCO in den Rang eines Weltnaturerbes erhobenen **Naracoorte Caves,** Fundstätten fossiler Skelette von prähistorischen Beuteltieren, die im Wonambi Fossil Centre umfassend dokumentiert und erläutert werden. In dem noch nicht gänzlich erforschten System sind die Tropfsteingrotten Alexandra Cave, Blanche Cave und Victoria Fossil Cave im Rahmen von Führungen zugänglich (Tel. 08-87 62 23 40, www.naracoortecaves.gov.sa, Führungen mehrmals tgl. 9–16.30 Uhr, Erw. ab 16,50 A-$, Kinder ab 10,50 A-$, Familien ab 43,50 A-$). Im **Sheep's Back Wool Museum** erfährt man Wissenswertes zum Thema Wolle (36 MacDonnell St., Tel. 08-87 62 15 18, tgl. 9–16 Uhr, Erw. 5 A-$, Kinder 2 A-$, Familien 12 A-$).

Infos

Tourist Information Centre: 36 MacDonnell St., Tel. 1800-24 44 21, tgl. 9–16 Uhr.

Übernachten

Angenehmes Landhotel ▶ **Country Roads Motor Inn:** 20 Smith St., Naracoorte, Tel. 08-87 62 39 00, www.countryroadsnaracoorte. com.au. Nette Zimmer, angeschlossenes Restaurant. DZ 140–165 A-$.

Camping ▶ **Naracoorte Holiday Park:** Park Terrace, Tel. 1800-99 98 99, www.nara coorteholidaypark.com.au. 1 km nördlich des Zentrums, gut ausgestattet, mit Cabins.

Von Mount Gambier nach Adelaide

Karte: S. 246

Tantanoola Caves ▶ 1, P 17

Ein weiteres unterirdisches Meisterstück in der Natur sind die Tropfsteinhöhlen **Tantanoola Caves** 20 am Princes Highway etwa auf halbem Weg zwischen Mount Gambier und Millicent (Tel. 08-87 34 41 53, Führungen mehrmals tgl. 9.15–16 Uhr, Erw. 11,50 A-$, Kinder 6,50 A-$, Familien 29,50 A-$).

Millicent ▶ 1, P 17

Im Agrarstädtchen **Millicent** 21 bietet ein historisches Museum Einblicke in die Pionierzeit (1 Mount Gambier Rd., Tel. 08-87 33 32 05, tgl. Mo–Fr 9–17, Sa, So, Fei 9.30–16.30 Uhr, Erw. 4,50 A-$, Kinder Eintritt frei).

Es lohnt sich, in Millicent die Hauptstraße zu verlassen und an der Küste entlang nach Beachport zu fahren. Die Straße windet sich um die Nordregion des **Canunda National Park** mit Klippenformationen und Dünen.

Infos

Millicent Visitor Information Centre: 1 Mount Gambier Road, Tel. 08-87 33 09 04, www.wattlerange.sa.gov.au, Mo–Fr 9–17, Sa, So, Fei 9.30–16.30 Uhr.

Beachport ▶ 1, P 17

Der traditionsreiche Ferienort **Beachport** 22 besitzt mit dem **Old Wool and Grain Store** ein etwas verstaubtes, aber liebevoll gepflegtes Heimatmuseum (Tel. 08-87 35 80 13, So 10–13, in den Schulferien tgl. 10–16 Uhr, Erw. 6 A-$, Kinder 3 A-$, Familien15 A-$). Die zwischen 1878 und 1882 errichtete **Beachport Jetty,** an der die Fischtrawler ihren Fang anlanden, ist mit 772 m einer der längsten Holzpiers von Australien.

Auf **Penguin Island** in der Rivoli Bay sind Zwergpinguine heimisch. Die von Seen und Lagunen, Klippen und Sandstränden geprägte Küstenlandschaft zwischen Beachport und Robe weiter nördlich zieht als Feriengebiet Tausende von Urlaubern an.

Infos

Visitor Information Centre: Millicent Road, Tel. 08-87 35 80 29, www.wattlerange.sa. gov.au, Mo–Fr 9–17, Sa, So 10–16 Uhr.

Übernachten

Geräumige Zimmer mit Kitchenette ▶ Beachport Motor Inn: 13 Railway Tce., Tel. 08-87 35 80 70, www.beachportmotorinn. com.au. Einfaches Haus mit familiärer Atmosphäre. DZ 100–125 A-$.

Camping ▶ Beachport Caravan Park: Beach Road, Tel. 08-87 35 81 28, www.beach portcaravanpark.com.au. Gut ausgestattet, mit Cabins, am Strand gelegen.

Essen & Trinken

Verfeinerte Regionalküche ▶ Bompa's by the Sea: 3 Railway Tce., Tel. 08-87 35 83 33, www.bompas.com.au, Mo–Fr 12–15, 18–22, Sa, So 11.30–15, 17–22.30 Uhr. Seafood und lokale Spezialitäten mit Blick auf die Rivoli Bay. Vorspeisen 13,50–19,50 A-$, Hauptgerichte 23,50–44,50 A-$.

Robe ▶ 1, P 16

Zwischen 1856 und 1858 gingen in **Robe** 23 etwa 16 500 Chinesen an Land, um von dort den 400 km langen Fußmarsch zu den Goldfeldern von Ballarat und Bendigo anzutreten. Ein Gedenkstein am Hafen erinnert an die ›Chineseninvasion‹. Gegenüber vom Chinese Monument bietet das Heimatmuseum im **Old Customs House** einen Blick in koloniale Zeiten (Di, Sa 14–16, im Jan. und in den Schulferien, tgl. 14–16 Uhr, Erw. 4,50 A-$, Kinder 2,50 A-$, Familien 10,50 A-$).

Infos

Robe Visitor Information Centre: Library Building, Mundy Terrace, Tel. 08-87 68 24 65, www.robe.sa.gov.au, Mo–Fr 9–17, Sa, So 10–16 Uhr.

Übernachten

Klein & individuell ▶ Grey Masts: 2 Mundy Tce., Tel. 0419-57 10 03, www.greymasts.com. au. In historischem Gebäude mit individuell eingerichteten Suiten. Ab 200 A-$.

aktiv unterwegs

Hausboottour auf dem Murray River

Tour-Infos

Start: Murray Bridge
Ende: Waikerie oder Renmark
Länge: ca. 210 bzw. ca. 330 km
Dauer: 3 bzw. 4 Tage
Infos und Buchung: OZ Houseboats, Tel. 08-83 65 77 76, www.ozhouseboats.com.au
Preise: Boote mit 8–12 Betten für 3 Tage (Fr–So) oder 4 Tage (Mo–Do) 1600–2550 A-$, für 7 Tage 2200–4300 A-$; Boote mit 4 Betten für 3 Tage (Fr–So) oder 4 Tage (Mo–Do) 1050–1450 A-$, für 7 Tage 1350–1750 A-$.

Rot glühen die Sandsteinklippen in der Spätnachmittagssonne. Eine leichte Brise vertreibt die heiße Luft des Sommertags. Magpie-Gänse ziehen vorüber, Eisvögel stürzen sich ins Wasser, Kormorane trocknen am Ufer ihre Flügel. Störche, Reiher und Ibisse staksen in Ufernähe hochbeinig durchs flache Wasser. Mit behäbigem Flügelschlag heben sich vor dem Schiffsbug Pelikane in die Luft. Zwischen River Red Gums am Ufer hüpfen Kängurus umher und betrachten neugierig die Boote, die auf dem Fluss vorüberziehen. Es dürfte in Australien wohl keine stressfreiere Art zu reisen geben als das beschauliche Dahingleiten in einem Hausboot auf dem Murray River. Ohne vorgeschriebene Ankerplätze und Bootsgedrängel in der Fahrrinne dümpelt man in den Tag hinein. Zum Übernachten legt man an den Sandstränden der Flussbiegungen an, wo abends am Lagerfeuer Wildwest-Romantik aufkommt.

Hausboote wirken zwar plump, sind aber praktisch und komfortabel. Eine Klimaanlage ist ebenso selbstverständlich wie eine komplett ausgerüstete Küche. Sonderzubehör wie Fahrräder oder motorisierte Beiboote kann gegen Aufpreis dazugebucht werden. Einen Führerschein für die schwimmenden Bungalows benötigt man in Australien nicht. Die langsam laufenden Boote (maximal 10 km/h) sind einfach zu fahren und deshalb gerade für Anfänger besonders gut geeignet.

Ein guter Ausgangspunkt für eine Erkundung des Unterlaufs des Murray River ist das Städtchen **Murray Bridge,** das auch Heimathafen historischer und nachgebauter Raddampfer ist (s. S. 263). Erstes Etappenziel ist **Mannum,** wo der Fluss die Größe eines Binnensees hat. Zahlreiche Schilfinseln bilden hier ein Refugium für eine artenreiche Vogelwelt. Nordöstlich von Mannum hat sich der Murray River regelrecht in den Sandsteinfels hineingefräst. Immer wieder wartet der Fluss mit spektakulären Perspektiven und einer teils canyonhaften Landschaft auf. Ein imposantes Steilufer mit Aussichtspunkten gibt es bei Walker Flat. Nördlich von **Swan Reach** beginnt ein ausgeklügeltes System von Schleusen und Wehren zur Regulierung des Wasserstandes des Murray River. Die als Riverland bezeichnete Region im Dreieck Waikerie–Renmark–Loxton präsentiert sich als ein einziger großer Obst- und Weingarten. Der Anbau von Früchten und Reben in dieser ursprünglich sehr trockenen Gegend wurde erst durch künstliche Bewässerung mit dem kostbaren Nass des Murray möglich. Um **Waikerie** erstreckt sich heute Australiens größtes Anbaugebiet für Zitrusfrüchte. Weinliebhaber sollten etwa 5 km westlich der Stadt Berri bei der Berri Estates Winery in **Glossop** anlegen, die als größtes Weingut südlich des Äquators gilt (Tel. 08-85 82 03 40, www.berriestateswinery.com.au, Mo–Fr 9–17, Sa 9–16 Uhr, Eintritt frei). **Renmark,** neben Waikerie ein möglicher Endpunkt der Tour, ist ein weiteres agroindustrielles Zentrum des Plantagengebiets am Murray. 4 km südwestlich der Stadt liegt **Joe Bredl's Reptile Park** mit der umfangreichsten Reptiliensammlung Südaustraliens (Sturt Highway, Tel. 03-05 95 14 01, tgl. 9–18 Uhr, Erw. 13,50 A-$, Kinder 6,75 A-$).

Direkt am Wasser ▶ Harbour View Motel: 2 Sturt St., Tel. 08-87 68 21 48, www.robe harbourview.com.au. Komfortable Zimmer mit schönem Blick. DZ 140–255 A-$.

Camping ▶ Robe Long Beach Tourist Park: Esplanade, Long Beach, Tél. 18 00-10 61 06, http://robe-long-beach-holiday-park. sa.big4.com.au. Bestens ausgestattet, mit Cabins und Hallenbad.

Essen & Trinken

Mit schöner Terrasse ▶ The Gallerie: 2 Victoria St., Tel. 03-87 68 22 56, tgl. 12–15, 17.30–22.30 Uhr. New Australian Cuisine mit asiatischem Touch. Vorspeisen 15,50–19 A-$, Hauptgerichte 23,50–41,50 A-$.

Kingston S. E. ▶ 1, P 16

Ein riesiger Lobster aus Fiberglas ist das Wahrzeichen von **Kingston S. E.** 24 (S. E. steht für South-East). Am Rande des Hafenstädtchens ragt das **Cape Jaffa Lighthouse** (1872) auf. Ursprünglich wies der Leuchtturm am Cape Jaffa 25 km südwestlich von Kingston Seefahrern den Weg (Marine Parade, in den Schulferien tgl. 14–16.30 Uhr, Erw. 6 A-$, Kinder 3 A-$, Familien 15 A-$).

Infos

Tourist Information Office: c/o Littles BP Roadhouse, Princes Highway, Tel. 08-87 67 24 04, www.kingstondc.sa.gov.au, tgl. 8–20 Uhr.

Übernachten

3-Sterne-Komfort ▶ Econo Lodge: Princes Hwy., Tel. 08-87 67 23 22, www.lobstermotor inn.com.au. Geräumige Zimmer, einladender Pool. DZ 95–105 A-$.

Camping ▶ Kingston Caravan Park: Marine Pde., Tel. 08-87 67 20 50, www.kingston caravanpark.com.au. Am Strand, Cabins.

Coorong National Park
▶ 1, O/P 16

Der **Coorong National Park** 25 besteht aus einer 150 km langen und bis zu 3 km breiten Salzwasserlagune, die sich hinter den Dünen der Younghusband Peninsula erstreckt und deren Salzgehalt dreimal so hoch ist wie der

des Meeres. Das Naturschutzgebiet gehört zu den bedeutendsten Vogelreservaten des Fünften Kontinents. Tausende von Pelikanen, Seeschwalben, Kormoranen, Ibissen und Albatrossen lassen sich hier beobachten.

Ca. 10 km vor **Salt Creek** mit dem Hauptquartier des National Parks and Wildlife Service zweigt die **Coorong Loop Road** ab, die zwar schottrig-staubige, aber landschaftlich reizvollere Alternative zum parallel verlaufenden Princes Highway. Einige Kilometer nördlich der kleinen Siedlung Policemans Point kann man in **Jacks Point Pelican Observatory** Pelikane beobachten.

Infos

National Parks & Wildlife Service: Princes Highway, Salt Creek, Tel. 08-85 75 70 14.

Übernachten

Camping ▶ Gemini Downs Holiday Village: Princes Highway, Salt Creek, Tel. 08-85 75 70 13, www.geminidowns.com.au. Campsite mit geräumigen Cabins.

Nach Adelaide ▶ 1, P 15/16

Nördlich von **Meningie** folgt der Highway dem Ufer der großen Binnenseen Lake Albert und Lake Alexandrina. In **Tailem Bend** 26 nahe der Mündung des Murray River in den Lake Alexandrina entführt das Freilichtmuseum Old Tailem Town in die Pionierzeit (Princes Highway, Tel. 03-85 72 38 38, www.old tailemtown.com, tgl. 10–17 Uhr, Erw. 24 A-$, Kinder 12 A-$, Familien 60 A-$).

In **Murray Bridge** 27 kommt Südstaatenromantik auf. Historisch ist der Ort, wo 1878 die erste Brücke gebaut wurde, eng mit der Flussschifffahrt auf dem Murray verbunden. Heute noch liegt in Murray Bridge der Schaufelraddampfer »P. S. Proud Mary«, auf dem man den Unterlauf des Flusses erkunden kann. Zwischen Mannum und Walker Flat nördlich von Murray Bridge überrascht der Fluss, der dort tiefe Schluchten in den Sandstein gegraben hat, immer wieder mit spektakulären Perspektiven. Ab Murray Bridge nimmt der Verkehr auf dem South Eastern Freeway zu – Adelaide ist nicht mehr weit.

Heiligtum der Aborigines: der Uluru (Ayers Rock)
im ›Roten Herzen‹ Australiens

Kapitel 3

Adelaide und das Zentrum

Die Natur hat es gut gemeint mit den küstennahen Gebieten von South Australia. Dort gibt es grüne Hügel und fruchtbares Farmland, dort herrscht mediterranes Klima mit trockenen, warmen Sommern und feuchten, kühlen Wintern. Mit der Entfernung vom Meer werden die Regionen jedoch zunehmend heißer, trockener und unwirtlicher – South Australia ist der trockenste Staat im trockensten Kontinent der Welt.

Vor den Toren von Port Augusta beginnt das Outback. »A lot of nothing« nennen die Australier die für Europäer so faszinierende, grandiose Weite dieses heißen Stücks Unendlichkeit. Fast ständig ausgetrocknete Salzseen sind stumme Zeugen dafür, dass es in dieser Region einst viel Wasser gab. Ins Bild schieben sich auch Spinifex-Savannen und steinübersätes Ödland, die Gesteinsrippen erodierter Wüstengebirge und rote Dünen mit tiefen Tälern. Einzige Außenposten der Zivilisation in dieser Szenerie sind Roadhouses mit Tankstelle, Restaurant, Motel und Caravan Park.

Coober Pedy – die selbst ernannte ›Opal Capital of the World‹, in der mehr als drei Viertel aller Schmuckopale der Welt gefördert werden – ist der einzige größere Ort zwischen Port Augusta und

Alice Springs, der inoffiziellen Hauptstadt von Zentralaustralien. Ein ›Seitensprung‹ vom Stuart Highway führt zum Uluru, dem heiligen Berg der Aborigines, den Kata Tjuta, einer Ansammlung riesiger Felskuppeln, und zum Kings Canyon, der eindrucksvollsten Schlucht des Red Centre.

Eher an europäische Landschaften als an karge Wüsten erinnern dagegen die Weinanbaugebiete um Adelaide, etwa das berühmte Barossa Valley. Aus dem ›trockenen Rahmen‹ fällt auch Kangaroo Island, das mit den unterschiedlichsten Landschaftsformen aufwartet.

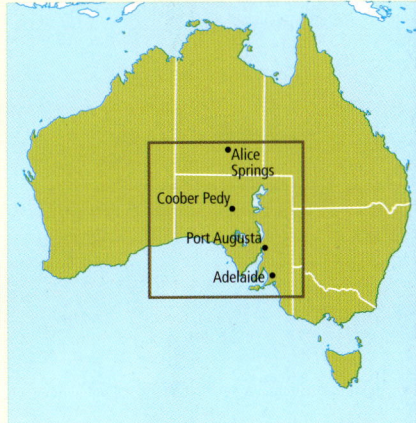

Adelaide und das Zentrum

Sehenswert

6 **Kangaroo Island:** Australien im Kleinformat mit einem einzigartigen Reichtum an Fauna und Flora (s. S. 286).

7 **Flinders Ranges:** Das Quarzitgebirge nordwestlich von Adelaide ist ein Eldorado für Wanderer (s. S. 290).

8 **Coober Pedy:** In der ›Opal Capital of the World‹ leben viele Menschen in Erdwohnungen (s. S. 298).

9 **Uluru-Kata Tjuta National Park:** Naturschutzgebiet im ›Roten Herzen‹ Australiens mit dem Uluru, dem heiligen Berg der Aborigines, und dem bizarren Felskuppelmassiv Kata Tjuta (s. S. 301).

Schöne Routen

Stuart Highway: Der südlichste Abschnitt der durchgehend asphaltierten Fernverkehrsstraße zählt zu den interessantesten Strecken in Zentralaustralien. Ein Blick auf die Landkarte erweckt den Eindruck, als führe die Straße durch eine Seenlandschaft. Bei den blau schraffierten Flächen handelt es sich jedoch um fast ständig ausgetrocknete Salzseen und Salzpfannen (s. S. 297).

Barrier Highway: Die Fahrt auf dem Barrier Highway durch das Outback von Adelaide nach Sydney ähnelt einem Roadmovie, der stundenlang mit wenigen Einstellungen auskommt: Schafweiden und Halbwüsten, Berglandschaften und Savannen, Bergbausiedlungen und alte Goldrauschstädte, gleißendes Licht und sengende Hitze. Dort, wo schnurgerade Highways den Horizont kreuzen, bekommt man ein Gefühl von der Weite und Leere des Kontinents (s. S. 318).

Meine Tipps

Weinproben im Barossa Valley: Ungetrübten Genuss ermöglicht die Teilnahme an einer geführten Tour (s. S. 282).

Luxus auf Schienen: Bahnreisen in Luxuszügen erfreuen sich auf dem Fünften Kontinent immer größerer Beliebtheit (s. S. 296).

Beim Royal Flying Doctor Service: Einen Eindruck von der Arbeit der fliegenden Ärzte gewinnt man in den Bodenstationen von Port Augusta (s. S. 297), Alice Springs (s. S. 311) und Broken Hill (s. S. 320).

Übernachtung unter der Erde: Die Höhlenhotels von Coober Pedy versprechen ein ganz besonderes Schlaferlebnis (s. S. 300).

Das größte Klassenzimmer der Welt: In der ›School of the Air‹ von Alice Springs können Besucher an Schultagen eine Stunde Funkunterricht live miterleben (s. S. 315).

aktiv unterwegs

Wanderungen im Wilpena Pound: Eine Reihe gut markierter Wanderwege erschließt das steinerne Riesen-Amphitheater im Herzen der Flinders Ranges (s. S. 292).

Umrundung des Uluru: Die Anangu-Aborigines sehen es nicht gern, wenn ihr Heiligtum von Touristen erstürmt wird. Eine nicht minder erlebnisreiche Alternative ist die Wanderung um den Monolithen (s. S. 304)

Mit dem Geländewagen ins Palm Valley: Wer das von seltenen Marienpalmen gesäumte, sandige Flusstal des Finke River erkunden möchte, benötigt ein Allradfahrzeug mit hoher Bodenfreiheit (s. S. 308).

Touren im Warrumbungle National Park: Das zerklüftete Naturschutzgebiet lockt mit bizarren Felsformationen und einer artenreichen Flora und Fauna (s. S. 326).

Adelaide und Umgebung

Manche bespötteln Adelaide als ein ›Gefängnis der Langeweile‹. Die Hauptstadt von South Australia, mit gut 1,2 Millionen Einwohnern die fünftgrößte Metropole des Kontinents, ist keine Stadt, die Besucher auf Anhieb in ihren Bann zieht – vielmehr erschließt sich ihr eigener Reiz erst auf den zweiten oder dritten Blick.

Als Keimzelle des Bundesstaates South Australia nimmt Adelaide einen besonderen Platz in der ›weißen‹ Geschichte des Kontinents ein: Die Stadt wurde nicht von deportierten Sträflingen aufgebaut, sondern von freien Siedlern – was die alteingesessenen Familien heute noch mit Stolz erfüllt. Der englische ›Entdecker‹ Matthew Flinders erkundete bereits 1801 das Gebiet um den Gulf St. Vincent, dort, wo sich heute die Metropole ausdehnt. Doch erst 35 Jahre später folgten als erste Pioniere Presbyterianer, die unter der Kontrolle einer Siedlungsgesellschaft der englischen Staatskirche standen.

John Hindmarsh, der erste Gouverneur der Kolonie, ging bei der Stadtgründung generalstabsmäßig vor. Mit dem königlichen Landvermesser William Light konzipierte er einen Grundriss, der noch heute manchen Stadtplanern als Anregung dient. Es entstanden zwei rechteckige, auf allen Seiten von Parks umgebene Stadtkerne, die der Torrens River voneinander trennt. Am 29. Dezember 1836 legten sie den Grundstein und benannten die zukünftige Hauptstadt der neuen Kolonie South Australia nach Adelheid von Sachsen-Meiningen, der Gattin des damaligen Königs von England, William IV. Neben britischen Immigranten wurde die Kolonie ab 1838 auch von Lutheranern aus Schlesien und der Mark Brandenburg geprägt (s. S. 279).

Obwohl mittlerweile Millionenmetropole, vermochte Adelaide Flair und Atmosphäre eines beschaulichen Ortes zu bewahren. Auf den ersten Blick wirkt die Stadt eher konservativ und zurückhaltend, doch lüftet man den ›viktorianischen Schleier‹, kommt ein sehr lebendiges, junges Gesicht zum Vorschein. Heute genießt Adelaide den Ruf einer internationalen Kulturmetropole. Aus dem Veranstaltungskalender ragen das alle zwei Jahre stattfindende Adelaide Arts Festival und das parallel dazu abgehaltene avantgardistische Adelaide Fringe Festival heraus. Drei Wochen lang wird die Stadt dann zu einem schillernden Treffpunkt für Künstler aus aller Welt.

Downtown Adelaide

▶ 1, O 15

Cityplan: S. 270

Victoria Square

Ein guter Ausgangspunkt für einen Stadtrundgang, für den man – will man zumindest einen flüchtigen Blick in die Museen am Weg werfen – mindestens einen Tag ansetzen sollte, ist der **Victoria Square.** Hier halten mehrere Citybus-Linien und hier befindet sich der Glenelg Tram Terminus, von dem die Straßenbahnen zum Strand von Glenelg verkehren. Die **St. Francis Xavier Cathedral** `1` (1856–1926) im Südosten des Platzes erinnert an die puritanische Vergangenheit der Stadt. Im Innern des neogotischen Gotteshauses beeindrucken die schlanken Säulen, umspielt vom Sonnenlicht, das durch kunstvolle Rosettenfenster dringt.

Central Market 2

Im Angebot des **Central Market** westlich des Victoria Square spiegelt sich die multikulturelle Gesellschaft von Adelaide wider. Hier bieten griechische Fischhändler und deutsche Metzger ihre Ware neben vietnamesischen Gemüseverkäufern feil (44–60 Gouger St., Tel. 08-82 03 74 94, www.adelaidecentral market.com.au, Di 7–17.30, Mi, Do 9–17.30, Fr 7–21, Sa 7–15 Uhr). Pagodentore weisen den Weg zu Adelaides kleiner **Chinatown** am Rande des Marktes.

King William Street

Die King William Street, das Rückgrat von William Lights Stadtgrundriss, ist 40 m breit. So wollte es im Jahr 1836 der Stadtplaner, als hätte er damals schon das Verkehrschaos unseres Jahrhunderts vorausgeahnt. Vorbei an einem Standbild von John McDouall Stuart, der 1861/62 als erster Europäer den australischen Kontinent von Adelaide bis zur Nordküste durchquerte, kommt man zur **Town Hall** 3, einem Veranstaltungsort für Konzerte und Empfänge. Überragt wird das majestätische Kolonialbauwerk von einem 44 m hohen Uhrenturm im italienischen Renaissancestil, dessen Doublette sich gegenüber beim **General Post Office** 4 erhebt.

Zu den markanten Bauwerken an dem Prachtboulevard gehört das **Edmund Wright House** 5 an der Ecke King William Street und Currie Street. Der als Bank errichtete Renaissancebau von 1876 bildet heute das Ambiente für kulturelle Ereignisse. In der Rundle Mall eine Querstraße weiter nördlich erhalten Besucher an einem Kiosk des Fremdenverkehrsamts Stadtpläne und Broschüren.

North Terrace westlich der King William Street

An der North Terrace macht Adelaide deutlich, dass es, ohne den Blick vor der Zukunft zu verschließen, an der Vergangenheit hängt. Die Nobelstraße präsentiert sich als Freilichtmuseum der Baustile des späten 19. Jh. Hier zeigt sich der Geschmack einer Zeit, welche die glatten Linien des Klassizismus ebenso schätzte wie die Verspieltheit des Barock.

Im **Parliament House** 6 kann man von einer Besuchertribüne die Mitglieder des Zwei-Kammer-Parlaments von South Australia beim Debattieren beobachten. Der Grundstein für das Bauwerk wurde 1883 gelegt. Da immer wieder das Geld ausging, konnten die Parlamentarier aber erst 56 Jahre später hier einziehen (North Terrace/King William Street, Tel. 08-82 37 91 00, www.parliament.sa.gov. au, kostenlose Führungen Fr und an sitzungsfreien Tagen 10, 14 Uhr; Besuchergalerie Mo–Fr 14–16 Uhr, Eintritt frei). Das benachbarte **Old Parliament House** 7, die im Jahre 1855 aus Marmor und Granit errichtete erste Tagungsstätte der südaustralischen Volksvertretung, dient heute als State History Centre, in dem die Geschichte des Bundesstaates dokumentiert wird.

In einem viktorianischen Bahnhofsgebäude aus dem Jahr 1929 residiert das mondäne **Adelaide Casino** 8. Einige Schritte weiter westlich ragen die modernen Bauten des **Convention Centre** 9 und des Hyatt Regency Hotel in den Himmel. Werke von zeitgenössischen weißen australischen Malern und von Aboriginal-Künstlern zeigt die **Gallerie Australis** im Untergeschoss der Nobelherberge (Tel. 08-82 31 12 34, Mo–Fr 10–18, Sa 12–16 Uhr, Eintritt frei).

Adelaide Festival Centre 10

Ein guter Orientierungspunkt ist das **Adelaide Festival Centre,** das zum Stadtbild von Adelaide gehört wie die Oper zu Sydney. Auch im internationalen Maßstab ist diese Anlage ein ästhetischer Genuss. Dem modernen Äußeren des 1973 eröffneten Mehrzweckzentrums entspricht das Innere, das sowohl für Theater, Oper, Ballett, Musik und Film als auch für Ausstellungen, Tagungen und Messen genutzt wird. Kenner halten die Akustik des Baus für besser als die der Oper in Sydney. Als Forum für spontane Kulturereignisse dient die von dem deutschen Bildhauer Otto Herbert Hajek mit bunten Steinquadern gestaltete Festival Plaza (Tel. 08-82 16 86 00, www.adelaidefestivalcentre.com.au, 60- bis 75 minütige Führungen Di, Do 11 Uhr, Erw. 15 A-$, Kinder unter 10 Jahren Eintritt frei).

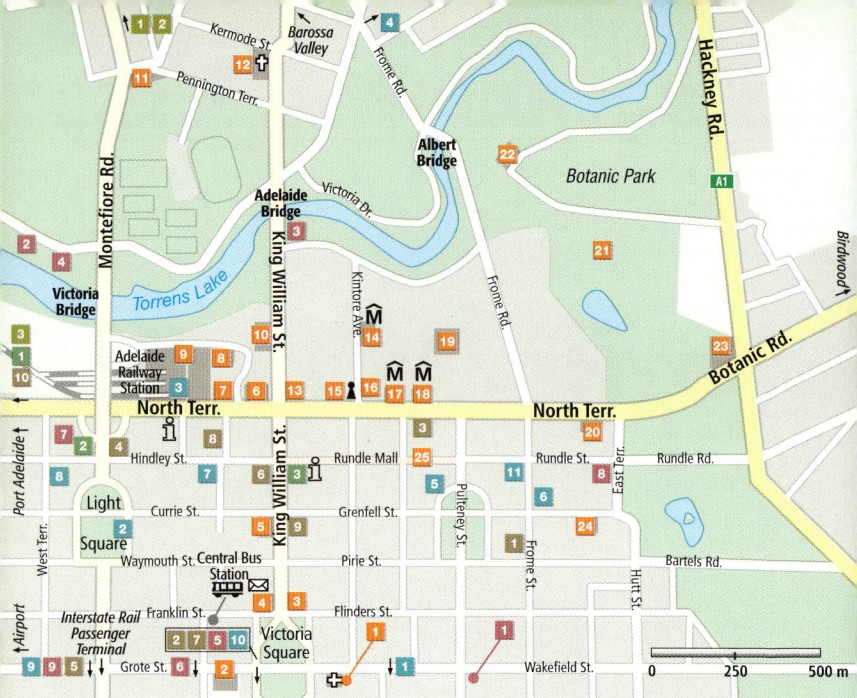

Nördlich des Torrens Lake

Auf der Victoria Bridge überquert man den Torrens Lake, den Ruderer als Trainingsrevier schätzen. Das vielleicht beste Panorama der City-Skyline genießt man vom Aussichtspunkt **Lights Vision** 11 auf dem Montefiore Hill in North Adelaide. Der hübsche Vorort zählt zu den ältesten Stadtteilen Adelaides und besticht mit seinen historischen Bauten im kolonialiem Stil sowie den vielen gewachsenen Gärten. 500 m östlich birgt die neogotische **St. Peter's Cathedral** 12 einen kunstvoll geschnitzten Hochaltar und ein kleines Kirchenmuseum mit liturgischen Objekten der ersten Siedler.

North Terrace östlich der King William Street

Über die Adelaide Bridge geht es wieder zurück in die Innenstadt. Das **South African War Memorial** 13 im Schnittwinkel von King William Street und North Terrace erinnert an die im Burenkrieg (1899–1902) gefallenen Soldaten aus South Australia. Inmitten des Prince Henry Garden liegt das der Öffentlichkeit nicht zugängliche Government House.

Nächstes Ziel ist das didaktisch exzellent aufgebaute **Migration Museum** 14. Es dokumentiert die Geschichte der Einwanderer aus über 100 Ländern, die sich in South Australia niederließen, und deren Einfluss auf die Lebensart des Staates (82 Kintore Ave., Tel. 08-82 07 75 80, www.history.sa.gov.au, Mo–Fr 10–17, Sa, So, Fei 13–17 Uhr, Eintritt frei, Spende erbeten). An der Ecke Kintore Avenue/North Terrace erinnert das **National War Memorial** 15 an die australischen Opfer des Ersten Weltkriegs. Die **State Library of South Australia** 16 mit einem Bestand von mehr als 1 Mio. Büchern und einer umfassenden Sammlung historischer Dokumente aus der frühen Kolonialzeit hat ein gutes Renommee für wechselnde Kunstausstellungen und andere Veranstaltungen (Tel. 08-82 07 72 50, Mo–Mi 9.30–20, Do 9.30–18, Fr 9.30–20, Sa, So 12–17 Uhr, Eintritt frei).

Zum Pflichtprogramm gehört auch ein Besuch des **South Australian Museum** 17, das

Adelaide

sich mit Vitrinen voller Tierpräparate, dem Skelett eines Blauwals und einer Mineraliensammlung als Schatzkiste für naturkundlich Interessierte erweist. Zudem birgt das verschachtelte Bauwerk mit der Australian Aboriginal Cultures Gallery die weltweit reichhaltigste Sammlung zur Kultur der australischen Ureinwohner. Mehr als 3000 Exponate, darunter Fotos und Kunstgegenstände, geben Aufschluss über Leben und Gebräuche der Aborigines. Dokumentiert wird nicht nur die Vergangenheit, sondern auch die Situation der Aborigines im Australien der Gegenwart (Tel. 08-82 07 75 00, www.samuseum.sa.gov. au, tgl. 10–17, kostenlose Führungen Mo–Fr 11, Sa, So 14, 15 Uhr, Eintritt frei).

Die **Art Gallery of South Australia** 18 nebenan präsentiert eine ebenso vielfältige wie kontrastreiche Sammlung australischer, europäischer und asiatischer Kunst. In der weit über die Grenzen von South Australia hinaus bekannten Kunstgalerie machen regelmäßig internationale Wanderausstellungen Station (Tel. 08-82 07 70 00, www.artgallery.sa.gov. au, tgl. 10–17, kostenlose Führungen tgl. 11 und 14 Uhr, Eintritt frei, Sonderausstellungen gebührenpflichtig).

Das Areal nordöstlich der Kunstgalerie nimmt die **University of Adelaide** 19 ein. 1873 gegründet und mit heute rund 12 000 Studenten ist die Hochschule die drittälteste und eine der größten Universitäten Austra-

Adelaide und Umgebung

liens. Das neogotische Mitchell Building auf dem Campus beherbergt das **Museum of Classical Archaeology** (Tel. 08-83 13 56 27, www.hss.adelaide.edu.au/classics/museum, Mo, Di, Mi, Fr 9–17, Do 11–17 Uhr, Eintritt frei).

Im **Ayers House** 20 am östlichen Ende der North Terrace residierte zwischen 1855 und 1897 der siebenmalige Premier von South Australia und Namensgeber des berühmten Ayers Rock, Sir Henry Ayers. Das 1846 errichtete Gebäude gilt als ein gelungenes Beispiel für die klassizistische Regency-Architektur des 19. Jh. Heute teilen sich ein exklusives Restaurant, das Amt für Denkmalpflege und ein Museum mit Memorabilien der Familie Ayers das historische Gemäuer (Tel. 08-82 23 12 34, www.ayershousemuseum.org.au, Di–Fr 10–16, Sa, So und Fei 13–16 Uhr, Erw. 10 A-$, Kinder 5 A-$).

Adelaide Botanic Gardens und Adelaide Zoo

Schräg gegenüber beginnen die 1855 angelegten **Adelaide Botanic Gardens** 21, in denen man zwischen mediterranen und subtropischen Pflanzen flanieren kann (Tel. 08-82 22 93 11, www.botanicgardens.sa.gov.au, Mo–Fr 7.15, Sa, So 9 Uhr bis Sonnenuntergang, Eintritt frei, kostenlose Führungen tgl. 10.30 Uhr). Der schönste Dschungel von South Australia wächst unter der großen Glaskuppel des **Bicentennial Conservatory** (tgl. 10–16 Uhr,

Adelaides einzige Tram pendelt zwischen der City und Glenelg an der Küste

Eintritt frei). Nutzpflanzen aus aller Welt zeigt das **Museum of Economic Botany** (Mi–So 10–16 Uhr, Eintritt frei).

Im **Adelaide Zoo** , der in einer Schleife des Torrens River liegt, warten neben zahlreichen anderen einheimischen Tieren halbzahme Kängurus auf Streicheleinheiten (Frome Road, Tel. 08-82 67 32 55, www.adelaidezoo. com.au, tgl. 9.30–17 Uhr, Erw. 31,50 A-$, Kinder 18 A-$, Familien 85 A-$).

Rund ums Thema ›australischer Wein‹ geht es im **National Wine Centre of Australia** 23 an der Südostecke des Botanischen Gartens. Vom Anbau über die Lese bis zum Keltern und Abfüllen wird der gesamte Prozess der Weinherstellung anschaulich dokumentiert.

Eine Probierstube und ein Restaurant laden zum Verweilen, in einem Laden kann man erlesene Flaschenweine kaufen (Botanic/Hackney Roads, Tel. 08-83 13 33 55, www.wine australia.com.au, tgl. 9.30–17 Uhr).

Zurück zur King William Street

Zwei Querstraßen südlich des Ayers House macht das **Tandanya Aboriginal Cultural Institute** 24 mit einem bunten Schild auf sich aufmerksam. Die Initiatoren des Kulturzentrums mit Wechselschauen von Malerei und Kunsthandwerk sowie Musik-, Tanz- und Theaterveranstaltungen haben die Pflege und Entwicklung der Künste der australischen Ureinwohner zum Ziel (253 Grenfell St., Tel. 08-82 24 32 00, www.tandanya.com.au, tgl. 10–17 Uhr, Eintritt frei, Cultural Performance Di–So 12 Uhr, Erw. 5 A-$, Kinder 3 A-$).

Nach wenigen Gehminuten erreicht man, vorbei an den East End Market Buildings, die **Rundle Mall,** Adelaides quirligste Einkaufsstraße, die nicht nur ein beliebter Treffpunkt für Straßenkünstler ist, sondern auch ein viel besuchter Lunch-Stopp. In der verkehrsberuhigten Zone bietet die viktorianische Einkaufspassage **Adelaide Arcade** 25 nostalgisches Shopping-Vergnügen. Jenseits der King William Street findet man in der Hindley Street, Adelaides ›Weltstadt-Meile‹, zahlreiche Restaurants, Bars und Nachtclubs.

Großraum Adelaide ▶ 1, O 15

Karte: S. 275

Glenelg und Semaphore

In einer halben Stunde bringt die Adelaide Explorer Tram Besucher nach **Glenelg** 1. Weil hier 1836 die ersten Briten an Land gingen, gilt Glenelg als Geburtsstätte von South Australia. Im Hafen ankert die »H.M.S. Buffalo«, ein Nachbau des Schoners, mit dem die ersten Siedler nach Südaustralien kamen. Die vor allem an Wochenenden in Scharen einfallenden Ausflügler kommen wegen der feinsandigen Strände, die sich vom Outer Harbour im Norden bis nach Port Noarlunga im

Adelaide und Umgebung

Süden erstrecken. Wer dem Strandleben keine Reize abgewinnen kann, fährt nach **Semaphore 2**, wo sich an einem sonnigen Sonntagnachmittag halb Adelaide in Strandcafés und Bistros ein Stelldichein gibt.

Port Adelaide 3

Port Adelaide, der historische Hafenbezirk der Stadt, erstrahlt nach einem architektonischen Facelifting in neuem Glanz. Eine gute Möglichkeit, die Atmosphäre des 1840 eröffneten Hafens einzufangen, bietet die ausgeschilderte **Heritage Walking Tour,** für die im Port Adelaide Visitor Information Centre (s. S. 276) eine Broschüre erhältlich ist. Der Spaziergang beginnt am Pier mit dem knallroten **Port Adelaide Lighthouse** von 1869 (Mo–Fr 10–14, Sa, So 10.30–16 Uhr, Eintritt frei mit Ticket für SA Maritime Museum). An Sonn- und Feiertagen lohnt ein Besuch der ehemaligen Lagerhallen am Hafen, wenn dort ein bunter **Flohmarkt** stattfindet. In Sichtweite der Kaianlagen steht das traditionsreiche **Britannia Hotel,** in dem seit 1850 Bier aus blank polierten Messinghähnen fließt.

Hinter der historischen Fassade des Bond Store in der Lipson Street Nr. 126 gibt das **South Australian Maritime Museum** einen guten Einblick in die Seefahrtsgeschichte früherer Jahre (Tel. 08-82 07 62 55, www.history. sa.gov.au, tgl. 10–17 Uhr, Erw. 10 A-$, Kinder 5 A-$, Familien 25 A-$). Ein Ziel für Fans historischer Dampflokomotiven ist das **National Railway Museum** ebenfalls in der Lipson Street (Tel. 08-83 41 16 90, www.natrailmuseum.org.au, tgl. 10–17 Uhr, Erw. 12 A-$, Kinder 6 A-$, Familien 32 A-$). Etwas abseits des Rundgangs liegt das **South Australian Aviation Museum** mit Flugzeugen aus den Pioniertagen der australischen Luftfahrt (Mundy Street, Tel. 08-82 40 12 30, www.saam. org.au, tgl. 10.30–16.30 Uhr, Erw. 10 A-$, Kinder 5 A-$, Familien 30 A-$).

Belair National Park 4

Östlich der Stadt verlieren sich die Vororte in der hügeligen Landschaft der Adelaide Hills. Im **Belair National Park** futtern Kängurus Besuchern aus der Hand. Mit etwas Glück

sieht man in den Kronen hoher Eukalyptusbäume Koalas. Das **Old Government House** aus dem Jahr 1859 am Rande des Nationalparks diente in kolonialen Zeiten den Gouverneuren von South Australia als Sommerresidenz (Tel. 08-82 78 54 77, www.parks.sa.gov. au, So und Fei 13–17 Uhr, Erw. 5 A-$, Kinder 2 A-$, Familien 12 A-$).

Mount Lofty Ranges

Durch die Mount Lofty Ranges mäandert der Mount Lofty Scenic Drive. In den **Mount Lofty Botanic Gardens 5** kann man zwischen Rhododendren und Platanen spazieren (Summit Road, Tel. 08-82 28 23 11, Mo–Fr 10–16, Sa, So, Fei 10–17 Uhr, Eintritt frei). Das Panorama, das sich von dem 726 m hohen **Mount Lofty** bietet, vermittelt einen guten Eindruck von den Dimensionen der knapp 2000 km[2] großen Metropole Adelaide.

Der **Cleland Wildlife Park 6** wurde 1967 als erster Wildpark Südaustraliens eröffnet. Besucher können hier frei herumlaufende Kängurus und Wallabies streicheln, Emus füttern und Koalas knuddeln (Summit Road, Tel. 08-83 39 24 44, www.environment.sa.gov.au, tgl. 9.30–17 Uhr, Erw. 20 A-$, Kinder 10 A-$, Familien 50 A-$).

Hahndorf 7

Auf den Spuren der ersten deutschen Siedler in Australien wandelt man in **Hahndorf** 25 km südöstlich von Adelaide. Gegründet wurde der nach dem Kapitän des ersten deutschen Auswandererschiffs benannte Ort 1839 von ostpreußischen Lutheranern. Heute ist Hahndorf mit Häusern aus der Gründerzeit ein touristisches Bilderbuchdorf. Vor allem australische Besucher sind vom ›Prosit der Gemütlichkeit‹ in den *Bavarian Style*-Restaurants begeistert.

Sehenswert sind die **St. Michaels-Kirche** von 1856, das älteste lutherische Gotteshaus von Australien, das **Haebich-Haus** von 1846 sowie die **Historic Hahndorf Academy** mit Werken des deutschstämmigen Landschaftsmalers Sir Hans Heysen, der die Hälfte seines Lebens in Hahndorf verbrachte (68 Main St., Tel. 08-83 88 72 50, tgl. 10–17 Uhr, Erw.

Umgebung von Adelaide

5 A-$, Kinder Eintritt frei). In den Bäckereien und Metzgereien des Orts können sich Heimwehkranke mit deutscher Hausmannskost eindecken. Hoch her geht es in Hahndorf jährlich im Januar beim Schützenfest, dem größten Bierfest nach ›deutscher Art‹ außerhalb der Bundesrepublik.

Infos

South Australian Visitor Information Centre: 108 North Tce., City, Tel. 1300-76 42 27, 08-84 63 46 94, www.southaustralia.com, Mo–Fr 9–17, Sa 9–14, So 10–15 Uhr. Informationen zu Adelaide und Umgebung sowie zu allen touristisch bedeutsamen Regionen

Zahlreiche Pubs machen die Hindley Street zu einem der Zentren des Nachtlebens

von South Australia, Buchung von Hotels, Mietwagen u. a.

Rundle Mall Visitor Information Centre: Rundle Mall (City), Tel. 08-82 03 76 11, Mo–Do 9–17, Fr 9–20, Sa 10–15, So 11–16, Fei 11–15 Uhr.

Port Adelaide Visitor Information Centre: Commercial Road/Vincent Street (Port Adelaide), Tel. 08-84 05 65 60, www.portenf.sa.gov.au, tgl. 9–17 Uhr.

Department for Environment, Heritage and Aboriginal Affairs: 77 Grenfell St. (City), Tel. 08-82 04 19 10, www.environment.sa.gov.au. Informationen über Nationalparks.

Royal Automobile Association of SA (RAA): 41 Hindmarsh Square (City), Tel. 13 11 11, 08-82 02 46 00, www.raa.net.

Im Internet: www.adelaidecitycouncil.com, www.cityofadelaide.com.au, www.adelaide now.com.au, www.bestrestaurants.com.au.

Übernachten

Prämiertes Boutiquehotel ▶ The Majestic Roof Garden Hotel [1]: 55 Fromo St. (East End), Tel. 08-81 00 44 00, 1800-00 84 99, www.majestichotels.com.au. 120 luxuriöse,

sehr geräumige Zimmer, Gourmetrestaurant, Fitnesscenter, Dachgarten. DZ 245–395 A-$.

Nahe Glenelg Beach ▶ Ensenada Motor Inn [2]: 13 Colley Tce. (Glenelg), Tel. 08-82 94 58 22, 1800-81 07 78, www.ensenada.com.au. Geschmackvolle Ausstattung, Restaurant und Pool, 20 Min. mit der Tram in die City. DZ ab 185 A-$.

Nobel-behaglich ▶ Mercure Grosvenor Hotel [3]: 125 North Tce. (City), Tel. 08-84 07 88 88, www.mercuregrosvenorhotel.com.au. Zentral, mit nostalgischem Charme, Restaurant, Sauna, Fitnessstudio. DZ 185–295 A-$.

Cooles Design ▶ Rockford Adelaide [4]: 164 Hindley St. (City), Tel. 08-82 11 82 55, 1800-78 81 55, www.rockfordhotels.com.au. Die 68 Zimmer des Boutiquehotels an Adelaides beliebtester Ausgehmeile sind minimalistisch und mit Liebe zum Detail gestaltet. Schöner Rooftop-Pool. DZ 160–220 A-$.

Aufmerksamer Service ▶ Rydges South Park [5]: South/West Terraces (City), Tel. 08-82 12 12 77, www.rydges.com. Von außen kein Schmuckstück, aber gut geführt, komfortabel und ruhig gelegen, mit Restaurant und beheiztem Pool. DZ ab 145 A-$.

Gelungener Stilmix ▶ **Adelaide Paringa Motel** 6 : 15 Hindley St. (City), Tel. 08-82 31 10 00, 1800-08 82 02, www.adelaideparinga. com.au. Das Haus mit 45 bestens ausgestatteten Zimmern verbindet kolonialen Charme mit modernem Komfort und einem exzellenten Service. DZ 125–155 A-$.

Familiär & ruhig ▶ **Norfolk Motor Inn** 7 : 71 Broadway (Glenelg), Tel. 08-83 76 19 34, www.norfolkmotorinn.com.au. Kleines, einfaches Motel nahe dem Glenelg Beach, gute Verkehrsanbindung in die City. DZ ab 95 A-$.

Preisgünstig ▶ **Motel Adjacent Casino** 8 : 25 Bank St. (City), Tel. 08-82 31 88 81, www. moteladjacentcasino.com.au. Sparsam möblierte Zimmer in einem riesigen Gebäude, aber unschlagbar bezüglich Lage und Preis. DZ ab 90 A-$.

Für junge Reisende ▶ **Blue Galah** 9 : 62 King William St. (City), Tel. 1800-55 53 22, www.bluegalah.com.au. Gut geführtes Backpacker-Hostel mit Bar und Reiseagentur. DZ 85 A-$, im Mehrbettzimmer ab 27 A-$/Pers.

Camping ▶ **Adelaide Shores Holiday Village** 10 : Military Road (West Beach), Tel. 08-83 56 76 54, www.adelaideshores.com.au. 8 km westlich, gut ausgestattet, große Auswahl an Cabins, Zugang zum schönen Badestrand, gute Busverbindung in die City.

Essen & Trinken

Heimatliches ▶ **Alphütte** 1 : 242 Pulteney St. (City), Tel. 09-82 23 47 17, www.alphutte. com.au, Mo–Fr 12–15, 18–23 Uhr. Schweizer Gastlichkeit mit Züricher Geschnetzeltem, Rösti u. v. m. Vorspeisen 12,90–18,90 A-$, Hauptgerichte 34,90–38,90 A-$.

Bush Food ▶ **Red Ochre Grill** 2 : War Memorial Drive (North Adelaide), Tel. 08-82 11 85 55, www.redochre.com.au, Mo–Sa 18–22 Uhr. Herzhafte Gerichte der australischen Busch-Küche, Spezialitäten: Emu-, Kamel-, Känguru- und Krokodilsteaks. Tipp: Red Ochre Platter für 48,50 A-$. Vorspeisen 15,50–22 A-$, Hauptgerichte 29–39,50 A-$.

Sehr schön am Wasser gelegen ▶ **Jolleys Boathouse** 3 : Jolleys Lane (City), Tel. 08-82 23 28 91, www.jolleysboathouse.com, Mo–Fr 12–15, 18–22, Sa 18–22, So 12–15 Uhr. Hier genießt man vorzügliche moderne australische Küche mit Blick auf den Torrens Lake. Vorspeisen 18,50–24,50 A-$, Hauptgerichte 28–45 A-$.

taliener mit Terrasse ▶ **River Café** 4 : War Memorial Drive (North Adelaide), Tel. 08-82 11 86 66, www.rivercafe.com.au, Mo–Fr 12–15, 18–22.30, Sa 18–23 Uhr. Italienische Gaumenfreuden vor dem Panorama der City-Skyline, an einem lauen Abend sollte man unbedingt einen Platz auf der Terrasse reservieren. Vorspeisen 15,50–25 A-$, Hauptgerichte 24–38,50 A-$.

Pilgerziel für Seafood-Fans ▶ **Sammy's on the Marina** 5 : R1/12 Holdfast Promenade (Glenelg), Tel. 08-83 76 82 11, www. sammys.net.au, tgl. 11.30–15, 17–22.30 Uhr. Überwältigende Auswahl an Fischen, Krebsen, Garnelen, Hummern und Muscheln, im modern-australischen Stil gekonnt zubereitet. Vorspeisen 15,90–22,90 A-$, Hauptgerichte 23–42,90 A-$.

Steaks ▶ **Gaucho's** 6 : 91–93 Gouger St. (City), Tel. 08-82 31 22 99, www.gauchos.com. au, Mo–Fr 12–15, 17.30–23, Sa, So 17.30–23.30 Uhr. Australische Steaks *Argentinian style* und andere Fleischgerichte. Reservierung empfohlen! Vorspeisen 3,50–13,50 A-$, Hauptgerichte 17,50–40,90 A-$.

Aussie-Hausmannskost ▶ **Worldsend Hotel** 7 : 208 Hindley St. (City), Tel. 08-82 31 91 37, www.worldsendhotel.com.au, Mo–Fr 11–24, Sa, So 18–1 Uhr. Uriges Kneipen-Restaurant mit bodenständigen australischen Gerichten, große Fassbierauswahl, an Wochenenden Live-Jazz. Vorspeisen 7,50–12 A-$, Hauptgerichte 15,90–28,90 A-$.

Thai-Küche ▶ **Lemongrass** 8 : 289 Rundle St. (City), Tel. 08-82 23 66 27, www.lemon grassthaibistro.com.au, Mo–Fr 11.30–15.30, 17–23, Sa, So 17–23 Uhr. Thailändische Nouvelle Cuisine. Vorspeisen 9,90–12,90 A-$, Hauptgerichte 15,90–25,90 A-$.

Asia-Snacks ▶ **Hawker's Corner** 9 : 141 West Tce. (City), Tel. 08-84 10 05 77, Di–Sa 8–22, So 11.30–20.30 Uhr. Diverse Essensstände mit einem Querschnitt durch die Küchen Asiens – eine Institution in Adelaide. Gerichte ab 8,50 A-$.

Adelaide und Umgebung

Einkaufen

**Flohmarkt ▶ Fishermen's Wharf Markets
1**: Lighthouse Square, Commercial Rd. (Port Adelaide), Tel. 08-83 41 20 40, www.fisher menswharfmarkets.com.au, So, Fei 9–17 Uhr. Antikes und Trödel.

Kunsthandwerk ▶ Jam Factory 2: 19 Morphett St. (City), Tel. 08-82 31 00 05, www.jamfactory.com.au, Mo–Sa 10–17 Uhr. Hochwertige kunstgewerbliche Souvenirs.

Aboriginal-Kunst ▶ Tandanya Aboriginal Cultural Institute 24: 253 Grenfell St. (City), Tel. 08-82 24 32 00, tgl. 10–17 Uhr. Gemälde namhafter Aboriginal-Künstler sowie hochwertiges Kunsthandwerk der Ureinwohner.

Opale ▶ Olympic Opal Gem Mine 3: 5 Rundle Mall (City), Tel. 08-82 11 74 40, Mo–Fr 9–18, Sa 10–16 Uhr. Opale und Opalschmuck im Nachbau einer Opalmine.

Abends & Nachts

Zentren des Nightlife mit zahlreichen Restaurants, Pubs und Clubs sind Hindley Street und Gouger Street in der City sowie Melbourne Street in North Adelaide. Buchungen (auch aus Übersee) für alle größeren Veranstaltungen tätigen **Ticketek** (Tel. 13 28 49, www.ticketek.com.au) und **Ticketmaster** (Tel. 13 61 00, www.ticketmaster.com.au).

Klassische Musik und Theater ▶ Adelaide Festival Centre 10: King William Road (City), Tel. 13 12 46, www.bass.net.au. Aufführungen des Adelaide Symphony Orchestra und des State Theatre. Tickets 50–200 A-$. **The Adelaide Rep Theatre 1**: 53 Angas St., City, Tel. 08-82 12 57 77, www.adelaiderep. com. Theater- und Musicalproduktionen aus dem In- und Ausland. Tickets 50–150 A-$. **Night Train 2**: 9 Light Square (City), Tel. 08-82 31 22 52, tgl. 19–23 Uhr. Schrilles Theater-Restaurant.

Livemusik ▶ Fowler's Live 3: 68–70 North Tce. (City), Tel. 08-82 12 02 55, www.fowlers live.com.au, So–Do 19–2, Fr, Sa 19–3 Uhr. Jazz, HipHop, Techno, Drum & Bass, Deep House, Funk & Soul – hier gibt es für jeden etwas, natürlich live! **Old Lion Hotel 4**: 161 Melbourne St. (North Adelaide), Tel. 08-82 67 02 22, www.thelionhotel.com So–Do 12–23,

Fr, Sa 12–1 Uhr. Livemusik in historischer Brauerei für Nachtschwärmer gesetzteren Alters. **The Jade Monkey 5**: 29A Twin St. (City), Tel. 08-82 32 09 50, So–Do 19–2, Fr/Sa 19–3 Uhr. Für Szenekenner der *Grooviest Live Music Spot* von Adelaide.

Nachtclubs ▶ Crown & Anchor Hotel 6: 196 Grenfell St. (City), Tel. 08-82 23 32 12, So–Do 19–2, Fr, Sa 19–3 Uhr. Gute Adresse für Freunde von Techno und Rave. **The City Nightclub 7**: 27 Hindley St. (City), Tel. 08-84 10 88 38, www.thecitynightclub.com.au, So–Do 19–2, Fr, Sa 19–3 Uhr. Neu und angesagt; in dem Tanztempel lässt es sich auf zwei Etagen stilvoll abtanzen. **Jive 8**: 181 Hindley St. (City), Tel. 08-82 11 66 83, www. jivevenue.com, So–Do 19–2, Fr, Sa 19–3 Uhr. Hipper Tanzschuppen mit einem Soundmix von Punk bis Pop. **Mars Bar 9**:120 Gouger St. (City), Tel. 08-82 31 96 39, www.themars bar.com.au, So–Do 19–2, Fr, Sa 19–3 Uhr. Auch bei Heteros beliebter Schwulen-Hotspot, ab und zu Drag Shows.

Kneipen ▶ Brecknock Hotel 10: 401 King William St. (City), Tel. 08-82 31 54 67, So–Do 12–23, Fr, Sa 12–1 Uhr. Irischer Pub mit Guinness vom Fass, Fr und Sa ab 20 Uhr Livemusik. **The Austral Hotel 11**: 205 Rundle St. (City), Tel. 08-82 23 46 60, www.theaustral. com.au, So–Do 12–23, Fr, Sa 12–1 Uhr. Bei Szenegängern beliebter Pub mit Biergarten und Live-Bands.

Aktiv

Stadttouren ▶ Adelaide Greeter Service: Tel. 08-82 03 72 03, www.cityofadelaide.com. au/information/adelaide-greeters. Freiwillige führen Besucher auf 2- bis 4-stündigen Gratis-Spaziergängen zu den schönsten Plätzen der Stadt und geben Insider-Tipps. Bei Online-Anmeldung (mindestens 3 Tage vorher!) kann man die Greeters nach Sprache und Interessensgebiet wählen. Mit Voranmeldung spätestens am Vortag kann man sich Mo–Fr 9.30 Uhr der Orientierungstour ›First Steps‹ anschließen, die beim Rundle Mall Visitor Information Centre (s. S. 276) beginnt. **Tour about Adelaide:** Tel. 08-83 65 11 15, www.tour aboutadelaide.com.au. Halb- und ganztägige

Deutsche in Australien Thema

In zahlreichen Familien auf dem Fünften Kontinent wird noch deutsch gesprochen, und in vielen Schulen ist Deutsch die mit Abstand meistgelehrte Fremdsprache. Wohl am reinsten haben sich die deutschen Traditionen im Barossa Valley erhalten.

Die ersten Deutschen kamen 1788 mit Kapitän Arthur Phillip. Doch erst Mitte des 19. Jh. wurde Australien neben Nordamerika und Kanada ein Ziel für deutsche Auswanderer. Ein Glaubensstreit war es, der die erste größere deutsche Einwanderergruppe 1838 nach Australien trieb: der Konflikt zwischen Reformierten und Lutheranern. Pastor August Kavel, ein Altlutheraner aus Klemzig in Brandenburg, wollte seine Gemeinde lieber nach Australien bringen als auch nur einen Schritt vom rechten Glauben abzuweichen. Am anderen Ende der Welt sah man in den orthodoxen Lutheranern aus Preußen die so dringend benötigten Siedler und Arbeitskräfte; man sicherte ihnen Religionsfreiheit zu, bot ihnen später sogar freie Überfahrt und stellte ihnen in Queensland Land zur Verfügung.

Bis Ende des 19. Jh. hatten sich fast 50 000 Deutsche in Südaustralien niedergelassen und Gemeinden wie Hahndorf oder Lobethal in den Mount Lofty Ranges sowie Bethanien, Langmeil und Gnadenfrei im Barossa Valley gegründet. Jahrzehntelang war das Verhältnis zwischen Deutschen und Australiern ungetrübt. Dies änderte sich während der beiden Weltkriege. Deutschen Immigranten wurde mit Misstrauen, sogar Hass begegnet. Viele waren Repressalien ausgesetzt oder wurden als ›Feinde innerhalb der eigenen Mauern‹ in Lagern interniert. Während des Ersten und Zweiten Weltkriegs verschwanden deutsche Ortsnamen von der australischen Landkarte, die Behörden schlossen deutsche Schulen, verboten Deutsch als Unterrichtssprache und forderten deutschstämmige Einwanderer, größtenteils schon Australier der zweiten oder dritten Generation, auf, ihre Familiennamen zu anglisieren. Die Furcht der Australier war unbegründet, denn in beiden Weltkriegen kämpften zahlreiche deutschstämmige Einwanderer als australische Soldaten gegen das Land ihrer Vorfahren und dessen Verbündete.

Australien gilt vielen Deutschen als Synonym für Freiheit und Lebensqualität. 20 % der deutschen Nachkriegseinwanderer haben den Fünften Kontinent jedoch wieder verlassen, manche packten bereits nach wenigen Wochen ihre Koffer, als sie feststellen mussten, dass ihre Facharbeiterbriefe, Meistertitel oder Universitätsdiplome kaum etwas galten. Anfang der 1980er-Jahre schränkte die australische Regierung in Canberra die Einwanderung drastisch ein. Nur Zuwanderer mit gefragten Berufen wie Computerspezialisten und Finanzanalytiker sowie Unternehmer, die Arbeitsplätze schaffen, haben gute Chancen.

Die meisten deutschen Einwanderer beantragen nach zweieinhalb Jahren im Land die australische Staatsbürgerschaft und lassen sich nach einer Eignungsprüfung einbürgern. Im Gegensatz zu anderen Immigranten, vor allem aus südeuropäischen und asiatischen Ländern, wurden viele Deutsche zu ›waschechten‹ Aussies. Einen Wermutstropfen aber hat die reibungslose Integration: Selbst im traditionsbewussten Barossa Valley wird die von Deutschen hergestellte Wurst immer mehr australischen Geschmäckern angepasst.

Adelaide und Umgebung

Fast zwei Drittel aller australischen Weine kommen aus South Australia

Spaziergänge zu weniger bekannten Sehenswürdigkeiten; mindestens 1 Tag vorher buchen (Erw. ab 45 A-$, Kinder ab 25 A-$, Familien ab 115 A-$).

Bootsausflüge ▶ Dolphin Explorer [1]: Tel. 08-84 47 23 66, www.dolphinexplorer.com.au. Bootstouren im Port Adelaide mit Delfinbeobachtung (Erw. 29,50 A-$, Kinder 15,50 A-$, Familien 84,50 A-$). **»M.V. Port Princess«** [2]: Fishermen's Wharf (Port Adelaide), Tel. 08-82 43 27 57, www.portprincess.aom.au. Hafenrundfahrten (Erw. 19,50 A-$, Kinder 10,50 A-$, Familien 49,50 A-$). **Temptation Sailing** [3]: Tel. 0412-81 18 38, www.dolphinboat.com.au. 3,5-stündige Segeltour zur Delfinbeobachtung. Von Oktober bis April kann man auch mit den Tieren schwimmen. Schwimmer Erw. 98 A-$, Kinder 88 A-$, Zuschauer Erw. 68 A-$, Kinder 58 A-$.

Termine

Chinese New Year (Jan.): Drachenumzüge, Feuerwerke u. a.
German Shooting Festival (Jan.): Deutsches Schützenfest in Hahndorf.

Adelaide Fringe Festival (Febr./März der geradzahligen Jahre): Avantgardistisches Pendant zum Adelaide Arts Festival.
Adelaide Arts Festival (Febr./März der geradzahligen Jahre): Dreiwöchiges Kulturfest.
Womadelaide (Febr./März): Musik- und Tanzfestival.
Adelaide Cup (März): Pferderennen.
Australian Festival for Young People (März/April in ungeraden Jahren): Jugendkunstfestival mit Tanz, Theater und Musik.
Royal Adelaide Show (Sept.): Landwirtschaftsausstellung mit Volksfest.

Verkehr

Flüge: Zwischen dem 7 km westl. gelegenen Flughafen (www.adelaideairport.com.au) und der City pendelt ein Flughafenbus (JetBus, Tel. 1300-31 11 08, www.adelaidemetro.com.au, 5.30–22.30 Uhr alle 15–20 Min., Fahrtdauer ca. 20–30 Min., Erw. 8,50 A-$, Kinder 4,50 A-$). Ein Taxi kostet 25–30 A-$.
Züge: Fernzüge starten ab Interstate Rail Passenger Terminal, Richmond Road, Keswick, Tel. 13 21 47, www.trainways.com.au.

Busse: Überlandbusse aller Gesellschaften und in alle Richtungen starten ab Central Bus Station, 101–111 Franklin St. (City). Auskunft und Buchung: Transport InfoLine, Tel. 18 00-18 21 60, www.bussa.com.au, Greyhound Australia, Tel. 13 00-47 39 46, 08-82 12 50 66; Premier Stateliner, Tel. 08-84 15 55 55.

Mietwagen: Eine große Auswahl an Fahrzeugen jeder Art haben Avis, Tel. 13 63 33; Budget, Tel. 13 27 27; Europcar, Tel. 13 13 90; Hertz, Tel. 13 30 39. Alle Firmen haben Filialen am oder in der Nähe des Flughafens.

Fortbewegung in der Stadt

Auskunft zum Stadtverkehr erteilt **Adelaide Metro,** City Information Centre, King William/ Currie Sts. (City), Tel. 13 00-31 11 08, www. adelaidemetro.com.au.

Busse: Die Busse des kostenlosen **City Loop Bus Service** fahren tagsüber in dichten Abständen auf einer Rundstrecke um die Innenstadt. Ergänzt wird das Busnetz durch die **FREE Terrace to Terrace Tram,** den Nachbau einer Tram, die als ebenfalls kostenlose Touristenlinie Mo–Fr 8–18, Sa, So und Fei 9–18 Uhr in 10- bis 15-minütigem Rhythmus zwischen South Terrace und North Terrace verkehrt. Die alte Glenelg Tram fährt tagsüber alle 15–20 Min. in ca. 30 Min. vom Victoria Square in der City nach Glenelg.

Züge: Nahverkehrszüge in alle Vororte starten ab Adelaide Railway Station (North Tce.).

Taxis: sind zahlreich. Taxibestellung: Suburban, Tel. 13 10 08; Yellow Cabs, Tel. 13 22 27.

Mit dem eigenen Fahrzeug: Außer für Wohnmobile gibt es ausreichend Parkmöglichkeiten (z. B. in der Tiefgarage des Adelaide Festival Centre), jedoch benötigt man in der kompakten, bequem zu Fuß zu erkundenden City kein eigenes Fahrzeug.

Barossa Valley ▶ 1, O 15

Karte: S. 275

Im Barossa Valley, dem berühmtesten Weinanbaugebiet des Fünften Kontinents, wird rund ein Viertel des australischen Weins gekeltert. Den Grundstock für diese florierende Industrie legten Mitte des 19. Jh. deutsche Lutheraner, deren Traditionen in Trachten, Volksmusik, Leberwurst, Streuselkuchen und einem merkwürdigen Dialekt, dem Barossa-Deutsch, fortbestehen.

Heute gibt es in dem etwa 40 km langen und durchschnittlich 10 km breiten Barossa Valley nordöstlich von Adelaide an die 50 Weinproduzenten, vom Familienbetrieb bis zur fabrikmäßigen Großkellerei. Das Geheimnis der Barossa-Winzer liegt in der Vielfalt der vorhandenen Bodenarten, die den Anbau zahlreicher Rebsorten erlaubt. Auf den großen Gütern spezialisieren sich die Winzer vor allem auf den weißen Chardonnay sowie die roten Traubensorten Cabernet Sauvignon, Pinot Noir und Shiraz. Die unterschiedlichen Erzeugnisse kann man bei Besichtigungen der Güter kosten – unterwegs weisen Schilder mit der Aufschrift ›Cellardoor‹ auf Gelegenheiten zu Weinproben hin. Fürs leibliche Wohl sorgen zahlreiche Gastwirtschaften, die erstklassige Speisen zu erschwinglichen Preisen bieten. Ein Besuch im Barossa Valley lohnt besonders zur Weinlese zwischen Februar und Mai.

Tanunda ⑧

Hauptort des Tals ist **Tanunda,** das früher den Namen Langmeil trug. Einen Blick in die ›deutsche‹ Vergangenheit der Region kann man im **Barossa Valley Historic Museum** werfen (47 Murray St., Tel. 08-85 63 05 07, Mo–Sa 11–17, So 13–17 Uhr, Erw. 5 A-$, Kinder 2 A-$, Familien 12 A-$). Der Friedhof der lutherischen **Langmeil Church** von 1888 weckt Erinnerungen an die Gründerjahre – Grabinschriften berichten von manch tragischem Schicksal. Den alten Marktplatz, den **Goat Square** etwas abseits der Hauptstraße, säumen Fachwerkhäuser, wie sie einst im östlichen Deutschland üblich waren.

Infos

Barossa Wine & Visitor Information Centre: 66–68 Murray St., Tel. 13 00-85 29 82, www.barossa.com, Mo–Fr 9–17, Sa, So, Fei 10–16 Uhr. Videos informieren über den Weinanbau.

Übernachten

Wohlfühl-Pension ▶ Langmeil Cottages: 89 Langmeil Rd., Tel. 08-85 63 29 87, www.langmeilcottages.com. Stilvolles, stets gut gebuchtes B & B, rechtzeitige Reservierung nötig. DZ 190 A-$ (inkl. Frühstück).

Ideal für Familien ▶ Barossa Valley Junction Motel: Barossa Valley Way, Tel. 08-85 63 34 00, www.barossavalleyjunctionmotel.com. au. Familienfreundliches Motel in der Nähe eines Weingutes mit Restaurant und Hallenbad. DZ 116–164 A-$.

Camping ▶ Tanunda Caravan & Tourist Park: Barossa Valley Way, Tel. 08-85 63 27 84, www.tanundacaravantouristpark.com.au. Mit Cabins.

Essen & Trinken

Kreative Bistroküche ▶ 1918 Bistro & Grill: 94 Murray St., Tel. 08-85 63 04 05, www.1918. com.au, Mo–Sa 12–14.30, 18.30–21, So 12–14.30, 18.30–20 Uhr. New Australian Cuisine, erlesene Weine. Vorspeisen 10–22 A-$, Hauptgerichte 27–33 A-$.

Deutsche Hausmannskost ▶ Café Heidelberg: 8 Murray St., Tel. 08-85 63 21 51, tgl. 12–15, 17–22 Uhr. Futtern wie bei Muttern, z. B. Kassler mit Salzkartoffeln und Sauerkraut (20,50 A-$).

Tipp: Genuss ohne Grenzen

Die in Australien geltende Alkoholgrenze von 0,5 Promille ist nach zwei, drei Weinproben rasch erreicht oder überschritten. Wer die Verkostungen ausgiebig genießen möchte, sollte sich einer der von zahlreichen Veranstaltern angebotenen Tagestouren anschließen, z. B.

Barossa Valley Day Tours: Premier Stateliner, Tel. 08-84 15 55 55, www.premierstateliner.com.au. Tgl. 9.30 Uhr ab Adelaide (Erw. 92,50 A-$, Kinder 54,50 A-$ inkl. Lunch).

Barossa Experience Tours: Tel. 08-85 63 32 48, www.barossavalleytours.com. Touren mit Startpunkt Tanunda (ab 150 A-$ inkl. Weinprobe und Lunch).

Aktiv

Weinproben ▶ Bethany Wines: Bethany Road, Tel. 08-85 63 20 86, www.bethany. com.au, Mo–Sa 10–17, So 13–17 Uhr. Kleiner Familienbetrieb. **Château Tanunda Estate:** Basedow Road, Tel. 08-85 63 38 88, www. chateautanunda.com, tgl. 10–17 Uhr. Renommiertes Weingut um ein 1888 erbautes Schloss. **Peter Lehmann Wines:** Para Road, Tel. 08-85 63 21 00, www.peterlehmann wines.com, Mo–Fr 9.30–17, Sa, So und Fei 10.30–16.30 Uhr. Vielfach ausgezeichnetes Weingut. **Rolf Binder Veritas Winery:** Seppeltsfield/Stelzer Roads, Tel. 08-85 62 33 00, www.rolfbinder.com, Mo–Sa 10–16.30 Uhr. Kleines Weingut mit gutem Renommee.

Termine

Barossa Vintage Festival (Ostern, in ungeraden Jahren): Mehrtägiges Weinlesefest mit Tanz, Musik und Weinproben.

Barossa Gourmet Weekend (3. Wochenende im Aug.): Fest für Feinschmecker und -schlucker.

Barossa International Music Festival (Okt.): Konzerte aller Art in Kirchen und Weinkellern.

Verkehr

Busse: Von der Central Bus Station in Adelaide fahren tgl. mehrere Busse in das Barossa Valley (90 Min.).

Von Tanunda nach Angaston

Der schönste Panoramablick über das Barossa Valley bietet sich vom **Menglers Hill Lookout** [9] östlich von Tanunda. Unterhalb des Aussichtshügels beweist ein moderner Skulpturenpark, dass im Barossa Valley nicht nur die Kunst des Kelterns gepflegt wird. Einen Kontrast zur Kulturlandschaft bildet der etwa 10 km südöstlich von Tanunda gelegene **Kaiserstuhl Conservation Park** [10] mit natürlichem Buschland und einer artenreichen Vogelwelt.

Auf der Menglers Hill Road erreicht man **Angaston** [11], ein Mitte des 19. Jh. von englischen Siedlern gegründetes Dorf mit Galerien und Kunsthandwerkläden. Vom Charme früherer Zeiten zeugen das viktorianische

Hauptgebäude der **Yalumba Winery** (www. yalumba.com) owie die 1853/54 als Residenz der Kolonialistenfamilie Angas erbaute **Collingrove Homestead** (Eden Valley Road, Tel. 08-85 64 20 61, www.collingrovehomestead. com.au, Mi–Fr 12–15, Sa, So 12–16 Uhr, Erw. 6 A-$, Kinder 3 A-$, Familien 15 A-$). Angaston ist bekannt für das von der Angas Park Fruit Company hergestellte, leckere Trockenobst. Die Firma unterhält einen Laden in der Hauptstraße des Ortes (3 Murray St., Mo–Sa 9–17, So 10–17 Uhr).

Essen & Trinken

Gourmetparadies ▶ **Vintners Bar & Grill:** Nuriootpa Road, Angaston, Tel. 08-85 64 24 88, www.vintners.com.au, Mo–Sa 12–14.30, 18.30–21, So 12–14.30 Uhr. Ein Pilgerziel für Feinschmecker: Der Chef zaubert feine regionale Gerichte mit asiatischem Touch, die Balance zwischen Kreativität und Bodenständigkeit haltend. Die ellenlange Weinkarte macht fast schwindlig. Vorspeisen 17–38 A-$, Hauptgerichte 39–45 A-$.

Einkaufen

Bunter Bauernmarkt ▶ **Barossa Farmers Market:** Vintners Shed, Nuriootpa Road, Angaston, www.barossafarmersmarket.com.au, Sa 7.30–11.30 Uhr. Regionale Produkte und viel Lokalkolorit.

Aktiv

Weinproben ▶ **Saltram Wine Estates:** Nuriootpa Road, Angaston, Tel. 08-85 61 02 00, www.saltramwines.com.au, tgl. 10–17 Uhr. **Yalumba Winery:** Eden Valley Road, Angaston, Tel. 08-85 61 32 00, www.yalumba. com.au, tgl. 10–17 Uhr. Traditionsreiches Weingut in einer herrschaftlichen Anlage.

Von Tanunda nach Nuriootpa

Die meisten Kellereien konzentrieren sich am **Barossa Valley Way** zwischen Tanunda und Nuriootpa. Einige Kilometer östlich der Straße steht in **Marananga 12** die zwischen 1857 und 1873 von schlesischen Lutheranern erbaute **Gnadenfrei St. Michaels-Kirche.** Bis zum Ersten Weltkrieg hieß auch der von

Schlesiern in den 1840er-Jahren gegründete Ort Gnadenfrei, doch wurden nach 1918 in Australien deutsche Ortsnamen von der Landkarte gestrichen.

Östlich von Marananga erstreckt sich vor **Seppeltsfield 13** die 1851 gegründete gleichnamige Winzerei, eine der traditionsreichsten der Region. Auf einem Hügel oberhalb der von alten Dattelpalmen gesäumten Straße thront das klassizistische Mausoleum der Pionierfamilie Seppelt, das mit seinem wuchtigen Säulenportal wie ein griechischer Tempel wirkt.

Übernachten

Mit Alte-Welt-Flair ▶ **The Louise:** Seppeltsfield Road, Marananga, Tel. 08-85 62 27 22, www.thelouise.com.au. Elegante, ruhige Herberge inmitten von Weinfeldern, mit exzellentem Service, Restaurant und Pool. DZ 525–1095 A-$ (inkl. Frühstück).

Einfach, aber freundlich ▶ **Top Drop Motel:** Kalimna Road, Nuriootpa, Tel. 08-85 62 10 33, www.topdropmotel.com.au. Klein und ruhig, mit Restaurant und beheiztem Pool. DZ 95–120 A-$.

Camping ▶ **Barossa Valley Tourist Park:** Penrice Road, Nuriootpa, Tel. 1800-25 16 34, www.barossatouristpark.com.au. Gut ausgestattet, mit geräumigen Cabins.

Aktiv

Weinproben ▶ **Château Dorrien Winery:** Barossa Valley Way/Seppeltsfield Rd., Nuriootpa, Tel. 08-85 62 28 50, www.chateaudorrien.com.au, tgl. 10–17 Uhr. Großes Weingut mit Restaurant. **Penfolds Wines:** Barossa Valley Way, Nuriootpa, Tel. 08-85 68 92 90, www.penfolds.com.au, Mo–Sa 10–17, Sa, So, Fei 11–17 Uhr, Führungen Mo–Fr 10.30, 14, Sa, So, Fei 10.30 Uhr. Großkellerei. **Seppeltsfield Estate:** Seppeltsfield Road, Seppeltsfield, Tel. 08-85 68 62 00, www.seppeltsfield.com.au, tgl. 10.30–17 Uhr, Führungen tgl. 11.30, 15.30 Uhr, Erw. 15 A-$, Kinder frei. Traditionsreiches Weingut. **Two Hands Wines:** Neldner Rd, Marananga, Tel. 08-85 62 45 66, www.twohandswines.com, tgl. 10–17 Uhr. Preisgekröntes, innovatives Weingut. **Wolf**

Adelaide und Umgebung

Blass Wines, 97 Sturt Hwy., Nuriootpa, Tel. 08-85 68 73 11, www.wolfblass.com.au, Mo–Fr 9.15–17, Sa, So, Fei 10–17 Uhr. Von dem Deutschen Wolf Blass im Jahr 1973 gegründete innovative Kellerei.

Lyndoch 14

Lyndoch war der erste Ort im Barossa Valley, in dem Wein angebaut wurde. Zehn Weingüter konzentrieren sich in seiner näheren Umgebung. Mit ihrem zinnengekrönten Turm erinnert die **Château Yaldara Winery** 13 km südlich von Tanunda an eine mittelalterliche Festung. Die Besitzer des Weinguts legten einen Teil ihres Reichtums in Kunstgegenständen aus europäischen Ländern an. Die exquisite Sammlung kann bei Führungen besichtigt werden (Hermann Thumm Drive, Tel. 08-85 24 02 25, tgl. 9.30–17 Uhr, Führungen tgl. 10.15 und 13.30 Uhr, Erw. 8,50 A-$, Kinder 4,50 A-$, Familien 21,50 A-$).

Übernachten

Luxuriöse Lodge im Landhausstil ▶ Abbotsford Country House: Yaldara Drive, Tel. 08-85 24 4662, www.abbotsfordhouse.com. Georgianisches Schmuckstück am Rande eines renommierten Weinguts mit 8 individuell gestalteten Zimmern, hilfsbereite Besitzer. DZ 285–375 A-$ (inkl. Frühstück).

Essen & Trinken

Deutsche Hausmannskost ▶ Lyndoch Bakery & Restaurant: Barossa Valley Way, Tel. 08-85 24 44 22, www.lyndochbakery.com.au, tgl. 8.30–17 Uhr. Gemütliches Lokal im bayerischen Stil mit solider deutscher Küche, in der dazugehörigen Bäckerei gibt es neben knusprigen Brezeln auch richtiges Schwarzbrot. Vorspeisen 4,90–11,90 A-$, Hauptgerichte 13,90–25,90 A-$.

Springton 15

In **Springton** am Südostrand des Barossa Valley steht der Herbig Family Tree. Der uralte, hohe Eukalyptusbaum mit einem Innendurchmesser von 6 m zeugt vom harten Dasein der Pioniersiedler: Hier lebte von 1858 bis 1863 Friedrich Herbig, ein Schneider aus Schlesien, mit seiner Frau und den ersten beiden Kindern, die in dem Baumhaus geboren wurden. Als die Familie größer wurde, zogen die Herbigs in ein Steinhaus um.

Fleurieu Peninsula

▶ 1, O 15/16

Südlich von Adelaide ragt die Fleurieu Peninsula knapp 100 km in den Southern Ocean hinaus. Eine gute touristische Infrastruktur macht die Region zu einem beliebten Feriengebiet, das von Adelaide bequem im Rahmen eines Tagesausflugs zu erkunden ist. Vor allem die Badeorte mit kilometerlangen, flach auslaufenden Sandstränden südlich von **Port Noarlunga** ziehen viele Ausflügler an. Wegen der geschützten Lage am Gulf St. Vincent ist dort das Baden weitgehend risikolos möglich. Ein Mekka für Surfer ist die Südspitze mit Steilklippen bei **Cape Jervis,** dem Fährhafen nach Kangaroo Island (s. S. 286).

McLaren Vale

Liebhaber erlesenen Rebsaftes zieht es in dieses Weinanbaugebiet im Binnenland der Halbinsel, dessen Renommee ebenbürtig ist mit dem des Barossa Valley. Um den Ort McLaren Vale erstrecken sich Weinfelder von Plantagendimension. Mehr als 50 Kellereien produzieren in den ›Southern Vales‹ hervorragende weiße und rote Tafelweine.

Infos

McLaren Vale & Fleurieu Visitor Centre: Main Road, Tel. 08-83 23 99 44, www.mclarenvale.info, www.fleurieupeninsula.com.au, Mo–Fr 9–17, Sa, So 10–17 Uhr.

Übernachten

Guter Standard ▶ McLaren Vale Motel: Main Road/Caffrey Street, Tel. 08-83 23 82 65, www.mclarenvalemotel.com.au. Komfortable Zimmer, schöner Garten, beheizter Pool. DZ 145–195 A-$.

Camping ▶ McLaren Vale Lakeside Caravan Park: 48 Field St., Tel. 08-83 23 88 94, www.mclarenvale.net. Mit Cabins, Pool.

Essen & Trinken

Regionale Frischeküche ▶ **Salopian Inn:** McMurtrie/Willunga Roads, Tel. 08-83 23 87 69, www.salopianinn.com.au, tgl. 12–15, 17.30–22 Uhr. Regionale Spezialitäten in kolonialem Ambiente. Vorspeisen 10–22 A-$, Hauptgerichte 26–50 A-$.

Aktiv

Weinproben ▶ **Coriole:** Chaffey's Road, Tel. 08-83 23 83 05, www.coriole.com, Mo–Fr 10–17, Sa, So 11–17 Uhr. Kleines Weingut mit gutem Renommee und Restaurant. **Fox Creek Wines:** Malpas Road, Tel. 08-85 57 00 00, www.foxcreekwines.com, tgl. 10–17 Uhr. Familienbetrieb. **Penny's Hill:** Willunga Road, Tel. 08-85 56 44 60, www.pennyshill. com.au, tgl. 10–17 Uhr. Traditionsreiche Kellerei mit Restaurant, Café und Kunstgalerie.

Goolwa

Über die 1839 von schottischen Einwanderern gegründete Stadt **Strathalbyn** mit reichem architektonischen Erbe der kolonialen Vergangenheit geht es nach **Goolwa** an der Ostküste. Der Ort an der mächtige Murray River mündet, entwickelte sich in der ersten Hälfte des 19. Jh. mit dem Aufkommen der Murray-Schifffahrt zu einem geschäftigen Hafen. Als noch keine Straßen und Schienen zu den Farmen im Landesinnern führten und der Murray der einzige Handelsweg war, transportierten Schaufelraddampfer Schurwolle zur Verschiffung nach Übersee hierher.

Heute wartet nur noch der nach dem Vorbild der Mississippi-Dampfer gebaute *Paddle Steamer* »**P.S. Mundoo**« auf Touristen, die sich auf einer Reise in die Vergangenheit schippern lassen wollen. Im **Signal Point River Murray Interpretive Centre** wird die Geschichte der Flussschifffahrt multimedial aufbereitet, weitere Exponate widmen sich dem Ökosystem des Murray River (The Wharf, Tel. 08-85 55 34 88, tgl. 9–17 Uhr, Erw. 7,50 A-$, Kinder 4,50 A-$, Familien 19,50 A-$). Die dicht vorgelagerte **Hindmarsh Island,** zu der eine Fähre verkehrt, ist ein Dorado für Angler und Wassersportler.

Infos

Goolwa Visitor Information Centre: The Wharf, Tel. 13 00-46 65 92, www.visitalexandrina.com und www.murrayriver.com.au, tgl. 9–17 Uhr. Hier auch Buchung von Kreuzfahrten auf dem Murray River.

Übernachten

Preisgekröntes Boutiquehotel ▶ **The Australasian Circa 1858:** 1 Porter St., Tel. 08-85 55 10 88, www.australasian1858.com. Fünf im zeitgenössischen asiatischen Stil gestaltete Suiten in einem historischen Sandsteingebäude mit modernem Anbau, Restaurant mit australisch-asiatischer Fusionküche. DZ 395–525 A-$.

Mit Blick auf den See ▶ **Goolwa Riverport Motel:** Noble Avenue, Tel. 08-85 55 50 33, www.goolwariverportmotel.com.au. Am Lake Alexandrina, mit Restaurant und Pool. DZ 120–140 A-$.

Camping ▶ **Goolwa Caravan Park:** Noble Avenue, Tel. 08-85 55 27 37, www.goolwacaravanpark.com.au. Gut ausgestattet, mit Cabins und Pool, schön gelegen.

Aktiv

Bootstouren ▶ **Coorong Cruises:** Tel. 1800-44 22 03, www.coorongtours.com. Touren auf der Salzlagune des Coorong National Park (Erw. 84 A-$, Kinder 62 A-$, Familien 261 A-$, s. S. 263).

Victor Harbor

Eingerahmt von Sandstränden der Sternekategorie liegt **Victor Harbor** an der Encounter Bay. Der Ort wurde bereits Anfang des 19. Jh. gegründet und war lange einer der bedeutendsten Stützpunkte für Wal- und Robbenjäger in Australien. Heute hat der Tourismus die Zügel in der Hand, und die ehemaligen Pinten und Kaschemmen, in denen einst die raubeinigen Gesellen verkehrten, beherbergen jetzt Kunsthandwerks- und Gemäldegalerien, Cafés und Restaurants. Das in einem restaurierten Lagerhaus aus der Gründerzeit untergebrachte **South Australian Whale Centre** informiert über den Walfang in den südaustralischen Küstengewässern (2 Rail-

Adelaide und Umgebung

way Tce., Tel. 08-85 51 07 50, www.sawhale centre.com, tgl. 10.30–17 Uhr, Erw. 9 A-$, Kinder 4,50 A-$, Familien 24 A-$).

Dicht an der Küste vorbeiziehende Südliche Glattwale kann man zwischen Mai und Oktober mit einem guten Fernglas von mehreren Aussichtsplattformen an der **Encounter Bay** beobachten (Whale Information Hotline, Tel. 19 00-94 25 37).

Einen Blick in die Regionalgeschichte bietet das **Encounter Coast Discovery Centre** (2 Flinders Pde., Tel. 08-85 52 53 88, tgl. 13–16 Uhr, Erw. 5 A-$, Kinder 2,50 A-$).

Auf **Granite Island,** die ein 1,5 km langer Damm mit dem Festland verbindet, leben Zwergpinguine und Wallabies. Ausflugsboote verkehren zum Below Decks Oceanarium, einer schwimmenden Plattform in der Encounter Bay, wo man Haie, Stachelrochen und andere Meeresbewohner beobachten kann (tgl. 12–15 Uhr jede Stunde). Im **Urimbirra Wildlife Park** nordöstlich des Orts leben in Freigehegen und einem Feuchtgebiet heimische Tierarten (Adelaide Road, Tel. 08-85 54 65 54, www.urimbirra.com.au, tgl. 10–17 Uhr, Erw. 12 A-$, Kinder 6 A-$, Familien 30 A-$).

Infos

Victor Harbor Visitor Information Centre: Causeway Building, The Esplanade, Tel. 1800-55 70 94, www.tourismvictorharbor.com.au, tgl. 9–17 Uhr.

Übernachten

Günstig gelegen ▶ **Wintersun Motel:** 111 Hindmarsh Road, Tel. 08-85 52 34 12, www.wintersunmotel.com.au. Geräumige Familienzimmer in Zentrumsnähe und gegenüber einem schönen Badestrand. DZ 110 A-$.

Der Klassiker am Strand ▶ **Anchorage at Victor Harbor:** Coral Street/Flinders Parade, Tel. 08-85 52 59 70, www.anchorageseafront hotel.com. Traditionsreiches Haus mit Zimmern unterschiedlicher Qualität, Restaurant und Bar, direkt am Strand. DZ 85–195 A-$.

Camping ▶ **Victor Harbor Beachfront Holiday Park:** 114 Victoria St., Tel. 1800 60 00 79, www.victorbhp.com.au. Am Strand, gut ausgestattet, mit Cabins.

Essen & Trinken

Cucina italiana ▶ **Vivendi by the Sea:** 2–3 The Esplanade, Tel. 08-85 52 30 00, tgl. 11.30–15, 17–22.30 Uhr. Ausgezeichnete italienische Küche und erlesene Weine aus den Southern Vales. Vorspeisen 13,75–19,25 A-$, Hauptgerichte 21,50–38,75 A-$.

6 Kangaroo Island
▶ 1, N/O 16

Vom Hafenort **Cape Jervis** an der Südwestspitze der Fleurieu-Halbinsel legen mehrmals täglich Autofähren zu der einstündigen, oft recht stürmischen Überfahrt nach Kangaroo Island ab. Wer die mit 4350 km^2 nach Tasmanien und Melville Island drittgrößte Insel Australiens mit dem eigenen Fahrzeug erkunden möchte, sollte mindestens ein oder zwei Übernachtungen einplanen. Kangaroo Island ist ein Naturparadies, das mit einem vielfältigen Landschaftsspektrum überrascht. Auf engem Raum gibt es feinste Sandstrände und atemberaubende Steilklippen, undurchdringliches Buschland und weitläufige Feuchtbiotope, bizarre Felsformationen und schneeweiße Dünen. Damit die artenreiche Flora und Fauna erhalten bleibt, hat man mehr als ein Drittel der Insel unter Naturschutz gestellt.

In der Tierwelt, die sich relativ unbehelligt von äußeren Einflüssen entwickeln konnte, dominieren verschiedene Känguruarten. Aber auch Tammar-Wallabies, Koalas, Emus, zahlreiche Papageienarten, Cape-Barren-Gänse, Schnabeltiere, Seehunde, Pelzrobben, Seelöwen und Pinguine leben in den rund 20 Conservation und National Parks der Insel. Da weder Dingos noch Füchse jemals nach Kangaroo Island gelangten und sich auch die Eingriffe der rund 4000 auf der Insel lebenden Menschen in Grenzen hielten, haben viele Tiere bis heute keinen Fluchttrieb entwickelt und lassen sich oft aus geringer Distanz beobachten. Besonders schön ist ein Besuch von Kangaroo Island in den Frühlingsmonaten, wenn Banksia, Graslilien, Melaleuca sowie die Callistemon, die wie eine Flaschenbürste aussieht, in voller Blüte stehen.

Seelöwenjunges in der Seal Bay, Kangaroo Island

Inselrundfahrt

Die meisten Besucher kommen mit der Fähre in **Penneshaw** an. Über das Touristenzentrum **American River** erreicht man den Hauptort von Kangaroo Island, **Kingscote** an der Nepean Bay. Im Zentrum steht das koloniale **Hope Cottage** von 1858 mit einem Museum zur Pioniergeschichte der Insel (Centenary St., Tel. 08-85 53 26 67, tgl. 13–16 Uhr, Erw. 5 A-$, Kinder 2,50 A-$, Familien 12,50 A-$). Ein Publikumsmagnet ist die Fütterung der Pelikane am Hafen (Pelican Feeding, The Wharf, Kingscote, Tel. 08-85 53 31 12, tgl. 17 Uhr, Erw. 5 A-$, Kinder 3 A-$).

Wie Perlen an einer Kette reihen sich an der South Coast Road die Naturattraktionen. Den Auftakt bildet der **Cape Gantheaume Conservation Park** mit der seichten Murray Lagoon, einem wichtigen Brut- und Nistplatz für Wasservögel. Die Stars der Insel räkeln sich am Strand des **Seal Bay Conservation Park** – Hunderte bis zu 2,5 m große und bis zu 300 kg schwere Australische Seelöwen, die in der Sandbucht ein Refugium gefunden haben. Geführt von einem Ranger dürfen sich Besucher den Tieren nähern, die kaum Scheu vor Menschen zeigen. Tabu sind jedoch Fotografieren mit Blitzlicht und lautes Sprechen (Tel. 08-85 53 44 60, Führungen mehrmals tgl. 9–17 Uhr, Erw. 32 A-$, Kinder 18 A-$, Familien 80 A-$; nur Aussichtspunkt Erw. 15 A-$, Kinder 12 A-$, Familien 42 A-$).

Von den haushohen Sanddünen zwischen der South Coast Road und der Seal Bay rührt der Name der Region: **Little Sahara.** Einer der wenigen geschützten Strände der Insel, die weitgehend gefahrloses Baden erlauben, erstreckt sich in der **Vivonne Bay.** Die Attraktionen des weiter westlich gelegenen **Kelly Hill Conservation Park** verbergen sich unter der Erde: Tropfsteingrotten mit Stalaktiten und Stalagmiten von faszinierenden Formen und

Adelaide und Umgebung

Farben (Tel. 08-85 53 44 64, Führungen tgl. 10–16.15 Uhr alle 60 Min., Erw. ab 17,50 A-$, Kinder ab 10 A-$, Familien ab 45 A-$).

Im **Flinders Chase National Park** an der Westspitze der Insel weichen die Sandstrände einer zerklüfteten Küste mit steil abfallenden Kalkklippen. Am Cape du Couedic hat die Gewalt des südlichen Ozeans eindrucksvolle Felsskulpturen geschaffen. Dazu gehört der Admirals Arch, von dessen Decke die Reste des Kalksteins als Stalaktiten hängen. In der Nähe tummeln sich vor allem während der Paarungszeit im Sommer bis zu 6000 *New Zealand Fur Seals,* eine Pelzrobbenart, in der Brandung. Wie Kunstwerke von Henry Moore wirken die Remarkable Rocks, wuchtige Granitklötze, aus denen Wind, Wetter und Wellen in Jahrmillionen fantastische Formen modelliert haben modelliert haben (Tel. 08-85 53 44 50, tgl. 7 Uhr bis Sonnenuntergang, Erw. 9 A-$, Kinder 5,50 A-$, Familien 24,50 A-$).

Von **Rocky River** mit Campingplatz und Nationalparkzentrum führt eine Schotterpiste zum **Cape Borda.** Dort warnt auf einer 160 m hohen Klippe ein Leuchtturm von 1858 Seefahrer vor der gefährlichen Küste, die seit Mitte des 19. Jh. mehr als 60 Schiffen zum Verhängnis wurde (Tel. 08-85 53 44 65, Führungen mehrmals tgl. 10–17 Uhr, Erw. 14,50 A-$, Kinder 9 A-$, Familien 38 A-$).

Reizvoller als der Playford Highway, der im Inselinnern durch eine Mallee-Steppe mit kleinwüchsigen Eukalyptusarten und Buschwerk nach Kingscote zurückführt, ist die un-

---

Tipp: Kangaroo Island Tour Pass

Wer Kangaroo Island auf eigene Faust erkunden möchte, sollte sich diesen Pass besorgen, der alle Parkeintritte und von Rangern geführte Touren umfasst. Er ist erhältlich im National Parks & Wildlife Service in Kingscote oder im Kangaroo Island Gateway Visitor Information Centre in Penneshaw (Erw. 60 A-$, Kinder 42 A-$, Familien 185 A-$).

---

geteerte und teils recht raue North Coast Road. Stopps lohnen sich im **Cape Torrens Conservation Park** mit über 200 m hohen Klippen sowie am **Cape Cassini,** wo die Gischt des Ozeans mit Getöse an lotrecht abfallende Kliffs brandet.

Wer den Playford Highway wählt, kann bei einem Stopp im **Kangaroo Island Wildlife Park** einheimische Tiere – insbesondere viele Koalas – sehen (Tel. 08-85 59 60 50, www.ki wildlifepark.com, tgl. 9–17 Uhr, Erw. 15 A-$, Kinder 8 A-$, Familien 45 A-$).

Infos

Kangaroo Island Gateway Visitor Information Centre: Howard Drive, Penneshaw, Tel. 1800-81 10 80, www.tourkangarooisland. com.au, Mo–Fr 9–17, Sa, So, Fei 10–16 Uhr.

National Parks & Wildlife Office: 37 Dauncey St., Kingscote, Tel. 08-85 53 23 81, www. environment.sa.gov.au, tgl. 9–17 Uhr.

Flinders Chase Visitor Centre: Flinders Chase National Park, Tel. 08- 85 53 44 50, tgl. 9–17 Uhr. Besucherzentrum des National Parks & Wildlife Service.

Übernachten

Exklusives Hideaway ▶ Southern Ocean Lodge: Hanson Bay, Kingscote, Tel. 02-99 18 43 55 u. 08-85 59 73 47, www.southernocean lodge.com.au. Auf einem einsamen Kliff thronende Luxus-Eco-Lodge mit fantastischem Ausblick und 21 Suiten im modernen Art-Déco-Stil. Suite ab 990 A-$/Pers.

Luxuriöses Gästehaus ▶ Wanderers Rest: Bayview Road, American River, Tel. 08-85 53 71 40, www.wanderersrest.com.au. Guesthouse mit familiärer Atmosphäre und den Annehmlichkeiten eines Luxushotels, Pool, hervorragendes Restaurant; weniger geeignet für Kinder unter 10 Jahren. DZ ab 285 A-$ (inkl. Frühstück).

Für Sportive ▶ Kangaroo Island Seafront: 49 North Tce., Penneshaw, Tel. 08-85 53 10 28, 1800-62 46 24, www.seafront.com.au. Hotelanlage mit vielfältigen Sportmöglichkeiten und beheiztem Pool; das Restaurant Sorrento gilt als eine kulinarische Institution der Insel. DZ 195–265 A-$.

Traditionsadresse ▶ Aurora Ozone Hotel:
The Foreshore, Kingscote, Tel. 08-85 53 20 11, www.auroraresorts.com.au. Traditionsreiches Hotel am Strand, mit Pool und Sauna, Restaurant mit internationaler Speisekarte. DZ 169–197 A-$.

Mit Meerblick ▶ Matthew Flinders Terraces: Bayview Road, American River, Tel. 08-85 53 71 00, www.matthewflindersterraces.com.au. Kleines, familiäres Hotel mit Restaurant, Pool und schönem Blick aufs Meer. DZ ab 125 A-$.

Jugendherberge ▶ Penneshaw Youth Hostel: 33 Middle Tce., Penneshaw, Tel. 08-85 53 13 44, www.yha.com.au. Gut geführte Jugendherberge. DZ ab 99 A-$, im Mehrbettzimmer ab 33 A-$/Pers.

Camping ▶ Kangaroo Island Caravan Park: The Esplanade, Kingscote, Tel./Fax 08-85 53 23 25. Zentral, gut ausgestattet, Cabins und Pool. **Emu Bay Caravan Park:** 15 km nordwestlich von Kingscote, Tel./Fax 08-85 53 10 75. Gut ausgestattet, mit Cabins, an Badestrand. Weitere **Campingplätze,** allesamt sehr einfach (mit Toiletten, nur teilweise Duschen), gibt es im Cape Gantheaume Conservation Park,Tel. 08-85 53 82 33, und im Flinders Chase National Park, Tel. 08-85 53 44 50. Während der Hauptreisezeit unbedingt rechtzeitig reservieren.

Einkaufen

Eukalyptusöl ▶ Emu Ridge Eucalyptus: MacGillivray, Willson's Road, Tel. 08-85 53 82 28, www.emuridge.com.au, tgl. 9–14 Uhr, alle 30 Min. kostenlose Führungen. Mit Sonnen- und Windenergie betriebene Eukalyptusöl-Destillerie ca. 10 km südl. von Kingscote, mit Museum und Laden.

Aktiv

Inseltouren ▶ Exceptional Kangaroo Island: Kingscote, Tel. 08-85 53 91 19, www.exceptionalkangarooisland.com. Ein- und mehrtägige naturkundliche Touren (ab 255 A-$ inkl. Verpflegung). **Kangaroo Island Designer Tours:** 3–5 Rawson St., Kingscote, Tel. 08-85 53 00 88, www.acacia-apartments.com.au. Individuelle Tagestrips zu den Highlights (ab 260 A-$ inkl. Verpflegung). **Kangaroo Island Wilderness Tours:** Parndana, Tel. 08-85 59 50 33, www.wildernesstours.com.au. Nach individuellen Vorstellungen gestaltete ein- und mehrtägige naturkundliche Inseltouren (ab 275 A-$ inkl. Verpflegung).

Pinguinbeobachtung ▶ Penguin Tours: c/o Kangaroo Island Penguin Centre, Kingscote Wharf, Tel. 08-85 53 31 12, www.kipenguincentre.com.au. Von Rangern geführte abendliche Spaziergänge zu Sandsteinklippen nahe Kingscote, in denen Zwergpinguine nisten (im Winter tgl. 19.30, 20.30, im Sommer tgl. 20.30, 21.30 Uhr, Erw. 18 A-$, Kinder 6 A-$, Familien 42 A-$).

Verkehr

Flüge: Mehrmals tgl. pendeln Propellermaschinen zwischen Adelaide und Kingscote (30 Min.). Auskunft und Buchung: Air South, Tel. 1300-24 77 68, 08-82 34 49 88, www.airsouth.com.au; Regional Express (REX), Tel. 13 17 13 und 08-85 53 29 38, www.regionalexpress.com.au.

Busse: Linienbusse mehrmals tgl. ab Adelaide Central Bus Station nach Cape Jervis (2,5 Std.); die Ankunftszeiten sind auf die Abfahrtszeiten der Fähren abgestimmt; Auskunft und Buchung: SeaLink Connection, Tel. 13 13 01. Auf Kangaroo Island nur Shuttle-Busse, Tel. 04 27-88 75 75, zwischen Penneshaw und Kingscote sowie zwischen Kingscote Airport und Kingscote, ansonsten keine öffentlichen Verkehrsmittel.

Fähren: Zwei Auto- und Passagierfähren verkehren bis zu 8 x tgl. zwischen Cape Jervis und Penneshaw (45 Min., ca. 370 A-$ hin und zurück für 2 Erw. und 1 Pkw); Auskunft und Buchung (in der Hauptsaison unbedingt nötig): Kangaroo Island SeaLink, Tel. 13 13 01, www.sealink.com.au.

Mietwagen: Nicht alle Autoverleiher gestatten die Mitnahme ihrer Fahrzeuge vom Festland nach Kangaroo Island. Wer den Pkw stehen lassen muss, kann in Kingscote und Penneshaw Fahrzeuge mieten, z. B. bei Budget, Tel. 08-85 53 31 33; Hertz, Tel. 08-85 53 23 90; Koala Car Rentals, Tel. 08-85 53 23 99; Thrifty, Tel. 08-82 11 87 88.

Von Adelaide ins Landesinnere

Schier endloses Savannenland, rotsandige Halbwüste, ausgetrocknete Flussläufe, verkrustete Salzseen, aber auch malerische Bergzüge und Oasen mit den Relikten einer einst tropischen Vegetation – in Australiens ›Rotem Herzen‹ bekommt man ein Gefühl für die Leere und Weite des Fünften Kontinents. Zudem auf der Route: die Flinders Ranges, eine der wildesten Berglandschaften des Kontinents, die ›Opalhauptstadt der Welt‹ Coober Pedy und das Wahrzeichen Australiens, der Uluru.

Port Pirie ► 1, O 14

Kohlehalden und über 200 m hohe Schornsteine künden vom Industriezentrum Port Pirie. In der weltweit größten Bleischmelzhütte werden Erze aus der Bergbaustadt Broken Hill 400 km nordöstlich in New South Wales verarbeitet. Ein Motiv für Fotografen ist die **Old Railway Station** an der Hauptstraße, die im schönsten ›viktorianischen Barock‹ erstrahlt. In dem Bahnhof informiert heute ein Heimatmuseum über die Geschichte der Bleischmelzerei (Ellen Street, Tel. 08-86 32 10 80, Mo–Sa 10–16, So 13–16 Uhr, Erw. 5 A-$, Kinder 2,50 A-$, Familien 12,50 A-$).

Infos
Port Pirie Tourist Centre: 3 Mary Elie St., Tel. 08-86 33 87 00, Mo–Fr 9–17, Sa, So 10–16 Uhr.

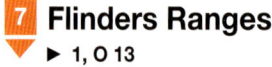

7 Flinders Ranges
► 1, O 13

Rund 200 km nordöstlich von Port Pirie ragen scharfkantige Bergrücken unvermittelt aus der steinigen Savannenebene auf: die Flinders Ranges. Zwar ist das Bergmassiv – eines der ältesten der Erde – nicht sonderlich hoch (die höchste Erhebung ist mit 1188 m der St. Marys Peak), aber es fasziniert durch die Farbenvielfalt der Quarzitgipfel und seine artenreiche Tier- und Pflanzenwelt. Besonders schön ist ein Besuch im September und Oktober, wenn die Australheide und Hunderttausende von Wildblumen blühen. Die für den Naturtourismus ausgezeichnet erschlossene Bergwelt ist von einem Netz an Wanderwegen durchzogen. An vielen Stellen kann man Felsmalereien und -ritzungen der Aborigines bewundern, denen die Felszacken der Flinders Ranges seit jeher als heilige Stätten galten. Als erster Weißer erkundete Kapitän Matthew Flinders Anfang des 19. Jh. die Gebirgskette, die nach ihm benannt wurde.

Quorn und Hawker
Die Zufahrtsstraße zu den Flinders Ranges zweigt östlich von Port Augusta bei Stirling North vom Princes Highway ab. Sie verläuft parallel zu einer Bahnlinie, auf der mehrmals pro Monat die **Pichi Richi Railway,** eine alte Dampfeisenbahn, fährt (Tel. 1800-44 01 01, www.prr.org.au, März–Dez., Erw. 47 A-$, Kinder 16 A-$, Familien 110 A-$; Buchung im Wadlata Outback Centre in Port Augusta, s. S. 297). Hinter dem Pichi Richi Pass erreicht man **Quorn.** Das Provinzstädtchen besitzt einige schöne koloniale Fassaden, die von seiner Vergangenheit als lebhafter Eisenbahnknotenpunkt zeugen. Auf der Weiterfahrt nach Hawker passiert man den 7 m hohen Quarzitfels **Death Rock,** eine Initiationsstätte

der Ureinwohner, die in den Yourambulla Caves Felsmalereien hinterlassen haben. Nordöstlich von **Hawker,** das sich als Basis zur Erkundung der südlichen Flinders Ranges eignet, führt eine Stichstraße in die Nähe des **Arkaroo Rock** mit bis zu 20 000 Jahre alten Aboriginal-Felsmalereien. Ein Rundwanderweg erschließt die Felsgalerie (3 km/1 Std.).

Infos

Information Centre for Flinders Ranges and the North: c/o Hawker Motors, Wilpena/Cradock Roads, Hawker, Tel. 08-86 48 40 14, www.hawkermotors.com.au, tgl. 8–18 Uhr.

Übernachten

… in Quorn:

Mit Outback-Flair ▶ **Criterion Hotel Motel:** 18 Railway Tce., Tel. 08-86 48 60 18, www.criterionhotelmotel.websyte.com.au. Pub-Hotel von 1880, gemütliche Zimmer in ehemaligen Stallungen, im Pub preiswerte *Counter Meals* in opulenten Portionen. DZ 80–85 A-$.

Camping ▶ **Quorn Caravan Park:** Silo Road, Tel./Fax 08-86 48 62 06, www.quorncaravanpark.com.au. Gut ausgestattet, mit Cabins.

… in Hawker:

Rustikales Landhotel ▶ **Outback Chapmanton Motor Inn:** 1 Wilpena Rd., Tel. 08-86 48 41 00, www.hawkersa.info/biz/outback.htm. Familiär, Restaurant mit Aussie-Hausmannskost. DZ 125–150 A-$.

Camping ▶ **Hawker Holiday Park:** Wilpena Rd./Chaceview Tce., Tel. 08-86 48 40 06, www.hawkerbig4holidaypark.com.au. Gut ausgestattet, gemütliche Cabins.

Essen & Trinken

Im ehemaligen Bahnhofsgebäude ▶ **Old Ghan Restaurant:** Hawker Railway Station, Hawker, Tel. 08-86 48 41 76, www.hawkersa.info/biz/ghan.htm. Do–Sa 11.30–14.30, 18–22 Uhr. Australische Hausmannskost, raffiniert zubereitet. Vorspeisen 10,50–14,50 A-$, Hauptgerichte 18,50–36 A-$.

Flinders Ranges National Park bei Hawker

aktiv unterwegs

Wanderungen im Wilpena Pound

Tour-Infos

Start: Besucherzentrum des National Parks & Wildlife Service bzw. Wilpena Pound Resort
Länge: zwischen 1,5 km und 20 km
Dauer: zwischen 1 Std. und 7,5 Std.
Schwierigkeitsgrade: von einfach bis anspruchsvoll

Mit gut markierten Pfaden ist der Wilpena Pound ein ideales Terrain für Wanderungen unterschiedlichster Schwierigkeitsgrade. Insbesondere während der Frühjahrsblüte im September und Oktober finden Buschwanderer und Fotografen hier ein Paradies.

Die Besonderheiten der hiesigen Flora lernt man auf einem bequemen **Naturlehrpfad** kennen, der gleich südlich des Wilpena Pound Resort beginnt (Rundweg 1,5 km/1 Std.). Ebenfalls am Resort beginnt die anspruchsvolle Wanderung auf den **Mount Ohlssen Bagge.** Auf der Tour durch steiniges Terrain kann man am frühen Morgen und am späten Nachmittag die vom Aussterben bedrohten gelbfüßigen Felsenwallabies beobachten, für die der Flinders Ranges National Park eines der letzten Refugien ist (hin und zurück 4 km/3 Std.). Eine einfache Wanderung führt vom Wilpena Campground durch die Schlucht des von Fluss-Eukalypten gesäumten Wilpena Creek zum **Old Homestead,** einem historischen Farmhaus aus dem 19. Jh., und weiter zum **Wangara Lookout** (hin und zurück 6 km/3 Std.).

Nicht unbedingt bergsteigerische Erfahrung, aber Kondition und Trittsicherheit erfordert die anstrengende und bei Regen nicht ungefährliche Wanderung auf den **St. Mary's Peak,** der mit 1188 m höchsten Erhebung des Quarzitgebirges. Ausgehend vom Wilpena Campground führt der markierte Pfad zunächst durch flaches Gelände (1,5 Std.), dann steil auf den **Tanderra Saddle** hinauf (1 Std.). Auf dem Berggrat kennzeichnen blaue Pfeile den Weg zum Gipfel (1 Std.). Lohn der Mühe ist ein traumhafter Blick über die riesige ovale Schüssel des Wilpena Pound bis zum rosafarben in der Ferne glitzernden Torrens-Salzsee. Wer über Energiereserven verfügt, muss nicht auf demselben Weg zurückwandern, sondern kann vom Tanderra Saddle südwärts in den Wilpena Pound hinabsteigen und über den **Cooinda Campground** und das **Old Homestead** zum Wilpena Campground zurückkehren (4 Std.; Gesamtstrecke 20 km, Gesamtdauer 7,5 Std.).

Flinders Ranges National Park

Sobald man die Grenze zum Flinders Ranges National Park überschritten hat, wird am Horizont eine dunkle Silhouette sichtbar: der bis zu über 1000 m hohe Felswall des **Wilpena Pound,** ein riesiges, natürliches ›Amphitheater‹ von 10 km Breite und 16 km Länge. Den einzigen Zugang zum Wilpena Pound bildet eine schmale Schlucht bei der Siedlung **Wilpena,** wo die gut ausgebaute Teerstraße endet. Das Besucherzentrum der Nationalparkverwaltung mit einer Ausstellung zu Geologie, Fauna und Flora der Region ist Ausgangspunkt für Wanderungen unterschiedlichen Schwierigkeitsgrads (s. Aktiv unterwegs S. 292). Die Broschüre ›Bushwalking in Flinders Ranges National Park‹ gibt einen Überblick. Weniger schweißtreibend ist ein Rundflug über das Felsenbecken (Infos und Buchung im Wilpena Resort, s. unten).

Die Weiterfahrt in den nördlichen Teil des Nationalparks wird auf den rauen Schotterpisten zu einer staubigen Angelegenheit, ist aber während der Trockenzeit auch mit einem normalen Pkw möglich. Über 30 km windet sich die Panoramastraße **Bunyeroo Gorge Scenic Drive** durch schroffes Bergland zur **Brachina Gorge,** in deren steilen Kreidefelsen Geologen 500 bis 600 Mio. Jahre alte Fossilien winziger Meeresorganismen fanden. Informationstafeln erläutern die urzeitliche Geologie. Durch die Felsenschlucht des Brachina Creek führt eine abenteuerliche Piste, in deren Verlauf mehrere Bäche und Flüsse an Furten durchquert werden, zum Highway 83 zwischen Hawker und Parachilna.

Infos

National Parks & Wildlife Service: Wilpena, Tel. 08-86 48 00 48, www.flindersranges. com, tgl. 8–18 Uhr.

Übernachten

Komfort in der Wildnis ▶ Wilpena Pound Resort: Wilpena, Tel. 08-86 48 00 48, www. wilpenapound.com.au. Komfortables Hotel mit Restaurant und Pool, schönes, gut ausgestattetes Buschcamp. Buchung von Flügen über den Wilpena Pound. DZ 230–296 A-$.

Gammon Ranges National Park

Die Weiterfahrt auf den zunehmend rauer werdenden, aber immer noch Pkw-tauglichen Schotterpisten zum nördlich gelegenen Gammon Ranges National Park kann man in dem historischen Kupferort **Blinman** unterbrechen, der heute ganz auf Touristen eingestellt ist. Südlich davon ragt der Bergrücken **Great Walls of China** auf, eine der zahlreichen ›chinesischen Mauern‹, die es in Australien gibt. Westlich von Blinman mäandert die Piste durch die malerische **Parachilna Gorge** nach Parachilna am Highway 83.

Nordöstlich von Blinman liegt etwas abseits jener Piste, die zum Gammon Ranges National Park führt, die **Chambers Gorge,** seit Menschengedenken eine heilige Stätte der Aborigines dieser Region. Auf einer Felswand kann man bei genauem Hinsehen noch uralte Petroglyphen erkennen. Bei der Anfahrt, bei der es ein sandiges Flussbett und einige Wasserlöcher zu meistern gilt, leistet ein Geländewagen gute Dienste.

Vorbei an **Balcanoona** mit dem Hauptquartier des National Parks & Wildlife Service schlängelt sich die Piste über Hügelketten und durch trockene Täler – Wildnis, soweit das Auge reicht. Die Schluchten-, Fels- und Berglandschaft des **Gammon Ranges National Park** ist die spektakulärste dieser Wildnis-Enklaven. Im touristischen Mittelpunkt des Schutzgebiets steht die Gegend um die einstige Schaffarm **Arkaroola,** wo sich heute ein großer Ferienkomplex und eine Sternwarte befinden. Das Management bietet eine faszinierende ›Ridgetop Tour‹ an, die auf abenteuerlicher Trasse durch die karge Bergwelt vorbei an spektakulären Felsformationen, tiefen Schluchten und aufgelassenen Kupferbergwerken zum 790 m hohen Mt. Painter führt (Erw. 125 A-$, Kinder 75 A-$). Während diese Route nicht von Privatfahrzeugen befahren werden darf, sind Ausflüge zu anderen Naturattraktionen der Region auch auf eigene Faust möglich.

Eine schöne Exkursion führt auf einer rauen, bei umsichtiger Fahrweise aber auch mit einem normalen Pkw zu bewältigenden Schot-

Bis zu 50 m lang sind die Roadtrains, die durch das Outback kreuzen

terpiste zum 13 km nordöstlich gelegenen **Nooldoo Nooldoona Waterhole,** in dem sich steil aufragende rote Felswände spiegeln. Vor allem morgens, wenn sich hier zahlreiche Felsenwallabies tummeln, ist dieser Teich ein zauberhafter Platz. Unterwegs lohnen sich Stopps bei den heißen Quellen von **Bolla Bollana** und beim **Pinnacle Lookout.** Hier bietet sich ein schöner Blick auf eine Granitformation, die wie eine mittelalterliche Festung erscheint.

Von Balcanoona schlängelt sich eine Piste durch die pittoreske **Italowie Gorge** mit steilen Klippen aus rotem Quarzitgestein nach **Leigh Creek** am Highway 83. Anfang der 1980er-Jahre wurde diese Stadt vom Reißbrett für Mitarbeiter der Leigh Creek Coalmine errichtet.

Übernachten

Herrlich gelegen ▶ **Arkaroola-Mount Painter Sanctuary Resort:** Tel. 08-86 48 48 48 u. 18 00-67 60 42, www.arkaroola.com.au. Outback-typische Ferienanlage, eingebettet in eine herrliche Bergwelt, mit Motel und Caravan Park. DZ 79–179 A-$.

Outback Tracks

Wer viel Zeit hat, Ruhe sucht und schlechte Wege nicht scheut, kann von Leigh Creek gen Norden nach **Marree** weiterfahren, wo zwei der bekanntesten, aber am wenigsten befahrenen ›Straßen‹ Australiens beginnen: der Oodnadatta Track und der legendäre Birdsville Track.

Einst endete in Marree eine von Süden her führende Eisenbahnlinie. Fracht und Passagiere wurden im Outback-Städtchen zum Weitertransport ins Landesinnere auf Kamele umgeladen. Diese *camel trains* hatten ausgedient, als 1929 der Schienenstrang bis nach Alice Springs ausgebaut war. Doch erwies sich die Streckenführung durch eine häufig von Überschwemmungen heimgesuchte Region als ungünstig, sodass man die Linie 1980 stilllegte. Auf dem Bahnhof von Marree erinnern nur noch verrostete Dieselloks und alte Waggons an die große Vergangenheit. Eine einfache Lehmhütte mit Strohdach, die Camel Camp Mosque, diente den muslimischen Kameltreibern aus Indien, Pakistan und Afghanistan als Andachtsstätte.

Übernachten

Mit Lokalkolorit ▶ **Great Northern Hotel:** Marree, Tel. 08-86 75 83 44, www.gdaypubs. com.au. Kneipen-Hotel mit Restaurant und viel Outback-Flair. DZ 75–95 A-$.

Camping ▶ **Oasis Caravan Park:** Marree, Tel. 08-86 75 83 52. Mit Cabins.

Aktiv

Rundflüge ▶ **Lake Eyre Scenic Flights:** c/o Oasis Café, Tel. 1300-47 52 47, www.marree lakeeyreflights.com.au. Rundflüge über den Lake Eyre (ab 220 A-$).

Oodnadatta Track ▶ 1, N/O 11/12

Der 650 km lange Oodnadatta Track folgt der alten Eisenbahntrasse bis Marla am Stuart Highway und durchschneidet eine von Sand- und Steinwüsten, Grassteppen und Salzseen geprägte Landschaft. Unter anderem berührt er das Südufer des **Lake Eyre,** Australiens größtem Salzsee. Der von einer bis zu 2 m dicken Salzkruste überzogene Lake Eyre, dessen tiefste Stelle 15,2 m unter dem Meeresspiegel liegt, war seit seiner Entdeckung durch englische Forschungsreisende 1840 erst fünf Mal nach heftigen Niederschlägen mit Wasser gefüllt, zuletzt im Juni 2011. Doch jedes Mal trocknete der Binnensee innerhalb kurzer Zeit wieder zu einer Salzpfanne aus.

Beim **William Creek Roadhouse** (www. williamcreekhotel.net.au) weigt eine gute Schotterpiste nach Coober Pedy (s. S. 298ff.) ab. **Oodnadatta,** die einzige größere Siedlung entlang der Route, ist mit durchschnittlich 115 mm Jahresniederschlag der trockenste bewohnte Ort von Australien. Zwischen 1891 und 1929, bevor die Eisenbahnlinie nach Alice Springs fertiggestellt war, gab es hier einen bedeutenden Kopfbahnhof – mit Anschluss an Kamelkarawanen. Der alte Bahnhof von 1890 beherbergt heute ein kleines Museum.

Oodnadatta ist auch der Ausgangspunkt für Fahrten in den **Witjira National Park** mit den Thermalquellen von Dalhousie sowie für Durchquerungen der Simpson Desert, beides Unternehmungen für Abenteurer mit Outback-Erfahrung und zuverlässigen Gelände-

Tipp: World's Longest Mail Run

In Port Augusta startet jeden Mittwoch eine Cessna mit Platz für drei (zahlende) Passagiere zum längsten Postflug der Welt. Auf der 2600 km langen, zweitägigen Tour fliegt der *Postie* abgelegene Outback-Siedlungen und *Cattle Stations* zwischen Port Augusta, Innamincka und Birdsville in Queensland an, wo man im landesweit bekannten Birdsville Hotel übernachtet. Am folgenden Tag geht es via Marree zurück nach Port Augusta. Während des Flugs breitet sich die Weite des Outback unter den Tragflächen des Postflugzeugs aus. Man hat herrliche Ausblicke auf ausgetrocknete Salzseen und verwitterte Gebirgszüge – ein unvergessliches Erlebnis.
Information und Buchung: Westwing Aviation, P.O. Box 1037, Mount Isa, QLD 4825, Tel. 07-47 43 21 44, 1300-93 78 94, www. westwing.com.au (ab 660 A-$ ohne Unterkunft und Verpflegung).

wagen. Von Oodnadatta nach Marla am Stuart Highway sind es 214 km durch eine menschenleere Halbwüste.

Infos

The Pink Roadhouse: Oodnadatta, Tel. 1800-80 20 74, www.pinkroadhouse.com.au, tgl. 8–20 Uhr.

Übernachten

Mit Outback-Charme ▶ **Transcontinental Hotel:** Oodnadatta, Tel. 08-86 70 78 04, www.gdaypubs.com.au. Einfaches Pub-Hotel mit Restaurant. DZ 80–85 A-$.

Camping ▶ **Oodnadatta Caravan Park:** Tel. 08-86 70 78 04, Fax 08-86 70 78 31. Einfach, mit Cabins.

Birdsville Track ▶ 1, O/P 12–14

Der Birdsville Track führt 520 km weit durch Halbwüsten und vorbei an Salzlagunen nach Queensland. Dabei berührt er die Kies- und Geröllwüste **Sturt Stony Desert** sowie die

Tipp: Luxus auf Schienen

Langstrecken-Bahnreisen erfreuen sich auf dem Fünften Kontinent immer größerer Beliebtheit. Längst sind es nicht mehr nur Eisenbahnfans, die diese Art der Fortbewegung zu schätzen wissen, zumal die australischen Luxuszüge eine perfekte Mischung aus altmodisch-elegantem Ambiente, erlesener Küche und exklusivem Service bieten.

Alles begann mit dem legendären ›Ghan‹, der zwischen Adelaide und Alice Springs das ›Rote Herz‹ des Kontinents erschließt. Benannt wurde der Zug zu Ehren der afghanischen Kameltreiber, die bis Ende der 20er-Jahre des 20. Jh. die Pioniersiedlungen im Landesinnern mit allem Lebensnotwendigen versorgten. Der Zug, der heute zwischen den beiden Städten verkehrt, müsste eigentlich ›New Ghan‹ heißen, denn 1980 wurde die Streckenführung geändert. Weil nach heftigen Regenfällen die Fluten sonst ausgetrockneter Flüsse und Bäche die Schienen und Schwellen mitsamt der Dämme wegschwemmten, waren beim alten Ghan, der auf einer Schmalspurroute über Marree und Oodnadatta verkehrte, Verspätungen an der Tagesordnung. Einmal trudelte der Wüstenzug erst zehn Wochen nach seiner Abfahrt von Adelaide in Alice Springs ein.

Heute rauschen die silbrig glänzenden Pullmanwagen des Ghan 200 km westlich der alten Trasse auf einem wetterfesten Schienenbett durch die Halbwüste. Etwas mehr als 20 Stunden benötigt der Zug für die 1555 km lange Strecke von der Küste ins Zentrum. Seit Eröffnung der 1424 km langen Bahnlinie Alice Springs–Darwin im Februar 2004 kann man die Reise im Ghan bis an die Nordküste fortsetzen. Während über der Outback-Landschaft die Hitze flimmert, speisen die Passagiere im klimatisierten Restaurant australische Spezialitäten oder genießen in der Lounge bei Pianoklängen edle Tropfen aus dem Barossa Valley.

Eine rollende Legende ist auch der **Indian Pacific,** der zweimal wöchentlich zwischen Sydney und Perth verkehrt. Für die 4352 km lange Strecke vom Pazifischen zum Indischen Ozean, der drittlängsten Eisenbahnstrecke der Welt, braucht der gemächlich mit 80–100 km/h dahinrollende Zug etwa 64 Stunden. Unterbrechen kann man die Reise in Broken Hill, Adelaide oder Kalgoorlie, muss dann aber drei Tage warten, bis der nächste Indian Pacific eintrifft. Westlich von Adelaide durchquert der Zug auf dem mit 478 km längsten schnurgeraden Schienenstrang der Welt die baumlose Nullarbor Plain. Die Landschaft ist so flach, dass man glaubt, am Horizont die Erdkrümmung erkennen zu können.

Im Ghan wie im Indian Pacific ist die Ausstattung der Kabinen in der First Class zwar nicht verschwenderisch luxuriös, aber funktionell: Dusche und Toilette, Klapptisch und Kleiderspind sowie zwei übereinander liegende Betten, von denen eines tagsüber an die Wand geklappt werden kann, während das andere als ›Sofa‹ dient. Passagieren der Holiday Class steht ein Gemeinschaftsduschraum zur Verfügung. Reisende der Coach Class müssen sich mit Liegesitzen zufrieden geben. Da beide Züge oft ausgebucht sind und die Sitzkapazität im Speisewagen nicht ausreicht, werden Lunch und Dinner in mehreren Durchgängen serviert.

Obwohl man die Strecken Adelaide–Alice Springs–Darwin und Sydney–Perth mit dem Flugzeug schneller und billiger zurücklegen kann, sind The Ghan und Indian Pacific während der Hauptsaison auf Monate hinaus ausgebucht und frühzeitige Reservierungen daher sehr zu empfehlen.

Buchung und Informationen:

Rail Australia, c/o hm-touristik, Livry-Gargan-Str. 10, 82256 Fürstenfeldbruck, Tel. 08144-148 54 90, www.hm-touristik.de. Reservierung im Land unter Tel. 13 22 32, www.railaustralia.com.au.

Great Southern Railway: www.gsr.com.au oder www.trainways.com.au, Reservierung im Land unter Tel. 1800-70 33 57.

Simpson Desert, eine der größten Sanddünenwüsten der Erde, die von rund 1100 parallel verlaufenden Dünenkämmen mit Höhen bis zu 90 m durchzogen wird. Bis Mitte des 20. Jh. trieben *Drovers* und *Overlanders,* australische Cowboys, riesige Viehherden von bis zu 10 000 Tieren auf dem Birdsville Track nach Marree, wo sie zum Weitertransport in die Schlachthäuser von Adelaide auf Züge verladen wurden.

Port Augusta ▶ 1, O 14

Wem das Reisen auf rauen, staubigen Outback-Pisten zu beschwerlich ist, der nähert sich dem ›Roten Herz‹ besser auf dem Stuart Highway (s. rechts), der bei Port Augusta beginnt. Die Stadt selbst eignet sich zum Aufstocken der Vorräte und bietet ein paar interessante Sehenswürdigkeiten.

Im **Wadlata Outback Centre** versucht man, den Besuchern das Australien außerhalb der Städte nahe zu bringen. Das hervorragend konzipierte Museum informiert über Flora und Fauna des Outback, über Ureinwohner und weiße Siedler, über Erforschung und Erschließung des riesigen Gebiets, über Kommunikations- und Transportprobleme (41 Flinders Tce., Tel. 08-86 41 91 93, www.wadlata.sa.gov.au, tgl. Mo–Fr 9–17.30, Sa, So 10–16 Uhr, Erw. 18,50 A-$, Kinder 10,50 A-$, Familien 40,50 A-$).

Manche oft romantischen Vorstellungen vom Outback korrigiert das **Homestead Park Pioneer Museum,** das einen Einblick in die harten Lebensbedingungen in Pionierzeiten gibt (Elsie Street, Tel. 08-86 42 20 35, tgl. 9–16 Uhr, Erw. 7,50 A-$, Kinder 4,50 A-$, Familien 19,50 A-$).

Besucher empfängt auch die Bodenstation des **Royal Flying Doctor Service** (Port Augusta Airport, Tel. 08-86 48 95 00, www.flyingdoctor.net, Mo–Fr 10–12, 14–16 Uhr, Eintritt frei, Spende erbeten). Der **Arid Lands Botanic Garden** außerhalb der Stadt gibt einen Überblick über die Pflanzenwelt der australischen Trockenzonen (Stuart Highway, Tel. 08-86 41 91 16, www.aalbg.sa.gov.au,

tgl. 7.30 Uhr bis Sonnenuntergang, Führungen Mo–Fr 10 Uhr, Besucherzentrum Mo–Fr 9–17, Sa, So 10–16 Uhr, Eintritt frei).

Infos

Port Augusta Tourist Information Office: Wadlata Outback Centre, 41 Flinders Tce., Tel. 08-86 41 07 93, www.portaugusta.sa.gov.au, Mo–Fr 9–17.30, Sa, So 10–16 Uhr.

Übernachten

Im Grünen ▶ **Highway One Motel:** Highway One, Tel. 08-86 42 27 55, 18 00-06 62 62, www.highwayonemotel.com.au. Gut geführt, Restaurant, Pool. DZ 92–145 A-$.

Camping ▶ **Port Augusta Holiday Park:** Highway One/Stokes Terrace, Tel. 08-86 42 29 74, http://port-augusta-holiday-park.sa.big4.com.au. Gut ausgestattet, mit Cabins und On-Site-Vans.

Stuart Highway

Am westlichen Stadtrand von Port Augusta beginnt der Stuart Highway, der das Zentrum des Fünften Kontinents in Nord-Süd-Richtung durchzieht. Wie in Amerika die legendäre Route 66, symbolisiert Down Under der Stuart Highway den Mythos von Weite und Grenzenlosigkeit. Viele Australien-Reisende betrachten diese Strecke als den ultimativen Road Trip, wenngleich ihr Ruf als eine der abenteuerlichsten Pisten der Welt seit 1987 mit der Asphaltierung endgültig dahin ist.

Woomera ▶ 1, N 13

Nördlich von Pimba liegt **Woomera,** das Zentrum des gleichnamigen riesigen Raketenversuchsgeländes. Während der 1950er- und 1960er-Jahre experimentierte die britische Armee hier mit Zustimmung der australischen Regierung mit Atomwaffen. Die damals dort lebenden Pitjantjajara-Aborigines wurden in das Yalata-Reservat in der Nullarbor Plain umgesiedelt. All jene nomadischen Ureinwohner, die nicht erfasst werden konnten, dienten als unfreiwillige ›Versuchskaninchen‹. Bis heute gibt es keine präzisen Angaben da-

Von Adelaide ins Landesinnere

rüber, wie viele Aborigines an den Folgen der radioaktiven Strahlung starben oder erkrankten. Innerhalb der ›Woomera Prohibited Area‹ darf man den Highway nicht verlassen. Auch der Ort Woomera war früher tabu für Besucher. Heute können Interessierte sich im **Woomera Heritage Centre** über die Geschichte der Raketenversuche informieren. Vor dem Museumsgebäude sind Raketen und Fluggeräte ausgestellt (Tel. 08-86 73 70 42, www.woomera.com.au, März–Nov. tgl. 9–17, Dez.–Febr. tgl. 10–14 Uhr, Erw. 8,50 A-$, Kinder 4,50 A-$, Familien 21,50 A-$).

Abstecher nach Roxby Downs und Andamooka ► 1, N/O 13

64 km nördlich von Woomera entdeckte man nahe **Roxby Downs** neben den ergiebigsten Uranvorkommen der Welt riesige Gold- und Kupferlager. In der Olympic Dam Mine, der größten Kupfer-Uran-Mine der Welt, werden jedes Jahr 70 000 t Kupfer, 1400 t Uranoxid *(Yellow Cake)* sowie 550 kg Gold und 1400 kg Silber gefördert. Nach Voranmeldung kann man die Tagebauanlagen des Bergwerks besichtigen (Olympic Dam Tours, Tel. 08-86 71 20 01, www.roxbydowns.com).

Von Roxby Downs gelangt man auf einer guten Allwetterpiste nach **Andamooka** mit ausgedehnten Opalfeldern. Während Coober Pedy überlaufen ist, hat Andamooka seinen Pioniercharakter weitgehend erhalten.

Glendambo ► 1, N 13

Zwischen Woomera und Glendambo durchschneidet der Stuart Highway eine Halbwüste voller Salzseen und Salzpfannen, die dem Landschaftsbild surreale Züge verleihen. Stopps an den gekennzeichneten Aussichtspunkten lohnen. Einziger Außenposten der Zivilisation in dieser Nirgendwo-Szenerie ist Glendambo, ein Roadhouse mit Tankstelle, Restaurant, Motel und Caravan Park. Auf der Weiterfahrt Richtung Norden gilt es, Kilometer zu machen. Ein längerer Aufenthalt lohnt sich erst wieder nach 250 monotonen Kilometern in der Opalgräberstadt Coober Pedy. Achtung: Auf der gesamten Strecke zwischen beiden Orten gibt es keine Tankstelle.

Übernachten

Außenposten der Zivilisation ► **Glendambo Outback Resort:** Stuart Highway, Tel. 08-86 72 10 30, Fax 08-86 72 10 39. Komfortables Motel mit Restaurant und Pool sowie einfacher Caravan Park mit On-Site-Vans. DZ ab 105 A-$.

8 Coober Pedy ► 1, M 12

▼ Nähert man sich Coober Pedy, sieht man zunächst nur Erdhügel – als hätten riesige Maulwürfe im Boden gewühlt. In der selbst ernannten ›Opalhauptstadt der Welt‹ werden mehr als drei Viertel aller Schmuckopale gefördert. Die Erdkegel sind der Auswurf herausgeschlagenen Gesteins, der die Eingänge zu Stollen und Schächten markiert. Hier kann sich jeder, der eine Arbeitsgenehmigung besitzt, eine Lizenz zum Schürfen besorgen. Einfacher und meist auch billiger ist es jedoch, die Opale zu kaufen …

Da es verboten und wegen der ungesicherten Schächte auch zu gefährlich ist, die eingezäunten Opalfelder um Coober Pedy auf eigene Faust zu erkunden, empfiehlt sich die Teilnahme an einer organisierten Tour. Ehemalige Edelsteingräber bringen die Teilnehmer zu privaten *Claims* und erklären ihnen die Kunst des Opalschürfens. Wer möchte, kann über eine Eisenleiter in die bis zu 20 m tiefen Schächte einsteigen, um sich vor Ort ein Bild zu machen. Im Sightseeing-Programm eingeschlossen sind meist auch Besichtigungen von Opalschleifereien und Höhlenwohnungen, den *Dugouts* (s. S. 299)

Letztere sind eine der ganz großen Attraktionen von Coober Pedy. Bei der Besichtigung von **Diggers Dream Underground Home** (Brewster St., Tel. 08-86 72 54 42, tgl. 11.30–18 Uhr, Eintritt frei, Spende erbeten) oder **Fayes Underground Home** (nahe Drive-In-Theatre, Mo–Sa 8–17 Uhr, Erw. 5 A-$, Kinder 1,50 A-$), das drei Frauen vor 30 Jahren in den Fels geschlagen haben, kann man sich davon überzeugen, dass die Bewohner sich über mangelnden Komfort klagen müssen. Ein besonders gutes Beispiel für diese Art von Wohnkultur ist der mit skurrilen Kunstwerken drapierte *Dugout* von **Crocodile Harry**

Kühler wohnen – Leben im menschlichen Fuchsbau

Thema

Manche Einwohner von Coober Pedy sprechen bereits bei 30 °C von einem ›kühlen Wintertag‹. Wegen der mörderischen, nur aufgrund der Trockenheit erträglichen Hitze leben viele Edelsteingräber in unterirdischen Wohnhöhlen, sogenannten ›Dugouts‹.

Auf den ersten Blick mag diese Wohnlage unter einer meterdicken Erdschicht ungemütlich erscheinen. Sobald man aber eine der meist sehr geräumigen Wohnungen betritt, lässt man die Wüstenglut hinter sich und kann die Entscheidung, in einem *Dugout* zu leben, bestens nachvollziehen. In den unterirdischen Zimmern herrscht eine konstante Temperatur von 20 bis 25 °C. Zudem bieten sie Schutz vor dem puderzuckerfeinen Staub, dem gleißenden, fast unerträglichen Licht und vor lästigen Fliegenschwärmen. Der mit Maschinen innerhalb einer Woche aus dem Gestein herausgefräste ›Rohbau‹ kostet weniger als 2500 Euro. Außerdem spart man sich hohe Stromkosten für die Klimaanlage im Sommer und die elektrische Heizung im kalten Wüstenwinter. Es hat auch historische Gründe, das traute Heim unter die Erde zu verlegen: Die ersten Weißen, die ab 1915 nach Coober Pedy kamen, reisten mit Kamelen und konnten nur das Allernötigste heranschaffen – Baumaterial gehörte nicht dazu.

Während früher fast nur Opalgräber aufgegebene Schächte zu Wohnungen umfunktionierten, gilt das Leben im Fuchsbau heute als schick. In Coober Pedy befinden sich auch Geschäfte, Restaurants und einige durchaus stilvolle Hotels unter der Erde. Und wer seinem Gott dafür danken möchte, dass er in einer Opalmine fündig wurde, kann dies unterirdisch tun: in der katholischen St. Peter and Paul Underground Church und in der anglikanischen Catacomb Church.

Dugouts sperren nicht nur die Wüstenhitze aus, sondern auch das gleißende Licht

Von Adelaide ins Landesinnere

in der 17 Mile Road einige Kilometer außerhalb (tgl. 9–12, 14–18 Uhr, Erw. 5 A-$, Kinder 2 A-$).

Weitere Sehenswürdigkeiten von Coober Pedy sind die **Umoona Opal Mine** mit einer Ausstellung über die funkelnden ›Feuersteine‹ in einer aufgegebenen Opalmine (Hutchison Street, Tel. 08-86 72 52 88, www.umoonaopal mine.com.au, Führungen tgl. 10, 14, 16 Uhr, Erw. 10 A-$, Kinder 5 A-$, Familien 24 A-$) sowie die museal aufbereitete **Old Timers Mine** (Crowders Gully Road, Tel. 08-86 72 55 55, www.oldtimersmine.com.au, tgl. 9–17 Uhr, Erw. 15 A-$, Kinder 5 A-$, Familien 40 A-$). Opale und Opalschmuck kaufen oder die Preziosen auch nur bewundern kann man in **The Big Winch,** wo sich zudem ein Aussichtspunkt befindet (Tel. 08-86 72 52 64, tgl. 9–18 Uhr, Eintritt frei).

Ein sehr lohnender Abstecher führt von Coober Pedy zum **Breakaways Reserve.** Zunächst fährt man auf dem Stuart Highway 19 km nach Norden. In Höhe des 14 Mile Field zweigt eine gute Schotterpiste in östlicher Richtung zu den Breakaways ab, deren bizarr erodierte Felsformationen den Abbruch der Stuart Ranges am Übergang der Bergkette ins Flachland bilden. Die Farben der Breakaways, die als Kulisse für den Endzeitfilm ›Mad Max III‹ dienten, verändern sich mit dem Sonnenstand – das schönste Fotolicht herrscht am späten Nachmittag.

Auf den rund 750 km von Coober Pedy zum Uluru – oder Ayers Rock, wie ihn die weißen Australier einst nannten – gibt es kaum landschaftliche Reize. Als Stopp für einen Imbiss oder zum Tanken bieten sich das Marla Roadhouse (mit Motel, Caravan Park und Restaurant) und das Erldunda Motel an. Bei Letzterem zweigt der Lasseter Highway ab, der vorbei am riesigen Tafelberg Mount Connor (der oft für den Uluru gehalten wird) in den Uluru-Kata Tjuta National Park führt.

Infos

Coober Pedy Tourist Centre: Hutchison Street, Tel. 08-86 72 52 98, 18 00-03 70 70, www.cooberpedy.sa.gov.au, Mo–Fr 9–17, Sa, So 10–13 Uhr.

Übernachten

Unter der Erde ▶ **Desert Cave Hotel:** Hutchison Street, Tel. 08-86 72 56 88, www.desertcave.com.au. Auch für Nicht-Gäste lohnt der Blick in dieses luxuriöse Hotel, das teilweise unter der Erde liegt (es gibt auch Zimmer über Tage). DZ 260 A-$.

In ehemaligen Dugouts ▶ **Comfort Inn Coober Pedy Experience Motel:** Crowders Gully Road, Tel. 08-86 72 57 77, www.coober pedyexperience.com.au. Unkonventionelle, aber komfortable unterirdische Herberge. DZ 210 A-$.

Aus Lehm gebaut ▶ **Mud Hut Motel:** St. Nicholas Street, Tel. 08-86 72 30 03, www.mud huthotel.com.au. Große Zimmer und freundlicher Service. DZ ab 145 A-$.

Unterirdische Apartments ▶ **Desert View:** Shaw Place, Catacombe Road, Tel. 08-86 72 33 30, www.desertviewapartments.com.au. Geräumige Zimmer und Apartments unter der Erde, mit Pool. DZ ab 94,50 A-$.

Camping ▶ **Stuart Range Caravan Park:** Stuart Highway/Hutchison Street, Tel. 08-86 72 51 79, www.stuartrangecaravanpark.com au. Gut ausgestattet, mit großer Auswahl an Cabins und Pool.

Essen & Trinken

Leckere Pizza ▶ **John's Pizza Bar:** Hutchison Street, Tel. 08-86 72 55 61, www.johns pizzabarandrestaurant.com.au, tgl. 9–22 Uhr. Die beste Pizza im südaustralischen Outback. Hauptgerichte 12,50–24,50 A-$.

In ehemaliger Opalmine ▶ **Old Miner's Underground Dugout Café:** Trow Street, Tel. 08-86 72 35 52, tgl. 12–14, 18–22.30 Uhr. Bodenständige Aussie-Hausmannskost wird hier in unterirdischen Räumlichkeiten serviert. Gerichte 12–22,50 A-$.

Einkaufen

Opale ▶ **Opalios:** 8 Hutchison St., Tel. 08-86 72 51 58, www.opalios.com.au. Alteingesessene Opalschleiferei und -galerie.

Bücher ▶ **Underground Bookstore:** Post Office Hill Road, Tel. 00 86 72 55 58, Mo Fr 9–18, Sa, So 10–16 Uhr. Unterirdischer Buchladen.

Keramik ▶ Underground Pottery: Hutchison St., Tel. 08-86 72 52 26, tgl. 8.30–18 Uhr. Unterirdische Töpferei.

Termine

Opal Festival (Ostern): Volksfest mit Umzügen, Tanzveranstaltungen und Sportwettbewerben. Info: www.opalfestival.com.au.

Aktiv

Opal-Touren ▶ Desert Cave Tours: c/o Desert Cave Hotel (s. S. 300). Besichtigung einer Opalmine und Besuch einer Opalschleiferei (tgl. 14 Uhr, Erw. 98 A-$, Kinder 49 A-$). **Opal Quest:** c/o Underground Bookstore, Post Office Hill Road, Tel. 08-86 72 55 58. Gleiches Angebot (tgl. 9, 14 Uhr, Erw. 65 A-$, Kinder 32,50 A-$, Familien 162,50 A-$).

Outback-Tour ▶ Mail Run Tour: Tel. 1800-06 99 11, www.mailruntour.com.au. Mit dem Postboten fährt man in einem Geländewagen zu abgeschiedenen Siedlungen und Farmen entlang des Oodnadatta Track (Mo, Do 9 Uhr, ab 195 A-$).

Sternenbeobachtung ▶ Martin's Night Sky Presentation: c/o Radeka's Underground Motel, Hutchison Street, Tel. 08-86 72 52 23. Lehrreiche und unterhaltsame Präsentation des ›südlichen‹ Sternenhimmels (tgl. 21 Uhr, Erw. 15,50 A-$, Kinder 7,75 A-$, Familien 38,75 A-$).

Verkehr

Busse: Tgl. Verbindungen mit Greyhound Australia, Tel. 13 00-47 39 46, 08-86 72 51 51, nach Adelaide und Alice Springs.

 Uluru-Kata Tjuta National Park

Dreh- und Angelpunkt des Uluru-Kata Tjuta National Park ist der Ferienkomplex **Yulara,** der sich harmonisch in die Umwelt einfügt. Im dortigen Besucherzentrum erhält man Tipps, wie man den 1958 gegründeten Nationalpark mit den beiden vielleicht berühmtesten Naturwundern Australiens kennen lernen kann. Displays und Videos informieren über Geo-grafie, Flora und Fauna der Region. Die Eintrittsgebühr zum Uluru-Kata Tjuta National Park beträgt für drei Tage 25 A-$ pro Person (Kinder unter 16 Jahre Eintritt frei) und ist am Kassenhäuschen an der Zufahrtsstraße zu entrichten.

Wie ein Dinosaurierrücken ragt der **Uluru** aus der flachen Steppenlandschaft auf. Je näher man kommt, desto deutlicher werden die riesigen Ausmaße des Monolithen: Er hat einen Umfang von 9,4 km, ist 3,5 km lang und 1,5 km breit; an – sichtbarer – Höhe erreicht er 348 m, denn ähnlich einem Eisberg zeigt der Uluru nur seine Spitze. Tatsächlich reicht der schätzungsweise 600 Mio. Jahre alte Sandsteinblock, zu dem er gehört, noch mindestens 2000 m tief in die Erde. Zu den eindrucksvollsten Erlebnissen gehört der Sonnenauf- und vor allem der Sonnenuntergang, bei denen der Berg wie ein Chamäleon von Minute zu Minute seine Farbe verändert. Von der Sunset Viewing Area zwischen Yulara und dem Uluru kann man diese Metamorphose am besten beobachten.

Als erste Weiße erkundeten 1873 die britischen ›Entdecker‹ William Gosse und Ernest Giles die Gegend um den Uluru. Zu Ehren des damaligen Premierministers von South Australia, Sir Henry Ayers, gaben sie dem Felskoloss seinen heute noch weithin gebräuchlichen Namen. Da am Uluru die Traumzeitpfade der mythologischen Schöpferwesen zusammenlaufen, gilt der Monolith den Ureinwohnern vom Stamm der Anangu als zentrales Heiligtum und Schöpfungssymbol. Nach den Vorstellungen der Aborigines gingen die Traumzeitwesen, nachdem sie den Uluru geschaffen hatten, in die Erde ein und ruhen nun in dem heiligen Berg, der deswegen 1985 den Ureinwohnern übereignet wurde.

Den besten Eindruck von der Größe des Monolithen gibt die Rundwanderung **Uluru Base Walk** (s. Aktiv unterwegs S. 304). Wer keine Zeit dafür hat, kann auch auf einer Teerstraße um den Berg herumfahren und von verschiedenen Haltepunkten Spaziergänge machen, etwa den **Mutitjulu Walk** (s. Aktiv unterwegs S. 305). Wanderer sollten nicht vergessen, dass für die Ureinwohner beson-

Von Adelaide ins Landesinnere

The Olgas, Uluru-Kata Tjuta National Park

ders bedeutungsvolle Plätze, die mit dem Hinweisschild ›Aboriginal Sacred Site‹ markiert sind, weder betreten noch fotografiert werden dürfen. Vertiefen lassen sich die Eindrücke im **Uluru-Kata Tjuta Cultural Centre** am Fuße des Uluru, das von Aborigines betrieben wird. Im angeschlossenen Maruku Arts and Craft Centre kann man kunsthandwerkliche Erzeugnisse der Ureinwohner erstehen (Tel. 08-89 56 11 28, Mai–Aug. tgl. 7.30–17.30, Sept.–Okt. 7–17.30, Nov.–April 7–18 Uhr, Eintritt frei).

Auch die drei Dutzend Felsdome der **Kata Tjuta**, die 35 km westlich des Uluru aus der Spinifex-Ebene aufragen, gelten den Ureinwohnern als heilige Stätten. Ursprünglich bildeten die Kata Tjuta (›viele Köpfe‹) einen zusammenhängenden Sedimentblock. Wind und Wasser, Hitze und Kälte haben das Gestein mürbe gemacht und auseinander gesprengt, wobei die heutigen Kuppen und Dome entstanden. Die schmalen, tiefen Schluchten zwischen den Felsgebilden, in denen sich auch während längerer Trockenperioden Grundwasserteiche halten, sind ein Refugium für Pflanzen und Tiere.

Der schönste Wanderweg in dem Felskuppelmassiv, das ihr weißer ›Entdecker‹ Ernest Giles 1873 nach einer württembergischen Königin ›The Olgas‹ getauft hatte, windet sich von einem Parkplatz im Westen über den Karingana Lookout zum **Valley of the Winds** (Rundweg 7,4 km/4 Std.). Eine überraschend üppige Vegetation aus Palmen, Farnen und anderen Pflanzenarten, die von Gewächsen aus einer Epoche der Erdgeschichte abstammen, als das Zentrum Australiens noch nicht ausgetrocknet war, finden Wanderer am Pfad in die tief eingeschnittene **Walpa Gorge** (hin und zurück 2,6 km/1 Std.).

Luxuscamp ▶ Longitude 131°: www.longitude131.com.au. 15 Zeltvillen auf einer Düne mit Blick auf den Uluru. Zelt ab 2200 A-$.

Oase im Outback ▶ Sails in the Desert Hotel: Komfort in der Wüste, mit Restaurant, Pool, Fitnesscenter. DZ 440–998 A-$.

Für gehobene Ansprüche ▶ Desert Gardens Hotel: Spitzenhotel mit Restaurant und Pool. DZ 340–530 A-$.

Ideal für Familien ▶ Emu Walk Apartments: Großzügig ausgestattete Apartments mit einem oder zwei Schlafzimmern und kompletter Küche. Apartment 340–498 A-$.

Apartes Designhotel ▶ The Lost Camel Lodge: Sehr geschmackvoll gestaltetes Boutiquehotel mit Restaurant. DZ ab 340 A-$.

Doppel- und Mehrbettzimmer ▶ Outback Pioneer Hotel: Rustikale Unterkunft mit Restaurant und Pool. DZ 298–340 A-$, Cabin mit vier Betten 198–260 A-$, im Schlafsaal ab 46 A-$/Pers.

Camping ▶ Ayers Rock Campground: Tel. 08-89 57 70 01, www.campground@ayersrockresort.com.au. Sehr gut ausgestattet, mit Cabins.

Aktiv

Wanderungen mit Aborigines ▶ s. Aktiv unterwegs S. 304.

Rundflüge ▶ Ayers Rock Helicopters: Tel. 13 00-13 40 44, www.ayersrockresort.com.au. Um den Uluru (15 Min., 145 A-$), um den Uluru und die Kata Tjuta (30 Min., 275 A-$).

Kamelreiten ▶ Uluru Camel Tours: Tel. 1300-13 40 44, www.ayersrockresort.com.au. Kamelritte (ab 125 A-$).

Sternenhimmel ▶ Sounds of Silence: c/o Uluru Experience, Tel. 1300-13 40 44, www.ayersrockresort.com.au. Abfahrt vom Ayers Rock Resort tgl. 45 Min. vor Sonnenuntergang, Erw. ab 195 A-$, Kinder ab 96 A-$. Barbecue vor der Kulisse des Uluru mit australischen Spezialitäten, währenddessen erklärt ein Himmelsdeuter die Sternbilder.

Verkehr

Flüge: Zwischen dem 7 km nördlich gelegenen Connellan Airport und Yulara pendelt ein kostenloser Shuttle-Bus. Direkte Flugverbin-

Auf der Fahrt zu den Kata Tjuta lohnt sich wegen des herrlichen Blicks, aber auch, weil hier Schautafeln über die Ökologie des Gebiets informieren, ein Stopp bei der **Kata Tjuta Dune Viewing Area.**

Infos

Yulara Visitor Information Centre: Yulara, Tel. 08-89 57 73 77, www.environment.gov.au/parks/uluru, www.tinyurl.com/ulurukata, tgl. 8.30–17.30 Uhr.

Übernachten

Für alle Unterkünfte ist von Mai–Okt. eine rechtzeitige Buchung empfohlen, am besten schon von Europa aus über die Reservierungsstelle des **Ayers Rock Resort,** Tel. (00 61) 2-82 96 80 10, 1300-13 40 44 (innerhalb Australiens), www.voyages.com.au, www.ayersrockresort.com.au.

Umrundung des Uluru

Tour-Infos

Start: Uluru-Kata Tjuta Cultural Centre
Länge: zwischen 2 km und 9,5 km
Dauer: zwischen 2 Std. und 4 Std.
Schwierigkeitsgrad: einfach
Information: Uluru-Kata Tjuta Cultural Centre (s. S. 302) und Yulara Visitor Information Centre (s. S. 303)
Geführte Wanderungen: Uluru Experience, Tel. 18 00-80 31 74, www.uluruexperience.com

In den 15 Jahren zwischen 1931 und 1946 bestiegen gerade einmal 22 Menschen den Uluru. Heute sind es wohl alle 15 Minuten ebenso viele. In der Hochsaison gleicht The Climb, der durch eine Kette gesicherte Klettersteig, einer Ameisenstraße. Den Anangu tut es in der Seele weh, wenn sie mit ansehen müssen, wie ihr heiliger Berg von Touristen regelrecht erstürmt wird. Für die Ureinwohner ist die Besteigung des Uluru, des Sitzes ihrer göttergleichen Schöpferwesen, ein Tabu, und sie würden es aus religiösen Gründen sehr begrüßen, wenn auch die Besucher davon Abstand nähmen.

Als Alternative zum Aufstieg empfehlen sich der **Uluru Base Walk,** die Rundwanderung um den Monolithen, sowie vor allem auch die meist von Aboriginal-Rangern geführten Touren, die man gut mit dem Base Walk kombinieren kann und die mit der Fauna und Flora des Parks sowie mit der Kultur der Aborigines vertraut machen.

Vom **Uluru-Kata Tjuta Cultural Centre** kann man mit dem Wagen zum zentralen Parkplatz am Fuße des Uluru fahren, dem Ausgangspunkt der Rundwanderung. Wer sich dem heiligen Berg der Anangu langsam nähern möchte, läuft auf dem 2 km langen **Liru Walk** durch von dürreresistenten Akazienarten geprägtes Mulga-Buschland. Besonders reizvoll ist dies nach einem der im australischen Sommer (Dez.–Febr.) gar nicht so seltenen Regenfälle, wenn bunte Matten von Wildblumen die sonst verdorrte Landschaft überziehen. Schließt man sich auf dem Liru Walk einer von Aborigines geführten Tour an, lernt man Liru Tjukurpa, die Schöpfungsgeschichte der mythologischen Liru-Schlange, kennen und erfährt Spannendes über die Fähigkeiten und Kenntnisse, die es den Ureinwohnern ermöglichen, in dieser unwirtlichen Umwelt zu überleben (März–Sept. 8.30, Okt./Febr. 8, Nov.–Jan. 7.30 Uhr, Erw. 75 A-\$, Kinder 40 A-\$, Buchung erforderlich bei Uluru Experience, s. links).

Auch auf dem **Mala Walk,** dem 2 km langen ersten Teilabschnitt der im Uhrzeigersinn durchgeführten Rundwanderung, werden von Ureinwohnern begleitete Touren angeboten. Kostenlos sind die von Aboriginal-Rangern geführten 1,5-stündigen Spaziergänge (Mai–Sept. 10, Okt.–April 8 Uhr, Buchung erforderlich bei der Parkverwaltung oder unter Tel. 08-89 56 22 99), kostenpflichtig die kommentierten, 3- bis 3,5-stündigen Wanderungen von Uluru Experience (März–Sept. 10.30, Okt., Febr. 10, Nov.–Jan. 9.30 Uhr, Erw. 75 A-\$, Kinder 40 A-\$, Buchung erforderlich). Bei beiden Touren geht man zu Höhlen und Felsüberhängen, die steinernen Kunstgalerien gleichen. Traumbilder illustrieren die Mala Tjukurpa, das Schöpfungswerk des Roten-Hasen-Wallaby, eines der mythischen Vorfahren der Anangu. Wenn Aborigines von ihrer Schöpfungsmythologie und den Traumzeitwanderungen ihrer Ahnen erzählen, gerät die Wanderung zu einem faszinierenden Ausflug in die sonst so ferne Menschheitsgeschichte, die hier noch immer lebendig ist. Endpunkt des Mala Walk ist die **Kantju Gorge** mit einem tiefen, ständig Wasser führenden Teich. Für Wanderer, die alleine gehen möchten, gibt es im Cultural Centre eine Broschüre zum Mala Walk.

Im weiteren Verlauf der Rundwanderung passiert man **Warayuki, Ngaltawata, Tjukatjapi** und **Kuniya Piti,** heilige Stätten der Aborigines, die man weder betreten noch fotografieren darf. Hier gingen Schöpferwesen in das Land ein, als sie ihr irdisches Werk vollbracht hatten. Auch in **Taputji,** einem kleinen Hügel vor der Kuniya-Piti-Stätte, ist nach Vorstellung der Ureinwohner Schöpferkraft der Traumzeit gespeichert, weshalb die oft Little Uluru genannte Erhebung nicht bestiegen werden darf.

Zu einer Höhle mit Felszeichnungen führt der vom Rundweg abzweigende **Mutitjulu Walk.** In einem Wasserloch bei der Grotte lebt nach Auffassung der Aborigines die heilige Regenbogenschlange Wanampi (hin und zurück 1 km/30 Min.). Wer bei Uluru Experience gebucht hat, erfährt auf dem 3- bis 3,5-stündigen **Mutitjulu-Kuniya Piti Walk** Näheres über Kuniya Tjukurpa, das Schöpfungswerk des Sandpython, sowie über die traditionelle Wirtschaftsweise der Aborigines

(März–Okt. 14.30, Nov.–Febr. 15.30 Uhr, Erw. 75 A-$, Kinder 40 A-$, Buchung erforderlich).

Vorbei an der heiligen Stätte **Pulari** kehrt man zurück zum Parkplatz, an dem auch The Climb beginnt. Wegen des eindrucksvollen Blicks vom Gipfelplateau gehört die Besteigung des Uluru für die meisten Besucher immer noch quasi zum Pflichtprogramm. Allerdings sieht der Aufstieg von unten wesentlich leichter aus, als er tatsächlich ist. Wer Herz- und Kreislaufbeschwerden hat oder nicht schwindelfrei ist, sollte sich keinesfalls auf den extrem steilen Weg machen. Wiederholt hat es am Uluru schwere Kletterunfälle gegeben – mit seit 1965 bislang 24 Todesopfern. Gedenktafeln am Fuße des Berges erinnern an die Verunglückten.

Aber es gibt immer mehr Touristen, die Respekt vor den Ureinwohnern und ihren religiösen Tabus zeigen und auf die Besteigung des Monolithen verzichten. Stolz tragen einige von ihnen einen Button mit der Aufschrift »I didn't climb Uluru«.

dungen mit Qantas, Tel. 13 13 13, nach Adelaide, Alice Springs, Cairns, Darwin, Melbourne, Perth und Sydney.

Busse: Tgl. Verbindungen mit Greyhound Australia, Tel. 13 00-47 39 46, nach Alice Springs.

Kings Canyon ▶ 1, L 9

Der Kings Canyon 300 km nördlich des Uluru-Kata Tjuta National Park ist eine bis zu 200 m tiefe Sandsteinschlucht im Herzen des **Watarrka National Park,** der den westlichen Teil der George Gill Range umfasst. Zwar erreichten bereits 1872/73 die Forschungsreisenden William Gosse und Ernest Giles den Kings Canyon, doch wurde die Gegend erst Anfang der 1960er-Jahre intensiver erforscht und Touristen zugänglich gemacht. Hier findet man steil abfallende Wände und Sandsteinkuppeln sowie in den schattigen Tiefen der Schlucht, in der sich Feuchtigkeit ansammelt, Palmen, Baumfarne und Zykadeen. Als botanische Relikte einer längst vergangenen, feuchteren Epoche dokumentieren diese Pflanzen eindrucksvoll die Klimaveränderungen, denen das Red Centre in der jüngeren Erdgeschichte ausgesetzt war. Einen guten Eindruck von der einzigartigen Flora vermittelt der **Kings Creek Walk,** der sich am meist ausgetrockneten Flussbett entlangwindet (hin und zurück 2,5 km/1 Std.).

Den Auftakt des Rundwanderwegs **Kings Canyon Walk** bildet ein steiler Aufstieg zum oberen Rand der Schlucht, von wo sich ein herrliches Panorama der senkrecht abstürzenden Südwand des Canyons bietet. Eines der Highlights der Wanderung ist die Lost City. Hinter dem Namen verbirgt sich eine Welt aus Felsdomen und Natursteinskulpturen, die wie versteinerte Bienenkörbe erscheinen. Aufgrund der unterschiedlichen Härte des Sedimentgesteins kam es durch Hitze, Frost und Regenerosion zu dieser schier unglaublichen Formenvielfalt. Der **Garden of Eden** ist eine üppig grüne Palmoase an einem Bachlauf in einer Nebenschlucht des Kings Canyon. Ein von steilen Felswän-

den umrahmter Pool mit kristallklarem Wasser lädt dort zum Baden ein (6 km/4 Std.).

Wer mit einem normalen Pkw oder Wohnmobil unterwegs ist, gelangt über die Luritja Road und den Lasseter Highway auf asphaltierten Wüstenstraßen zurück zum Stuart Highway und kann seine Fahrt gen Norden nach Alice Springs (s. S. 310) oder zurück in den Süden fortsetzen. Geländewagenfahrer gelangen auf der seit 1994 für Touristen freigegebenen **Mereenie Loop Road** durch offene Halbwüsten und bizarre Bergregionen direkt in den West MacDonnell National Park (s. S. 307). Da die Schotterpiste durch Aboriginal-Land führt, ist eine Genehmigung nötig, die man in Alice Springs beim Fremdenverkehrsamt (s. S. 313), im Kings Canyon Resort (s. u.), in Hermannsburg (s. S. 308) und im Glen Helen Resort (s. S. 308) erhält. Der Passierschein kostet 8,50 A-$/Auto; nähere Infos gibt es unter Tel. 08-89 52 58 00.

Infos

Parks & Wildlife Commission: Watarrka National Park Ranger Station, östl. der Zufahrtsstraße zum Park, Tel. 08-89 56 74 88, www.parksandwildlife.nt.gov.au, tgl. 8.30–17 Uhr.

Übernachten

Komfort in der Wildnis ▶ **Kings Canyon Resort:** Luritja Road, Watarrka National Park, Tel. (0061) 03-94 26 75 50, 13 00-86 32 48 (innerhalb Australiens), www.kingscanyon resort.com.au. Komfortables Hotel in der Wildnis mit Restaurant und großem Pool. Mai–Okt. unbedingt früh buchen, am besten bereits von Europa aus. DZ 279–339 A-$.

Camping ▶ **Kings Canyon Caravan Park:** Luritja Road, Watarrka National Park, Tel. 08-89 56 74 42, www.kingscanyonresort. com.au. Schöne Lage, mit Cabins.

Aktiv

Wanderungen mit Aborigines ▶ **Lilla Aboriginal Tours:** Tel. 08-89 56 79 09, www.abo riginaltouroperators.com.au. Touren im Canyon, die Einblicke in die Lebensweise und Kultur der Ureinwohner geben (tgl. 9, 11 und 16 Uhr, Erw. 69,50 A-$, Kinder 49,50 A-$).

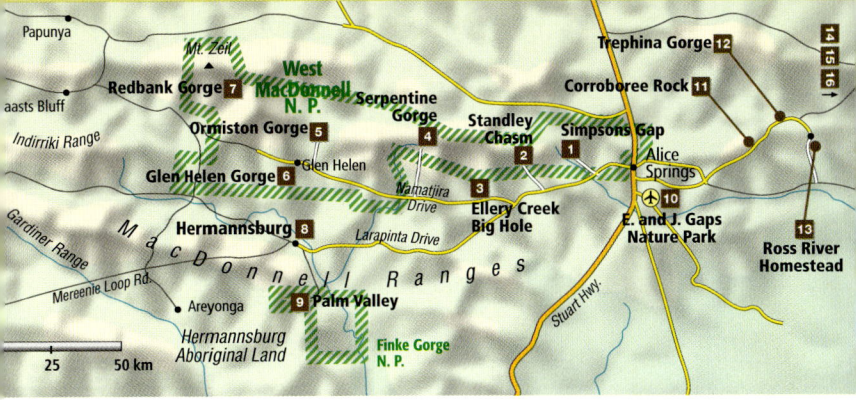

MacDonnell Ranges

Karte: oben

Östlich und westlich von Alice Springs heben sich die MacDonnell Ranges gegen den Himmel ab, parallel verlaufende Bergkämme aus rotem Sandstein. In prähistorischen Zeiten ragte hier ein mächtiges Gebirge auf, das die Kräfte der Erosion auf die heutige Höhe von 1000 bis 2000 m abtrugen. Tiefe Schluchten, in denen feuchtigkeitsliebende Pflanzen gedeihen, bildeten sich, als Flüsse in Jahrmillionen weiches Sedimentgestein fortspülten, während die härteren Quarzitfelsen stehen blieben.

West MacDonnell National Park ▶ 1, L/M 9

Von Alice Springs erreicht man den West MacDonnell National Park über den gut ausgebauten **Namatjira Drive,** an dem sich die landschaftlichen Höhepunkte wie Perlen an einer Kette reihen. Erstes Ziel des Ausflugs, kaum 20 Minuten westlich von Alice Springs, ist die **Simpsons Gap** ◼1. In der Schlucht, die der Roe Creek im Laufe von 60 Mio. Jahren in die Rungutjirba Ridge geschnitten hat, kann man mit etwas Glück schwarzfüßige Felsenwallabies beobachten.

Als nächstes Highlight folgt der 5 bis 9 m breite **Standley Chasm** ◼2, dessen Quarzitwände 100 m abfallen. Wenn in der Mittagszeit etwa eine Stunde lang das Sonnenlicht

in die Klamm fällt, glüht das Gestein in fantastischen Rottönen. Der Fußweg vom Parkplatz zum Canyon (1,5 km/30 Min.) führt durch ein ausgetrocknetes Bachbett, das von mächtigen Fluss-Eukalypten gesäumt wird. Der Standley Chasm Nature Park gehört den Iwupataka-Aborigines, die eine geringe Eintrittsgebühr erheben.

Im **Ellery Creek Big Hole Nature Park** ◼3 kann man in einem kleinen, tiefen See baden. Ein grandioser Blick bietet sich von einem Aussichtspunkt hoch über der **Serpentine Gorge** ◼4 (hin und zurück 1 Std.). In der weiten **Ormiston Gorge** ◼5 lässt sich auf dem Ormiston Pound Walk eine herrliche Natur erwandern (Rundweg 7 km/4 Std.).

Rostrot leuchtende, steile Felswände spiegeln sich in einer tiefblauen Lagune der **Glen Helen Gorge** ◼6. Ein Spaziergang führt vom Parkplatz beim Glen Helen Resort zum Ufer des Felsensees, an dem man Vögel beobachten kann. Vor allem bei Sonnenuntergang ist der Blick von Glen Helen auf den 1379 m hohen Mount Sonder eindrucksvoll.

Während bis zur Glen Helen Gorge die Räder auf Asphalt rollen, bewährt sich auf der schottrig-staubigen Weiterfahrt zur **Redbank Gorge** ◼7 ein Geländewagen mit hoher Bodenfreiheit. Eine Wanderung führt durch das meist ausgetrocknete Bett des Redbank Creek, in dem Eukalypten wachsen, zu einem ständig Wasser führenden Felsenpool (hin und zurück 2 km/1,5 Std.).

aktiv unterwegs

Mit dem Geländewagen ins Palm Valley

Tour-Infos

Start: Hermannsburg
Länge: 20 km
Dauer: Tagesausflug
Besondere Hinweise: Für die Tour ist ein Geländewagen mit hoher Bodenfreiheit und Fahrpraxis erforderlich. Die einzige Möglichkeit, sich mit Benzin, Proviant und Wasser zu versorgen, besteht in Hermannsburg.

Nahe der breiten Furt durch den Finke River zweigt einige Kilometer westlich von Hermannsburg die 20 km lange, abschnittsweise sehr holprige Zufahrtspiste zum Palm Valley ab. Das von den Aranda-Aborigines Mpulungkinya genannte Tal, das zum Finke Gorge National Park gehört, verdankt seinen Namen einer nirgendwo sonst auf der Welt vorkommenden Palmenart. Als botanische Relikte einer längst vergangenen, feuchteren Epoche der Erdgeschichte gedeihen an den permanent gefüllten Wasserlöchern des Palm Creek einige Tausend Marienpalmen (auch Red Cabbage Palms genannt). Sie dokumentieren auf eindrucksvolle Weise die dramatischen Klimaveränderungen, denen das Red Centre in der jüngeren Erdgeschichte ausgesetzt war.

Den 910 m hohen **Mount Hermannsburg** passierend, folgt der Track zum Palm Valley bis zur Einmündung des **Palm Creek** dem Bett des **Finke River.** Für die Ouvertüre zum Naturschauspiel sorgt das ›Amphitheater‹, Kalarranga in der Sprache der Aranda, kurz vor dem schönen Busch-Campingplatz im Naturschutzgebiet. Der **Kalarranga Lookout Walk** führt zu einem Aussichtspunkt mit herrlichem Blick auf den von roten Sandsteinklippen umrahmten Felsenkessel, einst eine Kult- und Versammlungsstätte der Ureinwohner (Rundweg 1,5 km/45 Min.). Spätestens nach der Abzweigung zum Busch-Camp, etwa 5 km vor dem Palm Valley, muss man auf Allradantrieb umschalten. Der Geländewagen arbeitet sich durch tiefe Auswaschungen, ächzt über hohe Felsblöcke. Ohne eine hohe Bodenfreiheit hat man hier keine Chance. Einen Vorgeschmack auf das Palm Valley bietet die tropisch anmutende **Cycad Gorge** mit Zykadeen, die an geschützter Stelle ebenfalls die Austrocknung des Zentrums von Australien überlebten.

Das Palm Valley selbst kann nur zu Fuß erkundet werden. Am Parkplatz starten zwei lohnende Wanderwege: Der **Arankaia Walk** führt am Palm Creek entlang durch den östlichen Teil des palmenbestandenen Felsentals. Auf einem Treppenpfad erreicht man den oberen Schluchtrand und kehrt über ein Plateau zum Ausgangspunkt zurück. Unterwegs informieren Schautafeln über Geologie,

Übernachten

Rustikale Lodge ▶ **Glen Helen Resort:** Namatjira Drive, Tel. 08-89 56 74 89, www. glenhelen.com.au. Gemütliche Doppel- und einfache Mehrbettzimmer, Campsite, Restaurant, Pub und Tankstelle. DZ ab 160 A-$, im Mehrbettzimmer ab 35 A-$.

Camping ▶ Einfache Campgrounds mit Toiletten gibt es im Palm Valley sowie nahe dem Ellery Creek Big Hole, der Serpentine Gorge und der Ormiston Gorge.

Hermannsburg und Finke Gorge National Park ▶ 1, L 9

Von der Redbank Gorge windet sich eine Rüttelpiste in weitem Bogen über den 835 m hohen Tylers Pass. Südlich der Passhöhe mündet die Schotterpiste, die abschnittsweise sandige Passagen und hartes ›Wellblech‹ aufweist, in den Larapinta Drive. Rechts geht es auf der Mereenie Loop Road zum Kings Canyon (s. S. 306), links nach Hermannsburg und zum Palm Valley.

Fauna und Flora des Naturschutzgebietes (Rundweg 2 km/1 Std.). Tiefer ins Palm Valley eindringen kann man auf dem **Mpulungkinya Walk,** der durch verstreut stehende Grüppchen von Marienpalmen mäandert (Rundweg 5 km/2 Std.).

Der einst durch die Schlucht Glen of Palms verlaufende Track zwischen dem Palm Valley und der Piste durch den Finke Gorge National Park ist mittlerweile gesperrt, sodass man auf dem gleichen Track zum Larapinta Drive zurückfahren muss, über den man kam.

Das Palm Valley verdankt seinen Namen der nur hier gedeihenden Marienpalme

In **Hermannsburg** 8 sind Besucher in der ersten, 1877 von deutschen Lutheranern gegründeten Aboriginal-Missionsstation des Northern Territory willkommen, deren weiße Mauern einen reizvollen Kontrast zur umgebenden Wüste bilden (Tel. 08-89 56 74 02, tgl. 9–16 Uhr, Erw. 10 A-$, Kinder 5 A-$, Familien 25 A-$). Dem Aboriginal-Maler Albert Namatjira als berühmtestem Zögling der Missionsstation hat man 12 km östlich von Hermannsburg ein Natursteindenkmal gesetzt.

Nur im **Palm Valley** 9 südlich von Hermannsburg und nirgendwo sonst auf der Welt gedeihen rund 3000 Marienpalmen (*Livistona mariae),* die Nachkommen urzeitlicher Pflanzen, die hier an geschützter Stelle die Austrocknung des Zentrums von Australien überlebten. Der **Finke Gorge National Park,** zu dem das Palm Valley gehört, ist Geländewagenterrain (s. Aktiv unterwegs oben). Achtung: Manche Vermieter untersagen es, mit dem Leihwagen hierher zu fahren.

Von Adelaide ins Landesinnere

Östliche MacDonnell Ranges
► 1, M 9

Obgleich sie nicht so spektakulär sind wie die westlichen MacDonnell Ranges, lohnt sich ein Abstecher in die östlichen MacDonnells. Der **Emily and Jessie Gaps Nature Park** 10 10 km östlich von Alice Springs umfasst zwei Schluchten mit Felsbildgalerien der Ureinwohner, die am **Corroboree Rock** 11 weiter östlich Initiationszeremonien abhielten. In den Höhlen des Felsmassivs bewahrten die Aborigines früher Kultgegenstände auf. Um die Basis des Corroboree Rock führt ein Wanderweg (1 km/20 Min.).

Im **Trephina Gorge Nature Park** 12 verläuft zwischen der von Quarzitklippen flankierten Schlucht des Trephina Creek und dem John Hayes Rock Hole der Ridgetop Walk in einer Höhe von bis zu 350 m über der Ebene, einer der eindrucksvollsten Wanderwege des Red Centre (10 km/5 Std.). John Hayes Rock Hole wird wegen der vielen hier lebenden Keilschwanzadler auch ›Valley of the Eagles‹ genannt.

Als Basis für Streifzüge durch die East MacDonnell Ranges bietet sich die ehemalige Rinderfarm **Ross River Homestead** 13 an. Von hier aus werden Ausritte mit Kamelen und Pferden angeboten. Bei sog. Camp-Out-Dinners werden unter dem nächtlichen Sternenhimmel traditionelle Outbackspeisen zubereitet. Während man von Ross River die Geisterstadt **Arltunga** 14, in deren Umgebung in den 1880er-Jahren Goldgräber das Unterste zuoberst kehrten, bequem per Pkw erreicht, benötigt man für Abstecher in die **N'Dhala Gorge** 15 mit Felsritzungen der Ureinwohner und zur landschaftlich reizvollen **Ruby Gap** 16 einen Geländewagen.

Übernachten

Lodge mit viel Outback-Flair ► **Ross River Homestead:** Tel. 08-89 56 97 11, www.ross riverresort.com.au. Klimatisierte Blockhütten mit Dusche/WC, Restaurant, Campingplatz, Pool und Tankstelle. Blockhütte für 3–4 Pers. 60 A-$/Pers.

Camping ► Im Trephina Gorge Nature Park gibt es zwei einfache Plätze mit Toiletten.

Alice Springs ► 1, M 9

Cityplan: S. 312

Fast exakt in der geografischen Mitte von Australien liegt »The Alice«. 1872 als Relaisstation für die Telegrafenleitung zwischen Adelaide und Darwin gegründet, war Alice Springs lange Zeit ein isolierter Pionierort, dessen Bewohner mit Kamelkarawanen versorgt werden mussten. Erst als 1929 eine Eisenbahnlinie von Süden her das Städtchen erreichte und während des Zweiten Weltkriegs der Stuart Highway bis nach Darwin im Norden ausgebaut wurde, setzte der Aufschwung ein. Heute verfügt Alice Springs über sämtliche Einrichtungen eines Fremdenverkehrszentrums.

Im Zentrum

Die übersichtliche City kann man in zwei bis drei Stunden zu Fuß erkunden. In der **Todd Mall**, einer Fußgängerzone mit Geschäften, Souvenirläden, Kunstgalerien und Reisebüros, steht gegenüber der nach dem Gründer des Royal Flying Doctor Service benannten **John Flynn Memorial Church** 1 das 1926 errichtete **Adelaide House** 2, Zentralaustraliens erstes Krankenhaus. Heute illustriert dort das John Flynn Museum die Geschichte des australischen Luftrettungsdienstes (Tel. 08-89 52 18 56, Mo–Fr 10–16, Sa 10–12 Uhr, Erw. 6,50 A-$, Kinder 4 A-$).

In dem modernen Einkaufszentrum **Alice Plaza** 3 befinden sich Galerien und Souvenirgeschäfte, Cafés und Bistros. Ebenfalls 1926 wurde die **Residency** 4 an der Ecke Parsons Street und Hartley Street erbaut. Einst diente das Gebäude als Wohnsitz von Regierungsbeamten, heute beherbergt es ein Museum zur Stadtgeschichte (Tel. 08-89 53 60 73, März–Nov. Mo–Fr 10–14 Uhr, Erw. 5 A-$, Kinder 2,50 A-$). Nur ein paar Schritte entfernt ist das **Old Stuart Gaol** 5, ein historisches Gefängnis aus dem Jahr 1908, passend zwischen Polizeiwache und neuem Gerichtsgebäude platziert (8 Parsons St., Tel. 00-09 52 45 10, Mo–Fr 10–12.00, Sa 9.30–12.30 Uhr, Erw. 4 A-$, Kinder 2 A-$, Familien 10 A-$).

Einen Eindruck von der Stadt kann man sich vom **Anzac Hill** `6` verschaffen, der nördlich des Zentrums aufragt. Zu erreichen ist der Aussichtshügel über den an der Wills Terrace beginnenden Lions Walk oder mit einem Fahrzeug auf einer vom Stuart Highway abzweigenden Zufahrtsstraße.

Zurück in der Hartley Street werfen historisch Interessierte gern einen Blick in die 1929 erbaute **Old Hartley Street School** `7`, das älteste Schulgebäude der Stadt, in dem heute das Amt für Denkmalpflege National Trust seinen Sitz hat (37–43 Hartley St., Tel. 08-89 52 45 16, Mo–Fr 10.30–14.30 Uhr, Erw. 2 A-$, Kinder 1 A-$, Familien 5 A-$).

Das **Alice Springs Reptile Centre** `8` ist auf die einheimische Reptilienwelt spezialisiert und beherbergt u. a. Tigerschlangen, Todesottern und Taipans, drei der giftigsten Schlangen der Welt. In großen Terrarien kann man Dornteufel, Kragenechsen und Goannas beobachten. ›Star‹ des Parks ist ›Terry the Territorian‹, ein großes Salzwasserkrokodil aus dem Kakadu National Park, das hier eine neue Heimat gefunden hat. Neueste Errungenschaft des Reptilienzoos ist die Fossil Cave, eine Höhle mit Fossilien (Bath Street/Stuart Terrace, Tel. 08-89 52 89 00, www.reptile centre.com.au, tgl. 9.30–17 Uhr, Erw. 16 A-$, Kinder 8 A-$, Familien 40 A-$).

Die **National Pioneer Women's Hall of Fame** `9` im Old Alice Springs Gaol schräg gegenüber würdigt die Rolle der Frauen bei der Erschließung des Outback (2 Stuart Tce., Tel. 08-89 52 90 06, www.pioneerwomen. com.au, Febr.–Dez. Mo–Fr 10–17, Sa, So 10–16 Uhr, Erw. 7 A-$, Kinder 3 A-$, Familien 18 A-$). Im nahe gelegenen regionalen Hauptquartier des **Royal Flying Doctor Service** `10` am Südrand der City können sich Besucher über die Aktivitäten der fliegenden Ärzte informieren. Angeschlossen sind ein kleines Museum, ein Shop und ein Café (Stuart Tce., Tel. 08-89 58 84 12, www.rfdsalicesprings. com.au, Mo–Fr 9–17, So, Fei 13–17 Uhr, Erw. 12 A-$, Kinder 6 A-$, Familien 30 A-$).

Auf einem Hügel über dem Todd River südöstlich der City präsentiert der **Olive Pink Botanic Garden** `11` die Pflanzenwelt der ari-

den Zonen (Tel. 08-89 52 21 54, www.opbg. com.au, tgl. 8–18 Uhr, Eintritt frei, Spende erbeten). Das meist ausgetrocknete Flussbett ist jährlich im August Schauplatz der Henley-on-Todd-Regatta. Bei dieser Persiflage auf die britische Henley-Ruderwoche werden Bootsattrappen ohne Boden im Wettlauf zum Sieg getragen (s. S. 43).

Südlich des Zentrums

Weitere Besuchspunkte liegen südlich der **Heavitree Gap,** durch die sich der Stuart Highway, die Eisenbahnlinie und der Todd River zwängen. Am Rande der **Heavitree Gap Outback Lodge** `5` kann man am späten Nachmittag ansonsten scheue Felsenwallabies per Hand füttern. Besucher sind auf der Dattelpalmenplantage **The Date Farm** `12` willkommen (Palm Circuit, Tel. 08-89 53 75 58, tgl. 9–18 Uhr, Eintritt frei). Kameltouren bietet u. a. die **Frontier Camel Farm** `13` an (Ross Highway, Tel. 08-89 53 04 44, www. cameltours.com.au, tgl. 9–17, Führungen tgl. 10.30, April–Okt. auch 14 Uhr, Erw. 6 A-$, Kinder 3 A-$, Familien 12 A-$).

Die Pionierzeit illustriert das **Old Timers Traeger Museum** `14` (South Stuart Highway, Tel. 08-89 55 53 48, März–Okt. tgl. 14–16 Uhr, 4,50 A-$). Ein Ziel für Fans historischer Eisenbahnen ist der Museumskomplex der **Ghan Preservation Society** `15` 10 km südlich von Alice Springs (Noris Bell Avenue, Tel. 08-89 55 50 47, April–Sept. tgl. 10–16.30 Uhr, Erw. 7,50 A-$, Kinder 5 A-$; mehrmals wöchentl. Fahrten im historischen Ghan). Gleich nebenan zeigt die **Road Transport Hall of Fame** `16` eine Oldtimerkollektion (Norris Bell Avenue, Tel. 08-89 52 71 61, www.roadtransporthall. com, tgl. 9–17 Uhr, Erw. 10,50 A-$, Kinder 6,50 A-$, Familien 27,50 A-$).

Nördlich des Zentrums

In der **School of the Air** `17` 3 km nördlich des Zentrums (s. auch S. 315) kann man durch eine Glasscheibe einem Funklehrer zusehen und -hören (80 Head St., Tel. 08-89 51 68 34, www.assoa.nt.edu.au, Mo–Sa 8.30–16.30, So und Fei 13–16.30 Uhr, Erw. 7,50 A-$, Kinder 5 A-$, Familien 20 A-$).

Alice Springs

Der Besuch der School of the Air lässt sich verbinden mit einem Abstecher zum **Alice Springs Telegraph Station Historical Reserve** 18. In den Gebäuden, die man 1872 um die Telegrafenstation herum als Wohnstätten für die ersten Europäer in Zentralaustralien errichtete, vermitteln Ausstellungen ein Bild vom Leben der Pioniere (North Stuart Highway, Tel. 08-89 52 39 93, tgl. 8–17 Uhr, Erw. 9,50 A-$, Kinder 5,50 A-$). Von der Old Telegraph Station aus führt der 150 km lange Larapinta Trail durch die westlichen MacDonnell Ranges (s. S. 307).

Westlich des Zentrums

Am Larapinta Drive 2 km westlich der City liegt das **Araluen Cultural Precinct** 19, ein modernes Kulturviertel, zu dem u. a. das **Araluen Arts Centre** mit Theater und Kunstgalerien sowie mehrere Museen gehören. Dem Leben und der Kultur der zentralaustralischen Ureinwohner ist das **Strehlow Research Centre** gewidmet. Benannt ist das ethnologische Museum zu Ehren des deutschstämmigen Völkerkundlers Theodore Strehlow, der über 45 Jahre lang bei Expeditionen die Sitten und Bräuche der Aranda-Aborigines erforschte. Mit der Geologie und Fauna der Region befasst sich das **Museum of Central Australia** und einen Blick in die Pioniertage der zentralaustralischen Luftfahrt bietet das **Central Australian Aviation Museum** (Tel. 08-89 51 11 20, www.araluenartscentre.nt. gov.au, Mo–Fr 10–16, Sa, So, Fei 11–16 Uhr, Ticket für alle Sehenswürdigkeiten Erw. 15 A-$, Kinder 10 A-$, Familien 40 A-$). Auf dem angrenzenden **Alice Springs Memorial Cemetery** 20 fanden zahlreiche Outback-Pioniere ihre letzte Ruhestätte.

Noch weiter westlich erstreckt sich der **Alice Springs Desert Park** 21. Auf einem 1,6 km langen Spazierweg mit Infotafeln lernt man zentralaustralische Landschaftsformen wie Sand- und Steinwüste, Savanne und Steppe sowie deren Flora und Fauna kennen. Ein Highlight ist das Nocturnal House, in dem man nachtaktive Tiere beobachten kann (Tel. 08-89 51 87 88, www.alicespringsdesertpark. com.au, tgl. 7.30–18 Uhr, Erw. 25 A-$, Kinder 12,50 A-$, Familien 68 A-$).

Von Adelaide ins Landesinnere

Infos

Tourism Central Australia Visitor Information Centre: Todd Mall/Parsons St., Tel. 1800-64 51 99 und 08-89 52 58 00, www.discover centralaustralia.com, www.tourism.thealice. com.au, Mo–Fr 8.30–17.30, Sa, So und Fei 9–16 Uhr. Infos zu Alice Springs und Umgebung sowie zu allen touristisch bedeutsamen Regionen im ›Roten Herzen‹; Tour Pass für die Mereenie Loop Road.

Northern Territory Holiday Information Helpline: Tel. 1800-62 13 36. Gebührenfreies Info-Telefon.

Central Land Council: 27 Stuart Hwy., P. O. Box 3321, Alice Springs, NT 0871, Tel. 08-89 51 62 11, www.clc.org.au, Mo–Fr 8–12, 14–16 Uhr. Passierscheine für die Durchquerung von Aboriginal-Land.

Automobile Association of the Northern Territory: 58 Sargent St., Tel. 08-89 52 10 87, www.aant.com.au. Automobilclub; Landkarten, Infos über Outback-Pisten etc.

Übernachten

Relaxtes Ferienresort ▸ Alice Springs Resort 1: 34 Stott Tce., Tel. 13 00-27 21 32, 08-89 51 45 45, www.alicespringsresort.com. au. Elegantes Hotel mit komfortablen Zimmern, Top-Lage im Zentrum, Restaurant mit Schwerpunkt auf Seafood und Pool im Garten, auskunftsfreudiges Management. DZ 175–310 A-$.

In tropischer Gartenlandschaft ▸ All Seasons Oasis Resort 2: 10 Gap Rd., Tel. 08-89 52 14 44, www.accorhotels.com.au. Inmitten einer gepflegten Gartenanlage am Todd River gelegen, mit Restaurant und zwei Pools. DZ 135–185 A-$.

Mit gutem Restaurant ▸ Elkira Motel 3: 65 Bath St., Tel. 08-89 52 12 22, www.best western.com.au/elkira. Geräumige, komfortabel ausgestattete Zimmer, zentrale Lage, Restaurant und Pool. DZ 125–165 A-$.

Für Selbstversorger ▸ The Swagmans Rest Motel 4: 67–69 Gap Rd., Tel. 1800-08 96 12, www.theswagmansrest.com.au. Familienfreundliche geräumige Zimmer und Apartments mit Küche in ruhiger Lage, mit Pool. DZ 115–145 A-$.

Etwas außerhalb im Grünen ▸ Heavitree Gap Outback Lodge 5: Palm Circuit, Tel. 08-89 50 44 44, www.auroraresorts.com.au. Outback-typische Ferienanlage 3 km südlich der City mit Restaurant, Pool und Campingplatz. DZ 102–154 A-$.

Freundliches Budget-Hotel ▸ Desert Rose Inn 6: 15 Railway Tce., Tel. 08-89 52 14 11, www.desertroseinn.com.au. Zentral, mit Gemeinschaftsküche, Pool und Möglichkeit zur Tourbuchung. DZ 70–75 A-$ (mit Gemeinschaftsbad), DZ 95–105 A-$ (mit eigenem Bad), im Mehrbettzimmer 45 A-$/Pers.

Gefragtes Backpacker-Domizil ▸ Annie's Place 7: 4 Traeger Ave., Tel. 08-89 52 15 45, 18 00-35 90 89, www.anniesplace.com.au. Mehrbettzimmer, DZ mit/ohne Dusche/WC, preiswertes Restaurant, Lounge-Bar, Pool. DZ 62–74 A-$, im Mehrbettzimmer 24 A-$/Pers.

Camping ▸ Stuart Caravan Park 8: Larapinta Drive, Tel. 1300-82 34 04, www.stuart caravanpark.com.au. 2 km westlich, sehr gute Ausstattung, Cabins, Pool. **Wintersun Caravan Park** 9: North Stuart Highway, Tel. 08-89 52 40 80, www.wintersun.com.au. 3 km nördlich, gute Ausstattung, Cabins und Pool.

Essen & Trinken

Kulinarische Oase ▸ Bluegrass Restaurant 1: Stott Terrace/Todd Street, Tel. 08-89 55 51 88, Mi–Mo 12–14.30, 17.30–23 Uhr. Schönes Ambiente, leichte Regionalküche im Stil der New Australian Cuisine, gute Weine, freundlicher Service. Vorspeisen 14–17 A-$, Hauptgerichte 22–36 A-$.

Bush Food und Livemusik ▸ Bojangles 2: 80 Todd St., Tel. 08-89 52 28 73, tgl. 12–14, 17–23 Uhr. Das rustikale Lokal im Stil einer *Cattle Station* bietet deftige Hausmannskost, Outback-Flair und abends Livemusik. Spezialitäten: Emu-, Kamel-, Känguru- und Krokodilsteaks, gegrillter Barramundi. Vorspeisen 10,50–14 A-$, Hauptgerichte 20,50–34 A-$.

Steaks ▸ The Overlanders Steakhouse 3: 72 Hartley St., Tel. 08-89 52 21 59, www. overlanders.com.au, tgl. 17.30–22.30 Uhr. Nomen est omen – Steaks in allen Variationen. Vorspeisen 10,50–14,50 A-$, Hauptgerichte 20,50–34 A-$.

Tipp: Das größte Klassenzimmer der Welt – die School of the Air

»Seid ihr alle da?«, fragt die Lehrerin in Alice Springs. Doch die Schüler und Schülerinnen sind nicht da, jedenfalls nicht zu sehen. Sie verteilen sich über ein Gebiet, das fünfmal größer ist als das der Bundesrepublik. Ihren Unterricht erhalten sie über Ätherwellen – sie besuchen die School of the Air.

Weit verstreut im dünn besiedelten Outback leben viele Familien in abgeschiedenen Gegenden, weder von Straßen noch Elektrizität erreicht. Weil die Kinder dort in keine Schule gehen können, kommt die Schule eben zu ihnen. Die School of the Air, auch School of Distance Education genannt, bietet den im Busch lebenden Kindern die Möglichkeit, per Sprechfunk am Unterricht teilzunehmen. 20 bis 30 Minuten dauert eine Funklektion, von denen pro Werktag drei für jedes Kind Pflicht sind. Per Post erhalten die Schüler ihr Lehrmaterial: Bücher und Arbeitshefte, Ton- und Videokassetten sowie CD-Roms. Haben sie ihre Hausaufgaben gemacht, senden sie alles ihrem Lehrer zurück, der es korrigiert und die neue Lektion schickt. Neue Unterrichtsmethoden nutzen die Möglichkeiten, die das Internet bietet. So kommunizieren Lehrer und Schüler zunehmend per Webcam und Headsets. Mindestens ebenso viel Arbeit wie die Funklehrer haben die Mütter, die praktische Lernhilfen geben und die Übungsarbeiten überwachen.

Die School of the Air wurde seit den 1950er-Jahren als ›pädagogische Fakultät‹ des Royal Flying Doctor Service unter Verwendung der Funkstationen des australischen Luftrettungsdienstes aufgebaut. Die Sendungen der von den australischen Bundesstaaten finanzierten Funkschule werden von mehr als 2000 Schülern empfangen, die oft über 1000 km voneinander entfernt leben. Nur einmal im Jahr kommen sie zu einem großen Schulfest und Ferienlager in der nächstgelegenen Provinzstadt zusammen. In der School of the Air werden lediglich die Grundschuljahrgänge unterrichtet. Wer zur High School will, muss ein Internat besuchen.

Lehrer für die School of the Air sind nicht leicht zu finden, denn die meisten Pädagogen zieht es nicht in ›langweilige‹ Outback-Städte. An Funklehrer werden hohe Anforderungen gestellt. Sie müssen Hemmungen abbauen, Vertrauen wecken und zur Mitarbeit animieren. Viele Kinder brauchen lange, bis sie die Kommunikationsbarrieren überwunden haben. Wichtig sind auch ein Showtalent und sprachliche Fähigkeiten, schließlich können die Lehrer nichts zeigen, sondern müssen alles beschreiben.

Besucher können in einigen Schools of the Air, etwa derjenigen von Alice Springs (s. S. 311), einer Unterrichtsstunde beiwohnen. Englischkenntnisse vorausgesetzt, dürfen sie bisweilen Nachrichten aus dem fernen Europa durch die Weiten des australischen Kontinents schicken – eine willkommene Abwechslung für die Outback-Kids.

Einkaufen

Straßenmarkt ▶ Todd Mall Markets **1**: Todd Mall, Tel. 08-89 52 92 99, www.toddmallmarkets.com.au, Febr.–Dez. jeden 2. So 9–18 Uhr. In der Fußgängerzone.

Aboriginal-Kunst ▶ Mbantua Gallery **2**: 69 Todd Mall, Tel. 08-89 52 55 71, Mo–Fr 9–18, Sa 9.30–17 Uhr. Gemälde, Holzschnitzereien und Keramik von Künstlern der Aboriginal-Community Utopia. **Papunya Tula Ar-** tists **3**: 78 Todd St., Tel. 08-89 52 47 31, www.papunyatula.com.au, Mo–Fr 9–17, Sa 10–14, So 13–17 Uhr. Gemälde namhafter Aboriginal-Künstler und hochwertiges Kunsthandwerk; die Werkstattt ist im Besitz von Aborigines. **Winjeel Tours** **4**: 76 Todd St., Tel. 08-89 53 08 70, Mo–Fr 9–19, Sa 9–18, So 10–16 Uhr. Gemälde und Kunsthandwerk der Aborigines, außerdem Buchung von Touren; unter deutsch-australischer Leitung.

Das Kamel – ein gefährlicher Import

Thema

In Brehms Tierleben ist Australien zwar nicht als Heimatland für Kamele ausgewiesen, dennoch ziehen stattliche Herden der Höckertiere durch das Landesinnere. Die Kamele – eigentlich Dromedare, da einhöckrig – sind keine Urbewohner des Kontinents. Sie kamen Mitte des 19. Jh. als Last- und Reittiere aus Arabien über Indien nach Australien.

Bis in die 1930er-Jahre bewährten sich die Tiere als unentbehrliche Transportmittel. Die Kamelkarawanen waren Pferde- und Ochsengespannen in den kargen Savannen und Halbwüsten des Zentrums haushoch überlegen. Von damaligen Endpunkten der Eisenbahn wie Broken Hill in New South Wales oder Marree und Oodnadatta in South Australia, wo sie ihre Fracht – Lebensmittel, Werkzeug, Stacheldraht – übernahmen, trieben asiatische Kameltreiber schwer bepackte Karawanen zu den entlegenen Pioniersiedlungen und Minenorten. Auf dem Rückweg schleppten die Wüstentiere Schafwolle sowie Kupfererz und andere Bergbauprodukte. Obwohl nur wenige der Kameltreiber aus Afghanistan stammten (meist kamen sie aus Indien und Pakistan), wurden sie von den Australiern kurzerhand *Ghans* genannt.

Die Ghans waren als aufrichtige und zuverlässige ›Spediteure‹ allseits geschätzt, und ihre ›Wüstenschiffe‹ waren geradezu prädestiniert, die Transportprobleme in Australiens Ödlandgebieten zu lösen. Tiervater Brehm fand das Kamel zwar blöd, die Araber aber nennen es weise. Wie auch immer: Für die Wüste sind die Tiere ideal. Etwa 4–5 km pro Stunde gehen sie in ihrem schaukelnden Gang. Dieses Tempo halten sie 14 Stunden durch, Tag für Tag, Woche für Woche. Sie schleppen dabei bis zu vier Zentner auf dem Buckel und werden nur morgens und abends mit einem Bündel Heu abgespeist. Kein anderes Tier lässt sich so viel zumuten.

Wie das Kamel auch längere Durststrecken ohne Schaden übersteht, ist noch nicht restlos geklärt. Hartnäckig hält sich die Mär vom Wasserreservoir im Höcker, dabei speichert dieser bis zu 20 kg schwere Klumpen auf dem Rücken kein Wasser, sondern Fett. Richtig ist hingegen, dass ein Kamel in zehn Minuten bis zu 100 l Wasser in seinen Organismus aufnehmen und damit in Extremfällen bis zu 20 Tage auskommen kann.

Ohne die nach Australien eingeführten, genügsamen Wüstenwanderer hätte im 19. Jh. das höllenheiße Landesinnere nicht erforscht werden können, wären damals weder die enormen Bodenschätze entdeckt worden, noch hätten eine Telegrafen- und zwei Eisenbahnlinien quer durch die Wildnis des Kontinents verlegt werden können. Als jedoch die Tiere ihren Dienst getan hatten, wurden sie buchstäblich in die Wüste geschickt. Einige hundert der ›Ausgesetzten‹, so schätzt man, traten im Zeitalter des Autos und der Eisenbahn den Rückzug in die Inlandwüsten an – und vermehrten sich dort stetig. Australien ist heute das einzige Land der Welt mit großen, oft Hunderte von Tieren zählenden Herden wilder Kamele. Inzwischen sollen es 750 000 Tiere sein. Ohne natürliche Feinde verdoppelt sich die Zahl etwa alle acht Jahre. Schon jetzt stellt ihre große Menge eine Bedrohung für das sensible Ökosystem des Outback dar, denn besonders während der Trockenzeit machen Kamele einheimischen Tierarten Wasser und Nahrung streitig.

Opale ▶ **The Big Opal** `5`: 75 Todd Mall, Tel. 08-89 52 44 44, tgl. 9–19 Uhr. Opale und aus Opalen gefertigte Schmuckstücke, Videos zum Thema Opale.

Abends & Nachts

Licht-und-Ton-Spektakel ▶ **Sounds of Starlight Theatre** `1`: 40 Todd Mall, Tel. 08-89 53 08 26, www.soundsofstarlight.com. Faszinierende Didgeridoo-Klänge verbunden mit audiovisuellen Effekten (April–Nov. Di, Fr, Sa 20–21.30 Uhr, Erw. ab 30 A-$, Kinder ab 25 A-$, Familien ab 90 A-$).

Folkloreshow ▶ **Red Centre Dreaming** `5`: Heavitree Gap Outback Lodge, Palm Circuit, Tel. 18 00 08 96 16, www.auroraresorts.com. au. Folkloreshow bei einem dreigängigen Outback-Menü (tgl. 19–22 Uhr, Erw. 110 A-$, Kinder 65 A-$).

Outback-Pub ▶ **Todd Tavern** `2`: Todd Mall, Tel. 08-89 52 22 57, tgl. 12–15, 17–24 Uhr. Kneipe mit viel Outback-Atmosphäre, üppige und preiswerte *Counter Meals*, gelegentlich Livemusik.

Aktiv

Touren mit Aborigines ▶ **Central Aboriginal Experiences** `1`: 63 Todd Mall, Tel. 1800-01 11 44, www.caent.com.au. Zentrale Buchungsstelle für Touren, die von Aborigines durchgeführt werden und Einblicke in deren Denk- und Lebensweise vermitteln. **The Aboriginal Dreamtime & Bush Tucker Tour (Central Australian Aboriginal Tour)** `4`: c/o Winjeel Tours, 76 Todd St., Tel. 08-89 53 08 70. 3-stündige Tour, die einen guten Einblick in Leben und Kultur der Ureinwohner bietet (tgl. 8 Uhr, Erw. 84,50 A-$, Kinder 42,50 A-$).

Wandern ▶ **Central Australian Bushwalkers Association** `2`: c/o Visitor Information Centre (s. S. 313), Tel. 08-89 53 19 56, www. centralaustralianbushwalkers.wordpress.com. Von Einheimischen geführte Wanderungen in den MacDonnell Ranges (ein Unkostenbeitrag wird erwartet).

Kamelreiten ▶ **Frontier Camel Farm** `13`: Ross Highway, Tel. 08-89 53 04 44, www. cameltours.com.au. Ausritte auf Kamelen. Erw. ab 52 A-$, Kinder ab 32 A-$.

Ballonfahren ▶ **Outback Ballooning** `2`: c/o Visitor Information Centre (s. S. 313), Tel. 1800-80 97 90, 08-89 52 87 23, www.outbackballooning.com.au. Ballonfahrten mit Sektfrühstück (Erw. ab 290 A-$, Kinder ab 237 A-$ zzgl. Versicherung).

Termine

Alice Springs Cup Carnival (April): Pferderennen und Volksfest.

Bangtail Muster (1. Mo im Mai): Volksfest mit Umzügen und Rodeo.

Lion's Camel Cup (Juli): Dromedarrennen. Infos: www.camelcup.com.au.

Henley-on-Todd-Regatta (Aug.): ›Bootsrennen‹ im ausgetrockneten Flussbett des Todd River. Infos: www.henleyontodd.com.au.

Alice Springs Rodeo (Aug./Sept.): Eines der bedeutendsten Rodeos in Zentralaustralien.

Verkehr

Flüge: Zwischen Flughafen und der 15 km entfernten City pendelt der Alice Wanderer Airport Transfer, Tel. 1800-72 21 11, www.alice wanderer.com.au, Erw. 15 A-$, Kinder 10 A-$. Ein Taxi kostet 35–40 A-$.

Züge: 2 x wöchentl. fährt der Ghan nach Adelaide und Darwin (s. S. 296). Buchung: Tel. 1800-70 33 57, www.trainways.com.au.

Busse: Tgl. Verbindungen mit Greyhound Australia, Tel. 08-89 52 39 52, 13 00-47 39 46, nach Adelaide, Yulara (Ayers Rock Resort), Darwin, Mount Isa, Townsville und Broome. Tgl. Red Centre Touring Transfers nach Yulara (Ayers Rock Resort) und Kings Canyon; Info: Austour, Tel. 18 00-33 50 09.

Mietwagen: Fahrzeuge jeder Art vermieten Apollo, Tel. 18 00-77 77 79; Budget, Tel. 08-89 52 88 99; Hertz, Tel. 13 00-13 21 05; Outback Auto Rentals, Tel. 08-89 53 53 33. Unbedingt rechtzeitig buchen!

Fortbewegung in der Stadt

Taxis: Alice Springs Taxis, Tel. 08-89 52 18 77. **Busse:** Mo–Sa verkehrt der öffentliche **AS-Bus** tagsüber im Stundentakt auf einer Rundstrecke um die Innenstadt. Netz- und Fahrpläne erhält man im Visitor Information Centre, Infos auch unter Tel. 08-89 24 76 66.

Das Outback zwischen Adelaide und Sydney

Schafweiden und steinige Halbwüsten, wilde Berglandschaften und weite Savannen mit Kängurus und Emus, Bergbausiedlungen und Goldrauschstädte, gleißendes Licht und sengende Hitze, Staub und Fliegen: Die 1700 km lange Route durch das Outback von South Australia und New South Wales bietet vieles von dem, was typisch für das australische Hinterland ist. Vier Tage sind das Minimum für diese Strecke.

Clare Valley ▸ 1, O 15

Westlich des nach Broken Hill führenden **Barrier Highway** erstreckt sich über 40 km das **Clare Valley.** Dort, wo vor 200 Jahren Eukalyptuswälder und undurchdringliches Buschland den ersten Siedlern das Leben schwer machten, bestimmen heute riesige Weinfelder das Bild. Clare Valley ist nach dem Barossa Valley Australiens bedeutendstes Weinanbaugebiet. Fast alle der gut zwei Dutzend Kellereien stehen für Weinproben und Besichtigungen offen. **Sevenhill Cellars** 7 km südlich des Hauptortes Clare ist das älteste Weingut der Region. Bereits 1851 legten deutsche Jesuitenpadres um die St. Aloysius-Kirche die ersten Weinberge an, um Messwein zu keltern. Heute noch wird die Kellerei von Jesuiten betrieben.

Mintaro 14 km südöstlich von Clare war im 19. Jh. ein Haltepunkt für Ochsenkarren, die Kupfererz von der Burra Mine zur Verschiffung nach Port Wakefield transportierten. An diese Zeit erinnern einige restaurierte Gebäude, etwa das Magpie Stump Hotel von 1851, in dem heute noch Bier gezapft wird.

Das 14 km südöstlich von Clare gelegene Herrenhaus **Martindale Hall** von 1879 diente dem Regisseur Peter Weir als Kulisse für seinen Film ›Picknick am Valentinstag‹, Filmfans werden in dem Bau das Appleyard College wiedererkennen (Tel. 08 88 43 90 88, www.martindalehall.com, Mo–Fr 11–16, Sa, So 12–16 Uhr, Erw. 10 A-$, Kinder 2,50 A-$).

Infos
Clare Valley Visitor Centre: The Town Hall, 229 Main North Rd., Clare, Tel. 08-88 42 21 31, www.clarevalley.com.au, Mo–Fr 9–17, Sa, So 10–16 Uhr.

Übernachten
Guter Standard ▸ **Clare Central Motel:** 325 Main North Rd., Clare, Tel. 08-88 42 22 77, www.clarecentral.com.au. Komfortabel, mit Restaurant und Pool. DZ 135–160 A-$.

Camping ▸ **Clare Caravan Park:** Main North Road, Clare, Tel. 1800-42 27 24, www.discoveryholidayparks.com.au. In einem Naturschutzgebiet, gut ausgestattet, mit Cabins und Pool.

Aktiv
Weinproben ▸ **Knappstein Wines:** Clare, Tel. 08-88 42 26 00, www.knappstein.com.au, Mo–Fr 9–17, Sa 11–17, So 11–16 Uhr. **Sevenhill Cellars:** 7 km südl. von Clare, Tel. 08-88 43 42 22, www.sevenhill.com.au, Mo–Fr 8.30–16.30, Sa 9–16. **Tim Gramp Wines:** Leasingham, 15 km südl. von Clare, Tel. 08-88 43 01 99, www.timgrampwines.com.au, Mo–Fr 9–17, Sa, So 10.30–16.30 Uhr.

Burra ▸ 1, O 14

Die alte Kupferstadt **Burra** am Barrier Highway bietet Besuchern viel Historie. Einst befand sich dort die größte Kupfermine des

Kontinents, in der Bergleute vor allem aus Wales und Cornwall 1845–1877 jährlich rund 5 % der damaligen Weltproduktion an Kupfererzen förderten. Am ausgeschilderten **Heritage Drive** sind viele Gebäude der historischen Bergbausiedlung zu besichtigen. Im **Burra Mine Open Air Museum,** in dem Schautafeln über die Geschichte des Kupferabbaus informieren, rostet die Technik von gestern vor sich hin: Dampfhämmer, Zahnräder, Loren und Gleise (tgl. 7 Uhr bis Sonnenuntergang, Eintritt frei). Sehenswert ist auch das **Morphetts Enginehouse Museum,** ein restauriertes Maschinenhaus (Mo–Fr 11–13, Sa, So und Fei 11–14 Uhr, Erw. 5 A-$, Kinder 2 A-$, Familien 10 A-$).

Weitere Besuchspunkte sind das Bergwerksmuseum **Bon Accord Mine Complex** (Railway Terrace, Mo–Fr 12.30–14.30, Sa, So und Fei 12.30–15.30 Uhr, Erw. 5 A-$, Kinder 2 A-$) und das **Market Square Museum** im früheren General Store mit einer Ausstellung zur Stadtgeschichte (Fr 13–16, Sa 14–16, So 13–15 Uhr, Eintritt frei, Spende erbeten).

Bevor die britischen Bergleute in die Reihenhäuser Paxton Square Cottages umzogen, die heute als Touristenunterkünfte dienen, hausten sie in ›Höhlenwohnungen‹ in der Lehmböschung des Burra Creek.

Wer auf dem Barrier Highway den Bundesstaat New South Wales ansteuert, kreuzt nördlich von Burra durch ein Meer von Eintönigkeit. Die Straße von Peterborough nach Broken Hill durchschneidet über lange Strecken eine halbwüstenartige Savannen- und Steppenlandschaft. Nichts außer verdörrtem Buschwerk und kahlen Bergrücken am Horizont bietet dem Auge Halt. Yunta, Mannahill, Olary, Mingary und Cockburn, die jeweils aus einer Hand voll Wellblechhäusern, einer Tankstelle und einem Pub-Hotel bestehen, sind die einzigen Stützpunkte der Zivilisation in einer unendlichen Nirgendwo-Szenerie.

Infos

Burra Tourist Office: 2 Market Square, Tel. 08-88 92 21 54, www.visitburra.com, Mo–Fr 9–17, Sa, So, Fei 10–16 Uhr. Hier gibt's auch Infos und Karten für den Heritage Drive.

Übernachten

Angenehme Provinzherberge ▶ **Burra Motor Inn:** 2 Market St., Tel. 08-88 92 27 77, www.burramotorinn.com.au. Behinderten- und kinderfreundliches Motel mit Restaurant und Hallenbad. DZ 99–119 A-$.

Ehemalige Bergmannsunterkunft ▶ **Paxton Square Cottages:** Kingston Street, Tel. 08-88 92 26 22, Fax 08-88 92 25 08. Einfache Cottages mit ein oder zwei Schlafzimmern und Kaminfeuer. DZ 90–110 A-$.

Camping ▶ **Burra Caravan & Camping Park:** Bridge Terrace, Tel. 08-88 92 24 42. Schön gelegen, gut ausgestattet.

Broken Hill ▶ 1, Q 14

Die auch unter dem Namen ›Silver City‹ bekannte Stadt wurde, nachdem 1883 der deutschstämmige Charles Rasp auf eine reiche Silberader gestoßen war, über den weltweit größten Silber-, Blei- und Zinklagern erbaut. Aus der 7 km langen, durchschnittlich 200 m breiten und bis zu 1200 m in die Tiefe reichenden Erzader förderte man zeitweise rund ein Drittel der Weltproduktion an Silber, Blei und Zink. Mittlerweile hat **Broken Hill** seinen Zenit als Bergbaustadt überschritten, da die profitabel abbaubaren Vorkommen nahezu erschöpft sind. Dafür entwickelte sich die alte Bergwerkstadt zu einem charmanten Ort mit viel Outback-Flair.

Besuchern bieten sich vielfältige Möglichkeiten, an der lebendigen Geschichte von Broken Hill teilzunehmen. So vermittelt eine Bergwerksbesichtigung ein Bild von den harten Arbeitsbedingungen. Touren unter Führung ehemaliger Bergleute werden in der stillgelegten Silbermine **Daydream Mine** angeboten (tgl. 10 und 11.30, in den Schulferien mehrmals tgl. 10–15.30 Uhr, Erw. 27,50 A-$, Kinder 22.50 A-$, Familien 77,50 A-$, Buchung beim Fremdenverkehrsamt). Die Bergbaugeschichte der Stadt dokumentiert das **Railway and Historical Museum** im alten Bahnhof in der Sulphide Street (Tel. 08-80 88 46 60, tgl. 10–15 Uhr, Erw. 8 A-$, Kinder 4 A-$, Familien 20 A-$). Interessantes über

Outback zwischen Adelaide und Sydney

das Leben der Bergleute erfährt man in **White's Mineral Art & Living Museum,** das neben einer Mineraliensammlung auch Erinnerungsstücke aus der Pionierzeit präsentiert (Allendale Street, Tel. 08-80 87 28 78, tgl. 9–17 Uhr, Erw. 8,50 A-$, Kinder 4,50 A-$, Familien 21,50 A-$). Mithilfe interaktiver Displays werden die Themen Geologie und Bergbau im **Albert Kersten Mining & Mineral Museum** im restaurierten Bond Store sehr anschaulich präsentiert (Bromide/Crystal Streets, Tel. 08-80 80 35 00, Mo–Fr 10–16.45, Sa, So 13–16.45 Uhr, Erw. 9,50 A-$, Kinder 4,50 A-$, Familien 23,50 A-$). Vom durch den Bergbau ausgelösten Boom zeugen stattliche Gebäude aus dem 19. Jh., etwa die Town Hall und die Hotels an der Hauptstraße.

Als größter Ort im weiten Umkreis ist Broken Hill Sitz zweier typisch australischer Outback-Institutionen: dem **Royal Flying Doctor Service** (Broken Hill Airport, Tel. 08-80 80 37 14, www.flyingdotor.net, Mo–Fr 9–17, Sa, So 11–16 Uhr, Erw. 7 A-$, Kinder 3,50 A-$, Familien 17,50 A-$, s. S. 321) und der **School of the Air,** die per Funk Grundschulkinder unterrichtet (Lane/McCulloch Streets, Unterrichtsbeginn Mo–Fr 8.30 Uhr außer in den Ferien, Anmeldung einen Tag im Voraus beim Fremdenverkehrsamt, Erw. 8,50 A-$, Kinder 6,50 A-$, Familien 23,50 A-$, s. S. 315).

Zu den 25 000 Einwohnern von Broken Hill zählt auch eine Kolonie australischer Künstler, die sich von der Outback-Atmosphäre inspirieren lässt: die ›Brushmen of the Bush‹. Ihre Werke sind in Galerien ausgestellt, etwa in der **Broken Hill Regional Art Gallery** in der Argent Street. Die 1904 gegründete und damit nach Sydney zweitälteste Kunstgalerie des Staates zeigt außerdem Werke bedeutender australischer Maler des 19. und beginnenden 20. Jh. (Tel. 08-80 80 34 40, www.bhartgallery.com.au, Mo–Fr 10–17, Sa, So 11–16 Uhr, Eintritt frei, Spende erbeten).

Man kann nicht alle der rund zwei Dutzend Privatsammlungen in Broken Hill gesehen haben. Ein ›Muss‹ ist jedoch ein Besuch der Galerie des ehemaligen Bergmanns und Künstlers **Pro Hart** (108 Wyman St., Tel. 08-80 87 24 41, www.prohart.com.au, Mo–Sa 9–17, So

13.30–17 Uhr, Eintritt frei). Besuchenswert sind weiterhin die **Absalom's Gallery** (638 Chapple St., Tel. 08-80 87 58 81, www.jackabsalom.com.au, tgl. 10–17 Uhr, Eintritt frei), die **Ant Hill Gallery** (24 Bromide St., Tel. 08-80 87 24 41, Mo–Fr 9–17, Sa 9.30–12.30 Uhr, Eintritt frei) und die **Eric McCormick Gallery** (367 McCulloch St., Tel. 08-80 87 84 86, Mo–Fr 13–17, Sa, So 10–17 Uhr, Eintritt frei).

Die Bedeutung von Broken Hill als Kulturstadt unterstreicht ein von internationalen Künstlern gestalteter **Skulpturenpark** 10 km nördlich des Zentrums an der Straße nach Tibooburra. Über einen steinigen Hügel verteilen sich etwa ein Dutzend bis zu 4 m hohe Skulpturen. Besonders beeindruckend ist die Szenerie bei Sonnenuntergang.

Die restaurierte Geisterstadt **Silverton** vor den Toren der Stadt war Ende des 19. Jh. eine Bergbausiedlung mit 3000 Einwohnern, deren Wohlstand auf Silbererz basierte. Ob Silverton Gaol, Silverton School, Silverton Church oder Silverton Hotel – die Fassaden der historischen Gebäude erscheinen allesamt wie aus einem Western. Tatsächlich ist der Ort ein Anziehungspunkt für Filmproduzenten aus aller Welt. Seit hier Anfang der 1980er-Jahre »Mad Max« mit Mel Gibson gedreht wurde, sind rund 200 Filme vor Ort und in der Umgebung entstanden, unter anderem die Travestiekomödie »Priscilla, Königin der Wüste«. Fotos an den Wänden des Silverton Hotel dokumentieren, welche Filmstars hier schon gesessen haben. Die Ortsgeschichte illustriert das Silverton Gaol Museum im ehemaligen Gefängnis (Tel. 08-80 88 53 17, tgl. 9.30–16 Uhr, Eintritt frei, Spende erbeten).

Infos

Broken Hill Visitor Information Centre: Blend/Bromide Streets, Tel. 08-80 80 35 60, www.visitbrokenhill.com.au, tgl. 8.30–17 Uhr. U. a. Buchung der Underground Mining Tours und Tickets für School of the Air.

Übernachten

Mit historischem Flair ▶ The Imperial: 88 Oxide St., Tel. 08-80 87 74 44, www.imperial fineaccomodation.com. 6 stilvoll eingerich-

Zu Besuch beim Royal Flying Doctor Service

Thema

Der Gründer des größten Luftrettungsdienstes der Welt, der Arzt und Geistliche John Flynn, nahm Anfang des 20. Jh. noch strapaziöse Ritte auf Pferden oder Kamelen auf sich, um Patienten in entlegenen Winkeln des Landes aufzusuchen. Oft war es für die Erkrankten oder Verunglückten aber schon zu spät – selbst Allerweltskrankheiten endeten früher im australischen Busch manchmal tödlich.

Hilfe auf Dauer, das war John Flynn bewusst, konnte nur ein medizinischer Flugdienst bringen. Aber erst im Mai 1928 war es so weit: Die einige Jahre zuvor gegründete Fluglinie Qantas stellte eine Maschine samt Piloten bereit. Von Anfang an war Reverend Flynns Idee erfolgreich und der ursprünglich nur in Queensland operierende Royal Flying Doctor Service wurde rasch landesweit ausgebaut. Heute dauert es bei einem Notfalleinsatz nur wenige Minuten, bis eines der rund 40 Flugzeuge des RFDS von einem der Stützpunkte abhebt, die sich über ein Gebiet von mehr als 5 Mio. km^2 verstreuen. Bei rund 10 000 Einsätzen legen die fliegenden Ärzte mehr als 7 Mio. km im Jahr zurück.

Zum Aufgabenbereich des Royal Flying Doctor Service gehört nicht nur die Versorgung medizinischer Notfälle. Jede Bodenstation hält ›Funk-Sprechstunden‹ ab und bietet regelmäßige Visiten in Outback-Krankenhäusern, in denen sich Patienten aus einem weiten Umkreis einfinden. Oft werden die RFDS-Maschinen zu fliegenden Ambulanzwagen, wenn es gilt, Schwerkranke zum nächsten Hospital zu bringen. Das alles geschieht kostenlos, auch für ausländische Touristen, die in entlegenen Gebieten einen Unfall haben oder plötzlich erkranken. Zur Hälfte tragen der australische Staat und die einzelnen Bundesstaaten die Kosten, der Rest wird durch Stiftungen und Spenden finanziert.

Krankentransporte sind für die Fliegenden Ärzte im Outback Routine

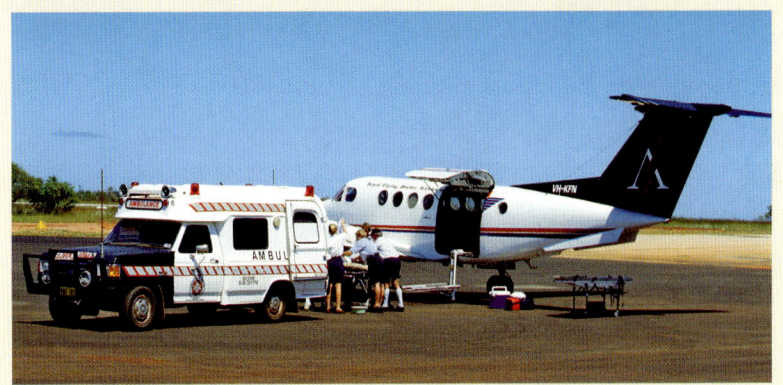

Outback zwischen Adelaide und Sydney

Für das Leben im Outback muss man geschaffen sein ...

tete Zimmer hinter historischer Fassade, mit Pool. DZ ab 170 A-$.

Zuhause in der Ferne ▶ Old Willyama Motor Inn: 30 Iodide St., Tel. 08-80 88 33 55, www.oldwillyama.com.au. Behaglich möblierte Zimmer, mit Restaurant und Pool. DZ 118–162 A-$.

Spend a Night, not a Fortune ▶ Sturt Motel: 153 Rakow St., Tel. 08-80 87 35 58, www.sturtmotel.com.au. Einfach und gemütlich, mit Pool. DZ 90–115 A-$.

Heimelige Pension ▶ Old Vic Guesthouse: 230 Oxide St., Tel. 08-80 87 11 69. Schlichtes, aber gemütliches B & B in viktorianischem Kolonialgebäude von 1891. DZ 60–110 A-$.

Camping ▶ Broken Hill Tourist Park: Rakow St., Tel. 18 00-80 38 42, www.brokenhill touristpark.com.au. Mit Cabins und Pool.

Aktiv

Outback-Touren ▶ Tri State Safaris: Tel. 08-80 88 23 89, www.tristate.com.au. 1- bis 7-tägige Touren ins Outback rund um Broken Hill, z. B. 2 Tages Tour mit Übernachtung in einem unterirdischen Hotel in White Cliffs ab 839 A-$/Pers. im DZ.

Verkehr

Züge: Tgl. Expresszüge nach Sydney, Bathurst und Dubbo. 4 x wöchentl. hält der Indian Pacific auf seiner Strecke zwischen Sydney, Adelaide und Perth in Broken Hill. Auskunft: CountryLink, Tel. 13 22 32.

Busse: Tgl. Verbindungen mit Greyhound Australia nach Sydney und Adelaide; Auskunft: Tel. 13 00-47 39 46.

Wilcannia und White Cliffs
▶ 1, R 13

Auf den folgenden 200 km kann man zügig fahren – es gibt hier nicht viel, was einen davon abhalten würde, Kilometer zu ›machen‹. Der nächste größere Ort nach Broken Hill ist **Wilcannia** am Darling River, die ehemalige ›Queen City of the West‹, die in der zweiten Hälfte des 19. Jh. Australiens drittgrößter Binnenhafen war. Mit dem Ende der Schifffahrt verlor die Stadt an Bedeutung und die Einwohnorzahl nahm rapido ab. Violo dor alten Gebäude stehen leer und spiegeln unterschiedliche Stadien des Verfalls.

Wer Staub, Hitze und Fliegen nicht scheut, kann von dem Städtchen einen Abstecher gen Norden ins tiefste Outback unternehmen: zur Opalgräbersiedlung **White Cliffs.** 1884 gaben sich die Einöden um die heute zweitgrößte Schürfstätte für Opale in New South Wales als Schatztruhen zu erkennen. Schon bald durchwühlten Tausende von Schürfern die Kalkklippen. Zwar ist das Opalfieber abgeklungen und die Einwohnerzahl auf 200 geschrumpft, doch bietet White Cliffs noch viel ›Wildwest‹-Atmosphäre. Von der Suche nach den Edelsteinen zeugen Tausende aufgegebener Schächte und Stollen sowie die Kuhlen intakter Minen, allesamt flankiert von den ›Maulwurfshaufen‹ des Kalksteinaushubs.

Auch in White Cliffs haben viele Menschen ihre Wohnung unter die Erde verlagert. Einen guten Eindruck vom Leben in diesen *Dugouts* (s. S. 299) vermittelt ein Besuch von **Jock's Place** (Tel. 08-80 91 67 53, tgl. 9–17 Uhr, Eintritt frei, Spende erbeten). Von der unterirdischen Lage profitieren auch die beiden Kunstgalerien **Eagles Gallery** (Tel. 08-80 91 67 53, tgl. 9–17 Uhr, Eintritt frei) und **Wellington's Underground Art Gallery** (Tel. 08-80 91 66 27, tgl. 14–17 Uhr, Eintritt frei) sowie zwei Hotels. Wer sich auf Schatzsuche begeben möchte, darf, ausgestattet mit einem *Fossicking Permit,* die Abraumhalden aufgegebener Minen nach Opalen durchwühlen, die Profischürfer übersehen haben.

Übernachten
... in White Cliffs:

Unter der Erde ▶ PJ's Underground: Dugout 72, Turley's Hill, Tel. 08-80 91 66 26, www.bedsandbreakfasts.com.au. Urgemütliches B & B unter der Erde mit familiärer Atmosphäre; 6 Zimmer, davon 3 für Familien geeignet. Auf Wunsch 3-Gänge-Dinner (Erw. 45 A-$, Kinder 22,50 A-$). DZ ab 115 A-$.

Ein besonderes Schlaferlebnis ▶ Underground Motel: Tel. 08-80 91 66 77, www.undergroundmotel.com. au. 31 komfortable Zimmer unter der Erde, mit Restaurant und (oberirdischem) Pool. Auf Vorbestellung dreigängiges Dinner (Erw. 40 A-$, Kinder 20 A-$). DZ 140 A-$.

Camping ▶ Opal Pioneer Reserve: Tel./Fax 08-80 91 66 88. Einfacher Caravan Park mit Pool.

Von Wilcannia nach Dubbo

Cobar ▶ 1, S 13

Auf der Weiterfahrt von Wilcannia Richtung Osten unterbrechen über 250 km lang keine Orte die Monotonie der Landschaft. Nächster Stopp ist die Bergbaustadt Cobar. Die Erinnerung an die bewegte Vergangenheit der Stadt wird im **Great Cobar Outback Heritage Centre** wach gehalten. Das Museum mit den Abteilungen Aborigines, Pioniersiedler, Schafzucht und Bergbau befindet sich im 1910 erbauten ehemaligen Verwaltungsgebäude der Great Cobar Copper Mine, damals eine der größten Kupfer- und Goldminen von Australien (Barrier Highway, Tel. 02-68 36 24 48, Mo–Fr 8.30–17, Sa, So, Fei 9–17 Uhr, Erw. 7,50 A-$, Kinder 4 A-$, Familien 19 A-$). Neben dem Museum steht das Great Western Hotel mit der vielleicht längsten Pub-Veranda des Staates New South Wales.

Übernachten

Im Ortszentrum ▶ **Cobar Motor Inn:** 67 Marshall St., Tel. 02-68 36 23 04, www.cobar motorinn.com.au. Komfortables Motel mit Restaurant und Pool. DZ 105–125 A-$.

Camping ▶ **Cobar Caravan Park:** Barrier Highway, Tel. 02-68 36 24 25, www.cobar caravanpark.com.au. Gut ausgestattet, mit Cabins.

Nyngan und Bourke ▶ 1, S/T 13

Die Provinzstadt **Nyngan** am Bogan River schmückt sich seit einer verheerenden Flut von 1990 mit dem Attribut ›Flood City of Australia‹. Von dort führt der Mitchell Highway mehr als 200 km beinahe schnurgerade Richtung Nordwesten nach **Bourke,** dem Mittelpunkt einer fast menschenleeren Savannenregion, in deren Weite sich Schafherden verlieren. Im 19. Jh. war Bourke ein Zentrum der Wollproduktion. Zur Blütezeit der Stadt, als Raddampfer auf dem Darling River jährlich einige zehntausend Wollballen nach Victoria transportierten, erinnern alte Kaianlagen und eine Klappbrücke. *Back of Bourke* ist ein geflügeltes Wort in Australien, das so viel wie ›am Ende der Welt‹ bedeutet.

Narromine ▶ 1, T 14

Je weiter man von Nyngan nach Osten fährt, desto dichter wuchert das Buschwerk, desto höher wachsen die Bäume, desto grüner wird das Land. Die meisten Ortschaften am Highway werden von riesigen Getreidesilos überragt, den Kathedralen des Outback. Künstliche Bewässerung hat die Umgebung von Narromine in ein Anbaugebiet für Zitrusfrüchte verwandelt. Schafauktionen, bei denen man viel Lokalkolorit erlebt, finden regelmäßig in den *Saleyards* am Ortsrand statt.

Dubbo ▶ 1, T 14

In Dubbo am mächtigen Macquarie River hat man das trockene Outback endgültig hinter sich gelassen. Das Agrarzentrum, zugleich ein Verkehrsknotenpunkt, liegt in den Western Plains – so heißt der Weizengürtel von New South Wales, in dem man zur Bewässerung des Agrarlands große Stauseen anlegte. Der Reichtum der Region spiegelt sich in Dubbo in Bauwerken wider, die als eines der besterhaltenen Ensembles viktorianischer Architektur von Australien gelten. Das düstere Kolonialgefängnis **Old Dubbo Gaol** (Macquarie Street, Tel. 02-68 01 44 60, www.olddubbo gaol.com.au, tgl. 9–16 Uhr, Erw. 15 A-$, Kinder 5 A-$, Familien 36 A-$) kann ebenso besichtigt werden wie die 1876 erbaute **Bank of New South Wales** mit verzierten Stuckdecken, die heute ein Museum für Regionalgeschichte beherbergt (Tel. 02-68 82 53 59, tgl. 10–13, 14–16.30 Uhr, Eintritt frei). Größter Besuchermagnet von Dubbo ist das Freilandgehege des **Western Plains Zoo** 5 km südwestlich des Orts mit Tieren aus der ganzen Welt (Obley Road, Tel. 02-68 81 14 00, www.tarongo.org.au, tgl. 9–16 Uhr, Erw. 46 A-$, Kinder 23 A-$, Familien 115 A-$).

Infos

Dubbo Visitors Centre: Macquarie/Erskine Streets, Tel. 02-68 01 44 50, www.dubbo tourism.com.au, tgl. 9–17 Uhr.

Übernachten

Ruhig & etwas außerhalb ▶ **Blue Gum Motor Inn:** 109 Cobra St., Tel. 1800-02 72 47, www.bluegummotorinn.com.au. Geräumige Wohneinheiten, familienfreundlich, mit Pool. DZ 116–158 A-$.

Camping ▶ Dubbo City Holiday Park: Whylandra St., Tel. 02-68 82 48 20, www.dubbocityholidaypark.com.au. Mit Cabins, Pool.

Verkehr

Züge: Tgl. Expresszüge nach Sydney, Bathurst und Broken Hill. Außerdem tgl. mehrere Züge der Sydney CityRail (gelbe Linie) von Sydney nach Lithgow, von dort Busverbindung über Bathurst und Orange nach Dubbo. Info: CountryLink, Tel. 13 22 32.

Busse: Tgl. Verbindungen mit Greyhound Australia, Tel. 13 00-47 39 46, nach Sydney und Adelaide.

Warrumbungle National Park ▶ 1, T 13

Ein Abstecher von Dubbo führt auf dem Newell Highway über Coonabarabran zum Warrumbungle National Park. Nördlich der Weizenregion um Dubbo tauchen die Felsformationen der Warrumbungle-Berge zunächst als ausgefranste Silhouette am Horizont auf, um sich dann in ihrer ganzen Formenvielfalt zu präsentieren. Die Felsnadeln und Steindome sind Überreste vor Jahrmillionen erloschener Vulkane, die den erodierenden Kräften von Wind und Regen widerstanden. Das zerklüftete Naturschutzgebiet ist für seine artenreiche Tier- und Pflanzenwelt bekannt und lässt sich am schönsten zu Fuß erschließen (s. Aktiv unterwegs S. 326). Ausgangspunkt für die meisten Wanderungen ist der Picknickplatz Camp Pincham.

Im **Siding Spring Observatory** bei **Coonabarabran,** das sich mit dem Beinamen ›Astronomy Capital of Australia‹ schmückt, kann man durch ein Teleskop die Sternenvielfalt des südlichen Nachthimmels bewundern (Tel. 02-61 25 02 30, www.sidingspringobservatory.com.au, Mo–Fr 9.30–16, Sa, So, Fei 10–16, Führungen Mo, Mi Fr 12.30 Uhr, abends auf Anfrage, Erw. 15,50 A-$, Kinder 10,50 A-$, Familien 41,50 A-$).

Infos

Warrumbungle National Park Visitor Centre: Tel. 02-68 25 43 64, www.nationalparks.nsw.gov.au, tgl. 9–16 Uhr. Informationen über Flora und Fauna sowie Wanderungen; hier bezahlt man auch die Eintrittsgebühr zum Nationalpark in Höhe von 7 A-$/Auto.

Coonabarabran Visitors Centre: Newell Hwy, Coonabarabran, Tel. 18 00-24 28 81, www.warrumbungleregion.com.au, tgl. 9–17 Uhr.

Übernachten

Outback-typisches Motel ▶ Country Gardens Motel: Newell Highway/John and Edwards Streets, Coonabarabran, Tel. 02-68 42 17 11, www.countrygardensmotel.com.au. Gemütliche Zimmer, Restaurant und Pool. DZ ab 90 A-$.

Dem Nationalpark am nähesten ▶ Warrumbungle Mountain Motel: Timor Road, Tel. 02-68 42 18 32,www.warrumbungle.com. 9 km westlich von Coonabarabran, gute Basis für den Nationalpark mit einfachen, aber gemütlichen Zimmern, Salzwasserpool und Kinderspielplatz. DZ ab 82 A-$.

Camping ▶ John Oxley Caravan Park: Oxley Highway, Coonabarabran, Tel. 02-68 42 16 35, www.johnoxleycvn.net. Mit Cabins. **Camp Blackman:** Tel. 02-68 25 43 64. Gut ausgestatteter Campingplatz im Nationalpark, in der Ferienzeit Buchung erforderlich.

Von Dubbo nach Bathurst

Wellington ▶ 1, T 14

Einige Kolonialgebäude aus dem 19. Jh., Tankstellen, Take-aways und eine Hand voll Motels – auf den ersten Blick hat der 5000-Seelen-Ort Wellington wenig Aufregendes zu bieten, wären da nicht die weit verzweigten Kalksteinhöhlen **Wellington Caves.** Sehenswert ist besonders die Cathedral Cave mit Tropfsteinen unterschiedlichster Formen und Farben (Caves Road, Tel. 02-68 45 14 18, Führungen tgl. 9, 10, 11, 12, 14, 15, 16 Uhr, Erw. 18,50 A-$, Kinder 12,50 A-$, Familien 49,50 A-$). Südöstlich des Orts erstreckt sich der Stausee **Burrendong Dam,** ein beliebtes

aktiv unterwegs

Touren im Warrumbungle National Park

Tour-Infos

Start: Camp Pincham 2 km südl. des Warrumbungle National Park Visitor Centre
Länge: zwischen 1 km und 14,5 km
Dauer: zwischen 20 Min. und 5-6 Std.
Schwierigkeitsgrade: von einfach über moderat bis sehr anspruchsvoll
Information: Warrumbungle National Park Visitor Centre, Tel. 02-68 25 43 64, www.nationalparks.nsw.gov.au, tgl. 9-16 Uhr. Hier bezahlt man auch die Eintrittsgebühr zum Nationalpark (7 A-$/Auto).

Ausgangspunkt für die beiden schönsten Wanderungen im Warrumbungle National Park ist der Picknickplatz Camp Pincham 2 km südlich des Besucherzentrums. Auf einem markierten, abschnittsweise sehr steilen Pfad mit über 1000 Stufen geht es zum Aussichtspunkt **Fans Horizon,** von dem sich ein prächtiges Panorama der bizarr erodierten Vulkanschlote der Grand High Tops öffnet (hin und zurück 3,6 km/2 Std.).

Eine gute Kondition erfordert auch die Tagestour zu den **Grand High Tops** mit dem **Breadknife,** der spektakulärsten Felsformation in den höheren Lagen des Nationalparks. Zwar ist der gut beschilderte Wanderpfad Pincham Trail abschnittsweise gepflastert sowie mit Brücken und Treppen bestens ausgebaut, doch können einige steile Passagen Untrainierten durchaus zu schaffen machen. Zunächst läuft man durch flaches Terrain, be-

äugt von Grauen Riesenkängurus und Rotnacken-Wallabies, die keine Scheu vor Wanderern zu haben scheinen. Auch Reptilien sind entlang des Pfads immer wieder anzutreffen, neben Blauzungenskinken vor allem Flossenfüßer, häufig für Schlangen gehaltene Eidechsen. Nach 2 km zweigt der **Goulds Circuit** ab, ein anspruchsvoller Rundweg durch lichten Mischwald, in dem man mit etwas Glück Koalas sichtet – Tipp: Auf zerkratzte Stämme von Eukalyptusbäumen achten (6,3 km/3 Std.). Auch auf dem **Pincham Trail** wird es nun zunehmend steiler, selbst wenn die beschwerlichsten Passagen durch Metalltreppen ›entschärft‹ sind. Die Mühe des Aufstiegs wird mit einem schönen Blick auf das Breadknife belohnt, eine 90 m hohe, nur 1,5 m breite Felsformation, die wie ein gigantisches Brotmesser aussieht. Zurück geht es auf dem gleichen Weg (hin und zurück 12,5 km/4–5 Std.) oder man entscheidet sich für den weitgehend naturbelassenen Pfad entlang dem meist ausgetrockneten **West Spirey Creek,** auf dem man verschiedene Aussichtspunkte mit herrlichen Gipfelpanoramen passiert, etwa den **Point Wilderness** (Rundweg 14,5 km/5-6 Std.).

Eine Reihe weiterer Wanderungen, wie die Besteigung des **Mount Exmouth** (hin und zurück 16,8–17,3 km/5–7 Std.) oder der grandiose Panoramablicke bietende **Belougery Split Rock Circuit** (4,6 km/3 Std.) sollten nur von erfahrenen Bushwalkers in Angriff genommen werden. Auch für Rollstuhlfahrer

---

Naherholungsgebiet mit Angelmöglichkeiten und einem großen Wassersportangebot.

Infos

Wellington Visitor Information Centre: Cameron Park, Tel. 18 00-62 18 14, www.visit wellington.com.au, Mo–Fr 9–17, Sa, So und Fei 10–16 Uhr.

Übernachten

Schön am Fluss gelegen ▶ **Bridge Motel:** 5 Lee St., Tel. 02-68 45 25 55, bookings@ bridgemotelwellington.com.au. Angenehmes Quartier am Macquarie River, mit Restaurant und Salzwasserpool. DZ 110–125 A-$.

Camping ▶ **Caves Caravan Park:** Caves Road, Tel. 02-68 45 29 70, Fax 02-68 45 31

geeignet ist der **Gurianawa Track** beim Besucherzentrum (Rundweg 1 km/ca. 20 Min.). Hobby-Ornithologen wird es zum **Wambelong Nature Trail** ziehen, der bei der Canyon Picnic Area 1 km nordwestlich des Besucherzentrums beginnt (Rundweg 1,1 km/ 30 Min.). Ebenfalls behindertengerecht aus-

gebaut ist der Pfad zum **Whitegum Lookout** etwa 10 km östlich des Visitor Centre an der Straße Richtung Coonabarabran (hin und zurück 1 km/30 Min.). Von diesem Aussichtspunkt genießt man bei klarem Wetter einen überwältigenden Blick über die Natursteinskulpturen der Grand High Tops.

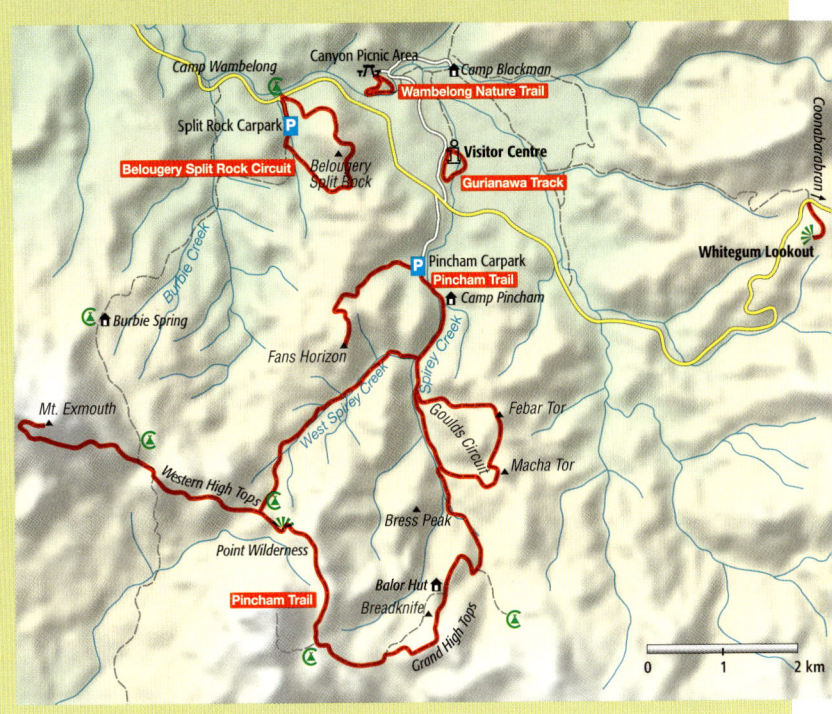

88. Neben den Wellington Caves, sehr gut ausgestattet, mit motelähnlichen Cabins.

Orange ▶ 1, T 15

Das mineralienreiche Verwitterungsgestein des erloschenen Vulkans Mount Canobolas hat das Umland von Orange in eine sehr fruchtbare Agrarregion verwandelt. Angebaut

werden in erster Linie Äpfel und Kirschen. Einen Spaziergang im Grünen kann man im Botanischen Garten unternehmen.

Östlich von Orange führt der Mitchell Highway durch die Rolling Hills genannten Ausläufer der Great Dividing Range. Seit europäische Siedler ab 1813 die Blue Mountains überquerten, hat sich die Hügellandschaft zum Zentrum der Schaf- und Viehwirtschaft von New South Wales entwickelt. Bereits zwei Jahre nachdem Gregory Blaxland, William Lawson und Charles Wentworth einen Weg durch die Gebirgsbarriere entdeckt hatten, gründeten weiße Siedler am Ufer des Macquarie River den Ort Bathurst.

Bathurst und Umgebung

▶ 1, U 15

Bathurst, die älteste Binnenstadt Australiens, hat etliche Bauwerke aus der Gründerzeit bewahrt. Im Ostflügel des historischen **Court House** dokumentiert ein Museum den Aufschwung nach dem Goldrausch von 1851 (Russell Street, Tel. 02-63 32 47 55, Di, Mi, So 10–16, Do 10–13, Sa 9.30–16.30 Uhr, Erw. 4 A-\$, Kinder 2,50 A-\$, Familien 10,50 A-\$). Gegenüber stehen der 31 m hohe Glockenturm Carillon sowie das South African War Memorial, eine Gedenkstätte zur Erinnerung an die australischen Soldaten, die im Burenkrieg auf britischer Seite kämpften.

Geschichte wird auch im Museumsdorf **Bathurst Goldfields** lebendig, einer rekonstruierten Goldgräbersiedlung am südwestlich der Stadt aufragenden Mount Panorama (Mount Panorama Circuit, Tel. 02-63 32 20 22, www.bathurstgoldfields.com.au, Führungen Mo–Fr auf Anfrage, Erw. 12,50 A-\$, Kinder 5,50 A-\$, Familien 30,50 A-\$). Auf dem Plateau des Berges warten im Freigehege des **Sir Joseph Banks Nature Park** halbzahme Kängurus, Koalas und Emus auf Besucher (McPhillamy Park, Mount Panorama Circuit, Tel. 02-63 33 62 85, tgl. 9–15.30 Uhr, Erw. 5 A-\$, Kinder 2,50 A-\$, Familien 12,50 A-\$). Der Rundkurs, der sich um den Mount Panorama windet, ist Austragungsort der wichtigsten Bergrennen Australiens für Motorräder und Rennwagen. Im **National Motor Racing Museum** an der Rennstrecke dreht sich alles um den Motorsport (Mount Panorama Circuit, Tel. 02-63 32 18 72, tgl. 9–16.30 Uhr, Erw. 11,50 A-\$, Kinder 5 A-\$, Familien 28 A-\$).

Noch besser als in Bathurst kann man die Atmosphäre vergangener Jahre in dem ca. 50 km nordöstlich gelegenen Goldgräberdorf **Sofala** erleben, in dem zahlreiche Gebäude aus dem 19. Jh. die Zeit überstanden haben. Auch in **Hill End,** das man von Sofala auf einer etwa 40 km langen Piste erreicht, ging es gegen 1870 turbulent zu. Als die Goldadern versiegt waren, kam 1874 das Aus für die Siedlung, deren Überbleibsel heute unter Denkmalschutz stehen. In Begleitung von Führern können Besucher aufgelassene Minenschächte erforschen und nach der Untertagetour im Royal Hotel, der letzten von einst 28 Buschkneipen, ein kaltes Bier genießen.

Von Bathurst führt der Great Western Highway durch die Blue Mountains, eine der schönsten Berglandschaften von Australien (s. S. 138), nach Sydney.

Infos

Bathurst Visitor Information Centre: 1 Kendall Ave., Tel. 1800-68 10 00, www.visitbathurst.com.au, tgl. 9–17 Uhr.

Übernachten

Zimmer unterschiedlicher Kategorien ▶ Bathurst Motor Inn: 87 Durham St., Tel. 02-63 31 22 22, www.bathurstmotorinn.com.au. Zimmer für jeden Geldbeutel, mit Restaurant, Fitnesscenter und Pool. DZ 105–260 A-\$.

Camping ▶ Big 4 Bathurst Panorama Holiday Park: Sydney Rd. (Great Western Hwy.), Tel. 02-63 31 82 86, www.bathurst-panorama-holiday-park.nsw.big4.com.au. Komfortable Cabins, Pool und Kinderspielplatz.

Essen & Trinken

Mit begrüntem Innenhof ▶ The Crowded House: 1 Ribbon Gang Lane, Tel. 02-63 34 23 00, tgl. 12–15, 18–22 Uhr. Modern Australian Cuisine mit mediterranem Touch in stilvollem Ambiente. Vorspeisen 12,50–21 A-\$, Hauptgerichte 24,50–42 A-\$.

Verkehr

Züge: Tgl. Expresszüge nach Sydney, Dubbo und Broken Hill. Außerdem tgl. Züge der Sydney CityRail (gelbe Linie) von Sydney nach Lithgow, von dort Busse nach Bathurst. Auskunft: CountryLink, Tel. 13 22 32.

Busse: Tgl. mit Greyhound Australia, Tel. 1300-47 39 46, nach Sydney und Adelaide.

Woll-Lust – Schafzucht in Australien

Thema

Schurzeit auf einer Sheep Station. In einem lang gestreckten Wellblech-schuppen schuften die Scherer im Akkord. Eine Schur kostet viel Geld, da muss alles wie am Fließband ablaufen. Ein Tier nach dem anderen wird in die Halle getrieben, dort mit gekonntem Griff auf den Rücken gelegt und zwischen den Beinen des Scherers festgehalten, während die Rasiermaschinen durchs Fell rasen und Berge von Wolle hinterlassen, die dann von Sortierern je nach Qualität in große Ballen gepresst wird.

Kaum mehr als zwei, drei Minuten brauchen die schnellsten Scherer, um ein Schaf aus seinem Wollkleid herauszupellen. Ein professioneller Schafbarbier bringt es so auf gut 200 Vollrasuren am Tag. Die Bezahlung richtet sich nach der Anzahl der geschorenen Schafe. Es kommt aber nicht nur auf Quantität, sondern auch auf Qualität an. Will ein Scherer den höchsten Lohn erzielen, muss er das Vlies in einem Stück abrasieren. Ausschuss geht zu seinen Lasten. Ihres Wollkleids entledigt, werden die nackten Schafe in ihre unermesslich großen Weidegebiete entlassen – bis zwölf Monate später die ganze Prozedur von neuem beginnt.

Ausgerechnet ein ›schwarzes Schaf‹ legte den Grundstock für den lukrativsten Zweig der australischen Wirtschaft. John Macarthur, ein ehemaliger Offizier, der in der frühen Geschichte der Kolonie wegen seiner Rücksichtslosigkeit eine recht zweifelhafte Rolle spielte, erkannte frühzeitig, dass nur ein unverderbliches Produkt wie Wolle, das den langen Transport ins Mutterland überstehen konnte, Aussicht auf Erfolg hatte. 1805 brachte er sieben Böcke und drei Schafe aus der Merino-Zucht von König George III. nach Australien. Schon zwei Jahre später konnte man die ersten zwei Zentner feinster Merino-Wolle nach London exportieren. Schnell und stetig entwickelte sich Wolle zum Hauptexportartikel der australischen Kolonien. Riesige Schafherden grasten den Kontinent ab. Zu jener Zeit entstand durch die Wolle eine neureiche Landaristokratie, die *Squatters,* halb-legale Landnehmer, die immer tiefer ins Landesinnere eindrangen und ohne Rechtstitel das Land unter sich aufteilten.

Das geflügelte Wort, nach dem Australiens Wirtschaft ›auf dem Rücken der Schafe reitet‹, hat seine Berechtigung nicht verloren. Auf dem Fünften Kontinent produzieren rund 100 Mio. Schafe, ein Sechstel aller Schafe der Welt, fast ein Viertel des weltweiten Wollbedarfs. Für die Schafzucht sind in Australien wenig Produktionsmittel und Arbeitskräfte erforderlich. Alles, was man braucht, ist viel Land, einige nach wie vor unentbehrliche Hunde und eine Hand voll Arbeiter. Die Schafe leben das ganze Jahr über im Freien.

Über 80 % sind Merinos, reine Wollzuchtschafe, welche die hochwertigsten Vliese liefern. Sie sind wegen ihrer Widerstandsfähigkeit besonders geeignet. Während europäische Schafe im Schnitt 2 kg Wolle pro Jahr liefern, bringt es ein australisches ›Turbo‹-Merino auf 10 kg, was für die Herstellung von zehn Herrenanzügen reicht. Neben den Merinos grasen auf australischen Weiden noch ›Mehrzweckschafrassen‹, die der Woll- und Fleischproduktion dienen – Australien ist auch der weltgrößte Exporteur von Hammelfleisch.

Whitehaven Beach, Whitsunday Islands National Park

Kapitel 4

Brisbane und der Nordosten

Das Motto von Queensland, das einen Großteil der Ostküste einnimmt, heißt Vielfalt. Kaum ein anderer australischer Bundesstaat bietet größere Kontraste als der ›Sunshine State‹, in dem die Sonne im Jahresmittel acht Stunden am Tag scheint, was selbst im sonnenverwöhnten Australien rekordverdächtig ist.

Im tropischen Norden sind dschungelbewachsene Berge sowie Buchten mit herrlichen Sandstränden unmittelbare Nachbarn. Vorgelagert ist das Great Barrier Reef, das größte Korallenriff der Erde, mit märchenhaften Tauch- und Schnorchelrevieren. Wie grüne oder goldgelbe Punkte sind über 700 Inseln in das Korallenmeer hineingetupft. Für manchen wird dort der Traum vom Tropenparadies Realität. Landschaftliches Highlight des südlichen Queensland ist Fraser Island, die größte Sandinsel der Welt mit Dünen von Sahara-Format. Jenseits der Great Dividing Range erstreckt sich ein hügeliges Hochplateau, dem das endlose Savannenland und die rotsandige Halbwüste des Outback folgen.

Brisbane, die moderne Hauptstadt von Queensland, kann zwar nicht mit spektakulären Attraktionen aufwarten, besticht aber durch ihre schöne Lage am Brisbane River und durch ein angenehmes Klima, das Einheimische für das beste der Welt halten. Gold Coast und Sunshine Coast nahe Brisbane sind die populärsten Strandregionen des Bundesstaates, wobei Erstere wegen ihres Nachtlebens vor allem bei jüngeren Leuten beliebt ist.

Die Kombination von urbaner Vitalität, sonnigem und mildem Wetter sowie einer abwechslungsreichen Landschaft mit atemberaubenden Naturschönheiten hat die Ostküste Australiens zu einem bei Einheimischen wie Besuchern aus Übersee gleichermaßen beliebten Ferienziel werden lassen.

Brisbane und der Nordosten

Sehenswert

10 **Fraser Island:** Die größte Sandinsel der Welt besitzt zahlreiche Frischwasserlagunen, in denen man herrlich baden kann (s. S. 355).

11 **Carnarvon Gorge:** Inmitten eines trockenen Umlands erscheint die Flora der Carnarvon Gorge wie aus einer anderen Welt – hier gedeihen Palmen und Palmfarne sowie Moose und Orchideen (s. S. 362).

12 **Cape Tribulation:** In dem Nationalpark, der auf der Liste des UNESCO-Welterbes steht, werden Buchten mit herrlichen Sandstränden von Regenwald umrahmt (s. S. 386).

13 **Great Barrier Reef:** Das gewaltigste Korallenriffsystem der Erde, das sich über mehr als 2000 km entlang der australischen Ostküste erstreckt, gilt als das achte Weltwunder (s. S. 394).

Schöne Routen

Captain Cook Highway: Nördlich von Cairns windet sich der Captain Cook Highway, eine der schönsten Küstenstraßen des Kontinents, dicht am manchmal steilen Ufer entlang und eröffnet hinter jeder Biegung neue Ausblicke (s. S. 382).

Bloomfield Track: Die am Cape Tribulation beginnende geschotterte Piste, für die man einen Geländewagen benötigt, folgt dem Auf und Ab der Küstenlandschaft und gibt an Lichtungen den Blick auf grün überwucherte Berghänge und den brandenden Pazifik frei (s. S. 387).

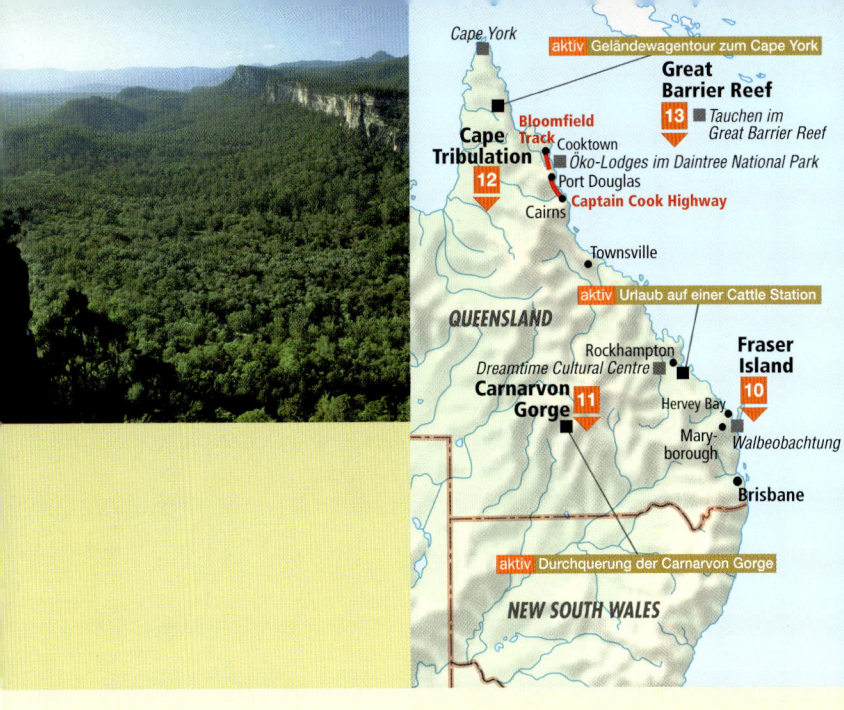

Meine Tipps

Walbeobachtung: Im australischen Frühling starten in **Hervey Bay** Bootstouren zur Beobachtung von Buckelwalen (s. S. 353).

Dreamtime Cultural Centre in Rockhampton: Wer sich für Leben und Kultur der australischen Ureinwohner interessiert, sollte hier unbedingt vorbeischauen (s. S. 360).

Öko-Lodges im Daintree National Park: Umweltverträglich geführte Resorts bieten höchsten Komfort in der Wildnis (s. S. 385).

Tauchen im Great Barrier Reef: In den Touristenzentren der Ostküste bieten Tauchschulen Kurse für alle Könnensstufen (s. S. 398).

aktiv unterwegs

Urlaub auf einer Cattle Station: Mit wirbelndem Lasso neben einer Rinderherde über weites Land zu galoppieren – dieser Traum vom Cowboy-Leben lässt sich auf Gästefarmen im Outback verwirklichen (s. S. 359).

Durchquerung der Carnarvon Gorge: Auf dieser Wanderung durch die Flussoase des Carnarvon Creek kann man bis zu 2 m lange Buntwarane, Wasserdrachen, Felsenwallabies und mit etwas Glück sogar Schnabeltiere beobachten (s. S. 362).

Geländewagentour zum Cape York: Durch die zivilisationsferne Wildnis der Cape York Peninsula windet sich der Cape York Track, eine Piste, die Fahrer und Fahrzeuge auf eine harte Probe stellt (s. S. 392).

Brisbane und Umgebung

Fragt man Einwohner von Sydney oder Melbourne nach ihrer Meinung über Brisbane, so sagen sie:»Sieht ein bisschen aus wie Dallas!« Ein Münchner würde die Hauptstadt von Queensland, die 1824 als Auffangbecken für die widerspenstigsten Strafdeportierten der Kolonie New South Wales gegründet wurde, vielleicht mit Frankfurt vergleichen. Was heißen soll, dass Brisbane, wo fast jeder zweite Queenslander lebt, nach gängigen Kriterien keine besonders attraktive Metropole ist.

Das 2,1 Mio. Einwohner zählende Brisbane ist wirtschaftliches und kulturelles Zentrum des ›Sonnenscheinstaates‹. Doch eine Hand voll Wolkenkratzer macht noch keine Metropole. Blickt man vom 285 m hohen Mount Coot-tha über das weitläufige Konglomerat von Stadtbezirken und Vororten, die sich nördlich und südlich des Brisbane River erstrecken, so wirkt Brisbane eher wie eine etwas zu groß geratene Provinzstadt. Zweifellos aber ist ›Brissie‹ mit viel Elan dabei, zu Sydney und Melbourne aufzuschließen. Lange Zeit führte die mittlerweile drittgrößte Stadt Australiens ein verschlafenes Aschenbrödeldasein im Schatten der beiden Rivalinnen. Doch in den 1980er-Jahren entwickelte sich Brisbane zu einem betriebsamen Handels- und Finanzzentrum mit großem Bedarf an Arbeitskräften. Bergbauprodukte, Nutzholz und Agrarerzeugnisse wirkten als Katalysatoren des Wirtschaftsbooms und sicherten Brisbane anhaltenden Wohlstand.

Mit dem Aufschwung ging eine geradezu babylonische Bauwut einher. Baggerschaufeln bissen sich gnadenlos durch historische Häuserzeilen und schlugen Lücken für moderne Wolkenkratzer. Geblendet von der Hochkonjunktur, verloren Brisbanes Stadtplaner den Blick für das menschliche Maß. Die wenigen verbliebenen viktorianischen Gebäude wirken inmitten der Glas-Beton-Paläste wie Fremdkörper.

Zwar kann Brisbane nicht mit spektakulären Attraktionen aufwarten, doch die Stadt besticht durch ihre schöne Lage am Brisbane River und durch ihr subtropisches Klima mit durchschnittlich sieben Sonnenstunden pro Tag, was selbst im sonnenverwöhnten Australien rekordverdächtig ist. Kein Wunder, dass die Brisbanites einem freizeitorientierten Leben sehr zugeneigt sind. In kaum einer anderen Stadt Australiens ergänzen sich angelsächsisches Streben nach Effizienz und nonchalantes Laisser-faire so harmonisch wie in Brisbane.

Innenstadt ► 1, W 11/12

Cityplan: S. 336

Wenn man halbwegs gut zu Fuß ist, schafft man die Stadtbesichtigung an einem Vormittag. Will man das Queensland Museum mit dem angeschlossenen Sciencentre genauer kennen lernen, sollte man einen weiteren halben Tag einplanen.

South Bank Parklands

Ein günstiger Startpunkt, auch weil man dort den Wagen in einer Tiefgarage parken kann, sind die **South Bank Parklands** 1. Wo 1988 die World Expo Becuchorrokordo orziolto, erstreckt sich heute ein Freizeit- und Naherholungspark. Zentrum der Anlage ist ein künstlicher See mit Sandstrand, an dem die Plätze knapp werden, wenn sich die Brisbanites an heißen Tagen dort treffen (www.visitsouth bank.com.au). Ein schöner Blick bietet sich aus den verglasten Gondeln des 60 m hohen Riesenrads **Wheel of Brisbane** (Tel. 07-38 44 34 64, www.thewheelofbrisbane.com.au, Mo–Do 11–21.30, Fr, Sa 10–23, So 10–22 Uhr, Erw. 15 A-$, Kinder 10 A-$, Familien 42 A-$). Eine Oase der Ruhe ist die buddhistische **Nepalese Pagoda**, die anlässlich der Weltausstellung von 1988 errichtet wurde. Gleich daneben kann man auf einem Holzpfad einen kleinen Spaziergang durch einen subtropischen Miniatur-Regenwald machen, der mitten in der Großstadt wuchert.

Das **Queensland Maritime Museum** **2** am südlichen Rand der South Bank Parklands illustriert die Geschichte der Seefahrt in australischen Gewässern von der vorkolonialen Zeit bis heute (Dock Street, Tel. 07-38 44 53 61, www.maritimemuseum.com.au, tgl. 9.30–16.30 Uhr, Erw. 12 A-$, Kinder 6 A-$, Familien 28 A-$). Vom Seefahrtsmuseum führt die Fußgängerbrücke Goodwill Bridge zum Nordufer des Brisbane River.

Queensland Cultural Centre **3**

Um den Brisbane anhaftenden Ruf eines kulturlosen Provinznestes loszuwerden, folgten die Stadtväter den Vorbildern von Sydney und Melbourne und ließen gegenüber vom Geschäftszentrum der Stadt das architektonisch interessant gestaltete **Queensland Cultural Centre** errichten. Das großzügig konzipierte Zentrum der Künste beherbergt u. a. die **Queensland Art Gallery,** die neben einer Kollektion australischer Meisterwerke auch bedeutende Arbeiten internationaler Künstler zeigt (Tel. 07-38 40 73 03, www.qag. qld.gov.au, tgl. 10–17 Uhr, Eintritt frei, Sonderveranstaltungen gebührenpflichtig).

Unter demselben Dach befindet sich das **Queensland Museum** mit einer technischen und naturhistorischen Abteilung sowie einer ethnologischen Sammlung zur Geschichte und Kultur der Aborigines (Tel. 07-32 24 48 96, www.qm.qld.gov. au, tgl. 9.30–17 Uhr, Eintritt frei). Naturwissenschaft und Technik

zum Anfassen und Ausprobieren präsentiert das **Sciencentre** (Erw. 14,50 A-$, Kinder 11,50 A-$, Familien 44,50 A-$).

Dem Kulturkomplex angeschlossen sind weiterhin die 2006 als größtes Kunstmuseum des Kontinents eröffnete **Gallery of Modern Art (GoMA),** die neben zeitgenössischer australischer Kunst und Aboriginal Art auch moderne internationale Kunst präsentiert, etwa Werke von Baselitz, Degas und Picasso (Tel. 07-38 40 73 03, www.qag.qld.gov.au, tgl. 10–17 Uhr, Eintritt frei), die **State Library of Queensland,** in deren Archiven sich Dokumente aus der Frühzeit der europäischen Kolonisation des Kontinents befinden (Tel. 07-38 40 76 66 96, Mo–Do 10–20, Fr–So 10–17 Uhr, Eintritt frei), und der **Performing Arts Complex,** ein Zentrum der darstellenden Künste mit einem Schauspielhaus und einem Konzertsaal auf der anderen Seite der Melbourne Street.

George Street

Über die Victoria Bridge, in deren Nähe sich die North Quay Wharf (auch Hayles Wharf), eine Anlegestelle für Ausflugsboote, befindet, gelangt man in die City. An der parallel zum Brisbane River verlaufenden George Street konzentrieren sich die raren architektonischen Spuren der Kolonialgeschichte. Die Bürger der Stadt flankierten diesen Boulevard um 1900 mit monumentaler Pracht, wie sie etwa im **Treasury Building** **4** zum Ausdruck kommt. Das im italienischen Renaissancestil errichtete Bauwerk wurde mit Millionenaufwand zum Conrad Treasury Casino umgestaltet.

An der **Queen Street Mall,** der Shoppingmeile von Brisbane, glitzern die Hochhäuser, locken Einkaufspassagen, Boutiquen und Kaufhäuser wie das **Myer Centre** **5**, das ein Ensemble aus vier in den 1880er-Jahren errichteten Kolonialgebäuden einnimmt.

Das **Land Administration Building** **6** symbolisiert die Sehnsucht des 19. und frühen 20. Jh. nach klassischen Wurzeln. Einst Sitz einer Verwaltungsbehörde, beherbergt die zwischen 1901 und 1905 erbaute Renaissance-Doublette heute ein Hotel. Die **Old Commissariat Stores** **7** gleich um die Ecke

in der William Street, heute Museum der Royal Historical Society of Queensland, wurden 1829 als Brisbanes erster Gebäudekomplex aus Stein errichtet (Tel. 07-32 21 41 98, Di–Fr 10–16 Uhr, Erw. 5 A-$, Kinder 2,50 A-$, Familien 12,50 A-$).

Als ein Synonym für Stil und Eleganz gelten die um 1890 erbauten neoklassizistischen **The Mansions** 8. Die Terrassenhäuser aus rotem Ziegelstein bilden einen stilvollen Rahmen für Haute-Couture-Läden und elegante Restaurants. In einer Synthese aus französischem Renaissancestil und viktorianischer Architektur präsentieren sich am Rande des Botanischen Gartens das zwischen 1865 und 1868 errichtete **Parliament House** 9 (Tel. 07-32 26 75 62, www.parliament.qld.gov.au, kostenlose Führungen Mo–Fr 13, 14, 15 und 16 Uhr) sowie das **Old Government House** 10 von 1860, das heute ein historisches Museum und eine Kunstgalerie beherbergt (Tel. 07-38 64 80 05, www.ogh.qut.com, So–Fr 10–16 Uhr, Eintritt frei).

City Botanic Gardens 11

Als grüne Lunge von Brisbane nehmen in der Nachbarschaft der Queensland University of Technology die **City Botanic Gardens** fast die gesamte Südspitze der Halbinsel ein, auf der sich der Central Business District ausbreitet. Der Botanische Garten, in dem einst Strafdeportierte Gemüse pflanzten, birgt eine Sammlung von Pflanzen des südlichen und südwestlichen Pazifikraums. Ein Highlight ist der Mangrovenwald am Brisbane River, durch den sich ein Holzbohlenpfad windet. Obgleich in der City, ist der Botanische Garten mit seinen künstlichen Teichen ein Refugium für Wasservögel wie Reiher und Ibisse (www.brisbaneqld.gov.au/botanicgardens).

Brisbane

Östliche Downtown

Ein Spaziergang führt am Fluss entlang zum **Eagle Street Pier** 12. An der Ablegestelle für Ausflugsschiffe gibt es einige nette Lokale, die zu einer Pause animieren.

Als sie im Jahr 1863 fertiggestellt wurde, beherrschte die **St. Stephens Cathedral** 13 mit ihren weißen Zwillingstürmen die Skyline von Brisbane. Heute verschwindet das neogotische Gotteshaus ebenso im Schatten moderner Glas-Beton-Paläste wie das benachbarte edwardianische AMP Building, in dem während des Zweiten Weltkriegs US-General MacArthur das Hauptquartier der alliierten Streitkräfte aufgeschlagen hatte.

In viktorianischem Gewand präsentiert sich schräg gegenüber das zwischen 1871 und 1879 erbaute **General Post Office** 14. Das angegliederte **GPO Museum** beherbergt eine Sammlung zur Geschichte des Post- und Telefonwesens (261 Queen St., Tel. 07-34 05 12 02, Di–Fr 9.30–13, 14–15.30 Uhr, Erw. 6 A-$, Kinder 3 A-$, Familien 15 A-$).

Ann Street

Über den **Post Office Square,** eine Stadtoase mit flaschenförmigen Baobab-Bäumen, gelangt man zum Anzac Square und zur Ann Street. Auf dem Platz erinnert der als hellenischer Säulenpavillon gestaltete Shrine of Remembrance an die australischen Opfer des Ersten Weltkriegs. Die **Central Railway Station** 15 von 1901 mit einer Fassade im französischen Renaissancestil ist täglich für Zehntausende von Pendlern das Tor zur City.

In der Ann Street findet man auch noch einige Relikte der kleinen britischen Kolonialstadt, die Brisbane einstmals war, beispielsweise die **St. Johns Cathedral** 16 (373 Ann St., Tel. 07-38 39 01 11, kostenlose Führun-

Brisbane und Umgebung

gen Mo–Sa 10, 14, So 14 Uhr). Doch hat dieses neogotische Gotteshaus ebenso wie die Ann Street Presbyterian Church und Albert Street Uniting Church heute zwischen den Türmen der Geschäftswelt lediglich Puppenhausdimension.

Auch Brisbanes Wahrzeichen, die in den 1920er-Jahren errichtete **City Hall 17**, wirkt heute etwas verloren in der Hochhaussilhouette. Vom Uhrturm, der über dem Rathaus 85 m aufragt, bietet sich ein schöner Blick über den King George Square. An der 90 m langen, von korinthischen Säulen gegliederten Fassade fällt das Tympanon oberhalb des Hauptportals ins Auge, das Szenen aus der Gründerzeit zeigt. Neben Büros der Stadtverwaltung beherbergt das Rathaus auch das **Museum of Brisbane,** in dem die Sozialgeschichte der Stadt dokumentiert wird (Uhrturm Tel. 07-32 25 43 55, Mo–Fr 8.30–15.30, Sa 9–12 Uhr, Eintritt frei; Museum Tel. 07-32 24 67 69, www.museumofbrisbane.com.au, tgl. 10–17 Uhr, Eintritt frei).

Old Observatory 18

Ein kleiner Abstecher vom Zentrum führt zum **Old Observatory,** auch Old Mill genannt, an der Wickham Terrace. Das 1828 von Sträflingen als Windmühle errichtete Gebäude wurde nach wenigen Jahren zur Tretmühle umgerüstet, in der Strafdeportierte die Mühlsteine antreiben mussten. Später diente der Bau als Signal- und Wetterstation (Tel. 07-33 06 88 88, Mo–Sa 10–15 Uhr, Eintritt frei).

Vororte ▶ 1, W 11/12

Karte: S. 340

Fortitude Valley 1

Im nördlichen Vorort **Fortitude Valley,** Brisbanes Klein-Asien, weisen Pagodeneingänge den Weg zur **Chinatown** mit dekorativen Straßenlaternen, bunten Torbögen und geschäftig drängelnden Menschen. Wo früher einmal Bordelle und Opiumhöhlen standen,

Schwindelfreie können die Story Bridge auch auf dem Brückenbogen überqueren

laden heute Restaurants zu einem Streifzug durch das Reich der Mitte ein. Ein schöner Blick auf Brisbane bietet sich von der 782 m langen Story Bridge, welche die Vororte Fortitude Valley und Kangaroo Point verbindet.

New Farm [2] *Do, 12.5. (?)*

Kneipen, Restaurants, Secondhand-Läden und Buchhandlungen kennzeichnen den südöstlich von Fortitude Valley gelegenen Vorort **New Farm,** der mit seinen teils gut erhaltenen Sandsteingebäuden ein fast kleinstädtisches Flair bewahrt hat. An einer Schleife des Brisbane River erstreckt sich der **New Farm Park,** der im Frühjahr Besucher mit einem bunten Blütenteppich bezaubert.

Newstead [3]

Ungefähr 4 km nördlich des Stadtkerns liegt **Newstead.** Umgeben von einer hübschen Parkanlage thront dort auf einem Hügel über dem Brisbane River das **Newstead House.** Das Herrenhaus von 1846 war einst die Visi-

tenkarte des englischen Establishment, das hier seine Feste feierte (Tel. 07-32 16 18 46, www.newsteadhouse.com.au, Di–Fr 10–16, So, Fei 14–17 Uhr, Erw. 6 A-\$, Kinder 4 A-\$, Familien 15 A-\$).

Schräg gegenüber bietet die **Breakfast Creek Wharf,** der Nachbau eines historischen Piers, eine Ansammlung von Restaurants und Spezialitätengeschäften. Auf der anderen Seite des Flusses stehen das 1889 im französischen Renaissancestil errichtete **Breakfast Creek Hotel,** eine der ältesten Kneipen der Stadt, sowie in der Higgs Street das **Joss House** von 1885, Brisbanes einziger chinesischer Tempel. Erinnerungen an längst vergangene Zeiten rufen die Exponate des nicht weit entfernten heimatkundlichen **Miegunyah Folk Museum** wach, das in einem hölzernen Pfahlhaus von 1884 untergebracht ist (Jordan Terrace, Tel. 07-32 52 29 79, www.miegunyah.org, Mi 10.30–15, Sa, So 10.30–16 Uhr, Erw. 6 A-\$, Kinder 2 A-\$).

Großraum Brisbane

▶ 1, W 11/12

Karte: S. 340

Tierparks

Zu einem Überblick über die Tierwelt des Fünften Kontinents verhilft 28 km nördlich von Brisbane der **Alma Park Zoo** [4], der größte zoologische Garten von Queensland. In Freigehegen kann man Kängurus, Koalas, Emus und andere australische Tiere beobachten (Alma Road, Dakabin, Ausfahrt 138 von Bruce Highway, Tel. 07-32 04 65 66, www.almaparkzoo.com.au, tgl. 9–16 Uhr, Erw. 37 A-\$, Kinder 27 A-\$, Familien 105 A-\$).

Badestrände

Mit sauberen Sandstränden und guter Wasserqualität lockt **Sandgate** [5] an der Bramble Bay 20 km nördlich der City. Auch die Badestrände, die sich auf der **Redcliffe Peninsula** [6] bei Redcliffe, Margate und Scarborough 30 km nördlich erstrecken, sind an heißen Tagen Tummelplätze der Brisbanites.

Großraum Brisbane

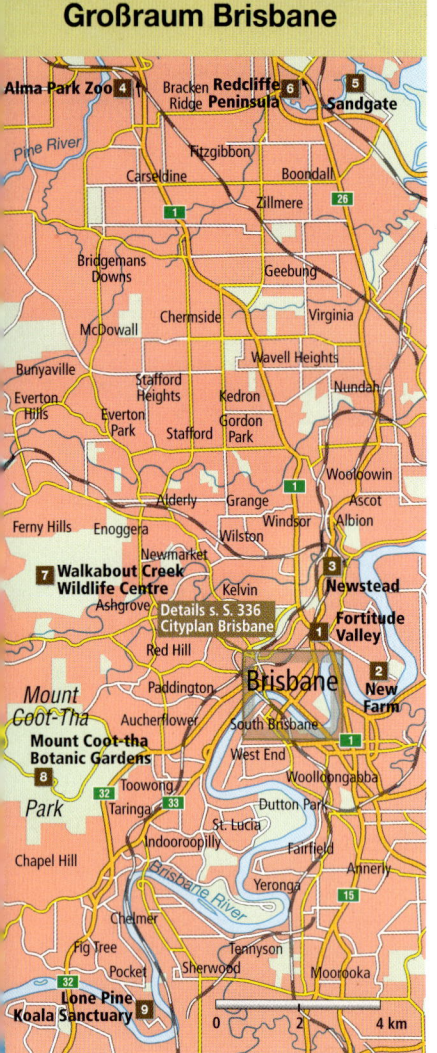

Map labels:
Alma Park Zoo **4**
Bracken Ridge **Redcliffe** **6**
Peninsula
5
Sandgate
Pine River
Fitzgibbon
Carseldine
Boondall
Zillmere **26**
Bridgemans Downs
Geebung
Chermside
Virginia
McDowall
Wavell Heights
Bunyaville
Stafford Heights
Nundah
Everton Hills
Everton Park
Kedron
Ferny Hills
Enoggera
Gordon Park
Stafford
Wilston
Alderly
Grange
Windsor
1
Woolowin
Ascot
Albion
Newmarket
7 **Walkabout Creek**
Wildlife Centre
Kelvin
3
Newstead
Ashgrove
Details s. S. 336
Cityplan Brisbane
Fortitude
Valley
Red Hill
1
Mount Coot-Tha
Paddington
Brisbane
2
Aucherflower
South Brisbane
New Farm
Mount Coot-tha
Botanic Gardens
West End
1
8
Woolloongabba
Park
Toowong **32**
Taringa **33**
Dutton Park
St. Lucia
Indooroopilly
Fairfield
Chapel Hill
Yeronga
Annerly
15
Chelmer
Fig Tree Pocket
Tennyson
Sherwood
Moorooka
32
Lone Pine
Koala Sanctuary **9**
0   2   4 km

Walkabout Creek Wildlife Centre **7**

Im **Walkabout Creek Wildlife Centre** im Vorort The Gap am Rande des Brisbane Forest Park kann man in einer nachgebildeten subtropischen Flusslandschaft eine Kreatur beobachten, die häufig als ›lebendes Fossil‹ bezeichnet wird: den Lungenfisch. Er kommt nur noch in zwei Flusssystemen im nördlichen Queensland vor und besitzt außer Kiemen auch eine primitive Lunge (Mount Nebo Road, Tel. 07-33 00 25 58, www.walkaboutcreek. com.au, tgl. 9–16.30 Uhr, Erw. 7,40 A-$, Kinder 3,70 A-$, Familien 18,50 A-$).

Mount Coot-tha Botanic Gardens **8**

Die **Mount Coot-tha Botanic Gardens,** der größte subtropische Botanische Garten von Australien mit einem weiten Spektrum einheimischer und exotischer Pflanzen, dehnen sich 5 km westlich der City am Fuße des gleichnamigen Bergs aus. Unter der Glaskuppel des großen Gewächshauses Tropical Display Dome gedeihen Orchideen, Farne und andere Regenwaldpflanzen. Weitere Attraktionen sind der Fragrant Garden (›Duftgarten‹) und der Japanese Garden (Tel. 07-34 03 25 33, tgl. 9–17 Uhr, Eintritt frei, Bus 37A ab Queen Street Bus Station).

Durch Teleskope kann man im **Sir Thomas Brisbane Planetarium** die Vielfalt des südlichen Sternenhimmels bewundern (Tel. 07-34 03 25 33, Di–Fr 10–16, Sa 11–20.15, So 11–16 Uhr, abends auf Anfrage, Erw. 14,80 A-$, Kinder 9 A-$, Familien 40 A-$). Vom Gipfel des 285 m hohen **Mount Coot-tha** bietet sich ein weiter Blick über Brisbane und seine über die Hügellandschaft verteilten Vororte.

Lone Pine Koala Sanctuary **9**

Kuschelweiche, streichelzahme Koalas leben im **Lone Pine Koala Sanctuary** 11 km südwestlich des Zentrums von Brisbane. Neben Begegnungen mit den knopfäugigen Kletterbeutlern bietet der älteste und größte Koalapark Australiens auch Gelegenheit, Bekanntschaft mit Kängurus, Wallabies, Wombats, Possums, Dingos, Waranen, Emus und diversen Papageienarten zu machen (Jesmond Road, Fig Tree Pocket, Tel. 07-33 78 13 66, www.koala.net, tgl. 9–17 Uhr, Erw. 33 A-$, Kinder 22 A-$, Familien 80 A-$, Bus 430 ab Queen Street Bus Station, Bus 445 ab Adelaide Street, Ausflugsboote ab North Quay Wharf und South Bank Cultural Centre Pontoon, z. B. Mirimar Cruises, Mobil-Tel. 0412-74 94 26, www.mirimar.com, tgl. 10 Uhr, Erw. 68 A-$, Kinder 38 A-$, Familien 195 A-$).

Infos

Brisbane Visitor Information Centre: Queen Street Mall (City), Tel. 07-30 06 62 90, Mo–Do 9–17.30, Fr 9–19, Sa 9–17, So 9.30–16.30 Uhr. Infos zu Brisbane und Umgebung sowie zu allen touristisch bedeutsamen Regionen des südlichen Queensland.

Queensland Parks & Wildlife Service: 160 Ann St. (City), Tel. 07-32 27 81 85, www.nprsr. qld.gov.au. Infos über Nationalparks.

Royal Automobile Club of Queensland (RACQ): 300 St. Pauls Tce. (Fortitude Valley), Tel. 07-33 61 24 44, www.racq.com.au.

Im Internet: www.visitbrisbane.com.au.

Übernachten

Bewährter Kettenkomfort ▶ Traders Hotel 1: 159 Roma St. (City), Tel. 07-32 38 22 22, www.shangri-la.com/traders. 4-Sterne-Hotel mit großen Zimmern im postmodernen Stil; Restaurant, Bar und Dachterrasse mit Whirlpool. DZ ab 295 A-$.

Apartes Boutiquehotel ▶ Inchcolm Hotel 2: 73 Wickham Tce. (City), Tel. 07-32 26 88 88, www.theinchcolm.com.au. Frisch renoviertes, elegantes Hotel in historischem Gemäuer mit individuell gestalteten Suiten, preisgekröntem Restaurant, Pool und sehr persönlichem Service. Suite ab 245 A-$.

Beste City-Lage ▶ Rothbury on Ann 3: 301 Ann St. (City), Tel. 07-32 39 88 88, 1800-10 28 22, www.rothburyhotel.com.au. Der edlen Fassade entspricht das gediegene Interieur – komfortable Zimmer und Apartments mit eleganten Möbeln und erlesenen Wohnaccessoires. DZ 164–297 A-$.

Stilvoll-modern ▶ Urban Brisbane 4: 345 Wickham Tce. (City), Tel. 07-38 31 61 77 und 1800-77 77 89, www.urbanbrisbane.com.au. Schöner City-Blick, schlicht-elegant eingerichtete Zimmer, Restaurant, Bar und Pool. DZ ab 149 A-$.

Familiär & gemütlich ▶ Metropolitan Motor Inn 5: 106 Leichhardt St. (City), Tel. 07-38 31 60 00, www.metropolitanmotorinn.com. Ruhiges, zentrumsnahes Motel mit Restaurant. DZ 109–169 A-$.

Gutes Preis-Leistungs-Verhältnis ▶ Explorers Inn 6: George/Turbot Streets (City), Tel. 07-32 11 34 88, www.explorers.com.au. Das zentral gelegene Motel bietet eine angenehme Mischung aus kolonialer Tradition und zeitgemäßem Komfort. DZ ab 99 A-$.

Ruhig und etwas außerhalb ▶ Newstead Gardens Motel 7: 48 Jordan Tce. (Newstead), Tel. 07-32 52 70 08. Kleine, aber nette Nichtraucherzimmer mit Kitchenette und Balkon, nahe Chinatown und Breakfast Creek Wharf, gute City-Anbindung. DZ ab 95 A-$.

Nette Betreiber ▶ Spring Hill Terraces Motel 8: 260 Water St. (Spring Hill), Tel. 07-38 54 10 48, www.springhillterraces.com. Familiäre Unterkunft am Rande der City, mit Pool. DZ 95–135 A-$.

Angenehme Frühstückspension ▶ Annies Shandon Inn 9: 405 Upper Edward St. (City), Tel. 07-38 31 86 84, www.babs.com.au/annies. Gemütliches B & B in einem viktorianischen Stadthaus, die preiswerteren Zimmer mit Gemeinschaftsbad. DZ (Gemeinschaftsbad) 89 A-$, DZ (Bad/WC) 99 A-$ (inkl. Frühstück).

Jugendherberge ▶ Brisbane City YHA 10: 392 Upper Roma St. (City), Tel. 07-32 36 10 04, www.yha.org.au. Zentral und modern, mit Restaurant und Dachterrassen-Pool. DZ ab 82 A-$, im Mehrbettzimmer ab 28 A-$/Pers.

Camping ▶ Brisbane Northside Holiday Park 11: 763 Zillmere Rd., Aspley, Tel. 1800-06 07 97. 13 km nördl. der City, sehr gut ausgestattet, mit gemütlichen Cabins und Pool.

Essen & Trinken

Bush food ▶ Tukka 1: 145 Boundary St. (West End), Tel. 07-38 46 63 33, www.tukka restaurant.com.au, Di–So 17.30–23, Fr–So zusätzlich 12–15 Uhr. Küchenchef Stephane Bremont hat die ›Buschkost‹ in Brisbane salonfähig gemacht. Sein Repertoire umfasst Kängurusteak mit einer Sauce aus wilden Pflaumen, gegrilltes Emufilet mit Rote-Bete-Risotto sowie Quandong-Kuchen, dessen Hauptingredienz die säuerliche Frucht eines Wüstenbusches ist. 5-Gänge-Menü 75 A-$, 7-Gänge-Menü 115 A-$.

Spitzenküche mit Ausblick ▶ Customs House 2: 399 Queen St. (City), Tel. 07-33 65 89 21, www.customshouse.com.au, Mo

i–Sa 12–15.30, 18–23, So 9–
...odern-australische Küche und
...dem Panorama des Brisbane River. Vorspeisen 12–25 A-$, Hauptgerichte
35–39 A-$.

Für Steakfans ▶ Cha Cha Char 12: Shop
5, Eagle Street Pier, Eagle St. (City), Tel. 07-
32 11 99 44, www.chachachar.com.au, tgl.
11.30-23 Uhr. Saftige Steaks dominieren in
dem luftigen Restaurant am Fluss. Vorspeisen 18–26 A-$, Hauptgerichte 28–72 A-$.

Australisch-asiatisch ▶ Jade Buddha 12:
Eagle Street Pier (City), Tel. 07-32 21 28 88,
www.jadebuddha.com.au, tgl. 11.30–23 Uhr.
Moderne australische Küche mit asiatischem
Touch. Vorspeisen 13,50–18,50 A-$, Haupt-
gerichte 21,50–32,50 A-$.

Bistro-Restaurant ▶ Era Bistro 3: 102
Mebourne/Merivale St. (South Brisbane), Tel.
07-32 55 20 33, www.erabistro.com.au, tgl.
7–24 Uhr. Von fantasievollen Frühstücksva-
rianten über Tapas und Gerichte der modernen Aussie-Küche bis zum späten Drink – hier
gibt es alles. Vorspeisen 12,50– 17,50 A-$,
Hauptgerichte 19,50–32 A-$.

Kreativ & relax ▶ Watt 4: Brisbane Powerhouse, 119 Lamington St. (New Farm), Tel.
07-33 58 54 64, www.brisbanepowerhouse.
org, Di–So 11.30–15, 17–23 Uhr. Ideenreiche
australisch-asiatische Fusion-Küche, herrlicher Flussblick. Vorspeisen 9,50–18,50 A-$,
Hauptgerichte 16–32 A-$.

**Unkompliziert & preiswert ▶ Myers Food
Mall 5:** Myer Centre, Queen Street Mall
(City), Tel. 07-32 21 41 99, Mo-Fr 9–19, Sa
9–16 Uhr. Imbissstände mit internationalen
Speisen. Gerichte ab 9,50 A-$.

Einkaufen

Kaufhaus ▶ Myer Centre 5: Queen Street
Mall (City), Tel. 07-32 21 41 99, www.myer
centreshopping.com.au, Mo–Do 9–17.30, Fr
9–21, Sa 9–17, So, Fei 10.30–16 Uhr. Architektonisch interessantes Einkaufszentrum mit
internationalem Warenangebot.

**Märkte ▶ Jan Power's Farmers' Market
1:** Brisbane Powerhouse (New Farm), www.
janpowersfarmersmarket.com.au, 2. und 4. Sa
im Monat 6–12 Uhr. Fleisch und Fisch, Obst

und Gemüse sowie viel Lokalkolorit. **Riverside Craft Market 2:** Eagle St. (City), www.
riversidemarkets.com.au, So 7–15 Uhr. Großer Kunsthandwerksmarkt. **The Collective
Markets 3:** South Bank Parklands (South
Brisbane), www.collectivemarkets.com.au/
southbank, Sa 10–21, So 9–16 Uhr. Kunsthandwerk, Design, Mode, Bio-Snacks etc.

**Ethno-Kunst ▶ Australian Indigenous Tri-
bal Galleries 4:** 376 George St. (City), Tel.
1800-80 62 25, www.indigenousgallery.com.
au, Mo–Fr 9–19, Sa, So 10–18 Uhr. Qualitativ
hochwertiges Kunsthandwerk. Wer ein Didgeridoo kauft, erhält kostenlosen Unterricht.

Opale ▶ Quilpie Opals 5: 126 George St.
(City), Tel. 07-32 21 73 69, www.quilpieopals.
com.au, Mo–Do 9–18, Fr 9–20, Sa 9–16 Uhr.
Opale und Schmuck, steuerfreier Einkauf.

Shoppingmeile ▶ Boundary Street 6: Die
derzeit spannendste Einkaufsstraße im West
End mit einer Vielzahl von Designershops,
und Trend-Boutiquen; eine Fundgrube für
Bibliophile ist Bent Booksshop (Nr. 205 a,
www.bentbooks.com.au).

Abends & Nachts

Buchungen (auch aus Übersee) für alle größeren Kultur- und Sportveranstaltungen tätigen **Ticketek** (Tel. 13 28 49, www.ticketek.
com.au) und **Ticketmaster** (Tel. 13 61 00,
www.ticketmaster.com.au). Ein Zentrum des
Nightlife mit Restaurants, Pubs, Discos und
Clubs ist die Brunswick Street im Vorort Fortitude Valley. Weitere Ausgehmeilen findet
man in den Stadtteilen Petrie Terrace und
Paddington. Gute Ausgehtipps enthält die
Rubrik »What's On In Town« in der Donners-
tagsausgabe der »Courier Mail«.

**Kulturzentren ▶ Brisbane Powerhouse
1:** 119 Lamington St. (New Farm), Tel. 07-33
58 86 00, www.brisbanepowerhouse.org, tgl.
17–1 Uhr. Experimentelles Theater, Tanz, Musik, Ausstellungen etc. **Performing Arts Complex 2:** Melbourne St. (South Brisbane), Tel.
13 62 46, www.qpac.com.au. Kulturelle Veranstaltungen jeder Art. Ticktets 50–200 A-$.

Theater ▶ Brisbane Arts Theatre 3: 210
Petrie Tce. (Paddington), Tel. 07-33 69 23 44,
www.artstheatre.com.au. Inszenierungen von

Theaterstücken und Musicals aus dem In- und Ausland. Tickets 50–100 A-$.

Jazz ▶ Brisbane Jazz Club 4 : 1 Annie St. (Kangaroo Point), Tel. 07-33 91 20 06, www. brisbanejazzclub.com.au, So–Do 19–23, Fr, Sa 19–2 Uhr. Am Wochenende Live-Bands.

Livemusik ▶ Ric's Café Bar 5 : 321 Brunswick St. (Fortitude Valley), Tel. 07-36 66 07 77, www.ricsbar.com.au, So–Do 19–2, Fr, Sa 19–3 Uhr. Von Kennern mit der Auszeichnung *Grooviest Live Music Spot* von Brisbane versehen, viele begabte Nachwuchsmusiker.

Nachtclubs ▶ Cloudland 6 : 641 Ann St. (Fortitude Valley), Tel. 07-38 72 66 00, www. cloudland.tv, Mo, Di 17 Uhr ›'til late‹, Mi–So 11.30 Uhr ›'til late‹. Tagsüber ein ruhiges Bistro mit Lounge-Bar, abends laut und am Wochenende immer voll, beliebt beim eher jüngeren Partyvolk, Live-Bands und DJs. **The Beat Mega Club 7 :** 677 Ann St. (Fortitude Valley), Tel. 07-38 52 26 61, www.thebeat megaclub.com.au, tgl. 19–5 Uhr. Der älteste Tanzklub von Brisbane mit internationalen DJs; beliebt bei Gays, aber keine reine Schwulenvenue; regelmäßig fulminante Drag Shows. **The Wickham Hotel 8 :** 308 Wickham St. (Fortitude Valley), Tel. 07-38 52 13 01, www.thewickham.com.au, So–Do 21–3, Fr, Sa 21–4 Uhr. Lesben- und Schwulen-Hotspot. Am Wochenende präsentieren Travestiekünstler schrille, extrovertierte Shows.

Kneipen ▶ Breakfast Creek Hotel 9 : Kingsford Smith Dr. (Newstead), Tel. 07-32 62 59 88, www.breakfastcreekhotel.com.au, tgl. 10–2 Uhr. Eines der ältesten Kneipen-Restaurants von Brisbane, riesige Steaks und Livemusik. **Exchange Hotel 10 :** Edward/ Charlotte Streets (City), Tel. 07-32 29 35 22, www.theexchange.com.au, tgl. 11–1 Uhr. Watering Hole für Banker und Broker mit lecker-leichten Nouvelle Cuisine-Gerichten. **Story Bridge Hotel 11 :** 200 Main St. (Kangaroo Point), Tel. 07-33 91 22 66, www.story bridgehotel.com.au, tgl. 11–1 Uhr. In diesem seit den 1890er-Jahren existierenden Pub finden jährlich am 26. Januar die ›Australia Day Cockroach Races‹ (Kakerlakenrennen) statt. Von der Terrasse im oberen Stock hat man einen schönen Blick auf die City-Skyline. Im Biergarten spielen regelmäßig Bands. **The Brewhouse 12 :** Level 1, 142 Albert St. (City), Tel. 07-30 03 00 98, www.thebrewhouse. com.au, So–Do 11–14, Fr/Sa 11–3 Uhr. Hier wird hausgebrautes Bier gezapft.

Ausflugsschiff auf dem Brisbane River

Brisbane und Umgebung

Aktiv

Stadtspaziergänge ▶ Brisbane Greeters Programm 1: c/o Brisbane Visitor Information Centre, Queen Street Mall (City), Tel. 07-30 06 62 90, www.brisbanegreeters.com.au. 2- bis 4-stündige, kostenlose Stadtrundgänge zu Themen wie Kunst, Kultur, Geschichte, auch Touren speziell für Familien. Startpunkt ist das Brisbane Visitor Information Centre.

Bootstouren ▶ River City Cruises 2: Tel. 04 28-27 84 73, www.rivercitycruises.com. 90-minütige Touren ab South Bank Parklands Jetty A (tgl. 10.30, 12.30 Uhr, Erw. 25 A-$, Kinder 15 A-$, Familien 60 A-$). **Kookaburra River Queens 12:** Eagle Street Pier (City), Tel. 07-32 21 13 00, www.kookaburrariverqueens.com. Kreuzfahrten auf einem Raddampfernachbau (Mo–Sa 10, 12.45, 19.30, So 10, 12.45, 15.30, 18.30 Uhr, ab 35 A-$).

Tour durch den botanischen Garten ▶ City Botanic Gardens Free Guided Walks 11: Tel. 07-34 03 25 35. Kostenlose, sachkundig geführte Spaziergänge, Treffpunkt am Besucherpavillon (tgl. außer So und Fei 11, 13 Uhr).

Walbeobachtung ▶ Brisbane Whale Watching: Tel. 07-38 80 04 77, www.brisbanewhalewatching.com.au. Ausflüge in einem großen Katamaran (Juli–Okt. tgl. 10 Uhr, Erw. ab 135 A-$, Kinder ab 95 A-$, Familien ab 365 A-$).

Ausflug ins Hinterland ▶ Mr. Day Tours: Tel. 04 19-78 80 26, www.mrdaytours.com.au. Tagestrip durch den Regenwald sowie zu Künstlerateliers und Schaffarmen (Erw. ab 95 A-$, Kinder ab 35 A-$).

Brauereibesichtigung ▶ XXXX Ale House 3: Black/Paten Streets, Milton, Tel. 07-33 61 75 97. www.xxxx.com.au. Queenslands größte Brauerei XXXX, Buchung nötig, Führungen mehrmals tgl. Mo–Sa 10–16 Uhr, Erw. 25 A-$, Kinder 11–18 Jahre 18 A-$).

Termine

Chinese New Year (Jan.): Drachenumzüge, Feuerwerke u. a. in der Chinatown.
Queensland Music Festival (Juli): Zweiwöchiges Musikfest von Klassik bis Rock.
Brisbane Festival (Aug./Sept., nur in geraden Jahren): Kunst- und Kulturspektakel.

Riverfestival (Aug./Sept.): Einwöchiges Straßenfest mit Umzügen, Feuerwerken etc.
National Festival of Beers (Okt.): Australische Version des Münchner Oktoberfests.

Verkehr

Flüge: Zwischen dem 16 km nordöstlich gelegenen Flughafen und dem Brisbane Transit Centre (Roma St., City) pendelt ein Flughafenbus (Sky Trans, Tel. 07-32 36 10 00, www.coachtransonline.com.au, 5.30–23.30 Uhr alle 15–30 Min., 30–35 Min., Erw. 16 A-$, Kinder 12 A-$). Etwas schneller geht es mit dem Zug (Air Train, Tel. 13 12 30, 5–20 Uhr alle 15 Min., 20–25 Min., Erw. 14,50 A-$, Kinder 9,50 A-$). Ein Taxi kostet 35–45 A-$.

Züge: Fernzüge in alle Richtungen starten ab dem Brisbane Transit Centre, Roma Street (City), www.brisbanetransitcentre.com.au. Info und Buchung bei Traveltrain, Tel. 13 22 32, www.queenslandrail.com.au.

Busse: Überlandbusse aller Gesellschaften und in alle Richtungen starten ab dem Brisbane Transit Centre, Roma Street (City). Auskunft: Greyhound Australia, Tel. 13 00-47 39 46; Coachtrans, Tel. 13 00-36 17 88 (Regionalbusse zur Gold Coast).

Mietwagen: Eine große Auswahl an Fahrzeugen jeder Art haben Avis, Tel. 13 63 33; Budget, Tel. 13 27 27; Europcar, Tel. 13 13 90; Hertz, Tel. 13 30 39. Alle Firmen haben Filialen am oder in der Nähe des Flughafens.

Fortbewegung in der Stadt

Auskünfte erteilt die **Public Transport Information,** Tel. 13 12 30, www.translink.com.au. **Busse:** Die kostenlosen roten **The Loop**-Busse verkehren Mo–Fr 7–18 Uhr im 5-Minuten-Takt auf zwei Rundstrecken in der City. Ergänzt wird das Busnetz durch die Sightseeinglinie **City Sights Tours;** der Touristenbus fährt tgl. 9–16 Uhr alle 40 Min. auf einer Rundstrecke durch die City, Fortitude Valley und South Brisbane, an 19 verschiedenen Haltestellen (u. a. City Hall und Post Office Square), kann man mit einer Tageskarte, die auch für die City-Cat-Fähren gilt (erhältlich beim Busfahrer, Erw. 35 A-$, Kinder 20 A-$, Familien 80 A-$), die Fahrt beliebig oft unterbrechen. Infos: Tel. 07-34 03 88 88, www.city sights.com.au.

Züge: Nahverkehrszüge in alle Vororte starten ab Central Railway Station, Ann St. (City).

Fähren: Auf dem Brisbane River pendelt tgl. 6–22.30 Uhr im 30-Minuten-Takt die City-Cat-Fähre (16 Anlegestellen). Ticket- und Info-Schalter am Eagle Street Pier.

Mit dem eigenen Fahrzeug: Außer für Wohnmobile gibt es ausreichend Parkmöglichkeiten in Parkhäusern (z. B. unter den South Bank Parklands), allerdings benötigt man in der kompakten City kein eigenes Fahrzeug.

Taxis: Black & White Cabs, Tel. 13 10 08; Yellow Cabs, Tel. 13 19 24.

Inseln in der Moreton Bay

▶ 1, W 18

In der **Moreton Bay** unmittelbar vor den Toren von Brisbane liegen 365 Inseln, von denen die meisten gänzlich aus Sand bestehen. Die drei Hauptinseln – Moreton Island, North Stradbroke Island und South Stradbroke Island – schieben sich wie Riegel zwischen den Südpazifik und die Moreton Bay. Aufgrund der geschützten Lage ist die Meeresbucht beliebt bei Wassersportlern.

Moreton Island

Ein Ausflug nach **Moreton Island** – eine Fährstunde von Brisbane entfernt – ist vor allem für Kinder ein Erlebnis. Delfine tummeln sich bei Einbruch der Dunkelheit im knietiefen Wasser am Strand von Tangalooma an der Westküste, um sich füttern zu lassen. Tangalooma bedeutet in der Sprache der Ureinwohner ›Treffpunkt der Fische‹.

Vor allem an Wochenenden locken die Badestrände von Moreton Island Erholungssuchende aus dem nahen Brisbane an. Auf der Insel, die unter Naturschutz steht, ragen mit dem 279 m hohen Mount Tempest und anderen mächtigen Dünen die höchsten Sandberge der Welt auf. Am ›Nordkap‹ der Insel segeln Seeadler und Milane in den Aufwinden, in der Brandung surfen Delfine, und mit etwas Glück kann man zwischen Juli und Oktober Buckelwale beobachten, die an der Küste vorbeiziehen. Whale Watching Cruises auf einem Katamaran bietet das Tangalooma Island Resort an (s. u.).

Infos

Queensland Parks & Wildlife Service: c/o Tangalooma Wild Dolphin Resort, Tel. 07-34 08 27 10, tgl. 9–17 Uhr.

Im Internet: www.moretonisland.com.au.

Übernachten

Ideal für Familien ▶ **Tangalooma Island Resort:** Tel. 07-36 37 20 00, 1300-65 22 50, www.tangalooma.com. Relaxtes Strandresort im mediterranen Stil mit Restaurant, Pool und einem breit gefächerten Sportangebot. DZ ab 460 A-$ (inkl. Transport ab Brisbane, Halbpension und Delfinfütterung).

Aktiv

Delfinbeobachtung ▶ **Dolphin Wild Cruises:** Tel. 07-38 80 44 44, www.dolphinwild.com.au. Tagestour zur Moreton Island mit Delfinbeobachtung (tgl. 9.30 Uhr ab Scarborough, Erw. 125 A-$, Kinder 75 A-$, Familien 325 A-$, Hotelabholung möglich). **Moreton Bay Escapes:** Tel. 1300-55 93 55, www.moretonbayescapes.com.au. Ein- und mehrtägige Ausflüge nach Moreton Island mit Delfinbeobachtung, Schwimmen und Schnorcheln (tgl. ab Brisbane Transit Centre, Roma St. (City), Erw. ab 129 A-$, Kinder ab 99 A-$, Familien ab 449 A-$). **Tangalooma Wild Dolphin Tours:** Tel. 07-36 37 20 00, www.tangalooma.com. Beobachtung und Fütterung von Delfinen (tgl. ab Tangalooma Island Resort, genaue Zeiten auf Anfrage, Erw. ab 95 A-$, Kinder ab 50 A-$).

Verkehr

Busse: Tgl. 9 Uhr ab Brisbane Transit Centre, Roma St. (City), mit McCafferty's nach Pinkenba. Auskunft: Tangalooma Reservations, Tel. 07-36 37 20 00.

Fähren: Autofähre (nur Allradfahrzeuge) tgl. von Scarborough nach Bulwer. Info: Combie Trader, Tel. 07-32 03 63 99, und Moreton Venture Ferry Service, Tel. 07-39 09 33 33, www.

Brisbane und Umgebung

moretonislandadventures.com.au. Tgl. um 10 Uhr Passagierfähre zum Tangalooma Island Resort ab Holt Street Wharf in Pinkenba am Brisbane River. Auskunft: Tangalooma Reservations, Tel. 1300-65 22 50.

North Stradbroke Island

Mit 37 km Länge und einer Breite bis zu 11 km ist **North Stradbroke Island** die größte Insel in der Moreton Bay. Kilometerlange Strände und fischreiche Küstengewässer machen sie zu einem Dorado für Schwimmer, Surfer und Sportfischer. Auf ›Straddie‹ leben ständig ca. 3000 Menschen, in der Hochsaison schwillt die Inselbevölkerung jedoch auf bis zu 40 000 an. Trotz der vielen Touristen verfügt North Stradbroke über eine intakte, vielfältige Fauna und Flora. Das bekannteste Naturschutzgebiet erstreckt sich um den von Sanddünen gerahmten Süßwassersee Blue Lake. Hauptort ist das bereits 1827 gegründete Dunwich an der Westküste. Etwa 3 km nördlich liegen die von Süßwasserquellen gespeisten Myora Springs mit Picknickplätzen, 5 km östlich das beliebte Wassersportrevier des Brown Lake. Bei Point Lookout locken die Brandungsstrände Cylinder Beach, Deadmans Beach und Frenchmans Beach Surfer an. Südlich von North Stradbroke Island liegt, getrennt durch die schmale Jumpinpin Passage, ihre fast gänzlich unbewohnte Schwesterinsel **South Stradbroke Island.**

Infos

North Stradbroke Island Visitors Centre: Junner Street, Dunwich, Tel. 07-34 15 30 44, www.stradbroketourism.com.au, Mo–Fr 8.30–17, Sa, So 8.30–15 Uhr.
Im Internet: www.stradbrokeisland.com, www.discoverstradbroke.com.au.

Übernachten
… auf North Stradbroke Island:
Strandresort für Aktive ▶ **Whalewatch Ocean Beach Resort:** 7 Samarinda Dr., Point Lookout, Tel. 07-34 09 85 55, www.whalewatchresort.com.au. Komfortable Anlage mit Restaurant, Pool und vielen Sportmöglichkeiten. DZ ab 189 A-$.

B & B mit Aussicht ▶ **Straddie Views Bed & Breakfast:** 26 Cumming Pde., Point Lookout, Tel. 07-34 09 88 75, www.babs.com.au/straddieviews. Strandnahe, familiäre Frühstückspension mit Meerblick. DZ ab 150 A-$.
Camping ▶ **North Stradbroke Island Tourist Park:** Dickson Way, Point Lookout, Tel. 07-34 09 81 27, www.straddieholidayparks.com.au. Mit komfortablen Cabins.
… auf South Stradbroke Island:
Komfortable Öko-Lodge ▶ **Couran Cove Resort:** Runaway Bay, Tel. 07-55 97 99 99, www.courancove.com.au. Unter ökologischen Aspekten konzipierte Anlage mit Restaurant und Salzwasserpool. DZ ab 249 A-$.

Verkehr

Fähren: Auto- und Passagierfähren zwischen Cleveland (Toondah Harbour) und Dunwich, z. B. Big Red Cat (Tel. 1800-REDCAT, www.stradbrokeholidays.com.au) und Stradbroke Ferries (Tel. 07-34 88 53 00, www.stradbrokeferries.com.au).

St. Helena Island

Die Fähre von Brisbane nach Moreton Island passiert beim Mündungsdelta des Brisbane River die kleine **St. Helena Island** mit den Überbleibseln eines Inselgefängnisses, in dem einst die Verbrecher mit der höchsten Rückfallquote der Strafkolonie Brisbane auf Hungerration gesetzt waren. Als ›historischer Nationalpark‹ kann das Eiland im Rahmen von organisierten Touren besichtigt werden.

Bribie Island

Bribie Island, die nördlichste der Inseln mit langen Sandstränden und fischreichen Küstengewässern, ist durch eine Brücke mit dem Festland verbunden. Die rund 5000 Bewohner, darunter viele Ruheständler, leben an der Südspitze. Badestrände erstrecken sich nahe der Hauptorte Bongaree und Bellara am Pumicestone Channel. Wellenreiter zieht es an die Brandungsstrände beim windgepeitschten Skirmish Point an der Südküste.

Erst nach 18 Stunden Schlaf wird ein Koala langsam wieder munter

Die Küste zwischen Brisbane und Cooktown

Queensland, Australiens ›Sunshine State‹, stellt Urlauber vor die Qual der Wahl: Soll man sich an einem puderfeinen Sandstrand aalen oder einen Bootsausflug zu einer der vorgelagerten Trauminseln im Pazifischen Ozean unternehmen? Soll man durch das Tropengrün von Regenwäldern streifen oder in die bunte Welt der Korallengärten am Great Barrier Reef abtauchen? Soll man durch lebensfrohe Städte und Badeorte flanieren oder einsame Farmen in den Spinifex-Ebenen des Outback besuchen?

Sunshine Coast ▶ 1, W 10/11

Karte: S. 350

Glass House Mountains **1**

Nördlich der Agrarstadt Caboolture ragen unvermittelt bizarre Felsformationen aus der Küstenebene, die **Glass House Mountains,** Relikte längst erloschener Vulkane. Ihren Namen erhielten die zwischen 200 und 556 m hohen Berge von Kapitän Cook, der 1770 die Küste entlangsegelte – ihr Aussehen hatte ihn an die Glasschmelzen seiner Heimat Yorkshire erinnert. Vier der zehn Vulkangipfel wurden zu Nationalparks erklärt, alle sind beliebte Kletterziele, die allerdings – mit Ausnahme des 253 m hohen Mount Ngungun (hin und zurück 1400 m/2 Std.) – nur von erfahrenen Bergsteigern in Angriff genommen werden sollten. Folgt man in Beerburrum oder einige Kilometer weiter in dem Ort Glass House Mountains dem Hinweisschild ›Lookout‹, erreicht man einen Aussichtspunkt mit einem grandiosen Panorama des Felsensembles. Um den Aussichtshügel windet sich der Lookout Circuit durch Eukalyptus- und Melaleuca-Wald (800 m/30 Min.).

Australia Zoo

Wer sich für die Reptilienwelt des Fünften Kontinents interessiert, sollte beim **Australia Zoo** nördlich von **Beerwah** **2** einen Stopp einlegen. Außer Taipans, Tigerschlangen und Todesottern, die zu den giftigsten Schlangen der Weltgehören, leben in dem Tierpark auch Süß- und Salzwasserkrokodile. Englischkenntnisse vorausgesetzt, kann man bei sog. *Wildlife Talks* Wissenswertes über die australische Reptilienwelt erfahren. Besitzer des Tierparks war der aus dem Fernsehen bekannte *Crocodile Hunter* Steve Irwin, der 2006 auf tragische Weise ums Leben kam (Glasshouse Mountains Tourist Route, Tel. 07-54 36 20 00, www.australiazoo.com.au, tgl. 9–17 Uhr, Fütterung der Krokodile tgl. um 14.30 Uhr, Erw. 59 A-$, Kinder 35 A-$, Familien 189 A-$).

Blackall Range **3**

So schön der Küstenstreifen nördlich von Brisbane ist, Naturfreunden bietet sich auf der Fahrt nach Norden eine reizvolle Alternative durch das Hinterland. In **Landsborough** schwenkt eine kurvenreiche Straße in die Berge der **Blackall Range** ab. Einen herrlichen Blick auf die Glass House Mountains genießt man nahe dem Städtchen **Maleny** vom Mary Cairncross Park. Im kleinen Bergort **Montville** scheint jeder zweite Einwohner ein Künstler oder Kunsthandwerker zu sein, so viele Galerien und Läden mit Kunsthandwerk reihen sich entlang der Hauptstraße.

Zu einer kurzen Wanderung durch üppigen Regenwald verlockt der **Kondalilla National**

Park, in dessen Zentrum die Kondalilla Falls 100 m tief in einen Felsenpool stürzen (Rundweg 4,6 km/2 Std.). Im **Mapleton Falls National Park** 4 km nordwestlich des Ausflugsorts Mapleton donnern Wasserfälle über eine 120 m hohe Felswand in eine Schlucht.

Mooloolaba 4

Von den Aussichtspunkten an der Panoramastraße, die auf dem Kamm der Blackall Range verläuft, reicht die Sicht bis zu den 30 km entfernten Stränden und Ferienzentren der Sunshine Coast. Die Strandregion nimmt nach der Gold Coast südlich von Brisbane in der Beliebtheitsskala der australischen Feriengebiete den zweiten Platz ein. Caloundra, Mooloolaba, Alexandra Headland und Maroochydore, die größten Orte der südlichen ›Sonnenscheinküste‹, bestehen aus Sun-and-Fun-Meilen, an denen sich Shopping-, Beaching- und Dancing-Freuden zu einer australischen Version der Côte d'Azur verdichten.

Die einzige wirklich empfehlenswerte Sehenswürdigkeit an diesem Küstenabschnitt befindet sich in **Mooloolaba.** Mit der **Underwater World** besitzt der Ort eines der größten tropischen Ozeanarien der Welt. Durch einen Glastunnel gelangen Besucher in die Unterwasserwelt des Pazifiks mit lebenden Korallenstöcken, Haien, Manta-Rochen, Muränen und vielen anderen Fischen (Parkyn Parade, Tel. 07-54 44 22 55, www.underwater world.com.au, tgl. 9–17 Uhr, Erw. 38 A-$, Kinder 23 A-$, Familien 104 A-$).

Infos

Sunshine Coast Visitors Centre: Melrose Parade/Sixth Avenue, Cotton Tree, Tel. 07- 54 59 90 50, 13 00-76 61 34, www.visitsunshine coast.com.au, tgl. 9–17 Uhr.

Übernachten

Top-Lage am Strand ▶ **Landmark Resort:** The Esplanade/Burnett Street, Tel. 18 00-88 88 35, www.landmarkresort.com.au. Großzü-

Viele Strandabschnitte an der Sunshine Coast werden von *lifesavers* bewacht

gig ausgestattete Studios und Apartments mit Küche, beheizbarer Pool, Sauna, Spa, nur wenige Schritte vom Strand entfernt. DZ ab 219 A-$.

Preisgünstige Motel-Units ▶ **Motel Mediterranean:** 197 Brisbane Road, Tel. 1800-63 00 13, www.motelmediterranean.com. Kleine, ruhige Unterkunft mit italienischem Restaurant und Pool. DZ ab 109 A-$.

Camping ▶ **Maroochy Beach Park:** Parkyn Parade, Tel. 07-54 44 12 01, www.sunshine coastholidayparks.com.au. Gut ausgestattet, am Strand, mit geräumigen Cabins.

Essen & Trinken

Seafood-Lokal ▶ **Billy's on the Beach:** The Esplanade, Mooloolaba, Tel. 07-54 44 44 41, tgl. 11.30–22.30 Uhr. Meeresfrüchte, raffiniert zubereitet. Vorspeisen 15,50–21 A-$, Hauptgerichte 24,50–48,50 A-$.

Nambour 5

Das am Bruce Highway gelegene **Nambour** wird von Zuckerrohrfeldern und Ananasplantagen umrahmt. Im Ort befindet sich eine Zuckermühle, die von einer mitten auf der Durchgangsstraße verkehrenden Eisenbahn mit Rohstoff versorgt wird. Die **Sunshine Plantation** südlich von Nambour grüßt schon von Weitem mit einer gigantischen Ananasattrappe aus Fiberglas. Sie ist der Blickfang eines Themenparks, in dem sich alles um die queensländische Nationalfrucht dreht. Besucher werden mit einer Schmalspurbahn durch die Plantage gefahren (Bruce Highway, Tel. 07-54 42 13 33, tgl. 9–17 Uhr, Erw. 14 A-$, Kinder 7 A-$, Familien 35 A-$). Nicht weit entfernt kann man in der **Macadamia Nut Factory** geröstete Macadamianüsse probieren (Bruce Highway, Tel. 07-54 42 12 99, Mo–Fr 10–17 Uhr, Erw. 12,50 A-$, Kinder 6,50 A-$, Familien 31,50 A-$).

Noosa und Umgebung

Von ihrer ruhigen Seite lernt man die Sunshine Coast in **Noosa** 6 kennen, das aus den Ortsteilen Noosaville und Noosa Heads besteht. Wasserarme, Lagunen, Buchten und bunte Jachten machen die Stadt im verästelten Mündungsdelta des Noosa River zu einem australischen Venedig unter Palmen. Einen guten Eindruck von der amphibischen Lage des laut Eigenwerbung ›schönsten Badeorts der australischen Ostküste‹ erhält man vom **Laguna Lookout.**

Auf dem Coastal Track, der im kleinen **Noosa National Park** am Rande der Stadt zu Klippenformationen und Stränden führt, kann man mit etwas Glück in den Bäumen Koalas entdecken (Rundweg 7 km/3 Std.). Noosa hat sich in den letzten Jahren darüber hinaus einen Namen als kulinarisches Zentrum gemacht. In Australiens Gourmet-Metropole kreierten experimentierfreudige Köche die New Australian Cuisine und lösten damit eine kleine Revolution aus, die nach und nach das ganze Land erfasste.

In der Nachbarstadt **Tewantin** kann man im Privatmuseum The Big Shell eine der landesweit umfangreichsten Sammlungen von Muscheln und Schnecken in allen Farben und Formen bestaunen. Der angegliederte Laden verkauft Schmuck aus Muscheln (87 Gympie Street, Tel. 07-54 47 12 68, www.bigshell. com.au, Do–Mo 10.30–17 Uhr, Erw. 6 A-$, Kinder 3 A-$, Familien 15 A-$).

Infos

Tourism Noosa: 61 Hastings Street, Noosa Heads, Tel. 1300-06 66 72, www.visitnoosa. com.au, tgl. 9–17 Uhr.

Übernachten
… in Noosa Heads:

Luxus am Sandstrand ▶ **Netanya Noosa Hotel:** 75 Hastings St., Tel. 07-54 47 47 22, 1800-07 20 72, www.netanyanoosa.com.au. Elegantes Hotel am Strand; Restaurant, Pool, Fitnesscenter. DZ ab 360 A-$.

Gutes Preis-Leistungs-Verhältnis ▶ **Seahaven Noosa Resort:** 15 Hastings St., Tel. 1800-07 20 13, www.seahavennoosa.com. au. Wenige Schritte vom Sandstrand, modern gestaltete Studios z. T. mit Meerblick, drei Pools und Wellnesscenter. DZ ab 175 A-$.

Familiär ▶ **Chez Noosa Resort Motel:** 263 Edwards St., Tel. 07-54 47 20 27, www.chez noosa.com.au. Ruhig, mit großzügigen Zimmern und Pool, strandnah. DZ ab 115 A-$.

… in Tewantin:

Camping ▶ **Noosa Caravan Park:** Moorindil St., Tel. 07-54 49 80 60, www.noosacaravan park.com.au. Mit Cabins, Pool.

Essen & Trinken
… in Noosa Heads:

Pionier der New Australian Cuisine ▶ **Ricky Ricardo's:** Noosa Wharf, 2 Quamby Place, Tel. 07-54 47 24 55, www.rickys.com.au, tgl. 12–24 Uhr. Mit ihrer Kochkunst lockt Leonie Palmer, kreativer Kopf dieses mehrfach ausgezeichneten Gourmettempels, Feinschmecker aus ganz Australien nach Noosa. Geboten werden teils französisch, teils asiatisch angehauchte Gerichte der New Australian Cuisine. 3-Gänge-Menü 95–120 A-$.

Küste zwischen Brisbane und Cooktown

Gourmetparadies ▶ Berardo's on the Beach: 49 Hastings St., Tel. 07-54 48 08 88, www.berardos.com.au, tgl. 11.30–14, 17.30–23 Uhr. New Australian Cuisine. Vorspeisen 12–16 A-$, Hauptgerichte 26–44 A-$.

Raffiniert & leicht ▶ Artis: 8 Noosa Dr., Tel. 07-54 47 23 00, tgl. 12–14.30, 17–23 Uhr. Nouvelle Cuisine. Vorspeisen 12–16 A-$, Hauptgerichte 24–39,50 A-$.

Aktiv

Nationalpark-Exkursion ▶ Noosa Everglades Discovery: Tel. 07-54 49 03 93, www.thediscoverygroup.com.au. Kombination aus Geländewagen- und Bootstour zum Great Sandy National Park (tgl. 9–16.30 Uhr, Erw. 105 A-$, Kinder 75 A-$, Familien 335 A-$).

Delfinbeobachtung ▶ Wild Dolphin Feeding Tour: Tel. 07-54 73 94 88, www.dolphinecotours.com. Bootstour mit Beobachtung und Fütterung von Delfinen (tgl. 6–12 Uhr, Erw. 75 A-$, Kinder 55 A-$, Familien 225 A-$).

Great Sandy National Park 7

Die **Teewah Coloured Sands,** durch die Oxydation eingelagerter Mineralien in allen Regenbogenfarben schillernde Sandsteinklippen, begeistern vor allem im Abendlicht nicht nur Fotografen. Diese Naturattraktion, die man bei Ebbe im Geländewagen auf einer Strandpiste erreichen kann, ist nur eines der Highlights im **Great Sandy National Park** an der Cooloola Coast. Der Park und seine zahlreichen großen Süßwasserlagunen lassen sich am besten im Rahmen von Bootstouren erkunden, die in Noosa und Tewantin angeboten werden. Der Ferienort **Rainbow Beach** am Nordrand des Nationalparks ist ein Sprungbrett für Fraser Island (s. S. 355).

Gympie 8

In **Gympie** am Bruce Highway sorgte in den 1870er-Jahren ein Goldrausch für Furore. An die turbulenten Tage der ›goldenen Ära‹ erinnert das **Gold Mining Museum.** Mehr als 600 m reicht der Schacht unter dem Fördertum in die Tiefe. Für Besucher wird der alte Shredder angeworfen, mit dem man früher goldhaltiges Erz zerkleinerte (215 Brisbane Rd., Tel.

07-54 82 39 95, www.gympiegoldmuseum.com.au, tgl. 9–15 Uhr, Erw. 7,50 A-$, Kinder 4,50 A-$, Familien 19,50 A-$).

Termine

Noosa International Food & Wine Festival (Mitte Mai): Mega-Event für Gourmets. Infos www.noosafoodandwine.com.au.

Gold Rush Festival (Okt.): Volksfest mit Kulturprogramm. Infos: www.goldrush.org.

Maryborough 9

Dank der Goldfelder von Gympie entwickelte sich das 1843 am Mary River gegründete **Maryborough** zu einer der bedeutendsten Hafenstädte des Landes. Das Ende des Goldrausches in den 1920er-Jahren überlebte Maryborough als Provinzstädtchen, das Besuchern heute ein restauriertes Ensemble viktorianischer Architektur präsentiert. Vor allem entlang der Hauptstraße reihen sich zahlreiche Kolonialgebäude, etwa das **Customs House Hotel** aus dem Jahr 1860 oder das **Post Office Building** von 1869. Den einstigen Wohlstand der Stadt spiegeln auch viele Privathäusern wider. Zumeist handelt es sich dabei um für die Region typische, im sog. Queensländer-Stil errichtete Villen auf Stelzen mit umlaufenden Veranden. Im Visitors Centre ist eine kommentierte Karte erhältlich, die eine Tour entlang 35 historischen Gebäuden und markanten Punkten vorschlägt.

Einen Blick in koloniale Zeiten gewährt das **Bond Store Heritage Museum** (101 Wharf St., Tel. 07-41 23 15 23, Mo–Fr 9–16, Sa, So 10–13 Uhr, Erw. 5 A-$, Kinder 2 A-$). Es ist Teil der **Portside,** eines Vergnügungsviertels am Mary River mit Pubs und Restaurants. Viel Lokalkolorit erlebt man bei einem Bummel über die **Maryborough Heritage Markets,** einen Straßenmarkt für Lebensmittel, Textilien und Kunsthandwerk (Ellena/Adelaide Streets, Tel. 07-41 90 57 44, Do 8.30–13.30 Uhr).

Infos

Maryborough Visitors Centre: City Hall, Kent Street, Tel. 18 00-21 47 89, www.visitmaryborough.com.au, Mo–Fr 9–17, Sa, So 9–15 Uhr.

Tipp: Walbeobachtung in Queensland

Der sanfte Riese verrät sich zuerst an seinem »Blas«, einer senkrecht flimmernden Wolke kondensierenden Wasserdampfes. Dann durchbricht ein mächtiger Körper die Wasseroberfläche, ein schwarz-grau-weißer Koloss mit dem Gewicht von einem guten Dutzend Elefanten katapultiert sich in die Höhe, scheint für den Bruchteil einer Sekunde in der Luft zu verharren, um gleich darauf nach einer gischtenden Landung wieder tief ins Meer einzutauchen. Nur die Schwanzflosse, von der ein meterbreiter Wasserfall herabrauscht, ist noch einen Augenblick lang zu sehen. Dann ist der Spuk vorbei, und die See liegt wieder ruhig und unergründlich da.

Dieses Schauspiel ist einem Buckelwal (Humpback Whale) zu verdanken, leicht zu erkennen an den ›Warzen‹ an seinen Finnen. Allerdings muss man geduldig sein, denn das Meeressäugetier kann bis zu 90 Minuten in der Tiefe tauchen.

Alljährlich zwischen Anfang August und Mitte Oktober ziehen rund 1000 dieser gewaltigen Kreaturen, die bis zu 15 m lang und über 40 t schwer werden können, nach einer sechsmonatigen Futterperiode aus ihren antarktischen Nahrungsgründen in wärmere Gewässer, um ihre Jungen zu werfen. Ein Tummelplatz der grauen Riesen ist die geschützte, nährstoffreiche Hervey Bay 200 km nördlich von Brisbane, in der die Buckelwale große Schwärme winziger Fische finden. Meeresforscher vermuten, dass einst regelmäßig weit über 10 000 Tiere vor der Süd- und Ostküste Australiens auftauchten, aber Walfänger dezimierten bis zum Verbot der Buckelwaljagd Anfang der 1960er-Jahre die Bestände auf wenige hundert Exemplare. Seitdem die Meeressäuger unter Schutz stehen, hat sich ihre Population wieder erstaunlich schnell vergrößert.

Als einer der besten Plätze in Australien, um die Riesen in ihrer natürlichen Umgebung zu beobachten, gilt **Hervey Bay.** Im Touristenzentrum bieten mehrere Veranstalter Whale Watching Cruises an (s. S. 354), bei denen man den Giganten des Meeres sehr nahe kommen kann. Eine ›Wal-Garantie‹ gibt es freilich nicht. Weitere Infos: www.whalewatching.com.au.

Übernachten

Solides Touristenmotel ▶ Blue Shades Motor Inn: Ferry/Queens Streets, Tel. 07-41 22 27 77, www.blueshades.com.au. Mit Restaurant, Pool. DZ ab 124 A-$.

Camping ▶ Huntsville Caravan Park: 23 Gympie Road, Tel. 07-41 21 40 75, Fax 07-41 21 41 87. Mit Cabins und On-Site-Vans, schöne Lage am Fluss.

Fraser Coast ▶ 1, W 10

Karte: S. 350

Hervey Bay 🔟

Zwischen Tin Can Bay und Bundaberg reihen sich flache Sandstrände, die unter dem Sammelbegriff **Fraser Coast** bekannt sind. Touristische Drehscheibe der Region ist der relativ junge Ort **Hervey Bay,** das nur aus Motels, Campingplätzen, Restaurants und Supermärkten zu bestehen scheint. In dem Ferienzentrum, das die Küstenorte **Point Vernon, Pialba, Scarness, Torquay** und **Urangan** umfasst, starten Bootsausflüge zur Beobachtung von Buckelwalen, zudem ist Hervey Bay Ausgangspunkt für Ausflüge zur Fraser Island (s. S. 355).

Besuchermagnete sind das direkt am Meer gelegene **Reefworld Aquarium** (Dayman Point, Urangan Beach, Tel. 07-41 28 98 28, tgl. 9.30–16 Uhr, Erw. 19,50 A-$, Kinder 11,50 A-$, Familien 50,50 A-$) sowie die **Great Sandy Region Botanic Gardens,** die das ganze Spektrum der regionalen Pflanzenwelt zeigen (Elizabeth Street, Urangan, Tel. 07-41 25 97 00, tgl. 8–18 Uhr, Eintritt frei).

Küste zwischen Brisbane und Cooktown

Infos

Hervey Bay Visitor Information Centre: 227 Maryborough–Hervey Bay Rd., Tel. 1800-81 17 28, www.visitfrasercoast.com, tgl. 9–18 Uhr. U. a. Buchungsstelle für Ausflüge nach Fraser Island und Whale-Watching-Touren.

Infos im Internet: www.discoverherveybay.com, www.visitfrasercoast.com, www.fraser island.net.

Übernachten

Ideal für Familien ▶ **Shelly Bay Resort:** 466 The Esplanade, Torquay, Tel. 1800-24 07 97, www.shellybayresort.com.au. Strandnahes, familienfreundliches Ferienhotel mit Pool. Apartments 165–235 A-$.

Strandnah relaxen ▶ **Boat Harbour Resort:** 651-654 Charlton St., Urangan, Tel. 07-41 25 50 79, www.boatharbourresort.net. Helle, behaglich ausgestattete Zimmer sowie Bungalows mit Kitchenette und Wohnterrasse, in der Nähe einige gute Restaurants. DZ ab 125 A-$, Bungalow ab 165 A-$.

Umrahmt von Tropengrün ▶ **Kondari Hotel:** 49/63 Elizabeth St., Urangan, Tel. 07-41 28 97 02, www.kondari.com.au. Ruhige Unterkunft in einem 20 ha großen Garten, weites Zimmerspektrum – vom Standard Motel Room bis zum Lakeside Studio; mit Bistro/Bar und schönem Pool. DZ 85–175 A-$.

Camping ▶ **Fraser Lodge Holiday Park:** 20 Fraser St. (Torquay), Tel. 07-41 24 99 99, www.fraserlodge.com.au. Bestens ausgestattet, mit komfortablen Cabins und Villas, zwei Pools, nur 250 m entfernt von einem schönen Badestrand.

Essen & Trinken

Beliebtes Fischrestaurant ▶ **The Deck:** Hervey Bay Marina, Buccaneer Avenue, Urangan Boat Harbour, Tel. 07-41 25 11 55, tgl. 12–15, 17–23 Uhr. Meeresspezialitäten vor dem Panorama des Jachthafens. Vorspeisen 14,50–22 A-$, Hauptgerichte 24–48,50 A-$.

Aktiv

(Rund-)Flüge ▶ **Air Fraser Island:** Tel. 07-41 25 36 00, www.airfraserisland.com.au. Flüge in kleinen Propellermaschinen nach

Fraser Island sowie Rundflüge zur Walbeobachtung (ab 75 A-$).

Ausflüge nach Fraser Island ▶ **Fraser Explorer Tours,** Tel. 1800-37 27 37, www.fraser explorertours.com.au. Tagesausflug nach Fraser Island (tgl. 6.30 Uhr ab Urangan Boat Harbour und Rainbow Beach, Erw. 175 A-$, Kinder 115 A-$, Familien 525 A-$). **Kingfisher Bay Eco Tour:** Tel. 18 00-07 25 55, www.kingfisherbay.com. Tagestrip nach Fraser Island unter der sachkundigen Leitung eines Rangers (tgl. 6.45 Uhr ab Urangan Boat Harbour, Erw. 160 A-$, Kinder 110 A-$, Familien 495 A-$).

Lake Wabby, einer von 40 Süßwasserseen auf Fraser Island

Walbeobachtung ▶ M.V. Whalesong: Urangan Boat Harbour, Tel. 1800-68 96 10, www.whalesong.com.au. Ausflug in großem Katamaran (Aug.–Okt. tgl. 8, 13 Uhr, Erw. 120 A-$, Kinder 60 A-$, Familien 320 A-$).

Verkehr

Fähren: Autofähren nach Fraser Island tgl. ab Urangan Boat Harbour, Tel. 07-41 25 44 44; Mary River Heads bei Hervey Bay, Tel. 07-41 25 55 11; Inskip Point bei Rainbow Beach, Tel. 07-41 27 91 22. Informationen unter www.fraserislandferry.com.au, www.fraserisland barges.com.au.

Mietwagen: Safari 4WD Hire, 120 Boat Harbour Dr., Tel. 07-41 24 42 44, www.safari4wd hire.com.au. Die Firma besorgt auch das Vehicle Entry Permit (43,60 A-$), das Selbstfahrer für Fraser Island benötigen, und bucht die Autofähre (ab Hervey Bay hin und zurück inkl. 4 Pass. 165 A-$, ab Rainbow Beach hin und zurück inkl. 4 Pass. 105 A-$).

10 Fraser Island

▼ **Fraser Island,** die größte Sandinsel der Welt mit bis zu 240 m hohen Dünen, bunten Sandsteinformationen *(Coloured Sands)* und mehr als 40 Süßwasserseen, wurde als **Great**

Küste zwischen Brisbane und Cooktown

Sandy National Park von der UNESCO unter Schutz gestellt. Schier endlos lange Strände und fischreiche Küstengewässer machen die Insel – trotz der großen Haigefahr – zu einem Dorado für Wassersportler und Sportfischer. In der Hochsaison erkunden täglich einige tausend Ausflügler Fraser Island, entweder auf eigene Faust in allradgetriebenen Geländewagen oder im Rahmen organisierter Touren. Sandpisten erschließen das Inselinnere für den Naturtourismus.

Am Besucherzentrum der Central Station beginnen der 30 km lange **Northern Circuit,** der über den Lake McKenzie zum Lake Wabby führt (rote Pfeile), sowie der ebenfalls 30 km lange **Southern Circuit,** der vorbei an den Seen Jennings, Birrabeen, Benaroon und Boomanjin an der Ostküste bei Dilli Village endet (grüne Pfeile). Die Attraktionen der Ostküste erreicht man auf dem **75 Mile Beach,** der so bretteben ist, dass bei Ebbe sogar Flugzeuge darauf landen können. Sein nördliches Ende bildet ein **Indian Head** genannter Fels, markantes Wahrzeichen der Insel und zugleich ein lohnender Aussichtspunkt. Trotz der vielen Touristen besitzt die Insel vor allem in der Nordhälfte eine vielfältige Fauna und Flora mit vielen Vogel- und Reptilienarten sowie Wildpferden *(Brumbies)* und Dingos.

Abgesehen vom Fundament der Insel, das vulkanischen Ursprungs ist, besteht die rund 120 km lange und bis zu 25 km breite Fraser Island aus Sand, der von Flüssen aus der Great Dividing Range ins Meer getragen wurde. Wer sich jedoch eine kahle Dünenlandschaft vorstellt, wird überrascht sein von der üppigen Inselvegetation, die sich von Mangrovenwäldern über Küstenheiden und Buschland bis zu subtropischen Regenwäldern mit Satinay genannten, über 70 m hohen Baumgiganten spannt. Besonders schön ist ein Besuch von Fraser Island in den Frühlingsmonaten, wenn sich im Inselinnern eine üppige Pflanzenwelt aus sattgrünem Gras und bunten Wildblumen entfaltet.

Neben bizarren Klippenformationen wie **The Cathedrals** und **The Pinnacles** an der Ostküste, die durch die Oxydation des im Sandstein enthaltenen Eisens und anderer Mineralien in Gelb-, Orange- und Rottönen leuchten, zählen **Frischwasserlagunen** zu den Highlights von Fraser Island. Man unterscheidet zwei Arten von Seen: die kristallklaren *Window Lakes* wie Lake Birrabeen, in denen man baden kann, und die teefarbenen *Perched Lakes.* Erstere sind Grundwasserseen, die dort entstanden, wo der Grundwasserspiegel höher als der Sandboden liegt. Letztere bildeten sich in höheren Lagen in Dünensenken über wasserundurchlässigen Erdschichten aus Lehm- und Humusablagerungen. Mit einer Fläche von 200 ha ist der Lake Boomanjin der größte *Perched Lake* der Welt. Eine Wanderung führt beispielsweise vom Besucherzentrum der Central Station zum Grundwassersee Lake McKenzie (hin und zurück 12 km/3 Std.).

Fraser Island wäre ein Paradies auf Erden, gäbe es nicht Myriaden von Sandfliegen und Moskitos. Ins Gepäck gehört unbedingt ein wirksames Insektenschutzmittel. Info im Internet: www.fraserisland.net.

Übernachten

Komfortables Öko-Resort ▶ Kingfisher Bay Resort & Village: North White Cliffs, Tel. 18 00-07 25 55 u. 07-41 20 33 33, www.kingfisherbay.com. Nach ökologischen Aspekten gebaut, höchster Komfort in der Wildnis, mehrere Restaurants und Pools. DZ ab 285 A-$.

Ferienanlage am Strand ▶ Eurong Beach Resort: Eurong, Tel. 18 00-11 18 08, www.eurong.com. Stilvolles Strandhotel mit Restaurant und Pool. DZ ab 129 A-$, Apartments ab 179 A-$.

Camping ▶ Cathedral Beach Resort & Camping Park: Cathedral Beach, Tel. 07-41 27 91 77, www.cathedralsonfraser.com.au. Stellplätze für Zelte und Allrad-Camper sowie geräumige Cabins, 400 m zum Strand. **National Parks & Wildlife Service Camping Areas:** Tel. 07-54 86 31 60. Einfache Campingplätze der Nationalparkverwaltung, etwa bei der Central Station.

Verkehr

Fähren und Tourveranstalter: s. Hervey Bay S. 354.

Capricorn Coast

Karte: S. 350

Bundaberg und Umgebung

▶ **1, W 10**

Über das viktorianische Kleinod Childers am Bruce Highway erreicht man **Bundaberg** 11. Im Hinterland gibt es Bananen-, Ananas- und Zitrusplantagen sowie Zuckerrohrfelder. Aus der Region stammt fast ein Viertel der australischen Zuckerproduktion, und Bundaberg schmückt sich mit dem Beinamen ›Rum Capital of Australia‹. In der **Bundaberg Distillery** in der Avenue Street wird seit 1888 der ›Bundie‹, ein dunkler, geschmackvoller Zuckerrohrschnaps, gebrannt (Tel. 07-41 31 29 99, www.bundabergrum.com.au, Führungen Mo–Fr 10, 11, 13, 14, 15, Sa, So, Fei 10, 11, 12, 13 und 14 Uhr, Erw. 9,50 A-$, Kinder 5,50 A-$, Familien 24,50 A-$). Der Wohlstand der schmucken Stadt spiegelt sich in viktorianischen Kolonialgebäuden wider, die sich im Zentrum an der Bourbong Street reihen. Am anderen Ufer des mächtigen Burnett River bieten sich die **Bundaberg Botanic Gardens** mit alten Bäumen und gepflegten Blumenbeeten für Spaziergänge an (Young Street, Tel. 07-41 52 29 66, Mo–Fr 7–16.30, Sa, So 10–16.30 Uhr, Eintritt frei). Der Stadt- und Regionalgeschichte ist das **Bundaberg and District Historical Museum** am Rande des Botanischen Gartens gewidmet (Young Street, Tel. 07-41 52 29 66, tgl. 9–16 Uhr, Erw. 6 A-$, Kinder 3 A-$, Familien 15 A-$). Nahebei wird in der **Hinkler Hall of Aviation** das Andenken des deutschstämmigen Flugpioniers Bert Hinkler bewahrt, dem 1928 der erste Alleinflug von England nach Australien glückte (Mt. Perry Road/Young Street, Tel. 07-41 30 44 00, tgl. 9–16 Uhr, Erw. 18 A-$, Kinder 10 A-$, Familien 38 A-$).

Zwischen November und März steuern seltene Karettschildkröten *(Caretta caretta)* ihren Geburtsstrand im **Mon Repos Environmental Park** 14 km nordöstlich der Stadt an, um ihre Eier abzulegen. Im Dunkeln robben die bis zu 150 kg schweren Tiere bis zu 50 m an den Strand, wo sie sich als Winzlinge einst aus dem Sand wühlten. Mit den Hinterfüßen graben sie tiefe Mulden, um darin bis zu 120 Eier abzulegen. Die Schildkröten entwickeln sich im Ei unter dem von der Sonne erwärmten Sand und durchbrechen nach 50 bis 55 Tagen die Schale. Dann buddeln sie sich an die Oberfläche und machen sich meist nachts auf den Weg zum Meer. Bis Sonnenaufgang müssen sie es bis dorthin geschafft haben, sonst trocknen sie aus oder werden zur Beute von Raubvögeln. Das Schauspiel kann man unter Aufsicht von Rangers beobachten (Tel. 07-41 53 88 88, www.bookbundabergregion.com.au, Erw. 10,90 A-$, Kinder 5,70 A-$, Familien 26 A-$).

Um den Ferienort **Moore Park** 16 km nördlich von Bundaberg wandert man kilometerlang an Sandstränden, ohne einer Menschenseele zu begegnen.

Zwischen Bundaberg und Gin Gin liegen die **Mystery Craters,** 35 Krater im Sandstein, deren Ursprung ein Rätsel ist. Ihr Alter wird auf 25 Mio. Jahre geschätzt (Lines Rd., South Kolan, 27 km südwestl., Tel. 07-41 57 72 91, www.mysterycraters.com.au, tgl. 9–17 Uhr, Erw. 9,50 A-$, Kinder 6 A-$, Familien 25 A-$).

Infos

Bundaberg Visitor Information Centre: 271 Bourbong Street, Tel. 07-41 53 88 88 und 1300-72 20 99, www.bundabergregion.org, tgl. 9–17 Uhr.

Übernachten

Komfortables Quartier in der City ▶ **Sugar Country Motor Inn:** 220 Bourbong St., Tel. 07-41 53 11 66, www.sugarcountry.com. Zentral, mit Restaurant und Salzwasserpool. DZ 122–148 A-$.

Preisgünstige Motel-Units ▶ **Acacia Motor Inn:** 248 Bourbong St., Tel. 07-41 52 34 11, www.acaciamotorinn.com.au. 26 gemütliche Zimmer, Salzwasserpool, Tourbuchung. DZ 114–122 A-$.

Camping ▶ **Bundaberg East Cabin and Tourist Park:** 83 Princess St., Tel. 07-41 52 88 99, www.bundabergtouristpark.com.au. 2,5 km östlich, gepflegte Anlage mit geräumigen Cabins und Pool.

Küste zwischen Brisbane und Cooktown

Verkehr

Flüge: s. Lady Elliot Island S. 395.

Züge: Tgl. Verbindungen nach Brisbane und Cairns, Auskunft und Buchung: Tel. 13 22 32.

Busse: Tgl. Verbindungen mit Greyhound Australia nach Brisbane, Hervey Bay, Rockhampton, Mackay, Townsville und Cairns, Auskunft: Tel. 13 00-47 39 46.

Fähren: s. Lady Musgrave Island S. 396.

Gladstone ▶ 1, V 9

Zwischen Bundaberg und Gladstone gibt es kaum Anlässe für Stopps. Weit entfernt von der Küste durchschneidet der Bruce Highway Viehzuchtgebiet, während dicht mit Regenwald bewachsene Berge den Horizont markieren. Schornsteine kündigen die Industriestadt **Gladstone** 12 an. In den Boyne Smelters, der größten Aluminiumhütte Australiens, wird das in der Bergbaustadt Weipa an der Westküste der Cape York Peninsula geförderte Bauxit verarbeitet. Weil in Gladstone die Einrichtungen zur Wasser- und Energieversorgung leichter und billiger zu schaffen waren als im hohen Norden von Queensland, werden jährlich bis zu 6 Mio. t Bauxiterz, der Ausgangsstoff für die Aluminiumgewinnung, auf dem Seeweg in das über 1000 km entfernte Gladstone transportiert. Touristische Bedeutung hat Gladstone als Sprungbrett zur Heron Island (s. S. 396).

Rockhampton und Umgebung

▶ 1, V 9

In dem savannenartigen und nur mit Eukalyptuswäldern bestandenen Landstrich um die Stadt **Rockhampton** 13 weiden über 2 Mio. Rinder. Den Grundstock für die hiesige Viehwirtschaft legte der deutsche Australienforscher Ludwig Leichhardt, als er bei seiner Durchquerung des tropischen Nordostens von Australien in der Gegend des heutigen Rockhampton reiche Weidegründe entdeckte. Bereits sechs Jahre später, um 1850, ließen sich in der Gegend um den Fitzroy River die ersten Rinderzüchter nieder. Outback-Flair kann man bei einer der Viehauktionen schnuppern, die mehrmals wöchentlich in den *saleyards* von **Gracemere**

9 km südwestlich am Capricorn Highway stattfinden (Termine beim Fremdenverkehrsamt oder unter Tel. 07-49 31 73 00).

Besuchern bietet Rockhampton am Fitzroy River ein Ensemble historischer Gebäude sowie die **Rockhampton Art Gallery,** eine Kunstgalerie von überregionaler Bedeutung (Victoria Parade, Tel. 07-49 31 12 48, Di–Fr 10–16, Sa, So 11–16 Uhr, Eintritt frei). In den **Rockhampton Botanic Gardens** am südlichen Ortsrand verstecken sich inmitten üppigen Tropengrüns ein Aviarium mit Papageien und ein kleiner Zoo mit einheimischen Tieren (Botanic Gardens: Spencer Street, South Rockhampton, Tel. 07-49 22 16 54, www.rockhamptonzoo.com.au, tgl. 6–18 Uhr, Eintritt frei; Zoo: tgl. 8–16.30, Fütterung der Regenbogen-Loris 15, Fütterung der Koalas 15.15 Uhr, Eintritt frei, Spende erbeten). Gebäude aus der Pionierepoche mit Originalmobiliar präsentiert das **Rockhampton Heritage Village** am Bruce Highway in North Rockhampton (Tel. 07-49 36 10 26, Mo–Fr 9–15, Sa, So 10–16 Uhr, Erw. 9,20 A-$, Kinder 5,60 A-$, Familien 24,20 A-$).

In der **Koorana Crocodile Farm** im Küstenort **Keppel Sands** 30 km östlich leben Panzerechsen in allen Wachstumsstadien (Tel. 07-49 34 47 49, www.koorana.com.au, tgl. 10–15, Führungen 10.30, 13 Uhr, Erw. 28 A-$, Kinder 12 A-$, Familien 68 A-$), und im benachbarten Ferienzentrum **Yeppoon** sieht man in den Auslagen von Boutiquen sowie auf den Speisekarten von Restaurants, welches Schicksal die Tiere erwartet.

Vom Hafen **Rosslyn Bay** verkehren täglich Ausflugsschiffe nach Great Keppel Island (s. S. 397) und Middle Island mit großem Unterwasserobservatorium in der Nähe.

Hobby-Speläologen zieht es in den Ort **The Caves** rund 21 km nördlich von Rockhampton, wo sich unter einer Karstlandschaft ein großes Höhlensystem erstreckt. Im Rahmen von Führungen kann man die **Capricorn Caves** besichtigen. Neben Tropfsteinen in allen Farben und Formen ist die dort nistende Ghost Bat, die vom Aussterben bedrohte, einzige Fleisch fressende Fledermausart von Australien, die Attraktion (Tel. 07-49 34 28 83,

aktiv unterwegs

Urlaub auf einer Cattle Station

Tour-Infos

Start: Wer einige Zeit auf einer *Cattle Station* verbringen möchte, erhält Adressen und Informationen bei Outback Beds, Tel. 18 00-00 52 98, www.outbackbeds.com.au. Einen guten Ruf haben die Myella Station der Familie Eather 120 km südwestlich von Rockhampton (Tel. 07-49 98 12 90, www.myella.com) und die Kroombit Lochenbar Station 195 km südwestlich von Rockhampton (Tel. 07-49 92 21 86, www.kroombit.com.au).

Lässig im Sattel zurückgelehnt und mit wirbelndem Lasso neben einer Rinderherde über weites Land zu galoppieren – dieser Traum vom Cowboy-Leben lässt sich auf Gästefarmen im Outback verwirklichen. Urlaub auf dem Bauernhof gibt es auch auf dem Fünften Kontinent. Nur heißt der Bauernhof dort *Station* und ist mitunter so groß wie bei uns ein halbes Bundesland.

Zahlreiche australische Farmer haben neben der Viehzucht den Outback-Tourismus als lukrative Einnahmequelle entdeckt. Sie wandelten einen Teil ihrer Betriebe in Gästefarmen um, in denen Besucher das wahre Australien kennenlernen können, ohne dabei auf Komfort verzichten zu müssen. Immer mehr Australier und Touristen aus Übersee steuern mit ihren Geländewagen *Stations* an, wo sie eine herzliche Gastlichkeit mitten in der Wildnis erwartet. An australischen Familientischen können sie viel über die Menschen im Outback, ihre Sorgen und Nöte, aber auch die Vorzüge des Lebens fernab großer Städte erfahren.

Auf einer Working Station können die Besucher ein Stück Australien ›zum Anfassen‹ erleben. Hier wird Outback live geboten, ohne dass die Gäste das Gefühl haben, Teil einer Theaterinszenierung zu sein. Viele Farmer binden die Besucher in den normalen Tagesablauf ein. Wer will, packt mit an, denn zu tun gibt es auf einer *Station* immer etwas.

Gäste nehmen das Frühstück zusammen mit den *Stockmen* ein, den australischen Cowboys, oft in einem Esszimmer, bisweilen aber auch irgendwo draußen im Busch. Dazu gibt es Tee aus dem *Billy* genannten Blechkessel und *Damper,* das Brot des Outback. Danach dürfen sattelfeste Outback-Urlauber das Lasso schwingen und beim *Mustering* helfen. Dabei werden die Rinder von weit entfernten Weiden zusammengetrieben, ausgemustert und gebrandmarkt. Zu den Tätigkeiten, die auf einer Cattle Station anfallen und bei denen Gäste mithelfen können, gehört auch die Kontrolle und Instandsetzung von Viehtränken und Weidezäunen. Trotz zahlreicher Neuerungen wie dem Einsatz von Hubschraubern beim Zusammentreiben des Viehs ist auf mancher Farm viel von der Cowboy-Romantik vergangener Tage erhalten geblieben.

Damit die Ferien nicht in Arbeit ausarten, verfügen viele Gästefarmen über Swimmingpools, manche sogar über Tennisplätze oder ein Fitnesscenter. Obwohl das Alltagsleben auf einer Station im Mittelpunkt steht, organisieren manche Gastgeber zusätzliche Unternehmungen. Auf dem Programm stehen dann Unterricht im Peitschenknallen oder Bumerangwerfen, Vogel- und Wildbeobachtungen sowie Wildniswanderungen, Ausritte per Pferd oder Kamel und Geländewagentouren oder Helikopterflüge zu Naturattraktionen der Umgebung. Abends sorgen Barbecues und Country Music am Lagerfeuer für Outback-Flair. Mitunter schlafen die Gäste in spartanischen Quartieren, in denen sonst Saisonarbeiter übernachten, häufig bieten die Farmen aber klimatisierte und komfortabel ausgestattete Zimmer in motelähnlichen Gästehäusern oder in restaurierten alten Farmgebäuden.

Tipp: Dreamtime Cultural Centre – Brücke zwischen den Kulturen

Dumpf hallen die rauen Laute durch den Raum, die Kevin dem Didgeridoo entlockt, dem Blasinstrument der australischen Ureinwohner. Ein magischer Klangteppich trägt die Zuhörer in eine andere Welt. Sie spüren etwas von der Spiritualität der Aborigines, von deren Verwurzelung in der Traumzeit, in der mythische Schöpferwesen – teils Mensch, teils Tier, teils Pflanze – mit ihren übernatürlichen Energien und Kräften alles schufen, was es auf der Welt gibt. Man lernt, dass die Urzeitheroen nach Vollendung ihres Werks in das Land eingingen, dass sie heute noch in Flüssen und Felsen, Grotten und Wasserlöchern leben und dass aus dieser Vorstellung heraus das Land für die Aborigines heilig ist – die Kultur der Aborigines kann ohne ihr Stammesland nicht existieren. Beim anschließenden Rundgang durch den Kräutergarten beweist Robert, dass das uralte Wissen der Aborigines über die Heilwirkung vieler Pflanzen noch nicht verloren ist. Er demonstriert, wie man mit einem Holzquirl und einigen trockenen Flechten in Sekundenschnelle Feuer entfachen kann, in dem er wenig später *Witchetty Grubs* gart, fingerdicke Larven eines Nachtfalters.

Wer sich für das reiche Kulturleben der australischen Ureinwohner interessiert, sollte auf dem Weg von Brisbane nach Cairns unbedingt das **Dreamtime Cultural Centre** 8 km nördlich von Rockhampton besuchen. Während die Kultur der Aborigines andernorts in Australien oftmals zum Touristenzirkus verkommen ist, vermittelt ein Besuch dieses Zentrums, das von Aborigines geführt wird, einen authentischen Einblick in deren Lebensweise. Leider erfährt man nur wenig über das Unrecht, das der Urbevölkerung Australiens widerfuhr. Kein Video und keine Schautafel berichtet von den vielen zehntausend Aborigines, die im Laufe der weißen Besiedlung des Fünften Kontinents ums Leben kamen: durch Mord und Totschlag, Krankheiten und Seuchen, Alkohol und Drogen.

Dreamtime Cultural Centre, Bruce Hwy., North Rockhampton, Tel. 07-49 36 16 55, www.dreamtimecentre.com.au, Mo–Fr 10–15.30 Uhr, Touren 10.30 Uhr, Erw. 14,50 A-$, Kinder 7,50 A-$, Familien 36,50 A-$).

Aborigines bringen Besuchern ihre traditionellen Wertvorstellungen nahe

www.capricorncaves.com.au, Führungen tgl. 9–16 Uhr alle 60 Min., Erw. 27 A-$, Kinder 14 A-$, Familien 68 A-$).

Von der großen Vergangenheit der Gold- und Kupferbergbaustadt **Mount Morgan** knapp 40 km südwestlich von Rockhampton zeugen einige Kolonialgebäude wie der Bahnhof mit einer viktorianischen Prachtfassade. Als ein riesiges Industriemuseum präsentiert sich die aufgelassene Gold- und Kupfermine am Rande der Stadt.

Infos

Tropic of Capricorn Tourist Information Centre: Gladstone Road (Bruce Highway), Tel. 18 00-67 67 01, www.capricornholidays. com.au, tgl. 9–17 Uhr.

Rockhampton Tourist Information Centre: Customs House, 208 Quay St., Tel. 18 00-80 58 65, www.rockhamptonregion.qld.gov.au, Mo–Fr 8.30–16.30, Sa, So, Fei 9–16 Uhr.

Übernachten

3-Sterne-Kettenhotel ▶ **Cattle City Motor Inn:** 139 Gladstone Rd. (Bruce Highway), Tel. 07-49 27 78 11, 13 17 79, www.cattlecity.best western.com.au. Komfortables Stadthotel mit Restaurant und Pool. DZ 134–156 A-$.

Gemütlich und preisgünstig ▶ **Wintersun Motel:** Bruce Highway, North Rockhampton, Tel. 07-49 28 87 22, www.wintersunrock hampton.com.au. Mit Restaurant und Pool. DZ 100–125 A-$.

Camping ▶ **Southside Holiday Village:** Lower Dawson Road (Bruce Highway), Tel. 1800-07 59 11, www.sshv.com.au. Sehr gut ausgestatteter Caravan Park mit gemütlichen Cabins und Pool.

Essen & Trinken

Kulinarische Oase ▶ **Le Bistro on Quay:** 194 Quay St., Tel. 07-49 22 20 19, tgl. 11.30–14.30, 18–22.30 Uhr. Französisch inspirierte, kreative New Australian Cuisine. Vorspeisen 14–18 A-$, Hauptgerichte 24–39,50 A-$.

Termine

Rocky Roundup (Aug.): Großes Rodeo mit Volksfest.

Rocktoberfest (Okt.): Oktoberfest auf Australisch.

Verkehr

Züge: Tgl. Verbindungen nach Brisbane und Cairns, Auskunft und Buchung: Tel. 13 22 32.
Busse: Vom George Street Terminal tgl. Verbindungen mit Greyhound Australia, Tel. 07-49 21 18 90 u. 13 00-47 39 46, nach Brisbane, Emerald, Mackay, Townsville, Cairns.
Fähren: s. Great Keppel Island S. 397.

Central Highlands

Karte: S. 350
Die Central Highlands von Queensland umfassen mehrere Bergketten und Hochplateaus der Great Dividing Range westlich von Rockhampton. Drei zusätzliche Reisetage sind das Minimum für die Erkundung.

Emerald ▶ 1, T 9

Über Blackwater, um das sich eine Braunkohleregion mit Tagebauminen erstreckt, führt der Capricorn Highway nach **Emerald** **14**. Einige Kilometer vor dem Ort geht die Landschaft, die einer Wüste mit spärlichem Bewuchs und verbrannter Erde gleicht, in eine grüne Oase über. Dem Wasser des Lake Maraboon, des größten künstlichen Sees von Queensland, ist es zu verdanken, dass sich diese Gegend in eine fruchtbare Agrarregion verwandelte. Angebaut werden vor allem Getreide, Baumwolle und Sonnenblumen.

Gemfields ▶ 1, T 9

Auf den **Gemfields** **15** (›Edelsteinfelder‹) von Zentralqueensland, die sich 50 km westlich von Emerald um die Orte **Anakie, Rubyvale, The Willows** und **Sapphire** ausbreiten, wird ein Großteil der Weltproduktion an Saphiren gefördert. Zu finden sind dort auch Rubine, Topase, Amethyste und Diamanten. Mit einer Schürferlaubnis, die es für einige Dollar vor Ort gibt, kann man selbst sein Glück versuchen. In den Hauptschürfgebieten gibt es Geschäfte mit Edelsteinschmuck. Es werden auch Führungen durch Minen angeboten.

aktiv unterwegs

Durchquerung der Carnarvon Gorge

Tour-Infos

Start: Queensland Parks & Wildlife Service Camping Area nahe der Ranger Station
Länge: zwischen 6,4 km und 19 km
Dauer: zwischen 2,5 Std. und 6 Std.
Schwierigkeitsgrad: von moderat bis anspruchsvoll
Infos: Queensland Parks & Wildlife Service, Ranger Station am Parkeingang, Tel. 07-49 84 45 05, Mo–Fr 9–17, Sa, So 10–16 Uhr, www.nprsr.qld.gov.au/parks/carnarvon-gorge und www.tinyurl.com/cargorge.

Ein dichtes Netz an Wanderwegen erschließt die an Naturattraktionen reiche Carnarvon Gorge. Besonders erlebnisreich ist die Wanderung durch die Flussoase des Carnarvon Creek, bei der man bis zu 2 m lange Buntwarane, Wasserdrachen und Felsenwallabies beobachten kann, mit etwas Glück sogar Schnabeltiere – Tipp: auf aufsteigende Luftblasen im Wasser achten.

Dem Lauf des Wildbachs folgend kommt man nach 3,6 km zum **Moss Garden,** einer üppig-grünen Oase in der **Violet Gorge,** einer malerischen Nebenschlucht der Carnarvon Gorge. Schatten und Feuchtigkeit haben hier ein Refugium für Moose und Farne geschaffen, eine scheinbar aus der Zeit gefallene eigene Welt. Ein natürlicher, von einem kleinen Wasserfall gespeister Pool mit glasklarem Wasser lädt zum Baden ein. 500 m weiter lockt das von steil aufragenden, wild überwucherten Felswänden umrahmte **Amphitheatre,** in das man mittels einer Stahlleiter gelangt, zu einem Seitensprung vom Hauptwanderweg. Nach 4,8 km sind die **Aljon Falls** erreicht, hinter denen sich der bezaubernde **Wards Canyon** öffnet, ein wahrer Garten Eden, in dem Riesenfarne *(Angiopteris evecta)* mit bis zu 6 m langen Wedeln wachsen.

In der **Art Gallery,** einer den Ureinwohnern heiligen Felsgalerie bei Km 5,6, legen ebenso wie in der **Cathedral Cave** bei Km 9,3 am Endpunkt der Wanderung Traumbilder Zeugnis von einer uralten Aboriginal-Kultur ab. In den ehemaligen Kultstätten der Ureinwohner sind viele Tausend Jahre alte Schablonenzeichnungen zu sehen. Die Künstler hielten Gegenstände wie Bumerangs und Äxte oder Hände und Arme an die Wand und sprühten mit dem Mund Ockerfarbe darüber, wobei nur die Umrisse sichtbar blieben (hin und zurück 19 km/6 Std.).

Infos

Central Highlands Visitor Information Centre: Clermont Street, Emerald, Tel. 07-49 82 41 42, www.centralhighlands.com.au, Mo–Fr 9–15, Sa, So, Fei 10–14 Uhr.

11 **Carnarvon Gorge** ▶ 1, T 10
▼ Die **Carnarvon Gorge** im **Carnarvon National Park** erreicht man von Emerald während der Trockenzeit mit einem robusten, aber nicht unbedingt allradgetriebenen Fahrzeug. Der Nationalpark umfasst ein 30 km langes, bis zu 200 m tiefes Schluchtsystem mit Sandsteinklippen, das der Carnarvon Creek und seine Zuflüsse in das Consuelo Tableland geschnitten haben. Während sich auf dem trockenen Plateau Eukalyptuswälder erstrecken, gedeihen in den feuchten Nischen der Carnarvon Gorge Palmen und Palmfarne sowie Moose und Orchideen.

Weite Teil des insgesamt 3000 km[2] großen Parks sind schwer zugänglich, die Carnarvon Gorge wird jedoch durch ein dichtes Netz an Wanderwegen erschlossen. Besonders lohnend ist die Wanderung durch die Flussoase des **Carnarvon Creek,** die einer vielfältigen Tier- und Pflanzenwelt Lebensraum bietet (s. Aktiv unterwegs oben).

Wer noch über genügend Energiereserven verfügt, kann auf dem Rückweg einen Abstecher auf den 200 m hohen **Boolimba Bluff** machen, besser aber man plant dafür einen Extra-Tag ein. Wegen des grandiosen Blicks über die tief eingeschnittene Schlucht lohnt sich die Wanderung sehr, jedoch ist etwas einfache Kletterei über Felsen erforderlich (ab dem Campingplatz hin und zurück 6,4 km/2,5 Std.).

Atemberaubend: Blick vom Boolimba Bluff über die Carnarvon Gorge

Salvator Rosa, Ka Ka Mundi und Mount Moffatt sind entlegene, weitgehend unberührte Abschnitte des Carnarvon National Park im Norden bzw. Süden der Carnarvon Gorge, in die man sich nur mit einem zuverlässigen Geländewagen und ausreichender Fahrerfahrung wagen sollte sowie mit kompletter Outback-Ausrüstung.

Infos

Queensland Parks & Wildlife Service: in der Ranger Station am Parkeingang, ca. 70 km südwestl. von Rolleston, Tel. 07-49 84 45 05, Mo–Fr 9–17, Sa, So 10–16 Uhr.

Übernachten

Komfort in der Wildnis ▶ **Carnarvon Gorge Wilderness Lodge:** 3 km östlich der Ranger Station nahe der Schlucht, Tel. 07-49 84 45 03, www.carnarvon-gorge.com. 30 komfortable Holzhäuser. DZ ab 335 A-$ (VP).

Camping ▶ **Takarakka Bush Resort:** nahe Wilderness Lodge, Tel. 07-49 84 45 35, www. takarakka.com.au. Gut ausgestatteter Campingplatz mit Cabins (ab 175 A-$). **Queensland Parks & Wildlife Service Camping Area:** nahe Ranger Station, Tel. 07-49 84 45 05, Fax 07-49 84 45 19. Einfach, aber schöne Lage, Mai–Okt. rechtzeitig reservieren.

Whitsunday Coast

Karte: S. 350

Von Rockhampton nach Mackay
▶ 1, U/V 8/9

Bei Rockhampton überquert man den Tropic of Capricorn, den Wendekreis des Steinbocks. Nördlich von ›Rocky‹ verläuft der Bruce Highway durch eine Region, die von subtropischer allmählich in tropische Landschaft übergeht. Warnschilder an Flüssen, die ein Krokodil mit weit aufgerissener Schnauze und einen durchgestrichenen Schwimmer zeigen, erinnern daran, dass man sich jetzt in *Crocodile Country* befindet und Schwimmen in natürlichen Gewässern zu den Aktivitäten gehört, die man hier besser unterlässt.

Im weiteren Streckenverlauf geht der Bruce Highway wieder auf Distanz zur Küste. Er berührt nur ein paar kleinere Städte wie **Kunwarara** und **Marlborough,** Versorgungszentren für die Rinderfarmen der Umgebung, von denen manche die Größe deutscher Landkreise besitzen. Südlich des kleinen Ortes **Sarina** überquert der Bruce Highway den breiten Alligator Creek, dessen Name auf dem biologi-

schen Irrtum eines frühen ›Entdeckers‹ beruht, der die hier heimischen Krokodile für Alligatoren hielt. Das Bild der Landschaft zwischen Sarina und Mackay bestimmen wogende Zuckerrohrfelder, aus denen gegen Jahresende, wenn man vor der Ernte Blätter und Unkraut abbrennt, gelbgraue Rauchschwaden aufsteigen.

Mackay und Umgebung
▶ 1, U 8

In **Mackay** 16, der inoffiziellen ›Zuckerhauptstadt Australiens‹, verarbeiten acht Raffinerien rund ein Drittel der australischen Zuckerrohrernte. Das Mackay Bulk Sugar Terminal ist der größte Zuckerhafen der Welt, wo der Rohzucker zum Transport nach Japan und Europa verladen wird. Eine Vorstellung vom Produktionsablauf erhält man auf einer Führung durch die Zuckermühle **Farleigh Mill** (Chidlow/Armstrong Streets, Tel. 07-49 63 27 00, Juli–Nov. Mo–Fr 13 Uhr, Erw. 19 A-$, Kinder 10 A-$, Familien 48 A-$). Trotz des regen Wirtschaftslebens hat sich Mackay die Atmosphäre einer beschaulichen Stadt bewahren können, und es gibt noch etliche viktorianische Kolonialgebäude zu betrachten. Exo-

Riesige Zuckerberge warten in den Lagerhallen der Zuckermühlen auf ihren Export

tische Pflanzen entdeckt man bei einem Spaziergang durch den Botanischen Garten **Queens Park** (Lagoon Street, Tel. 07-49 52 73 00, tgl. 8–19 Uhr, Eintritt frei).

35 km westlich von Mackay, an der Straße zum Eungella National Park (s. rechts), zeigt das **Illawong Fauna Sanctuary** einheimische Tiere (Eungella Road, Mirani, Tel. 07-49 59 17 77, www.illawongtripod.com, tgl. 9–17 Uhr, Krokodilfütterung 14.30 Uhr, Erw. 19,50 A-$, Kinder 13,50 A-$, Familien 52,50 A-$). Rund um Mackay gibt es einige sehr schöne Badestrände. Der Ort dient zudem als Sprungbrett für Brampton Island (s. S. 397) und andere Inseln der Cumberland-Gruppe.

Infos

Mackay Visitor Information Centre: The Mill, Nebo Road, Tel. 07-49 44 58 88, 1300-13 00 01, www.mackayregion.com, Mo–Fr 9–17, Sa, So 10–16 Uhr.

Übernachten

Angenehme Ferienanlage ▶ **Blue Pacific Resort:** 26 Bourke St., Blacks Beach, Tel. 18 00-80 83 86, www.bluepacificresort.com.au. Herrlich gelegenes Strandhotel mit komfortablen Apartments, Restaurant und Pool. DZ ab 195 A-$.

Gut & günstig ▶ **Paradise Lodge Motel:** 19 Peel St., Tel. 07-49 51 36 44, www.mackay motel.com. Klein, zentral gelegen, freundlicher Service. DZ 95–105 A-$.

Camping ▶ **Mackay Beach Tourist Park:** 8 Petrie St., Illawong Beach, Tel. 18 00-64 51 11, www.big4.com.au. Am Strand, gute Ausstattung, komfortable Cabins und Pool.

Essen & Trinken

Thailändisch ▶ **Ban-Na:** 220 Victoria St., Tel. 07-49 51 39 39, www.bannamenu.com, tgl. 11.30–14.30, 18–22 Uhr. Authentisches Thai Food. Vorspeisen 8,95–9,95 A-$, Hauptgerichte 14,95–27 A-$.

Aktiv

Plantagentour ▶ **Polstone Sugar Cane Farmtours:** Tel. 07-49 59 72 98, Juni–Okt. Mo, Mi und Fr 13.30 Uhr, Erw. 16 A-$, Kinder

8 A-$, Familien 40 A-$. Besichtigung einer Zuckerrohrpflanzung.

Verkehr

Züge: Vom Bahnhof in der Conners Road, Paget, tgl. Züge nach Brisbane und Cairns, Auskunft und Buchung: Tel. 07-49 51 72 11 und 13 22 32.

Busse: Busterminal in Milton St. Tgl. Verbindungen mit Greyhound Australia, Tel. 07-49 51 30 88 und 1300-47 39 46, nach Brisbane, Rockhampton, Townsville, Cairns.

Eungella National Park ▶ 1, U 8

Rund 80 km westlich von Mackay steigt eine zerklüftete Bergkette steil aus der Küstenebene auf. Einen großen Teil dieser kühlen und wolkenverhangenen Traumwelt umfasst der **Eungella National Park** 17, der als eines der unberührtesten Naturschutzgebiete von Queensland gilt. Bei Wildniswanderungen jeglichen Schwierigkeitsgrads im subtropisch-tropischen Regenwald mit Schluchten, Quellen und Wildbächen bieten sich Möglichkeiten zur Beobachtung von Schnabeltieren (in Broken River wurde zu diesem Zweck eigens eine Plattform errichtet). Im Park beheimatet sind weiterhin Schlangenhalsschildkröten und der seltene Magenbrüterfrosch *(Eungella Gastric Broding Frog)*, bei dem sich der Nachwuchs im Magen der Mutter vom Ei zum Jungtier entwickelt, um dann ausgespuckt zu werden. Informationen über Flora und Fauna sowie Tipps für Wanderungen erhält man im Visitor Centre am Parkeingang. Der Name des Nationalparks stammt übrigens aus einer Aboriginal-Sprache und bedeutet ›Land der Wolken‹.

Zum Eungella National Park gehört auch die **Finch Hatton Gorge,** zu der östlich der Ortschaft Finch Hatton eine 10 km lange, teils ungeteerte Stichstraße abzweigt. Mehrmals muss ein Wildbach an Furten durchquert werden, was aber außerhalb der Regenzeit auch ohne Geländewagen kein Problem darstellt. Badespaß im Regenwald verspricht ein von Wasserfällen gespeister Felsenpool, zu dem vom Parkplatz, an dem die Straße endet, ein halbstündiger Spaziergang führt.

Zucker – von der Staude zum Würfel

Thema

Die Ursprünge des australischen Zuckerrohranbaus gehen auf die 50er- und 60er-Jahre des 19. Jh. zurück. Damals wurden an der nördlichen Ostküste riesige Zuckerplantagen angelegt. Vorwiegend aus Neuguinea sowie von den Salomon-Inseln und den Neuen Hebriden holte man ganze Schiffsladungen von Arbeitern ins Land – nach dem hawaiischen Wort für ›Mann‹ Kanaken genannt.

Die als *Blackbirding* bezeichnete Methode der ›Anwerbung‹ unterschied sich in der Praxis kaum von der Sklavenjagd. Zwischen 1863 und 1904, als nach der Gründung des Commonwealth of Australia diese Art der Beschaffung von Arbeitskräften verboten wurde, hatten Sklavenhändler ca. 60 000 Melanesier und Polynesier für gutes Geld an Zuckerrohrpflanzer verkauft. Die ›Kanaken‹ wurden für ihre Fronarbeit nicht nur miserabel entlohnt, sondern auch nur mangelhaft ernährt und untergebracht. Aufgrund fehlender Abwehrstoffe gegen europäische Krankheiten war die Sterblichkeitsrate unter ihnen sehr hoch.

Nach dem Verbot des *Blackbirding* und der Rückführung der billigen Arbeiter Anfang des 20. Jh. konnte der Zuckerrohranbau nicht mehr in der bisherigen Form weitergeführt werden. Die oft über 2000 ha großen Plantagen parzellierte man in kleine Familienbetriebe mit einer Durchschnittsgröße von 100 ha. Diese Farmen werden heute vorwiegend von den Eigentümern bewirtschaftet, die für das Schneiden des Zuckerrohrs jedoch Saisonarbeiter anstellen. Von den derzeit rund 5000 Zuckerrohrpflanzern Australiens stellen Italiener mehr als die Hälfte. Jährlich produzieren die australischen Zuckerfarmer über 22 Mio. t Zuckerrohr, aus denen fast 4 Mio. t Rohzucker gewonnen werden. Über drei Viertel der australischen Produktion, die zu 95 % aus Queensland stammt, gehen in den Export, womit Australien beim Zuckerexport

nach Cuba und Brasilien an dritter Stelle rangiert. Allerdings sorgt eine weltweite Überproduktion von Rohzucker für zunehmende Absatzschwierigkeiten.

Zuckerrohr benötigt zum Gedeihen ein feuchtwarmes Klima mit jährlich mindestens 2000 mm Niederschlag oder künstliche Bewässerung. Auf den Feldern pflanzen die Farmer *Setts,* kurz gehackte Stücke ausgereiften Zuckerrohrs, aus denen dann die Keimlinge treiben. Im australischen Tropengürtel benötigt das Zuckerrohr 12–16 Monate, um heranzureifen, im kühleren Süden 18–24 Monate. Die Erntezeit fällt in die Monate Juni bis Dezember, wenn der Zuckergehalt im Mark der Stängel am höchsten ist. Erntefähiges Zuckerrohr hat eine Höhe von 2 bis 4 m. Vor der Ernte werden die Felder abgefackelt, um die scharfrandigen Blätter und Unkraut zu entfernen sowie Ratten und Schlangen zu vertreiben. Beim Abbrennen bleiben nur die saftigen Stängel zurück, die dann von Erntemaschinen geschnitten und zerhackt werden. Bevor die Mechanisierung im Zuckerrohranbau einsetzte, wurde nur von Hand geschnitten. Mit Schmalspurbahnen, deren Gleise die Zuckerregionen wie Spinnennetze durchziehen, wird das Zuckerrohr zu den Zuckermühlen transportiert. Von den 33 australischen Betrieben (30 davon allein in Queensland) wird etwa die Hälfte von mehreren Farmern gemeinsam genutzt, während die restlichen im Besitz großer Konzerne sind.

Infos

The Ranger Eungella National Park: Tel. 07-49 58 45 52, Fax 07-49 58 45 01, Mo–Fr 9–17, Sa, So 10–16 Uhr.

Übernachten

Rustikale Lodge ▶ Broken River Mountain Retreat: nahe der Ranger Station, Tel. 07-49 58 40 00, www.brokenrivermr.com.au. Gemütliche Blockhaus-Lodge mit Restaurant und Pool. DZ 130–200 A-$.

Camping ▶ Fern Flat Campground: nahe der Ranger Station, Tel. 07-49 58 45 52. Einfaches, schön gelegenes Buschcamp mit Toiletten und Duschen.

Cape Hillsborough National Park ▶ 1, U 8

Etwa 35 km nördlich von Mackay präsentiert der **Cape Hillsborough National Park** [18] regenwaldbedeckte Hügel, schroffe Klippen und einsame Strände. Von Aussichtspunkten am **Wedge Island Track,** der sich an der Küste entlangschlängelt, bieten sich immer wieder herrliche Panoramablicke (Rundweg 4 km/1,5 Std.). Frühaufsteher können in den Morgenstunden ein ungewöhnliches Naturereignis beobachten, wenn Kängurus an den Strand hopsen, um mit einigen Schlucken Meerwasser ihren Salzbedarf zu decken.

Whitsunday ▶ 1, U 7

In Proserpine zweigt eine Stichstraße ins Ferienzentrum **Whitsunday** [19] ab, zu dem sich die Küstenorte **Cannonvale, Airlie Beach** und **Shute Harbour** zusammengeschlossen haben. Obwohl die vielfach steinigen Strände der Küste wenig einladend sind, hat sich die Region zu einem der populärsten Ferientummelplätze der Ostküste entwickelt. Grund dafür ist die Nähe zu den Whitsunday Islands (s. S. 397), wahr gewordenen Urlaubsträumen, die für Segler, Schnorchler und Taucher ein Dorado darstellen. Zum Angebot der Tourveranstalter gehören neben Transfers vom Festland zu den Inseln mit Motorbooten, Hubschraubern und (Wasser-)Flugzeugen auch Tagesausflüge in Katamaranen und mehrtägige Segeltörns.

Über die Flora und Fauna der Region informiert das **Whitsunday Visitor Centre,** dem Besucherzentrum des Queensland Department of National Parks 2 km östlich von Airlie Beach (Shute Harbour/Mandalay Roads, Tel. 07-49 46 70 22, www.nprsr.qld.gov.au, Mo–Fr 9–17, Sa 9–12 Uhr, Eintritt frei). Die Straße von Airlie Beach nach Shute Harbour durchschneidet die Nordregion des **Conway Range National Park.** Lohn der schweißtreibenden Wanderung auf den Mount Rooper ist ein herrliches Panorama der Whitsunday Passage mit ihrem Insellabyrinth (hin und zurück 4 km/1,5 Std.).

Infos

Whitsundays Visitors & Convention Bureau: Beach Plaza, The Esplanade, Airlie Beach, Tel. 07-49 46 66 73, www.tourismwhitsundays.com.au, tgl. 9–17 Uhr.

Übernachten

Moderne Komfort-Pension ▶ Airlie Waterfront: Broadwater/Mazlin Streets, Airlie Beach, Tel. 07-49 46 76 31, www.airliewaterfrontbnb.com.au. Stilvolles B & B am Strand. Apartments 245–265 A-$ (ink. Frühstück).

Ideal für Familien ▶ Club Crocodile Resort Airlie Beach: Shute Harbour Road, Airlie Beach, Tel. 18 00-07 51 51, www.clubcroc.com.au. Familienfreundliches Resort in tropischer Gartenanlage, zwei Pools und Restaurant. DZ 155–175 A-$.

Beste Hanglage ▶ Colonial Palms Motor Inn: Shute Harbour Road/Hermitage Drive, Airlie Beach, Tel. 07-49 71 66, 13 17 79, www.colonialpalmsmotorinn.com.au. Angenehmes, ruhiges und zentrumsnahes Motel, zwei Pools, vom Restaurant schöner Blick aufs Meer. DZ 140–160 A-$.

Ruhig & günstig ▶ The Islands Inn: Shute Harbour Road, Airlie Beach, Tel. 07-49 46 67 55, www.airliebeachislandinnmotel.com. Kleines Ferienmotel in ruhiger Lage 2 km östl., mit Pool. DZ 95–120 A-$.

Backpacker-Hostel ▶ Magnums: Shute Harbour Road, Airlie Beach, Tel. 1800-62 46 34, www.magnums.com.au. Zentrales Hostel mit Restaurant und Garten, etwas laut, alle

Zimmer mit Klimaanlage. DZ ab 56 A-$, im Mehrbettzimmer ab 19 A-$.

Camping ▶ Airlie Cove Resort & Van Park: Shute Harbour Road, Airlie Beach, Tel. 07-49 46 67 27 und 1800-65 34 45, www.airliecove. com.au. Gemütliche Cabins und komfortable Villas im balinesischen Stil (ab 180 A-$), herrlicher Pool, 2 km östlich gelegen.

Unterkünfte für jeden Geschmack ▶ Flame Tree Tourist Village: Shute Harbour Rd., Tel. 07-49 46 93 88 und 1800-06 93 88, www.flametreevillage.com.au. Weitläufige Anlage in schöner Gartenlandschaft mit motelähnlichen Units (ab 150 A-$) und Stellplätzen für Zelte und Wohnmobile sowie schönem Pool.

Essen & Trinken

Aussie Style Barbecue ▶ Capers at the Beach: 16 The Esplanade, Airlie Beach, Tel. 1800-46 62 33, tgl. 12–15, 17–23 Uhr. Grillgerichte, v. a. Steaks und Seafood, schön zum Draußensitzen. Vorspeisen 12–16 A-$, Hauptgerichte 18–42 A-$.

Crossover-Küche ▶ Chatz Bar ’n’ Restaurant: 390 Shute Harbour Rd., Airlie Beach, Tel. 07-49 46 43 00, tgl. 11.30–15, 17–24 Uhr. Australisch-asiatische Gerichte, große Weinkarte. Vorspeisen 10,50–14 A-$, Hauptgerichte 15,50–32 A-$.

Aktiv

Rundflüge ▶ Air Whitsunday Seaplanes: Whitsunday Airport, Shute Harbour Road, Airlie Beach, Tel. 07-49 46 91 11, www.airwhit sunday.com.au. Rundflüge über die Whitsundays (Erw. ab 240 A-$, Kinder ab 210 A-$).

Bootstouren ▶ Cruise Whitsundays Ltd.: Shute Harbour, Tel. 07-49 46 46 62, 1800-42 64 03, www.cruisewhitsundays.com. Tagesausflug mit dem Katamaran zu einer am Outer Reef verankerten Plattform mit Unterwasserbeobachtungsraum (s. S. 399, tgl. 8 Uhr, Erw. 225 A-$, Kinder 99 A-$). **Voyager Whitsunday Islands:** Tel. 07-49 46 52 55, www.wherewhathow.com.au. Tagesausflug nach Hook Island, Daydream Island und Whitehaven Beach (tgl. 9 Uhr, Erw. 155 A-$, Kinder 95 A-$, Familien 405 A-$).

Tauchen ▶ Whitsunday Dive Adventures: 303 Shute Harbour Rd., Tel. 07-49 48 12 39, www.whitsundaydivecentre.com. Tauchkurse für Anfänger und mehrtägige Tauchexkursionen für Fortgeschrittene (ab 500 A-$).

Billabong Sanctuary ▶ 1, T 7

Nördlich von Proserpine kreuzen immer wieder die Schienenstränge von Schmalspurbahnen, die zum Abtransport von Zuckerrohr gelegt wurden, den Bruce Highway. Auf den nächsten gut 250 monotonen Kilometern durch Zuckerrohrfelder lohnt sich ein längerer Aufenthalt erst wieder 17 km südlich von Townsville im **Billabong Sanctuary** [20]. Der Tierpark, der sich in Buschland um einen *Billabong* (›Teich‹) erstreckt, bietet eine sehenswerte Schau der einheimischen Fauna. Für die Erkundung des Parks sollte man sich zwei bis drei Stunden Zeit nehmen (Tel. 07-47 78 83 44, www.billabongsanctuary. au, tgl. 9–16 Uhr, Erw. 32 A-$, Kinder 19 A-$, Familien 85 A-$).

Townsville ▶ 1, T 6/7

Karten: S. 350, 371

Townsville [21], mit über 170 000 Einwohnern die drittgrößte Stadt von Queensland, wurde 1864 von dem Kaufmann Robert Towns gegründet. Bereits in den 70er- und 80er-Jahren des 19. Jh. verzeichnete die Hafenstadt infolge des Bergbaubooms und der florierenden Viehwirtschaft im Hinterland eine sprunghafte Entwicklung. Auch heute noch dient der Port Townsville, einer der wichtigsten Exporthäfen Australiens, vornehmlich der Verschiffung landwirtschaftlicher und mineralischer Produkte. Einen weit über die Landesgrenzen hinausreichenden Ruf genießt die James Cook University mit dem Australian Institute of Marine Science, einem der weltweit renommiertesten Forschungsinstitute für Meeresbiologie. Viele Besucher nutzen Townsville als Sprungbrett zum etwa 60 km entfernten Great Barrier Reef.

Einen Vorgeschmack auf die Unterwasserwelt des Great Barrier Reef vermittelt ein Be-

Tipp: Wunderwelt unter Wasser – das Reef HQ in Townsville

In einer Felsspalte lauert ein Krake, ein Bündel aus Armen, Saugnäpfen und wachen Augen, während ein Meeraal durch Luftblasen gleitet und sich ein Hummer mit seinen Scheren über den sandigen Grund tastet. Die sonst so verhassten Quallen – hier präsentieren sie sich als zarte und verletzliche Schönheiten. Ein Blick nach oben und man starrt in die kleinen Augen mächtiger Haie.

Zentimeterdickes Plexiglas trennt die Besucher des begehbaren Salzwasseraquariums ›Reef HQ‹ von den Meeresbewohnern. Begleitet von sphärischer Musik, schreitet man durch dunkle Katakomben, in denen die bunte Welt der Korallen und Fische präsentiert wird. Geboten wird perfektes Infotainment, die unterhaltsamste Art der Wissensvermittlung. Hunderte Arten von Fischen, Reptilien und Wirbellosen leben in den nachgestellten Biotopen. Man staunt über die Vegetation eines Mangrovensumpfes oder über das vielfältige Leben in einem tropischen Flusssystem. Kinder können in einem Streichelpool Seesterne und Muscheln (sanft!) berühren – Biologie-Unterricht zum Anfassen. Highlight ist das riesige Open-Ocean-Aquarium, das die schillernde Unterwasserwelt des Great Barrier Reef in künstlicher Verdichtung birgt – 38 m lang und 17 m breit, enthält es zwölfmal so viel Wasser wie der Olympiapool im Sydney International Aquatic Centre.

Von Anfang an war das Reef HQ nicht als Zoo, sondern als ›Fenster in die Natur‹ geplant. Alles ist rund und geschwungen und vermittelt den Eindruck der Unendlichkeit des Meeres. Besucher können hier ein ›Taucherlebnis‹ ganz ohne Schnorchel und Sauerstoffflasche genießen – ideal für all jene Reisenden, die keine Zeit für einen Ausflug zum Great Barrier Reef haben, aber doch einen Eindruck von der einzigartigen Unterwasserwelt vor der Ostküste Australiens erhalten wollen.

Reef HQ, Flinders Street East, Townsville, Tel. 07-47 50 08 00, www.reefhq.com.au, tgl. 9.30–17 Uhr, Erw. 26,50 A-$, Kinder 12,80 A-$, Familien 66,50 A-$.

such des fantastischen **Reef HQ** (s. oben). In dem modernen Gebäudekomplex ist auch das **Museum of Tropical Queensland** untergebracht, das Naturwissenschaft, Geschichte und Technologie anschaulich und unterhaltsam für die ganze Familie präsentiert (Tel. 07-47 26 06 00, www.mtq.qm.qld.gov.au, tgl. 9.30–17 Uhr, Erw. 15 A-$, Kinder 8,80 A-$, Familien 36,50 A-$). Angeschlossen ist zudem das **Turtle Hospital,** in dem kranke und verletzte Meeresschildkröten gesundgepflegt und nach ihrer Genesung wieder in den Great Barrier Reef Marine Park ausgewildert werden (Tel. 07-47 50 08 00, Mo–Fr 10–17 Uhr, Eintritt frei, Spende erbeten).

Ein Bummel durch die Fußgängerzone, in der sonntagvormittags ein farbenfroher, bei Einheimischen und Touristen gleichermaßen beliebter **Straßenmarkt** stattfindet, oder an der Uferpromenade The Strand bringt Besuchern den Charme der Kolonialzeit nahe, der sich hier in zahlreichen Häusern im viktorianischen Baustil erhalten konnte, etwa in der **Australian Commerce Bank** von 1879 oder im **Molly Malones Hotel** von 1865.

Vom Aussichtspunkt auf dem 285 m hohen **Castle Hill** westlich der City schweift der Blick über den Hafen bis zur 13 km entfernten Magnetic Island (s. S. 400). Sportive können den steilen Fußpfad auf den Gipfel nehmen, wer es bequem mag, kurvt im Auto hinauf. In Tropengrün hüllt sich der **Queens Park** am Fuße des Castle Hill, eine der schönsten Parkanlagen von Townsville.

Etwa 5 km nordwestlich der Stadt dient der **Town Common Environmental Park** als Refugium für zahlreiche Vogelarten. Hier kann man Ibisse, Brolga-Kraniche und Jabiru-Störche beobachten. Lohnend ist auch der Ausflug zum ca. 35 km südwestlich gelegenen **Mount Elliot National Park.** Er erstreckt sich um den Gipfel des 1342 m hohen Mount Elliot und verzaubert mit dichten Regenwäldern, mächtigen Granitblöcken und spektakulären Wasserfällen.

Infos

Townsville & North Queensland Visitor Information Centre: Flinders Street East, Tel. 1800-80 19 02, www.townsvilleholidays.info, Mo–Fr 9–17, Sa, So 9–13 Uhr.

The Great Barrier Reef Marine Park Authority: Reef HQ, Flinders Street East, Tel. 07-47 50 07 00, www.gbrmpa.gov.au.

Übernachten

Schönes Ferienresort ▶ Seagulls Resort: 74 The Esplanade, Belgian Gardens, Tel. 07-47 21 31 11 und 1800-07 99 29, www.seagulls.com.au. Familienfreundlich, mit Tropengarten, 2 Pools und gutem Restaurant. DZ 135–180 A-$, Apartments 184–241 A-$.

Optimale Lage ▶ The Strand Motel: 51 The Strand, Tel. 07-47 72 19 77, www.strandmotel.com.au. Kleines, sehr sympathisches Motel mit Pool, nur wenige Schritte vom Strand und ca. 10 Fußminuten ins Zentrum. DZ 90–120 A-$.

Freundliches Gästehaus ▶ Civic Guest House: 262 Walker St., Tel. 07-47 71 53 81, www.civicguesthousetownsville.com.au. Gut geführtes Backpacker Hostel mit Bar und Reiseagentur. DZ 56–75 A-$, im Mehrbettzimmer ab 24 A-$/Pers.

Camping ▶ Rowes Bay Caravan Park: Heatley's Parade, Rowes Bay, Tel. 07-47 71 35 76, www.rowesbaycp.com.au. Sehr schön gelege, bestens ausgestattet, Pool, komfortable Cabins, wenige Schritte zum Strand.

Essen & Trinken

Koloniales Flair ▶ Yongala Restaurant: 11 Fryer St., Tel. 07-47 72 46 33, www.historicyongala.com.au, Mo–Fr 11.30–14.30, 18–22.30, Sa, So 11.30–15, 18–23 Uhr. Gerichte der modernen australischen Küche in historischem Ambiente, einige Schritte abseits der Strandpromenade. Vorspeisen 12–21 A-$, Hauptgerichte 24–42 A-$.

Pub & Biergarten ▶ Seaview Hotel: 56 The Strand, Tel. 07-47 71 50 05, www.seaviewhotel.com.au, tgl. 11.30–15, 17–22.30 Uhr. Seafood und Steaks *at their best,* jeden So Live-Unterhaltung im Biergarten. Vorspeisen 9,50–14 A-$, Hauptgerichte 18,50–36 A-$.

Kulinarische Institution ▶ Harold's Seafood on the Strand: 57 The Strand, Tel. 07-47 24 13 22, tgl. 10–22.30 Uhr. Kleine Fisch- und Seafoodgerichte zum Mitnehmen, ideal für einen Imbiss an der Strandpromenade. Gerichte 7,50–14 A-$.

Einkaufen

Straßenmarkt ▶ Cotters Market: Flinders Mall, Tel. 07-47 27 96 78, So 8.30–13 Uhr. Pittoresker Markt in der Fußgängerzone.

Aktiv

Tagestouren in die Umgebung ▶ Kookaburra Tours & Charters: 29 Leeds St., Tel. mobil 04 48-79 47 98, www.kookaburratours.com.au. Ausflüge im Minibus u. a. zu den Wallaman Falls, den Tropical Wetlands, zudem samstags eine Aboriginal Cultural Experience Tour (Erw. ab 125 A-$, Kinder ab 55 A-$).

Tauchen ▶ Adrenalin Dive: 252 Walker St., Tel. 07-47 24 06 00, 1300-66 46 00, www.adrenalindive.com.au. Dives zum Wrack der 1911 gesunkenen »Yongala« (ab 232 A-$) sowie PADI-Tauchkurse auf einem Live-aboard-Tauchboot (ab 755 A-$).

Termine

Pacific Festival (Aug./Sept.): Straßenfest mit karnevalähnlichen Umzügen.

Verkehr

Züge: Tgl. nach Brisbane und Cairns, mehrmals wöchentl. nach Mount Isa; Info: Tel. 07-47 72 83 58. Bahnhof in 502 Flinders St.

Busse: Tgl. Verbindungen mit Greyhound Australia, Tel. 07-47 21 23 22, 1300-47 39 46, nach Alice Springs, Brisbane, Cairns, Darwin und Mount Isa. Busterminal in Plum/ Palmer Streets, South Townsville.

Fähren: s. Magnetic Island S. 400.

Von Townsville nach Cairns ▶ 3, K 3

Karte: rechts

Bei der Weiterfahrt gen Norden stoßen – in Regenwald verpackt – die Berge der Great Dividing Range bis dicht an die Küste, die aus einer schier endlosen Folge von Stränden und Ferien-Fischerdörfern besteht. Bei Abstechern in das zerklüftete Küstengebirge erlebt man ursprüngliche, bisweilen dramatisch schöne Natur.

Paluma Range National Park, Jourama Falls National Park

Etwa 70 km nördlich von Townsville zweigt vom Bruce Highway eine kurvenreiche Stichstraße ab in die kühle Bergwelt des **Paluma Range National Park** 22 um den 990 m hohen Mount Spec mit Wasserfällen und tiefen, regenwaldbestandenen Schluchten. Nahe der kleinen Feriensiedlung Paluma bietet sich vom McClellands Lookout ein weiter Blick über den Nationalpark bis zu den Palm Islands am Great Barrier Reef. Regenwälder, Granitblöcke und Wasserfälle gibt es auch im **Jourama Falls National Park** 23 15 km südwestlich von Ingham.

Ingham und Umgebung

Mit der Macknade Mill besitzt **Ingham** 24 die älteste Zuckermühle Australiens und mit der **Victoria Mill** die größte Zuckerraffinerie südlich des Äquators. Der schmucken Zuckerstadt verleihen italienische Einwanderer südeuropäisches Flair. 500 m südlich von Ingham erstrecken sich die **Tyto Wetlands,** ein von Spazierwegen durchzogenes Feuchtbiotop, das 230 Vogelarten beheimatet (Visitor Centre, tgl. 9–17 Uhr, www.tyto.com.au).

Von Ingham windet sich eine teils schottrige Piste zu den 48 km nordwestlich gelegenen **Wallaman Falls** 25 hinauf, die über steile Sandsteinfelsen 305 m in eine Schlucht hinabdonnern. Leider kann man das Naturspektakel meist dann nicht bestaunen, wenn es am eindrucksvollsten ist: zur Regenzeit – nach Wolkenbrüchen ist die Zufahrtsstraße oft durch Erdrutsche blockiert.

Infos

Ingham Visitor Centre: Bruce Highway/ Lannercost Street, Tel. 07-47 76 52 11, Mo–Fr 8.45– 17, Sa, So, Fei 9–16 Uhr.

Übernachten

Preisgünstige Motel-Units ▶ Herbert Valley Motel: Townsville Road (Bruce Highway), Tel. 07-47 76 17 77, www.inghamhvmotel. com.au. Ordentliches Motel mit Restaurant und Pool. DZ ab 113 A-$.

371

Küste zwischen Brisbane und Cooktown

Camping ▶ **Palm Tree Caravan Park:** Townsville Road (Bruce Highway), Tel. 07-47 76 24 03. Mit Cabins.

Termine

Australian-Italian Festival (Mai): Drei Tage Ess- und Lebenskultur.

Cardwell und Umgebung

Nördlich von Ingham avanciert der Bruce Highway zur Panoramastraße, die dem Auf und Ab der Küstenlandschaft folgt und immer wieder herrliche Blicke über den **Hinchinbrook Channel** (s. Abb. unten) hinweg auf Hinchinbrook Island eröffnet. Mit ihren Mangrovendickichten, die sowohl die Insel als auch die Festlandküste säumen, erinnert die Region an die berühmten Everglades in Florida. Den besten Eindruck davon vermitteln Bootstouren, die man in **Cardwell** 26 oder in der Feriensiedlung **Port Hinchinbrook** einige Kilometer südlich des Orts buchen kann. Die Teilnehmer erfahren Interessantes über den Mangrovenwald, Höhepunkt ist die Beobachtung von Salzwasserkrokodilen. Wer einmal der Zivilisation den Rücken kehren und ungestörte Ruhe genießen will, kann sich auf Hinchinbrook Island (s. S. 401) absetzen lassen und dort tagelang durch ursprüngliche Natur wandern.

Viel Wissenswertes über den Regen- und Mangrovenwald vermittelt das **Rainforest and Reef Centre** in Cardwell (Bruce Highway, Tel. 07-40 66 86 01, Mo–Fr 8.30–17, Sa, So 9–13 Uhr, Eintritt frei). Wer die Flora der Gezeitenzone etwas genauer unter die Lupe nehmen möchte, sollte im **Edmund Kennedy National Park** (s. S. 373) nördlich von Cardwell dem Mangrove Boardwalk folgen (hin und zurück 3,5 km/1 Std.).

Übernachten

Motel-Units und Campsite ▶ **Beachcomber Motel & Tourist Park:** 43A Marine Parade, Tel. 07-40 66 85 50 und 1800-00 56 33, www.cardwellbeachcomber.com.au. Nette Ferienanlage am Strand mit Motel und Caravan Park. DZ 98–155 A-$.

Camping ▶ **Kookaburra Holiday Park:** Bruce Highway, Tel. 07-40 66 86 48, www. kookaburraholidaypark.com.au. Gut ausgestatteter Caravan Park mit Cabins und Pool.

Heimat für Salzwasserkrokodile: die Mangrovensümpfe des Hinchinbrook Channel

Aktiv

Bootstouren ▶ **Hinchinbrook Island Cruises:** Port Hinchinbrook, Tel. 07-40 66 86 01, www.hinchinbrookislandcruises.com.au. Ausflug nach Hinchinbrook Island (Erw. 135 A-$, Kinder 67,50 A-$, Familien 337,50 A-$).

Tully 27

Nass, nasser, am nassesten – das Städtchen **Tully** ist mit einer Niederschlagsmenge von durchschnittlich 4000 mm pro Jahr (etwa das Sechsfache von Hamburg) der feuchteste Ort Australiens. Kein Wunder, dass das Wahrzeichen der Stadt der ›Goldene Gummistiefel‹ (*Golden Gumboot*) ist. Seine Höhe von 7900 mm entspricht dem im Jahr 1950 erreichten bisherigen Spitzenwert.

Wer wissen möchte, wie eine Zuckermühle funktioniert, kann an einer Führung durch die 1925 gegründete **Tully Sugar Mill** teilnehmen (Juni–Nov., Termine und Buchung beim Fremdenverkehrsamt). Wassersportler zieht es zum Oberlauf des **Tully River,** dessen wilde Stromschnellen ein ideales Revier für Kanu- und Rafttouren sind.

Infos

Tully Information Centre: Bruce Highway, Tel. 07-40 68 22 88, www.cassowarycoast. com.au, Mo–Fr 9–17, Sa, So 10–16 Uhr.

Mission Beach und Umgebung

Durch den **Tam O'Shanter State Forest,** ein Schutzgebiet für die flugunfähigen, straußenähnlichen Helmkasuare, führt nordöstlich von Tully eine Straße nach **Mission Beach** 28, das aus den drei Küstenorten **South Mission Beach, Wongaling Beach** sowie **Mission Beach** besteht. Das ruhige Ferienzentrum erstreckt sich über 15 km entlang palmenbestandener Sandstrände und bietet vor allem Badevergnügen, ist aber auch Ausgangspunkt für einen Besuch der gerade 5 km entfernten Dunk Island (s. S. 402).

Für Abwechslung zum Strandleben sorgen Bootstouren zu den krokodilreichen Mangrovensümpfen des **Edmund Kennedy National Park.** Der Edmund Kennedy Walking Track von South Mission Beach über Tam O'Shanter Point zur Kennedy Bay vermittelt einen guten Eindruck der Flora der Gezeitenzone (hin und zurück 7 km/2,5 Std.). Etwas mehr Kondition und rutschfeste Schuhe benötigt man für den Bicton Hill Circuit, der durch den Bergregenwald des **Clump Point National Park** einige Kilometer nördlich von Mission Beach führt (Rundweg 4 km/1,5 Std.). Die beim Wandern gewonnenen Eindrücke lassen sich im **Wet Tropics Centre** vertiefen, hier hält man auch Infos für Touristen bereit (Porters Promenade, Mission Beach, Tel. 07-40 68 70 99, www.missionbeachtourism. com, tgl. 9–17 Uhr, Eintritt frei).

Übernachten

Liebenswertes Hideaway ▶ **Sejala on the Beach:** 1 Pacific St., Mission Beach, Mobil-Tel. 0455-89 86 99, www.sejala.com.au. Drei komfortable Strandbungalows in einer tropischen Gartenanlage, sehr ruhig, mit Pool. Bungalow ab 260 A-$.

Schöne Anlage im Regenwald ▶ **Mission Beach Ecovillage:** Clump Point Road, Mission Beach, Tel. 07-40 68 75 34, www.eco village.com.au. Stilvolles Bungalowhotel mit tropischer Gartenanlage, Pool und Restaurant. DZ 145–195 A-$.

Hostel im Resort-Stil ▶ **Scotty's Beach House:** 167 Reid Rd., Wongaling Beach, Tel. 07-40 68 86 76, 1800-66 55 67, www.scottys beachhouse.com.au. Freundliche Komfort-Budget-Unterkunft, deren Zimmer sich um einen schönen Pool gruppieren. DZ ab 71 A-$, im Mehrbettzimmer ab 25 A-$ (die meisten Zimmer mit sanitären Gemeinschaftseinrichtungen).

Camping ▶ **Beachcomber Coconut Village:** Kennedy Esplanade, South Mission Beach, Tel. 1800-00 81 29, www.beachcom bercoconut.com.au. Schöner Campingplatz am Strand mit Stellplätzen für Zelte und Wohnmobile sowie komfortablen Cabins und Pool. **Hideaway Caravan Park:** Porters Promenade, Mission Beach, Tel. 1800-68 71 04, www.missionbeachhideaway.com.au. Vorzügliche Ausstattung, große Auswahl an Cabins, strandnah, Pool.

Essen & Trinken

Schöne Verwöhnadresse ▶ Blarney's by the Beach: 10 Wongaling Beach Road, Wongaling Beach, Tel. 07-40 68 84 72, tgl. 18.30–23 Uhr. Kreative Gerichte der Modern Australian Cuisine. Reservierung zu empfehlen. Vorspeisen 15,50–22,50 A-$, Hauptgerichte 24–44,50 A-$.

Südostasiatische Küche ▶ Toba: 37 Porter Promenade, Mission Beach, Tel. 07-40 68 78 52, tgl. 12–15, 18–23 Uhr. Asiatischer Küchenmix; der Schwerpunkt liegt auf javanischen und balinesischen Gerichten. Vorspeisen 8,50–12 A-$, Hauptgerichte 16–28 A-$.

Aktiv

Bootstouren ▶ Mission Beach Dunk Island Water Taxi: Wongaling Beach, Tel. 07-40 68 83 10, www.missionbeachwatertaxi.com. Ausflug nach Dunk Island (Mo, Mi, Fr 12.30–15.30 Uhr, Erw. 50 A-$, Kinder 25 A-$).
Wild Crocs Eco Cruise on River Rat: Tel. 07-40 68 80 18. 4-stündige Bootstour durch den Mangrovendschungel des Edmund Kennedy National Park mit Krokodilbeobachtung (Nov.–April tgl. 17 Uhr, Mai–Okt. 16 Uhr, Erw. 55 A-$, Kinder 33 A-$, Familien 167 A-$).

Mourilyan 🔲29

Im **Australian Sugar Heritage Centre** in **Mourilyan** am Bruce Highway dreht sich alles um Zucker – von Aussaat und Schnitt auf den Plantagen bis zur Verarbeitung des Zuckerrohrs in den *Sugar Mills* (Bruce Highway, Tel. 07-40 63 24 77, www.sugarmuseum.com.au, Mo–Fr 9–17, Sa, So 9–13.30 Uhr, Erw. 12 A-$, Kinder 6 A-$, Familien 30 A-$).

Ein Schild weist den Weg zum 14 km westlich gelegenen **Paronella Park,** in dem sich ein moosüberwachsenes Märchenschloss versteckt. Der geheimnisvolle Bau zeugt vom extravaganten Geschmack des spanischen Einwanderers José Paronella, der es in den 1830er-Jahren errichten ließ. Tennisplätze, ein Kino und ein Ballsaal waren der Öffentlichkeit zugänglich (Japoonvale Road, Mena Creek, Tel. 07-40 65 00 00, www.paronellapark.com.au, tgl. 9–19.30 Uhr, Erw. 40 A-$, Kinder 20 A-$, Familien 110 A-$).

Innisfail 🔲30

In der hübschen Kleinstadt **Innisfail** am Johnstone River sorgen südeuropäische Einwanderer für mediterranes Flair. Auch chinesische Gastarbeiter, die einst auf nordqueensländischen Goldfeldern schürften, hinterließen ihre Spuren, und zwar in Form der kleinen taoistischen Andachtsstätte **Lit Sing Gung** (Owen Street, Tel. 07-40 61 15 27, tgl. 7–17.30 Uhr, Eintritt frei, Spende erbeten).

Im **Johnstone River Crocodile Park** 3 km südöstl. leben Hunderte von Süß- und Salzwasserkrokodilen (Flying Fish Point Road, Tel. 07-40 61 11 21, www.crocpark.com.au, tgl. 8.30–17 Uhr, Fütterung tgl. 11, 13, 15 Uhr, Erw. 28,50 A-$, Kinder 14,50 A-$, Familien 71,50 A-$).

Infos

Innisfail Information Centre: Bruce Hwy., Tel. 07-40 61 26 55, www.innisfailtourism.com.au, Mo–Fr 9–17, Sa 9.30–12.30, So 10–13 Uhr.

Übernachten

Schlicht, aber sauber ▶ Moondarra Motel: 21 Ernest St. (Bruce Highway), Tel. 07-40 61 70 77, www.moondarramotel.com.au. Gut für Durchreisende, freundlich. DZ ab 95 A-$.

Camping ▶ August Moon Caravan Park: Bruce Highway, Tel. 07-40 63 22 11, www.augustmooncaravanpark.com.au. Gut ausgestattet, mit Cabins, 2 km südlich.

Termine

Sugar Festival (Sept./Okt.): Volksfest mit Sport- und Kulturveranstaltungen.

Wooroonooran National Park 🔲31

Zwischen Innisfail und Cairns erstreckt sich der **Wooroonooran National Park.** Aus dem Grün des Regenwalds ragen knapp über 1600 m hohe Berge in den Himmel. Die Gipfel der vom Dschungel überwucherten Riesenhügel verlieren sich in oft regenschweren Wolken. Rund 30 km westlich von Innisfail kann man auf dem am Palmerston Highway gelegenen **Mamu Rainforest Canopy Walkway** in schwindelnder Höhe durch das grüne

Laubdach des Regenwalds spazieren und dabei herrliche Blicke auf majestätische Urwaldriesen genießen (Tel. 07-40 64 52 94, www.nprsr.qld.gov.au/parks/mamu/about.html, tgl. 9.30–17.30 Uhr, Erw. 25,50 A-$, Kinder 12,50 A-$, Familien 63,50 A-$).

Ein Ziel ambitionierter Bergwanderer ist der **Mount Bartle Frere** (hin und zurück 15 km/12 Std.). Ausgangspunkt für Touren auf den mit 1657 m höchsten Berg von Queensland ist der Picknickplatz bei den **Josephine Falls.** Zu den Kaskaden windet sich ein Wanderpfad durch dichten Regenwald (hin und zurück 1,5 km/45 Min.).

Weiter nach Cairns

Knapp 10 km südlich von dem Ort Babinda zweigt eine Straße zum herrlichen Sandstrand **Bramston Beach** 32 mit einer kleinen Ferienkolonie ab. Südlich der Stichstraße erstreckt sich mit dem **Eubenangee Swamp National Park** das letzte unter Naturschutz stehende natürliche Sumpfgebiet zwischen Townsville und Cairns, ein Refugium für Wasservögel und Leistenkrokodile.

Ein weiterer Abstecher auf einer 7 km langen Stichstraße führt vom Zuckerort Babinda gen Westen zu den mächtigen Granitfelsen **The Boulders,** welche die Stromschnellen des Babinda Creek glatt geschliffen haben. Mehrere von einer Regenwaldkulisse umrahmte Felsenpools laden zu einem Bad ein.

Wenige Kilometer südlich von Gordonvale ragt die 922 m hohe **Walshs Pyramid** auf, ein Berg mit annähernd perfekter Konusform. Von **Gordonvale** windet sich der landschaftlich äußerst reizvolle Gilles Highway durch die Ausläufer der Great Dividing Range hinauf zum Atherton Tableland (s. S. 378).

Cairns und Umgebung

▶ 3, K 3

Karte: S. 371
Cairns 33 hoch im Norden von Queensland war vor wenigen Jahren noch ein verträumtes Tropenstädtchen, dessen träger Puls allenfalls im Frühjahr durch Hochseeangler aus aller Welt etwas beschleunigt wurde. Heute fungiert die touristische Boomtown als Drehscheibe für Kreuzfahrten zum Great Barrier Reef und Tagesausflüge in die regenwaldbedeckten Berge des Hinterlands. Mag die Umgebung von Cairns Besucher mühelos einige Tage lang beschäftigen, der von Hotel- und Apartmentblocks geprägte Ferienort selbst bietet nur wenige Sehenswürdigkeiten.

Stadtrundgang

Dem großen Jachthafen **Marlin Marina** haftet mediterrane Atmosphäre an. Dahinter ragt der **Pier Marketplace** mit einem Luxushotel, Restaurants, Boutiquen und Reisebüros empor. Ausflugsboote zum Great Barrier Reef starten vom Reef Fleet Terminal an der südlich gelegenen **Trinity Wharf.**

Geschäftig geht es entlang der **Esplanade** mit ihren vielen Läden, Restaurants und Cafés zu. Ein Bummel entlang der Strandpromenade lohnt sich vor allem am Wochenende, wenn dort ein beliebter (Floh-)Markt stattfindet. Für Abkühlung sorgt ein schönes Freibad, in dem man kostenlos baden kann.

Cairns Herz schlägt am **City Place.** Dort finden Musikveranstaltungen, Performances und Straßentheater statt. Boutiquen, Warenhäuser, Cafés und Restaurants lassen keine Einkaufs- oder kulinarischen Wünsche offen. Der Regionalgeschichte von Nordqueensland ist das **Cairns Historical Museum** am City Place gewidmet (Tel. 07-40 51 55 82, Mo–Sa 10–16 Uhr, Erw. 5 A-$, Kinder 2 A-$, Familien 12 A-$). Werke namhafter australischer Künstler präsentiert die **Cairns Regional Gallery** (Abbott/Shields Streets, Tel. 07-40 46 48 00, www.cairnsregionalgallery.com.au, Erw. 5 A-$, Kinder Eintritt frei).

Im nördlichen Vorort Edge Hill kann man bei einem Spaziergang durch die **Flecker Botanic Gardens** tropische Pflanzen aus Australien und Asien entdecken. Mit mehr als 100 Arten ist die Palmensammlung des Botanischen Gartens eine der größten Australiens. Auch die seltene Titanwurz wächst hier, eine Pflanze, deren Blätter im Durchmesser einige Meter groß werden (Collins Avenue/Ecke Greenslopes Street, Tel. 07-40 50 24 54,

Küste zwischen Brisbane und Cooktown

Mo–Fr 7.30–17.30, Sa, So 8.30–17.30 Uhr, Eintritt frei). Das **Tanks Arts Centre** gleich neben den Gärten zeigt Wechselausstellungen einheimischer Künstler (46 Collins Ave., Tel. 07-40 32 66 00, www.tanksartscentre.com, tgl. 14–22 Uhr, Eintritt frei).

Rund um Cairns

In der **Cairns Crocodile Farm** am Südende des Trinity Inlet leben Tausende Krokodile, Schlangen und andere Reptilien. Hier kann man die gefräßigen *salties* ganz gefahrlos erleben und gerade geschlüpfte Krokodilbabies streicheln (Redbank Rd., via Gordonvale, Tel. 07-40 56 30 95, tgl. 9–17 Uhr, Besuch nur im Rahmen einer Tour möglich, z. B. Crocodile Explorer Wilderness Cruise s. S. 377). Wer Krokodile in ihrem natürlichen Lebensraum beobachten möchte, sollte eine Bootsfahrt zum **Trinity Inlet** buchen (s. S. 377).

Der **Tjapukai Aboriginal Cultural Park** in Smithfield ca. 15 km nördlich von Cairns führt auf unterhaltsame Weise in die Kultur der einst in den tropischen Regenwäldern von Nordqueensland ansässigen Ureinwohner ein. Aborigines zeigen Besuchern den Umgang mit traditionellen Werkzeugen und erklären ihnen die Heilwirkung vieler Urwaldpflanzen. Angeboten werden auch Lektionen im Bumerangwerfen und Speerschleudern. Angehörige des Tjapukai-Stammes führen Totemtänze und Tänze auf, die die Stammesgeschichte darstellen. Im Creation Theatre bedient man sich moderner Technologie, um den Zuschauern die spirituelle Welt der Aborigines nahezubringen, so wird die Traumzeit durch Hologramme und interaktive Computerbilder illustriert (Captain Cook Highway, Smithfield, Tel. 07-40 42 99 99, www.tjapukai.com.au, tgl. 9–17 Uhr, Erw. 40 A-$, Kinder 25 A-$, Familien 105 A-$; Night Show mit Büfett-Dinner tgl. 19–21.30 Uhr, Erw. 109 A-$, Kinder 59 A-$, Familien 277 A-$).

Infos

Visitor Information Centre: The Esplanade/Fogarty Road, Tel. 07 40 51 35 88 und 1800-09 33 00, www.cairnsgreatbarrierreef.org.au, www.cairns.qld.gov.au, Mo–Fr 8.30–18, Sa, So, Fei 10–18 Uhr. Infos zu Cairns und dem nördlichen Queensland; Buchung von Hotels, Ausflügen, Mietwagen.

Regional Tourist Information Centre: 36 Aplin St., Tel. 07-40 51 40 66, 1800-80 77 30, www.accomcentre.com.au, tgl. 9–18 Uhr. Infos und Buchungen für Hotels und Touren.

Queensland Parks & Wildlife Service: 1 William McCormack Place, 5B Sheridan St., Tel. 07-42 22 53 03, www.nprsr.qld.gov.au. Informationen über Nationalparks in Queensland.

Royal Automobile Club of Queensland: 537 Mulgrave Rd., Earlville, Tel. 07-40 33 64 33, 1300-13 05 95, www.racv.com.au. Infos über Fahrten zur Cape York Peninsula etc.

Übernachten

Gut geführt und ruhig ▶ Bay Village Tropical Retreat: Lake St., Ecke Gatton St., Tel. 07-40 51 46 22, www.bayvillage.com.au. Komfortable Zimmer, preisgekröntes Bayleaf Restaurant, Bar und Pool. DZ 150–170 A-$.

Tropische Idylle ▶ Cairns Colonial Club Resort: 18–26 Cannon St., Tel. 07-40 53 88 00, www.cairnscolonialclub.com.au. Resort mit mehreren Restaurants und Pools, Fitnesscenter und Sauna. DZ 145–225 A-$.

Familienfreundliches Stadthotel ▶ Cairns Sunshine Tower: 136 Sheridan St., Tel. 07-40 51 52 88, 1300-65 90 74, www.cairnssunshinetower.com.au. Großzügige Studios in zentrumsnaher Lage, Restaurant, Pool. DZ 130–175 A-$, Apartment 155–195 A-$.

Grüne Oase in der City ▶ Rainbow Inn: 179 Sheridan St., Tel. 07-40 51 10 22, www.rainbowinn.com.au. Zentral, schöner Garten, Pool und Restaurant. DZ 118–152 A-$.

Klein und mit viel Flair ▶ Floriana Guest House: 183 The Esplanade, Tel. 07-40 51 78 86, www.florianaguesthouse.com. 10 individuelle Zimmer mit Deckenventilator, Tipp: die geräumigen Zimmer 4 und 7 mit Kitchenette und Veranda; kleiner Pool. DZ 99–139 A-$.

Backpacker-Hostel ▶ Caravella 149: 149 The Esplanade, Tel. 07-40 51 24 31, www.caravella.com.au. Nette Backpacker-Herberge in Top-Lage: nur wenige Schritte vom Strand, 10 Fußminuten ins Zentrum. Alle Zimmer mit Klimaanlage und sanitären Gemeinschaftseinrichtungen; Pool. DZ ab 68 A-$, im Mehrbettzimmer ab 23,50 A-$/Pers.

Camping ▶ Cairns Coconut Caravan Resort: Bruce Highway South, Tel. 07-40 54 66 44, www.coconut.com.au. Mit Cabins und Pool. **Crystal Cascades Holiday Park:** Intake Road, Redlynch, Tel. 07-40 39 10 36, 1800-35 13 76, www.crystalcascades.com. au. Ca. 10 km nordwestl., schön gelegen und bestens ausgestattet, Pool und Cabins.

Essen & Trinken

Seafood ▶ Barnacle Bill's Seafood Inn: 103 The Esplanade, Tel. 07-40 51 22 41, www.barnaclebills.com.au, tgl. 11.30–15 und 17– 23 Uhr. Fisch und Meeresfrüchte vom Feinsten. Vorspeisen 14,95–19,95 A-$, Hauptgerichte 24,95–44,95 A-$.

Buschküche ▶ Ochre: 43 Shields St., Tel. 07-40 51 01 00, www.ochrerestaurant.com. au, tgl. 11.30–23 Uhr. Kängurulende oder Krokodilsteak? Wer kein Vegetarier ist, hat hier ungewöhnliche Geschmackserlebnisse. Vorspeisen 12,50–19,50 A-$, Hauptgerichte 24,50–42,50 A-$.

Australisch-mediterran ▶ Perrottas at the Gallery: Cairns Regional Gallery, Shields/Abbott Sts., Tel. 07-40 31 58 99, tgl. 11–22 Uhr. Das junge Küchenteam verbindet Australien mit Italien. Vorspeisen 11,50–15,50 A-$, Hauptgerichte 18,50–41,50 A-$.

Internationale Vielfalt ▶ Nightmarkets & Foodcourt: The Esplanade, tgl. 16.30–23 Uhr. Imbissstände mit kleinen Gerichten aus aller Welt. Hauptgerichte ab 7,50 A-$.

Einkaufen

Shopping Mall ▶ The Pier Marketplace: Marlin Marina, tgl. 9–21 Uhr.

Abends & Nachts

Backpacker-Institution ▶ Gilligans: 57–89 Grafton St., Tel. 07-40 41 65 66, www.gilli gans.com.au, tgl. 17–3 Uhr. Beliebter Treff mit DJs und Live-Bands, immer proppenvoll.

Pub ▶ Rattle'n' Hum: 67–69 The Esplanade, Tel. 07-40 31 30 11, www.rattlenhum bar.com.au, tgl. 12–23 Uhr. Beliebter Aussie-Pub, schön zum Draußensitzen.

Aktiv

Vortrag ▶ Reef Teach: 2nd Floor, Mainstreet Arcade/Lake Street, Tel. 07-40 31 77 94, www.reefteach.com.au. Unterhaltsame Präsentation der submarinen Welt am Riff (Di–Sa 18.30–20.30 Uhr, Erw. 18 A-$).

Stadttouren ▶ City Sights Plus: Tel. 07-40 28 35 67, www.cairnsdiscoverytours.com. Halbtägige Stadtrundfahrt mit Besuch der wichtigsten Attraktionen (Mo–Sa 11 Uhr, Erw. 75 A-$, Kinder 40 A-$, Familien 220 A-$).

Schnorcheln und Tauchen ▶ Reeftrip: Tel. 1800-81 58 11, 07-40 51 57 77, www.reeftrip. com. Trips zum Outer Reef (ab 450 A-$). **Sunlover Cruises:** Tel. 1800-81 05 12, www.sun lover.com.au. Schnorcheltrips zum Moore Reef (Erw. 195 A-$, Kinder 90 A-$, Familien 480 A-$). **Wavelength:** Tel. 07-40 99 50 31, www.wavelength-reef.com.au. Schnorchel-trips zum Agincourt Reef (Erw. 215 A-$, Kinder 165 A-$, Familien 675 A-$).

Krokodiltouren ▶ Crocodile Explorer Wilderness Cruise: Tel. 07-40 31 40 07, www. cairnsharbourcruises.com.au. Bootstouren zum Trinity Inlet mit Krokodilbeobachtung und Besuch der Cairns Crocodile Farm (tgl. 8 Cairns Harbour 11, 13.30 Uhr, Erw. 42 A-$, Kinder 21 A-$, Familien 105 A-$).

Rundflüge ▶ Reefwatch Air Tours: Cairns Airport, Tel. 07-40 35 98 08, www.reefwatch. com. Flüge in Propellermaschinen über den Regenwald und das Riff (ab 435 A-$). **West Wing Aviation Mail Runs:** Cairns Airport, Tel. 13 00-93 78 94, www.westwing.com.au. Post-flug von Cairns zu Siedlungen auf der Cape-York-Halbinsel.

Jeeptouren ▶ Billy Tea Bush Safaris: Tel. 07-40 32 00 77, www.billytea.com.au. Tagesausflug zum Cape Tribulation und zum Bloomfield Track (tgl. 7 Uhr, Erw. 195 A-$, Kinder 145 A-$, Familien 595 A-$).

Wandern ▶ Wait-a-while: Mobil-Tel. 0429-08 33 38, www.waitawhile.com.au. Von Experten geführte Regenwaldwanderungen (Erw. ab 190 A-$, Kinder ab 165 A-$).

Termine

Fun in the Sun (Okt.): Volksfest mit Karnevalatmosphäre.

Verkehr

Flüge: Zwischen dem 8 km nördlich gelegenen Flughafen und dem Zentrum pendelt der Airport Shuttlebus, Mobil-Tel. 0432-48 87 83, www.cairnsairportshuttle.com.au (Erw. 10 A-$, Kinder 7,50 A-$). Ein Taxi kostet 30–35 A-$.

Züge: Vom Bahnhof, McLeod St., Tel. 13 22 32, www.queenslandrail.com.au, starten tgl. Züge nach Brisbane und Townsville, außerdem die beeindruckende Kuranda Scenic Railway (s. rechts) ins Atherton Tableland.

Busse: Vom Busterminal bei der Trinity Wharf tgl. Verbindungen mit Greyhound Australia, Tel. 07-40 51 33 88 und 1300-47 39 46, nach Brisbane und Townsville, sowie mit Coral Coaches, Tel. 07-40 31 75 77, nach Port Douglas, Mossman, Daintree, Cape Tribulation und Cooktown.

Mietwagen: Fahrzeuge jeder Art (auch Geländewagen und Wohnmobile) haben Avis, Tel. 18 00-22 55 33; Britz, Tel. 18 00-33 14 54; Budget, Tel. 13 27 27; Hertz, Tel. 13 30 39.

Fortbewegung in der Stadt

Busse: Im Stadtbereich sowie zu den Vororten und Stränden an der Marlin Coast verkehrt der Sunbus ab City Place; Auskunft: Tel. 07-40 57 74 11, www.sunbus.com.au.

Taxis: Black & White Taxis, Tel. 13 10 08.

Atherton Tableland ▶ 3, K 3

Karte: S. 371

Das zwischen 600 und 1000 m hoch gelegene Atherton Tableland ist ein teils sanft-hügeliges, teils stark zerklüftetes Hochplateau, das seine topografische Prägung durch heftige vulkanische Aktivitäten erhielt, die bis vor rund 10 000 Jahren andauerten. Dank fruchtbarer Lössböden und des regenreichen Klimas ist das Atherton Tableland intensiv genutztes Agrarland. Der Regenwald, einer der ältesten der Erde, ist Rückzuggebiet für eine artenreiche Tier und Pflanzenwelt.

Um die Gegend zu erkunden, benötigt man einen Pkw, einzig die Sehenswürdigkeiten rund um Kuranda sind auch mit öffentlichen Verkehrsmitteln gut zu erreichen.

Kuranda 34

Die legendäre, Ende des 19. Jh. ursprünglich zum Holztransport angelegte **Kuranda Scenic Railway** schnauft jeden Morgen nach **Kuranda** im kühlen Hochland hinauf – auf einem abenteuerlichen Schienenstrang über Schwindel erregende Viadukte und vorbei an tiefen Schluchten. Ein Highlight an der Route sind die 260 m hohen **Barron Falls.**

In der Nähe von Kuranda gründeten in den 1970er-Jahren zahlreiche Aussteiger Landkommunen, in denen sie ihre Vorstellungen vom einfachen Leben zu verwirklichen versuchten. Heute hat der Tourismus die einstige Hippie-Oase inmitten der Regenwaldlandschaft fest im Griff. Die **Kuranda Original Rainforest Markets** sind ein buntes Sammelsurium von Ess- und Verkaufsständen (Therwine Street, Tel. 07-40 93 80 60, www. kurandaoriginalrainforestmarket.com.au, tgl. 9–15 Uhr). Etwas steril wirken dagegen die Läden der benachbarten **Kuranda Heritage Markets** (Tel. 07-40 93 65 69, www.kuranda markets.com.au, tgl. 9–15 Uhr).

Beinahe alle weiteren Attraktionen von Kuranda sind tierischer Art. Spinnen und andere giftige Kriech- und Krabbeltiere zeigt der **Australian Venom Zoo** (Coondoo Street, Tel. 07-40 93 89 05, www.tarantulas.com.au, tgl. 10–16 Uhr, Erw. 16 A-$, Kinder 10 A-$, Familien 40 A-$). Von Tausenden farbenprächtigen Falter wird das **Australian Butterfly Sanctuary** bevölkert (8 Rob Viewers Dr., Tel. 07-40 93 75 75, www.australianbutterflies. com, tgl. 9.45–16 Uhr, Erw. 19 A-$, Kinder 9,50 A-$, Familien 47,50 A-$), während die **Birdworld Kuranda** teils seltene australische Vögel beheimatet. Hier kann man auch Papageien füttern (12 Rob Viewers Dr., Tel. 07-40 93 91 88, www.birdworldkuranda.com, tgl. 9–16 Uhr, Erw. 17 A-$, Kinder 8,50 A-$, Familien 42,50 A-$). In den **Kuranda Koala Gardens** leben Koalas, Kängurus, Wallabies und andere einheimische Tiere (14 Rob Viewers Dr., Tel. 07-40 93 99 53, www.koala gardens.com, tgl. 10–16 Uhr, Erw. 17 A-$, Kinder 8,50 A-$, Familien 12,50 A-$).

Ein Besuchermagnet ist der Tier- und Freizeitpark **Rainforestation** einige Kilometer

Endpunkt einer spektakulären Zugreise: die Kuranda Railway Station

südöstlich von Kuranda (Tel. 07-40 85 50 08, www.rainforest.com.au, tgl. 9–16 Uhr, Erw. 16 A-$, Kinder 8 A-$, Familien 40 A-$). Im angeschlossenen **Pamagiri Cultural Centre** präsentieren Aborigines Tanzaufführungen, die allerdings sehr folkloristisch wirken (Erw. 19 A-$, Kinder 9,50 A-$, Familien 47,50 A-$, günstige Kombitickets).

Auch wer nicht mit der Kuranda Scenic Railway angereist ist, sollte keinesfalls einen Besuch des **Bahnhofs** versäumen. Blumengeschmückt und farnüberwuchert präsentiert er sich wie ein Gebäude aus dem Märchenland. Und wer die Barron Falls nicht vom Zug aus bestaunen konnte, sollte dies vom **Wrights Lookout** nachholen, der etwa 5 km südöstlich von Kuranda zu finden ist.

Als spannendes Transportmittel für die Rückreise nach Cairns empfiehlt sich die **Skyrail Rainforest Cableway,** die mit 7,5 km längste Seilbahn der Welt. In z.T. mit Glasböden ausgerüsteten Gondeln schweben die Fahrgäste über das Regenwalddach, wobei der Blick bis zu Inseln des Great Barrier Reef reicht. Bei der Red Peak Station auf halbem Weg vermittelt ein Naturlehrpfad einen guten Eindruck von der Fülle der Regenwaldflora.

Infos

Kuranda Visitor Information Centre: 12 Therwine Street, Tel. 07-40 93 93 11, www. kuranda.org, tgl. 10–16 Uhr.

Übernachten

Ein Bett im Busch ▶ **Miju Rainforest Retreat:** 47 Bangalow Place, Tel. 07-40 93 93 04, www.mijurainforestretreat.com. Zauberhaftes B & B im Regenwald, mit kleinem Pool. DZ 165 A-$ (inkl. Frühstück).

Essen & Trinken

Deutsche Hausmannskost ▶ **German Tucker Wursthaus:** Therwine St., Tel. 07-40 93 73 98, tgl. 9–21 Uhr. Bratwürste und Sauerkraut, dazu deutsches Bier und tolle Stimmung. Gericht 8,50–21,50 A-$.

Verkehr

Züge: Kuranda Scenic Railway, Tel. 07-40 36 93 33, 1800-57 72 45, www.ksr.com.au, Abfahrt in Cairns, McLeod Street, tgl. 8.30 und 9.30 Uhr, in Kuranda tgl. 14, 15.30 Uhr; Erw. 49 A-$, Kinder 25 A-$, Familien 123 A-$ (einfach); Erw. 74 A-$, Kinder 37 A-$, Familien 184 A-$ (hin und zurück).

Seilbahn: Skyrail Rainforest Cableway, Tel. 07-40 38 55 55, www.skyrail.com.au, mehrmals tgl. Kuranda–Smithfield (ca. 15 km nördl. von Cairns); Erw. 47 A-$, Kinder 23,50 A-$, Familien 117,50 A-$ (einfach); Erw. 71 A-$, Kinder 35,50 A-$, Familien 177,50 A-$ (hin und zurück). Für Zug und Seilbahn gibt es auch ein Kombiticket: Erw. 105,50 A-$, Kinder 53,25 A-$, Familien 264,25 A-$.

Mareeba 35

Kuranda ist ein guter Ausgangspunkt für eine Rundfahrt durch das Hochland, für dessen wirtschaftliches Zentrum **Mareeba** fungiert. Um den größten Ort des Atherton Tableland erstrecken sich Kaffeeplantagen, von denen einige Besucher empfangen, z. B. **Jaques Coffee Plantation** (8 km südöstl., 137 Leotta Rd., Tel. 07-40 93 32 84, www.jaquescoffee.com.au, Führungen mehrmals tgl. 9–17 Uhr, Erw. 15 A-$, Kinder 8 A-$).

Willkommen sind Besucher auch in der Kaffeerösterei **The Coffee Works Mareeba** nordwestlich der Stadt (136 Mason St., Tel. 07-40 92 41 01, www.arabicas.com.au, Führungen mit Kaffeeverkostung Mo–Fr 10, 12 und 14 Uhr, Erw. 12,50 A-$, Kinder 6,50 A-$, Familien 31,50 A-$).

Vor allem Kinder begeistert ein Ausflug zur 12 km westlich gelegenen **Granite Gorge.** Dort springen kleine Felsenwallabies in langen Sätzen über Felsbrocken und fressen Besuchern aus der Hand. Wer über Nacht bleiben möchte, findet am Schluchteingang einen einfachen Campingplatz (Tel. 07-40 93 22 59, www.granitegorge.com.au).

Übernachten

Sympathisch ▶ **Jackaroo Motel:** 340 Byrnes St., Tel. 07-40 92 26 77, www.jackaroomotel.com. Zentral, mit Pool. DZ 97–112 A-$.

Camping ▶ **Mareeba Country Caravan Park:** Emerald End Road, Tel. 07-40 92 32 81. Mit Gemeinschaftsküche und Cabins.

Chillagoe-Mungana National Park 36

Wer staubige Schotterstraßen nicht scheut, kann von Mareeba zum 145 km südwestlich gelegenen **Chillagoe-Mungana National Park** fahren. Dort ragen aus einer Karstebene bizarre Kalkfelsnadeln und -pyramiden empor. Die Hauptattraktion jedoch verbirgt sich unter der Erde: ein ausgedehntes Höhlensystem mit Tropfsteinen in allen Farben und Formen. Drei der Höhlen, in denen bedeutende Fossilienfunde gemacht wurden, sind für Besucher zugänglich (Tel. 07-40 94 71 63, www.nprsr.qld.gov.au, Führungen tgl. 9, 11, 13.30 Uhr, Erw. 22 A-$, Kinder 11 A-$, Familien 55 A-$).

Übernachten

Hübsches Landhotel ▶ **Chillagoe Caves Lodge:** 7 King St., Tel. 18 00-44 63 75, caveslodgechillagoe@bigpond.com.au. Klein und gemütlich. DZ 75–90 A-$.

Camping ▶ **Chillagoe Caravan Park:** Queen St., Tel. 07-40 94 71 77. Einfach, mit Cabins.

Atherton 37

In **Atherton,** 1885 als Holzfällersiedlung gegründet, lohnt ein Besuch der **Crystal Caves,** künstliche Höhlen voller glitzernder Kristalle (69 Main St., Tel. 07-40 91 23 65, www.crystalcaves.com.au, Mo–Fr 8.30–17, Sa 8.30–16, So, Fei 10–16 Uhr, Erw. 22,50 A-$, Kinder 10 A-$, Familien 55 A-$). Chinesische Einwanderer haben am Ortsrand eine kleine, inzwischen museal konservierte **Chinatown** hinterlassen, in deren Zentrum der taoistische Hou Wang Temple steht (86 Herberton Rd., Tel. 07-40 91 69 45, tgl. 10–16 Uhr, Erw. 8 A-$, Kinder 3 A-$, Familien 19 A-$).

Infos

Atherton Tableland Promotion Bureau: 42 Mabel St., Tel. 07-40 91 42 22, www.athertontableland.com, Mo–Fr 9–17, Sa, So 10–16 Uhr.

Übernachten

Hilfsbereite Besitzer ▶ **Atherton Motel:** Maunds Road, Tel. 07-40 91 15 00, www.ather tonmotel.com.au. Gut geführt, mit China-Restaurant und Pool. DZ 110 A-$.

Camping ▶ **Atherton Woodlands Tourist Park:** 141 Herberton Rd., Tel. 1800-04 14 41, www.woodlandscp.com.au. Mit Cabins.

Yungaburra 38

Wassersportler zieht es nach **Yungaburra** am Ufer des Stausees Lake Tinaroo. Etwa 2 km südlich des Orts steht der Curtain Fig Tree, eine große Würgefeige, die ihren ›Gastbaum‹ mit Luftwurzeln regelrecht erdrosselt hat. In den Kraterseen **Lake Eacham** und **Lake Barrine** östlich von Yungaburra kann man baden, auf dem Lake Barrine überdies bei Bootstouren Pelikane, Schildkröten und andere einheimische Tiere beobachten. Um die von dichtem Hochlandregenwald umrahmten Seen herum führen reizvolle kürzere Wanderwege. Unweit der Bootsanlegestelle am Lake Barrine stehen die über 1000 Jahre alten Baumgiganten Twin Kauri Pines.

Übernachten

Exklusives Hideaway ▶ **Mount Quincan Crater Retreat:** Peeramon Road, Tel. 07-40 95 22 55, www.mtquincan.com.au. 4 km südlich, luxuriöse Pfahlbauten am Rande eines kleinen Vulkans. DZ 265–330 A-$.

Stilvolle Ferienhäuser ▶ **Birds'n' Bloom Cottages:** 3 Elm Street, Tel. 07-40 95 33 30, www.bnbcottages.com. Komfortabel ausgestattete Ferienhäuser in schöner Lage. DZ 220–250 A-$.

B & B in herrlicher Lage ▶ **Bracken Ridge:** Lot 65 Vance Close, Tinaroo Falls, Tel. 07-40 95 34 21, www.ozbedandbreakfast.com. Etwa 16 km nordöstlich, stilvolles B & B in schöner Umgebung. DZ 135–185 A-$.

Schön angelegt & preiswert ▶ **Curtain Fig Motel:** 28 Gillies Hwy., Tel. 07-40 95 31 68, www.curtainfig.com. Angenehmes Haus mit Pool. DZ 118–132 A-$.

Camping ▶ **Lake Tinaroo Holiday Park:** Dam Road, Tinaroo Falls, Tel. 1300-72 70 44, www.laketinarooholidaypark.com.au. 15 km nordöstlich, mit Stellplätzen für Wohnmobile und Zelte sowie gemütlichen Cabins.

Essen & Trinken

Alpenländische Atmosphäre ▶ **Nick's:** 33 Gillies Hwy., Tel. 07-40 95 33 30, www.nicks restaurant.com.au, Di–Do 17.30–23, Fr–So 11.30–15, 17.30–23 Uhr. Schweizer und italienische Spezialitäten sowie erlesene australische Gerichte. Vorspeisen 3,50–26,50 A-$, Hauptgerichte 8,50–36,50 A-$.

Aktiv

Bootstouren ▶ **Lake Barrine Cruises:** Tel. 07-40 95 38 47, www.lakebarrine.com.au. Kreuzfahrten auf dem Lake Barrine, in der Hochsaison Reservierung empfehlenswert (mehrmals tgl. ab 9.30 Uhr, Erw. 16 A-$, Kinder 8 A-$, Familien 40 A-$.

Malanda und Umgebung

Von **Malanda** 39, dem Zentrum der Milchwirtschaft im Atherton Tableland, werden Milch und Molkereiprodukte auf dem *Milk Run* per Flugzeug Tausende von Kilometern bis nach Darwin und Alice Springs im Northern Territory sowie nach Wyndham und Derby in der westaustralischen Kimberley-Region transportiert. Interessantes über die regionale Milchwirtschaft erfährt man im **Malanda Dairy Centre** (8 James St., Tel. 07-40 95 12 34, www.malandadairycentre.com, tgl. 9.30–16.30, Führungen Mo–Fr 9.30–13 Uhr, Erw. 7 A-$, Kinder 3,50 A-$, Familien 17,50 A-$). Zu einem erfrischenden Bad lädt am Ortsrand ein Felsenpool mit klarem Wasser, den die Malanda Falls speisen.

Zentrum des **Mount Hypipamee National Park** südwestlich von Malanda ist ein tiefer, mit Wasser gefüllter Krater, den vor rund 95 000 Jahren eine Gasexplosion schuf.

Übernachten

In den Baumwipfeln ▶ **The Canopy Rainforest Tree Houses:** Hogan Rd., Tarzali, Tel. 07-40 96 53 64, www.canopytreehouses.com.au. Neben Unterkünften im Haupthaus gibt es 5 komfortable, aus Edelholz gefertigte Baumhäuser mit *Living Room* im unteren Teil und Schlafzimmer im Obergeschoss. Von der Veranda aus kann man Kängurus und Possums beobachten. DZ 259–349 A-$.

Millaa Millaa und Umgebung

Das regenreiche Klima hat auf dem Atherton Tableland nicht nur für beste landwirtschaftliche Bedingungen gesorgt, sondern auch für die größte Konzentration von Wasserfällen in Australien. Einer der Höhepunkte einer Tour durch das Hochland ist die Panoramastraße **Waterfall Circuit,** die östlich der Kleinstadt **Millaa Millaa** 40 zu den Millaa Millaa Falls, Zillie Falls und Ellinjaa Falls führt.

Ein Eldorado für Bergwanderer ist die Regenwaldwildnis des **Wooroonooran National Park** (s. S. 374) östlich von Millaa Millaa. Da sich die Bergwelt in einem oft wolkenverhangenen Himmel verliert, wird sie auch Misty Mountains genannt. Mit dem Auto kann man den auf 1100 m gelegenen **Millaa Millaa Lookout** 8 km westlich des Orts an der Mount Hugh Road erreichen. Von dem Aussichtspunkt eröffnet sich ein schönes Panorama des Atherton Tableland.

Ravenshoe und Umgebung

Wasserfälle sind auch die Attraktionen des **Millstream Falls National Park** westlich von **Ravenshoe** 41 (gesprochen Ravens-hoe) am Südrand des Atherton Tableland – die Millstream Falls, die als breiteste Fälle des Kontinents den Beinamen ›Mini-Niagara‹ tragen, und die Little Millstream Falls, bei denen man vielleicht Schnabeltiere beobachten kann.

Von dem 915 m hoch gelegenen Ravenshoe, dem höchsten Ort von Queensland, windet sich eine kurvenreiche Straße durch üppigen Hochlandregenwald zum **Tully Gorge National Park.** Dort stürzen die Tully Falls in eine 293 m tiefe Schlucht. Schöne Blicke bieten sich von dem Wanderweg, der vom Tully Gorge Lookout hinab zum Schluchtboden führt (hin und zurück 1,5 km/45 Min.).

Auf dem Palmerston Highway, der bei Innisfail (s. S. 374) auf den Bruce Highway trifft, gelangt man zurück zur Küste. Unterwegs lohnt ein Stopp am **Crawford Lookout** mit großartigem Blick auf den Johnstone River.

Übernachten

Solides Motel ▶ Kool Moon Motel: 6 Moore St., Tel. 07-40 97 64 07. Einfach, klein, gemütlich. DZ 82–94 A-$.
Camping und Motel ▶ Tall Timbers Motel & Caravan Park: Kennedy Hwy., Tel. 07-40 97 63 25, www.talltimbersmotelandcaravanpark. com. Mit Restaurant, Pool. DZ ab 65 A-$.

Marlin Coast ▶ 3, K 3

Karte: S. 371

Die Strände bis Palm Cove

Nördlich von Cairns windet sich der **Captain Cook Highway,** eine der schönsten Küstenstraßen des Kontinents, dicht am manchmal steilen Ufer entlang und eröffnet hinter jeder Biegung neue Ausblicke. Das südliche Ende der Küste markiert der Machans Beach, ihm folgen in nördlicher Richtung Holloways Beach, Yorkeys Knob Beach, Kewarra Beach und Clifton Beach. **Palm Cove** 42 wirkt mit seinen vielgeschossigen Hotel- und Apartmentblocks wie eine Miniaturausgabe von Surfers Paradise an der Gold Coast im südlichen Queensland. Wegen des Box Jelly Fish, einer gefährlichen Würfelqualle, sollte man in dieser Gegend zwischen November und April jedoch nur an Stränden baden, die mit Netzen gesichert sind.

Einen Vorgeschmack auf die Wildnis der Cape York Peninsula im Norden von Queensland gibt der auf Riesenechsen und Schlangen spezialisierte Faunapark **Cairns Tropical Zoo** nahe Palm Cove am Captain Cook Highway (Tel. 07-40 55 36 69, www.cairnstropical zoo.com.au, tgl. 8.30–16, Krokodilshow tgl. 14, Schlangenshow tgl. 11 Uhr, Erw. 33 A-$, Kinder 16,50 A-$). Ein weiterer Reptilienpark, **Hartley's Creek Crocodile Farm,** liegt nördlich von Ellis Beach am Captain Cook Highway. Der Besuch kann mit einer Bootstour durch die Wetlands verbunden werden (Tel. 07-40 55 35 76, www.crocodileadventures. com, tgl. 0.30–17, Krokodilshow 11 und 15, Schlangenshow 14 Uhr, Erw. 35 A-$, Kinder 17,50 A-$, Familien 87,50 A-$).

Übernachten

Direkt am Meer ▶ **Ellis Beach Beachfront Bungalows and Leisure Park:** Captain Cook Hwy., Tel. 18 00-63 70 36, www.ellisbeachbun galows.com. Komfortable Bungalows, Stell- plätze für Zelte und Wohnmobile, Pool, schön gelegen. Bungalows (2 Pers.) 95–190 A-$.

Port Douglas 43

Der mondäne Ferienort **Port Douglas,** 1877 als Versorgungshafen für die Goldfelder am Palmer River gegründet, zieht Jahr für Jahr mehr Urlauber an. Er besitzt viele sehr ge- schmackvoll gestaltete Unterkünfte und eine ausgezeichnete Gastronomie. Seine Popula- rität verdankt das Städtchen, das auf einer felsigen Landzunge liegt, zum einen seinen herrlichen Sandstränden, z. B. dem **Four Mile Beach** am östlichen Stadtrand, und zum an- deren seiner günstigen Lage für Ausflüge zum Great Barrier Reef. Täglich nehmen von der Marina Mirage Katamarane und andere Aus- flugsboote Kurs auf das Outer Great Barrier Reef. Dort, von einer im Riff verankerten Plattform, starten Tauch- und Schnorchel- ausflüge sowie Helikopterrundflüge. Ziele für Kreuzfahrten sind auch die Low Isles (s. S. 403), wo man tauchen und schnorcheln kann.

Interessantes über Flora und Fauna des Mangrovenwaldes erfährt man auf einer Fahrt durch das **Dickson Inlet** im nachgebauten Raddampfer »P.S. Lady Douglas« (Marina Mi- rage, Tel. 07-40 99 16 03, www.ladydouglas. com.au, tgl. 10.30, 12.30, 14.30, 16.30 Uhr, Erw. 30 A-$, Kinder 20 A-$, Familien 80 A-$). Regenwaldpflanzen wuchern im **Wildlife Ha- bitat** am Captain Cook Highway 5 km süd- lich von Port Douglas (Port Douglas Rd., Tel. 07-40 99 32 35, www.wildlifehabitat.com.au, tgl. 8–17.30 Uhr, Erw. 32 A-$, Kinder 16 A-$, Familien 80 A-$).

Eine beschauliche Möglichkeit, von Port Douglas nach Mossman (s. S. 384) weiterzu- fahren, bietet der nostalgische, von einer Dampflok gezogene Zug **Bally Hooley,** des- sen Weg durch weite Zuckerrohrplantagen führt (Marina Mirage, Tel. 07-40 99 50 51, www.ballyhooley.com.au, Juli–Okt. So 11, 13, 14.30 Uhr, Erw. 10 A-$, Kinder 5 A-$).

Infos

Port Douglas Information Centre: 23 Ma- crossan St., Tel. 18 00-99 55 56, 07-40 99 55 99, www.infoportdouglas.com.au, www.visit portdouglasdaintree.com.au, Mo–Fr 9–17, Sa, So 10–16 Uhr.

Übernachten

Wohlfühloase ▶ **Hibiscus Gardens:** 22 Owens St., Tel. 07-40 99 53 15, 1800-99 59 95, www.hibiscusportdouglas.com.au. Hideaway im balinesischen Stil mit Top-Restaurant, Wellnesscenter und schönem Pool, 300 m zum Four Mile Beach. DZ 170–340 A-$.

Für gehobene Ansprüche ▶ **Lazy Lizard Motor Inn:** 121 Davidson St., Tel. 07-40 99 59 00, 1800-99 59 50, www.lazylizardinn.com.au. Komfortabel ausgestattete Units, Restaurant und Salzwasserpool. DZ 105–155 A-$.

Schöne Anlage ▶ **Port O'Call Lodge:** Port St., Tel. 07-40 99 54 22, 1800-89 28 00, www. portocall.com.au. Mit Bar, Bistro und Pool. DZ (mit Gemeinschaftsbad) ab 85 A-$, DZ (mit Bad/WC) ab 129 A-$, im Mehrbettzim- mer ab 28 A-$/Pers.

Zentral, ruhig und günstig ▶ **Port Douglas Motel:** 9 Davidson St., Tel. 07-40 99 52 48, www.portdouglasmotel.com. Sympathisches kleines Motel im Zentrum mit einfach, aber stilvoll ausgestatteten Zimmern und Salzwas- serpool. DZ 85–125 A-$.

Camping ▶ **Tropic Breeze Van Village:** 24 Davidson St., Tel. 07-40 99 52 99. Mit Cabins, 5 Gehminuten ins Zentrum, 3 Gehminuten zum Four Mile Beach.

Essen & Trinken

Frisch aus dem Meer ▶ **On the Inlet:** 3 In- let St., Tel. 07-40 99 52 55, www.ontheinlet. com, tgl. 12–15, 17–23 Uhr. Seafood vom Feinsten. Vorspeisen 17–22 A-$, Hauptge- richte 24–42 A-$.

Chinesische Haute Cuisine ▶ **Jade Inn:** 17 Macrossan St., Tel. 07-40 99 95 69, tgl. 11.30–23 Uhr. Edler ›Chinese‹, hier hat schon Ex-Präsident Clinton gespeist. Vorspeisen 8,50–16 A-$, Hauptgerichte 18–38 A-$.

Uriges Pub-Restaurant ▶ **Iron Bar:** 5 Ma- crossan St., Tel. 07-40 99 47 76, www.ironbar

Küste zwischen Brisbane und Cooktown

portdouglas.com.au, tgl. 11–23 Uhr. Mit viel Wellblech dekoriert, v. a. Steaks, schön zum Draußensitzen, in der Saison tgl. 22–2 Uhr Livemusik. Vorspeisen 5,90–22,90 A-$, Hauptgerichte 16,90–29,90 A-$.

Gourmet-Pizzeria ▶ Gone Bananas: 87 Davidson St., Tel. 07-40 99 54 00, Mo–Sa 18–1 Uhr. Luftiges Gartenlokal mit mediterranen Gerichten. Vorspeisen 7,50–11,50 A-$, Hauptgerichte 13,50–25,50 A-$.

Cooler Szenetreff ▶ Soul 'n' Pepper: Dixie Street, Tel. 07-40 99 44 99, tgl. 9–24 Uhr. Terrassenrestaurant am Inlet nahe St. Mary's by the Sea, in dem sich die Travellerszene zum Brunch trifft. Vorspeisen 6,50–10 A-$, Hauptgerichte 13,50–24 A-$.

Einkaufen

Straßenmarkt ▶ Cotters Markets: Anzac Park, So 8–13.30 Uhr. Kunstgewerbe etc.

Fotokunst ▶ Peter Lik Gallery: 21 Macrossan St., Tel. 07-40 98 17 69, tgl. 9–22 Uhr. Außergewöhnliche Landschaftsaufnahmen.

Aktiv

Bootstouren ▶ Quicksilver Cruises: Marina Mirage, Tel. 07-40 87 21 00, www.quick silver-cruises.com. Mit einem Katamaran (behindertengerechte Einrichtungen) zum Agincourt Reef, dort Schnorcheln, Fahrt im Glasbodenboot, Helikopterrundflug (tgl. 8 Uhr, Erw. 225 A-$, Kinder 115,50 A-$, Familien 571,50 A-$). **Poseidon Cruises:** Tel. 1800-08 56 74, www.poseidon-cruises.com.au. Per Katamaran zu drei verschiedenen Schnorchel- und Tauchrevieren am Agincourt Reef (tgl. 8 Uhr, Erw. 220 A-$, Kinder 152 A-$, Familien 670 A-$, Tauchgang ab 20 A-$).

Termine

Port Douglas Carnivale (Mai): Bunte Straßenumzüge, kulinarische Genüsse, Wahl zur Miss Carnival und kulturelles Rahmenprogramm. Infos: www.carnivale.com.au.

Mossman 44

Das schmucke Städtchen Mossman ist das Tor zur **Mossman Gorge** am südlichen Ende des Daintree National Park, der einen der größten zusammenhängenden Regenwälder im tropischen Australien schützt. Badefreuden im Dschungelgrün versprechen die Kaskaden und Naturpools des Mossman River, die man auf einer einfachen Regenwaldwanderung erreicht (Rundweg vom Picknickplatz am Parkeingang 2 km/1 Std.).

In den Regenwäldern des Daintree National Park leben seit vielen tausend Jahren die Kuku-Yalanji-Aborigines. Mitglieder des Stammes erläutern auf geführten Wanderungen Flora und Fauna aus ihrer Perspektive und vermitteln den Teilnehmern einen guten Einblick in Leben und Kultur der Ureinwohner (Kuku Yalanji Dreamtime Walks, tgl. 10, 11, 15 Uhr, Erw. ab 50 A-$, Kinder ab 25 A-$, Familien ab 125 A-$, buchbar im Mossman Gorge Centre, www.mossmangorge.com.au).

Wer sich für die Arbeitsabläufe in einer Zuckermühle interessiert, kann an einer Führung durch die **Mossman Sugar Mill** teilnehmen (Tel. 07-40 30 41 90, Juni–Nov. Mo–Fr 11.30, 13.30 Uhr, Erw. 18 A-$, Kinder 9 A-$, Familien 45 A-$).

Übernachten

Luxuriöses Regenwald-Refugium ▶ Silky Oaks Wilderness Lodge: Mossman River Gorge, Tel. 07-40 98 16 66, 1300-13 40 44, www.silkyoakslodge.com.au. Am Ufer des Mossman River verstecken sich inmitten eines der ältesten Regenwälder der Welt 45 Baumhäuser, die höchsten Komfort bieten. In der Baumhaus-Bar serviert man Cocktails, das Baumhaus-Restaurant gilt als eine der besten Adressen der Region. Entspannen kann man im Wellnesscenter bei Heilmassagen wie Shiatsu oder Reiki und anderen zumeist traditionellen asiatischen Anwendungen, etwa Kräuterdampf- und Blumenbäder, Ganzkörperpeeling, Algenwickel u. a. m. (ab 110 A-$). DZ 398–798 A-$.

Romantischer Schlupfwinkel ▶ Mossman Gorge B & B: Lot 15 Gorge View Cres., Tel. 07-40 98 24 97, www.bnbnq.com.au/moss gorge. 2 behaglich eingerichtete Zimmer in einem Holzhaus, Frühstücksterrasse mit Blick auf den Regenwald, Salzwasserpool. DZ 130–150 A-$ (inkl. Frühstück).

Tipp: Ein Bett im Busch – Regenwaldlodges im Daintree National Park

Idyllisch im Regenwald des **Daintree National Park** gelegen, kombinieren einige Resorts und Lodges luxuriöses Wohnen und First-Class-Gastronomie mit naturverbundenen Aktivitäten. Die rustikalen Hotelanlagen, die sowohl gut ausgestattete Zimmer in größeren Gebäuden als auch gemütliche Bungalows und Cabins mit kleiner Veranda bieten, wurden unter Beachtung strenger ökologischer Richtlinien fast ausschließlich aus Holz erbaut. Da sie in einem Nationalpark liegen, der auf der World-Heritage-Liste steht, gelten sehr strenge Auflagen hinsichtlich Abwasser- und Müllentsorgung.

Auf dem Programm der Resorts stehen Regenwaldspaziergänge unter sachkundiger Leitung von Botanikern, Vogelbeobachtung, Geländewagensafaris, Angeln in Urwaldflüssen oder am Meer sowie Ausritte in die Wildnis. Schon fast ein ›Muss‹ sind Kreuzfahrten zum Great Barrier Reef, das gleich vor der Haustür liegt. Abenteuerlustige können sich an Kajaktouren beteiligen, bei denen das Cape Tribulation umrundet wird. Mit etwas Glück sehen sie dabei Delfine und Meeresschildkröten. Manche Lodges bieten ihren Gästen auch Pools, Fitnesscenter und Tennisplätze. Auf eine Klimaanlage, Fernseher und Telefon muss man allerdings verzichten

– nichts soll die Ruhe im Regenwald stören. Besonders empfehlenswert sind folgende drei Unterkünfte:

Schlafen im Dschungel ▶ **Daintree Wilderness Lodge:** 14 km nördlich der Fähre, Tel. 07-40 98 91 05, www.daintreewilderness lodge.com.au. 7 durch Plankenwege miteinander verbundene, schlicht-elegant möblierte Bungalows mitten im Regenwald, im kleinen, halboffenen Restaurant leichte Regionalküche und erlesene Weine. Bungalow 265–325 A-$.

Für Ruhesuchende ▶ **Daintree-Cape Tribulation Heritage Lodge:** Thornton Beach, 18 km nördl. der Fähre, Tel. 07-40 98 93 21, www.heritagelodge.net.au. Behaglich ausgestattete Holzbungalows am Rande des Regenwalds, Bar, Restaurant; in der Nähe liegen die natürlichen Badepools des Cooper Creek. Bungalow 230–250 A-$.

Komfort in der Wildnis ▶ **Ferntree Rainforest Lodge:** 33 km nördl. der Fähre, Tel. 18 00-98 70 77, 07-40 98 00 33, www.ferntree rainforestlodge.com.au. 67 in ein 100 ha großes Regenwaldareal eingebettete, stilvoll in Bambus und Rattan möblierte Bungalows, Terrassenrestaurant am Strand mit Gerichten der modernen australischen Küche (v. a. Seafood). Bungalow 165–225 A-$.

Camping ▶ **Pinnacle Village Holiday Park:** Wonga Beach (24 km nördlich von Mossman), Tel. 07-40 98 75 66, 1800-22 27 28, www.pinnaclevillage.com. Mit gemütlichen Cabins, zwei Pools und einem kleinen Laden, an einem herrlichen Strand gelegen.

Daintree 45

Auf den Sprung ins kühle Nass sollte man am breiten Daintree River nördlich von Mossman verzichten, denn in den braunen Fluten tummeln sich Salzwasserkrokodile. Flussfahrten zur Beobachtung von *Salties* starten nahe der Ablegestelle der Daintree-Fähre (s. rechts).

Die Geschichte der Forstwirtschaft in den Regenwäldern von Nordqueensland dokumentiert das **Timber Museum** in **Daintree** (Mobil-Tel. 0617-40 98 62 24, www.daintree timbergallery.com, tgl. 10–16 Uhr, Eintritt frei).

Aktiv

Krokodilbeobachtung ▶ Ca. 10 Unternehmen bieten Touren zur Krokodilbeobachtung auf dem Daintree River an, die sich preislich und inhaltlich kaum unterscheiden, darunter **Bruce Belcher's Daintree River Cruises,** Tel. 07-40 98 77 17, www.daintreerivercruise. com (tgl. 8.15, 9.30, 11, 12, 13.30, 14.30 und

16 Uhr, Erw. 25 A-$, Kinder 10 A-$), sowie **Daintree River Electric Boat Cruises,** Tel. 18 00-68 61 03 (tgl. 10.30, 11.30, 12.30, 13.30, 14.30, 17 Uhr, Erw. 27 A-$, Kinder 12 A-$, Familien 70 A-$).

12 Cape Tribulation
▶ 3, K 3

Karte: S. 371

Jenseits des Daintree River, zwischen dessen Ufern eine Autofähre pendelt, mäandert eine schmale Straße durch die zerklüftete Cape Tribulation Section des **Daintree National Park,** in dem der Regenwald über die Klippen bis zu den weißen Sandstränden wuchert.

Im **Daintree Discovery Centre** 10 km nördlich der Fähre erfährt man bei naturkundlichen Multimedia-Vorträgen mehr über die Fauna und Flora des Nationalparks, der zum UNESCO-Weltnaturerbe zählt. Über 1100 Baum- und Pflanzenarten hat man in den Küstenregenwäldern von Nordqueensland gezählt, mehr als in den Wäldern Nordamerikas und Europas zusammen. Einblicke in die ›Etagen‹ des Regenwalds bietet ein 23 m hoher Turm mit fünf Aussichtsplattformen (Tel. 07-40 98 91 71, www.daintree-rec.com.au, tgl. 8.30–17 Uhr, Erw. 32 A-$, Kinder 16 A-$, Familien 78 A-$). Einige Hundert Meter abseits des Zentrums beginnen am Picknickplatz Jindalba zwei mit Schautafeln bestückte Rundwanderungen durch den Regenwald (700 m bzw. 2,7 km).

Ein ›Muss‹ für Naschkatzen ist ein Stopp bei der **Daintree Icecream Company** knapp 15 km nördlich der Fähre, wo man fantasievolle Eiscremekreationen aus tropischen Früchten probieren kann (tgl. 11–17 Uhr).

Im 18 km nördlich der Fähre an der Cape Tribulation Road gelegenen **Daintree Entomological Museum** dreht sich alles um die Insektenwelt des tropischen Regenwalds (Tel. 07-40 98 90 45, www.daintreemuseum.com.au, tgl. 9–17 Uhr, Erw. 11,50 A-$, Kinder 6,50 A-$, Familien 29,50 A-$).

Einen guten Eindruck von der Flora der Gezeitenzone vermittelt der mit Holzpfaden und Brücken ausgezeichnet präparierte Naturlehrpfad **Marrdja Board Walk** 28 km nördlich der Fähre (hin und zurück 540 m/45 Min.).

Durch einen ›Tunnel‹ aus dichter tropischer Vegetation geht es vorbei am markanten Thornton Peak zur Alexandra Bay mit dem lang gestreckten **Thornton Beach.** Am feinen Sandstrand **Noah Beach** darf man campen. Das Schmuckstück unter den Stränden der Region ist jedoch der halbmondförmige **Cape Tribulation Beach,** hinter dem regenwaldüberwucherte Berge aufragen. Durch Küstenregenwald und Mangroven führt der Kulki Walk zum **Cape Tribulation Lookout** mit herrlichem Küstenpanorama (hin und zurück 800 m/40 Min.). Bei Ebbe kann man einen schönen Strandspaziergang zum 3 km nördlichen **Emmagen Creek** unternehmen. Nur in Begleitung eines Ortskundigen sollte man sich an die anstrengende Wanderung durch dichten Regenwald zum **Mt. Sorrow**

Naturschauspiel im Daintree National Park, Cape Tribulation Section

Lookout wagen (hin und zurück 6–7 Std.). ›Taufpate‹ des Cape Tribulation (›Kap des Kummers‹) war Kapitän James Cook, dessen Schiff »Endeavour« einen Tag nachdem er das Felsenkap gesichtet hatte, an einem Korallenriff leckschlug.

Am Cape Tribulation beginnt der Richtung Cooktown (s. S. 389) führende **Bloomfield Track.** Die raue Piste schlängelt sich an der Küste entlang und gibt immer wieder den Blick frei auf den brandenden Pazifik. Obwohl manche extreme Steigungen und Gefällstrecken, etwa in der Cowrie Range, durch Betontrassen entschärft sind und auch die Durchquerung des Bloomfield River dank einer zementierten Furt unproblematisch ist, benötigt man für den Bloomfield Track einen Geländewagen. Entlang der Schotterpiste verlocken schöne Campingplätze und Lodges dazu, die Fahrt zu unterbrechen. Ein Stopp empfiehlt sich in der kleinen Siedlung

Helenvale im Lion's Den Hotel, einer urigen Buschkneipe, in der es heute kaum anders aussieht als vor 100 Jahren. Bei dem schwarzen Granitmassiv des Black Mountain, das wie eine riesige Kohlenhalde aus der Landschaft ragt, mündet der Bloomfield Track in die Inlandroute. Diese ist zwar landschaftlich weniger reizvoll, dafür aber rollt das Fahrzeug durchgehend auf Asphalt. Richtung Norden sind es noch 28 km bis Cooktown.

Infos

Im Internet: www.capetribulation.com.au.

Übernachten

Rechts und links der Straße zum Cape Tribulation verstecken sich komfortable Lodges mit einem großen Angebot naturverbundener Aktivitäten (s. S. 385), aber auch familiäre Pensionen und preiswerte Backpacker Hostels im Dickicht des Regenwalds.

Küste zwischen Brisbane und Cooktown

Persönlich geführtes Boutique-Resort ▶ **Daintree Rainforest Retreat Motel:** Cape Tribulation Rd., Cow Bay, Tel. 07-40 98 91 01, www.daintreeretreat.com.au. 11 km nördlich der Fähre gelegen, familienfreundlich, mit Salzwasserpool, sehr hilfsbereite Besitzer. DZ 125–155 A-$, Apartment 205 A-$.

Preiswert & naturnah ▶ Crocodylus Village: Buchanan Creek Rd., Cow Bay, Tel. 07-40 98 91 66, www.crocodyluscapetrib.com. 15 km nördlich der Fähre in schöner Naturumgebung, einfache Cabins und Mehrbettzimmer, mit Pool. DZ ab 90 A-$, im Mehrbettzimmer ab 25 A-$.

Hütten für Budget-Reisende ▶ PK's Jungle Village: Tel. 07-40 98 00 40, 1800-23 23 33, www.pksjunglevillage.com. 2 km südlich des Cape Tribulation, in Backpacker-Kreisen beliebtes Hüttenhotel mit Restaurant, Biergarten und Pool. DZ (mit Gemeinschaftsbad) 95 A-$, DZ (mit Dusche/WC) 125 A-$, im Mehrbettzimmer ab 25–28 A-$/Pers.

Camping ▶ Rainforest Village: Cape Tribulation Road, Tel. 07-40 98 90 15, www.rainforestvillage.com.au. 16 km nördlich der Fähre, einfacher Campingplatz in allerdings sehr schöner Lage.

Essen & Trinken

Mit Meerblick ▶ Café on Sea: Cape Tribulation Rd., Thornton Beach, Tel. 07-40 98 91 18, tgl. 9.30–18 Uhr. Tolle Lage am Strand 23 km nördl. der Fähre, mediterrane Gerichte und Seafood. Vorspeisen 10,50–14,50 A-$, Hauptgerichte 14–29,50 A-$.

Solide Aussie-Hausmannskost ▶ Cassowary Café: 2 km südlich von Cape Tribulation, Tel. 07-40 98 11 69, tgl. 9–22 Uhr. Pasta, Pizza, Steaks und Seafood. Vorspeisen 9,50–14 A-$, Hauptgerichte 14–28,50 A-$.

Aktiv

Krokodilbeobachtung ▶ Cape Tribulation Wilderness Cruises: Mobil-Tel. 0457-73 10 00, www.capetribcruises.com. Im Boot durch Mangrovenwald (Erw. 28 A-$, Kinder 20 A-$).

Wandern ▶ Mason's Tours: Tel. 07-40 98 00 70, www.masonstours.com.au. Von Botanikern geführte Wanderungen durch den Regenwald (Erw. ab 55 A-$, Kinder ab 40 A-$, Familien ab 160 A-$).

Kajaktouren ▶ Tropical Seakayaks: Tel. 07-40 98 91 66, www.crocodyluscapetrib.com. 2-tägige Kajaktouren mit Übernachtung auf Snapper Island (ab 215 A-$).

Am Cape Tribulation erlebt man Salzwasserkrokodile ganz aus der Nähe

Cooktown ► 3, K 2

Karte: S. 371

Während seiner Entdeckungsreise entlang der australischen Ostküste ließ Kapitän James Cook sein leckgeschlagenes Schiff »Endeavour« am 17. Juni 1770 an jenem Ort zur Reparatur an Land ziehen, wo sich heute die Stadt **Cooktown** 46 befindet. Über sechs Wochen dauerte der Aufenthalt an der geschützten Mündung des nach Kapitän Cooks Schiff benannten Endeavour River. Die Zwangspause nutzten Joseph Banks und Daniel Carl Solander, die beiden Botaniker an Bord, für naturkundliche Forschungen.

Gut 100 Jahre später fand ein Ire namens Mulligan 200 km westlich von Cooktown am Palmer River einen Klumpen reinsten Goldes und löste damit einen spektakulären Goldboom aus. Als Versorgungsbasis der Goldgräbersiedlungen Palmerville und Maydown gelangte Cooktown schnell zu Wohlstand, Ende des 19. Jh. war es mit 35 000 Einwohnern die zweitgrößte Stadt von Queensland. Knapp die Hälfte der Bevölkerung stellten chinesische Arbeitskräfte.

Prächtige Gebäude aus Stein und Holz säumten die Charlotte Street, die breite Hauptstraße der Stadt, große Segelschiffe lagen im Hafen vor Anker. Ausschweifende Vergnügen wurden in über fünf Dutzend Kneipen geboten, in der turbulenten Hafengegend lockten Opiumhöhlen und Bordelle. Doch schon vor der Wende zum 20. Jh. waren die Goldadern erschöpft und Cooktowns goldene Zeiten zu Ende. Um 1900 lebten gerade noch 2000 Leute in der Stadt, die darüber hinaus von heftigen Naturkatastrophen gebeutelt wurde. 1907 tobte ein Wirbelsturm, der weite Teile Cooktowns dem Erdboden gleichmachte, ein weiterer Wirbelsturm folgte 1949. Heute lebt Cooktown vorwiegend vom Tourismus, denn die fotogenen Gebäude aus den Zeiten des Goldrauschs ziehen zahlreiche Besucher an.

Ein früherer Konvent bildet den Rahmen für das **James Cook Historical Museum.** Dort werden u. a. der Anker der »Endeavour« sowie eine der sechs eisernen Kanonen präsentiert, die Cook 1770 über Bord werfen ließ (Tel. 07-40 69 53 86, tgl. 9.30–16 Uhr, Erw. 8,50 A-$, Kinder 6 A-$, Familien 23 A-$). Lohnend ist auch ein Blick in das **Cooktown History Centre,** das zahlreiche maritime Exponate versammelt (Charlotte Street, Tel. 07-40 69 66 40, www.cooktownhistory.org.au, März–Okt. Mo–Sa 9–15 Uhr, Erw. 6 A-$, Kinder 3 A-$, Familien 15 A-$).

Am Ufer des Endeavour River, unweit der Stelle, wo er einst an Land ging, blickt Kapitän James Cook heute mit bronzener Gelassenheit auf das muntere Treiben unter ihm. Ein eindrucksvolles Panorama der Stadt und des verästelten Endeavour-Deltas bietet sich vom **Grassy Hill,** der am nördlichen Ortsrand aufragt. Von den **Botanic Gardens** an der östlichen Peripherie der Stadt führt ein Fußweg zur malerischen **Finch Bay** mit einem weiten Sandstrand. Auf einer Bootsfahrt kann man das Mangrovendickicht des Endeavour River erkunden (s. S. 390), die Heimat zahlreicher Salzwasserkrokodile.

Wie bei vielen australischen Städten, in denen ein Goldrausch seine Spuren hinterlassen hat, ist auch der Friedhof von Cooktown eine Besichtigung wert. Auf dem **Cooktown Cemetery,** der nach Konfessionen in einzelne Sektionen getrennt ist, erinnern Grabsteine von Goldgräbern und Pionieren an die ›goldene‹ Vergangenheit der Stadt.

Infos

Cooktown's Visitor Information Centre: Nature's Powerhouse, Botanic Gardens, Walker St., Tel. 1800-17 48 95, www.tourismcape york.com, März–Okt. tgl 9–17 Uhr.

Übernachten

Historisches Flair ► **The Sovereign:** Ecke Charlotte/Green Streets, Tel. 07-40 43 05 00, www.sovereign-resort.com.au. Kolonialhotel mit modernem Interieur, Restaurant, Pool. DZ 180–220 A-$.

Funktioneller Komfort ► **Cooktown River of Gold Motel:** Ecke Hope/Walker Streets, Tel. 07-40 69 52 22, 1800-00 52 03, www. riverofgoldmotel.com.au. Mit Restaurant und Pool. DZ 115–140 A-$.

Küste zwischen Brisbane und Cooktown

Camping ▶ Cooktown Holiday Park: 31–41 Charlotte St., Tel. 1800-25 51 62, www.cook townholidaypark.com.au. Schöne Anlage, mit Cabins und Pool.

Aktiv

4x4-Trips zu Aboriginal-Felsmalereien ▶ Guurrbi Tours: Tel. 07-40 69 60 43, www.guurrbitours.com. Vom Ureinwohner Willie Gordon sehr kenntnisreich geführte Geländewagentouren durch Buschland zu Felsgalerien mit urzeitlichen Bildern (Rainbow Serpent Tour tgl. 7.45–13.15 Uhr, Erw. 120 A-$, Kinder 75 A-$; Great Emu Tour tgl. 13.45–17.15 Uhr, Erw. 95 A-$, Kinder 60 A-$).

Krokodilbeobachtung ▶ Endeavour River Cruises: Cooks Landing Kiosk, Charlotte St., Tel. 07-40 69 57 12, www.cooktowncruises. com.au. Bootsausflug auf dem Endeavour River (Di–So 13 Uhr, Erw. 27,50 A-$, Kinder 17,50 A-$, Familien 72,50 A-$).

Cape York Peninsula

▶ 3, J/K 1/2

Karte: S. 393

»Wer durch dieses Land reist, geht durch die Hölle«, notierte der Australien-Forscher Edmund Kennedy kurz vor seinem Tod in sein Tagebuch. 1848 hatte er versucht, von Cairns aus die Cape York Peninsula zu durchqueren. Sintflutartige Regenfälle, Sumpfgebiete voller Krokodile, reißende Flüsse und Angriffe von Aborigines machten für ihn die Expedition zu einem Albtraum.

Eine kompromisslose Natur beschert der über 200 000 km² großen Region, in deren Weite sich lediglich 10 000 Menschen verlieren, abwechselnd Dürren und Überschwemmungen. Dünn besiedelt, wenig erforscht, kaum erschlossen und schwer zugänglich, gilt die Cape York Peninsula, die einer Pfeilspitze gleich nach Norden in Richtung Papua-Neuguinea ragt, als eines der letzten großen Wildnisgebiete der Welt.

Auf etwa einem Siebtel der Fläche erstrecken sich mehrere Nationalparks, die eine einzigartige Tier- und Pflanzenwelt schützen:

eine Mischform zwischen der Fauna und Flora Australiens und Neuguineas. Zwar wird auf der Cape-York-Halbinsel die Nähe zum tropischen Asien spürbar, doch wer meint, dieses Dreieck wäre von üppigem Dschungel mit Farnen, Lianen, Schlingpflanzen und Urwaldriesen überwuchert, muss sich eines Besseren belehren lassen. Artenreiche Regenwälder wuchern nur am Cape Tribulation und um Cooktown sowie in Nationalparks an der Ostküste. Im Innern der Halbinsel findet man trockene Savannensteppen, die mit riesigen Termitenburgen gespickt sind, lichte und niedrige Eukalyptuswälder sowie weite, flache Sumpfebenen.

Durch die Wildnis windet sich die Peninsula Development Road, eine rund 800 km lange Natur- und Schotterpiste, die landläufig Cape York Track genannt wird und trotz aller Ausbaumaßnahmen Fahrer und Fahrzeuge nach wie vor auf eine harte Probe stellt (s. Aktiv unterwegs S. 392).

Übernachten

… in Laura:

Viel Lokalkolorit ▶ Quinkan Hotel: Tel. 07-40 60 32 55, www.gdaypubs.com.au. Pub-Hotel mit einfachen Zimmern. DZ 85 A-$.

Camping ▶ Ang-Gnarra Caravan Park: Tel. 07-40 60 32 00. Einfach, mit Pool.

… in Coen:

Mit Outback-Atmosphäre ▶ Homestead Guest House: Tel. 07-40 60 11 57, www.coenguesthouse.com.au. Gemütliches B & B. DZ 105–115 A-$.

Camping ▶ Armbrust Caravan Park: Tel. 07-40 60 11 34. Einfach, mit On-Site-Vans.

… am Cape York:

Camping ▶ Punsand Bay Safari & Fishing Lodge: Tel. 07-40 69 17 22, www.punsand. com.au. 5 km südwestlich, Caravan Park mit komfortablen Cabins (140 A-$), Restaurant, Pool in schöner Lage am Strand.

Termine

Laura Aboriginal Dance Festival (Juni/Juli in ungeraden Jahren): Aboriginal-Kulturfest.
Laura Races and Rodeo (Juni/Juli): Pferderennen und Rodeo.

Cowboys im Hubschrauber Thema

Die Mastwirtschaft hat auf dem Fünften Kontinent eine lange Tradition, obwohl in den Anfangsjahren der Kolonien Rinder gegenüber Schafen von untergeordneter Bedeutung waren. Erst mit der Erforschung des Outback entwickelte sich die Rinderhaltung zu einem eigenständigen Wirtschaftszweig. Viehzüchter aus dem Osten und Südosten zogen mit ihren Herden quer durch den Kontinent auf der Suche nach Weideland tief ins Innere des australischen Busches.

Heute konzentrieren sich die Rinderfarmen (Cattle Stations) im heißen, semiariden Zentrum und Norden des Landes. Die Betriebe können nur dann rentabel arbeiten, wenn sie sich über Gebiete von mehreren hundert, wenn nicht gar tausend Quadratkilometern erstrecken. Weltweit die größte Rinderfarm ist die Anne Creek Station in South Australia – sie nimmt ein Gebiet von der Größe Belgiens ein. Die Größen stehen in direktem Zusammenhang mit den klimatischen Verhältnissen. Je niederschlagsärmer eine Region, desto karger die Vegetation und desto größer die Fläche, die pro Stück Vieh benötigt wird. Eine viehwirtschaftliche Nutzung der ariden Grassteppen und Halbwüsten wurde überhaupt erst durch die Erschließung ergiebiger artesischer Wasservorräte möglich.

Eine große Cattle Station zu betreiben erfordert einen enormen Kapitalaufwand, und so gehören viele australischen Fleischfabriken oder multinationalen Konzernen. Australiens Schlachthöfe produzieren jährlich mehr als eine 1 Mio. t Rind- und Kalbfleisch. Die Hälfte davon wandert als Steaks in die einheimischen Pfannen, die andere wird exportiert, vor allem in die USA und nach Japan.

Forschung, technisches Know-how und modernes Management bestimmen weitgehend den Arbeitsalltag auf australischen Rinderfarmen, für Cowboy-Romantik bleibt nur

wenig Raum. Die meisten Farmen versorgen ihre Rinder mit zwei, drei oder allenfalls vier Mann. Die riesigen Herden bleiben 18 bis 24 Monate auf dem meist uneingezäunten Besitz unbeaufsichtigt. Sind sie dann schlachtreif, treibt sie eine Hand voll Männer mit Motorrädern oder Jeeps zusammen. In ganz großen Betrieben genügt häufig auch nur einer: ein Hubschrauberpilot, der riesige Rinderherden über große Entfernungen zu einer Sammelstelle dirigiert.

Vorbei ist auch das Zeitalter der oft monatelangen Trecks entlang der Stock Routes zu den Verladebahnhöfen oder direkt in die Schlachthäuser. Moderne Viehtreiber sitzen heute an meist vollklimatisierten Arbeitsplätzen. Nach der Ausmusterung und der Brandmarkung werden die Tiere zum Weitertransport in bis zu 50 m lange Lastzüge (Cattle Trains) getrieben, die über 200 Rinder befördern können. Die Tiere verlieren so weniger Gewicht als früher beim Treiben. Und wo nach Kilogramm bezahlt wird, ist dies ein entscheidender Vorteil. Dennoch werden die oft recht ausgemergelten Outback-Rinder erst einmal mit Grün- und Kraftfutter aufgepäppelt, bevor man sie in Steaks und Hamburger verwandelt. Erst nach einer rund 90-tägigen Mastkur, während der das Tier pro Tag etwa 1 kg zunimmt, lassen sich für ein Rind 300 bis 500 Dollar erzielen.

aktiv unterwegs

Geländewagentour zum Cape York

Tour-Infos

Start: Cooktown
Ende: Bamaga
Länge: hin und zurück ca. 1600 km
Dauer: 10–12 Tage
Schwierigkeitsgrad: mäßig schwierig bis extrem schwierig
Informationen im Internet: www.capeyork info.org

Durch die Wildnis von Cape York windet sich die **Peninsula Development Road,** eine ca. 800 km lange Natur- und Schotterpiste, die landläufig **Cape York Track** genannt wird und trotz aller Ausbaumaßnahmen Fahrer und Fahrzeuge nach wie vor auf eine harte Probe stellt. Doch trotz mancher Flussdurchquerungen gilt der Cape York Track als ein kalkulierbares Abenteuer, das etwas Vorbereitung und Outback-Erfahrung sowie einen allradangetriebenen Geländewagen erfordert. Für das Abenteuer sollte man 10 bis 12 Tage einplanen. Kleine Ortschaften und Roadhouses im Abstand von maximal 400 km sichern die Versorgung mit Treibstoff und Lebensmitteln. Während der Regenzeit zwischen November/Dezember und März/April ist der Cape York Track unpassierbar.

Letzte Stadt vor der Wildnis der Cape York Peninsula ist **Cooktown** (s. S. 389). Dort sollte man noch einmal die Gelegenheit nutzen, um sich mit Vorräten einzudecken. Highlight auf dem südlichen Streckenabschnitt ist die **Quinkan Reserve** nahe dem Outback-Nest **Laura.** Dort gibt es zahlreiche Aboriginal-Felsgalerien mit Hunderten bis zu 25 000 Jahre alten Felsmalereien und Petroglyphen – am leichtesten zugänglich sind die Galerien am **Split Rock, Guguyelangi Rock** und **Turtle Rock,** 13 km südlich des Ortes. Ein Besuch von Laura lohnt sich vor allem zum Laura Aboriginal Dance Festival (Juni/Juli je-

weils in Jahren mit ungeraden Zahlen), einer der seltenen Gelegenheiten, authentische Tänze der Ureinwohner zu sehen. Ebenfalls im Juni/Juli, allerdings jährlich, treffen sich hartgesottene Cowboys zum Laura Races and Rodeo.

Westlich von Laura zweigt eine Piste zum **Lakefield National Park** ab. Das von drei großen Flüssen durchzogene, zweitgrößte Naturschutzgebiet von Queensland ist Lebensraum einer artenreichen Vogel- und Reptilienwelt. Auf dem Parkgebiet liegt auch die Old Laura Homestead, eine historische Station, die die harten Lebensbedingungen der ersten Siedler nachvollziehen lässt.

Nordwestlich von **Coen,** der heimlichen Hauptstadt der Cape York Peninsula, erstreckt sich der teils schwer zugängliche **Mungkan Kandju National Park,** der die ausgedehnten Überschwemmungsgebiete des Archer-Coen-Flusssystems und die mit dichtem Regenwald bedeckte McIllwraith Range umfasst.

Knapp 70 km nördlich von Coen liegt das **Archer River Roadhouse.** 20 km danach zweigt eine sehr raue Piste in nordöstlicher Richtung zum weitgehend unberührten **Iron Range National Park** ab (ca. 108 km bis zum Parkeingang), der das größte Areal von Auen-Regenwald in Australien umfasst. Er wird vom Old Coen Track erschlossen, einem ca. 10 km langen Wanderweg, auf dem man seltenen Vögeln begegnet. Vom Mt. Tozer Lookout hat man einen herrlichen Rundblick über die einzigartige Landschaft.

Noch ein Stückchen weiter nördlich folgt die Abzweigung zur florierenden Bergbaustadt **Weipa** an der Westküste (145 km auf guter Schotterpiste), in deren Umgebung sich die ergiebigsten Bauxitvorkommen der Erde erstrecken. Der zur Herstellung von Aluminium benötigte Rohstoff wird hier im Tagebau gewonnen.

Während man zumindest in der Trocken-zeit von Mai bis Oktober bei umsichtiger Fahrweise auch mit einem robusten Pkw oder Camper bis nach Weipa kommt, ist nördlich der Abzweigung zu diesem Minenort ganz-jährig Allradantrieb erforderlich. Vor allem wer die **Old Telegraph Road** befahren möchte, die 40 km nördlich der – durch eine zemen-tierte Furt ›entschärften‹ – Wenlock River Crossing beginnt, muss mit einer Off-Road-Achterbahn sondergleichen rechnen. Heftige Regenfälle im Sommer hinterlassen hier re-gelmäßig tiefe Auswaschungen und Gräben. Fahrzeug und Nerven schont man, wenn man die **Southern Bypass Road** nimmt.

Einige Kilometer nördlich der Stelle, wo die beiden Pisten wieder zusammentreffen, ver-sprechen die in natürliche Felsenpools stür-zenden **Fruit Bat Falls** und **Eliot Falls** einen Badespaß inmitten des kargen Buschlands. Das einst größte Hindernis auf dem Weg zum Cape York, den mächtigen **Jardine River,** kann man per Autofähre überwinden.

Bamaga ist ein größerer, hauptsächlich von Aborigines und Torres Strait Islanders bewohnter Ort mit Krankenhaus, Schule und sämtlichen Versorgungsmöglichkeiten. Rund 30 km nordöstlich ragt das Cape York in die 150 km breite, inselübersäte Meeresstraße Torres Strait, die Australien von Asien trennt. Bewohnt ist die Inselgruppe vorwiegend von etwa 10 000 Torres Strait Islanders, die mit melanesischen Volksstämmen von Neugui-nea verwandt sind. Als Verwaltungszentrum der Inselgruppe dient die kleine, 32 km nord-westlich des Cape York gelegene **Thursday Island,** einstmals ein Stützpunkt zahlreicher Perlenlogger, heute ein bedeutender Fische-reihafen. In den Küstengewässern vor Cape York liegt **Possession Island,** wo James Cook am 22. August 1770 die britische Fahne hissen ließ und damit Australien für das Empire in Besitz nahm.

Von Bamaga ist es nicht mehr weit zum **Cape York,** dem nördlichsten Punkt des Fünften Kontinents. Papua-Neuguinea ist von hier nur 140 km Luftlinie entfernt. Die Abori-gines nennen den Platz ›Pajinka‹, was so viel wie ›Treffpunkt‹ bedeutet. Ein passender Name angesichts der Tatsache, dass vor dem Kap die Wasser des Indischen Ozeans und des Pazifischen Ozeans zusammenfließen. Westlich von The Tip, wie das Cape York auch genannt wird, erstreckt sich mit dem **Frangipani Beach** der nördlichste Strand des australischen Festlandes.

Während seiner Reise entlang der Ostküste von Australien im Juni 1770 konnte Kapitän James Cook nicht ahnen, welch märchenhafte Welt sich unter dem Rumpf seines Schiffes verbarg. Er wusste nicht, dass er über eines der bezauberndsten Naturwunder der Welt segelte: das Great Barrier Reef, das größte Korallenriffsystem auf unserem Globus.

Wunderwelt unter Wasser

Am 11. Juni 1770 stieß Kapitän James Cook vor der australischen Ostküste im wahrsten Sinn des Wortes auf das Great Barrier Reef – fast hätte das Leck in der »Endeavour« das Ende der Expedition bedeutet. Auch im weiteren Verlauf der Reise kam Cook der Riffkette immer wieder gefährlich nahe, über die er missmutig in seinem Logbuch notierte: »Wie eine Mauer ragt der Korallenfels aus den unergründlichen Tiefen des Ozeans empor.«

Die Bezeichnung Great Barrier Reef ist eigentlich nicht ganz korrekt, denn das Riff bildet keine zusammenhängende Barriere, sondern besteht aus einer Kette von fast 3000 über eine Fläche von rund 350 000 km² verstreuten Einzelriffen. Am südlichen Ende bei Mackay ist die Riffkette etwa 260 km vom Festland entfernt, im Norden bei Cairns rückt sie bis auf 30 km an die Küste heran. Zwischen dem Festland und dem äußersten Gürtel des Großen Barriereriffs, dem bis zu 2000 m abfallenden Outer Reef, erstreckt sich eine Lagune, die Tiefen zwischen 50 und 100 m aufweist und von unzähligen weiteren Riffen und Korallenbänken übersät ist.

Korallen- und Festlandinseln

Wie grüne oder goldgelbe Punkte sind über 700 Inseln in das Korallenmeer hineingetupft. Als echte Koralleninseln bestehen nur wenige davon ausschließlich aus gebrochenen Korallen sowie Sand aus der Great Dividing Range, der durch Flüsse ins Meer gelangte, wo er sich an exponierten Stellen des Festlandsockels ablagerte. Die meisten der in Festlandnähe aus dem Pazifik ragenden Inseln sind aus festem Gestein aufgebaut. Sie bilden als Relikte versunkener Küstengebirge geologisch gesehen Teile des Kontinents, von dem sie am Ende der letzten Eiszeit vor rund 10 000 Jahren durch den Anstieg des Meeresspiegels getrennt wurden. Nur auf den rund zwei Dutzend von der Great Barrier Reef Marine Park Authority für den Tourismus freigegebenen Inseln gibt es Ferienanlagen, alle anderen Eilande sind unbewohnt.

Korallenpolypen

Als ein sehr komplexes Ökosystem ist das Great Barrier Reef ebenso artenreich wie der tropische Regenwald. Darüber hinaus ist es die größte von lebenden Organismen je geschaffene Struktur der Erde. Abermilliarden winziger Meerespolypen, primitive wirbellose Tiere, die eng mit Seeanemonen und Quallen verwandt sind, erbauten und bewohnen die Korallengebilde. Während ihres Lebenszyklus produzieren die fast ausschließlich von Plankton lebenden Korallenpolypen Kalk, aus dem sich becherförmige Gehäuse bilden. Tagsüber suchen die nachtaktiven Tierchen in den Kalksteinröhren Schutz. Im Laufe der Zeit verbinden sich die Kalkskelette unzähliger abgestorbener Polypen zu Korallenstöcken und Riffs, auf denen sich wiederum Kolonien lebender Korallenpolypen ansiedeln.

Das Great Barrier Reef ist ein lebender, im Wachsen begriffener Organismus. Zum Gedeihen benötigen die Korallenpolypen sauerstoff- und nährstoffreiches Salzwasser mit einer Mindesttemperatur von 20 °C und einem hohen Kalziumgehalt sowie ausreichenden Lichteinfall. Daher wachsen riffbildende Korallen nur in seichten Tropenmeeren. Das Great Barrier Reef ist schätzungsweise 20 bis 25 Mio. Jahre alt. Was Taucher und Schnorchler heute bewundern, ist aber relativ jungen Ursprungs, da der weitaus größere Teil der Kontinentalplatte, auf der sich die Riffkette erstreckt, während der letzten Eiszeit über dem Meeresspiegel lag. Der Aufbau des heutigen Barriereriffs auf älteren verkarsteten Riffteilen begann erst mit dem Anstieg des Meeresspiegels vor rund 10 000 Jahren. 1981 erklärte die UNESCO das Korallenbauwerk zum Welterbe der Menschheit.

Riffbewohner

Meeresbiologen haben am Great Barrier Reef annähernd 600 verschiedene Korallenarten gezählt. Korallen, die zu Türmen emporwachsen, zu Hirschgeweihen, Riesengehirnen, Bäumen und Trichtern. Die Korallengärten sind auch Tummelplätze für über 1500 Fisch- und 4000 Weichtierarten. Die meisten Tiere sind harmlos, andere wie Haie, Mantarochen oder die hochgiftigen Rotfeuer- und Steinfische können für Schwimmer, Schnorchler und Taucher gefährlich werden.

Weltwunder in Gefahr

Die tierischen und pflanzlichen Organismen bilden ein einzigartiges, aber auch überaus sensibles Ökosystem, in dem alle Komponenten exakt aufeinander abgestimmt sind. Schon der Flossenschlag eines unvorsichtigen Tauchers kann ein zerbrechliches Korallengebilde beschädigen oder zerstören. Doch nicht nur die negativen Auswirkungen des expandierenden Rifftourismus bereiten Ökologen Kopfzerbrechen, auch die Dornenkrone, ein giftiger Seestern, der die Korallenpolypen aus ihren schützenden Kalkgehäusen saugt und ganze Riffsektionen absterben lässt, bedroht den Bestand. Eine noch größere Gefahr

geht von den queensländischen Zuckerrohr- und Bananenplantagen aus. Von dort gelangen während der Monsunregen über Flüsse tonnenweise Pflanzenschutz- und Düngemittel ins Meer, die zum Absterben von Korallenstöcken führen. Auch die steigende Wassertemperatur, die zur sogenannten Korallenbleiche führt, setzt dem Naturwunder zu. In den kommenden 100 Jahren werden die Durchschnittswerte um etwa zwei Grad zulegen. Schon jetzt sind die Korallen an der oberen Grenze ihrer Temperaturtoleranz von 31 °C angelangt. Ob sie sich an die zu erwartende Erwärmung anpassen können, bleibt abzuwarten.

Wichtigste Inseln von Süd nach Nord ▶ 3, K/L 2–5

Lady Elliot Island

Obwohl sie die einzige Koralleninsel des Great Barrier Reef mit einer Landebahn ist, träumt die kleine Lady Elliot Island am südlichen Ende des Great Barrier Reef abseits des Massentourismus vor sich hin. Von Saumriffen mit einer artenreichen Meeresfauna und -flora umgeben, bietet die 93 km nordöstlich von Bundaberg gelegene Insel exzellente Bedingungen für Taucher und Schnorchler. An der Westküste des Eilands warnt seit 1873 ein Leuchtturm vor dem Riff – nicht immer mit Erfolg, wie zahlreiche Wracks beweisen, die heute beliebte Tauchspots darstellen.

Zwischen November und Februar schleppen sich große Meeresschildkröten zur Eiablage an die feinsandigen Strände. Gut zwei Monate später kann man beobachten, wie die jungen Schildkröten ins Meer krabbeln. In den Sommermonaten versammeln sich auf der Insel Zehntausende Seevögel, um sich zu paaren und ihre Jungen aufzuziehen.

Übernachten

Relaxtes Inselresort ▶ Lady Elliot Island Eco Resort: Tel. 07-55 36 36 44, 1800-07 22 00, www.ladyelliot.com.au. Anlage mit Bungalows und Safarizelten, Restaurant, Pool. DZ ab 165 A-$/Pers. (inkl. Halbpension).

Great Barrier Reef

Verkehr

Flüge: Tgl. kleine Propellermaschinen der Seair, Tel. 1800-07 22 00, von Bundaberg (30 Min.) und Hervey Bay (40 Min.); Achtung: nur 10 kg Freigepäck!

Lady Musgrave Island

Seeschwalben, Sturmtauchern und anderen Seevögeln dient auch Lady Musgrave Island 100 km nordöstlich von Bundaberg als Nistplatz. Die kleine unbewohnte Koralleninsel bezaubert mit unberührten Stränden und azurblauem, kristallklarem Wasser. Spektakuläre Korallenbänke garantieren unvergessliche Tauch- und Schnorchelerlebnisse. Zwischen August und Oktober sind in den Gestaden des Insel-Nationalparks Buckelwale zu sichten.

Übernachten

Camping ▶ Wer über Nacht bleiben will, muss ein eigenes Zelt und ausreichend Trinkwasser mitbringen und im Besitz eines *Permit* des Department of Environment sein (Gladstone District Office, Tank Street, Gladstone, Tel. 07-49 71 65 00, www.smartservice.qld.gov. au/aq).

Verkehr

Schiffsverbindungen: Während der Hauptsaison tgl., sonst mehrmals wöchentl. Ausflüge in einem Katamaran von Port Bundaberg (2,5 Std.) und Town of 1770 (1,5 Std.); Info: Lady Musgrave Cruises, Tel. 18 00-63 17 70, www.lmcruises.com.au, Erw. 175 A-$, Kinder 75 A-$, Familien 450 A-$.

Heron Island

Was Ferienprospekte gern vorgaukeln – auf Heron Island 80 km nordöstlich von Gladstone wird es Wirklichkeit: weiße Strände, kristallklares Wasser und großartige Korallengärten. Zudem beherbergt die ›Insel des weißen Reihers‹ eine artenreiche Vogelwelt, zu der Weißkopf-Noddies, Seeschwalben und Sturmtaucher gehören. Zwischen Oktober/November und Januar/Februar müssen sich Touristen die Strände mit Meeresschildkröten teilen, die hier ihre Eier ablegen. September ist der beste Monat, um vor der Küste der Koralleninsel Buckelwale zu beobachten. Aufgrund der einzigartigen Tierwelt wurde Heron Island über und unter Wasser zum Nationalpark erklärt. Es gibt eine meeresbiologische Forschungsstation der University of Queens-

Auf Heron Island ist das Great Barrier Reef zum Greifen nah

land, in der Besucher willkommen sind. Ein sehr lohnender Ausflug, der auf der Insel angeboten wird, führt zum **Wistari Reef.**

Übernachten

Exklusiv & naturnah ▶ **Heron Island Resort:** Tel. 1300-86 32 48, www.heronisland. com. Luxuriöse Bungalowanlage mit Gourmetrestaurant, Pool und Wellnesscenter. DZ 419–869 A-$ (all inclusive).

Verkehr

Flüge: Tgl. Helikopterflüge von Gladstone (30 Min.) mit Marine Helicopter Charters, Gladstone Airport, Tel. 07-49 78 17 77, www. austheli.com.

Schiffsverbindungen: Tgl. Katamaran von Gladstone (2 Std.); nur für Übernachtungsgäste. Buchung: Heron Island Resort,Tel. 1300-86 32 48.

Great Keppel Island

Die aus 16 Inseln bestehende Keppel-Gruppe verdankt ihren Namen James Cook, der bei einer seiner Entdeckungsfahrten diese Inselgruppe nach Admiral Augustus Keppel benannte. Auf der dicht bewaldeten, ca. 1450 ha großen Festlandinsel **Great Keppel Island,** etwa 50 km nordöstlich von Rockhampton, erstrecken sich ruhige Buchten mit traumhaften Stränden wie Butterfly Beach, Monkey Beach, Long Beach und Putney Beach. Viele der 17 Inselstände lassen sich nur mit dem Boot oder per pedes erreichen. Eine Wanderung führt vom schönen Fisherman's Beach zum Leuchtturm am Bald Rock Point. Bei der benachbarten **Middle Island** befindet sich ein Unterwasserobservatorium (Tel. 07-49 33 67 44, tgl. 8–17 Uhr, Boot ab Great Keppel Island tgl. 12.15 Uhr, Erw. 55 A-$, Kinder 27,50 A-$, Familien 137,50 A-$ inkl. Eintritt).

Infos

Im Internet: www.greatkeppel.com.au

Übernachten

Für jedes Budget ▶ **Great Keppel Holiday Village:** Tel. 1800-53 77 35, www.gkiholiday village.com.au. Von Safarizelten und Mehr-

bettzimmern über Hotelzimmer bis zu Bungalows. Im Mehrbettzimmer ab 35 A-$, DZ ab 90 A-$, Bungalow ab 170 A-$.

Verkehr

Schiffsverbindungen: Mehrmals tgl. Katamarane von Rosslyn Bay (40 Min.) mit Freedom Fast Cats, Rosslyn Bay Terminal, Tel. 07-49 33 68 88, www.freedomfastcats.com, ab 52 A-$. Zum Service gehört ein Zubringerbus ab Rockhampton.

Brampton Island

Die Festlandinsel vulkanischen Ursprungs, knapp 60 km vom Barrier Reef entfernt, zieht Taucher, Schnorchler und Unterwasserfotografen aus aller Welt an. Grund dafür sind die Korallengärten der Saumriffe, welche die 35 km nördlich von Mackay gelegene Insel umgeben. Ein ›Schnorchelpfad‹ leitet Besucher durch die attraktivsten Teile des Korallenriffs. Die Schönheit beschränkt sich aber nicht nur auf die submarine Welt, denn im Inselinnern setzt sich die Natur mit üppigem Regenwald prächtig in Szene. Ein Netz von Wanderwegen führt zu spektakulären Aussichtspunkten und malerischen Buchten. Bei Ebbe kann man zur benachbarten **Carlisle Island** laufen. Bootsausflüge führen zu den Whitsunday Islands und zum Outer Reef.

Übernachten

Tropisches Hideaway ▶ **Brampton Island Resort:** Tel. 18 00-18 02 209, www.brampton island-australia.com. Luxuriöse Ferienanlage, die sich harmonisch in die Umgebung einfügt; Restaurant, Pool, großes Sport- und Freizeitangebot. DZ ab 680 A-$ (all inclusive).

Verkehr

Flüge: Tgl. Helikopterflüge von Mackay (ca. 15 Min.) mit Marine Helicopter Charter, Tel. 07-49 51 08 88, www.austheli.com; keine Tagesausflüge.

Whitsunday Islands

Obwohl die 74 Inseln der Whitsunday-Gruppe zwischen 35 und 70 km vom äußeren Riff entfernt liegen, gehören sie wegen ihres ab-

Tipp: Tauchen leicht gemacht

Das Great Barrier Reef zählt zu den weltweit beliebtesten Unterwasserzielen. Nicht nur erfahrene Taucher, sondern auch Anfänger kommen hier auf ihre Kosten. Speziell für sie bieten Veranstalter in Cairns, Airlie Beach und anderen Ferienorten sogenannte Schnuppertauchgänge. Schon nach einer einstündigen theoretischen Einführung geht es ins Wasser. Unter der Aufsicht der hervorragend geschulten *Dive Masters* lernen selbst ängstliche Menschen, ja sogar Behinderte oder ältere Personen den Zauber der Unterwasserwelt kennen. Wer auf den Geschmack gekommen ist, kann einen Kurs mit Zertifikatsabschluss belegen. Einzige Bedingung sind eine durchschnittliche Fitness und ein ärztliches Zeugnis, in dem bescheinigt wird, dass man keine Herz-, Kreislauf- und Ohrenprobleme hat. Ein Grundkurs nach internationalen Prüfungsvorschriften mit dem *Open Water Certificate* als Abschluss dauert 5–7 Tage und kostet 400–500 €, inklusive Ausrüstung und Lehrmaterial. Auch weiterführende Kurse sind relativ preiswert.

wechslungsreichen Landschaftsbilds über Wasser und ihrer vielfältigen Flora und Fauna unter Wasser zu den touristischen Highlights des Great Barrier Reef. Schon Kapitän James Cook, der Namenspatron der Inseln, der hier an Pfingsten *(Whitsunday)* im Jahr 1770 vorbeisegelte, war zutiefst beeindruckt von der Schönheit der Meereslandschaft – hier steigen die schroffen Gipfel eines Unterwassergebirges steil aus dem Wasser auf, blenden weiße Sandstrände die Augen, laden romantische Lagunen zum Baden. Taucher und Schnorchler finden um die Whitsundays ein Unterwasserrevier, das Kenner zu den besten der Welt zählen. Die labyrinthartige Inselwelt ist auch ein Dorado für Segler, da frische Passatwinde das ganze Jahr hindurch für kräftigen Schub sorgen. In der für den Tourismus bestens erschlossenen

Region gibt es große Ferienanlagen im Stil der Gold Coast und weltvergessene Inselparadiese, wo man Robinson Crusoe spielen kann. Übrigens sind nur sieben der 74 Inseln des Archipels bewohnt.

Mit zwei 14-stöckigen Hoteltürmen, um die sich Apartmenthäuser, Restaurants und Geschäfte gruppieren, einer breit gefächerten touristischen Infrastruktur und internationalem Flughafen ist **Hamilton Island** 18 km südöstlich von Shute Harbour das beste Beispiel für ein künstliches Urlaubsparadies, in dem kaum ein Wunsch unerfüllt bleibt. Sportive erwartet ein vielfältiges Freizeitangebot, und Kinder begeistert ein kleiner Tierpark mit Kängurus, Koalas und Krokodilen. Ein Traumziel für Frischverliebte ist das romantische **Heart Reef,** eine Koralleninsel bei Hamilton Island, die aus der Vogelperspektive wie ein Herz aussieht. Tauch- und Schnorchelexkursionen zum **Hardy Reef** entführen Besucher in eine Welt voller bunter Fischschwärme und leuchtender Korallengärten.

Eines der luxuriösesten Resorts des pazifischen Raums versteckt sich auf **Hayman Island** 27 km nördlich von Shute Harbour. Inmitten von Regenwald und Palmhainen erstreckt sich an einer Korallenlagune ein mondänes Strandhotel für Urlauber, die sich die ›kostbarsten Tage des Jahres‹ gerne einiges kosten lassen.

Lindeman Island 35 km südöstlich von Shute Harbour kann mit idyllischen Buchten und traumhaften Puderzuckerstränden jeder Karibikinsel Konkurrenz machen. Abwechslung zum Strandleben bieten Wanderungen in das regenwaldbedeckte, bergige Innere des Insel-Nationalparks.

Ähnlich wie auf Lindeman Island sind auf **South Molle Island** 6 km nordöstlich von Shute Harbour die Freizeit- und Sportangebote ebenso vielfältig wie die Unterkunftsmöglichkeiten. Das zum Nationalpark erklärte Eiland, eines der beliebtesten Urlaubsziele der Region, ist eine reine Fußgängerinsel, deren bergiges Innere Wanderpfade durchziehen. Ein herrliches Panorama genießt man vom Mount Joffrey, dem mit 198 m höchsten Gipfel der Insel.

Bei jüngeren Leuten sehr beliebt ist **Long Island** 8 km südöstlich von Shute Harbour. Die Strände der zum Nationalpark erklärten Insel sind vom Feinsten. Zudem durchzieht das regenwaldbedeckte Eiland ein Netz von Wanderpfaden.

Palmen säumen die blendend weißen Korallenstrände von **Daydream Island** 4 km nordöstlich von Shute Harbour. Die ruhige Ferienanlage fügt sich harmonisch in die tropische Wildnis ein und wurde wiederholt mit dem australischen Ökotourismuspreis ausgezeichnet.

Mit Tropengrün und tief eingeschnittenen Buchten präsentiert sich auch **Hook Island** 22 km nordöstlich von Shute Harbour als ein Paradies für Naturliebhaber. Ausgezeichnete Tauch- und Schnorchelmöglichkeiten bietet die Manta Ray Bay im Norden der Insel.

Viele der anderen Eilande der Whitsundays entsprechen dem Klischee tropischer Trauminseln. Als der wohl schönste Strand gilt der 6 km lange Whitehaven Beach (s. Abb. S. 330) aus Quarzsand auf **Whitsunday Island** 16 km östlich von Shute Harbour, der größten Insel der Region.

Übernachten

Edles Hideaway ▶ Qualia Great Barrier Reef: Hamilton Island, Tel. 1300-78 09 59, www.qualia.com.au. Relativ neues Luxusresort mit 60 komfortablen Pavillons in exklusiver Lage an der Nordspitze von Hamilton Island; Gourmetrestaurants, Wellnesscenter. DZ 995–1650 A-$.

Exklusives Inselparadies ▶ Hayman Island Resort: Tel. 07-49 40 18 38, 1800-12 23 39, www.hayman.com.au. Tropisches Hideaway mit eleganten Zimmern, Gourmetrestaurants, spektakulären Pools, Wellnesscenter sowie vielfältigen Sport- und Ausflugsmöglichkeiten. DZ 730–1480 A-$.

Ruhiges, kleines Resort ▶ Peppers Palm Bay Hideaway Resort: Long Island, Tel. 07-56 65 44 26, 1300-73 74 44, www.peppers.com.au/palmbay. Ruhige Anlage mit gemütlichen Bungalows im polynesischen Stil an einem herrlichen Sandstrand, mit Restaurant und Pool. DZ ab 425 A-$ (inkl. Frühstück).

Entspannt & leger ▶ South Molle Island Resort: Tel. 07-49 69 43 33 und 1800-46 64 44, www.southmolleisland.com.au. Familienfreundlich, Restaurant, Pool, großes Freizeitangebot. DZ ab 425 A-$ (all inclusive).

Familienfreundlich & ökologisch ▶ Daydream Island Resort: Tel. 07-49 48 84 88, 1800-07 50 40, www.daydreamisland.com. Nach ökologischen Aspekten konzipierte, familienfreundliche Anlage mit mehreren Restaurants und Pools sowie großem Sport- und Freizeitangebot. DZ ab 395 A-$.

Hotelstadt am Riff ▶ Hamilton Island Resort: Tel. 07-49 46 99 99 und 13 73 33, www.hamiltonisland.com.au. Modernes Resort mit Wohneinheiten unterschiedlicher Größe und Qualität und vielfältigen Freizeitmöglichkeiten. DZ ab 245 A-$.

Für Aktivurlauber ▶ BreakFree Long Island Resort: Tel. 07-49 46 94 00, 1800-07 51 25, www.longislandresort.com.au. Komfortables Strandhotel; Restaurant, Pool, großes Freizeitangebot. DZ ab 230 A-$.

Bodenständig ▶ Hook Island Wilderness Resort: Tel. 07-49 46 93 80, www.hookisland resort.com. Ferienanlage im Stil einer Jugendherberge, mit Campingplatz. DZ ab 115 A-$, im Mehrbettzimmer ab 39 A-$/Pers.

Aktiv

Bootstouren, Schnorcheln etc. ▶ Cruise Whitsundays: Tel. 07-49 46 46 62, 1800-42 64 03, www.cruisewhitsundays.com. Tagesausflüge mit dem Katamaran von Shute Harbour und Hamilton Island zum Hardy Reef, wo die große Plattform **Reefworld** verankert ist. Den Besuchern bieten sich viele Möglichkeiten, die märchenhafte submarine Welt des Great Barrier Reef kennenzulernen, auch Nichtschwimmer und Familien mit Kindern kommen nicht zu kurz – sei es beim Schnorcheln, bei Fahrten in Glasbodenbooten, beim Besuch des Unterwasserobservatoriums oder bei Helikopter-Rundflügen (tgl. 8 Uhr ab Shute Harbour, tgl. 9 Uhr ab Hamilton Island, Erw. 225 A-$, Kinder 99 A-$, Familien 630 A-$). Wer möchte, kann auf der Reefworld-Plattform auch übernachten (pro Person im DZ 449 A-$, im Mehrbettzimmer 399 A-$).

Great Barrier Reef

Rundflüge ▶ **Heliaust:** Hamilton Island, Tel. 07-49 46 82 49, www.heliaust.com.au. Das Outer Reef von oben (ab 115 A-$).

Verkehr

Flüge: Tgl. Direktflüge nach Hamilton Island mit Qantas, Jetstar und Virgin Australia von Sydney, Brisbane, Townsville, Mackay, Cairns und anderen Städten an der Ostküste sowie von Melbourne.

Schiffsverbindungen: Cruise Whitsundays, Shute Harbour, Tel. 07-49 46 46 62, 1800-42 64 03. Tgl. Tagesausflüge und Transfers in Katamaranen von Airlie Beach und Shute Harbour nach Hamilton Island und South Molle Island. Whitsunday Water Taxis, Shute Harbour, Tel. 07-49 46 94 99. Tagesausflüge und Transfers in Motorjachten von Shute Harbour nach Long Island sowie von Shute Harbour und Airlie Beach nach Daydream Island. Whitsunday Connections, Shute Harbour, Tel. 07-49 46 69 00. Tagesausflüge und Transfers in Katamaranen von Shute Harbour nach Hook Island. Vom Hamilton Island Airport gibt es Transfers per Motorjacht zu allen anderen bewohnten Inseln. Spezielle Wassertaxis verkehren auch von Shute Harbour nach Hayman Island.

Magnetic Island

Eine knappe halbe Stunde dauert die Fahrt in einem Katamaran von Townsville nach Magnetic Island. Die dicht bewaldete, bergige Festlandinsel, auf der rund 2500 Menschen ständig leben, gilt offiziell als ein Vorort der Hauptstadt von North Queensland. In der idyllischen **Picnic Bay** im Süden und in der kilometerlangen, hufeisenförmigen **Horseshoe Bay** im Norden kann man Badefreuden im Meer genießen. Gut schnorcheln lässt es sich in der **Alma Bay, Arthur Bay** und **Florence Bay** an der Ostküste. In der ebenfalls im Osten gelegenen **Nelly Bay** und **Geoffrey Bay** führen von küstennahen Punkten zwei mit Bojen markierte ›Schnorchelpfade‹ bis zu 400 m hinaus aufs Meer. Abwechslung vom Beach Life bieten Wanderungen im **Magnetic Island National Park,** der einen Großteil des von Granitmassiven geprägten Inselin-

neren einnimmt. Sehr zu empfehlen ist die kurze Strecke von der Radical Bay über die von Granitfelsen flankierte Balding Bay zur Horseshoe Bay, auf der man großartige Küstenszenerien genießt (3 km/1 Std.).

Infos

The Island Travel Centre: The Esplanade, Picnic Bay, Tel. 18 00-67 84 78 und 07-47 78 51 55, www.magnetic-island.com.au, Mo–Fr 8–16.30, Sa, So 8–13 Uhr.

Übernachten

Komfortables Familienresort ▶ **All Seasons Magnetic Island Resort:** 61 Mandalay Ave., Nelly Bay, Tel. 07-47 78 52 00, 1300-65 65 65, www.accorhotels.com.au. Familienfreundliches Ferienhotel in einem üppigen Tropengarten, mit Restaurant und Pool, etwa 800 m zum Strand. DZ 155–275 A-$.

Von Tropengrün umgeben ▶ **Magnetic Island Tropical Resort:** 56 Yates St., Nelly Bay, Tel. 07-47 78 59 55, 1800-06 91 22, www.magneticislandresort.com. 30 Chalets im polynesischen Stil in einem schönen Tropengarten; Pool, Bar und Restaurant, familienfreundlich. DZ ab 125 A-$.

Bungalows am Strand ▶ **Island Leisure Resort:** 4 Kelly St., Nelly Bay, Tel. 07-47 78 50 00, www.islandleisure.com.au. Familienresort mit 17 komplett ausgestatteten Bungalows nur wenige Schritte vom Strand. DZ 119–179 A-$.

Für Budget-Reisende ▶ **Base Backpackers Magnetic Island:** 1 Nelly Bay Rd., Nelly Bay, Tel. 07-47 78 57 77, 1800-24 22 73, www.stayatbase.com. Besonders bei jugendlichen Reisenden beliebt, mit originellen Holzhütten, direkt am Strand. DZ ab 115 A-$, im Mehrbettzimmer ab 25 A-$/Pers.

Verkehr

Fähren: Zwischen Townsville (vom Breakwater Ferry Terminal oder vom The Strand Terminal) und Magnetic Island pendeln mehrmals tgl. 6–19 Uhr Fähren. Infos: Sealink, Tel. 07-47 26 08 00, www.sealinkqld.com.au; Magnetic Island Passenger & Car Ferry, Tel. 07-47 96 93 00, www.magneticislandferry.com.au.

Transport auf der Insel: Wegen der hohen Transportkosten (ab 100 A-$) lohnt es sich für Tagesausflügler kaum, den eigenen Wagen mitzubringen, zumal man in Picnic Bay Autos (Mini Mokes z. B. bei Moke Magnetic, Tel. 07-47 78 53 77), Mopeds und Fahrräder leihen kann. Es gibt auf der Insel auch Linienbusse (Sunbus, Tel. 07-47 78 51 30, www.sunbus. com.au, tgl. 5.30–19 Uhr).

Orpheus Island

Mit blendend weißen Sandstränden, die von Granitfelsen gesäumt werden, Korallenriffen und einem tropisch überwucherten Inselinnern erfüllt Orpheus Island 38 km östlich von Ingham Trauminsel-Kriterien. Auf der zweitgrößten Insel der **Palm Islands,** die über und unter Wasser als Nationalpark geschützt ist, befindet sich eine meeresbiologische Forschungsstation der James Cook University von Townsville. Besucher erfahren bei einer Führung Wissenswertes über die Ökologie des Naturreservats.

Übernachten

Exklusives Hotelparadies ▶ Orpheus Island Resort: Tel. 07-47 77 73 77, www.or pheus.com.au. Tropisches Luxus-Hideaway mit allem erdenklichen Komfort, Kinder unter 15 Jahren sind als Gäste unerwünscht. DZ 900–1800 A-$ (all inclusive).

Verkehr

Flüge: Mehrmals tgl. Wasserflugzeug von Townsville (30 Min.) und Cairns (60 Min.) mit Seair Pacific, Tel. 07-47 71 27 24; keine Tagesausflüge.

Hinchinbrook Island

Aufgrund ihrer Abspaltung von der australischen Landmasse nach der letzten Eiszeit vor 10 000 Jahren hat sich auf Hinchinbrook Island, der mit 400 km² größten Insel des Great Barrier Reef, eine Pflanzenwelt entwickelt, die sich von jener des Festlands erheblich unterscheidet. Besuchern präsentiert sich der größte Insel-Nationalpark der Welt mit Wasserfällen, Stränden und dicht bewachsenen Bergen, die bis zu 1100 m in den Tropenhimmel ragen, als eine Schatztruhe der Natur. Die Mangrovensümpfe und -wälder, welche die Küsten säumen, sind ein Refugium für Vögel und zugleich das Reich des *Crocodylus porosus,* dem Salzwasser- oder Leistenkrokodil. Entlang der Ostküste, von der Ramsey Bay im Norden bis zum George Point im Süden, führt der 32 km lange **Thorsborne Trail.** Wildniswanderer können sich nach vorheriger Absprache am Zielpunkt von einem Boot abholen lassen.

Aktiv

Wandern ▶ Für den **Thorsborne Trail** an der Ostküste braucht man eine Genehmigung des National Parks & Wildlife Service, Cardwell, Tel. 07-40 66 86 01, www.nprsr.qld.gov. au, die rechtzeitig beantragt werden sollte.

Verkehr

Schiffsverbindungen: Tgl. Ausflugsboote von Cardwell und Lucinda zum Cape Richards und durch schmale, von Mangroven gesäumte Kanäle weiter bis nahe Ramsey Bay. Auskünfte: Hinchinbrook Island Cruises, Port Hinchinbrook, Tel. 07-40 66 86 01, www. hinchinbrookislandcruises.com.au; Hinchinbrook Wilderness Safaris, Lucinda, Tel. 07-47 77 83 07, www.hinchinbrookwilderness safaris.com.au; beide Firmen übernehmen auch den Transfer von Buschwanderern.

Bedarra Island

Die dicht bewaldete und hügelige Festlandinsel 6 km südöstlich von Mission Beach ist ein Fluchtpunkt für gut betuchte Ruhesuchende. Maximal 32 Gäste dürfen die Einrichtungen der einzigen Hotelanlage genießen, eine der weltweit exklusivsten dieser Art, in der Tagesgäste ebenso wenig erwünscht sind wie Kinder unter 15 Jahren.

Übernachten

Ultimativer Luxus ▶ East Bedarra Great Barrier Reef Island Retreat: Tel. 07-40 67 53 11, www.eastbedarra.com.au. 16 luxuriöse Strandvillen, Gourmetrestaurant sowie vielfältige Sport- und Freizeitmöglichkeiten. Villa ab 1540 A-$ (all inclusive).

Great Barrier Reef

Verkehr

Schiffsverbindungen: Nach Bedarf Motorboote von Dunk Island (s. u.) und ab Clump Point bei Mission Beach.

Dunk Island

Für manchen wird auf Dunk Island ca. 5 km südöstlich von Mission Beach der Traum vom Tropenparadies Realität. Der vielfältigen Meeresfauna um die Korallenbänke entspricht über Wasser eine abwechslungsreiche Landschaft mit palmenbestandenen Sandstränden und dicht bewaldeten, zerklüfteten Bergrücken. Unter den bunten Schmetterlingen, die in dem Insel-Nationalpark umherflattern, fällt der Blaue Ulysses auf, der zweitgrößte Schmetterling Australiens und zugleich eines der Wahrzeichen von Queensland.

Das von einem Wegenetz durchzogene Inselinnere ist ein Paradies für Wanderer. Wer gut zu Fuß ist, besteigt den 271 m hohen **Mount Kootaloo** (hin und zurück 2 Std.). Man kann die Tour auch zu einer Rundwanderung ausweiten, die vom Mount Kootaloo über das Palm Valley zum Coconut Beach und zurück zur Bootsanlegestelle führt (ca. 5 Std.). Der ideale Ort für Robinsonaden ist die nahe **Purtaboi Island.**

Übernachten

Komfortables Familienresort ▶ **Dunk Island Resort:** Tel. 1300-13 40 44, www.dunk-island.com. Familienfreundliches Bungalowhotel am Sandstrand der Brammo Bay mit Restaurant, Pool, Neun-Loch-Golfplatz, Wellnesscenter und Kinderclub. Wegen Renovierungsarbeiten derzeit geschlossen, nur Camping und Tagesgäste. DZ ab 600 A-$.

Verkehr

Flüge: Tgl. Flüge der MacAir von Townsville und Cairns (40 Min.).
Schiffsverbindungen: Tgl. Wassertaxis ab Mission Beach, z. B. Mission Beach Dunk Island Water Taxi, Tel. 07-40 68 83 10, www.missionbeachwatertaxi.com. Das gleiche Unternehmen bietet Mo, Mi, Fr 12.30–15.30 Uhr Ausflüge nach Dunk Island an (Erw. 50 A-$, Kinder 25 A-$).

Fitzroy Island

Vor allem Taucher und Schnorchler zieht es nach Fitzroy Island 26 km östlich von Cairns, denn die mit dichtem Regenwald überwucherte Festlandinsel wird von märchenhaften Saumriffen umgeben. Aber auch für Wanderer ist gesorgt: Der Lighthouse Circuit Walk führt zu einem Leuchtturm am Nordostkap (Rundweg 3,6 km/2 Std.), der Summit Trail auf den 266 m hohen Mount Fitzroy, von dem sich ein herrliches Panorama bietet (Rundweg 1,5 km/1,5 Std.). Besucher sind im **Turtle Rehabilitation Centre** willkommen, in dem verletzte und kranke Seeschildkröten versorgt werden. Man kann den Tierpflegern bei ihrer Arbeit über die Schulter schauen oder auch selbst anpacken und mithelfen. Bootsausflüge führen zum nahen Moore Reef mit traumhafter Unterwasserwelt.

Übernachten

Unterkünfte für jedes Budget ▶ **Fitzroy Island Resort:** Tel. 07-40 44 67 00, www.fitzroyisland.com. Luxuriöse Ferienanlage mit erlesen ausgestatteten Zimmern und Apartments, mehreren Restaurants und Pools, Wellness- und Fitnesscenter; angeschlossen ist auch eine Camp Site mit Safarizelten. DZ 195–650 A-$, Camp Site ab 32 A-$/Pers.

Verkehr

Schiffsverbindungen: In der Hochsaison tgl. Boote ab Cairns, z. B. mit Sunlover Cruises, Tel. 1800-81 05 12, www.sunlover.com.au (60 Min., Erw. ab 69 A-$, Kinder ab 34,50 A-$, Familien ab 182,50 A-$).

Green Island

Die auf dem Barrier Reef gelegene Green Island, ein beliebtes Ziel für Tagesausflüge vom 27 km entfernten Cairns, bietet Reisenden in Eile die bequemste und schnellste Möglichkeit, sich einen Eindruck vom Great Barrier Reef zu verschaffen. Allerdings ist der Inselwinzling aufgrund seiner Nähe zu Cairns sehr überlaufen. Ausgezeichnet schnorcheln kann man in den Korallengärten um die Insel. Im Unterwasserobservatorium an der Bootsanlegestelle taucht man in die submarine Welt ab, ohne dabei nass zu werden. Wasserscheuen bietet zudem ein Glasbodenboot ein ›Taucherlebnis‹ im Trockenen. Das Programm rundet ein Besuch der Krokodilfarm Marineland Melanesia im Herzen der Insel ab.

Übernachten

Inselklassiker ▶ **Green Island Resort:** Tel. 07-40 31 33 00, 1800-67 33 66, www.green islandresort.com.au. Unter ökologischen Aspekten konzipierte Anlage mit luxuriösen Zimmern, Gourmetrestaurant, Pool und vielfältigem Freizeitangebot. DZ ab 650 A-$ (inkl. Transfer).

Verkehr

Schiffsverbindungen: In der Saison tgl. zahlreiche Ausflugsboote von Cairns (1 Std.). Infos: Big Cat Cruises, Tel. 07-40 51 04 44, www.greenisland.com.au, Erw. ab 84 A-$, Kinder ab 42 A-$, Familien ab 210 A-$; Great Adventure Cruises, Tel. 1800-07 90 80, www. greatadventures.com.au, Erw. ab 84 A-$, Kinder ab 42 A-$, Familien ab 210 A-$.

Michaelmas Cay

Michaelmas Cay und die nahe **Upolu Cay** 40 km nordöstlich von Cairns sind zwei Vogelparadiese mit großen Brutkolonien von Seeschwalben, Sturmtauchern und anderen Wasservögeln. Besucher dürfen sich nur in einer markierten *Viewing Area* aufhalten. Das **Hastings Reef** nordöstlich von Michaelmas Cay ist ein wahres Eldorado für Taucher und Schnorchler.

Verkehr

Schiffsverbindungen: Während der Saison tgl. mehrere Boote von Cairns (2 Std.), z. B. mit Ocean Spirit Cruises, Tel. 07-40 44 99 44, www.oceanspirit.com.au (Erw. 182 A-$, Kinder 132 A-$, Familien 502 A-$).

Low Isles

Die Low Isles 18 km nordöstlich von Port Douglas sind zwei kleine Inseln, die häufig von Tagesausflüglern besucht werden. Gesäumt von Korallenbänken, bietet Low Island beste Tauch- und Schnorchelmöglichkeiten.

Die 700 m lange **Woody Island** wird zu einem großen Teil von Mangroven gesäumt.

Verkehr

Schiffsverbindungen: Während der Hochsaison tgl. Ausflugsboote ab Port Douglas (30–60 Min.), z. B. mit dem Segelkatamaran von Sail Away Cruises, Tel. 07-40 99 47 72, 1800-08 56 74, www.sailawayportdouglas. com (Erw. 215 A-$, Kinder 130 A-$, Familien 560 A-$).

Lizard Island

Lizard Island 97 km nordöstlich von Cooktown bietet nicht nur Postkartenstrände und eine spektakuläre Unterwasserwelt, sondern auch ein zerklüftetes Inselgebirge. Eine etwas anstrengendere Wanderung (hin und zurück 5 km/2 Std.) hat den 368 m hohen **Cook's Lookout** zum Ziel. Lohn der Mühe ist ein Ausblick über das Korallenmeer bis zu den Regenwäldern der Cape York Peninsula. Im September und Oktober ist Lizard Island Treffpunkt von Sportfischern aus aller Welt, die sich das *Game Fishing* auf den Blue Marlin leisten können. Neben einem Meeresforschungsinstitut befindet sich auf der Insel ein luxuriöses Resort. Die Exklusivität des Hideaway wussten schon Prinz Charles, Rod Stewart und George Harrison zu schätzen. Für weniger Betuchte gibt es im Insel-Nationalpark Campingplätze.

Übernachten

Promi-Abstieg ▶ **Lizard Island Resort:** Tel. 13 00-86 32 48, www.lizardisland.com. au. Exklusive Unterkunft für etwas betuchtere Menschen, unter den Gästen sind viele Prominente; keine Kinder unter 10 Jahren. Bungalow 1519–3419 A-$ (all inclusive).

Camping ▶ Mit Genehmigung des National Parks & Wildlife Service (Tel. 07-40 69 57 77) darf man auf dem einfachen Watsons bay Campground im Lizard Island National Park zelten.

Verkehr

Flüge: Tgl. Verbindungen ab Cairns (1 Std.) mit MacAir Airlines.

Märchenwald bei den St. Columba
Falls, tasmanische Ostküste

Kapitel 5

Tasmanien

Durch die 240 km breite Bass Strait vom australischen Festland getrennt, liegt die Insel Tasmanien vor der Küste von Victoria. Zwar gehört der kleine Annex geologisch gesehen zum riesigen Australien, doch präsentiert sich das Landschaftsbild der Insel ganz und gar ›unaustralisch‹. Auf Tasmanien gibt es keine weiten Savannenebenen und sich bis zum Horizont ausdehnenden roten Halbwüsten. Vielmehr konzentriert sich auf einer Fläche, die ungefähr derjenigen Bayerns entspricht, ein großes Spektrum unterschiedlichster Landschaftstypen.

Die am dichtesten besiedelten Regionen, der Südosten und die Nordküste, werden durch Felder, Wiesen und Weiden geprägt und erinnern, ebenso wie die leicht bewaldeten Midlands zwischen Hobart und Launceston, ein wenig an das ländliche England. Die Küste im Osten mit imposanten Klippenszenerien ähnelt der irischen, während das zentrale Hochland mit Gletscherseen und Mooren eher skandinavischen Landschaften gleicht. Allein der Südwestteil der Insel, eine fast unberührte Wildnis aus regenwaldüberwucherten Bergen, findet in Europa kein landschaftliches Pendant. Auch die rund 500 000 ›Tassies‹ sind anders als die Aussies vom Festland. Zu-

meist britischer Abstammung, legen sie auch heute noch großen Wert auf die Traditionen des ehemaligen Mutterlands.

Wegen des niederschlagsreichen Klimas ohne starke Temperaturextreme ist Tasmanien eine üppig grüne Insel. Geografisch und biologisch sind weite Regionen des ›wilden Westens‹ von Tasmanien Naturlandschaften wie aus dem Bilderbuch. Große Teile der Urwälder dürfte kaum je ein Mensch betreten haben, und Wissenschaftler finden hier immer noch Tiere und Pflanzen, die bislang noch kein Bestimmungsbuch nennt.

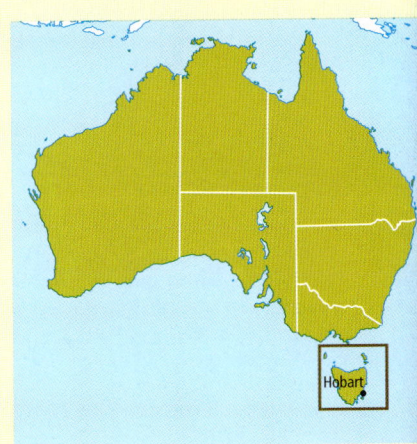

Tasmanien

Sehenswert

14 **Hobart:** Die ruhige Inselhauptstadt besticht durch eine herrliche Lage und ein eindrucksvolles Ensemble georgianischer Bauwerke (s. S. 408).

Port Arthur: Die ehemalige Strafkolonie ist eine der bedeutendsten historischen Stätten Australiens (s. S. 421).

Launceston: Historische Häuser und Kirchen im georgianischen Stil sowie schöne Parkanlagen machen die Stadt am Tamar River auf Anhieb sympathisch (s. S. 426).

15 **Cradle Mountain-Lake St. Clair National Park:** Der Nationalpark im zentralen Hochland gilt als eines der besten Trekking-Reviere des Kontinents (s. S. 431).

Schöne Routen

Tasman Highway: Von Hobart führt der Tasman Highway, großteils der Ostküste folgend, nach Launceston. Beinahe alle landschaftlichen Variationen, die Tasmanien zu bieten hat, sieht man auf diesen 435 schönsten Straßenkilometern der Insel (s. S. 420).

Lyell Highway: Die Fahrt auf dem Lyell Highway zwischen Queenstown und Derwent Bridge hinterlässt einen nachhaltigen Eindruck von der ungezähmten Wildnis des Franklin-Gordon Wild Rivers National Park und Cradle Mountain-Lake St. Clair National Park (s. S. 437).

Meine Tipps

Seafood-Restaurants am Victoria Dock in Hobart: Nirgendwo genießt man Meeresspezialitäten frischer als dort, wo der Tagesfang angelandet wird (s. S. 409).

Tahune Forest Air Walk: Spaziergang auf einem Laufsteg in 40 m Höhe durch die Wipfel majestätischer Urwaldriesen (s. S. 418)

Übernachten im Leuchtturm: Der Leuchtturm auf Bruny Island ist das ideale Hideaway für Frischverliebte (s. S. 419).

West Coast Wilderness Railway: Nostalgische Zugfahrt durch herrliche Landschaft von Strahan nach Queenstown (s. S. 430).

Bootstrip auf dem Macquarie Harbour: Auf den Armen des fjordähnlichen Naturhafens dringt man tief in den Regenwald mit seinen uralten Huon-Kiefern ein (s. S. 437).

aktiv unterwegs

Overland Track: Als Nonplusultra unter den im Cradle Mountain-Lake St. Clair National Park möglichen Routen gilt dieser 65 km lange Buschpfad, der von Nord nach Süd einmal quer durch den Nationalpark führt und dabei sämtliche Vegetationszonen der Region passiert (s. S. 432).

Manche Australier bespötteln die südlichste Großstadt des Fünften Kontinents als ein ›Gefängnis der Langeweile‹, doch dank ihrer grandiosen Lage am Fuße steil aufragender Berge gilt die rund 220 000 Einwohner zählende Inselkapitale als eine der schönsten Städte in Australien.

Als Kapitänleutnant David Collins 1804, knapp 16 Jahre nach Ankunft der ersten Flotte in Sydney, im Mündungsdelta des River Derwent Hobart gründete, hätte er sich keinen schöneren Platz für die Inselhauptstadt aussuchen können. Umgeben von Wasser und überragt vom 1270 m hohen Mount Wellington wirkt die zu Ehren des damaligen Kolonialministers Lord Hobart benannte Stadt auf Anhieb sympathisch. Zum Charme von Hobart tragen rund 100 historische Bauwerke bei, die als das besterhaltene Ensemble georgianischer Architektur des Landes gelten und der Kapitale den Beinamen ›größtes Freilichtmuseum von Australien‹ eingebracht haben. Trotz einiger moderner Hochhäuser im Zentrum hat sich die rund 220 000 Einwohner zählende Inselhauptstadt ein beinahe kleinstädtisches Flair bewahren können.

Innenstadt ▶ 2, D 5

Cityplan: S. 410

Man könnte das am Westufer des River Derwent gelegene, sehr kompakte Zentrum mit dem historischen Stadtkern mühelos in einigen Stunden durchstreifen. Es lohnt sich aber, für die Erkundung dieser interessanten Stadt mindestens einen Tag einzuplanen.

Der frische Fang wird am Victoria Dock angelandet und gleich vor Ort verkauft

Sullivans Cove

Ein guter Ausgangspunkt für einen Stadtrundgang ist der Hafen an der Sullivans Cove. Am **Victoria Dock** `1` legen Fischtrawler an, am benachbarten **Constitution Dock** `2` starten Ausflugsboote zu Fahrten auf den breiten Mündungstrichter des River Derwent. Gegen Jahresende quillt der kleine Hafen über vor Menschen, die dem Ausgang der Sydney-Hobart-Regatta entgegenfiebern.

Restaurierte alte Lagerhäuser reihen sich entlang der Hunter Street nördlich des Victoria Dock. Eines von ihnen beherbergt das **Centre for the Arts** `3`, die Kunsthochschule der University of Tasmania. Im Untergeschoss der Akademie zeigt die **Plimsoll Gallery** Gegenwartskunst (Tel. 03-62 26 43 09, tgl. 12–17 Uhr, Eintritt frei).

Maritime Museum of Tasmania `4`

Das beim Constitution Dock gelegene **Maritime Museum of Tasmania** dokumentiert die Geschichte der tasmanischen Seefahrt und des Walfangs (16 Argyle St., Tel. 03-62 34 14 27, www.maritimetas.org, tgl. 9–17 Uhr, Erw. 9 A-$, Kinder 4 A-$, Familien 18 A-$).

Macquarie Street

Nur wenige Fußminuten sind es von hier zur Macquarie Street, die von schönen georgianischen Gebäuden gesäumt wird. Randvoll mit Fossilien, Steinen und präparierten Tieren präsentiert sich das **Tasmanian Museum and Art Gallery** `5` als eine Schatzkiste der Naturwissenschaft. Es besitzt zudem eine hervorragende Sammlung zur Kultur der tasmanischen Ureinwohner. Die angegliederte Kunstgalerie zeigt einen Querschnitt australischer Malerei von der ›Klassik‹ bis zur Moderne (40 Macquarie St., Tel. 03-62 11 41 34, tmag.tas.gov.au, tgl. 10–17 Uhr, Eintritt frei).

An der Ecke Macquarie/Elizabeth Streets stehen sich zwei Renaissance-Doubletten gegenüber: die **Town Hall** `6` von 1864 sowie das vier Jahre später errichtete **General Post Office** `7`. Das Herz des historischen Stadtkerns schlägt am **Franklin Square** `8`, den alte Platanen säumen. Eine Bronzesta-

tue erinnert an Admiral Sir John Franklin, von 1837 bis 1843 Gouverneur von Tasmanien.

State Library Building

Kunstinteressierte sollten einen Abstecher in westliche Richtung unternehmen. Über die **Cat and Fiddle Arcade** `9`, eine zwischen Elizabeth Street und Murray Street verlaufende Ladenstraße, in der bunte Figuren aus alten Kinderliedern den Flaneuren beim Einkaufsbummel zugucken, gelangt man zum **State Library Building** `10`. Neben der Staatsbibliothek und dem Staatsarchiv beherbergt der Bau auch die Allport Library mit dem **Museum of Fine Arts,** das Tasmaniens größte Sammlung von historischen Möbeln, Tafelsilber, Glas, Keramik, Büchern, Gemälden und anderen Antiquitäten zeigt (91 Murray St., Tel. 03-61 65 55 84, Mo–Fr 9.30–17, Sa 9.30–14 Uhr, Eintritt frei).

Salamanca Place

Vorbei an der neogotischen **St. Davids Cathedral** `11`, einem eindrucksvollen Beispiel kolonialer Sakralarchitektur, und dem klassizistischen **Parliament House** `12` von 1840 (Murray St., Tel. 03-62 33 56 98, kostenlose Führungen an sitzungsfreien Tagen Mo–Fr 10, 14 Uhr) geht es zum **Salamanca Place** `13`. Die Reihe der einfachen, von Sträflingen in den 1830er-Jahren errichteten Sandsteinhäuser, die den Kai säumt, gilt als eines der schönsten Ensembles kolonialer Bauten aller australischen Hafenstädte. Heute beherbergen die Pinten und Kaschemmen, Kontore und Speicher aus der Zeit der Walfänger diverse Läden, Cafés und Restaurants. Samstagvormittags verwandelt sich der Salamanca Place in einen Festplatz der Farben, Gerüche und Töne, wenn ein großer **(Floh-)Markt** stattfindet.

Battery Point

Zwischen zwei Sandsteingebäuden führen die ausgetretenen **Kellys Steps** zum Altstadtareal von Battery Point, das sich auf einem Hügel über dem Salamanca Place ausbreitet. Einst die Gegend der ›kleinen Leute‹, der Matrosen und Dockarbeiter, ist das liebevoll restaurierte Viertel, das seinen Namen nach ei-

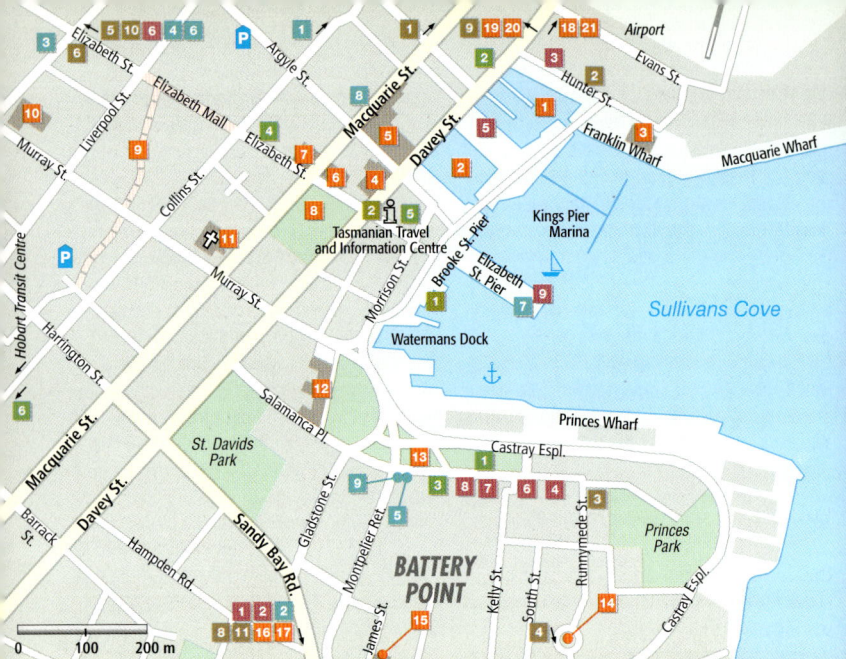

Hobart

Sehenswert

1. Victoria Dock
2. Constitution Dock
3. Centre for the Arts
4. Maritime Museum
5. Tasmanian Museum and Art Gallery
6. Town Hall
7. General Post Office
8. Franklin Square
9. Cat and Fiddle Arcade
10. State Library Building
11. St. David's Cathedral
12. Parliament House
13. Salamanca Place
14. Arthur Circus
15. Narryna Heritage Museum
16. Mount Nelson
17. Tudor Court Model Village
18. Royal Tasmanian Botanical Gardens
19. Runnymodo Houoo
20. MONA
21. Cadbury Chocolate Factory

Übernachten

1. Corinda's Cottages
2. The Henry Jones Art Hotel
3. Lenna of Hobart
4. Barton Cottage
5. The Lodge on Elizabeth
6. The Astor (Private) Hotel
7. Quality Hobart Midcity
8. Motel 429
9. Hobart Tower Motel
10. Adelphi Court YHA Hostel
11. Sandy Bay Caravan Park

Essen & Trinken

1. Point Revolving Restaurant
2. Prosser's on the Beach
3. Drunken Admiral
4. Ball & Chain
5. Mure's Fish Centre
6. Mit Zitrone
7. Strudels
8. Cargo Bar Pizza Lounge
9. Fish Frenzy

Einkaufen

1. Salamanca Market
2. Nautilus Gifts
3. Salamanca Arts Centre
4. Paddy Pallin
5. Naturally Tasmania
6. The Tasmanian Wine Centre

Abends & Nachts

1. Theatre Royal
2. Wrest Point Casino
3. New Sydney Hotel
4. Republic Bar & Café
5. Knopwood's
6. Lizbon
7. Tavern 42 Degrees South
8. Hope & Anchor Tavern
9. Irish Murphy's

Aktiv

1. Peppermint Bay Cruises
2. Hobart Historic Tours

ner 1818 dort installierten Kanonenbatterie erhielt, mit seinen teils winzig kleinen Katen heute ein begehrtes Wohngebiet. Besonders pittoresk präsentiert sich das aus einem guten Dutzend georgianischer Gebäude bestehende Ensemble, das sich um das Village Green am **Arthur Circus** 14 gruppiert.

Im 1836 errichteten Narryna House westlich des Arthur Circus illustriert das liebevoll gestaltete **Narryna Heritage Museum** 15 die Pioniergeschichte von Hobart (103 Hampden Rd., Tel. 03-62 34 27 91, www.narryna.com.au, Di–Sa 10.30–17, So 12.30–17 Uhr, Erw. 10 A-$, Kinder 4 A-$).

Vororte ▶ 2, D 5

Cityplan: links

Hobarts südliche Vororte werden überragt vom 340 m hohen **Mount Nelson** 16, von dessen Gipfel sich ein herrlicher Blick auf die Stadt und den River Derwent bietet (Buslinien 57, 58, 157 ab Franklin Square). Im Vorort Lower Sandy Bay liegt am Fuße des Berges **Tudor Court Model Village** 17, das Modell eines mittelalterlichen englischen Dorfes (827 Sandy Bay Rd., Tel. 03-62 25 11 94, tgl. 9–17.30 Uhr, Erw. 9,50 A-$, Kinder 4,50 A-$).

Am nordwestlichen Stadtrand erstrecken sich die 1818 angelegten **Royal Tasmanian Botanical Gardens** 18 mit Tropengewächshaus, Kakteenhaus und einem zauberhaften Japanischen Garten (Queens Domain, Tel. 03-62 36 30 50, www.rtbg.tas.gov.au, tgl. 8–16.45, im Sommer bis 18 Uhr, Eintritt frei, Buslinie 17 ab Elizabeth St.).

Wohlstand und feudaler Lebensstil einer Pionierfamilie spiegeln sich im **Runnymede House** 19 wider, einem Kolonialgebäude von 1836 mit Originalinventar im Vorort New Town (61 Bay Rd., Tel. 03-62 78 12 69, Di–Fr 10–16.30, Sa, So 12–16.30 Uhr, Erw. 10 A-$, Kinder 8 A-$, Buslinien 15, 16 und 20 ab Elizabeth Street).

Auf dem Gelände der Moorilla Winery, dem ältesten Weingut Tasmaniens im Vorort **Berriedale,** präsentiert das **Museum of Old and New Art (MONA)** 20 Kunst von der Antike bis

zur Gegenwart. Seit der Eröffnung 2011 sorgten provozierende Wechselschauen und Performances in- und ausländischer Künstler für Furore (655 Main Rd., Tel. 03-62 77 99 00, www.mona.net.au, Okt.–April Mi–Mo 10–18, Mai–Mo 10–17 Uhr, Erw. 20 A-$, Kinder frei, Anfahrt mit MONA ROMA Ferry oder MONA ROMA Bus ab Brooke St. Ferry Terminal in Hobart mehrmals tgl. 9.30–16.30 Uhr, hin und zurück 20 A-$).

Liebhaber von Süßigkeiten zieht es nach Claremont, wo sie sich im Visitor Centre der **Cadbury Chocolate Factory** 21 ein Bild vom Prozess der Schokoladenherstellung machen können (Tel. 1800-62 73 67, www.cadbury.com.au, Nov.–April Mo–Fr 8–16, Mai–Okt. Mo–Fr 8–15.30 Uhr, Erw. 4 A-$, Kinder frei, Buslinien 37, 38, 39 ab Hobart City Bus Station, Elizabeth St. oder Red Decker, s. S. 416, Mo–Fr 9 Uhr, Erw. 65 A-$, Kinder 35 A-$, Familien 165 A-$, ab Tasmanian Travel and Information Centre).

Infos

Tasmanian Travel and Information Centre: 20 Davey St. (City), Tel. 18 00-99 04 40 u. 03-62 30 82 33, bookings@hobarttravelcentre.com.au, Mo–Fr 8.30–17.30, Sa, So und Fei 9–17 Uhr. Infos zu Hobart und allen touristisch bedeutsamen Regionen der Insel.

Department of Parks, Wildlife and Heritage: 134 Macquarie St. (City), Tel. 13 00-82 77 27, www.parks.tas.gov.au. Infos zu Nationalparks, Verkauf des Holiday Park Pass (s. S. 421).

Royal Automobile Club of Tasmania (RACT): Patrick/Murray Streets (City), Tel. 03-62 32 63 00 u. 13 11 11 (Notruf), www.ract.com.au.

Hobart im Internet: www.hobarttravelcentre.com.au, www.tourism.tas.gov.au, www.discovertasmania.de.

Übernachten

Koloniales Ambiente ▶ **Corinda's Cottages** 1: 17 Glebe St. (Glebe), Tel. 03-62 34 15 90, www.corindascottages.com.au. Ensemble historischer, stilvoll möblierter Gebäude, jedes mit offenem Kamin und Hafenblick; ruhig, aufmerksamer Service, private Atmosphäre. Cottage für 2 Pers. 250–300 A-$.

Hobart und Umgebung

Luxus-Designhotel ▶ The Henry Jones Art Hotel 2: 25 Hunter St. (City), Tel. 03-62 10 77 00, 1800-70 30 06, www.thehenry jones.com. Das stylische Hotel in einer ehemaligen Marmeladenfabrik direkt am Hafen setzt bei der Ausstattung auf Design und edle Naturmaterialien, Kunst und Kunsthandwerk. DZ ab 238–326 A-$.

Alte-Welt-Charme ▶ Lenna of Hobart 3: 20 Runnymede St. (Battery Point), Tel. 03-62 32 39 00, 1800-03 06 33, www.lenna.com.au. Traditionsreiches Luxushotel, in dem noch der Glanz alter Zeiten zu spüren ist, mit Restaurant. DZ 235–305 A-$.

Qualitäts-B-&-B ▶ Barton Cottage 4: 72 Hampden Rd. (Battery Point), Tel. 03-62 24 16 06, www.bartoncottage.com.au. Gemütliche Pension für Nostalgiker im Herzen der Altstadt. DZ 215–245 A-$ (inkl. Frühstück).

In historischem Gemäuer ▶ The Lodge on Elizabeth 5: 249 Elizabeth St. (City), Tel. 03-62 31 38 30, www.thelodge.com.au. Stilvolle Hotelpension in einem georgianischen Stadthaus. DZ 155–199 A-$ (inkl. Frühstück).

Sehr persönlicher Service ▶ The Astor (Private) Hotel 6: 157 Macquarie St. (City), Tel. 03-62 34 66 11, www.astorprivatehotel. com.au. Zentrales, heimeliges B & B im Stil vergangener Tage mit hervorragendem Grillrestaurant. Der Besitzer kennt jeden und hilft bei allen Problemen. DZ 99 A-$ (mit Gemeinschaftsbad), DZ ab 144 A-$ (mit Bad/WC).

Gutes Preis-Leistungs-Verhältnis ▶ Quality Hobart Midcity Hotel 7: Elizabeth/Bathurst Streets, City, Tel. 03-62 34 63 33, 1800-03 09 66, www.hobartmidcity.com.au. Von außen kein Schmuckstück, aber 164 gut ausgestattete Zimmer und hinsichtlich der Lage kaum zu toppen. DZ 125–155 A-$.

Ruhig, klein und gemütlich ▶ Motel 429 8: 429 Sandy Bay Rd. (Sandy Bay), Tel. 03-62 25 25 11, www.motel429.com.au. Freundliche, moderne Zimmer mit allen Annehmlichkeiten, gute Verkehrsanbindung an die City, kostenloses WLAN. DZ 95–180 A-$.

In schöner Hügellage ▶ Hobart Tower Motel 9: 300 Park St. (New Town), Tel. 03-62 28 01 66, www.hobarttower.com.au. Unterkunft im Kolonialstil in ruhiger Umgebung 2 km nördl. der City mit geräumigen Zimmern. DZ 89–119 A-$.

Jugendherberge ▶ Adelphi Court YHA Hostel 10: 17 Stoke St. (New Town), Tel. 03-62 28 48 29, www. yha.org.au. Sehr gut ausgestattete Jugendherberge 2,5 km nördlich der City, auch EZ und DZ. DZ ab 82 A-$, im Mehrbettzimmer ab 28 A-$/Pers.

Camping ▶ Sandy Bay Caravan Park 11: 1 Peel St. (Sandy Bay), Tel./Fax 03-62 25 12 64. 3 km südlich der City, sehr gut ausgestattet, mit komfortablen Cabins.

Essen & Trinken

Dinner with a view ▶ Point Revolving Restaurant 1: Wrest Point Casino, 410 Sandy Bay Rd. (Sandy Bay), Tel. 1800-13 40 90, www.wrestpoint.com.au, tgl. 11–23 Uhr. Drehrestaurant im obersten Stock des Wrest Point Casino mit internationalen Gerichten und tollem Panorama, abends reservieren! Vorspeisen 22–26 A-$, Hauptgerichte 35–62 A-$.

Zeitgeistig ▶ Prosser's on the Beach 2: 19 Beach Road (Sandy Bay), Tel. 03-62 25 22 76, www.prossersonthebeach.com, Mo, Di 18–22.30, Mi–Sa 11.30–15, 18– 22.30, So 11.30–15 Uhr. Angesagtes Nouvelle-Cuisine-Restaurant mit asiatisch inspirierter Küche, v. a. Fischgerichte, schöner Blick auf den Fluss, Reservierung empfohlen. Vorspeisen 16–21 A-$, Hauptgerichte 35–38 A-$.

Nautisches Ambiente ▶ Drunken Admiral 3: 17–19 Hunter St. (Old Wharf), Tel. 03-62 34 19 03, www.drunkenadmiral.com.au, tgl. 18–22.30 Uhr. Nautisches Flair, hervorragendes Seafood. Vorspeisen 13,90–22,90 A-$, Hauptgerichte 27,90–37,90 A-$.

Gegrilltes ▶ Ball & Chain 4: 87 Salamanca Pl. (City), Tel. 03-62 23 26 55, www.balland chain.com.au, tgl. 12–15, 17.30–22 Uhr. Top-Adresse für saftige Steaks und Seafood vom Grill. Vorspeisen 14–17,50 A-$, Hauptgerichte 25–36,50 A-$.

In Seafood schwelgen ▶ Mure's Fish Centre 5: Victoria Dock (City), Tel. 03-62 31 19 99, www.mures.com.au, tgl. 11–23 Uhr. Fisch in allen Variationen, Tipp: Trevalla (ein Tiefseefisch) vom Grill. Vorspeisen 12,50–20 A-$, Hauptgerichte 24–40 A-$.

Ein Blick in die Zukunft gefällig? Der Salamanca Market macht's möglich

Moderne Aussie-Küche ▶ Mit Zitrone 6**:** 333 Elizabeth St. (North Hobart), Tel. 03-62 34 81 13, tgl. 10–22 Uhr. Mehrfach für seine leichten, kreativen Gerichte der New Australian Cuisine prämiertes Lokal. Vorspeisen 13,50–16 A-$, Hauptgerichte 18–30 A-$.

Strudelhaus ▶ Strudels 7**:** 67 Salamanca Pl. (City), Tel. 03-62 24 13 69, tgl. 11–23 Uhr. Fantasievolle, süße und pikante Strudelvarianten vom klassischen Austrian Apple Strudel bis zum innovativen Spicy Salami Strudel. Vorspeisen 10,50–14 A-$, Hauptgerichte 16–29,50 A-$.

Gourmet-Pizza ▶ Cargo Bar Pizza Lounge 8**:** 47–51 Salamanca Pl. (City), Tel. 03-62 23 77 88, tgl. 11–23 Uhr. Exotische Pizzas, belegt im chinesischen Stil mit Hoisin-Ente oder indisch mit Tandoori-Hühnchen. Der Hit sind Sweet Pizzas mit Schokolade oder Eiscreme. Gerichte 15,50–29,50 A-$.

Seafood at it's best ▶ Fish Frenzy 9**:** Elizabeth St. Pier (City), Tel. 03-62 31 21 34, www.fishfrenzy.com.au, tgl. 11–21 Uhr. In dieser Fish and Chippery serviert man seit 1998 fangfrisches Seafood zu moderaten Preisen; sehr schön zum draußen sitzen mit Blick auf den Fischereihafen; keine Tischreservierung möglich; alle Gerichte auch zum Mitnehmen. Gerichte 14–30 A-$.

Einkaufen

Markt ▶ Salamanca Market 1**:** Salamanca Place (City), www.salamanca.com. au, Okt.–Mai Sa 8–16, Juni–Sept. Sa 8–15 Uhr. Kunst, Kunsthandwerk, Textilien, Trödel, Obst und Gemüse.

Souvenirs ▶ Nautilus Gifts 2**:** Hotel Grand Chancellor, 1 Davey St. (City), Tel. 03-62 23 72 28, tgl. 9–19 Uhr. Exklusive Mitbringsel aus Tasmanien.

Kunsthandwerk ▶ Salamanca Arts Centre 3**:** 37 Salamanca Pl. (City), Tel. 03-62 34 84 14, tgl. 9–19 Uhr. Bunter Querschnitt durch das tasmanische Kunsthandwerk.

Outdoor-Bekleidung ▶ Paddy Pallin 4**:** 119 Elizabeth St. (City), Tel. 03-62 31 07 77, www.paddypallin.com.au, Mo–Fr 9–19, Sa 10–16 Uhr. Alles für den Aktivurlaub und für nasses Wetter – aus besten Materialien.

Wollwaren ▶ Naturally Tasmania 5**:** 35 Elizabeth St. (City), Tel. 03-62 31 14 88, Mo–Fr 9–19, Sa 10–16 Uhr. Wollsachen made in Tasmania, bestes Material und beste Handarbeit zu entsprechenden Preisen.

Hobart und Umgebung

Weine ▶ The Tasmanian Wine Centre 6: 201 Collins St. (City), Tel. 03-62 34 99 95, www.tasmanianwinecentre.com.au, Mo–Fr 8–18, Sa 9.30–17 Uhr. Große Auswahl an tasmanischen Weinen, weltweiter Versand.

Abends & Nachts

Theater ▶ Theatre Royal 1: 29 Campbell St. (City), Tel. 03-62 33 22 99, www.theatre royal.com.au. Bühne in einem eleganten georgianischen Gebäude, Ballett, Musical und Theater. Tickets 50–200 A-$.

Casino ▶ Wrest Point Casino 2: 410 Sandy Bay Rd. (Sandy Bay), Tel. 18 00-13 40 90, www.wrestpoint.com.au, So–Do 13–3, Fr, Sa 13–4 Uhr. Spielkasino, Luxushotel, Restaurants, Bars und zwei Diskotheken.

Livemusik ▶ New Sydney Hotel 3: 87 Bathurst St. (City), Tel. 03-62 34 45 16, www. newsydneyhotel.com.au, So–Do 12–23, Fr, Sa 12–1 Uhr. Liveunterhaltung, Jazz-Folk-Rock. **Republic Bar & Café 4:** 299 Elizabeth St. (City), Tel. 03-62 34 69 54, www.republicbar. com, So–Do 12–1, Fr, Sa 12–3 Uhr. Jazz- und Blues-Bands.

Clubs ▶ Knopwood's 5: 29 Salamanca Pl. (City), Tel. 03-62 23 58 08, www.knopwoods. com, So–Do 11–24, Fr, Sa 11–2 Uhr. Großer Andrang vor allem am Wochenende – der Dauerbrenner bei der Jugend, unten Kneipe, oben Nightclub. **Lizbon 6:** 217 Elizabeth St. (City), Tel. 03-62 34 91 33, Mo–Sa 16–3 Uhr. Erlesene Weine aus Tasmanien und kleine Gerichte der modernen australischen Küche, dazu Live-Jazz.

Cocktailbar ▶ Tavern 42 Degrees South 7: Elizabeth St. Pier (City), Tel. 03-62 24 77 42, www.tav42.com.au, tgl. 12–15, 17–1 Uhr. Mittags und abends wird moderne australische Küche serviert, danach verwandelt sich das Trendlokal in eine Cocktail-Bar.

Kneipen ▶ Hope and Anchor Tavern 8: 65 Macquarie St. (City), Tel. 03-62 36 99 82, So–Do 12–23, Fr, Sa 12–1 Uhr. In dem Pub wird seit 1807 Bier gezapft. **Irish Murphy's 9:** 21 Salamanca Pl. (City), Tel. 03-62 23 11 19, www.irishmurphys.com.au, So–Do 12–23, Fr, Sa 12–1 Uhr. Guinness und Kilkenny vom Fass, am Wochenende spielen Livebands.

Aktiv

Bootstouren ▶ Peppermint Bay Cruises 1: Brooke St. Pier (City), Tel. 1300-13 79 19, www.peppermintbay.com.au. Kreuzfahrt mit Luxus-Katamaran auf dem Derwent River und D'Entrecasteaux Channel zum beliebten Restaurant Peppermint Bay, das auf einer Landspitze an der Ostseite der Huon-Halbinsel liegt (tgl. 10.30–16 Uhr, Erw. 98–128 A-$, Kinder 68 A-$, inkl. Gourmet-Lunch).

Stadttouren ▶ Die Guides von **Hobart Historic Tours** kommentieren die 1,5-stündigen Touren durch das historische Viertel auf unterhaltsame Art, Buchung im Tasmanian Travel and Information Centre (s. S. 411) oder direkt beim Veranstalter (Tel. 03-62 31 42 14, www.hobarthistorictours.com.au), z. B. Hobart Historic Walk (Do, Fr, Sa 15, So 9.30 Uhr) und Old Hobart Pub Tour (Do, Fr, Sa 17 Uhr); jede Tour Erw. 29,50 A-$, Kinder 14 A-$, Familien 75 A-$.

Termine

Royal Hobart Regatta (Febr.): Großes Wassersportfest auf dem River Derwent.
Sydney-Hobart-Regatta (Dez.): Prestigeträchtige Segelregatta.
Hobart Summer Festival (Dez./Jan.): Volksfest mit Sport- und Kulturveranstaltungen.

Verkehr

Flüge: Zwischen dem 26 km östl. der City gelegenen Flughafen und dem Zentrum pendelt ein Flughafenbus (Airporter, Tel. 1300-38 55 11, 6.30–21 Uhr alle 30–60 Min., 30–40 Min., Erw. 17 A-$, Kinder 13 A-$). Wer ein Taxi nehmen möchte, bezahlt ca. 45–50 A-$.

Busse: Busse aller Gesellschaften starten ab Hobart Transit Centre, 199 Collins St., City. Auskunft und Buchung: Tasmanian Redline Coaches, Tel. 03-62 31 32 33, 1300-36 00 00, www.tasredline.com.au; TassieLink Coaches, Tel. 03-62 35 73 00, 1300-30 05 20, www. tassielink.com.au.

Mietwagen: Eine gute Auswahl an Fahrzeugen haben Avis, Tel. 1800-22 55 33; Budget, Tel. 1800-03 00 35; Europcar, Tel. 1800 03 01 18; Thrifty, Tel. 1800-03 07 30. Alle Verleihfirmen unterhalten Filialen am Flughafen.

Die Geschichte Tasmaniens

Abel Tasman, ein niederländischer Seefahrer, ›entdeckte‹ 1642 die später nach ihm benannte Insel als erster Europäer – allerdings nahm er an, sie sei ein Teil des australischen Kontinents. Seinen Fund taufte er Van Diemen's Land, zu Ehren des damaligen Gouverneurs der holländischen Kolonie in Ostindien. Im Jahr 1777 nahm Kapitän Cook das Gebiet für die Britische Krone in Besitz.

Die Landung von zwei französischen Schiffen weckte 1802 bei den Briten Befürchtungen, dass der koloniale Erzrivale die Insel annektieren könne, und die Verwaltung in Sydney handelte daher rasch, um die britischen Besitzansprüche zu untermauern. Knapp 15 Jahre nach Ankunft der ersten Flotte in Sydney unternahm Kapitänleutnant John Bowen an der Risdon Cove im Mündungsdelta des River Derwent einen ersten Besiedlungsversuch. Der Standort erwies sich jedoch als ungeeignet, sodass die Briten ihre Siedlung bereits 1804 an die Sullivans Cove am jenseitigen Ufer des Derwent verlegten. Zu Ehren des damaligen Kolonialministers Lord Hobart gab man ihr den Namen ›Hobart Town‹.

Tasmanien, wie die Insel offiziell genannt wurde, nachdem sie 1825 den Status einer eigenständigen Kolonie erlangt hatte, nimmt wegen der dort betriebenen völligen Ausrottung der Aborigines eine besondere Stellung in der australischen Geschichte ein. Vor Ankunft der ersten weißen Siedler lebten auf der Insel rund 70 verschiedene Stammesgruppen mit etwa 4000 bis 5000 Ureinwohnern. Den Briten genügten einige Jahrzehnte, um die tasmanische Urbevölkerung restlos auszurotten. Truganini, die letzte reinblütige Tasmanierin, starb 1876.

Auch mit vielen ihrer Landsleute gingen die auf Tasmanien stationierten britischen Kolonialbeamten und -offiziere äußerst brutal um. Gleich nach Gründung der Hafenstadt Hobart entwickelte sich die Insel zu einer Verbannungsstätte für die widerspenstigsten der deportierten Strafgefangenen. Im Jahr 1830 ließ der damalige Gouverneur der Insel, George Arthur, sämtliche Häftlinge der Kolonie in Port Arthur zusammenfassen. Zwischen 1830 und 1877, als die Deportationen eingestellt wurden, durchliefen etwa 12 500 Strafverbannte die Gefängnisstadt, die schon bald nach ihrer Gründung den Beinamen ›Hölle auf Erden‹ führte.

Während anfänglich auf Tasmanien fast ausschließlich Strafgefangene und deren Bewacher lebten, ließen sich seit 1827 auch zunehmend freie Siedler nieder. Aufgrund der günstigen Voraussetzungen für Ackerbau und Viehzucht entwickelte sich Hobart, das mittlerweile als Sitz der tasmanischen Kolonialverwaltung fungierte, rasch zu einer der bedeutendsten australischen Hafenstädte. Tasmanien lieferte damals nicht nur Nahrungsmittel nach Sydney, von dort wurde auch Wolle und Getreide ins englische Mutterland verschifft. Darüber hinaus war Hobart in den 1940er-Jahren ein bedeutender Stützpunkt für Wal- und Robbenfänger, die dort zu ihren Expeditionen starteten. Obwohl sich nach dem Zweiten Weltkrieg große Industriebetriebe auf Tasmanien ansiedelten und vor allem die Einwohnerzahl von Hobart stark anstieg, verlagerte sich das wirtschaftliche und politische Schwergewicht seit Mitte des 20. Jh. zunehmend auf das Festland.

Fortbewegung in der Stadt

Busse: Das öffentliche Busnetz (Auskunft: Tel. 13 22 01) wird durch eine Sightseeinglinie ergänzt. Der Doppeldeckerbus **Explore Hobart by Red Decker** fährt tgl. 10–16.30 Uhr durch die City, an 20 Haltepunkten kann man mit einer Tageskarte die Fahrt beliebig oft unterbrechen; Abfahrt am Tasmanian Travel and Information Centre, 20 Davey St. (City); Tageskarten (Erw. 30 A-$, Kinder 15 A-$, Familien 80 A-$) bei den Busfahrern; Auskunft: Tel. 03-62 36 91 16, www.reddecker.com.au.

Fähren: Zwischen dem Brooke Street Pier (nahe Constitution Dock) und Bellerive am Ostufer des River Derwent verkehrt Mo–Fr mehrmals tgl. eine Passagierfähre, Auskunft: Tel. 03-62 23 58 93.

Mit dem eigenen Fahrzeug: Außer für Wohnmobile gibt es ausreichend Parkmöglichkeiten, allerdings benötigt man in der kompakten Innenstadt kein eigenes Fahrzeug.

Taxis: sind zahlreich. Bestellung: City Cabs, Tel. 13 10 08; Taxi Combined, Tel. 13 22 27.

Mount Wellington ▶ 2, D 5

Die grandiose Lage von Hobart lässt sich am besten bei einem Ausflug auf den 1270 m hohen Mount Wellington genießen. Bei der Anfahrt lohnt ein Stopp an der **Cascade Brewery,** der ältesten noch aktiven Brauerei Australiens, die bereits 1827 gegründet wurde (140 Cascade Rd., South Hobart, Tel. 03-62 24 11 17, www.cascadebrewery.com.au, Führungen mehrmals tgl. 10–16 Uhr, Erw. 25 A-$, Kinder 20 A-$, Familien 65 A-$, Buchung nötig, ungeeignet für Kinder unter 16 Jahren, Buslinien 43, 44, 46, 49 ab Franklin Square).

Zum Aussichtspunkt auf dem Gipfel des **Mount Wellington** windet sich eine 21 km lange, landschaftlich reizvolle Serpentinenstraße. An klaren Tagen bietet sich dort ein weiter Panoramablick. Ein dichtes Netz von Wanderwegen überzieht die Flanken. Auf dem Bergrücken lohnt der Spaziergang vom Pinnacle Observation Shelter am Aussichtspunkt zu der bizarren Felsformation Organ Pipes (hin und zurück 3 km/1 Std.).

Verkehr

Busse: Zwischen Hobart, Franklin Sq., und dem Mount Wellington verkehrt der Mount Wellington Shuttle Bus Service, Mobil-Tel. 0408-34 18 04, www.hobartshuttlebus.com.au, tgl. 10.15, 13.30 Uhr, Rückfahrkarte Erw. 25 A-$, Kinder 15 A-$, ab Tasmanian Travel and Information Centre).

Risdon Cove und Richmond ▶ 2, D 5

Von Bellrive am Ostufer des River Derwent gelangt man auf dem East Derwent Highway zur knapp 10 km nördlich gelegenen **Risdon Cove,** wo 1803 der erste Siedlungsversuch der Engländer in Tasmanien scheiterte. Außer Grundmauern und den Nachbauten zweier Siedlerhütten gibt es heute allerdings nicht mehr viel zu sehen. Wissenswertes über die europäische Besiedlungsgeschichte von Tasmanien vermittelt eine kleine Ausstellung im Besucherzentrum (Tel. 03-62 33 83 99, tgl. 9.30–16.30 Uhr, freier Eintritt).

Zu einem Ausflug in die östlichen Randgebiete von Hobart gehört auch ein Besuch von **Richmond.** In dem georgianischen Postkartenstädtchen mit gut erhaltenen Kolonialbauten scheint die Zeit stehen geblieben zu sein. Der 1815 gegründete Ort rühmt sich, mit der 1823 von Sträflingen errichteten **Richmond Bridge** nicht nur die älteste Steinbrücke von Australien, sondern mit der **St. Johns Church** von 1836/37 auch die erste katholische Kirche des Fünften Kontinents in seiner Gemarkung zu besitzen. Das 1825 erbaute Richmond Gaol diente einst als ›Zwischenlager‹ für Häftlinge, die sich auf dem Transport in die berüchtigte Strafkolonie Port Arthur (s. S. 421 befanden). In mehreren Kolonialgebäuden haben Pensionen, Restaurants und Galerien Platz gefunden. Der **Zoo Doo Wildlife Park** einige Kilometer nördlich des Orts beheimatet Tasmanische Teufel und andere einheimische Tierarten (620 Middle Tea Tree Rd., Tel. 03-62 60 24 44, www.zoo doo.com.au, tgl. 9–17 Uhr, Erw. 22 A-$, Kinder 12 A-$).

Verkehr

Busse: 2 x tgl. zwischen Hobart und Richmond. Richmond Tourist Bus, Mobil-Tel. 04 08-34 18 04, www.hobartshuttlebus.com.au, tgl. 9, 12.20 Uhr, Rückfahrkarte Erw. 30 A-$, Kinder 20 A-$, ab Tasmanian Travel and Information Centre.

Huon River Valley und Bruny Island

Das malerische Tal des schiffbaren Huon River ist geprägt von Apfelplantagen. Auf rund 7000 ha erntet man rund um die ›Apfelhauptstadt‹ Huonville mehr Äpfel als in allen anderen australischen Bundesstaaten zusammen; die Früchte sind wichtig für die Inselwirtschaft. Begründet wurde die tasmanische Apfelindustrie vom ›Bounty‹-Kapitän William Bligh, der Anfang des 19. Jh. als Gouverneur von New South Wales die ersten Setzlinge auf die Insel schickte. Ein Besuch der Region lohnt vor allem während der Apfelblüte zwischen Oktober und November.

Grove ▶ 2, D 5

Die Geschichte und Entwicklung des Apfelanbaus im Huon River Valley ist in Grove im **Huon Valley Apple and Heritage Museum** dokumentiert (Huon Highway, Tel. 03-62 66 43 45, Sept.–Mai tgl. 9–17, Juni–Aug. tgl. 10–16 Uhr, Erw. 7,50 A-$, Kinder 5 A-$, Familien 20 A-$).

Nach Geeveston ▶ 2, D 5

Über **Huonville,** von dessen Hafen jährlich Millionen Kisten Obst in alle Welt verschifft werden, und das georgianische Bilderbuchstädtchen **Franklin** geht es am Westufer des breiten Huon River nach **Geeveston.** Wo heute ausgedehnte Apfelgärten den Highway säumen und sich über sanft gewellte Hügel ziehen, wuchsen einst die wegen ihres wertvollen Holzes begehrten Huonkiefern. Wissenswertes über die Holzwirtschaft im Flusstal erfährt man im **Esperance Forest and Heritage Centre** von Geeveston (Church Street, Tel. 03-62 97 18 36, tgl. 9–17 Uhr, Ein-

tritt frei; hier auch Tickets für den Tahune Forest Air Walk, s. S. 418).

Übernachten

Schöner Flussblick ▶ Kermandie Lodge: Huon Highway, Port Huon, Tel. 03-62 97 11 10, www.kermandielodge.com.au. 5 km östlich des Orts am Huon River, gemütliche und geräumige Zimmer mit Kitchenette, beheizter Pool. DZ 110 A-$.

Essen & Trinken

Bistroküche ▶ Kermandie Hotel: Huon Highway, Port Huon, Tel. 03-62 97 38 69, tgl. 12–15, 17–21.30 Uhr. Kreative New Australian Cuisine. Vorspeisen 11,50–14,50 A-$, Hauptgerichte 17,50–34 A-$.

Hartz Mountains National Park ▶ 2, D 5/6

Westlich von Geeveston ragen aus dem Grün des **Hartz Mountains National Park** bis zu 1255 m hohe Berge in den oft wolkenbedeckten Himmel. Der Nationalpark mit Bergseen, Wasserfällen und Hochmooren gilt als Dorado für Wanderer. Bequem zu erreichen ist der **Waratah Lookout,** von dem sich ein schönes Panorama des Huon River Valley bietet. Weitere Wanderungen führen zum Lake Esperance (etwa 90 Min. hin und zurück) und zum Hartz Peak (etwa 5 Std. hin und zurück). Eine steile, abschnittsweise recht holprige Schotterstraße, die 13 km westlich von Geeveston von der geteerten Arve Road abzweigt, schwingt sich kurvenreich hinauf in die Bergwelt.

Tahune Forest Reserve ▶ 2, D 5

Die Arve Road endet 17 km weiter westlich beim **Tahune Forest Reserve,** einem 350 ha großen Naturschutzgebiet an der Mündung des Picton River in den Huon River, dessen größte Attraktion der Tahune Forest Air Walk ist (s. S. 418). Auf dem Weg lohnen Stopps beim **Big Tree Lookout,** wo sich ein schöner Blick auf den mit 405 t schwersten Baum von Australien bietet, und beim **West Creek Lookout** am Rande einer von mächtigen Baumfarnen bewachsenen Schlucht.

Tipp: Spaziergang über den Bäumen

Besucher ohne Höhenangst können auf dem **Tahune Forest Air Walk** den Regenwald aus ungewöhnlicher Perspektive erleben. Über Metallrampen geht es in Schwindel erregenden Höhen durch das Laubdach der Urwaldriesen zu einer spektakulär über dem Huon River hängenden Aussichtsterrasse. Die 600 m lange Stahlkonstruktion ist so gebaut, dass sie sich harmonisch in die Landschaft einfügt und die empfindliche ökologische Balance des Waldes nicht beeinträchtigt (Tel. 1300-72 05 07, www.tahuneairwalk.com.au, Nov.–März tgl. 9–17, April–Okt. tgl. 10–16 Uhr, Erw. 26 A-$, Kinder 13 A-$, Familien 52 A-$, auch für Rollstuhlfahrer geeignet).

Zum South East Cape ▶ 2, D 5/6

Bevor man die Wälder der Region unter Naturschutz stellte, war **Dover** am D'Entrecasteaux Channel eine geschäftige Holzfällerstadt. Heute lebt der verschlafene Ort vom Obstanbau und Fischfang. Südwestlich von Dover, beim ehemaligen Holzfällerdorf **Hastings,** verlocken ganzjährig 27,5 °C warme Thermalquellen zu einem Abstecher. Sehenswert sind auch die Tropfsteinhöhlen, etwa die **Newdegate Cave** (Tel. 03-62 98 32 09, www.parks.tas.gov.au, Führungen tgl. 11.15, 12.15, 13.15, 14.15, 15.15 Uhr, Erw. 24 A-$, Kinder 12 A-$, Familien 60 A-$).

In den Sommermonaten lässt in der kleinen Siedlung **Lune River** die Ida Bay Railway, die einst zum Holztransport benötigt wurde, auf einer 16 km langen Fahrt durch den Regenwald Dampf ab (Tel. 03-62 98 31 10, www.idabayrailway.com.au, Okt.–April 9.30, 11.30, 13.30, 15.30 Uhr, Erw. 28 A-$, Kinder 15 A-$, Familien 70 A-$). **Southport** an der gleichnamigen Bucht ist ein beliebtes Seebad.

Nicht unbedingt einen Geländewagen, aber ein etwas robusteres Auto benötigt man für die Fahrt über Schotterpisten zum **South East Cape.** Zunächst geht es durch dichten Mischwald aus Eukalypten und Nadelbäu-

men, bevor die Straße bei Leprena auf die Recherche Bay stößt. Schöne, wenngleich einfache Campingplätze findet man an den Stränden von Catamaran und Cockle Creek. Etwas weiter südlich beginnt der **South West National Park** (s. S. 440). Von der Ranger Station an der Cockle Bay führt eine Wanderung durch Eukalyptus-Akazien-Buschland, Küstenheiden und Sanddünen zur South Cape Bay (hin und zurück 4–6 Std.).

Übernachten
… in Dover:

Schöner Blick auf die Bucht ▶ **Dover Hotel:** Main Rd., Tel. 03-62 98 12 10, doverhotel tasmania@gmail.com. Einfache, aber gemütliche Zimmer im südlichsten Hotel Australiens, Restaurant und Pub. DZ 95–140 A-$.

Camping ▶ **Dover Beachside Tourist Park:** 27, Kent Beach Rd., Tel. 03-62 98 13 01, www.dovertouristpark.com.au. Schöne Lage.

Bruny Island ▶ 2, D 5/6

Die Rückfahrt nach Hobart kann ab Huonville auch über den Channel Highway entlang dem malerischen D'Entrecasteaux Channel erfolgen. Die Wasserstraße wurde ebenso wie Bruny Island nach dem französischen Admiral Bruni d'Entrecasteaux benannt, der 1792 die Meeresregion südlich von Tasmanien kartierte. Wählt man diese Route, so lässt sich ein Abstecher nach Bruny Island einplanen, das mit dem Ort **Kettering** auf dem ›Festland‹ durch eine Fähre verbunden ist.

Die hier einst ansässigen Ureinwohner nannten die Insel Lunawannaalonna, ›Insel des Friedens und des Überflusses‹. Besuchern zeigt die Doppelinsel zwei Gesichter. Während man die flache **North Bruny Island** als Weidegebiet für Schafe und Rinder nutzt, blieb die zerklüftete, von Regenwald bedeckte **South Bruny Island** weitgehend naturbelassen. Die beiden Inseln sind durch eine nur wenige hundert Meter breite Landenge verbunden, auf der Tausende Wasservögel brüten. Nach Sonnenuntergang kann man dort beobachten, wie possierliche Zwergpinguine von der Nahrungssuche im Meer zu ihren Nistplätzen in den Dünen zurückkehren.

In der pittoresken **Adventure Bay** ging Kapitän James Cook am 25. Februar 1777 vor Anker. Einen guten Einblick in die Seefahrtsgeschichte der Region vermittelt das Bligh Museum im kleinen Ferienort Adventure Bay (Tel. 03-62 93 11 17, Dez.–April tgl. 10–17, Mai–Nov. 10–16 Uhr, Erw. 4 A-$, Kinder 2 A-$, Familien 10 A-$).

Von der Ostküste führt eine kurvenreiche Straße durch das gebirgige Inselinnere nach Lunawanna und weiter zum **Cape Bruny,** wo ein 1836 von Deportierten errichteter Leuchtturm als außergewöhnliche Unterkunft dient und auch besichtigt werden kann (Tel. 03-62 98 31 14, Di, Do 10–12, 14–16 Uhr, Erw. 6 A-$, Kinder 3 A-$, Familien 15 A-$).

Infos

Bruny D'Entrecasteaux Visitor Centre: Ferry Terminal, Kettering, Tel. 03-62 67 44 94, www.brunyisland.org.au, tgl. 9–17 Uhr. Unterkünfte, Touren etc. auf Bruny Island.

Übernachten

Schöner Meerblick ▶ **The Tree House:** 54 Matthew Flinders Dr., Alonnah, Mobil-Tel. 0405-19 28 92, www.thetreehouse.com.au. Kleine Lodge mit netten Zimmern und schönem Ausblick. DZ 195 A-$.

Ein romantischer Schlupfwinkel ▶ **Cape Bruny Lightstation:** Tel. 03-62 98 31 14, www.brunyisland.net.au. Romantische Unterkunft in einem historischen Leuchtturm. DZ 185 A-S.

Pub-Hotel ▶ **Bruny Island Hotel:** 3559 Main Rd., Alonnah, Tel. 03-62 93 11 48, www.brunyislandhotel.com.au. Einfache, aber gemütliche Zimmer, z. T. mit schönem Blick auf den D'Entrecasteaux Channel, im Pub hervorragende *Counter Meals* in opulenten Portionen. DZ ab 129 A-$.

Camping ▶ **Captain Cook Caravan Park:** Adventure Bay, Tel. 03-62 93 11 28, www.capcookolkid.com.au. Strandnah, mit Cabins.

Aktiv

Bootsexkursionen ▶ **Bruny Island Charters:** Adventure Bay, Tel. 03-62 93 14 65, www.brunycruises.com.au. 3-stündiger Aus-

flug mit einem Expeditionsboot von Adventure Bay zum Cape Bruny und zu den Friar Rocks mit einer Robbenkolonie. Unterwegs beobachtet man Delfine und Seevögel; bisweilen sichtet man auch Wale (Okt.–April tgl. 11 Uhr, Erw. 125 A-$, Kinder 75 A-$, Familien 390 A-$; auch als Tagestour ab Hobart buchbar, Erw. 180 A-$, Kinder 125 A-$, Familien 535 A-$). **Bruny Wildlife Adventure:** Tel. 1300-13 79 19, www.hobartcruises.com.au. Ausflug mit dem Katamaran »Peppermint Bay II.« von Hobart nach Bruny Island, von dort 3-stündige Tour entlang der Ostküste von South Bruny Island mit dem Expeditionsschiff »Adventure«, Beobachtung von Delfinen, Robben und Seevögeln, z. T. auch Walen (Okt.–April tgl. 8.30– 16.30 Uhr, Erw. 210 A-$, Kinder 155 A-$, Familien 620 A-$).

Verkehr

Fähren: Mehrmals tgl. 6.30–18.30 Uhr Autofähre zwischen Kettering und Roberts Point auf North Bruny Island (20 Min., Pkw ab 30 A-$). Information: Tel. 03-62 72 32 77.

Zurück nach Hobart ▶ 2, D 5

Im **Australian Antarctic Research Headquarter** südlich von Kingston informieren Fotos, Schautafeln und Filme über den Kontinent des ewigen Eises (203 Channel Hwy., Tel. 03-62 32 32 09, www.antarctica.gov.au, Mo–Fr 9–17 Uhr, Eintritt frei). Bei **Kingston** trifft der Channel Highway auf die nach Hobart führende A 6. Landschaftlich reizvoller ist die Küstenstraße B 68 über **Taroona,** dessen 58 m hoher Shot Tower eine schöne Aussicht auf das Derwent-Delta bietet. Der 1870 erbaute Turm diente bis 1904 zur Herstellung von Bleikugeln: Von oben ließ man geschmolzenes Blei in die Tiefe tropfen, das während des freien Falls erhärtete und eine perfekte Kugelform annahm (Channel Highway, Tel. 03-62 27 88 85, www.taroona.tas.au/shot-tower, tgl. 9–17 Uhr, Erw. 6 A-$, Kinder 3 A-$, Familien 15 A-$). Südlich von Taroona erstrecken sich einige Badestrände, von denen der Kingston Beach und die Sandstrände der Blackmans Bay bei den Einheimischen am beliebtesten sind.

Tasmanien-Rundreise

Von Hobart verläuft diese rund 1500 km lange Route zunächst entlang der Ostküste mit kilometerlangen, feinsandigen Stränden und bizarren Klippenformationen. Über Launceston, die zweitgrößte Stadt von Tasmanien, und den Cradle Mountain-Lake St. Clair National Park, einen der schönsten Nationalparks in Australien, gelangt man nach Devonport, dem Fährhafen zum Festland. Die letzte Etappe der Fahrt führt durch den ›wilden Westen‹ von Tasmanien zurück nach Hobart.

Forestier und Tasman Peninsula ▶ 2, E 5

Ziel der ersten Etappe sind die Relikte der berüchtigten Strafkolonie Port Arthur auf der Tasman Peninsula. In Sorell zweigt vom Tasman Highway gen Süden der Arthur Highway ab. Das Colonial Convict Museum von **Copping** erinnert an die oft alles andere als ›gute alte Zeit‹ (tgl. 9–17 Uhr, Erw. 3 A-\$, Kinder 1,50 A-\$). In der Nähe von **Dunalley** hat man zum Gedenken an die Landung von Abel Janszoon Tasman am 2. Februar 1642 das schlichte Tasman Memorial errichtet.

Weiter geht es durch die **Forestier Peninsula. Vom Pirates Bay Lookout** etwas abseits des Arthur Highway öffnet sich ein überwältigendes Panorama der ›Piratenbucht‹. An der Südostküste der Halbinsel schuf die Gezeitenerosion das **Tessellated Pavement,** ein wie von Menschenhand gelegtes Natursteinpflaster.

Eaglehawk Neck

Der gerade 400 m breite Isthmus Eaglehawk Neck ist die einzige Verbindung zwischen den beiden Halbinseln Forestier und Tasman. Einige Kilometer südöstlich der Landenge, bereits auf der **Tasman Peninsula,** arbeiten die Ozeanbrecher seit Jahrmillionen an der Klippenlandschaft. Zu den von der Natur modellierten Skulpturen gehören der 63 m hohe

Felsbogen **Tasmans Arch** und die 60 m tiefe Meeresschlucht **Devils Kitchen.** Aus einem *blowhole* schießt bei starker Brandung die Gischt meterhoch empor.

Übernachten

Schöner Blick auf die Bucht ▶ **The Eagles View Bed & Breakfast:** Pirates Bay Drive, Tel. 03-62 50 32 46, jovian@southcom.com. au. Angenehmes B & B mit 2 zwar wenig geräumigen, aber gemütlichen Schlafzimmern und einem Wohnzimmer mit offenem Kamin. Beim Frühstück auf der Terrasse genießt man das Panorama der Pirates Bay. Die hilfsbereite Besitzerin gibt gern Tipps zu Unternehmungen in der Umgebung. DZ 120 A-\$.

Traditionsadresse ▶ **Lufra Country Hotel:** Pirates Bay Drive, Tel. 03-62 50 32 62, 1800-63 95 32, www.lufrahotel.com. Traditionsreiches, generalsaniertes Haus von 1870 mit kleinen, aber gemütlichen Zimmern und gutem Restaurant. DZ 110–125 A-\$.

Taranna

Im **Tasmanian Devil Conservation Park** von Taranna versucht man, eine mysteriöse Krankheit zu erforschen, welche für die in freier Wildbahn lebenden Tasmanischen Teufel eine tödliche Bedrohung darstellt. Viele der Raubbeutler sind von einer Infektionskrankheit befallen, die Gesichtstumore verursacht. Es gibt keine Behandlung gegen diese Krankheit, de-

Forestier und Tasman Peninsula

ren Ursache bislang unbekannt ist. Das Devil Survival Visitor Centre hält aktuelle Infos bereit. Im angeschlossenen Tierpark kann man gesunde ›Teufel‹ beobachten (Arthur Highway, Tel. 1800-64 16 41, www.tasmaniandevilpark.com und www.tassiedevil.com.au, tgl. 9–17 Uhr, Fütterung 10, 11, 12.15, 13.30, 15 und 17 Uhr, freier Eintritt zum Devil Survival Visitor Centre, Tierpark: Erw. 26 A-$, Kinder 13 A-$, Familien 65 A-$).

Übernachten

Im ehemaligen Bahnhof ▶ Norfolk Bay Convict Station: Arthur Highway, Tel. 03-62 50 34 87, www.convictstation.com. Gemütliche Pension im 1838 erbauten ersten Bahnhof Australiens, am Strand der Little Norfolk Bay. DZ 110–180 A-$ (inkl. Frühstück).

Port Arthur und Umgebung

Mitten in einem großen Park mit aus England eingeführten alten Eichen und Pappeln liegt die Hauptattraktion der Tasman Peninsula: die 1830 erbaute Strafkolonie **Port Arthur.** Damals erkannte George Arthur, der vierte Gouverneur von Tasmanien, die Vorzüge der Tasman Peninsula als ideales natürliches Gefängnis. Und so wurden die zuvor auf verschiedene Gefängnisse in Tasmanien verteilten Strafdeportierten in Port Arthur zusammengezogen. In Spitzenzeiten lebten dort über 1200 Strafgefangene sowie 1000 Wachsoldaten und Verwaltungsbeamte. Obwohl die Anlage 1895 bei einem Buschfeuer schwere Schäden erlitt, ist heute noch ein Großteil des einst berüchtigtsten Gefängnisses des Britischen Empire erhalten.

Erster Anlaufpunkt des zwei- bis dreistündigen Rundgangs durch Port Arthur ist das Besucherzentrum, das eine Ausstellung zur Geschichte der Sträflingskolonie zeigt. Die **Penitentiary,** ursprünglich ein Getreidespeicher mit einer Tretmühle, wurde Mitte des 19. Jh. zu einem Kerker umgebaut. Darüber erhebt sich ein gemauerter Wachturm, neben dem das **Tower Cottage** mit einem Modell der Strafkolonie steht. Im **Commandants House** residierten einst die Lagerkommandanten. Etwas abseits davon liegt das **Smith**

O'Brians Cottage, in dem ein irischer Aristokrat und Rebell unter Hausarrest stand.

Im **Lunatic Asylum,** einst Heim für alte und gebrechliche sowie seelisch kranke Häftlinge, befindet sich ein historisches Museum. Im **Modell Prison** wurden rückfällig gewordene Gefangene in Einzelhaft auf Hungerration gesetzt. Gut erhalten ist die 1836/37 von Strafdeportierten errichtete neogotische Kirche **The Church.** Von dort führt ein kurzer Spaziergang zum **Scorpion Rock Lookout.** Der Blick schweift über die historische Stätte bis zur Isle of the Dead in der Port Arthur Bay, auf der fast 2000 Häftlinge, Gefängnisaufseher und Kolonialbeamte ihre letzte Ruhe fanden (Port Arthur Historic Site: Arthur Highway, Tel. 18 00-65 91 01, www.portarthur.org.au, tgl. 9–17 Uhr, Führungen tgl. 9.30–15.30 Uhr alle 60 Min., Erw. 35 A-$, Kinder 16 A-$, Familien 80 A-$; Ghost Tour tgl. 21.30 Uhr, Erw. 25 A-$, Kinder 15 A-$, Familien 65 A-$; Bootstouren zur Isle of the Dead tgl. 10.30–15.30 Uhr alle 60 Min., Erw. 17,50 A-$, Kinder 12,50 A-$, Familien 47,50 A-$).

Ein schöner Blick über die Port Arthur Bay bietet sich vom **Palmers Lookout** 2 km süd-

Tipp: Rabattpässe

Für die Nationalparks in Tasmanien wird eine Eintrittsgebühr von 24 A-$/Pkw und 12 A-$/ Pers. erhoben. Wer den Besuch mehrerer Nationaparks plant, ist mit einem acht Wochen gültigen **Holiday Park Pass** zu 60 A-$/Pkw bzw. 30 A-$/Pers. gut beraten, der in allen Besucherzentren und Ranger Stations des Parks and Wildlife Service Tasmania sowie unter www.parks.tas.gov.au erhältlich ist.

Der **See Tasmania Attractions Pass** bietet nach Bezahlung eines All-inclusive-Preises freien Eintritt zu 45 Attraktionen in ganz Tasmanien innerhalb eines festgelegten Zeitraums. Erhältlich sind die Rabattpässe im Tasmanian Travel and Information Centre in Hobart (s. S. 411) und im Devonport Visitor Centre (s. S. 434) oder online unter www.see tasmaniapass.iventurecard.com (Dreitageskarte Erw. 199 A-$, Kinder 112 A-$).

westlich von Port Arthur. Bei Ebbe kann man die 100 m lange Grotte **Remarkable Cave** erkunden, die das Meer weitere 5 km südlich aus den Klippen gewaschen hat. Am **Cape Raoul,** der nur zu Fuß zu erreichenden Südspitze der Tasman Peninsula, ragen schroffe, schwarze Basaltwände auf.

Übernachten

Country-Charme ▶ Fox & Hounds Inn: Arthur Highway, Tel. 03-62 50 22 17, www.fox andhounds.com.au. Gemütliches Hotel im englischen Tudorstil mit sehr gutem Restaurant und Tennisplatz. DZ ab 140 A-$.

Camping ▶ Port Arthur Holiday Park: Garden Point, Tel. 18 00-60 70 57, www.portarthur hp.com.au. Mit komfortablen Cabins.

Aktiv

Bootstouren ▶ Tasman Island Cruises: Tel. 03-62 50 22 00, www.tasmancruises. com.au. 3-stündige Tour zum Cape Raoul mit Beobachtung von Delfinen, Robben, Seevögeln und bisweilen Walen (Dez.–April tgl. 10, 14, Mai–Nov. tgl. 10 Uhr, Erw. 125 A-$, Kinder 75 A-$, Familien 390 A-$; auch als Tagestour ab Hobart buchbar, Erw. 190 A-$, Kinder 135 A-$, Familien 560 A-$, inkl. Besichtigung von Port Arthur, Erw. 220 A-$, Kinder 150 A-$, Familien 635 A-$).

Ostküste zwischen Sorell und St. Helens

Buckland und Orford ▶ 2, E 5

Von Sorell, im 19. Jh. die Kornkammer der Insel, führt der Tasman Highway zum kleinen Ort **Buckland** mit der St. John the Baptist Church von 1846. An der Ostseite findet sich ein Buntglasfenster, das aus dem 14. Jh. stammt und Episoden aus dem Leben von Johannes dem Täufer darstellt.

Zwischen Buckland und Orford windet sich der Tasman Highway durch die malerische Schlucht des Prosser River. An der Mündung des Flusses in die Tasman Sea liegt der beliebte Ferienort **Orford** mit schönen Stränden und guten Angelrevieren.

Übernachten

… in Orford:

Direkt am Flussufer ▶ Island View Motel: Tasman Highway, Tel. 03 62 57 11 14, island viewmotel@bigpond.com. Nettes, familienfreundliches Haus am Ufer des Prosser River. DZ 125–140 A-$.

Maria Island National Park
▶ 2, E 5

Die kleine Urlauberkolonie **Louisville** bildet das Sprungbrett zur gebirgigen, bis zu 707 m hohen **Maria Island,** die von 1825 bis 1832 als Verbannungsstätte für Sträflinge diente. An diese Zeit erinnert an der Nordspitze des Eilands die Siedlung Darlington mit einigen gut erhaltenen Gebäuden. Hauptattraktion der zum Nationalpark erklärten Insel ist jedoch ihre reiche Tierwelt, zu der zahlreiche Vogelarten sowie Kängurus und Emus gehören.

Übernachten

… in Louisville:

Familienfreundlich ▶ Eastcoast Central Watersedge Resort: Tel. 03-62 57 11 22, www.eastcoastcentral.com.au. Schön gelegenes Ferienresort mit Motel und Caravan Park sowie Pool. DZ 122–181 A-$.

Verkehr

Fähren: Maria Island Ferry Service, Mobil-Tel. 0419-74 66 68, www.mariaislandferry. com.au Passagierboot nach Maria Island ab dem Eastcoast Central Watersedge Resort Dez.–April tgl. 9.30, 10.30, 15.30, 16.30 Uhr (Erw. 35 A-$, Kinder 25 A-$).

Swansea ▶ 2, E 4

Zwischen dem Fischereihafen Triabunna und dem Ferienzentrum Swansea passiert der Tasman Highway die 1843 von Sträflingen errichtete **Spiky Bridge,** deren Brüstungen mit spitzen Steinen bewehrt sind. Das bereits 1820 an der Great Oyster Bay gegründete **Swansea,** früher ein Stützpunkt für Walfänger, schmückt sich mit einigen historischen Gebäuden und der Swansea Bark Mill, in der von 1880 bis 1960 die Rinde der *Black Wattle,* einer Mimosenart, gemahlen wurde, um daraus den Grundstoff für das Gerben von Leder zu gewinnen. Angeschlossen ist das East Coast Museum zur Pioniergeschichte der Region (22 Franklin St., Tel. 03-62 56 50 66, www.eastcoastheritage.org.au, tgl. 10–16 Uhr, Eintritt frei, Spende erbeten). Nordöstlich des Ortes liegt der herrliche **Nine Mile Beach.**

Übernachten

Historisches B & B ▶ Meredith House: 15 Noyes St., Tel. 03-62 57 81 19, www.meredith house.com.au. Stilvolles B & B im georgianischen Stil. DZ 180–230 A-$ (inkl. Frühstück).

Angenehm und gut gelegen ▶ Swansea Motor Inn: 1 Franklin St., Tel. 03-62 57 81 02, www.swanseamotorinn.com. Strandnah, gemütliche Zimmer mit Balkon oder Terrasse. DZ 105–145 A-$.

Camping ▶ Swansea Holiday Park: 2 Bridge St., Tel. 03-62 57 81 48, www.swansea-holiday.com.au. Schöne Lage am Strand, sehr gute Ausstattung, komfortable Cabins, solarbeheizter Pool.

Essen & Trinken

Mehrfach prämiert ▶ Schouten House: 1 Waterloo Rd., Tel. 03-62 57 85 64, www.schoutenhouse.com, Mo–Do 18–22, Fr–So 12–15, 18–22.30 Uhr. Gute regionale Frischeküche in kolonialem Ambiente. Reservierung erforderlich! Vorspeisen 14–18 A-$, Hauptgerichte 24–36 A-$.

Freycinet National Park

▶ 2, E 4

Gut 10 km südwestlich von Bicheno zweigt eine Stichstraße zum Küstenort **Coles Bay** ab. Südlich davon erstreckt sich der auf einer Halbinsel gelegene **Freycinet National Park,** ein Juwel unter den tasmanischen Naturschutzgebieten. Das grandiose Naturtheater aus Fels und Meer erfährt hier noch eine Steigerung durch das rosafarbene Granitmassiv der Hazards, die einen effektvollen Kontrast zu den weißen Sandstränden an der Great Oyster Bay und dem grünen Buschland des Parks bilden. Prunkstück ist Tasmaniens vielleicht schönste Bucht: die **Wineglass Bay.** Einen herrlichen Blick auf die wie mit einem

Zirkel gezogene Bucht genießt man von einem Aussichtspunkt auf dem 422 m hohen Mount Amos am Wineglass Bay Track, dem reizvollsten Trekkingpfad im Park (Rundweg 12 km/5 Std.). An den Rastplätzen am Track warten *Bennetts Wallabies* auf Futter und Streicheleinheiten.

Mit dem Auto kann man zum Leuchtturm am **Cape Tourville** fahren, dort bietet sich ein grandioser Panoramablick auf die Hazards. Weitere Highlights des Parks sind die **Honeymoon Bay** und die **Sleepy Bay,** zwei Buchten mit von der Brandung glatt geschliffenen Granitblöcken. Ein Campingplatz befindet sich beim Visitor Centre am Parkeingang.

Infos

Visitor Centre: Tel. 03-62 57 01 01, www.freycinetcolesbay.com, tgl. 9–17 Uhr.

Übernachten

Luxus-Lodge in Traumlage ▶ Freycinet Lodge: Tel. 03-62 56 72 22, www.freycinet lodge.com.au. Komfortable Holzbungalows am Rand des Nationalparks, mit ausgezeichnetem Restaurant, unbedingt Zimmer zur Meerseite buchen, im ganzen Haus Rauchverbot. DZ ab 335 A-$.

Camping ▶ Big4 Iluka on Freycinet Holiday Park: Esplanade, Coles Bay, Tel. 1800-78 65 12, http://iluka-holiday-centre.tas.big4.com.au. Stellplätze für Zelte und Wohnmobile, komfortable Cabins.

Verkehr

Busse: Busverbindungen zwischen Bicheno und Coles Bay mit Coles Bay-Bicheno Coach Service, Tel. 03-62 57 02 93.

Bicheno ▶ 2, E 4

Bicheno, einst Heimat einer Walfangflotte, ist heute ein Zentrum der kommerziellen Fischerei. Der Naturhafen Waubs Harbour trägt den Namen der Aboriginal-Frau Waubedebar, die Mitte des 19. Jh. zwei ertrinkende Europäer aus der Brandung rettete. Auf der felsigen **Diamond Island,** die man bei Ebbe trockenen Fußes erreichen kann, leben Zwergpinguine *(Little Penguins).* Fische und andere Meerestiere der Tasman Sea tummeln sich in den Aquarien des **Sea Life Centre** (1 Tasman Hwy., Tel. 03-63 75 11 21, www.sealifecentre. com.au, tgl. 9–17 Uhr, Erw. 12,50 A-$, Kinder 6,50 A-$), während die **East Coast Natureworld** landbewohnende Vertreter der tasmanischen Tierwelt beheimatet (Tasman Highway, Tel. 03-63 75 13 11, www.natureworld. com.au, tgl. 9–17 Uhr, Erw. 18,50 A-$, Kinder 11,50 A-$, Familien 50,50 A-$).

Infos
East Coast Visitor Information Centre: 41B Foster St., Tel. 03-63 75 15 00, www.tasmaniaseastcoast.com.au, Mo–Fr 9–17, Sa, So 10–16 Uhr.

Übernachten
Ideal für Familien ▶ Beachfront at Bicheno: 232 Tasman Hwy., Tel. 03-63 75 11 11, www.beachfrontbicheno.com.au. Beheizter Pool, Spielplatz, Restaurant. DZ 145–170 A-$.
Mit gutem Restaurant ▶ Silver Sands: Peggys Point, Tel. 03-63 75 12 66, www.silversandsbicheno.com.au. Motelzimmer mit Blick über den Naturhafen. DZ 105–135 A-$.
Camping ▶ Big4 Bicheno Cabin Park: 4 Champ St., Tel. 1800-78 90 75, http://bichenocabins-tourist-park.tas.big4.com.au.

Aktiv
Pinguinbeobachtung ▶ Bicheno Penguin Tours: Tel. 03-63 75 13 33, www.bichenopinguintours.com.au. Tour zur Beobachtung von Zwergpinguinen (tgl. ab 17.30 Uhr, ca. 1 Std., Erw. 25 A-$, Kinder 15 A-$).

St. Helens ▶ 2, E 3
Über die beliebten Seebäder **Scamander** und **Beaumaris** erreicht man **St. Helens,** den größten Ort an der Ostküste. In der Hafenstadt ging es in der ersten Hälfte des 19. Jh. hoch her, als hier Walfänger und Robbenjäger ihren Stützpunkt hatten. Heute träumt St. Helens als Ferienort vor sich hin. Gut 50 km beste Sandstrände in der Umgebung und die geschützte Georges Bay bieten ein ideales Terrain für jegliche Art von Wassersport. Die schönsten Strände liegen in der **Bay of Fires**

nördlich von St. Helens. Ebenfalls in der Bucht, nahe der kleinen Siedlung **The Gardens,** erstreckt sich ein Naturschutzgebiet, das sich während der Frühlingsmonate in ein buntes Wildblumenparadies verwandelt. An der Big Lagoon bei The Gardens kann man schwarze Schwäne beobachten. Östlich von St. Helens türmen sich am **St. Helens Point** die Peron Sand Dunes zu Saharaformat auf.

Übernachten
Klein und mit viel Flair ▶ Warrawee: Tasman Highway, Tel. 03-63 76 19 87, warrawee@vision.net.au. B & B in einem herrlichen Holzhaus, schöne Accessoires, kein Zimmer gleicht dem anderen, Blick auf die Georges Bay. DZ 165–210 A-$ (inkl. Frühstück).
Geräumige Motel-Units ▶ Bayside Inn: 2 Cooilia St., Tel. 03 63 76 14 00, www.baysideinn.com.au. Moderne Zimmer, Restaurant und Hallenbad. DZ 90–135 A-$.

Blick vom Mt. Amos auf die Wineglass Bay im Freycinet National Park

Camping ▶ St. Helens Holiday Park: 2 Penelope Street, Tel. 03-63 76 12 90, www.sthelenscp.com.au. Sehr gut ausgestattet, mit komfortablen Cabins.

Essen & Trinken

An Deck eines Schiffes ▶ Paddlewheeler: Tasman Highway, Tel. 03-63 76 11 48, Mo–Fr 18–22.30, Sa, So 12–15, 18–22.30 Uhr. Fisch und Meeresfrüchte auf einem alten Raddampfer. Vorspeisen 14–18 A-\$, Hauptgerichte 22,50–42 A-\$.

Von St. Helens nach Launceston ▶ 2, D/E 3

In St. Helens schwenkt der Tasman Highway ins Landesinnere ab. Bei Pyengana weist ein Schild den Weg zu den 11 km südwestlich gelegenen **St. Columba Falls,** die 90 m in die Tiefe stürzen (s. Abb. S. 404). Ein lohnender Abstecher führt von Herrick Richtung Nordosten nach **Gladstone,** dem Ausgangspunkt zur Erkundung des kaum erschlossenen **Mount William National Park** sowie den herrlichen, fast menschenleeren Sandstränden der **Ringarooma Bay.**

Nächste Station am Tasman Highway ist die Bergbaustadt **Derby,** in deren Umgebung einst reiche Zinnlager ausgebeutet wurden. Die Tage des Bergbaubooms illustriert das nachgebaute Pionierdorf **Tin Miners Village** (Tel. 03-63 54 22 62, tgl. 10–16 Uhr, Erw. 12 A-\$, Kinder 6 A-\$, Familien 30 A-\$).

Mitten in einer agrarisch geprägten Region liegt knapp 70 km vor Launceston das Städtchen **Scottsdale.** Am westlichen Ortsrand informiert das **Forest Eco Centre** über das Zusammenspiel von Forstwirtschaft und Ökologie (96 King St., Tel. 03-63 52 64 66, www.forestrytas.com.au, tgl. 9–17 Uhr, Eintritt frei).

Tasmanien-Rundreise

Vor allem während der Lavendelblüte im Januar lohnt ein Abstecher von Scottsdale zur **Bridestowe Lavender Farm** 13 km westlich bei Nabowla, der einzigen Lavendelfarm auf der südlichen Erdhalbkugel und zugleich einem der weltweit größten Produzenten von Lavendelöl (Tel. 03-63 52 81 82, www.bride stowelavender.com.au, Nov.–April tgl. 9–17, Mai/Sept./Okt. Mo– Fr 9–17 Uhr, Juni–Aug. geschl., Erw. 7,50 A-$, Kinder Eintritt frei). Die herrlichen Sandstrände um **Bridport** an der Anderson Bay ziehen an Sommerwochenenden Scharen von Ausflüglern an.

Übernachten
… in Scottsdale:

Viktorianisch-elegantes Ambiente ▶ **Anabel's:** 46 King St., Tel. 03-63 52 32 77, www. anabelsofscottsdale.com.au. Stilvolles B & B mit historischem Flair, ausgezeichnetes Nouvelle-Cuisine-Restaurant. DZ ab 130 A-$ (inkl. Frühstück).

Launceston und Umgebung ▶ 2, D 3

Das 1805 gegründete Launceston am Tamar River ist die drittälteste und mit knapp 110 000 Einwohnern die zweitgrößte Stadt von Tasmanien. Gepflegte Parks, Collegestudenten in Uniformen und Einfamilienhäuser mit liebevoll angelegten Vorgärten wecken Erinnerungen an englische Städte wie Oxford oder Cambridge.

Innenstadt
Das englische Flair unterstreichen historische Häuser und Kirchen im georgianischen Stil, etwa das **Macquarie House** von 1830 am Civic Square, das heute eine Informationsausstellung über die kolonialzeitlichen Bauwerke in und um Launceston beherbergt (Tel. 03-63 31 67 77, Mo–Sa 10–16, So 14–16 Uhr, Eintritt frei), oder das **Post Office Building** und die **Town Hall** in der St. John Street.

Bei Scottsdale gibt es einige der größten Lavendelanbauflächen Australiens

Der **Batman Fawkner Inn** in der Cameron Street gilt als Geburtsstätte von Melbourne – dort fiel 1835 die Entscheidung, am Yarra River die heute zweitgrößte Metropole Australiens zu gründen. Im City Park kann man unter alten Bäumen spazieren, exotische Pflanzen im **John Hart Conservatory** bestaunen oder im Tiergehege **Monkey Island** japanische Makaken beobachten (April–Sept. tgl. 8–16, Okt.–März 8–16.30 Uhr, Eintritt frei). Am Rande des City Park liegen die 1891/92 erbaute, viktorianische **Albert Hall,** heute ein Kongresszentrum, sowie das **Design Centre of Tasmania,** das einen Überblick über das tasmanische Kunsthandwerk vermittelt (Tamar/Brisbane Sts., Tel. 03-63 31 55 06, www.designtasmania.com.au, Mo–Fr 9.30–17.30, Sa, So 10–16 Uhr, Eintritt frei).

Die Geschichte von Stadt und Region ist im **Queen Victoria Museum** am Royal Park aufbereitet. Die angeschlossene Galerie zeigt Werke zeitgenössischer Künstler (Wellington Street, Tel. 03-63 23 37 77, www.qvmag.tas.gov.au, tgl. 10–16 Uhr, Eintritt frei).

Freunde edlen Gerstensaftes zieht es in das **Boag's Centre for Beer Lovers,** dem Startpunkt einstündiger Führungen durch die gleichnamige traditionsreiche Brauerei (William Street, Tel. 03-63 32 63 00, www.boags.com.au, Mo–Fr 8.45–16.30 Uhr, Eintritt frei; Führungen Mo–Fr 9–14 Uhr alle 60 Min., Erw. 30 A-$, Kinder ab 5 Jahre 10 A-$).

Rund um Launceston

Eine Naturattraktion beinahe mitten in der Stadt ist die vom South Esk River in Jahrmillionen in ein weiches Sandsteinplateau gefräste **Cataract Gorge.** Großartige Blicke in die Schlucht eröffnen sich von zwei Wanderwegen, die an der Kings Bridge beginnen. Der Cataract Walk verläuft entlang dem nördlichen Flussufer, der anstrengendere Zig Zag Walk entlang dem Südrand des wildromantischen Canyon. Beide Wege treffen sich an der oberen Schlucht, die im Sessellift überquert. Durch die Schlucht fahren Ausflugsboote (Tamar River Cruises, Tel. 03-63 34 99 00, www.tamarrivercruises.com.au, Sept.–Mai tgl. 9.30–16.30 alle 60 Min., Juni–Aug. tgl.

11.30–13.30 Uhr alle 60 Min., Erw. 29 A-$, Kinder 12 A-$, Familien 62 A-$, Abfahrt am Home Point Cruise Terminal).

Wer sich für die Arbeitsabläufe in Australiens ältester Textilfabrik interessiert, kann sich einer Führung durch die 1874 gegründeten **Waverley Woollen Mills** 5 km östl. der Stadt anschließen (Waverley Rd., Tel. 1300-78 70 47, www.waverley.wwm.com.au, Führungen, Erw. 5 A-$, Kinder 3 A-$, Familien 13 A-$).

Die stille, industriearme Region südlich von Launceston wirkt wie eine englische Gartenlandschaft: Hecken, Holzzäune, Farmhäuser und Wiesen, auf denen Schafe, Pferde und Rinder weiden. In der Kolonialzeit entstanden hier stattliche Anwesen, etwa das georgianische, mit Originalmobiliar eingerichtete **Franklin House** von 1838 (413 Hobart Rd., 6 km südl., Tel. 03-63 44 62 33, tgl. 9–17 Uhr, Erw. 10,50 A-$, Kinder 5,50 A-$). Wohlstand und Fleiß der Erbauer spiegeln sich im ebenfalls 1838 errichteten **Clarendon House** wider, dessen Sandsteinfassade ein Portikus mit korinthischen Säulen schmückt (Nile Road, Nile, 27 km südl., Tel. 03-63 98 62 20, Mo–Sa 10–16, So 12–16 Uhr, Erw. 15 A-$, Kinder Eintritt frei).

Auch im georgianischen Postkartenort **Evandale** haben die restaurierten, denkmalgeschützten Sandsteingebäude ihr Erscheinungsbild seit dem 19. Jh. kaum verändert. Auf teils staubig-schottrigen Straßen erreicht man von hier den **Ben Lomond National Park,** im Sommer ein beliebtes Wandergebiet und im Winter eine gute Skiregion.

Im **Tamar Valley** nordwestlich von Launceston werden einige der besten Weine der südlichen Hemisphäre produziert. Die gelbblau ausgeschilderte Tamar Valley Wine Route führt in einer Rundfahrt von Launceston zu 21 Weingütern. Alle Betriebe sind auf Besucher eingerichtet, mit Führungen durch Kaltereien und Keller, ausgezeichneten Gastwirtschaften und gemütlichen Unterkünften. Fast immer haben die Winzer Zeit für einen Plausch und eine Probe mit Besuchern – vor allem, wenn die Liebhaber edler Rebensäfte aus einem traditionsreichen Weinland der Nordhalbkugel kommen.

Tasmanien-Rundreise

Infos

Launceston Travel and Information Centre: St. John/Cameron Streets, Tel. 1800-65 18 27, www.visitlauncestontamar.com.au, Mo–Fr 9–17, Sa, So, Fei 9–13 Uhr.

Übernachten

Ideal für Frischverliebte ▶ Alice's Spa Hideaways: 121 Balfour St., Tel. 03-63 34 22 31, www.alicescottages.com.au. Stilvoll, zur Einrichtung jedes Cottage gehören ein Himmelbett, ein Whirlpool und ein offener Kamin. DZ 160–230 A-$ (inkl. Frühstück).

Restauriertes Kolonialgemäuer ▶ Quality Inn Prince Albert: William/Tamar Streets, Tel. 03-63 31 76 33, www.princealbertinn.com.au. 28 sehr geräumige, im viktorianischen Stil eingerichtete Zimmer in einer Herberge von 1855, angeschlossen ist ein Gourmetrestaurant. DZ 145–170 A-$.

Gediegen-traditionell ▶ Colonial Motor Inn: 31 Elizabeth St., Tel. 03-63 31 65 88, www.coloniallaunceston.com.au. Charmantes, elegantes Hotel für Reisende mit Hang zur Nostalgie. DZ 125–170 A-$.

Zentral & günstig ▶ Batman Fawkner Inn: 35–39 Cameron St., Tel. 03-63 31 99 51, www.batmanfawknerinn.com. Einfache, aber stilvolle Unterkunft in historischem Gemäuer, striktes Rauchverbot, mit Bar. DZ 65–85 A-$ (mit Gemeinschaftsbad), DZ 95–130 A-$ (mit Bad/WC), im Mehrbettzimmer ab 26 A-$/Pers.

Camping ▶ Treasure Island Caravan Park: 94 Glen Dhu St., Tel. 03-63 44 26 00, www.treasureislandtasmania.com.au. Sehr gut ausgestattet, mit vielen Cabins.

Essen & Trinken

Dorado für Seafood-Fans ▶ Hallam's Waterfront: 13 Park St., Tel. 03-63 34 05 54, www.hallamswaterfront.com.au, tgl. 12–14.30, 17-22 Uhr. Stimmungsvoll, sehr aufmerksamer Service, am Jachthafen. Vorspeisen 14–23 A-$, Hauptgerichte 34–42 A-$.

Bistro und Gourmet-Restaurant ▶ Stillwater River Café: Ritchies Mill, Paterson Street (geg. Ponny Royal), Tel. 03 63 31 41 53, www.stillwater.net.au, Mo–Sa 8.30-23, So 8.30–15 Uhr. In dem rustikalen Lokal in einer

ehemaligen Mühle serviert man tagsüber preiswertere Gerichte von der Bistro-Speisekarte; abends verwandelt es sich in ein Feinschmeckerrestaurant mit kreativen Gerichten der modernen australischen Küche und erlesenen Weinen aus der Region. 6-Gänge-Menü 125 A-$.

Steaks ▶ Black Cow Bistro: 70 George St., Tel. 03-63 31 93 33, www.blackcowbistro.com.au, tgl. 11.30–15, 17–22.30 Uhr. Die »schwarze Kuh«, ein intimes Lokal, befindet sich in den Räumen einer ehemaligen Metzgerei. Auf den Tisch kommen nur Steaks von Freilandkühen. Vorspeisen 16,50–21 A-$, Hauptgerichte 31–44 A-$.

Französische Küche ▶ Pierre's: 88 George St., Tel. 03-63 31 68 35, www.pierres.net.au, Di–Sa 10–23 Uhr. Tagsüber eine Brasserie, abends ein feines Restaurant mit weißen Leinentüchern und klassischer französischer Küche. Vorspeisen 11–20 A-$, Hauptgerichte 22–38 A-$.

Ein Eldorado für Wanderer: der Cradle Mountain-Lake St. Clair National Park

Hervorragender Inder ▶ **Indian Empire:** 64 George St., www.indianempire.com.au, Tel. 03-63 31 25 00, tgl. 11–22.30 Uhr. Südindische Speisen und nordindische Tandoori-Spezialitäten. Vorspeisen 8–12 A-$, Hauptgerichte 14–24,50 A-$.

Einkaufen

Wollwaren ▶ **Tamar Knitting Mills:** 21 Hobart Rd., Tel. 03-63 44 82 55, Mo–Fr 9–17, Sa, So 9–16 Uhr. Wollsachen.

Vom Schaf ▶ **The Sheeps Back:** 53 George St., Tel. 03-63 31 25 39, www.thesheepsback.com.au, Mo–Fr 9–18, Sa 9–16 Uhr. Mäntel aus Schafleder, Wollpullover etc.

Abends & Nachts

In-Location ▶ **Alchemy Bar & Restaurant:** 90 George St., Tel. 03-63 31 25 26, www.alchemylaunceston.com.au, So–Do 17–1, Sa, So 17– 3 Uhr. Crossover aus Restaurant, Bar und Danceclub, DJs und Livemusik.

Stimmungsvolle Bar ▶ **Three Steps on George:** 31 Elizabeth St., Tel. 03-63 31 65 88, tgl. 17–24 Uhr. Gemütliche Bar im Colonial Motor Inn (s. S. 428).

Verkehr

Busse: Tgl. Verbindungen mit Tasmanian Redline Coaches, Tel. 13 00-36 00 00, und TassieLink Coaches, Tel. 13 00-30 05 20, nach Hobart, Devonport, Burnie etc.; Busterminal in Cimitiere/St. John Sts.

Von Launceston nach Devonport

Hadspen und Westbury ▶ **2, D 3**

In **Hadspen** blieb das herrschaftliche Farmwohnhaus **Entally Estate** erhalten, das im Jahr 1819 errichtet wurde. Neben dem mit Originalinventar ausstaffierten Bauwerk sind auch die Wirtschaftsgebäude sehenswert

Tipp: West Coast Wilderness Railway

Fans alter Dampflokomotiven und Naturliebhaber kommen im ›wilden Westen‹ von Tasmanien gleichermaßen auf ihre Kosten. Zwischen dem Hafenort Strahan und der Bergwerkstadt Queenstown verkehrt die **West Coast Wilderness Railway,** ein Schmalspur-Dampfross aus den Pioniertagen des Eisenbahnverkehrs. Bei der 35 km langen, abenteuerlichen Bergstrecke mit 12 Tunneln und 58 Brücken mussten die Ingenieure tief in die technische Trickkiste greifen – die Überwindung des steilen Rinadeena Saddle zum Beispiel ist nur mit Hilfe eines Zahnradsystems möglich. Errichtet wurde der Schienenstrang gegen Ende des 19. Jh., um Kupfererz aus den Bergwerken von Queenstown an die Küste zu transportieren.

Heute werden vier- bis fünfstündige Fahrten angeboten, mit längeren Stopps für naturkundliche Wanderungen im Regenwald und für die Besichtigung eines ehemaligen Goldgräbercamps. Auch für das leibliche Wohl der Fahrgäste ist gesorgt: Eine freundliche Crew serviert allerlei Häppchen und Getränke (Tel. 03-64 71 01 00, www.wcwr. com.au, tgl. 9 Uhr ab Queenstown, Rückfahrt 12.30 Uhr, Erw. 89 A-$, Kinder 30 A-$, Familien 195 A-$).

(Bass Highway, Tel. 03-63 93 62 01, www. entally.com.au, tgl. 10–16 Uhr, Erw. 10 A-$, Kinder 8 A-$, Familien 25 A-$).

Ein weiteres imposantes Kolonialgebäude, das **White House** aus dem Jahr 1841, kann in **Westbury** besichtigt werden (King Street, Tel. 03-63 31 90 77, www.westburytasmania. com, Di–So 10–16 Uhr, Erw. 10 A-$, Kinder 5 A-$, Familien 25 A-$). **Pearns Steam World** zeigt alte, funktionstüchtige Dampfmaschinen (Main Street, Tel. 03-63 93 13 69, tgl. 9–17 Uhr, Erw. 5 A-$, Kinder 2 A-$).

Deloraine ▶ 2, D 3

Deloraine, das Zentrum einer Weizenanbauregion, besitzt mit der **St. Marks Anglican Church** (1859) ein neogotisches Gotteshaus. Einen Blick in vergangene Zeiten gewährt das liebevoll gestaltete **Deloraine Museum** (98–100 Emu Bay Rd., Tel. 03-63 63 34 71, tgl. 9–17 Uhr, Erw. 8 A-$, Kinder 4 A-$).

In Deloraine zweigt der Lake Highway nach Hobart ab (s. S. 441). Ein bei Einheimischen sehr beliebtes Ausflugsziel sind die **Liffey Falls** 27 km südlich der Stadt.

Infos

Great Western Tiers Visitor Centre: 98–100 Emu Bay Rd., Tel. 03-63 62 52 80, www.great westerntiers.net.au, tgl. 9–17 Uhr.

Mole Creek ▶ 2, C 3

Gut 20 km westlich von Deloraine liegt der Ort Mole Creek. Im nahen **Trowunna Wildlife Park** leben Tasmanische Teufel, Koalas, Wallabies und Wombats (Tel. 03-63 63 61 62, www.trowunna.com.au, Febr.–Dez. tgl. 9–17, Jan. 8–20 Uhr, Führungen tgl. 11, 13, 15 Uhr, Erw. 22 A-$, Kinder 10 A-$, Familien 55 A-$).

Die King Solomons Cave und Marakoopa Cave im **Mole Creek Karst National Park** sind für die Öffentlichkeit zugänglich (Tel. 03-63 63 51 82, www.molecreek.info, King Solomons Cave: Führungen tgl. 10.30, 11.30, 12.30, 14.30, 15.30 und 16.30 Uhr, Marakoopa Cave: Führungen tgl. 10–16 Uhr alle 60 Min.; Eintritt pro Höhle: Erw. 19 A-$, Kinder 9,50 A-$, Familien 47,50 A-$).

Im Süden von Mole Creek ragen die schroffen Bergkämme der Great Western Tiers auf. Als weitgehend unberührte Bergwildnis ist der **Walls of Jerusalem National Park** ein ideales Terrain für erfahrene *Bushwalker*.

Übernachten

Heimelige Pension ▶ **Mole Creek Guest House:** 100 Pioneer Dr., Tel. 03-63 63 13 99, www.molecreekgh.com.au. Auf nette Art altmodisches, liebevoll restauriertes Gästehaus mit 5 Zimmern und einem guten Restaurant. DZ 165–185 A-$.

15 Cradle Mountain-Lake St. Clair N. P. ▶ 2, C 3/4

Der alpine Cradle Mountain-Lake St. Clair National Park, einer der schönsten Nationalparks Australiens, erstreckt sich vom Cradle Mountain im Norden bis zum glazialen Lake St. Clair im Süden. In dem 130 000 ha großen Gebiet, das 1982 von der UNESCO zum Weltnaturerbe der Menschheit erklärt wurde, ragen Tasmaniens höchste Inselgipfel auf: der Cradle Mountain (1545 m), der Barn Bluff (1559 m) und der Mount Ossa (1617 m).

Die urwüchsige Berglandschaft mit kühlgemäßigten Regenwäldern, subalpinen Heiden und Hochmooren bietet Lebensraum für *Bennetts Wallabies* und *Roufous Wallabies*, Wombats, Echidnas, Possums sowie die berühmten Tasmanischen Teufel. Zahlreich vertreten sind zudem Tiger Snakes, eine der drei Giftschlangenarten von Tasmanien. Infos über Fauna und Flora bekommt man im Cradle Mountain Visitor Centre, das auch die erste Anlaufstelle im Park sein sollte. Wanderer erhalten hier Tipps zu Routenwahl und Ausrüstung und müssen sich aus Sicherheitsgründen ab- und wieder zurückmelden.

Im **Waldheim Chalet** ca. 1 km südlich des Visitor Centre wohnte einst der Österreicher Gustav Weindorfer, auf dessen Initiative der Nationalpark in den 1920er-Jahren gegründet wurde. Im angrenzenden, häufig nebelverhangenen **Weindorfer Forest** wachsen seltene, bis zu 1000 Jahre alte King Billy Pines, die man auf einem Naturlehrpfad bestaunen kann (20 Min.). Der Spaziergang lässt sich zum lohnenden Rundweg **Weindorfer Walk** ausdehnen (6 km/3 Std.).

Von den zahlreichen Wanderwegen, die an der Nordspitze des **Lake Dove** beginnen, sind die Rundtour um den See (6,5 km/2 Std.) und die Besteigung des Cradle Mountain (hin und zurück 12 km/ 6–8 Std., keine Bergsteigererfahrung nötig) besonders zu empfehlen.

Als Nonplusultra unter den im Park möglichen Routen gilt der 65 km lange **Overland Track,** der von Nord nach Süd einmal quer durch den Nationalpark führt. Trotz einiger steiler und sehr vieler schlammiger Abschnitte ist die etwa einwöchige Wildniswanderung zwischen dem Cradle Mountain und dem Lake St. Clair nicht allzu schwierig (s. Aktiv unterwegs S. 432). Probleme ergeben sich nur, wenn schlecht ausgerüstete Wanderer von einem der häufigen Wetterumschwünge bis hin zu Schneestürmen überrascht werden. Da während der Hauptsaison zwischen November und März die Schutzhütten am Weg häufig überfüllt sind, empfiehlt es sich, ein Zelt mitzunehmen.

Infos

Cradle Mountain Visitor Centre: Cradle Valley, Tel. 03-64 92 11 33, www.parks.tas.gov. au, tgl. 9–17 Uhr.

Übernachten

Alpenländisches Flair ▶ **Cradle Mountain Lodge:** Cradle Valley, Tel. 13 00-80 61 92 u. 03-64 92 21 00, www.cradlemountainlodge. com.au. Rustikal-komfortable Lodge am Nordeingang des Nationalparks mit Restaurant, Bar und Lounge, alle Blockhäuser mit offenem Kamin. DZ ab 289 A-$.

Im Busch ▶ **Lemonthyme Lodge:** Dolcoath Road, Moina, Tel. 03-64 92 11 12, www. lemonthyme.com.au. 25 km nordöstlich versteckt im Regenwald gelegene Lodge mit behaglichen Zimmern und Blockhäusern sowie hervorragendem Restaurant. DZ ab 135 A-$, Blockhaus ab 305 A-$.

Camping ▶ **Discovery Holiday Park Cradle Mountain:** Cradle Valley, Tel. 1800-06 85 74, http://cradle-mountain.tas.big4.com.au. Gut ausgestattet und sehr schön gelegen.

Aktiv

Rundflüge ▶ **Cradle Mountain Helicopters:** Tel. 03-64 92 11 32, www.adventureflights. com.au. 20-minütige Flüge über Dove Lake und Cradle Mountain (ab 245 A-$).

Verkehr

Busse: Zum Lake Dove mit TassieLink, Tel. 1300-30 05 20, McDermotts Coaches, Tel. 03-63 30 37 17, Tiger Wilderness Bushwalker's Bus, Mobil-Tel. 0428-30 88 13, oder Tasmanian Wilderness Experiences, Tel. 1300-88 22 93.

aktiv unterwegs

Overland Track

Tour-Infos

Start: Cradle Mountain Visitor Centre am Lake Dove

Länge/Dauer: 65 km/6–7 Tage

Schwierigkeitsgrad: einfach bis moderat

Information und Anmeldung: im Internet unter www.overlandtrack.com.au

Transport: Verbindungen zum Cradle Mountain Visitor Centre am Lake Dove, dem Ausgangspunkt der Wanderung, mit TassieLink, Tel. 13 00-30 05 20, McDermotts Coaches, Tel. 03-63 30 37 17, Tiger Wilderness Bushwalker's Bus, Tel. mobil 0428-30 88 13, Tasmanian Wilderness Experiences, Tel. 13 00-88 22 93, ab Launceston oder Devonport. Maxwell's Cradle Mountain-Lake St. Clair Taxi & Bus Service, Tel. 03-64 92 14 31, fährt nach Bedarf vom Lake St. Clair, dem Endpunkt der Tour, nach Derwent Bridge am Lyell Highway. Von dort mit TassieLink Coaches oder Tasmanian Redline Coaches nach Hobart.

Als Nonplusultra unter den im Cradle Mountain-Lake St. Clair National Park möglichen Routen gilt der 65 km lange Buschpfad Overland Track, der von Nord nach Süd einmal quer durch den Nationalpark führt. Auf dieser Wanderung, für die man bei mäßigem Tempo sechs bis sieben Tage ansetzen sollte, passiert man sämtliche Vegetationszonen der Region. Gute körperliche Konstitution vorausgesetzt, ist diese Wildniswanderung zwischen dem Cradle Mountain und dem Lake St. Clair trotz einiger Anstiege nicht allzu schwierig. Etliche feucht-schlammige Abschnitte, die Wanderern einst zu schaffen machten, hat man durch Holzbohlenwege ›entschärft‹. Probleme ergeben sich meist nur dann, wenn schlecht ausgerüstete Trekker von einem der auch in den Sommermonaten häufigen Wetterumschwünge überrascht werden, für die diese Region mit 297 Regen-

und 58 Schneetagen im Jahr berüchtigt ist. Zur Sicherheit müssen sich *Bushwalker* deshalb in den Besucherzentren am Cradle Mountain bzw. am Lake St. Clair ab- und wieder zurückmelden.

Wer plant, die Wanderung auf eigene Faust zu unternehmen, kann sich über die Homepage der Parkverwaltung registrieren. Die Wanderung muss in der Hauptsaison von Norden nach Süden erfolgen. Täglich dürfen beim Cradle Mountain Visitor Centre am Lake Dove nur 34 Independent Walkers starten. Übernachten können sie in den Schutzhütten der Parkverwaltung oder im eigenen Zelt. Proviant muss man mitbringen. Wegen der großen Nachfrage sollte man möglichst frühzeitig buchen, möglich ist dies ab Anfang Juli des Vorjahres. In der Hauptsaison vom 1. November bis 30. April wird zusätzlich zur Eintrittsgebühr in den Nationalpark (12 A-$/Pers. oder Holiday Park Pass, s. S. 421) für den Overland Track eine Gebühr von 200 A-$ für Erwachsene und von 160 A-$ für Kinder unter 17 Jahren erhoben.

Die erste Touretappe führt zunächst am **Crater Lake** und den **Crater Falls** vorbei stetig aufwärts zum **Marion Lookout,** wo man einen schönen Blick auf die Cradle Mountains und den Dove Lake genießt. Von dort senkt sich der Track wieder zur **Kitchen Hut** ab, wo ein Sidetrip zum Gipfel des Cradle Mountain abzweigt (hin und zurück 2,5 Std.).

Weiter geht es am zweiten Tag zunächst durch Wald, dann auf Brettersteigen durch offenes Moorland zum **Lake Windermere,** den knorrige alte Eukalypten umstehen. Ein lohnender Abstecher führt zum **Lake Will** und den **Innis Falls,** alternativ steuert man direkt die **Windermere Hut** an, Etappenziel dieses Wegabschnittes.

Den Auftakt zur dritten Touretappe bildet das oft in Nebel gehüllte **Pine-Forest-Moor.** An der Flanke des **Mt. Pelion West** entlang führt der Track dann langsam absteigend zu den **Frog Flats** und läuft eine Weile am **Forth River** entlang, bevor er zur **Pelion Hut** wieder steil ansteigt, begleitet von den Felsabbrüchen des Mt. Oakleigh.

Am vierten Tag geht es zuerst am **Douglas Creek** entlang weiter südwärts, dann führt der Weg durch steiles Waldgelände zur **Kia Ora Hut.** Viele Wanderer machen einen Abstecher zum **Mt. Ossa,** dessen Gipfelplateau bei gutem Wetter einen fantastischen Rundblick über die gesamte Insel bietet.

Ziel der fünften Tagesetappe ist die **Windy Ridge Hut.** Der Overland Track führt auf diesem Abschnitt durch schummrig-dunklen Regenwald. Der Weg ist stellenweise rutschig und Baumwurzeln erweisen sich immer wieder als Stolperfallen. Der Aufstieg zur **Du Cane Gap** und auch der Abstieg von dieser Passhöhe sind sehr steil. Mehrere Abstecher führen zu kleinen Wasserfällen.

Am sechsten Tag führt der Weg sanft abfallend ins Tal des **Narcissus River,** stets begleitet von Regenwald und daher mit wenig Aussicht. Am Fluss entlang geht es weiter zur **Narcissus Hut**, sie befindet sich an der Stelle, wo der Narcissus River in den Lake St. Clair mündet. Man nähert sich ihr auf einer großen Hängebrücke.

Die letzte Touretappe führt 5 bzw. 7 Stunden am **Lake St. Clair** entlang (es gibt zwei Wegvarianten) zum Visitor Centre und bietet, wenn es nicht gerade regnet, immer wieder schöne Ausblicke. Sollte das Wetter nicht mitspielen, kann man in der Narcissus Hut per Funkgerät Plätze auf der Fähre bestellen, die dreimal täglich über den See zum Anleger beim Visitor Centre schippert.

Wem tagelanges Marschieren zu anstrengend ist, kann die Schönheit der Bergregion auf kürzeren Tagestouren erleben, die dem nördlichen und dem südlichen Abschnitt des Overland Track folgen.

Geführte Wanderungen auf dem gesamten Track, aber auch auf Teilstrecken mit Unterbringung in befestigten Hütten oder Zelten bieten Cradle Huts, Launceston, Tel. 03-63 92 22 11, www.cradlehuts.com.au (Übernachtung in Zweibettzimmern in komfortablen Hütten mit heißen Duschen, ab 2950 A-$ all inclusive), und Tasmanian Expeditions, Launceston, Tel. 1300-66 68 56, www.tasmanianexpeditions.com.au (Übernachtung in Zelten, ab 1995 A-$ all inclusive).

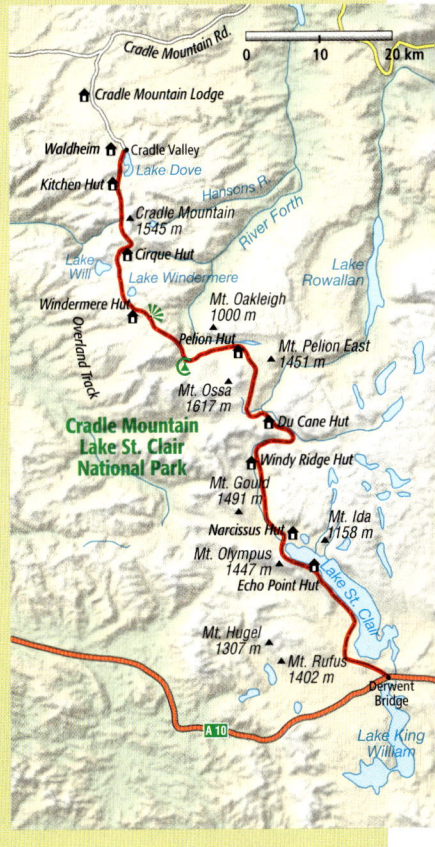

Tasmanien-Rundreise

Devonport ▶ 2, C 3

Obwohl mit nur wenigen Highlights gesegnet, lohnt Devonport, der Hafen für die Passagier- und Autofähren aus Melbourne und Sydney, einen kurzen Aufenthalt. Unbedingt sehenswert ist das **Tiagarra Tasmanian Aboriginal Culture and Art Centre** am Mersey Bluff, ein ethnografisches Museum, das einen Einblick in die Kunst und Kultur der tasmanischen Ureinwohner gibt. Beim Museum beginnt auch ein kurzer Rundweg zu verschiedenen Aboriginal-Kunststätten mit Felsgravierungen (Tel. 03-64 24 82 50, tgl. 9–17 Uhr, Erw. 10 A-$, Kinder 5 A-$, Familien 25 A-$, wegen Renovierung bis auf Weiteres geschl.).

Der Geschichte der tasmanischen Seefahrt ist das **Bass Trait Maritime Centre** gewidmet (47 Victoria Pde., Tel. 03-64 24 71 00, tgl. 9–17 Uhr, Erw. 10 A-$, Kinder 5 A-$, Familien 25 A-$).

Am Rande der Stadt blieb aus viktorianischer Zeit das Kolonialhaus **Home Hill** erhalten. Reich bestückt mit Originalinventar, vermittelt es ein Bild vom Lebensstil einer wohlhabenden Familie der damaligen Zeit (77 Middle Rd., Tel. 03-64 24 30 28, Di–Do, Sa, So 10–16 Uhr, Erw. 9,50 A-$, Kinder 4,50 A-$, Familien 23,50 A-$).

Infos

Devonport Visitor Centre: 92 Formby Rd., Tel. 1800-64 95 14, www.devonporttasmania.travel, tgl. 8.30–17 Uhr.

Übernachten

Ideal für Familien ▶ Mersey Bluff Lodge: 247 William St., Tel. 03-64 24 52 89, www.merseyblufflodge.com.au. Strandnahes, familienfreundliches Motel mit Spielplatz, im ganzen Haus Rauchverbot. DZ 145 A-$.

Bezauberndes Herrenhaus ▶ MacFie Manor: 44 MacFie St., Tel. 03-64 24 17 19, Fax 03-64 24 87 66. Kleine Pension in zauberhaftem viktorianischem Kolonialgebäude, nur für Nichtraucher. DZ ab 135 A-$ (inkl. Frühstück).

Camping ▶ Mersey Bluff Caravan Park: Mersey Bluff, Tel. 03-64 24 86 55, www.merseybluff.com.au. Gut ausgestattet, in schöner Lage, mit Cabins.

Essen & Trinken

Australisch-asiatisch ▶ Essence: 28 Forbes St., Tel. 03-62 24 64 31, Di–Fr 12–15, 17–22.30, Sa 17–22.30 Uhr. Moderne australische Küche mit südostasiatischem Einschlag. Vorspeisen 14–18 A-$, Hauptgerichte 24,50–42 A-$.

Aussie-Hausmannskost ▶ Mallee Grill: 161 Rooke St., Tel. 03-64 24 44 77, tgl. 12–15, 17.30–21.30 Uhr. Kräftig-derbe australische Küche, vor allem diverse Steaks. Vorspeisen 10,50–14 A-$, Hauptgerichte 21,50–34 A-$.

Verkehr

Busse: Tgl. Verbindungen mit Tasmanian Redline Coaches, Tel. 1300-36 00 00, und TassieLink Coaches, Tel. 1300-30 05 20, nach Hobart, Launceston, Burnie u. a.; Busterminal in 9 Edward St.

Fähren: 1 x bzw. während der Hochsaison (Dez./Jan.) 2 x tgl. Verbindungen nach Melbourne (s. S. 212). In der Hauptsaison unbedingt rechtzeitig buchen. Auskunft in Devonport: TT Line, The Esplanade, Tel. 1800-63 49 06, www.tt-line.com.au oder www.spiritof tasmania.com.au (s. S. 75).

Nordwestküste

Burnie ▶ 2, C 3

Auf dem Bass Highway sind es nur rund 30 Minuten von Devonport nach Burnie, der bedeutendsten Industrie- und Hafenstadt im Nordwesten von Tasmanien. Ein schöner Blick über den Tiefwasserhafen an der Mündung des Emu River bietet sich vom 245 m hohen **Round Hill.** Die größte Sehenswürdigkeit im Ort ist das **Burnie Regional Museum** mit der Federation Street, dem Nachbau einer Häuserzeile, die in der Zeit um die Wende zum 20. Jh. errichtet wurde (Little Alexander St., Tel. 03-64 30 57 46, Mo–Fr 10–16.30 Uhr, Erw. 6,50 A-$, Kinder 2,50 A-$, Familien 15 A-$). Beim **Burnie Penguin Observation Centre and Habitat** am westlichen Ortsrand kann man bei Einbruch der Dunkelheit Zwergpinguine beobachten. Schautafeln informieren über die befrackten Zwerge (Mobil-Tel. 0437-43 68 03, tgl. 9–21 Uhr, Eintritt frei).

Infos

Visitor Information Centre: 2 Bass Hwy., Parklands, Tel. 03-64 30 58 31, www.discover burnie.net, tgl. 9–17 Uhr.

Übernachten

Günstige Lage ▶ Beachfront Voyager Motor Inn: 9 North Tce., Tel. 03-64 31 48 66, www.beachfrontvoyager.com.au. Zentral und zugleich strandnah gelegen, elegantes Motel mit sehr gutem Restaurant. DZ 125–170 A-$.

Solides Stadthotel ▶ Comfort Hotel Burnie: 139 Wilson St., Tel. 03-64 31 44 55, www.comforthotelburnie.com.au. Im Herzen der Stadt, gemütliche Zimmer, Restaurant und Pool. DZ 125–150 A-$.

Camping ▶ Treasure Island Caravan Park: 253 Bass Hwy., Cooee, Tel. 03-64 31 19 25, www.treasureislandtasmania.com.au. Etwa 3 km westlich, sehr gut ausgestattet, mit großer Auswahl an Cabins und Hallenbad.

Verkehr

Busse: Tgl. Verbindungen mit Tasmanian Redline Coaches, Tel. 1300-36 00 00, und TassieLink Coaches, Tel. 1300-30 05 20, nach Hobart, Launceston, Devonport u. a.; Busterminal in 117 Wilson St.

Wynyard und Umgebung
▶ 2, C 2

Nordwestlich von Wynyard beginnt mit dem 114 m hohen, in die Bass Strait ragenden **Table Cape** einer der schönsten Küstenabschnitte im Norden von Tasmanien. Mit blütenweißen Stränden sind die Ferienorte **Boat Harbour Beach** und **Sisters Beach** Tummelplätze für Wassersportler. Letzterer liegt im Ostteil des **Rocky Cape National Park** mit einigen Höhlen, die vor rund 8000 Jahren von tasmanischen Aborigines bewohnt waren. Zum Rocky Cape, dem Startpunkt diverser Wanderungen, führt eine 5 km lange, vom Bass Highway abzweigende Stichstraße. Der Leuchtturm am Kap bietet eine einmalige Aussicht auf die Bass Strait.

Übernachten

Am Wasser ▶ The Waterfront Wynyard: 1 Goldie St., Tel. 03-64 42 23 51, http://water frontwynyard.com. Modern-behaglich möblierte, geräumige Zimmer, hervorragendes Restaurant mit Schanklizenz, schöne Lage an einem Meeresarm. DZ 125–165 A-$.

Stanley ▶ 2, B 2

Stanley an der Spitze einer weit in die Bass Strait ragenden felsigen Halbinsel diente ab 1826 der Siedlungsgesellschaft Van Diemen's Land Company als Stützpunkt. Aus der Gründerzeit blieben einige Blausteingebäude erhalten, etwa der **Plough Inn** von 1840 und das **Van Diemen's Land Company Store House** am Hafen, heute eine stilvolle Unterkunft. Eine Besichtigung des mit Originalmobiliar ausgestatteten **Lyons Cottage** versetzt Besucher in vergangene Zeiten (14 Alexander Tce., Tel. 03-64 58 11 45, tgl. 10–16 Uhr, Eintritt frei, Spende erbeten). Als Hauptquartier der Van Diemen's Land Company diente das Landhaus **Highfield Estate** 1,5 km nördlich des Ortes (Greenhills, Tel. 03-64 58 11 00, tgl. 10–16 Uhr, Eintritt frei, Spende erbeten).

Wie eine Trutzburg überragt der 150 m hohe Vulkanfelsen **The Nut** das Städtchen. Ein steiler Pfad und ein Sessellift führen auf den Gipfel, von dem sich ein weiter Blick bietet (The Nut Chairlift, Tel. 03-64 58 12 86, tgl. 8 Uhr bis Sonnenuntergang, Erw. 9 A-$, Kinder 7 A-$).

Im **Stanley Seaquarium** am Fischereihafen kann man Meeresbewohner der Bass Strait kennenlernen, darunter kleine Haie (Tel. 03-64 58 20 52, tgl. 10–16 Uhr, Erw. 8,50 A-$, Kinder 4,50 A-$, Famillien 21,50 A-$).

Infos

Stanley Visitor Information Centre: 19–21 Church St., Tel. 03-64 58 13 30, 1800-22 23 97, www.stanleytasmania.com.au, Mo–Fr 9.30–17.30, Sa, So 10–16 Uhr.

Übernachten

Koloniales Flair ▶ Abbey's Spa Cottage: 46 Alexander Tce., Tel. 03-64 58 11 86 und 1800-22 23 97, www.stanleytasmania.com.

au/abbeysspacottage.html. Komfortabel, mit zwei Schlafzimmern, Küche und Whirlpool. DZ ab 180 A-\$ (inkl. Frühstück).

Schöner Blick ▶ Stanley Seaview Inn: 58 Dovecote Rd., Tel. 03-64 58 13 00, www.stan leyseaviewinn.com.au. Rustikale Lodge mit stilvoll eingerichteten Zimmern und Ferienwohnungen, schöne Lage, gutes Restaurant. DZ 115–155 A-\$, Ferienwohnung ab 180 A-\$.

Landpub mit Zimmern ▶ Stanley Hotel: 19 Church St., Tel. 03-64 58 11 61. Pub-Hotel von 1847. DZ (mit Gemeinschaftsbad) 58 A-\$, DZ (mit Bad/WC) 102 A-\$.

Camping ▶ Stanley Cabin & Tourist Park: Wharf Road, Tel. 03-64 58 12 66, www.stan leycabinpark.com.au. Sehr gut ausgestattet, mit Cabins.

Essen & Trinken

Meeresspezialitäten ▶ Julie and Patrick's Seafood Restaurant: 2 Alexander Tce., Tel. 03-64 58 11 03, tgl. 12–14.30, 17–22 Uhr. Seafood und Grillspezialitäten. Vorspeisen 12–16 A-\$, Hauptgerichte 26–40 A-\$.

Von Burnie nach Queenstown

Westlich von Burnie zweigt vom Bass Highway der in den Western District von Tasmanien führende Murchison Highway ab. Noch immer sind weite Teile dieser Region mit schroffen Berggipfeln, unzugänglichen Flusstälern, tiefen Gletscherseen und dichten Urwäldern eine *Terra Australis Incognita,* die zwar vom Flugzeug aus vermessen, aber in ihrer Gesamtheit noch nicht von Bodenexpeditionen erforscht wurde.

Rosebery ▶ 2, C 3

Nahe Rosebery zweigt eine 6 km lange, nur teilweise asphaltierte und im letzten Drittel sehr holprige Stichstraße zu den **Montezuma Falls** ab, Tasmaniens höchsten Wasserfällen, die in eine 110 m tiefe Schlucht donnern. Jährliche Niederschläge von 3000 mm sorgen dafür, dass dieses Spektakel nie an Wucht verliert. Zu erreichen sind die höchs-

ten Wasserfälle von Tasmanien auf einem relativ einfachen, aber oft schlammigen Wanderpfad (hin und zurück ca. 3 Std.).

Zeehan ▶ 2, B 4

Das abseits des Murchison Highway gelegene Zeehan erlangte wirtschaftliche Bedeutung, als ab 1882 im Hinterland reiche Silbervorkommen ausgebeutet wurden. In den Boomjahren lebten in Zeehan rund 10 000 Menschen. Vom Glanz der Vergangenheit zeugen etliche Gebäude, etwa das **Gaiety Theatre,** bis Ende des 19. Jh. das größte Theater von Australien, in dem einst sogar Enrico Caruso das Publikum zu Beifallsstürmen hinriss.

Dampfmaschinen und Gerätschaften aus aufgelassenen Bergwerken sowie Erinnerungsstücke aus der Pionierzeit zeigt das **West Coast Heritage Centre** im alten Gebäude der School of Mines. Prunkstück ist eine von der Münchner Firma Kraus & Co. im Jahr 1895 gebaute Dampflok, die bis 1963 ihren Dienst tat (114 Main Street, Tel. 03-64 71 62 25, www.westcoastheritagecentrezee han.com.au, tgl. 9–17 Uhr, Erw. 12,50 A-\$, Kinder 6,50 A-\$, Familien 31,50 A-\$).

Übernachten

Funktioneller Komfort ▶ Heemskirk Motor Hotel: 1/25 Main St., Tel. 03-64 71 61 07, www.heemskirkmotorhotel.com.au. Zweckmäßig ausgestattetes Motel mit Restaurant. DZ 140–155 A-\$.

Camping ▶ Treasure Island West Coast Caravan Park: Hurst St., Tel. 03-64 71 66 33, www.treasureislandtasmania.com.au. Gut ausgestattet, mit Cabins.

Strahan ▶ 2, B 4

Strahan (gesprochen wie ›Strawn‹) am nördlichen Ende des lang gestreckten Macquarie Harbour, dem Mündungstrichter des Gordon River, ist der einzige Hafen an Tasmaniens sturmgepeitschter Westküste. Einst war Strahan eines von vielen über die Insel verteilten Sträflingslagern, bevor man die Strafkolonie Port Arthur errichtete. Bootstouren führen zur Gefängnisinsel **Sarah Island** am Südende des **Macquarie Harbour,** die für die Strafgefangenen einst die Verkörperung der Hölle auf Erden war. Noch heute trägt die schmale Öffnung des fjordähnlichen Naturhafens zum Ozean den Namen, den ihr die Strafdeportierten gaben: **Hell's Gate** (›Tor zur Hölle‹). Die halbtägigen Kreuzfahrten bieten aber nicht nur schaurige Historie, sondern auch grandiose Einblicke in den Regenwald mit seinen weltweit einmaligen, bis zu 2000 Jahre alten Huonkiefern, deren fäulnisresistentes Holz einst im Schiffsbau sehr gefragt war. Wissenswertes über die Geschichte der Westküste erfährt man im Visitor Centre, dessen Ausstellung sich in ungewöhnlich kritischer Art mit dem Zusammenprall der Aboriginal- und der ›weißen‹ Kultur auseinander setzt. Stundenlange Strandspaziergänge kann man am wilden, 40 km langen **Ocean Beach** unternehmen.

Infos

West Coast Visitor Information Centre: The Esplanade, Tel. 1800-35 22 00, www.western wilderness.com.au, Mai–Okt. tgl. 10–18, Nov.– April tgl. 10–20 Uhr. Mit ungewöhnlichem Geschichtsmuseum.

Übernachten

Historisches Gästehaus ▶ Ormiston House: The Esplanade, Tel. 03-64 71 70 77, www.ormistonhouse.com.au. Charmantes Kolonialhotel für Nostalgiker mit viktorianisch eleganten Zimmern. DZ 220–270 A-$.

Für jedes Budget ▶ The Strahan Village: The Esplanade, Tel. 03-64 71 42 00, 1800-42 01 55, www.strahanvillage.com.au. Stilvolle Anlage mit Zimmern unterschiedlicher Kategorien, z. T. mit schönem Hafenblick. DZ ab 128 A-$, Apartment ab 248 A-$.

Herrlich gelegen ▶ Gordon Gateway: The Esplanade, Regatta Point, Tel. 03-64 71 71 65, 1300-13 44 25, www.gordongateway.com.au. Architektonisch ansprechende Bungalows, Top-Lage mit herrlichem Blick über Stadt und Hafen. DZ ab 120 A-$, Apartment ab 185 A-$.

Camping ▶ Strahan Holiday Park: 8–10 Innes St., Tel. 03-64 71 74 42, www.strahan holidaypark.com.au. Gut ausgestattet, mit Cabins und Cottages.

Essen & Trinken

Gourmet-Restaurant ▶ Franklin Manor: 75 The Esplanade, Tel. 03-64 71 73 11, www.franklinmanor.com.au, tgl. 12–15, 18–22 Uhr. Preisgekröntes Nouvelle-Cuisine-Restaurant in einem charmanten Kolonialhotel. Vorspeisen 18–20 A-$, Hauptgerichte 28–42 A-$.

Gehobene Regionalküche ▶ Risby Cove Restaurant: The Esplanade, Tel. 03-64 71 75 72, www.risbycove.com.au, tgl. 18–23 Uhr. Beliebtes Lokal mit schöner Terrasse, leichter Regionalküche, guten Weinen und freundlichem Service. Vorspeisen 12,50–19,50 A-$, Hauptgerichte 32,50–38 A-$.

Aktiv

Bootstouren ▶ Gordon River Cruises: Tel. 03-64 71 43 00, 1800-42 01 55, www.gordon rivercruises.com.au. Auf dem Macquarie Harbour und auf dem Gordon River (tgl. 8.30 Uhr, in der Hauptsaison zusätzlich 14.45 Uhr, Erw. ab 109 A-$, Kinder ab 76 A-$, Familien ab 294 A-$). **World Heritage Cruises:** Tel. 03-64 71 71 74, 1800-61 17 96, www.worldheritage cruises.com.au. Gleiches Angebot (tgl. 9 Uhr, Erw. ab 105 A-$, Kinder ab 50 A-$, Familien ab 260 A-$).

Rundflüge ▶ Strahan Seaplanes & Helicopters: Tel. 03-64 71 77 18, www.adventure flights.com.au. Rundflüge in Wasserflugzeugen und Hubschraubern über den Macquarie Harbour und den Franklin-Gordon Wild Rivers National Park, in der Hauptsaison mindestens 1 Woche im Voraus buchen (Erw. ab 225 A-$, Kinder ab 155 A-$).

Queenstown ▶ 2, C 4

Bei der Fahrt auf dem kurvenreichen **Lyell Highway** zwischen Strahan und Queenstown erhält man Anschauungsunterricht in Sachen Umweltzerstörung.1881 stießen Prospektoren in den Bergen um Queenstown auf Zinn und Kupfer, deren Abbau einige Leute reich machte, die Natur aber dauerhaft schädigte. Kahlgefressene Hügel- und Bergrücken bestimmen die Landschaftsszenerie.

Tasmanien-Rundreise

Vereinzelt sieht man abgestorbene Bäume, die von der früher üppigen Vegetation zeugen. Die Bäume wurden gefällt, um die Hochöfen der Kupferschmelzerei zu befeuern. Die dabei freigesetzten schwefelhaltigen Rauchschwaden wiederum vernichteten die verbliebene Vegetation. Mit heftigen Regenfällen ging schließlich das fruchtbare Erdreich buchstäblich den Bach hinunter. Mittlerweile sind die Zinn- und Kupfervorkommen der Region fast gänzlich erschöpft, unmöglich aber ist es, die verkarstete Mondlandschaft wieder aufzuforsten.

Mit den Arbeitsbedingungen unter Tage kann man sich bei einer Besichtigung der **Mount Lyell Mine** am Rande von Queenstown vertraut machen (Tel. 04 07–04 96 12, tgl. 10, 13 Uhr, Erw. 78 A-$, keine Kinder unter 14 Jahren). Die Geschichte des Bergbaus um Queenstown dokumentiert eine Ausstellung historischer Fotografien im **Galley Museum,** das sich im alten Imperial Hotel von 1898 befindet (Driffield/Sticht Streets, Tel. 03-64 71 28 73, Okt.–März Mo–Fr 9.30–18, Sa, So 12.30–18, April–Sept. Mo–Fr 10–17, Sa,

So 13–17 Uhr, Erw. 6 A-$, Kinder 3 A-$, Familien 15 A-$).

Etwa 4 km östlich von Queenstown liegt der tiefe, mit türkisgrün schimmerndem Wasser gefüllte Krater des aufgelassenen Kupferbergwerks **Iron Blow Open Cut.**

Infos

Visitor Information Centre: Driffield Street, Tel. 03-64 71 23 88, www.westernwilderness. com.au, Mo–Fr 9–17, Sa, So 10–15.30 Uhr.

Übernachten

Für Selbstversorger ▶ **Gold Rush Motor Inn:** 65 Batchelor Street, Tel. 03-64 71 10 05, www.goldrushmotorinn.com.au. Großzügig ausgestattete Zimmer mit Kitchenette. DZ ab 135 A-$.

Freundlicher Service ▶ **Queenstown Motor Lodge:** 54–58 Orr St., Tel. 03-64 71 18 66 und 1800-68 49 97, www.queenstownmotor lodge.com.au. 23 etwas sparsam ausgestattete Zimmer, aber ausgezeichnetes Restaurant und sehr hilfsbereites Besitzerehepaar. DZ ab 120 A-$.

Queenstown – einst Zentrum des Bergbaus, heute eher kleinstädtisch geprägt

Camping ▸ Queenstown Cabin & Tourist Park: 17 Grafton St., Tel. 03-64 71 13 32, www.westcoastcabins.com.au. Gut ausgestattet, mit Cabins.

Von Queenstown nach Hobart

Franklin-Gordon Wild Rivers National Park ▸ 2, C/D 4–6

Östlich von Queenstown verläuft der Highway durch eines der größten zusammenhängenden Naturschutzgebiete von Australien. Nördlich der Straße erstreckt sich der Cradle Mountain-Lake St. Clair National Park (s. u. und S. 431), südlich davon der **Franklin-Gordon Wild Rivers National Park.** Hinter diesem Namensungetüm verbirgt sich eine der wildesten und unzugänglichsten Landschaften Tasmaniens, die nur erfahrenen Buschwanderern und Wildwasserkanuten zugänglich ist. Aber auch die Fahrt auf dem Lyell Highway, bei der sich immer wieder Gelegenheiten für kurze Wanderungen bieten, hinterlässt einen nachhaltigen Eindruck von dieser Wildnisregion. Der **Nelson Falls Walk** führt durch dichten Regenwald mit Myrten, Sassafras und Baumfarnen zu einem idyllischen Wasserfall (hin und zurück 1,2 km/20 Min.). Vom **Donaghys Hill Wilderness Lookout** bietet sich ein herrlicher Blick auf den Franklin River und den 1443 m hohen Frenchmans Cap, leicht zu erkennen an seiner weißen Quarzitkappe (hin und zurück 2,3 km/40 Min.).

Lake St. Clair ▸ 2, C 4

Ein Stützpunkt der Zivilisation in dieser Wildnis ist **Derwent Bridge.** Von hier führt eine 5 km lange Stichstraße zur Cynthia Bay an der Südspitze des **Lake St. Clair.** Der 17 km lange und bis zu 200 m tiefe Gletschersee markiert das südliche Ende des **Cradle Mountain-Lake St. Clair National Park** und des Overland Track (s. S. 431). Mehrere zwischen 3 und 18 km lange Pfade laden zur Erkundung der Seen- und Gebirgslandschaft ein. Wanderkarten und Infos erhält man von den Rangern im Besucherzentrum.

Einfach ist der Naturlehrpfad Watersmeet Nature Walk nahe der Ranger Station (hin und zurück 3 km/45 Min.). Zu zwei malerischen Bergseen am Fuße des Little Hugel führt der Shadow Lake and Forgotten Lake Walk (hin und zurück 14 km/3–4 Std.). Herrliche Panoramablicke auf den Gipfel des 1416 m hohen Mount Rufus eröffnet der Mount Rufus Circuit (18,5 km/6–7 Std.). Beliebt ist auch die Bootsfahrt von der Cynthia Bay zur Narcissus Bay am Nordende des Sees, von wo man auf dem Cuvier Valley Track (17 km/7 Std.) oder entlang dem Seeufer auf einem Abschnitt des Overland Track zum Ausgangspunkt zurücklaufen kann (15 km/6 Std.).

Infos

Lake St. Clair Visitor Centre: Cynthia Bay, Tel. 03-64 92 11 33, www.parks.tas.gov.au, tgl. 9–17 Uhr.

Übernachten

Für jedes Budget ▸ Lake St. Clair Lodge: Cynthia Bay, Tel. 03-62 89 11 37, www.lakestclairlodge.com.au. Komfortables Öko-Resort mit Suiten und Bungalows (200–430 A-$), Backpacker Hostel (DZ 110 A-$, im Mehrbettzimmer 40 A-$/Pers.) und schön gelegenem Campingplatz.

Am Rand des Nationalparks ▸ Derwent Bridge Chalets: Lyell Highway, Tel. 03-62 89 10 00, www.derwent-bridge.com. Rustikalgemütliche Lodge mit ausgezeichnetem Restaurant und urigem Pub. DZ 145–245 A-$.

Mount Field National Park ▸ 2, D 5

Landschaftlich abwechslungsreich gestaltet sich die Fahrt auf dem Lyell Highway durch das Tal des River Derwent. Südlich der Landstraße erstreckt sich der Mount Field National Park, dessen Vegetationsspektrum von gemäßigtem Regenwald bis zu einer alpinen Pflanzendecke reicht. Der vielfältigen Flora entspricht eine artenreiche Tierwelt mit Wallabies, Possums, Tasmanischen Teufeln und Schnabeltieren. Schaustück des Parks sind die **Russell Falls,** die vom Parkeingang auf dem durch üppigen Regenwald führenden Russell Falls Nature Walk erreicht werden können (hin und zurück 1 km/30 Min.).

South West National Park
▶ **2, C/D 4–6**

Bei Maydena beginnt die 84 km lange Gordon River Road in den South West National Park, der mit dem nördlich anschließenden Franklin-Gordon Wild Rivers National Park rund ein Fünftel der Fläche Tasmaniens einnimmt. Wenig erforscht und abgesehen von wenigen Wanderwegen kaum erschlossen, gelten die als UNESCO-Weltnaturerbe geschützten Nationalparks als eines der letzten großen Wildnisgebiete der Welt. In den Bergregenwäldern entdecken Wissenschaftler heute noch Tiere und Pflanzen, die bislang in keinem Bestimmungsbuch verzeichnet sind. Dass der tasmanische Südwesten so lange unberührt blieb, liegt nicht zuletzt am rauen, regenreichen Klima. Die schroffe Westküste wird von den *Roaring Forties* gestreift, orkanartigen Stürmen, die sich über der Weite des südlichen Ozeans aufpeitschen.

Etwa auf halbem Weg zwischen Maydena und Strathgordon zweigt eine 35 km lange Schotterstraße gen Süden zum **Scotts Peak Dam** ab, dem Ausgangspunkt für den **South West Walking Track.** Der Wanderweg, einer der längsten, spektakulärsten und schwie-

rigsten der Welt, ist nur etwas für erfahrene und bestens ausgerüstete *Bushwalker* und führt quer durch den South West National Park über den Naturhafen Port Davey zum South East Cape (2–3 Wochen). Die Asphaltstraße endet beim **Gordon Dam** mit dem gleichnamigen Wasserkraftwerk, das für Besucher sporadisch Führungen organisiert.

Auch rund um die Stauseen **Lake Gordon** und **Lake Pedder** erstreckte sich einst eine nahezu unberührte Wildnis. Obwohl Umweltschützer warnten, ließ die damalige tasmanische Regierung 1971 den Serpentine River und Gordon River stauen. Mit der Überflutung verschwand ein weltweit einzigartiges Ökosystem. Die UNESCO bezeichnete das Unternehmen damals als »größte ökologische Tragödie seit der europäischen Besiedlung Tasmaniens«. Als Mahnmale ragen heute die Spitzen abgestorbener Bäume aus den Seen.

New Norfolk ▶ **2, D 5**

Das 1807 von Einwanderern von Norfolk Island gegründete Städtchen New Norfolk am Lyell Highway zählt zu den historisch bedeutsamsten Städten in Australien und beeindruckt mit gut erhaltenen Gebäuden aus der Kolonialzeit. Die umliegende Agrarregion, in der 1822 erstmals Hopfen angebaut wurde, gilt als die ›Holledau des Fünften Kontinents‹ und deckt rund die Hälfte des Hopfen-

Tipp: Übernachten in der Puppenstube

Wer sich in einem der drei einfach, aber geschmackvoll eingerichteten Zimmer des **Old Colony Inn** in **New Norfolk** einquartiert, der ahnt: Hier ist ein Stück selten gewordenes Australien zu entdecken. Die Zimmer liegen über dem rosen- und efeuumrankten Innenhof, sind bequem, wenn auch etwas plüschig im viktorianischen Stil des 19. Jh. ausgestattet und besonders für Menschen geeignet, die gern zusammen mit Freunden genießen. Im heimeligen Restaurant mit Wohnzimmeratmosphäre serviert die freundliche Besitzerin Lydia Graham persönlich herzhafte Gerichte,

insbesondere fangfrisches Seafood. Bei Interesse führt sie die Gäste in die Geheimnisse der tasmanischen Küche ein. Nach dem gemeinsamen Schlemmen setzt man sich mit der Gastgeberin zusammen, um bei einem guten Glas tasmanischen Weins über die Weltläufte zu sinnieren.

Der bezaubernden Herberge ist ein mit viel Liebe und Engagement gestaltetes heimatkundliches **Museum** angeschlossen (Old Colony Inn: 21 Montagu St., Tel. 03-62 61 27 31, www.oldcolonyinn.com. DZ 110–120 A-$ (inkl. Frühstück).

bedarfs der australischen Brauereien. Kein Wunder, dass die ehemalige Hopfendarre **Oast House** aus dem Jahr 1867 eine der Hauptattraktionen des Ortes ist. Heute dokumentiert dort ein Museum die Geschichte des Hopfenanbaus im Derwent Valley (Tynwald Park, Lyell Highway, Tel. 03-62 61 10 30, tgl. 9–18 Uhr, Erw. 7 A-$, Kinder 4 A-$, Familien 18 A-$). Es lohnt auch ein Blick in die 1823 errichtete **St. Mathews Church of England,** das älteste Gotteshaus der Insel mit kunstvollen Buntglasfenstern. Im **Bush Inn Hotel,** einer der ältesten Kneipen von Australien, wird seit 1825 Bier gezapft, und im **Old Colony Inn** aus dem Jahr 1835 sind heute eine heimelige Pension und ein Restaurant mit historischem Ambiente untergebracht (s. unten).

Gut 10 km nordwestlich von New Norfolk befindet sich bei Plenty die **Salmon Ponds Trout Hatchery,** wo man Mitte des vorigen Jahrhunderts die ersten Forellen der südlichen Hemisphäre züchtete. Heute werden die Forellen vor allem in den Flüssen und Seen des zentralen Hochlands von Tasmanien ausgesetzt, das sich damit den Ruf eines der besten Reviere Australiens für Sportangler erworben hat (Tel. 03-62 61 16 14, www. salmonponds.com.au, Nov.–April tgl. 9–16, Mai–Okt. tgl. 10–15 Uhr, Erw. 8 A-$, Kinder 6 A-$, Familien 22 A-$).

Übernachten

Lyell Highway/ Pioneer Avenue, Tel. 03-62 61 40 29, www.junctionmotel. com.au. Angenehme Unterkunft mit Restaurant. DZ 99–135 A-$.

Camping ▶ New Norfolk Caravan Park: The Esplanade, Tel. 03-62 61 12 68, www. newnorfolkcaravanpark.com. Schön gelegen, gut ausgestattet, mit Cabins.

Essen & Trinken

Solide Aussie-Hausmannskost ▶ Bush Inn Hotel: 49–51 Montagu St., Tel. 03-62 61 22 56, www.thebushinn.info, tgl. 11–14.30, 17–23 Uhr. Historischer Pub, Steaks und andere deftige australische Speisen. Gerichte 16,50–34,50 A-$.

Von Hobart nach Devonport

Die Midlands ▶ 2, D 3–5

Midlands nennt man den von lichten Wäldern durchsetzten, hügeligen Landstrich zwischen Hobart und Launceston. Der **Midland Highway,** die wichtigste Nord-Süd-Achse von Tasmanien, folgt einer zwischen 1810 und 1815 angelegten Straße. Er berührt Städte, die sich aus einstigen Militärstützpunkten oder Etappenorten für Pferdekutschen entwickelten.

Reich an historischer Bausubstanz ist das 1826 gegründete **Oatlands,** als dessen Wahrzeichen die alte Windmühle Callington Mill dient. **Ross** am Macquarie River, dessen Ursprünge in das Jahr 1821 reichen, wirkt wie ein englisches Landstädtchen und könnte ebenso gut irgendwo in der Grafschaft Kent liegen. Den Fluss überspannt die zwischen 1830 und 1836 von Sträflingen errichtete Ross Bridge, eine der ältesten und schönsten Brücken des Landes. Die Steinmetzarbeiten, welche die Brückenbögen verzieren, begeisterten den damaligen Inselgouverneur so sehr, dass er dem strafdeportierten Künstler als Belohnung die Freiheit schenkte. Auch **Campbell Town,** 1811 als Standort für eine Garnison gegründet, besitzt einige Kolonialbauten, etwa die St. Lukes Church, deren Glocken erstmals 1839 läuteten.

Lake District ▶ 2, D 3/4

Der **Lake Highway** zweigt 55 km nördlich von Hobart vom Midland Highway ab. Die teilweise ungeteerte Straße durchschneidet das zentrale Hochland von Tasmanien, eine labyrinthische Wasserlandschaft aus über 3000 Gletscherseen sowie zahllosen Flüssen und Bächen. Ab 1864 setzte man in diesen Gewässern europäische Regenbogenforellen aus, und heute ist der Lake District ein beliebtes Ziel für Sportangler, denen bis zu 10 kg schwere Forellen an die Leine gehen. Die größten Seen des Gebiets sind der über 1000 m hoch gelegene Stausee **Great Lake** sowie der **Lake Sorell,** der **Lake Echo** und der **Arthurs Lake.**

Register

Register

Register

Der Haupteintrag ist **fett** hervorgehoben.

Abbildungsnachweis/Impressum

Abbildungsnachweis

Hans-Joachim Aubert, Bonn: S. 3 o., 4 o., 5 u./o., 6 o., 60/61, 75, 98/99, 159, 178, 210 r., 243, 294, 302/303, 294, 322/323
Australian Tourist Commission (ATC): S. 7 u., 164 (Harcourt-Webster); 404 (Lauritz); 4 u., 192 (Lund); 406 l., 428/429 (Rains); 2 o., 20, 332 l., 338/339, 354/355 (Tourism Australia)
Bildagentur Huber, Garmisch-Partenkirchen: S. 426 (Johanna Huber)
DuMont Bildarchiv, Ostfildern: S. 360 (Gasterland-Teschner); 3 u., 125, 146/147, 170 (Leue)
Roland Dusik, Lauf: S. 7 o., 8 u., 44, 155, 166/167, 258/259, 287, 372, 379, 406 r., 408, 438
laif, Köln: S. 2 u., 49 (Aurora); 1 l., 347, Umschlagrückseite o. (Bermes); 1 r., 8 o., 9, 26, 29, 30, 39, 102 r., 110, 117, 122/123, 134, 211 l., 252/253, 266 r., 280, 291, 333, 343, 363, 386/387 (Emmler); 1 M.,

6 u., 7 M., 25, 50/51, 102 l., 140, 180/181, 210 l., 232, 330, 332 r., 349, 413, 424/425, Umschlagrückseite u. (Heeb); 309 (hemis.fr/Hughes); 5 M., 92, 94, 208, 248/249 (La Roque); 10/11, 188, 218/219 (Le Figaro Magazine); 3 M., 23, 100, 276 (Malherbe); 299 (Steets)
LOOK, München: S. 82, 396 (Don Fuchs); 264 (Per-Andre Hoffmann); 201, 222/223, 238, 364 (Karl Johaentges); 228, 266 l., 272/273 (Holger Leue)
Mauritius, Mittenwald: S. 321 (Cubolmages); 388 (Oxford Scientific)
Schapowalow, Hamburg: Titelbild (Taylor/4Corners)

Kartografie

DuMont Reisekartografie, Fürstenfeldbruck
© DuMont Reiseverlag, Ostfildern

Umschlagfoto

Titelbild: Wineglass Bay im Freycinet National Park, Tasmanien

Über den Autor: Roland Dusik ist seit über 20 Jahren von Beruf Reiseführerautor und Fotograf, zuallererst aber Globetrotter. Seine Schwerpunkte sind Australien und Südostasien, wo er längere Zeit gelebt hat. Im DuMont Reiseverlag sind von ihm außerdem die Reise-Handbücher »Australien«, »Laos und Kambodscha« sowie »Indonesien«, dazu das Reise-Taschenbuch »Bali & Lombok« und in der Reihe DuMont Direkt »Bangkok«, »Sydney«, »Bali« erschienen.

Lektorat: Anke Munderloh, Anja Lehner

Hinweis: Autor und Verlag haben alle Informationen mit größtmöglicher Sorgfalt geprüft. Gleichwohl sind Fehler nicht vollständig auszuschließen. Alle Angaben erfolgen ohne Gewähr. Bitte schreiben Sie uns! Über Ihre Rückmeldung zum Buch und über Verbesserungsvorschläge freuen sich Autoren und Verlag:
DuMont Reiseverlag, Postfach 3151, 73751 Ostfildern, E-Mail: info@dumontreise.de